죽음의 식탁

NOTRE POISON QUOTIDIEN

: La responsabilité de l'industrie chimique
dans l'épidémie des maladies chroniques

by Marie-Monique Robin

죽음의 식탁

독성물질은 어떻게 우리의 일용할 양식이 되었나

마리 모니크 로뱅 | 권지현 옮김

NOTRE POISON QUOTIDIEN

판미동

나의 아이들, 파니, 콜린, 솔렌에게 바칩니다.

물에 퍼져 있는 독을 흡수한 플랑크톤을 초식동물이 섭취하고,
그 초식동물을 작은 육식동물이 먹어치우며,
작은 육식동물은 대형 육식동물에게 잡아먹힌다.
우리의 식탁에는 하위 포식자들이 축적한 모든 오염물질이 올라온다.

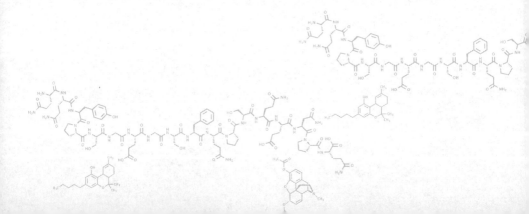

2부 의구심을 생산하는 공장

"그런 일을 할 과학자들을 어떻게 찾느냐? 돈을 주고 사는 것입니다.
그래서 저는 '몸 파는 과학'이라는 표현을 씁니다.
왜곡된 연구 결과가 규제 기관에 전달되고,
규제 기관은 그 결과를 그대로 믿는다는 것이 더 문제입니다.
이것이 독성이 강한 물질들이 우리 환경, 먹을거리,
논밭, 공장을 수십 년 동안 오염시킨 방법입니다."

3부 기업을 섬기는 규제

"일일섭취허용량은 과학적인 개념이 아닙니다.
리스크의 범위를 나타내는 값이 아니라 허용 범위니까요.
'허용 범위'란 사회적이고 규범적이며 정치적 혹은 상업적인 개념입니다.
누구를 위해 '허용할 수 있다'는 것입니까?
이 개념 뒤에는 얻는 이익에 비해
리스크를 허용할 만한가 하는 질문이 늘 숨어 있습니다."

4부 내분비계 교란물질 스캔들

"내분비계 교란물질이 도처에 있다는 것이 문제입니다.
프탈레이트처럼 임산부가 절대로 피해야 하는 물질이 있습니다.
플라스틱 포장재와 랩, PVC로 만든 물건뿐만 아니라
샴푸 같은 바디 용품도 조심해야 합니다."

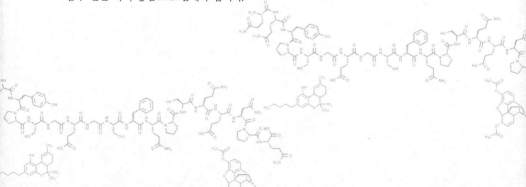

아는 것이 힘이다

이 책은 『몬산토(Monsanto)』[1]의 후속작인가? 이는 2008년 어느 토론회나 강연회에서 새로운 프로젝트를 진행 중이라고 사람들에게 밝힌 뒤 끊임없이 머릿속에서 맴돌았던 질문이다. 그렇기도 하고 그렇지 않기도 하다는 것이 그 질문에 대한 답일 것이다. 실제로 이 책은 『몬산토』의 후속작이기도 하고 후속작이 아니기도 하기 때문이다.

물론 이 책의 주제가 나의 전작과 관련이 있음은 두말할 나위 없다. 나는 책과 영화가 매우 밀접한 관련이 있다고 생각한다. 세상에는 진주 목걸이의 진주알이나 퍼즐의 조각들처럼, 내가 굳이 애쓰지 않아도 서로 연결되고 아귀가 들어맞는 책과 영화가 있는 것 같다. 그런 책과 영화는 작업하면서 생겼던 의문에서 자라나 서로 영향을 주고받는다. 그리고 그 둘은 결

국 같은 사슬을 잇는 고리가 된다. 어떤 경우든 과정은 동일하다. 이해하고
자 하는 갈망이 싹트면 지식을 쌓고 그것을 가능한 한 많은 사람에게 다시
전달하는 것이다.

화학 산업의 역할에 대한 세 가지 질문

『죽음의 식탁(*Notre poison quotidien*)』은 2004년부터 시작된 긴 여정의 산
물이다. 2004년 당시 나는 생물다양성에 대한 위협을 우려하고 있었다. 아
르테 방송국(Arte, 1992년 설립된 프랑스와 독일 합작 공영방송 채널 — 옮긴이)에서
방영된 생명공학 특허와 밀을 주제로 한 다큐멘터리[2]에서 나는 다국적기
업들이 어떤 과정을 거쳐 후진국의 식물과 그 재배 방법에 대한 특허를 획
득하는지 설명했다. 그 당시 나는 아르헨티나에서 몬산토의 유명한 유전자
조작 콩인 '라운드업 레디(Roundup Ready)'의 (처참한) 재배 현황을 다루는
르포[3]를 촬영 중이었다. 다큐멘터리 세 편을 찍기 위해 지구 구석구석을
누비던 나는 제2차 세계대전 이후 '인류를 굶주림에서 해방한다.'는 목표로
실행된 식품 산업 모델에 의문을 품게 되었다. 그 모델이 생계를 위한 가족
단위의 농사 대신 일모작을 확산시키는 바람에 생물의 다양성이 급격히 감
소하여, 장기적으로 봤을 때 인류의 식량 안보와 식량 주권이 위험에 처했
기 때문이다. 또한 소위 '녹색혁명'이라는 것이 화학물질(농약이나 합성 비료)
을 대량으로 사용하게 만들어 천연자원(토양, 물)을 고갈시키고 광범위한 환
경오염을 유발하고 있다.
　다큐멘터리 3부작을 촬영하면서 녹색혁명의 최대 홍보자이자 수혜자인

몬산토라는 미국 기업에 관심을 가지게 된 것은 무척 자연스러운 일이었다. 우선 몬산토는 20세기 유수의 농약 생산업체였고 지금도 그 지위를 유지하고 있다. 세계 최대의 종자업체이기도 한 몬산토는 특허를 따낸 유전자조작 종자(유전자 조작 생물체인 GMO)로 식품 사슬을 장악하려 한다. 미국 미주리 주 세인트루이스에 본사를 둔 몬산토가 고독성 화학물질 시장에서 우위를 지키기 위해 환경, 보건, 인간의 생명엔 아랑곳없이 거짓말과 조작, 속임수를 일삼는다는 사실을 알고 얼마나 경악했는지 이루 말로 다 설명할 수 없을 것이다.

　『몬산토』의 캐나다판에 서문을 써 주었던 사회학자 루이즈 방델락은 이 책을 "현대 스릴러물"이라고 표현했다. 『몬산토』를 써 나가면서 내 머릿속에서는 세 가지 질문이 떠나지 않았다. 산업의 역사에서 몬산토는 예외적인 사례인가, 아니면 몬산토가 저지르는 범죄 행위(신중히 선택한 단어다.)를 대다수 화학업체도 저지르는가? 첫 번째 질문에 이어 나는 이런 생각도 들었다. 반세기 동안 우리의 환경과 식탁을 점령한 10만 개 이상의 합성 화학물질은 어떻게 평가되고 규제되고 있는가? 마지막으로, 화학물질에 노출되는 것이 세계보건기구가 '전염병'이라고 규정할 정도로 증가하는 '선진'국 국민들의 암, 퇴행성 신경 질환, 불임, 당뇨, 비만과 어떤 관련이 있을까?

　나는 이 질문들에 답하기 위해 농부의 밭(농약)에서 소비자의 식탁(식품첨가제 및 플라스틱 용기)에 이르는 식품 사슬과 관련 있는 화학물질 취재에 매달리기로 했다. 따라서 이 책은 자기장, 휴대전화, 방사능 오염을 제외하고 우리가 노출될 수 있는, 그래서 우리의 '일용할 양식'을 '일용할 독'으로 바꾼 환경이나 식품에 들어 있는 화학물질만 다룬다. 큰 논란을 불러일으킬 수 있는 주제이다 보니(관련된 경제적 이익이 엄청난 걸 보면 그리 놀랄 일도 아니다.) 취재를 논리적으로 전개하기로 했다. 즉 가장 '간단'하고 가장 논란이 적은 문제에서 시작하자는 것이었다. 다시 말해 급성중독, 만성중독, 농약에 직접 노출된 농부에서 시작해 우리 몸속에 축적된 화학 잔여물의 영향이라는 점점 더 복잡한 문제로 넘어갈 것이다.

퍼즐 조각 맞추기

『죽음의 식탁』은 오랜 취재의 결과물이다. 이 취재에는 세 가지 유형의 자료가 동원되었다. 우선 나는 주로 북미 지역의 역사학자, 사회학자, 과학자들이 쓴 책 수백 권을 읽었다. 따라서 나의 취재는 캘리포니아 대학교의 노동 및 환경의학과 교수인 폴 블랑, 역사학과 교수인 제럴드 마코위츠와 데이비드 로스너, 또 2009년부터 미국 산업안전보건청(OSHA)을 지휘하고 있는 전염병학자 데이비드 마이클스 청장 등 훌륭한 학자들이 일군 귀중한 연구 업적 덕분에 가능할 수 있었다. 아쉽게도 프랑스어로 번역되지는 않았지만 매우 일목요연하게 정리한 저서들 덕분에 새로운 자료도 많이 얻을 수 있었고, 산업사라는 더 넓은 관점에서 취재 대상을 재설정할 수도 있었다.

이런 과정을 거쳤기에 녹색혁명으로 이어졌던 산업혁명의 기원까지 거슬러 올라갈 수 있었다. 이 두 혁명은 만족을 모르는 괴물, 진보의 두 얼굴이다. 진보는 인류에게 행복과 안녕을 가져다주어야 했지만 '자식을 잡아먹는' 괴물 사투르누스로 둔갑했다. 시간을 거슬러 올라가 보지 않는다면 화학물질 규제 체계가 왜 만들어져 오늘날까지 운영되어 왔는지 이해할 수 없을 것이다. 소위 '발전한' 나라들이 화학물질에 미쳐 가고 있을 때 기업과 국가에 무시당하며 그 대가를 톡톡히 치러야 했던 공장 노동자의 희생으로 만들어진 것이 바로 그 규제 체계다.

이 책은 또한 내가 변호사, NGO 활동가, 화학 전문가 그리고 화학 산업의 폐해를 알아보려고 엄청난 작업을 이루어 낸 '고집불통'의 개인들에게서 얻은 수많은 자료를 양식으로 삼았다. 특히 애틀랜타에서 만난 베티 마티니의 끈기는 무척 놀라웠다. 그녀는 아스파르탐이라는 위험성이 의심되는 합성 감미료에 관한 증거 자료를 끈질기게 모았다. 물론 나는 언론이나 대중이 전혀 모르거나 잘 알지 못하는 자료들의 사본을 소중하게 간직하여 이 책에 언급했다. 그 자료들은 이 책이 보여 주고자 하는 퍼즐을 재구성하는 데 결정적인 도움을 주었다.

그러한 임무는 프랑스, 독일, 스위스, 이탈리아, 영국, 덴마크, 미국, 캐나다, 인도, 칠레 등 10개국을 다니며 식섭 진행한 50여 개의 인터뷰가 없었다면 완수하지 못했을 것이다. 내가 만났던 '중요한 증인'에는 유럽 식품안전청(EFSA), 미국 식품의약국(FDA), 세계보건기구 산하 국제암연구소(CIRC) 세계보건기구와 국제연합식량농업기구의 국제잔류농약전문가그룹(JMPR) 등 화학물질을 평가하는 단체장 17명이 포함되어 있다. 그 밖에도 나는 31명의 과학자를 인터뷰했다. 그들은 주로 유럽과 미국의 학자들로, 이 기회를 빌려 그분들에게 존경을 표하고 싶다. 그들은 독립성을 유지하고 사적인 이익이 아닌 인류 공동의 선(善)을 섬기는 과학을 위해 투쟁을 계속하기 때문이다. 길고 길었던 인터뷰 내용은 모두 비디오로 촬영해서 이 책과 함께 나올 다큐멘터리 「우리의 일용할 양식, 독」의 재료로도 사용했다.

악마는 디테일에 있다

『죽음의 식탁』은 내가 여러 사람과 공유하고자 하는 확신의 산물이다. 우리는 식탁에 올라오는 내용물을 다시 살펴봐야 한다. 우리 입안으로 들어가는 것을 우리 스스로 챙겨서 누군가가 하등 이로울 것이 없는 미량의 독을 우리에게 강요하는 일을 멈춰야 한다. 영국인 교수 에릭 밀스톤은 "위험을 감수하는 것은 소비자이고, 그 이익은 기업들이 가져가게" 되어 있는 것이 현재의 체계라고 했다. 그러나 그 '체계'의 (수많은) 허점을 지적하고 완전한 개혁을 요구하려면 먼저 그 체계가 어떻게 돌아가는지 이해해야 한다.

전문가들이 흔히 '화학물질의 유해성'이라고 완곡하게 말하는 것에 노출될 때 이에 대한 규정이 어떻게 만들어지는지 그 메커니즘을 밝히는 일은 결코 쉽지 않았다. 우리가 노출될 수 있는 독성물질에 대한 '일일섭취허용량'이 어떻게 탄생했는지 재구성하는 일은 그야말로 골칫거리였다. 아무도 모르게 은밀히 만들어지는 독성 화학물질에 대한 평가와 규제 체계가 그토록 복잡한 것도 그 체계를 계속 유지해 나가려는 하나의 방식이 아닌가 하는 의심마저 든다. 사실 '잔류농약 최대허용량'이 어떻게 만들어졌는지 관심을 가질 사람이 몇이나 되겠는가. 호기심 많은 소비자나 기자가 질문하면 규제 기관의 대답은 보통 이렇다. "대강의 수치가 그렇다는 것입니다. 사실 그게 아주 복잡하거든요. 저희를 믿으십시오. 저희가 전문가니까요."

미래 세대를 포함해서 소비자의 건강이 걸려 있는 독성물질 데이터에 대강이란 있을 수 없다는 게 문제다. 악마는 디테일에 있다고 믿는 나는 디테일의 편에 서기로 했다. 정확성이나 설명, 많은 주석과 참고 자료에 대해 지나치다 싶을 정도로 신경 썼다고 비난할 독자가 있다면 용서를 바란다. 내가 세운 목표는, 원하는 사람이 있다면 스스로 전문가가 될 수 있게 하거나, 적어도 탄탄한 논리로 무장해서 능력껏 행동하고 더 나아가 우리 건강을 지배하는 게임의 법칙을 바꿀 수 있게 하는 것이었다. 아는 것이 곧 힘이므로.

NOTRE POISON QUOTIDIEN

_____ 1부 _____

농약은
독이다

뤼펙 성명서와
폴 프랑수아의 투쟁

"목적을 위해 타인을 희생시키지 않는 것, 그것이 바로 인류다."

—알베르트 아인슈타인

쌀쌀하지만 화창했던 어느 겨울날이었다. 2010년 1월 17일은 내 기억 속에서, 그리고 프랑스 농업 역사에서 영원히 지워지지 않을 것이다. 그날은 암, 결핵, 파킨슨병 등 중병에 걸린 서른 명의 농부가 만난 날이다. 이 모임을 주선한 '미래 세대의 권리와 존중을 위한 운동(MDRGF)'*은 15년 동안 농약의 폐해와 싸워 온 시민 단체이다. 오래전에 계획되었던 첫 번째 국제 모임은 프랑스 샤랑트 지역에 있는, 주민 수가 고작 3500명인 뤼펙에서 열렸다. 나는 그 전날 카메라맨인 기욤 마르탱과 음향 담당인 마르크 뒤플루아예와 함께 파리에서 고속열차를 탔다. 두 사람은 이 책의 기반이 된 취

---

* MDRGF는 2010년 11월 미래세대(Générations futures)로 명칭을 바꾸었다.

재 과정을 촬영하기 위해 나와 함께 세계 각지를 누볐다.

기차에 오르자마자 나는 노트북을 켰다. 목적지까지 가는 두 시간 반 동안 일을 할 심산이었다. 하지만 뿌옇게 김 서린 차창 밖으로 지나가는 시골 풍경에 취해 글은 한 줄도 쓰지 못했다. 나는 추억에 잠겨 이번 여행이 왜 나에게 특별한 의미를 띠는지 일행에게 털어놓았다. 기자라는 직업 때문이기도 했지만 내가 50년 전, 뤼펙에서 100km밖에 떨어져 있지 않은 도시 가틴에 있는 되 세브르의 한 농장에서 태어난 농사꾼의 딸이라는 개인적인 이유도 있다는 것을.

녹색혁명의 희망찬 약속

내가 태어난 1960년은 녹색혁명이 막 태동한 시기였다. 그보다 몇 년 전, 그러니까 정확히 1952년 4월 1일 르노 사가 개발한 최초의 트랙터가 가족 단위 농지에서 소 두 마리를 대체하기 시작했다. 곧이어 최초의 농약이 등장했다. 치명적인 제초제 아트라진도 그중 하나였다. 아트라진에 대해서는 앞으로 자세히 다룰 것이다. 농촌을 대표하는 정치 및 노조 지도자들을 배출했던 가톨릭농업청년(JAC)에 깊이 관여했던 나의 아버지는 "미국에서 건너온 방식"을 "새로운 기회"[1]라며 반기셨다. 그것이 힘든 농사일의 부담을 덜어 줄 뿐만 아니라 프랑스의 식량 자급자족을 실현하는 데 도움을 줄 수 있었기 때문이다. 기근과 기아는 가라! 산업화된 농업이 풍부하고 값싼 식량으로 '인류를 먹여 살릴' 것이니!

배곯고 살 수 있는 사람은 없다며 농부가 '세상에서 가장 아름다운 직업'

이라고 자랑하시던 아버지는 농업 생산 방식이 극심한 변화 과정을 거치고 있다고 믿었던 사람 중 하나였다. 그 변화로 농촌이 격동하고 있을 때 베이비붐 세대는 경제가 고도로 성장했던 '영광의 30년'을 맞이했다. 농업의 기계화, 화학 비료 및 농약의 대량 사용, 다모작 감소와 일모작 증가, 토지 재통합, 농지 증가, 농가 부채……. 고조할아버지의 농장은 녹색혁명의 실험장이 되었고 그 과정에서 수 세대를 걸쳐 내려온 가족 단위의 농업 모델과 단절할 수밖에 없었다.

1968년 5월 혁명이 일어나기 전 이미 '세상을 바꾸자'던 가톨릭농업청년과 농촌기독교인(CMR)의 교훈을 되새긴 부모님은 프랑스 최초의 '공동농업경영집단(GAEC)'를 만드셨다. 생산 능력 공동화와 평등한 소득 분배를 바탕으로 설립된 이 농업 공동체는 세 명의 동업자와 세 명의 직원까지 둘 수 있었다. 특히 이 공동체 덕분에 농가에서는 마음대로 누리지 못했던, 휴가를 떠나는 일이 가능해졌다.

보수적이기로 유명했던 이 지역에서 공동체 경영은 자주 입방아에 오르내릴 수밖에 없었다. 학교에서 아이들이 나를 '콜호스(Kolkhoz, 소련의 집단농장 — 옮긴이)의 여자애'라고 부를 정도였다. 그때를 돌아보면 많은 아이들 틈에서 보낸 유년시절은 행복했다. 내가 농부의 딸이라고 소리 높여 외치는 법을 배운 것도 그때였다. 농촌의 해방은 촌사람 콤플렉스를 벗어나야 가능했다. 거스를 수 없는 보편적인 진보와 복지로 나아가고자 했던 녹색혁명 덕분에, '촌놈'이라 불렸던 사람들은 고개를 들고 당당히 '모험'을 시작했다. '모험'은 가톨릭농업청년의 요청으로 자크 브렐이 지어 준 곡의 제목이기도 하다.

"대단한 시절이었지. 새로운 농업 모델이라는 게 파괴와 죽음의 씨앗이었을 줄 누가 상상할 수나 있었겠니?" 상념에 잠기신 듯 아버지는 잠시 말이 없었다. "환경을 오염시키고 사람이 병을 얻을 만큼 독성이 강한 농약을 농협이 우리에게 팔 줄 누가 감히 상상이나 했겠니?" 그도 그럴 것이 어찌 농부들에게만 돌을 던질 수 있겠는가. 그들은 최대 농업조합인 농민노조전국총연맹(FNSEA)이 농업부와 함께 만병통치약처럼 홍보했던 기술농업, 화학농업 모델에 어떻게든 편입하려고 애를 썼다. 그로 인해 고통스러운 대규모 이농 현상이 일어났고 수많은 농부들이 스스로 목숨을 끊었다.[2]

내가 2008년에 『몬산토』[3]를 책과 다큐멘터리로 내고 나서야 그때까지 속으로만 생각했던 의문들을 우리 집안의 내력을 통해 한꺼번에 쏟아 놓을 수 있었다. 가까운 사람들이 일찍 병들고 죽은 것이 농약 때문이었을까? 육촌 할아버지가 쉰 살이 되기도 전에 걸린 파킨슨병도 그것 때문이었을까? 공동농업경영집단에 동참했던 삼촌의 전립선암도? 환갑이 되기도 전에 삶을 마감한 또 다른 동업자의 간암도? 농촌기독교인의 회원이었고 얼마 전 세상을 떠난 이웃의 루게릭병도? 열거하자면 끝이 없다.

뤼펙 성명서

"오늘 우리는 무엇 때문에 여기 모였을까요? 우리가 화학물질의 오염, 특히 농약과 관련된 오염에 관해 조사를 시작한 지도 어느덧 15년이 흘렀습니다. 그리고 프랑스 농촌 곳곳에서 병이 들었거나 병든 이웃이 있다는 농부들의 증언을 들어온 지도 15년이 되었습니다. 오늘 우리는 여러분의 생각을 표현하고 지금까지 품어 왔던 독성학적, 의학적, 법적 질문들에 대한 답을 얻기 위해 이 자리에 모였습니다. 여러분에게 그 답을 제시할 전문가들을 모셨습니다."

'미래 세대의 권리와 존중을 위한 운동'의 설립자이자 회장인 프랑수아 베예레트는 이렇게 인사말을 시작했다. 2010년 1월 17일 시작된 특별 모임은 '뤼펙 성명서'를 채택하며 막을 내렸다. 25년 전 집약 농업이 발달한 우아즈 지방에서 환경 운동가로 성장한 베예레트 회장은 현직 교사로 활동하며 2003년부터 2006년까지 그린피스 프랑스를 이끌었고 유럽환경당 피카르디 지부 부대표로 선출된 프랑스 최고의 농약 전문가이다. 그의 저서 『농약의 덫에 걸리다(Pesticides, le piège se referme)』[4]는 과학적 자료의 보고(寶庫)이다. 나도 취재를 시작하기 전에 이 책을 꼼꼼히 검토한 바 있다.

베예레트 회장이 뤼펙에 초청한 '전문가' 중에는 대규모 제약회사 루셀 위클라에 몸담았다가 프랑스 국립과학연구센터(CNRS)로 간 화학자 앙드레 피코가 있었다. 연구소와 제약업계의 결탁이 심한 분위기 속에서도 독립적인 행보를 펼치는 것으로 유명한 앙드레 피코는 2002년 프랑스 식품위생안전청(AFSSA)*의 문을 박차고 나왔다. 기관이 민감한 사안을 다루는 방식에 동의할 수 없었기 때문이다. 그 자리에는 브뤼셀에 본부를 둔 보건환경연합(HEAL)의 제논 옌센 대표도 함께했다. 보건환경연합은 '미래 세대의 권리와 존중을 위한 운동'을 비롯한 예순다섯 개의 유럽 환경 단체를 규합한 NGO로, 2008년 11월에는 유럽연합이 지원하는 '농약과 암' 캠페인을 시작했다. '미래 세대의 권리와 존중을 위한 운동'의 변호사 스테판 코티노, 석면피해자보호협회(ANDEVA)와 핵실험퇴역군인협회(Association des vétérans

---

* 2010년 7월 AFSSA는 프랑스 환경노동위생안전청(AFSSET)과 통합되어 식품환경노동위생안전청(ANSES)이 되었다.

des essais nucléaires), 툴루즈 AZF공장 폭발 사건 피해자 협회(Association des victimes de la catastrophe de l'usine d'AZF àToulouse)의 고문 변호사 프랑수아 라포르그도 초청에 응해 주었다.

라포르그 변호사는 2004년 사고로 농약에 급성중독된 뒤 심각한 만성 질환을 앓고 있는 농부 폴 프랑수아의 변호도 맡고 있다. 폴 프랑수아는 '미래 세대의 권리와 존중을 위한 운동'이 2009년 6월 창설한 '농약 희생자 보호를 위한 네트워크(Réseau pour défendre les victimes des pesticides)'[5]의 선봉장 같은 인물이다. 뤼펙에서 멀지 않은 베르낙에서 농장을 경영하던 그가 그날의 모임을 주선하고 농장을 모임 장소로 제공했다. 그의 사연은 프랑스 전역의 수많은 농가가 겪고 있는 대표적인 비극이다. 프랑수아 베예레트 회장이 사례담을 듣는 모임을 열자고 그에게 요청한 것은 어쩌면 지극히 당연한 일이었다. 뤼펙의 변두리 옥수수 밭 한가운데 위치한 에스카르고 호텔에는 엄숙한 침묵이 내려앉고 있었다.

상담 그룹처럼 둥글게 둘러앉은 농부들과 그 부인들은 샤랑트의 작은 도시 뤼펙에 오려고 괴로운 병마에도 불구하고 수백 킬로미터의 여행을 마다하지 않았다. 상트르 지방 출신인 장 마리 데디옹은 척수암의 일종인 골수종을 앓고 있었다. 보주에서 온 도미니크 마르샬은 백혈병의 일종인 골수 증식성 질환으로 치료를 받고 있었다. 셰르 지방에서 농사를 짓는 질베르 방데는 파킨슨병을, 랑그독 루시옹 농협에서 일하던 장 마리 보니는 비호지킨림프종으로 고통받고 있었다. 이들 중 몇몇은 오랜 투쟁 끝에 농업사회상호부조(Mutualité sociale agricole)에서 산업재해를 인정받았고, 나머지 사람들도 인정 절차를 밟고 있었다(3장 참조).

묵묵히 농사만 지을 줄 알았지 집 밖에서 불평이라곤 한마디도 하지 않는 사람들이라는 것을 알기에 나는 그분들이 정부에 보낼 '뤼펙 성명'에 참여하기 위해 어떤 노력을 기울였는지 어렵지 않게 짐작할 수 있었다. 뤼펙 성명은 건강과 환경, 그리고 농부에게 위험한 농약을 하루 빨리 시장에서 퇴출시킬 것을 요구하고, 농부들이 더 이상 그들의 삶을 좀먹는 질병을 운명처럼 받아들이지 않기 위해 사법적 행동을 고려하는 방안이었다.

"이렇게 와 주셔서 감사합니다. 여기까지 오시는 게 쉽지 않았을 겁니다. 농약 때문에 생긴 질병은 우리 사회가 쉬쉬하는 금기입니다. 이제 우리가 그 침묵을 깨야 할 때입니다. 농약이 물, 공기, 음식을 오염시킨 데 사실 우리도 얼마간 책임이 있습니다. 하지만 우리가 사용한 농약은 정부가 공인한 제품들이었고, 우리도 농약의 첫 번째 희생자라는 사실을 잊으면 안 됩니다." 폴 프랑수아의 목소리가 격앙되었다.

몬산토의 제초제 라소 급성중독

내가 폴 프랑수아를 만난 건 그때가 처음이 아니었다. 2008년 4월 나는 다큐멘터리 「몬산토」를 촬영 중이었다. 이 다큐멘터리는 가톨릭농업청년에서 내 아버지와 함께 활동했고 1987년 창설된 프랑스 농민연맹(Confédération paysanne)*의 초대 대변인을 맡았던 이브 망기가 뤼펙에서 맡고 있던 한 단체의 요청으로 시작하게 되었다. 500명에 가까운 사람들이 뤼펙의 행사장으로 몰려들었고, 내 책의 사인회가 그날의 마지막 행사였다. 그날 내게

---

* 프랑스 농민연맹은 좌익 성향의 소수 농민 노동조합으로 지속 가능하고, 산업 방식이 아닌 가족 경영 방식의 농업 모델을 추구하는 단체이다.

말을 걸어온 한 남자가 있었는데, 그가 바로 폴 프랑수아였다. 당시 마흔네 살이었던 폴은 어수선한 분위기에서 사연을 털어놓기 시작했다. 폴의 사례가 심각하다는 이브 망기의 말을 들은 나는 폴에게 파리에 올라올 일이 있으면 집에 들르라고 했다. 폴은 몇 주 뒤에 묵직한 서류 더미를 들고 나타났다. 우리는 나란히 앉아 하루 종일 서류들을 꼼꼼히 살펴보았다.

폴은 240ha(헥타르)에 달하는 농장을 소유하고 밀, 옥수수, 유채를 경작하고 있었다. '평범한 농부'였다고 말하는 그의 웃음엔 회한이 서려 있었다. 그가 말하는 평범한 농부란 농협이 추천하는 제초제, 살충제, 살진균제 같은 화학물질을 양심에 거리낌 없이 대량으로 사용하는 화학농업의 신봉자였다는 뜻이다. 그러던 어느 날, "그의 삶은 송두리째 무너졌다."[6] 2004년 4월의 어느 화창한 봄날, 폴은 독성학자들이 '급성중독'(영어로 Poisoning)이라고 부르는 큰 사고를 당했다. 다량의 농약을 흡입한 것이다.

그날 폴은 미국의 다국적기업 몬산토가 생산한 제초제 라소를 옥수수밭에 뿌리고 돌아왔다. 제초제의 효능을 자랑하는 몬산토의 텔레비전 광고에는 모자를 눌러쓴 40대 농부가 나와서 밭을 '오염시키는' 잡초들을 둘러본 뒤 카메라를 똑바로 쳐다보며 말한다. "내가 찾은 해결책은 바로 화학적 제초입니다. 제대로만 사용하면 잡초만 제거할 뿐 사람에게는 해가 없지요." 1970년대에는 이런 광고가 미국의 텔레비전 화면을 연일 수놓았다. 화학업계가 텔레비전에서 농부뿐만 아니라 일반 소비자를 대상으로 자사 제품이 만인의 행복에 얼마나 유용한지 버젓이 설득하던 시절이었다.

그날 제초제를 뿌리고 난 뒤 폴은 잠깐 다른 일을 보다가 분무기통 자동 세척이 끝났는지 확인하려고 몇 시간 뒤에 다시 돌아왔다. 그런데 통에는 라소의 잔여물이 남아 있었다. 라소에 주요 용매제로 쓰이는, 흔히 '클로로벤젠'이라고 부르는 모노클로로벤젠은 치명적인 물질이다. 태양열을 받아 가열된 클로로벤젠은 기체 상태로 변했고 폴이 그 증기를 다 들이마신 것이다.

"갑자기 심한 구역질과 함께 몸에 열이 났습니다. 증기를 마시자마자 간호사인 아내에게 알렸죠. 아내가 뤼펙의 응급실로 저를 데려갔습니다. 라소 상표를 챙겨 가는 것도 잊지 않았어요. 병원에 도착하면서 저는 의식을 잃었고 그때부터 나흘 동안 입원해서 피를 토하고 머리가 깨질 듯한 두통에 시달렸습니다. 기억력, 언어 능력, 균형 감각도 감퇴되었고요."

가장 먼저 눈에 띄는 (이상한) 점은 — 앞으로 알게 되겠지만 폴 프랑수아의 서류에는 이상한 점이 가득하다. — 뤼펙의 응급의학 전문의가 폴이 라소를 흡입했다는 사실을 알고 보르도 해독센터에 연락을 취했는데 센터에서는 혈액과 소변검사를 하지 말라고 두 차례나 권고했다는 사실이다. 검사를 하면 라소의 활성물질* 알라클로르와 클로로벤젠의 주요 대사산물(유기체에 의한 분해의 결과물)인 클로로페놀의 잔여물을 추적해서 중독 수준을 알 수 있었을 텐데 말이다. 정작 몬산토를 상대로 소송을 걸었을 때 혈액과 소변 채취물이 없다는 것이 폴에게 무척 불리하게 작용했다. 어쨌든 소송 이야기는 조금 뒤로 미루자.

폴 프랑수아는 입원일부터 5주 동안 일을 쉴 수밖에 없었다. 그동안 그는 말더듬 증상을 보였고 꽤 오랫동안 기억 상실에 시달렸다. 퇴원하고 나서는 심한 피로감에도 불구하고 다시 일을 시작하려고 했다. 2004년 11월

---

* 살충제는 하나의 '활성물질'과 '비활성 성분'이라 불리는 수많은 보조제로 구성된다. 살충 작용에 직접 관여하지 않는 보조제는 용매제, 분산제, 유제, 계면활성제 등이 있으며, 보조제를 사용하는 이유는 활성물질의 물리화학적 특성과 생물학적 효능을 향상시키는 것이다. 라소의 활성물질은 알라클로르이다.

초, 그러니까 사고가 일어난 지 6개월이 지났을 무렵 폴 프랑수아는 '일시적 무의식' 상태에 빠졌다. 그때 폴은 밭에서 수확탈곡기를 운전하고 있었다. 그러다가 갑자기 갈고 있던 밭을 벗어나 도로를 횡단했다. "그때 일이 전혀 기억나지 않아요. 나무에 갖다 박았든지 구덩이에 처박혔을지도 모르죠." 4월에 겪었던 중독 후유증이라고 생각한 폴의 주치의는 보르도 해독센터와 같은 곳인 앙제 해독센터에 보고했지만 이곳에서도 폴을 검진하거나 혈액과 소변검사를 하겠다고 하지 않았다.

2007년 폴 프랑수아의 변호사 라포르그가 보고서를 작성하기 위해 보르도 대학 생물화학적 독성학 연구소 소장이자 식품위생안전청 등 정부 기관에서 전문가로 활동 중인 장 프랑수아 나르본 교수에게 자문을 구했을 때 교수는 독설을 내뱉었다. 2008년 1월 20일, 그는 이렇게 썼다.

"여기서 우리는 프랑스 해독센터들의 말도 안 되는 행태를 짚고 넘어가야 한다. 폴 프랑수아 가족이 계속적으로 요청했지만 해독센터들은 노출생체지표 측정을 하지 말라고 여러 차례에 걸쳐 권고했다. 독성학자로서 이런 행태는 충격적이고 이해할 수 없으며 이로 인해 해독센터들의 무능력이 심각한 상태이거나 아니면 해당 제품과 생산업체를 끌어들일 증거를 제공하지 않으려고 고의적으로 조치를 취한 것이 아닌가 하는 가능성을 염두에 둘 수밖에 없다. (……) 그들의 중대한 과실은 소송의 정당한 사유가 된다."

국민의 건강을 돌볼 의무가 있는 보르도와 앙제 해독센터의 독성학자들은 라소의 성분 표시를 어렵지 않게 구할 수 있었을 것이다. 프랑스가 처음으로 라소의 '시판 허가'를 내준 것은 1968년 12월 1일이다. 그들은 제초제의 활성물질인 알라클로르가 제품 성분의 43%를 차지하고 '비활성물질'인 몇 가지 보조제가 들어 있다는 것, 그리고 용매제로 사용된 클로로벤젠이 제품 성분의 50%를 차지한다는 사실을 알 수 있었을 것이다. 판매 허가를 받을 당시 몬산토는 클로로벤젠을 그 성분으로 신고한 바 있다. 그러나 정작 농부들에게 판매하는 제초제 통의 성분 표시에는 클로로벤젠이 빠져 있다. 또 알라클로르와 클로로벤젠의 성분 비율을 더해도 제초제 성분은 100%가 되지 않는다. 나머지 7%는 '영업 비밀'로 분류되어 제초제 성분 표시에 나타나지 않는다.

프랑스 국립안전보건연구원(INRS)이 작성한 클로로벤젠의 설명서를 봤다면 해독센터의 책임자들도 "유기합성의 매개체"인 클로로벤젠이 "염료와 농약 생산"에 사용되고, "흡입 시 인체에 유해하며, 장기적인 부작용을 초래"한다는 내용을 읽었을 것이다. 특히 클로로벤젠은 "간, 신장, 폐, 그리고 무엇보다 지방조직에 축적된다. (……) 증기로 흡입하면 200ppm(930mg/m³) 노출 시 안구와 호흡기가 자극된다. 대량 노출 시에는 신경계에 영향을 미쳐 반수 상태, 신체 조정 능력 상실, 중추신경계 퇴화, 의식 혼란을 동반한다." 프랑스 국립안전보건연구원의 전문가들은 "노출된 피검자의 생물학적 관찰에는 소변 내 4-클로로카테콜과 4-클로로페놀(모두 클로로벤젠의 대사산물)의 수치 측정"을 권고한다. 이것이 바로 보르도와 앙제의 해독센터에서 거부했던 그 검사이다. 프랑스 의료보험 일반 제도는 클로로벤젠을 직업병 분류표 제9호에 기입했는데, 이는 클로로벤젠이 급성 신경계 질환을 유발할 수 있기 때문이다.

알라클로르는 라소에 제초제 기능을 부여하는 활성물질이다. 1996년 세계보건기구와 식량농업기구는 "치사량에 노출된 쥐"가 "침 분비, 경련, 탈진, 혼수상태에 이어"[7] 죽었다고 보고했다. 국제연합 산하의 두 기구는 제초제 용기에 "인체에 암을 유발할 수 있는" 물질이며 사용자가 제초제를 다룰 때 "보호 작업복, 장갑, 마스크"를 착용해야 한다고 표시할 것을 권고했다. 또 "보고된 사례는 없으나 급성중독의 징후는 두통, 구역질, 구토 및 현기증일 것이다. 심각한 중독은 경련과 혼수상태를 일으킬 수 있다."고 지적했다. 이로 인해 캐나다는 1985년 12월 31일자로 라소의 사용을 금지했다. 그러나 유럽연합은 2007년에 와서야 동일한 조치를 취했다.*

프랑스에서는 2007년 초 작성된 농업부 문서에서 제초제의 '전면 금지'가 2007년 4월 23일로 예정되어 있지만 '유통 기한'은 그해 12월 31일이며 '사용 기한'은 2008년 6월 18일까지라고 명시하고 있다. 몬산토와 농업협동조합이 창고에 쌓인 라소 재고량을 유유히 해결할 수 있도록 한 것이다. 2007년 4월 19일자 주간지 《농업노조》가 라소, 인디애나, 애리조나와 같이 알라클로르 성분이 들어 있는 제초제의 '금지 계획'을 알린 것이 그 증거이다. 신문은 "그러나 유럽연합 지침 91/414에 의거하여 회원국은 기존 재고량을 폐기하거나 판매 또는 사용할 수 있도록 유예 기간을 둘 수 있다."[9]고 밝혔다.

그런데 기사에서 유럽연합이 왜 '시판 허가를 중지'하기로 했는지, 정확히 말해 설치류를 대상으로 한 연구 결과 활성 성분에 발암물질이 들어 있다고 밝혀진 몬산토의 제초제를 왜 금지하기로 결정했는지는 설명하지 않았다는 점이 눈길을 끈다. 기사 전체가 마치 곡물 산업이 보건 문제보다 우위에 있는 듯한 논조이다. 제초제 판매가 금지되었다는 것은 제초제의 사용자, 그러니까 《농업노조》 독자들의 건강을 해치기 때문이라는 말 아닌가.

---

* 유럽연합은 91/414/CEE 지침 부속서 1에 알라클로르를 포함하지 않기로 결정했다. 그러나 이 결정을 내린 제 C(2006)6567호에 "알라클로르를 설명서에 표시된 비율(헥타르당 정해진 양)로 다루고 사용했을 때 발생한 노출은 (……) 사용자가 받아들일 수 없는 위험을 안고 있다."고 명시했다.

폴 프랑수아의 투쟁

폴 프랑수아의 산업재해는 곧 악몽으로 변했다. 2004년 11월 29일 그는 자택에서 갑자기 혼수상태에 빠졌다. 당시 9세, 13세였던 두 딸이 119에 신고했다. 폴은 몇 주 동안 푸아티에 응급센터에 입원했다. 2005년 1월 25일에 나온 건강 검진 결과에서 응급의학 전문의는 '심각한 의식 손상'을 지적했다. "간단한 지시 사항에도 반응하지 못하고 뇌파는 (……) 간질을 의심하게 하는, 급성의 느린 연발성 활동을 보인다."고 적혀 있다. 같은 날 신경 전문의는 "언어 장애(구음 장애)와 기억력 상실이 지속적으로 관찰된다."고 적었다.

그 뒤 7개월 동안 입원(파리 라 피티에 살페트리에르 종합병원에서 63일간 입원)과 전과(轉科), 반복적인 혼수상태가 계속되었다. 폴을 담당했던 전문의들이 약속이라도 한듯 하나같이 증상의 원인인 라소 중독을 무시한 일은 참으로 의아하다. 우울증, 정신 질환, 간질, 그 밖에 다양한 가설들이 검토되었고 온갖 검사가 시행되었다. 폴 프랑수아는 여러 차례 CT 촬영을 하고 뇌파 검사를 받았으며 정신 감정까지 받았다. 그렇지만 검사 결과 모든 가설이 제외되었다.

폴 프랑수아는 허송세월에 지치기도 했지만 아내의 성화에 못 이겨 결국 앙드레 피코가 이끄는 독성학화학협회(Association toxicologie-chimie)에 연락을 취했다. 앙드레 피코 교수는 뤼펙 회의에 참석한 전문가 중 한 명이기도 했다. 폴은 피코 교수에게 라소의 성분 분석을 의뢰했다. 제초제의 정확한 성분과 성분 표시에 나오지 않는 물질이 무엇인지 알아보기 위해서였다. 전문 실험실에 의뢰하여 분석한 결과 제초제에는 아세트산의 클로로메틸에테르 0.2%가 포함되어 있었다. 이것은 독성이 매우 강한 메틸 클로로아세테이트를 주성분으로 한 첨가제로, 흡입이나 피부 접촉 시 세포 질식을 유발할 수 있다.[*]

신경계 질환의 원인을 알아내고 치료를 더 잘 받기 위해 폴 프랑수아는 라소를 제공했던 농협 부회장에게 몬산토에 연락해 줄 것을 요청했다. 부회장은 이미 리옹 교외에 위치한 프랑스 지사에 사고 소식을 전했다고 했다. 그러나 프랑스 지사는 감감무소식이었다. "제가 순진했죠. 제 건강 문제를 해결하는 데 몬산토가 협조적으로 나올 거라 생각했으니까요. 협조는 개뿔!" 폴 프랑수아는 그때를 회상하며 이렇게 말했다.

결국 농협 대표의 끈질긴 노력으로 폴의 아내인 실비 프랑수아는 존 잭슨 박사와 첫 번째 전화 통화에 성공했다. 존 잭슨은 몬산토에서 근무했다가 몬산토의 유럽 지역 자문위원으로 활동하고 있었다. "아내는 큰 충격을 받았습니다. 그 사람이 라소 중독 사례는 들어본 적이 없다며 몬산토에 소송을 걸지 않는다는 조건으로 금전적 보상을 제안했답니다." 폴은 그때의 일을 두고 이렇게 설명했다. 그것은 내가 이미 『몬산토』에서 길게 설명했던 몬산토의 전형적인 수법이었다. 희생자들의 침묵을 돈을 주고 사거나, 더 나아가 그들을 협박해서 국민 건강이나 환경 문제로 치를 희생은 아랑곳하지 않고 장사만 계속하겠다는 속셈인 것이다.

실비 프랑수아의 끈질긴 노력 덕분에 잭슨 박사는 대니얼 골드스타인 박사와 전화 통화를 할 수 있게 해 주겠다고 약속했다. 골드스타인 박사는 미주리 주 세인트루이스에 있는 몬산토 본사의 독성학 부서를 맡고 있는

---

[*] 분석 결과 라소에는 부탄올 6.1%와 이소부탄올 0.7%도 포함되어 있었다.

책임자였다. 폴 프랑수아는 영어를 하지 못했기 때문에 친구인 사업가에게 인터뷰를 이끌어 달라고 부탁했다. 골드스타인 박사는 잭슨 박사와 마찬가지로 금전적 보상을 먼저 제안했다.

"제 건강 문제 따윈 안중에도 없는 것 같았습니다. 라소에 아세트산의 클로로메틸에테르 성분이 들어 있다는 사실 자체도 부인하려 들었죠. 우리가 2년 간격으로 제조된 라소의 표본에 대해 실시한 분석 결과를 보내겠다고 하자 갑자기 태도를 바꾸더군요. 클로로메틸에테르가 검출된 건 아마 제초제가 분해하는 과정에서 생겼을 거라면서요. 하지만 그 사람 말이 맞다면 두 표본에서 정확히 같은 양의 클로로메틸에테르가 검출됐다는 게 말이 안 되죠!"

몬산토를 대표하는 골드스타인 박사는 아세톤산의 클로로메틸에테르가 제초제 노화로 우연히 일어난 화학 반응물이라고 주장했다. 이에 앙드레 피코 교수는 "그건 거짓말이다. 클로로아세테이트는 제초제의 기능을 향상시키기 위한 강화제로 쓰인 것"[9]이라고 반박했다.

몬산토의 요주 인물

지역 일간지 《라 샤랑트 리브르》의 표현을 빌리면, 폴 프랑수아는 "몬산토의 요주의 인물"이 되었다. 그것은 우리도 기꺼이 나누고 싶은 영광이다. 그러나 그는 "과학자와 독성학자 들에게 이례적이자 문제적인 사례"[10]가 되었다. 폴 프랑수아의 신경학적 상태가 심각해지자 라 피티에 살페트리에르 종합병원은 소변검사를 실시하기로 했다. 해독센터들이 필요 없다고 했던 바로 그 검사였다.

2005년 2월 23일, 그러니까 사고가 발생한 지 10개월이 지난 뒤에야 소변 채취가 이루어졌다. 놀랍게도 소변에서는 클로로벤젠의 주요 대사물질인 클로로페놀 수치가 매우 높게 나왔다. 그 밖에 알라클로르의 분해 물질도 검출되었다. 모든 단서가 폴 프랑수아의 몸, 특히 지방조직에 제초제가 쌓여 있으며, 그 성분이 혈액 속으로 조금씩 녹아들어 가면서 반복적인 코마와 신경계 질환을 유발한다는 것을 가리켰다.

그러나 해독센터의 독성학자들을 비롯한 '전문가'라는 사람들은 자명한 사실을 인정하고 거기에 대처하기는커녕 그것이 불가능한 일이라고 고집을 부렸다. 그리고 그 증거로 클로로페놀이나 모노클로로벤젠이 인체에 머무는 시간은 최대 3일이며, 3일이 지난 뒤에 두 물질의 흔적이 인체에 남아 있기란 불가능하다고 주장했다. 그러나 이것은 제조업체들이 제공한 데이터를 바탕으로 수립된 이론적 설명에 불과하다. 앞으로 이러한 데이터를 참고할 때 주의해야 할 사항에 대하여 살펴볼 것이다(5장 참조).

프랑스 국립안전보건연구원이 마련한 클로로벤젠 데이터도 관련 업체들이 제공한 연구를 기반으로 작성된 자료다. 비교적 많은 양이 구강을 통해 인체에 유입되었을 때(40일간 이틀에 한 번꼴로 몸무게 1kg당 500mg) 클로로벤젠이 체내에서 완전히 제거되는 시간을 나타낸 데이터인데, 사실 그것은 토끼를 대상으로 한 실험 결과였다. 물론 중치류(重齒類)도 포유류니까 인간과 비슷한 특징을 갖고 있다. 그러나 토끼에게서 관찰된 배출 메커니즘을 그대로 인간에게 적용할 수 있다고 결론 내리는 것은 성급하지 않은가! 특히 호흡기를 통해 유발된 인간의 급성중독과 장기적인 신경계 손상과의 인과관계를 부정하려고 논거를 내세울 때는 말이다.

인간을 대상으로 한 데이터는 클로로벤젠을 제조하는(제조인지 사용인지에 대해서는 정확하게 명기하고 있지 않다.) 공장에서 일하는 노동자들이 '일을 마친 뒤' 실시한 소변검사 자료가 유일하다. 프랑스 국립안전보건연구원의 전문가들이 쓴 글을 보자.

"인간에게서는 노출 초기에 4-클로로카테콜과 4-클로로페놀이 곧바로 소변에서 검출된다. 노출이 완료된 시점에 배출되는 양이 가장 많다(8시간 경과 후). 소변으로 배출되는 단계는 2단계로 나뉜다. 4-클로로카테콜의 반 감기는 각각 2.2시간과 17.3시간이며, 4-클로로페놀의 반감기는 각각 3시간과 12.2시간이다. 4-클로로카테콜의 배출량이 4-클로로페놀보다 세 배가량 많다."

기록이 매우 간략하다는 점을 인정해야 할 것이다. 노동자가 어느 정도 노출되었는지 전혀 설명되어 있지 않지만 폴 프랑수아가 당했던 '가스 살포 (앙드레 피코의 표현)'보다는 경미하리라고 짐작할 수 있다. 그보다 더 많이 노출되었다면 모두 병원 신세를 졌을 테니 말이다. 또 확인된 배출 메커니즘이 대사물질 모두에 해당하는지 혹은 일부에 해당하는지도 알 수 없다. 한편 프랑스 국립안전보건연구원은 대사물질들이 "지방조직에 집중"되는 경향이 있다고 기술했다.

이 모든 것은 사뭇 전문가들 사이의 싸움처럼 보인다. 그것도 상당히 지난한 싸움을 보는 것 같다. 그렇지 않다면 그것은 프랑스 해독센터 세 곳의 뛰어난 독성학 전문가들이 내린 창피한 ─ 신중히 고른 말이다. ─ 결론에 불과하다. 2005년 2월과 5월에 폴 프랑수아의 소변과 머리카락에서 클로로벤젠과 알라클로르의 대사물질이 발견되었던 것은 그가 그 며칠 전에 라소를 흡입했기 때문이라는 말인가!

"처음 그 말을 들었을 때 화가 났습니다. 보르도 해독센터의 다니엘 푸아조 과장의 입에서 나온 말이었지요. 말하자면 제가 일부러 라소를 들이마신 게 아니냐는 것이었습니다. 첫 소변검사는 라 피티에 살페트리에르 종합병원에 오랫동안 입원했을 때 한 것이라서 라소를 구할 수도 없었다고 하니까, 아, 글쎄, 병실에 숨겨 둘 수도 있었지 않았느냐는 겁니다. 하도 말문이 막혀서 화학 산업과 독성학자들이 이해관계가 있지 않느냐고 했지요. 그랬더니 웃습디다. 소설 쓰지 말라면서요. 그리고 기업도 좋은 제품을 만들려고 하는 것이지 지구나 사람을 위험에 빠뜨리려고 하는 게 아니라고 하더군요."

폴 프랑수아가 약물에 중독된 것이 아니냐는 주장은 앙제 해독센터의 파트릭 아리 소장도 꺼냈던 얘기다. 실비 프랑수아와 전화 통화를 하다가 나온 말이었다는 것이 앙굴렘 사회보장법원(TASS)에 그녀가 제출한 증언서에 기록되어 있다. "제품을 고의로 흡입했다는 것으로밖에 검사 결과가 설명되지 않는다고 차갑게 말하더군요."

파리 해독센터의 로베르 가르니에 과장은 대놓고 '고의적인 흡입'이라고 하지는 않았지만 폴 프랑수아의 증상을 정신적인 문제로 돌리려고 했다. 그는 2005년 6월 1일 농업사회상호부조의 의사 아네트 르 투 박사에게 보낸 편지에서 다음과 같이 적었다. "모노클로로벤젠이 첫 사고와 그 뒤 몇 시간 또는 며칠간 관찰된 증상을 설명할 수 있습니다. 그러나 몇 주나 몇 달 동안 나타난 증상의 직접적인 원인은 아닙니다. 급성중독 때문에 걱정이 된 나머지 장기 중독을 우려하게 된 것입니다. 증상이 반복된 것은 그런 불안이 신체화되어 나타난 것입니다." 2주일 뒤 르 투 박사는 그 "증상"이라는 것은 "완전한 의식 상실"이며 전체적으로 보아 "증상의 심리적 원인은 배제된다."고 번복했다. 그리고 뭔가 석연치 않았던지 이 사례에 '일관된 단서'가 부족하다고 덧붙였다.

자문을 구한 모든 독성학자들이 하나같이 몬산토가 파는 독의 명예를 실추시키지 않으려고 라소와 그 성분들의 만성 효과를 고집스럽게 부정했다. 도대체 왜 그랬을까? 많은 독성학자와 화학자 들이 화학 업계와 매우 긴밀한 관계를 가지고 있으며, 더욱 심각한 것은 그들이 해독센터와 같은 공공 기관의 요직을 차지하고 있을 때도 그러한 관계를 유지한다는 사실이다. 때로는 관계자들이 밝히기를 꺼리는 이해관계가 얽혀 있을 때도 있다. 또 때로는 화학과 독성학을 전공한 과학자들이, 미국에서 만난 환경 전문가 네드 그로스의 말을 빌리면(12장 및 13장 참조) "같은 집안 출신"이라는 사실에 기인한 유착 관계 때문이다.

만성적인 유착 관계는 파리 해독센터의 로베르 가르니에 과장이 잘 보여 준다. 폴 프랑수아가 처음 나를 찾아왔을 때 메디켐의 인터넷 사이트에서 인쇄한 자료를 보여 주었다.[11] '화학제품 생산 및 사용에 있어 노동 및 환경과 관련된 건강' 문제에 관심을 쏟는다는 '국제 과학 단체' 메디켐은 알프레드 티에스 박사가 1972년에 설립했다. 그는 독일 화학 전문 업체 바스프에서 의료 팀장을 지낸 인물이다. 이 단체를 후원하는 기업 중에는 세계 유수의 화학업체들이 있으며, 그들 대부분은 과거 ─ 지금도 그렇다. ─ 오염 기업으로 밝혀졌던 업체들이다.

메디켐은 매년 국제 세미나를 개최하는데, 2004년 파리에서 열렸던 회의를 주재했던 사람이 바로 로베르 가르니에 과장이다. 그는 당시 메디켐의 이사로 활동했고, 바스프에서 간부직을 맡고 있던 마이클 내스터랙 박사는 협회 간사였다. 세미나 참석자 명단에는 몬산토의 독성학 책임연구원인 대니얼 골드스타인 박사의 이름도 눈에 띈다. 그는 소송 포기를 조건으로 폴 프랑수아에게 금전적 대가를 제안했던 사람이다. 폴 프랑수아가 당시 가르니에 박사를 만난 자리에서 혹시 골드스타인 박사를 아는지 물었지만 가르니에 박사는 모른다고 대답했다. 이 책을 쓰고 있는 지금 이 순간까지도 폴 프랑수아가 메디켐의 사이트에서 발견했던 파일을 다시 찾을 수가 없다. 연기처럼 사라지고 만 것이다.

농업사회상호부조와 몬산토를 상대로 한 소송

"솔직히 말하면 이번 일로 저도 독해졌습니다. 그리고 이렇게 난생 처음 재판장에 서 보는군요." 폴 프랑수아는 한숨을 내쉬었다. 그는 농업사회상호부조와 그 산하기관인 직업활동위험보험(AAEXA)이 그의 심각한 건강 문제를 산재로 인정해 주지 않자 앙굴렘 사회보장법원에 제소했다.

2008년 11월 3일, 앙굴렘 사회보장법원은 폴 프랑수아의 손을 들어 주었다. "2004년 11월 29일 재발한 증상은 2004년 4월 27일에 발생한 산업재해와 직접적인 관련이 있으며 산업재해 관련법의 적용을 받아야 한다." 법원은 판결에서 장 프랑수아 나르본 교수의 보고서를 언급한다. 앞서 인용했던 이 보고서는 폴 프랑수아의 증상이 "지방조직에 (독성) 성분들의 축적 및(또는) 대사 활동의 지속적인 차단"에 기인한 것이라고 지적했다. 다시 말해 중독 수준이 워낙 높아서 독성 물질의 대사가 완전히 차단되었고, 이로 인해 독성물질이 체내에 쌓였다는 것이다. 앙드레 피코는 "예외적이기는 하나 그러한 가설은 충분히 가능하다."고 평했다.

리모주 대학 부속병원 약물학 및 독성학 부서의 제라르 라샤트르도 같은 의견이다. 그는 폴 프랑수아에게 반복적으로 나타나는 신경계 증상과 그가 라소를 흡입했다는 사실을 연관시킨 유일한 전문가였다.

앙굴렘 사회보장법원의 판결은 폴 프랑수아가 거둔 첫 번째 승리였다. 그러나 폴은 거기에서 만족하지 않았다. 몬산토가 "제품 성분에 관해 정보를 제공해야 할 의무를 저버렸다."는 이유로 리옹 지방법원에 제소한 것이다.*
폴 프랑수아의 변호를 담당한 프랑수아 라포르그는 2009년 7월 21일 법원에 제출한 자료에서 "라소 포장 용기에 제초제 성분으로 표기된 것은 알라클로르가 유일하고, 모노클로로벤젠은 표기되지 않았다. 휘발성이 강한 모노클로로벤젠의 흡입 가능성, 제품 사용 시 주의 사항, 흡입 시 나타나는 부작용도 언급되지 않았다."고 밝혔다.

반대로 몬산토가 법원에 제출한 자료는 사고 직후 보르도 해독센터의 결정 때문에 소변과 혈액검사가 이루어지지 않았다는 파렴치한 결론을 내렸다. "폴 프랑수아 씨는 2004년 4월 27일에 흡입했다고 주장하는 제품이 라소였다는 사실을 한 번도 증명하지 못했다. 실제로 2004년 4월 27일에 라소를 흡입했다는 사실을 증명하는 의료 기록은 존재하지 않는다. (……) 폴 프랑수아 씨는 병원 측 실수로 돌리려 하지만 그 사실은 명백하다." 그리고 이런 뻔뻔한 말로 끝을 맺는다. "상기 요소들을 종합해 보건대 2004년 4월 27일 사고와 폴 프랑수아 씨의 건강 상태 사이에는 어떤 인과관계도 성립이(아예 가정조차) 될 수 없다."

몬산토는 이 비정한 결론을 뒷받침하기 위해 두 가지 자료를 부속물로

---

* 2011년 2월 현재까지 재판은 단 한 차례도 열리지 않았다.

첨부했다. 첫 번째 자료는 2009년 3월 27일 '폴 프랑수아 씨의 중독 사례에 대한 의료 평가'를 실시한 피에르 제라르 퐁탈 박사가 작성한 것이다. 인터넷에서 박사의 이름을 검색해 보면 그가 직접 올린 이력서를 쉽게 찾을 수 있다. 우리도 그렇게 해서 그가 파리 해독센터에서 근무한 적이 있으며, 프랑스의 화학업체 론 풀랑 아그로시미에서 5년간 의료 팀장으로 일하다가 농화학 계열사인 아방티스 크롭시앙스에서 '인간에게 미치는 위험 평가' 팀장을 맡았다는 것을 알게 되었다. 따라서 그가 화학 산업과 관계가 있다는 사실은 명백하다. 그의 보고서는 전반적으로 제도권의 독성학자들이 펼치는 진부한 주장과 맥을 같이한다. 파라셀수스의 "양(量)이 곧 독이다."를 깰 수 없는 원칙으로 제시하며 그것을 '수립된 과학 지식'이라고 주장한다. 이에 대해서는 다시 자세히 다루겠다(7장 참조).

그의 평가가 얼마나 편협한 것인지 단적으로 보여 주는 것이 장 프랑수아 나르본 교수의 보고서를 비판한 글이다. 그는 장 프랑수아 나르본 교수가 "폴 프랑수아 씨의 노출량이 얼마인지 결정하는 문제를 생각하지 않았다."고 주장했다. 폴 프랑수아의 중독 수준을 알려 줄 소변과 혈액검사를 거부한 해독센터들의 태만을 나르본 교수가 분명히 고발했다는 사실을 아는 사람들에게 이 주장은 얼마나 기가 막힌 소리인가.

몬산토 '제품 안전 센터'의 대니얼 골드스타인 박사가 작성한 두 번째 자료는 몬산토를 위해 해독센터들을 옹호하는 것이다. 이 자료의 장점이라면 참 명쾌하다는 것이다.

"원칙적으로 빠르게 배출되어 만성적인 독성을 가질 수 없는 성분에 노출된 것이므로 혈액이나 소변에서 높은 수치가 나왔다는 사실은 환자에게 거의 의미가 없거나 아예 없다."

이렇듯 골드스타인 박사는 우스꽝스러워지는 것을 두려워하지 않았다. 그것도 모자라 집단 부정에 가까운 행태를 저지른 '공범'들을 고집스럽게 지지했다.

"우리는 노출 직후 검사 분석에서 도출되었을 정보가 유용하지 않았을 것이며 프랑수아 씨가 흡입으로 인한 짧은 노출에서 회복하는 데 문제가 없었으리라는 프랑스 해독센터의 주장을 확인하는 바이다."

반박해 보았자 무슨 소용이랴. 이미 엎질러진 물이다.

농업에 재활용된
화학무기

"세상을 파괴하는 자는 악행을 저지르는 자가 아니라 아무것도 하지 않는 방관자들이다. "

—알베르트 아인슈타인

폴 프랑수아의 사례는 시사하는 바가 많다. 그의 이야기는 화학 산업과 공권력이 사탕발림으로 덮고 넘어가려는 자명한 사실을 상기시킨다. 그것은 바로 '농약이 독'이라는 사실이다. 주느비에브 바르비에 박사와 작가인 아르망 파라시가 그들의 공저인 『발암사회(*La Sociétécancérigène*)』에서 강조했듯이, "농약 사용이 일반화되면서 사람들은 농약이 원래 생명을 죽이기 위해 개발되었다는 사실을 잊어버렸다."[1] 저자들은 "담뱃갑에도 경고 문구가 있는데, 일반 판매가 허용된 농약 용기에서 '잡초 제거는 생명을 앗아갈 수 있습니다.' 혹은 '모기나 바퀴벌레를 잡으려다 암에 걸릴 수 있습니다.' 같은 경고문은 찾아볼 수 없다."[2]고 덧붙였다.

병충해 '킬러'에서 식물 '약제'로

농약은 "선례를 찾아볼 수 없다. 인간이 다른 생물체를 해하거나 죽이기 위해 만들어 고의적으로 자연에 방출한 유일한 화학제품이기 때문이다."[3] 농약 규제를 위한 국제 NGO 농약행동네트워크(Pesticides Action Network)는 유럽연합에서 재정을 지원받아 2007년 발행한 책자에서 농약을 그렇게 정의했다. 농약은 '사이드(-cide)'(라틴어로 '죽이다'라는 뜻인 '까에데레(caedere)'에서 왔다.)로 끝나는 이름으로도 구분이 가능하다. 어원을 살펴보면 농약 '페스타사이드(Pesticide)'는 '페스트'를 죽이는 약이었다.(영어로 '페스트(Pest)'는 유해한 동물, 곤충 또는 식물을 가리키며 그의 라틴어 어원은 '페스티스(Pestis)'로, '재앙' 또는 '전염병'을 뜻한다.) 잡초(제초제), 벌레(살충제), 균(살진균제), 달팽이와 민달팽이(살패제), 선충(살선충제), 설치류(살서제), 까마귀(살오제) 등이 제거 대상이다.

할아버지의 농장에 아트라진이 처음 사용되었던 1960년대에 화학농업 홍보자들은 농약의 강한 독성과 치명적인 효과를 강조하며 병충해 예방 캠페인을 벌였다. 미국 시청각 자료에서 찾아낸 1964년 텔레비전 광고물에는 과학자의 상징인 흰 가운을 입은 남자가 등장한다. 화학물질이 담긴 드럼통을 가득 올려놓은 테이블 앞에서 남자는 현학적인 말투로 경고한다.

"농약이 독이라는 걸 절대 잊지 마십시오! 농약의 올바른 사용은 여러분에게 달렸습니다. 농약을 조심해서 다루십시오!"[4]

50년이 지난 지금 이 분야의 대기업 홍보물에서 그처럼 명시적인 경고를 찾아보는 것은 헛수고다. '농업 분야에 식물 약제 및 서비스를 시판하는 열아홉 개 기업'이 결성한 프랑스의 식물보호산업연맹(UIPP)이 운영하는 웹사이트를 들어가 보면 쉽게 알 수 있다. 특히 여섯 개의 거대 다국적기업인 바스프 아그로 에스에이에스(SAS), 바이엘 크롭사이언스, 다우 애그로사이언스, 듀폰, 몬산토, 신젠타의 프랑스 계열사를 회원사로 두고 있는 연맹이 소개 글에서 사용한 표현들은 1970년대부터 점진적으로 이루어진 미화 작업을 여실히 보여 준다. 농업 관련 산업이라는 작지만 매우 강력한 세계에서는 '농약'이라는 말을 피하고 '식물 병충해 방제 제품'이라는 용어를 사용한다. 이 용어도 최근에는 '식물 약제'라는 새로운 말로 바뀌었다. 말이 주는 어감이 분명 더 신뢰감을 갖게 만든다. 식물보호산업연맹의 사이트에서 내린 농약의 정의는 다음과 같다.

"식물 약제는 해충, 병(균류 등), 잡초 등 식물의 올바른 성장을 방해하는 수많은 공격에서 농작물을 보호한다. (……) 식물 약제는 양질의 농작물을 규칙적으로 충분한 양을 수확할 수 있도록 도와준다."(밑줄-인용자)

'농약'을 '식물 병충해 방제 제품'이나 '식물 약제'로 바꾼 것은 단순히 의미상의 속임수가 아니다. '생명체를 죽이기 위해 개발된 제품'을 식물의 건강과 식품의 질을 보호하는 약으로 둔갑시킴으로써 실질적으로 농부와 소비자를 속이려는 목적이 들어 있기 때문이다. 이는 기업의 홍보 전략에 사용되는 전형적인 조작이므로 일상적으로 받아들일 수도 있는 속임수의 정석이라 할 수 있다. 요즘은 국영 단체에서도 그런 홍보 전략을 사용하고 있다.

그런 측면에서 프랑스 농업부*의 홈페이지는 훌륭한 본보기다. 거기에는 '농약'이라는 말이 단 한 차례도 나오지 않는다! 그 대신 '식물의 건강과 보

---

* 2010년 12월 인터넷 사이트 주소는 http://agriculture.gouv.fr이었다. 부처의 공식 명칭은 '농업, 식품, 어업, 농촌 및 국토정비부(ministère de l'Agriculture, de l'Alimentation, de la Pêche, de la Ruralité et de l'Aménagement du territoire)이다.

호'라는 코너를 통해 농업부가 "식물 생산과 관련하여 필연적으로 유발되는 보건 및 병충해 방제의 예방 및 운영을 위해 많은 조치를 취하고 있다."는 것을 알 수 있다. 이 얼마나 능수능란하게 회피하는 묘수인가! 농업부의 그럴싸한 글을 읽으면 마치 식물 생산 자체가 '보건 및 병충해 방제의 위험'을 야기하는 것 같다. 그러나 실제로 그 위험을 유발하는 것은 한 차례도 언급되지 않는 농약이다. 다음에 이어지는 글도 이해가 안 되기는 마찬가지다. "식물 보호 부서의 목적은 보건 및 병충해 방제 감시, 식물 생산 조건 관리, 보건 및 환경을 존중하는 농업 활동 진흥이다."

프랑스 농업사회상호부조의 사이트에서도 똑같은 논리를 찾아볼 수 있다. 농부의 건강을 보호해야 할 이 단체의 사이트에도 '속임수'가 워낙 잘 감추어져 있어서 2010년 4월에 글을 실은 사람들은 좋은 의도를 가지고 있었겠지만 "식물 약제 사용과 관련된 위험을 다루는 특별 관측소, 피타티튀트(Phyt'attitude)"*를 설명하면서 실수를 범하고 말았다.

"농약이라고도 불리는 식물 약제는 (……) 다음과 같은 목적으로 제조된다. 첫째, 식물이나 식물 제품을 유해한 생물체로부터 보호하거나 유해한 생물체의 작용을 예방한다. 둘째, 식물이나 식물 제품의 생명 과정에 관여하고 보호한다. 셋째, 바람직하지 않은 식물의 전체나 일부를 파괴한다."(밑줄-인용자)[5]

놀랍게도 순서가 뒤바뀌었다는 것을 눈치 챘을 것이다. '농약이라고도 불리는 식물 약제'가 아니라 '식물 약제라고도 불리는 농약'이라고 하는 것이 맞다. 농약의 위해성을 숨기기 위해 화학 산업이 강요한 '식물 약제'라는 용

---

* 관측소의 목적은 제품들의 급성 및 아급성 효과를 더 잘 파악해서 실제 작업 환경을 고려한 개인 예방을 강화하고, 공권력과 제조사들에 정보를 올려 보내 집단 예방을 향상시키는 것이다.

어가 원래 사용되던 '농약'이라는 말을 제압한 것이다. 화학농업의 신봉자들은 '농약'이라는 말을 사용하면 생태론자와 히피나 하는 구시대적 집착이라고 손가락질하기 일쑤다.

그러나 메시지는 홍보 캠페인에 오래전부터 완벽하게 자리 잡았다. 나도 시골에서 '농약'이라는 말을 한 번도 듣지 못하고 자랐다. 약국에서 약을 사듯 '식물 약제 가게'에서 '식물 약제'를 구입했기 때문이다.

비소에서 머스터드가스까지

생물학자 쥘리 마크가 세계에서 가장 많이 팔린 제초제인 몬산토의 라운드업에 관한 박사 논문에서 강조했듯이, "농약의 사용은 고대 그리스·로마 시대로 거슬러 올라간다."[6] 그러나 20세기 초반까지 '재앙의 킬러'는 자연에서 나는 광물이나 식물 화합물의 부산물이었다(납, 황, 담배나 인도의 님 잎).[7] 자연에서 얻은 것이라 해도 아주 위험한 물질들도 있었다. 대표적인 예가 비소인데, 대(大) 플리니우스도 그의 대작 『박물지(*Naturalis Historia*)』에서 비소 사용을 권장한 바 있다. 중국과 유럽에서 16세기부터 살충제로 쓰인 비소, 좀 더 정확하게 말하자면 아비산나트륨은 2001년부터 포도 재배에 사용이 금지되었다.*

과거에 사용이 제한되었던 농약은 19세기에 광물화학이 등장하여 처음으로 도약한다. 그 변화는 유명한 '보르도 반죽'으로 상징된다. 보르도 반

---

* 아비산나트륨은 농업사회상호부조가 실시한 연구 덕분에 금지될 수 있었다. 농업사회상호부조는 암을 유발하는 비소를 농업 분야의 직업병 목록에 포함시킬 것을 요청했다.

죽은 황산구리와 석회를 섞어 만든 혼합물로, 1885년부터 노균병을 막기 위해 포도밭에 뿌려졌다가 훗날 제초제로도 사용되었다. 당시 미국에서는 아비산구리가 대대적인 성공을 거두었다. 아비산구리는 '파리 그린'이라는 이름으로 더 잘 알려졌는데 당시 파리 하수구에 번식하던 쥐를 잡기 위해 사용되었기 때문이다. 미국에서는 과수원 살충제로 쓰였다.* 그러다가 얼마 뒤 아비산나트륨이 곡물에 해를 입히지 않으면서 잡초만 죽인다고 알려져 곡물 밭에도 뿌려졌다.

그러나 농약의 본격적인 대량 생산은 제1차 세계대전 때부터 시작되었다. 전쟁이 합성 유기화학의 발전과 독가스 연구에 박차를 가했기 때문이다. 요즘 일반적으로 사용되는 '식물 약제' 대부분의 역사는 화학전의 역사와 밀접한 관련이 있다. 화학전의 아버지는 독일의 프리츠 하버다. 1868년에 태어난 프리츠 하버는 수소를 공기 중의 질소와 합성시켜 암모니아를 만들어내는 과정을 발명하여 명성을 얻었다. 그 공로로 1918년에는 노벨화학상을 수상하기도 했다. 그가 연구한 공기 중의 질소를 고착시키는 과정은 질소를 기반으로 한 화학비료(칠레나 페루의 구아노**를 대체하고 농업의 산업화를 촉진했다.)뿐만 아니라 폭발물 제조에도 사용되었다. 세계대전이 발발하자 프리츠 하버는 베를린에 소재한 카이저빌헬름 연구소 소장을 맡았고 전쟁에 도움을 달라는 요청을 받았다. 과학자 150명과 기술자 1300명으로 구성된 팀을 이끈 그의 임무는 참호 속에 숨어 있는 연합군 군인들이 밖으로 뛰쳐

---

* 파리 그린은 색소로도 사용되었는데 특히 인상파 화가들이 많이 사용했다. 파리 그린의 독성 때문에 세잔이 당뇨병을 앓았고 모네가 실명했으며 반 고흐는 신경 질환을 앓았다고 알려져 있다.

** 구아노는 바닷새의 배설물로, 영양소나 유기물질 함량에 있어 그 무엇도 따라올 수 없는 훌륭한 자연 비료다. 화학 비료와는 달리 과용해도 환경이나 토양에 아무런 해를 가하지 않는다.(1992년 프랑스 3채널에서 방영된 나의 르포르타주 「페루의 검은 금(L'Or noir du Pérou)」 참조)

나오게 할 수 있는 자극성 가스를 개발하는 것이었다. 1899년 헤이그 선언으로 화학무기는 이미 금지된 상황이었다.

실무를 담당한 자는 페르디난트 플루리였다. 그는 온갖 종류의 독가스가 쥐, 원숭이, 말에 미치는 효과와 기제를 실험했다. 그때 유일하게 실험을 통과한 독가스가 염소가스다. 자연에 다량으로 존재하는 염소가 소금 형태의 나트륨(염화나트륨) 등과 결합해서 산업에 사용되기 시작하던 때였다. 1785년 화학자 클로드 루이 베르톨레가 '오 드 자벨(eau de Javel, 파리의 자벨 가에 있는 한 공장에서 발명한 염소와 가성칼륨의 혼합 용액)'의 놀라운 표백 기능을 세상에 알리면서 염소는 처음에는 표백제(섬유 산업과 제지 산업)로서, 훗날에는 살진균제로서 큰 성공을 거두었다. 그러나 당시만 해도 염소 사용에는 제한이 많았다. 염소는 단독으로 존재할 때 연두색 기체 상태이다. 염소를 뜻하는 '클로로스(Chloros)'는 그리스어로 '옅은 초록'을 뜻한다.* 기체 상태의 염소는 독성이 매우 강하다. 숨 막힐 정도로 악취를 내뿜는 염소가스는 호흡기를 강하게 자극한다. 공기보다 무겁고 토양 근처에 쌓이는 특성이 있기 때문에 참호전에 매우 유리했고, 바로 그러한 염소가스(Cl_2)의 독성이 프리츠 하버의 관심을 끈 것이다.

1915년 4월 22일, 독일군은 프리츠 하버의 명령을 받고 벨기에 이프르에 가스 146t을 살포한다. 프리츠 하버는 화학전을 감독하기 위해 현장에 나가는 일도 마다하지 않았다. 이프르에서 6km 떨어진 곳에 염소 5000통을 몰래 묻도록 지시한 것도 그였고, 새벽 5시에 파이프를 열라고 명령을 내린 것도 그였다. 염소가스는 바람을 타고 연합군 참호로 퍼져나가기 시작했다.

---

* 1774년 염화나트륨에서 염소를 처음 분리해 낸 사람은 스웨덴 화학자 칼 빌헬름 셸레이다. 그러나 1809년 염소라는 이름을 붙인 사람은 영국의 화학자 험프리 데이비다.

급습을 당한 프랑스군(대부분 알제리 사람들이었다), 영국군, 캐나다군은 파리 떼가 죽어 나가듯 쓰러졌다. 손수건을 오줌에 적셔 입을 틀어막아 보았자 소용없었다. 그때 살아남은 한 캐나다 상이군인의 증언을 들어 보자.

"첫 공격에 희생된 군인들의 눈에는 공포와 끔찍한 죽음이 서려 있었습니다. 그 모습을 평생 잊을 수 없을 겁니다. 그것은 아무런 잘못도 없이 맞아 죽는 개의 눈망울이었습니다. (……) 처음에는 숨을 거칠게 쉬고 기침을 하기 시작하더니 바닥에 쓰러져 두 손으로 얼굴을 감쌌습니다. (……) 저도 폐에 가스가 들어가면서 기침을 멈출 수가 없었습니다. 그 고통에 몸이 뒤틀거렸지요."[8]

첫 승리로 프리츠 하버가 치른 대가는 컸다. 이프르의 참호에 독가스를 살포하고 며칠이 지난 뒤, 역시 화학자였던 그의 아내 클라라 임머바르가 가슴에 총을 쏘아 자살한 것이다. 그녀는 대위로 승진한 남편의 총을 사용했다. 그녀는 남편이 전쟁에 사용할 독가스를 연구하는 데 크게 반대했다고 전해진다.

그러나 승승장구하던 프리츠 하버가 행진을 멈출 리 없었다. 연합군이 방독면으로 염소가스를 무력화하자 그는 다시 포스겐을 개발했다. 포스겐은 둘 다 독성이 매우 강한 염소와 일산화탄소를 혼합한 가스다. 이것은 염소가스를 단독으로 살포했을 때보다 눈이나 코, 목에 자극을 덜 주지만 독일 과학자들이 만들어 낸 화학무기 중 가장 치명적인 독가스로 꼽힌다. 흡입된 포스겐이 폐에서 염산으로 변하기 때문이다. 포스겐을 들이마시고 간신히 살아남는다 해도 수년 내에 후유증으로 사망하게 된다. 포스겐은 오늘날에도 농약 산업에 널리 사용되는 화합물임을 명심하자. 1984년 12월 보팔 가스 사고(3장 참조)의 원인이었던 살충제 세빈의 원료도 바로 포스겐이다.

전쟁이 막바지에 이를 무렵, 독가스에 노출된 사람이 수만 명을 헤아리는 상황에서 독일군은 프리츠 하버의 마지막 발명품인 머스터드가스를 살포한다. 머스터드가스는 염소가스와 마찬가지로 벨기에 이프르 참호에 처음 사용되었기 때문에 '이페리트(Ypérite)'라고도 불린다. 머스터드가스의 위력은 대단하다. 피부에 커다란 수포가 생기고 각막을 태워 실명에 이르게 한다. 또 척수를 공격해서 백혈병을 유발하기도 한다. 머스터드가스에 중독되고 살아남은 군인은 매우 드물었다.

전쟁에서 처음 독가스를 사용한 것은 독일군이었지만 이후 전쟁에 참전한 모든 나라가 자국의 화학 산업을 동원해 독가스를 사용하게 된다. 큰 전쟁은 기업들에게 언제나 큰 기회를 제공했다. 그들은 전쟁을 통해 거대 기업으로 성장할 기반을 마련했기 때문이다. 농약이나 유전자 조작 종자를 생산하는 다국적기업들은 그들의 후손인 셈이다. 독일의 훽히스트 사(1999년 프랑스 론 풀랑 사와 합병해서 생명공학 분야의 거대 기업 아벤티스가 되었다.)는 독일군에 폭약과 머스터드가스를 공급했고, 미국의 듀폰(오늘날 세계 유수의 종자 기업)은 연합군에 화약과 폭약을 공급했다. 또 20세기 초 창립된 사카린 생산업체 몬산토(세계 유전자 조작 농산물의 선두 주자)는 폭약과 독가스에 사용되는 화학물질인 황산과 페놀 등을 판매해서 수익을 100배나 신장시켰다.

'하버의 법칙'과 치클론B

"태평성대에 과학자는 세상을 섬기지만 전시에는 조국을 섬긴다." 열렬한 애국자였던 프리츠 하버는 그가 진행하던 독가스 연구를 애국이라는 미명으로 정당화했다. 전쟁이 끝나자 그의 이름은 전범 명단에 올랐고 연합국은 그에 대한 범죄인 인도를 요청했다. 프리츠 하버는 스위스로 망명해서 1919년 연합국의 요구가 공식 철회될 때까지 그곳에 머물렀다. 1년 뒤 그는 스톡홀름에서 노벨화학상을 수상한다. 암모니아 합성 과정 연구에 대한 공로를 인정받은 것이었다.

그의 수상 소식에 국제 과학계는 일제히 들고 일어났고, 노벨화학상을 수상했던 프랑스, 영국, 미국의 과학자들은 시상식 참여를 거부했다. 그들은 다이너마이트를 발명했던 알프레드 노벨이 유언장에서 그토록 규탄했던 과학과 전쟁의 결탁을 상징하는 인물이 바로 프리츠 하버라고 목소리를 높였다.

'화학전의 아버지'가 했던 역할은 과학의 역사에서 잊혔지만 독성학자들 사이에서 여전히 그는 명성이 자자하다. 독성학자들이 지금까지도 적용하고 있는 '하버의 법칙'은 우리의 환경을 오염시키는 화학물질, 특히 농약의 독성을 평가하는 기준이기 때문이다. "독성학자도 아니었던 프리츠 하버가 독성학에 미친 영향은 지대하다. 그는 원래 물리화학자였다."[9] 데이비드대학의 한스피터 위츠키 교수는 학술지 《흡입독성학》에서 그렇게 지적했다. 프리츠 하버는 가공할 화학무기를 개발하는 과정에서 독가스의 독성을 비교해서 독가스의 '효율성', 즉 치사력을 평가할 수 있는 법칙을 만들어 냈다. 그렇게 만들어진 '하버의 법칙'은 생물체의 죽음을 유발하는 데 필요한 독가스의 농도와 노출 시간의 상관관계를 나타낸다. 프리츠 하버가 정의하는 하버의 법칙은 다음과 같다. "공기 $1m^3$에 들어 있는 독가스의 양 C(mg으로 표시)와 노출 시간 T(분 단위로 표시)를 곱하면 독가스를 흡입하는 동물을 죽이는 치사량을 얻을 수 있다. C×T의 값이 작을수록 독가스의 독성은 커진다."[10]

프리츠 하버는 끔찍한 법칙을 도출해 내기 전 관찰 과정에서 미량의 독가스에 장시간 노출되어도 다량의 독가스에 짧은 시간 노출되는 것과 똑같은 피해를 입는다는 것을 발견했다. 앞으로 살펴보겠지만, 농약의 독성을 평가하기 위해 하버의 가르침을 충실히 따르고 있는 규제 기관들이 이 결론은 잊어버린 듯하니 참 이상하다. 이 기관들은 '식물 약제'에 급성중독되면 심각한 결과를 초래하거나 심지어 죽음을 불러올 수도 있다는 사실은 그럭저럭 받아들이면서도 미량에 장기간 노출되었을 때 발생할 수 있는 영향에 대해서는 아예 부인할 때가 많다.

그런데 틀림없는 사실이 하나 있다. '하버의 법칙'은 '독성 물질에 대한 노출 규제를 마련하는 데 종종 사용'된다는 사실이다. 식품과 의약품의 안정성을 심의하는 기관인 미국 식품의약국의 독성학자 데이비드 게일러도 그 사실을 인정했다.[11] 실제로 하버의 법칙은 화학적 위험의 평가 및 관리를 위한 기본 도구 중 하나를 개발하는 데 직접적인 영향을 미쳤다. 그것이 바로 '반수치사량' 혹은 LD50이다.

1927년 존 윌리엄 트레반이 공식 개발한 LD50은 노출된 동물의 반이 죽는 데 필요한 화학물질의 양을 측정하는 독성 지표다. 대개 생쥐나 쥐를 이용해서 개발되었으며 주로 흡입을 통한 노출 방법이 사용되었지만 직접 섭취하게 하거나 피부에 바르거나 주사를 놓기도 한다. LD50은 화학물질의 질량을 노출된 개체의 몸무게로 나눈 값(mg/kg)으로 표시한다. 예를 들어 어떤 농약의 LD50이 40mg/kg이라면 3200mg(3.2g)만 있으면 몸무게 80kg인 사람 절반을 죽일 수 있다는 뜻이 된다.

세계보건기구의 자료에 따르면, LD50이 5mg/kg 이하인 고체 화학물질 또는 20mg/kg 이하인 액체 화학물질은 '지극히 위험한' 물질로 간주될 수 있다. LD50이 500mg/kg 이상인 고체 화학물질과 2000mg/kg 이상인 액체 화학물질은 '약간 위험한' 물질로 분류된다.[12] 예를 들어 비타민C의 LD50은 11900mg/kg이고, 소금은 3000mg/kg, 청산가리는 0.5~3mg/kg이다. 다이옥신의 LD50은 0.02mg/kg이지만 개에게는 0.001mg/kg이 적용된다.

그렇다면 치클론B의 LD50은 얼마일까? 1mg/kg이다.[13] 독일 나치가 유대인들을 죽음의 방에 몰아넣고 주입했던 치명적인 독가스 치클론B를 유대인이었던 프리츠 하버가 발명했다는 사실은 역사의 비극적인 아이러니가 아닐 수 없다. 1920년대에 해충 박멸 전문회사였던 데게슈 사는 프리츠 하버에게 살충제 개발에 쓸 사이안화수소 연구를 재개해 달라고 부탁했다. 하버는 이 기체에 대해 잘 알고 있었다. 그의 이름을 딴 하버의 법칙을 기준으로 따졌을 때 독성이 매우 강해서 조작하면 지극히 위험한 물질이 될 수 있었다. 그래서 화학무기로 사용하지 말자는 결정이 내려졌다. 그런데 하버가 사이안화수소를 안전하게 수송해서 농작물에 뿌릴 수 있는 방법을 고안했다. 프랑스에서도 치클론B가 곡물의 종자를 처리하고 저장 곡물을 보호하기 위해 1958년에 사용이 승인되었다는 사실을 알아 두자. 레덴베르라는 회사가 상용화했다가 1988년이 되어서야 판매가 금지되었다.[14] 한편, 데게슈 프랑스는 치클론B의 부산물을 1997년까지 창고 소독약으로 판매했다.[15]

순전히 실용적인 이유로 개신교로 개종한 프리츠 하버의 운명은 슬픈 종말을 맞는다. 1933년 히틀러가 정권을 잡은 뒤 독일민족사회당은 그에게 유대인 동료들을 모두 해고하라고 지시했다. 저항해도 소용없다고 판단한 그는 결국 사임하고 만다. 사직서에서 그는 "예순다섯 된 노인에게 39년 동안 학자의 길을 훌륭히 안내해 주었던 사고방식이나 행동거지가 바뀌기를 기대하지 마십시오. 평생 조국 독일을 섬겼다는 자긍심이 이제 직위를 벗어던지라고 요구하는 것도 이해해 주시기 바랍니다."[16]라고 썼다.

만성 편도염에 시달렸던 그는 요양을 위해 스위스로 건너갔다가 친구 하임 바이츠만의 권유로 팔레스타인으로 떠나려 했다. 그러나 여행은 끝내 이루어지지 않았다. 1934년 1월 29일 프리츠 하버는 세상을 떠났다. 그의 가족 일부가 죽음의 방에서 치클론B를 마시고 죽게 된다는 사실은 영영 알지 못한 채……

DDT와 산업화 시대의 도래

"지구상에 존재하는 모든 생명체에 해를 입힐 독약을 그렇게 많이 쏟아부을 줄 감히 누가 상상이나 했을까? 그런 물질은 '살충제'가 아니라 '살생제'라고 불러야 한다." 미국 생물학자 레이첼 카슨은, 1962년에 발표해 베스트셀러가 되었고 환경 운동의 시발점이 된 저서로 인정받고 있는 『침묵의 봄(*Silent Spring*)』에서 이렇게 썼다(3장 참조). "화학 산업은 제2차 세계대전의 산물이다. 화학 무기 개발 경쟁이 치열해지면서 곤충에 치명적인 화학물질이 실험실에서 탄생했다. 그것은 우연히 발견된 것이 아니다. 인간에게 치명적인 물질을 알아보기 위해 곤충이 실험 대상으로 대거 사용된 탓이다."[17]

합성 살충제가 대량 생산될 수 있도록 물꼬를 튼 것은 프리츠 하버의 염소가스에 관한 연구였다. 합성 살충제 중 가장 유명한 것이 DDT(Dichloro-

Diphenyl-Trichloroethane)다. DDT는 그 종류가 방대한 유기염소제에 속한다. 유기염소제란 한 개 이상의 수소 원자가 그만큼의 염소 원자로 치환된 유기화합물을 가리킨다. 수소가 염소로 바뀌면 화학 구조가 지극히 안정적으로 바뀌기 때문에 쉽게 분해되지 않는다. 개중에는 '잔류성유기오염물질(POP)'로 분류된 물질도 있는데, 동물과 인간의 체내 지방에 쌓이고 휘발성이 아주 커서 공기를 타고 지구 구석구석까지 오염시키는 특성을 지녔다. 잔류성유기오염물질의 해악에 관해서는 다시 언급할 것이지만, 1995년부터 '더티 더즌(Dirty Dozen)'*으로 알려진 몇 가지 물질은 2001년 5월 22일 국제연합 환경계획이 채택한 스톡홀름 협약에 의해 사용이 금지되었음에도 불구하고 지금까지도 계속해서 환경을 오염시키고 있으며 모유에서 검출되기까지 한다. 더티 더즌에는 몬산토의 폴리염화바이페닐(PCB)[18]과 농약 아홉 개가 포함된다. 그중 '기적의 살충제'로 불렸던 DDT는 제2차 세계대전 당시 큰 성공을 거두었고 그 뒤를 이어 수많은 화학물질이 양차 대전 사이에 개발되었다.

오스트리아 화학자 오트마르 차이들러가 1874년에 합성에 성공한 DDT는 실험실 서랍에서 잠들어 있다가 1939년 가이기 사**를 위해 일하던 스위스 화학자 폴 뮐러가 DDT에 살충 효과가 있다는 것을 알아내면서 세상에 나왔다. 뮐러의 발견은 대성공을 거두었고 뮐러는 9년 만에 노벨의학상을 수상하는 신기록을 세웠다. 물에 녹지 않아서 기름에 녹여 사용하는 고체 형태의 DDT를 최초로 사용한 곳은 미군이었다. 1943년 벼룩에 의해 전염

---

* '더티 더즌'에는 살진균제인 헥사클로르벤젠과 살충제인 알드린, 클로르데인, 디엘드린, 엔드린, 헵타클로르, 미렉스, 독사펜, DDT가 포함된다.

** 가이기 사는 2001년 스위스 농약 시장의 선두 주자인 다국적기업 신젠타에 합병되었다.

되는 티푸스로 나폴리에 주둔한 연합군 군인들이 죽어 나갔기 때문이다. 남태평양에 창궐하는 학질모기를 죽이는 데도 DDT가 대량 사용되었으며 죽음의 수용소에서 탈출한 유대인, 한국인 포로, 독일이 패전했을 때 민간인을 상대로도 사용되었다.

그러나 제2차 세계대전 당시에는 유기염소계 살충제가 단 한 차례도 사용되지 않았다. 군 수뇌부가 제1차 세계대전의 교훈을 기억하고 있었기 때문으로 보인다. 미 해군 역사편찬부서가 1982년 발간한 책에서 윌리엄 버킹엄이 암시한 바는 적어도 그렇다. 그는 "연합군과 주축군은 법적 규제 때문이든 보복 조치를 피하기 위해서든 적을 상대로 그 무기를 사용하는 것을 자제했다."[19]고 적었다. 그러나 전쟁이 끝난 직후 DDT는 어떤 해충이라도 박멸할 수 있는 '기적의 살충제'로 세계적인 인기를 누리기 시작했다. 내가 찾아본 시청각 자료는 그야말로 입이 다물어지지 않을 정도였다. 그 자료는 1950년대에 미국의 모든 도시에 DDT가 살포되었다는 사실을 보여준다. 살충제를 살포하는 차가 희뿌연 연기를 내뿜으며 거리를 누볐고, 가정주부들은 DDT를 가득 적신 스펀지로 찬장을 소독했다. DDT는 1945년에 농업에 사용하는 것이 승인되었고, 그 후에는 농작물뿐만 아니라 산림과 강에도 대량 살포되었다. DDT 남용은 엄청난 규모로 이루어졌다.

1955년 세계보건기구는 유럽, 아시아, 중앙아메리카, 북아프리카 등 세계 도처에서 말라리아 퇴치를 위한 대규모 캠페인을 벌였다. 처음에는 말라리아가 완전히 퇴치되는 지역이 생길 정도로 성공을 거두었으나 곧이어 실망스러운 결과가 뒤따랐다. 말라리아를 일으키는 기생충의 매개 역할을 하는 모기가 DDT에 내성을 갖기 시작한 것이다. 결국 인도와 중앙아메리카에서는 말라리아가 놀라운 속도로 다시 창궐하기 시작했다.[20] 그러나 몬산토와 다우케미컬은 이미 잭팟을 터뜨렸다. 1950~1980년 세계 전역에 살포된 DDT 양은 무려 4만 t에 이른다. 1963년에는 8만 2000t이 생산되어 최고 생산량을 기록했다.(1940년대 초부터 2010년까지 생산된 DDT 총량은 180만 t이다.) 1972년 농업에 DDT 사용이 금지되기 전까지 미국에서만 67만 5000t이 살포되었다.[21]

레이첼 카슨이 『침묵의 봄』에서 강조했듯이, "DDT가 무해하다는 속설은 초기에 벼룩을 없애기 위해 수천 명에 달하는 군인, 난민, 포로에게 사용되었다는 사실에서 비롯되었다."[22] 게다가 포유류에게서는 급성 독성이 낮다는 사실도 한몫했다. 세계보건기구가 '약간 위험한' 물질로 분류한 DDT의 LD50은 113mg/kg(쥐의 경우)밖에 되지 않는다. 그러나 DDT에 장기간 노출되었을 때 그 결과는 끔찍하다. 이에 대해서는 다시 다루겠지만(16장과 17장 참조) 내분비 계통을 교란시켜 암을 유발하고, 특히 아이를 낳기 전에 노출된 사람에게는 기형아 출산이나 불임 및 난임이 발생할 수 있다.*

DDT와 그 밖에 다른 유기염소계 농약의 성공에 힘입어 새로운 계통의 살충제가 제2차 세계대전 이후에 등장했다. 그것이 바로 유기인계** 농약이다. 유기인계 농약의 개발은 새로운 화학무기 연구와 직접적인 관련이 있다. 그러나 DDT와 같은 이유로 군사적 목적으로는 사용된 적이 단 한 번도 없다. 2003년 프랑스 정부가 발족시킨 농약잔여물감시기구(Observatoire des résidus de pesticides)의 매우 공식적인 사이트에 간단히 요약되어 있는 것처럼

---

* DDT의 사용은 말라리아의 매개체가 되는 모기 박멸에만 사용되었지만 이 또한 많은 논란을 불러일으켰다. 최근 DDT와 암 발병의 관계를 증명하는 연구 결과가 발표되자 세계보건기구는 DDT 사용을 전면 금지시켰다.(Agathe DUPARC, "L'OMS pourrait recommander l'interdiction du DDT", Le Monde, 1er décembre 2010 참조)

** 유기인은 탄소 원자 한 개에 직접 연결된 인 원자를 적어도 한 개 이상 가지고 있는 유기화합물이다.

"전시에도 사용되지 않았는데 곤충들에게 사용되고 있다."* 해충의 신경계를 공격하도록 만들어진 유기인계 농약은 유기염소계 농약보다 급성 독성이 훨씬 강하다. 반면 분해 속도는 더 빠르다. 매우 위험한 유기인계 농약으로는 1944년부터 사용된 파라티온(LD50: 15mg/kg), 말라티온, 디클로르보스, 클로르피리포스, 세빈(보팔 사고의 원인), 그리고 1939년에 독일 기업인 이게파르벤이 개발한 독성이 매우 강한 물질인 사린(LD50: 0.5mg/kg)이 있다. 국제연합은 사린을 '대량살상무기'로 분류한다.**

에이전트 오렌지의 선조

합성 살충제가 개발되자 녹색혁명이 빠른 속도로 일어났고 그와 동시에 제2차 세계대전 당시 영국과 미국 업체들이 개발한 화학 제초제가 출시되기 시작했다.***

1940년대 초 과학자들은 식물의 성장을 제어하는 호르몬을 분리해 내는 데 성공했고 그 호르몬을 인공적으로 합성하는 방법도 알아냈다. 그리고 적은 양을 투여했을 때는 식물의 성장을 크게 자극하지만 많은 양을 투여하면 식물이 죽게 된다는 사실도 알게 되었다. 그렇게 해서 탄생한 것이 강

---

* 농약잔여물감시기구는 2010년부터 식품환경노동위생안전청에 소속되었다. www.observatoire-pesticides.gouv.fr 참조.

** 사린가스는 1995년 3월 20일 도쿄 지하철에서 발생한 테러 사건에 사용되었다. 이 사건으로 12명이 목숨을 잃고 수천 명이 피해를 입었다. 한편 1970년대에 아우구스토 피노체트 장군이 지휘했던 칠레 비밀경찰이 정적을 암살하기 위해 사린가스를 제조하기도 했다.(Marie-Monique ROBIN, *Escadrons de la mort, l'école française*, La Découverte, Paris, 2004 참조)

*** 농업 '혁명'에 '녹색'이라는 말이 붙은 것은 훗날의 일이다. 이것이 저개발국가에 부는 '붉은 혁명'의 바람을 잠재울 것으로 여겨졌기 때문이다. 붉은 혁명은 특히 아시아에서 일어났는데 1949년 중국에서 집권한 마오쩌둥이 경쟁자로 부상했다.(Marie-Monique ROBIN, *Blé: chronique d'une mort annoncée*, Arte, 15 novembre 2005 참조)

력한 효과를 가진 제초제였다. 그러자 미국 식물학자 제임스 트로이어의 표현을 빌리면, 진정한 "농업혁명과 잡초의 과학 탄생"[23]이 도래했다. 그 제초제가 바로 2,4-디클로로페녹시아세트산(2,4-D)과 2,4,5-트리클로로페녹시초산(2,4,5-T)이었다. 둘 다 클로로페놀 계열에 속하는 화학물질이다.*

과학자들은 강력한 제초제가 전쟁에 어떻게 쓰일 수 있는지 금세 깨달았다. 농작물을 파괴시켜 적군과 주민들을 굶길 수 있기 때문이다. 1943년 영국농학연구평의회는 비밀리에 실험을 진행했다. 그 결과가 1950년대에 말레이시아에서 영국 군대가 사상 최초로 제초제를 사용해서 공산주의 저항군의 농작물을 파괴한 일이었다. 같은 시기에 미국 메릴랜드 주에 소재한 미 육군의 포트디트릭 생물전연구소는 2,4-D와 2,4,5-T를 혼합해서 만든 다이녹솔과 트라이녹솔을 실험 중이었다. 이는 베트남 전쟁에서 미군이 대량 사용했던 고엽제 '에이전트 오렌지'의 조상 격인 물질이었다.

연합군이 화학무기를 사용하지 않은 것은 전쟁이 확산되어 끔찍한 부메랑 효과를 일으킬까 봐 두려워서였지만 냉전이 시작되면서 그 금기는 깨졌다. 백악관은 공산주의의 위협을 종식시킬 수 있다면 물불을 가리지 않았다. 랜치 핸드(Ranch Hard) 작전이 시작된 1962년 1월 13일에서 1971년까지 베트남에 살포된 고엽제는 8000만 L에 이른다. 그로 인해 수십 년 동안 330만 ha의 땅과 3000개 이상의 마을이 오염되었다. 살포된 고엽제의 60%가 에이전트 오렌지였는데 베트남 전쟁이 끝나고 35년이 지난 뒤에도 태아의 심각한 기형을 유발하고 있다.

에이전트 오렌지의 강한 독성은 주로 2,4,5-T 때문이다. 2,4,5-T는 미량의

---

* 클로로페놀은 한 개 이상의 수소 원자가 한 개 이상의 염소 원자로 치환된 페놀의 핵으로 구성된 유기화합물이다. 클로로페놀에는 열아홉 가지 종류가 있고 독성은 치환 염소의 수와 정비례한다.

다이옥신 또는 TCDD와 결합하는 성질을 가진 맹독이다.[24] 인간이 만들어 낸 물질 중 가장 독성이 강한 다이옥신은 1957년 독일 함부르크의 한 실험실에서 탄생했다.* 다이옥신의 LD50은 0.02mg/kg(쥐의 경우)이라는 것이 밝혀졌으며, 뉴욕 컬럼비아 대학이 2003년에 발표한 한 연구 결과에 따르면 다이옥신 80g을 상수도망에 뿌리면 800만 명의 인구가 사는 도시 하나를 없앨 수 있다.[25] 그런데 베트남에는 400kg의 순수 다이옥신이 남부에 살포되었다는 것이 정설이다.[26]

다이옥신이 실험실에서 베일을 벗고 대중에게 알려진 것은 1976년 7월 16일, '세베소 재앙'으로 역사에 기록된 심각한 산업재해가 발생한 날이었다. 이는 스위스 다국적기업 호프만라로슈 사의 이탈리아 공장에서 2,4,5-T 반응 용기가 폭발하는 바람에 강한 맹독성 가스가 롬바르디아 주 세베소 전역을 오염시킨 사건이었다. 가축이 떼죽음을 당했고 공식 기록에 따르면 183명이 염소여드름이라는 피부 질환을 앓았다. 염소여드름이란 다이옥신에 노출되었을 때 나타나는 매우 심각한 질환으로, 온몸에 농포가 올라와 몇 년 동안 지속되거나 혹은 평생 사라지지 않는다.**

1930년대 말 펜타클로로페놀(PCP)이 시장에 출시되자 인간이 만들어 낸 질병인 염소여드름은 의학 기사의 단골 주제가 되었다. 몬산토와 다우케미컬이 제조한 펜타클로로페놀은 2,4,5-T의 사촌쯤 되는 물질로, 목재 처리뿐만 아니라 펄프 표백 과정에서 살진균제로 사용되었다. 2007년 출간된 흥미로운 책 『생활용품이 우리를 어떻게 병들게 하나(How Every Day Products

---

* 2,3,7,8-테트라클로로디벤조다이옥신 또는 TCDD는 '세베소의 독'이라고도 불리며, 임업연구소에서 일하던 빌헬름 샌더만이 최초로 발견했다.

** 염소여드름은 2004년 빅토르 유시첸코 우크라이나 대통령의 얼굴을 변형시킨 질병이기도 하다. 당시 비밀정보부가 유시첸코 대통령을 독살하려 했다는 여론이 들끓었다.

Make People Sick)[27]를 쓰기 위해 캘리포니아 대학 노동환경의학 교수인 폴 블랑은 《미국의학협회보》*의 자료를 살펴보았다. 그는 당시 잘 알려지지 않았던 끔찍한 피부 질환을 겪고 있는 환자들을 치료할 조언을 구하기 위해 의사들이 보냈던 수많은 편지를 찾아냈다. "병인과 지속적인 접촉이 없는데도 몇 년 동안 사라지지 않는 부식성 또는 화학성 화상 환자의 사례는 단 한 차례도 들어본 적이 없습니다." 미시시피 주의 의사 칼 스틴질리는 미국 남부의학협회 학술대회에 참가해서 놀라움을 전했다.[28] '새로운 전염병'인 염소여드름을 주로 다루었던 이 학술대회에서, 앨라배마 주에서 온 의사 툴민 게인즈는 목재 공장에서 일하는 한 환자의 사례를 언급했다. 환자는 두 아이의 아버지였다.

"여드름과 여드름씨가 환자의 얼굴 전체, 등, 어깨, 팔, 허벅지에 퍼져 있었습니다. 그의 두 아이 중 한 아이는 다섯 살짜리 여자아이였고, 다른 아이는 세 살 된 남자아이였는데요. 아이들의 얼굴에도 여드름의 전형적인 증상인 여드름씨가 얼굴 전체에 퍼져 있었습니다. 사내아이의 목에는 서른 살 성인에게서나 볼 수 있는 여드름 딱지가 있었습니다. 저는 아이들이 환자의 옷과 접촉해서 염소여드름이 생겼다고 진단했습니다. 환자가 작업복을 입은 채 퇴근하면 아이들이 다리에 매달려 인사를 했고, 환자도 아이들을 무릎 위에 앉혀 놓고 아이들 볼에 입을 맞추었다고 합니다."

몬산토도 비밀리에 동일한 증상을 파악했다. 1949년 3월 8일 웨스트버지니아 주 니트로에 있는 2,4,5-T 공장에서 폭발 사건이 발생한 뒤였다. 폭발 당시 현장에 있었거나 공장 청소를 위해 동원된 노동자들은 다이옥신에

---

* 1847년에 설립된 미국 의학협회는 25만 명의 회원을 자랑한다. 《미국의학협회보》는 매주 출간되며 세계에서 가장 많이 읽히는 의학 전문지이다.

중독되어 구역질, 구토, 지속적인 두통에 시달렸으며 심각한 염소여드름 증상을 보였다.

1953년 11월 17일 비슷한 사고가 바스프의 공장에서도 발생했다. 바스프는 유럽과 아메리카 대륙의 밭을 적시는 제초제 제조업체이다. 몬산토와 마찬가지로 바스프는 비밀리에 칼 슐츠 박사에게 중독된 노동자들의 진료를 지시했다. 노동자들은 똑같은 피부 질환을 보였고 칼 슐츠가 그 질환을 염소여드름이라고 명명했다. 1950년대 내내 미국 전역에서 심각하게 얼굴을 변형시키는 염소여드름 환자의 사례가 많이 보고되었다. '무시무시한 죽음의 비'가 내리는 동안…….[29]

죽음의 영약

"침묵한다면 마음의 평화를 찾을 수 없을 것이다."

―레이첼 카슨

"침묵의 봄은 어느덧 시끌벅적한 여름이 되었다."

1962년 7월 22일자《뉴욕타임스》는 이렇게 적고 있다. 반면 경쟁지인 《더 뉴요커》는 레이첼 카슨의『침묵의 봄』발췌문을 잡지에 넉넉히 실어 불 티나게 팔리는 중이었다. 당시『침묵의 봄』은 출간 한 달 만에 60만 부나 팔린 최고의 베스트셀러였다. 오염이 환경에 미치는 영향과 같이 녹록치 않 은 주제를 다룬 과학 저술이 그만큼 대중의 커다란 사랑을 받는 일은 흔하 지 않다. 몇 달 동안 이 책 때문에 과학계, 언론, 산업계, 심지어 백악관까지 나서야 하는 형국이었다.

『침묵의 봄』 혹은 레이첼 카슨의 투쟁

사람들은 레이첼 카슨의 책이 불러일으킨 파장을 찰스 다윈의 『종의 기원』과 비교하기도 했다. 프랑스에서는 『침묵의 봄』이 1963년에 출간되었는데, 당시 자연사박물관 관장이자 프랑스학술원 의장이었던 로제 앵의 서문은 큰 반향을 불러일으켰다. 국립고등공예학교 출신의 화학공학자이자 저명한 균학자, 그리고 천연자원 보호에 앞장서는 로제 앵은 이렇게 물었다.[1] "우리는 갱스터를 잡아들이고 무장 강도에게 총을 쏘며 살인자를 처형하고 폭군을 총살한다. 그렇다면 이익에 눈이 멀어 무분별하게 매일 화학제품을 쏟아 내서 대중을 독살하는 합성 화학업체들은 누가 감옥에 집어넣을 것인가?" 『침묵의 봄』은 출간된 지 50년이 지났지만 여전히 읽어야 할 필독서이다. 그만한 책이 없기 때문이다. 그러나 그 사이 화학농업이 세상을 휩쓸었다. 레이첼 카슨은 최초로 세계의 풍요와 행복을 가져다줄 것으로 여겨졌던 산업화된 농업 모델에 의문을 품은 과학자였다. 그는 '죽음의 영약'[2]이 야생동물과 인간에게 미치는 피해를 체계적으로 고발했다.

레이첼 카슨 자신은 환경 운동을 태동시킨 베스트셀러 작가가 되리라고는 꿈도 꾸지 않았다. 그의 저서는 미국 환경보호국(EPA) 창설에도 영향을 끼쳤으며 농업에 DDT 사용을 금지하는 데도 기여했다. 레이첼 카슨은 1907년 펜실베이니아 주의 작은 도시 스프링데일에서 태어났다. 피츠버그에서 멀지 않은 스프링데일은 머지않아 철강 산업의 (매우 오염된) 메카가 되었다. 어린 레이첼은 어머니를 따라다니며 자연을 배웠다. 엘러게니 강을 따라 난 긴 산책로를 걸으며 새들을 관찰했다. 집안이 가난했던 레이첼은 존스홉킨스 대학에 장학생으로 입학해 해양생물학을 전공했다. 그러나 그것은 여성이 존중받지 못하는 분야였다. 레이첼 카슨의 전기를 쓴 린다 리어는 "전후 미국에서 과학은 신이었고 남성이었다."[3]고 적었다. 바다뿐만 아니라 글쓰기에도 열정을 보였던 레이첼 카슨은 볼티모어 어업국에서 연구보조원으로 일하면서 지역 일간지 《볼티모어 선》에 처음 글을 발표했다. 그는 체서피크 만으로 흘러 들어가서 굴 서식지를 오염시키는 산업폐기물 규제의 필요성을 주장했다. 그리고 글이 먹혀들어 가기 위해 'E. L. 카슨'이라고만 서명해서 사람들이 저자가 남자인 줄 착각하게 만들었다.

1939년 레이첼 카슨은 미국 어류 및 야생동식물 보호국(FWS)의 전신인 기관에 해양생물학자로 채용되었다. 그녀는 이 기관이 발간하는 모든 간행물을 총괄하는 편집장으로 일했다. 2년 뒤 『해풍 아래에서(Under the Sea Wind)』에 이어 『우리 주변의 바다(The Sea around Us)』(1951년), 『바다의 가장자리(The Edge of the Sea)』(1955년)를 발표했다. 바다를 다룬 이 3부작이 큰 성공을 거두면서 레이첼 카슨은 많은 시간을 과학 저술에 할애할 수 있었다. 많은 상을 수상하고 미국 문예아카데미 회원에 선정된 그녀가 다음 책을 준비하고 있을 때 그녀의 삶을 뒤흔든 사건이 터졌다.

1957년 미 농무부는 애집개미를 박멸하겠다는 대대적인 캠페인을 선포했다. 애집개미는 라틴아메리카에 서식하는 곤충인데 1930년대에 앨라배마 주의 항구 도시 모빌을 통해 미국으로 유입되었다. 미국 남부에 확산된 애집개미는 새롭게 창설되어 농약 공중 살포를 담당했던 연방부서인 방제국(Plan Pest Control)의 공격 목표가 되었다. 레이첼 카슨은 『침묵의 봄』에서 "어느 날 갑자기 애집개미는 홍수처럼 쏟아지는 정부의 발표문, 애니메이션, 홍보물의 공격 대상이 되었다. 애집개미는 남부의 농업을 몰락시키고 새와 가축, 인간을 죽이는 살인마로 묘사되었다."[4]고 적고 있다. 그리고 "미국 곤충학회 회장은 지난 5년간 개미가 농작물이나 가축에 해를 입혔다는 보고는 단 한 차례도 받지 않았다."고 밝혔다. 침에 독이 있기는 하지만 애집개미에게 물려서 "죽은 사람은 단 한 명도 없었다."[5]는 앨라배마 주 보건국장의 보고도 있었다.

박멸 계획은 800만 ha의 땅을 DDT와 디엘드린, 헵타클로르 살포로 '처리'하는 내용이었다. 살포는 1958년에 시작해서 1961년까지 시행될 예정이었다. 생물학자, 곤충학자, 동물학자 등 수많은 과학자뿐만 아니라 지역의원 및 지역단체까지 참여한 보고서를 바탕으로 레이첼 카슨은 이 '죽음의 비'를 종합적으로 검토했다. 농약이 살포된 첫 해에 많은 야생동물이 죽었다. 숲에는 새, 비버, 주머니쥐, 아르마딜로의 시체가 쌓였다. 가축들도 예외가 아니었다. 가금류, 소나 말, 고양이와 개도 개미와의 전쟁에서 희생될 수밖에 없었다.

레이첼 카슨은 다음과 같이 지적했다.

"농약 살포 계획이 이처럼 자료에 근거해서 모두의 비난을 받은 것은 처음이었다. 상업적 이득을 얻은 사람들만 입을 다물고 있었다. 이것은 대규모 해충 박멸에 있어 잘못 구상되고 잘못 시행된, 근본적으로 유해한 실험의 완벽한 사례였다. 비용 면에서도, 동물에게 입힌 피해 면에서도, 그리고 농무부에 대한 시민들의 신뢰 측면에 있어서도 큰 대가를 치렀다. 그런데 아직도 이런 계획에 돈을 쏟아 붓고 있다니 이해할 수 없는 일이다."

이 계획은 완전한 실패작이었다. 1962년 루이지애나 대학 곤충학과장은 결정적인 평가를 내렸다. "지역 및 연방 기관에서 진행한 애집개미 박멸 계획은 명백한 실수다. 현재 루이지애나 주에는 박멸 계획이 진행되었던 초기보다 더 많은 땅이 애집개미로 뒤덮였다."[6]

독의 사슬

"그 독의 사슬, 고요한 호수에 던진 작은 조약돌이 일으키는 파문처럼 점점 더 거세지는 죽음의 파도를 몰고 온 한 사람은 누구일까? 곤충 없는 세상이 과연 최고의 가치인지 물어보지도 않고 대중의 이름으로 그런 결정을 한 사람은 누구이며, 누구에게 그런 결정을 내릴 권리가 있는가?"[7]

『침묵의 봄』을 집필하기 위해 조사하는 내내 레이첼 카슨의 머릿속에는 이런 질문이 떠나지 않았다. 애집개미 박멸 계획에 반대하는 투쟁을 벌였던 그녀는 농약이 맹위를 떨치면서 벌어진 환경 파괴에 관한 방대한 연구를 실시했다. 수많은 보고서와 대학 연구를 찾아보고 미국 국립암센터 등 정부 기관에 근무하는 많은 과학자들과의 인맥을 통해 기밀 정보도 확보했다. 그렇게 해서 그녀가 "독과 죽음의 사슬"[8]이라고 부르는 것에 관한 자료들이 쌓여 갔다. 그리고 약간의 빈정거림을 섞어 물었다. "어떻게 그리 똑똑하다는 사람들이 원하지 않는 생물종을 없애겠다고 인간까지 질병과 죽음으로 위협하며 환경 전체를 오염시키는 방법을 쓸 수 있었을까?"[9]

반세기가 지난 오늘날 우리는 제2차 세계대전 직후 인류가 얼마나 큰 광기에 빠졌는지 알기 위해『침묵의 봄』을 다시 읽어야 한다. 레이첼 카슨은 풍부한 자료를 근거로 내세우면서 캘리포니아 주의 클리어 호에 관한 비극적인 이야기를 들려준다. 샌프란시스코 북쪽으로 약 100km에 위치한 클리어 호는 유유히 헤엄치며 다니는 물고기를 괴롭히려는 낚시꾼들에게 인기가 많았다. 그런데 클리어 호는 털모기의 주요 서식지이기도 했다. 털모기는 '다른 동물의 피를 빨아먹지는 않지만 모기와 비슷한 작은 파리의 일종'으로 호숫가 주민들에게 골칫거리였다. 하지만 뭐가 문제인가. 화학 살충제가 문제를 해결해 줄 텐데. DDT 계열에 속하는 살충제인 DDD는 "물고기에게는 별로 해를 끼치지 않는다."고 알려져 있었다.

그런데 이게 웬일인가! '많이 희석된' DDD를 한 차례 뿌렸건만 털모기들은 사라지지 않았다. 그래서 사람들은 DDD의 농도를 50ppm(100만분율. 즉 물 1L당 DDD 1mg을 희석시킨다.)으로 높이기로 했다. 결과는 끔찍했다. 물고기를 먹고 자라는 물새의 한 종류인 서부논병아리 수십 마리가 떼죽음을 당했던 것이다. 그래도 털모기가 죽지 않자 다시 살충제를 살포했고, 결국 클리어 호에서 서부논병아리는 자취를 감췄다. 이상하게 생각한 과학자들은 서부논병아리의 사체를 해부했고 새의 지방조직에 엄청나게 높은 농도의 DDD가 축적되어 있는 것을 발견했다. 살충제를 희석한 비율은 50ppm을 넘지 않았지만 지방에 쌓인 DDD의 농도는 1600ppm까지 치솟았다.

호수의 물고기를 분석해 본 결과 생물학자들은 원인이 되는 현상을 알아냈다. 바로 생물 축적이다. "물에 퍼져 있는 독을 흡수한 플랑크톤을 초식동물이 섭취하고, 그 초식동물을 작은 육식동물이 먹어치웠으며, 작은 육식동물은 대형 육식동물에게 잡아먹혔기 때문이다."[10] 털모기를 박멸하기 위해 사용된 DDD가 호수의 플랑크톤을 오염시켰고, 그것은 먹이사슬을 따라 동물들의 몸속에 점점 축적되었다. 또 그 동식물들이 흡수한 독을 모두 섭취한 서부논병아리에 이르러서는 최고 수치를 기록한 것이다. 앞으로 살펴보겠지만 바로 이 생물 축적 과정 때문에 먹이사슬의 최종 포식자인 인간이 잔류성유기오염물질의 피해에 가장 많이 노출되어 있음을 알 수 있다. 우리의 식탁에는 하위 포식자들이 축적한 모든 오염물질이 올라오는 셈이다.

생물 축적 현상에 생물체가 지방조직에 소화되지 않은 오염물질을 축적하는 능력을 가리키는 생물 농축 현상까지 더하면, 레이첼 카슨이 "생명의 생태학적 네트워크"[11]라고 부르는 것을 공격한 계획의 첫 희생양이 왜 새가 되었는지 알 수 있다.

새의 침묵

어렸을 적 강가를 오래 산책하면서부터 새 전문가가 된 레이첼 카슨은 『침묵의 봄』의 제목을 원래 '새의 침묵'으로 지을 생각이었다. 죄 없는 새의 운명이 환경 파괴가 진행되는 과정을 상징적으로 보여 줄 수 있으리라 생각했기 때문이다. 그녀는 조사를 촉구하기 위해 정부 기관과 대학에 보낸 수백 통의 편지들을 살펴보았다. 일리노이 주의 힌스데일에 사는 한 주민이 보낸 편지는 미국 자연사박물관의 유명한 조류학자였던 로버트 쿠시먼 머피가 남긴 사료에서 발견했다.

"제가 6년 전에 이곳으로 이사 왔을 때는 새가 참 많았습니다. 그런데 DDT를 몇 년 동안 뿌리고 나니 울새와 찌르레기가 사라졌습니다. 창가에서 참새 한 마리 못 본 지 벌써 2년이나 되었고, 올해는 홍관조마저 더 이상 눈에 띄지 않습니다. 주변에서 염주비둘기의 둥지 하나 발견할 수 없고요. 새를 죽이거나 사냥하는 것이 연방법으로 금지되어 있다고 학교에서 배우는 아이들에게 새가 모조리 죽었다고 설명하기가 참 힘이 듭니다."[12]

화학업계 사람들은 그것을 '지엽적인 사례'라고 치부하겠지만 이렇게 시민들이 관찰한 내용은 1950년대 내내 공식 기관의 보고서로 확인되었다.

레이첼 카슨이 근무했던 미국 어류 및 야생동식물 보호국도 "어떤 지역에서는 이상하게도 새들이 모두 사라졌다."고 지적했다. 유럽에서도 똑같은 현상이 나타났다. 영국 왕립조류보호협회(RSPB)는 종자의 표면에 살진균제와 살충제를 바르자 "죽은 새들이 소나기처럼 쏟아졌다."고 보고했다. 그 밖에도 1959년 11월에서 1960년 4월까지 1300마리의 늑대가 죽었다.[13] 늑대가 죽은 것은 오염된 새를 잡아먹었기 때문이고, 오염된 새가 죽은 것은 종자에 묻어 있는 독을 포식한 지렁이를 잡아먹었기 때문이었다.

우리와 가장 직접적인 관련이 있는 생물 축적과 생물 농축의 두 가지 현상을 잘 이해하려면 미시건 대학 곤충학자인 조지 월리스 교수가 1954년 대학 캠퍼스와 그 주변에 DDT가 살포된 이후 장기간에 걸쳐 수행한 연구를 살펴보아야 한다. '살포 계획'의 목적은 '네덜란드 느릅나무병'이라고 불리기도 하는 느릅나무 기생충병의 원인인 섬나무좀과 딱정벌레를 박멸하는 것이었다. 이듬해 봄에는 모든 것이 정상적으로 보였다. 울새들이 캠퍼스 주변으로 날아와 둥지를 짓곤 했던 것이다. 그런데 갑자기 대학 캠퍼스가 '묘지'로 둔갑했다. "기술자들은 살충제가 '새에게는 무해하다.'고 안심시켰지만 울새들은 살충제에 중독되어 죽어 나갔다. 균형 감각을 상실하고 경련을 일으키다 죽는 것은 살충제 중독의 전형적인 증상이었다."[14]

뭔가 미심쩍었던 월리스 교수는 일리노이에 있는 한 연구소의 로이 바커 박사를 찾아갔다. 그는 "울새의 죽음이 지렁이를 매개로 느릅나무와 관련을 맺는 이 사건들의 복잡한 사이클을 되짚어 보았다." 실제로 DDT는 나뭇잎에 얇은 막을 형성했고 그것이 '모든' 곤충을 죽였다. 원래 겨냥했던 섬나무좀뿐만 아니라 생태학적 균형과 농작물 보호에 중요한 포식자인 '이로운' 곤충까지 죽인 것이다. 가을이 되면 지렁이는 중독된 곤충을 통해 낙엽과 흙에 묻어 있는 살충제를 흡수한다. 그렇게 되면 지렁이는 직접적으로 피해를 입지는 않지만 지렁이의 지방에 살충제 성분이 쌓인다. 농약은 러시안룰렛과 비슷하다. 생물종에 따라 효과가 다르게 나타나기 때문이다. 지렁이는 DDT에는 반응하지 않지만 몬산토의 라운드업에는 치명적인 타격을 받는다. 이듬해 봄 경솔한 울새들은 지렁이를 먹어 대며 사망 증명서에 서명을 하고 말았다. 바커 박사에 따르면 울새들의 치사량은 겨우 지렁이 열한 마리에 불과했다.

이야기는 거기서 끝나지 않는다. 미시건대학 캠퍼스에 살충제가 살포된 다음 몇 년 동안 월리스 교수는 생존한 울새들이 생식능력을 잃어버렸다는 사실을 발견했다. 울새의 개체 수 변화는 경악스러웠다. 1953년 어른 울새는 370마리였는데 5년 뒤에는 24~36마리 정도밖에 남지 않았다. 개체 수의 급격한 감소는 우려스러운 현상을 동반했다. "울새는 둥지를 만들어 놓고는 알을 낳지 않았다. 가끔 알을 낳아서 품기도 했지만 알이 부화하지는 않았다. 21일 동안 정성스럽게 알을 품은 울새 한 마리를 관찰했는데 알은 부화하지 못했던."[5] 것이다.

울새가 전멸하지는 않았지만 생존한 개체에게는 "불임의 그림자"가 드리워졌다고 레이첼 카슨은 표현했다. 당시에는 울새의 생존을 위협하는 문제가 무엇인지 설명할 수 있는 사람이 아무도 없었다. 앞으로 알게 되겠지만 (16장과 17장 참조) 지금은 DDT가 내분비계 교란물질이라는 것이 밝혀졌다. 배아 단계에서 이 물질에 노출되면 성장이 저해된다. 1960년 미국 의회 청문회에 출석한 월리스 교수는 새의 난자와 고환에서 DDT 수치가 매우 높게 검출되었다고 보고했다. 미국의 상징 동물인 독수리 개체 수 감소를 다룬 꼭지에서 레이첼 카슨은 "살충제와 직접적으로 접촉하지도 않았던" 새끼인 2세대도 피해를 입었다는 것을 증명한 '중요한 연구'를 인용했다. "알, 특히 배아의 성장에 영양분으로 사용되는 노른자에 살충제가 쌓이기 때문에 (……) 알이 부화하기도 전에 혹은 부화되고 며칠 뒤에 많은 새끼들이 죽어 나갔던 것이다."[16]

현실을 부인하는 미국 산업계의 거만함

"레이첼 카슨 양의 책 『침묵의 봄』이 주장하는 내용은 사실을 심각하게 왜곡했다. 살충제가 우리의 생명을 파괴하는 살생제라는 말은 당연히 부조리하다. 살충제가 생물학적 활동을 하지 않는다면 어디에도 쓸모가 없기 때문이다." 당시 주요 농약 제조업체 중 하나였던 아메리칸사이안아미드 사의 생화학자 로버트 화이트 스티븐스의 말을 옮기면서 나는 1963년 4월 3일 그를 인터뷰했던 CBS 방송국의 기자가 얼마나 그의 말이 역효과를 내는지, 그리고 더 나아가 우스꽝스럽게 들리는지 지적하지 않았을까 하는 생각이 들었다.[17] 화학 산업계 대변인으로 지목되어 중저음 목소리로 마치 로봇처럼 기계적으로 말하던 그는 레이첼 카슨의 최대 저격수였다. 그는 레이첼 카슨을 가리켜 신성한 '진보'에 반대하는 반계몽주의자라고 공격했다. "카슨 양의 교훈을 따른다면 우리는 모두 중세 시대로 돌아가야 할 것이고 곤충, 질병, 해충들이 예전처럼 지구를 지배할 것이다."[18]

농약 없는 세상을 마치 종말처럼 바라보는 관점은 『침묵의 봄』이 출간된 지 한 달 만에 몬산토가 『적막의 해(The Desolate Year)』라는 제목으로 발표한 모작의 주요 동기가 되었다. 따분한 내용을 담고 있는 이 책은 시간이 흐르면서 사람들의 기억 속에서 지워져 지금은 구하기도 어렵다. 몬산토는 과학소설이라는 (어려운) 장르를 택해서 미국이 DDT 사용을 금지했을 때 벌어질 재앙에 대해 묘사했다. 그 내용이 얼마나 끔찍한지 여기에 한 구절 옮기지 않을 수 없다. "농약 사용을 금지하자 해충 관리 기업들이 문을 닫아야 했다. 그러자 과거의 엄격했던 관리가 필요했다는 것을 깨닫는 사람들이 생겨났다. 옷, 가구, 양탄자에 기생하는 진드기를 물리칠 방법이 없었다. 톡톡 튀어 오르는 빈대와 벼룩, 스르륵 기어 다니는 바퀴벌레, 온 집 안을 장악한 개미를 물리칠 무기는 파리채밖에 없었다. 많은 사람들이 두려움에 몸을 떨었지만 적막의 해는 이제 막 시작되었을 뿐이다."[10]

'기적의 제품'이 갖는 유용성에 대해 의문이 제기된 것은 그때가 처음이었기에 기습을 당한 농약 제조업체들은 공격적으로 반응했고 보일 수 있는 거만함은 다 보여 주었다. 이는 2000년대에 정보를 교묘히 왜곡해서 홍보하는 것과는 차원이 달랐다. 그때는 전면에 나서지 않고 뒤에서 모든 것을 세심하게 준비하는 전문 광고 회사도 없었다. 1960년대 초 화학 기업들은 건드릴 수 없는 신과 같은 존재였다. 그들에게는 존경과 고마움을 보내야 했다. 그들이 '문명화된 사회'의 특징이라고 할 수 있는 진보와 풍요를 담보해 주는 사람들이라고 여겨졌기 때문이다. 몬산토 회장이 『적막의 해』를 미국의 모든 정책 결정자들에게 증정하면서 그 안에 "레이첼 카슨 양은 히스테릭한 여자, 새와 토끼의 여자친구, 낭만에 빠진 노처녀, 자연의 균형을 되찾자는 이단에 빠진 광신도"라는 성차별적인 발언을 적은 편지를 동봉한 것은 스스로 그럴 권리가 있다고 확신했기 때문이 아닐까?

『침묵의 봄』을 깎아내리는 사람들은 시대의 편견을 따르는 언론의 지지를 받았다. 예를 들어 《타임》은 1962년 9월 "단순화와 기초적인 실수"로 가득 찬 책의 "부적절한 감정의 과다 표출"[20]을 격렬히 비난했다. 그러나 37년이 지난 뒤《타임》은 레이첼 카슨을 '20세기를 빛낸 가장 영향력 있는 인물 100인' 중 한 명으로 꼽았고, 그를 향한 "대규모 반격이 미 농무부, 그리고 가장 보수적이었던 언론의 든든한 지원을 받아 화학 산업체였던 몬산토, 벨시콜, 아메리칸사이안아미드가 주도했음"[21]을 인정했다. 드와이트 아이젠하워 당시 미국 대통령과 1950년대에 화학농업의 발달을 적극적으로 장려했던 에즈라 태프트 벤슨* 당시 농무부 장관에게 보낸 편지에는 레이첼 카슨은 "아마도 공산당원일 것입니다. 그렇지 않다면 어떻게 시집도 안 간 처녀가 유전학에 그렇게 관심을 가질 수 있겠습니까?"[22]라고 적혀 있다.

그러나 농약 지지자들의 도가 지나친 공격도 『침묵의 봄』이 불러일으킨 반향을 잠재울 수는 없었다. 그것은 백악관에서도 마찬가지였다. 존 F. 케네디 대통령이 1962년 8월 29일 기자회견을 열었다. 한 기자가 "DDT를 비롯한 농약이 장기간에 걸쳐 유해한 부작용을 일으킬 수 있는지" 물었다. "농무부 장관이나 보건부 장관에게 이 문제에 대해 더 자세히 살펴볼 것을 지시할 생각이십니까?"

대통령은 "그렇습니다. 이미 그렇게 하고 있습니다. 카슨 양의 책이 출간된 뒤부터 이 문제를 검토하고 있습니다."라고 대답했다.

《더 뉴요커》에 『침묵의 봄』의 발췌문이 실린 뒤 케네디 대통령은 과학 자문이었던 제롬 위즈너에게 '농약 사용'에 관한 연구를 담당할 위원회를 조직하도록 지시했다. 위즈너는 1963년 5월 15일 보고서를 제출했다.[23]《사이

---

* 산업계와 친밀한 관계를 유지했으며 극렬한 반공산주의자였던 에즈라 태프트 벤슨은 드와이트 아이젠하워가 두 번의 대통령 임기를 채운 1953~1961년 농무부 장관을 지냈다. 그는 예수 그리스도 후기성도 교회(모르몬교라고도 불린다. — 옮긴이)의 대표적인 인물로, 1985~1994년 회장을 역임했다.

언스》의 표현에 따르면, 보고서의 결론은 "『침묵의 봄』의 이론"이 옳았음을 확인했다. 그리고 "잔류성 농약의 점진적인 퇴출"[24] 계획을 세울 것을 권고했다. 보고서 서론에서 저자들은 "『침묵의 봄』이 출간되기 이전에는 사람들이 농약의 독성에 대한 인식이 전혀 없었다."고 인정했다.

보고서가 발표된 다음날, 미 상원은 환경 리스크에 관한 청문회를 시작했고 레이첼 카슨이 참석했던 청문회도 그 일환이었다. 그녀의 연구는 1970년 12월 3일 환경보호국이 창설되는 데 결정적인 역할을 했다. 그것은 세계 최초의 일이었다. 2년 뒤 산업계의 방해 작전에도 불구하고 환경보호국은 "환경에 용인할 수 없는 리스크를 유발하고 인간의 건강에 잠재적 피해를 준다."[25]는 이유로 DDT의 농업 사용을 금지했다. 이는 1964년 4월 14일 안타깝게도 56세라는 이른 나이에 유방암으로 세상을 떠난 레이첼 카슨이 사후에 얻은 값진 승리였다. 환경보호국 설치에 관한 법안을 가결시키던 날, 미 의원들은 분명 그녀의 말을 기억했을 것이다. "문제는 문명이 생명을 상대로 무자비한 전쟁을 치르면서 자멸하지 않을 수 있는가, 또 문명이라는 자격을 잃지 않을 수 있는가이다."[26]

보팔, 파키스탄, 스리랑카, 농약은 '제3세계의 독'

"새들이 하늘에서 떨어지기 시작했다. 중앙아시아의 더위에 방치된 지 몇 시간 만에 부패해서 팽팽하게 부풀어 오른 물소, 소, 개 들의 시체가 거리와 논밭에 널브러져 있었다. 질식해서 숨진 사람들의 시체도 흩어져 있었다. 몸은 뒤틀리고, 입에는 흰 거품을 물고 있었다. 고통 때문에 손은 바닥을 긁고 있는 상태로 굳어 버렸다."

이 글은 제1차 세계대전의 참상을 기록한 것이 아니다. 1984년 12월 독일의 주간지 《슈피겔》에 게재된 보팔 참사 기사의 일부이다. 《슈피겔》은 "인류 역사상 전례 없는 산업 재앙"에 1면을 할애하고 "독약 공장에서 유출된 치명적 가스"[27]라는 명확한 제목을 달았다.

비극은 1984년 12월 3일 밤에 일어났다. 미국 기업인 유니언카바이드가 4년 전 보팔(인도의 마디야프라데시 주)에 세운 현지 공장에 문제가 생긴 것이다. 이 공장은 농업용 화학 살충제인 세빈을 연간 5000t씩 생산하고 있었다. 세빈의 구성 성분은 앞에서 언급했던 프리츠 하버가 발명한 포스겐과 모노에틸아민이다. 두 물질을 혼합하면 아이소사이안화메틸(MIC)이라는 매우 강한 독성 물질이 생성된다. 이 물질에 열을 가하면 사이안화수소로 분해되는데, 이 역시 치명적이다. 그날 밤, 기술적 문제로 인해 MIC가 42t이나 담겨 있던 저장고가 폭발하면서 독가스가 유출되었다. 독가스는 "65km²에 달하는 인구 밀집 지역에 수의를 입히듯 내려앉았다."[28] 그로 인해 2만 명이 사망하고 25~50만 명이 피해를 입었다.

2004년 12월 나는 보팔 참사 20주년을 맞아 대안노벨상 수상자이자 유전자 조작 작물 퇴치 운동의 대표 주자인 유전학자 반다나 시바와 함께 현지에 있었다. 당시 나는 세계 곳곳에서 식물에 대한 특허를 마구잡이로 출원하는 다국적기업에 대한 다큐멘터리를 제작 중이었다. 미국의 화학 기업으로, 주로 농약을 생산하는 WR그레이스 사도 그런 식으로 1994년 9월 님(Neem) 잎에 대한 특허를 얻었다. 님은 인도 사람들이 '약수(藥樹)'라고 부를 정도로 의학적 효능이 뛰어나 3000년 전 인도의 전승 의학인 아유르베다의 의서에 기록될 정도였다. WR그레이스 사는 잎사귀의 살충 기능을

'활성 성분'으로 밝혀냈다고 특허 출원의 근거를 댔다.[29]

반다나 시바는 재판장에서 "보팔 참사, 그리고 WR그레이스 사의 약탈 행위 때문에 저는 생명체를 차지하려는 모든 시도를 막기 위해 투쟁에 뛰어들게 되었습니다. 우리는 화학 농약을 버리고 효과가 훨씬 뛰어나면서도 환경과 건강을 해치지 않는 식물을 사용해야 합니다."라고 주장했다. 그녀의 뒤를 이어, 시력을 잃은 여성들이 일어나 유니언카바이드의 책임자들이 반드시 처벌을 받고 희생자들이 보상을 받으며 공장 주변 지역의 오염을 제거하는 작업이 이루어질 수 있도록 요청하는 모습을 보면서 얼마나 마음이 아팠는지 아직도 기억이 생생하다.

보팔 참사는 농약이 치명적인 독이라는 사실을 만천하에 알렸다. 그러나 농약에 급성중독되어 사망하는 사람이 매년 22만 명이나 된다는 사실을 아는 사람은 드물 것이다. 1990년 세계보건기구가 발표한 연구 통계[30]에 따르면 매년 100~200만 명이 농약 살포와 관련하여 발생한 사고로 뜻하지 않게 농약에 중독된다.(사망률은 7%에 이른다.) 또 자살 시도도 200만 건에 달하며(희생자의 91%) 대부분 후진국에서 발생한다.[31] 나머지 2%는 식중독과 관련 있다. 그 밖에 '심각성이 덜한' 중독의 피해를 입는 사람 수도 5억 명에 이르며 그중 많은 사람들이 농부나 농업 노동자이다.

1982년 스리랑카에서 제리 제야라트남 박사가 진행한 연구는 1975년에서 1980년까지 (전체 인구 1500만 명 중) 매년 평균 1만 5000명이 농약 중독으로 내원했고 그중 75%가 자살 시도였음을 밝혔다. 그리고 약 1000명이 사망했다. 문제가 된 농약은 보통 유기인계였지만 파라콰트도 있었다.[32] 이렇듯 매우 심각한 상황은 인도네시아, 태국, 말레이시아에서도 나타났다. 직업과 관련해서 중독된 사람들의 평균 비율은 인구 10만 명당 13명이나 되어서 제야라트남 박사가 "농약 관련 질병은 제3세계의 신종 질병이다."[33]라고까지 말할 정도였다.

대규모 중독 사태가 발생할 때도 있었다. 1976년 파키스탄에서 말라리아 퇴치 캠페인이 벌어졌을 때 말라티온을 살포하기 위해 동원되었던 농업 노동자 2800명이 심각한 중독 현상을 보였다.(그중 일부는 사망했다.)[34] 세계보건기구 보고서도 중국 쓰촨 성에서 농업 노동자 1000만 명(전체 인구의 12%에 해당)이 농약과 접촉하고 있다고 밝혔다. 그리고 그들 중 연간 평균 1%, 즉 10만 명이 농약에 급성중독된다. 이처럼 비극적인 상황을 타개하기 위해 세계보건기구는 농약 사용자에서 보건 의료 종사자에 이르기까지 모든 단계에서 교육을 실시할 것을 권장한다.

그 교육을 위해 기구의 전문가들은 2006년 332쪽에 달하는 두꺼운 매뉴얼을 작성했다. 이 매뉴얼의 목적은 농약에 대한 급성 또는 만성중독 예방을 위한 행동을 지원하는 것이다.[35] 이 매뉴얼을 읽어 보면 인류의 건강을 보호해야 하는 세계보건기구와 같은 국제기구 내에서조차 사람들이 얼마나 비상식적으로 일하는지 알 수 있다. 예방 매뉴얼을 작성한 것은 물론 칭찬할 만한 일이다. 그러나 매뉴얼에 적힌 처참한 상황을 보면 그보다는 훨씬 더 강력한 입장을 취하리라 기대되는 것이 사실이다. 농부(그리고 소비자)를 위험한 상황에 빠트리는 모든 독을 영원히 근절하라고 해야 하지 않았을까? 그러나 세계보건기구는 "생명을 죽이기 위해 만들어져" 식품 생산에는 사용이 허가되어서는 안 되었을 독이 일으키는 끔찍한 피해를 그럭저럭 관리하려고만 했다. 말하자면 제대로 관리를 하지 않은 것이다.

전문가들은 농약별로 급성중독의 임상적 증상을 기술하고 늦기 전에 중독을 치료할 수 있는 방법만 써 놓았다. 6번('유기인계 농약 중독 시 응급처치',

214쪽)을 보면 중독된 사람이 "식은땀을 흘리고 침을 흘리기 시작한다."고 적혀 있다. 나머지 내용은 다음과 같다. "구토, 설사, 위경련을 호소할 수 있다. 동공이 수축되고 눈이 잘 보이지 않는다. 근육에 경련이 일어나고 손 떨림 증상이 나타난다. 땀이 났다가 나지 않았다가 하는 증상이 반복되며 발작을 일으키고 의식을 잃을 수 있다."

몬산토는 자사 제품인 라운드업이 '식용 소금'만큼 인체에 무해하다고 늘 주장해 왔다. 일부 농업조합에서는 회원들에게 라운드업을 마셔도 전혀 위험하지 않다고 할 정도였다. 그러나 세계보건기구는 라운드업을 "사고로 마시든 의도적으로 마시든 매우 위험한 제품"이라고 평가했다. "글리포세이트(라운드업의 활성 성분) 섭취로 인한 만성 증상은 중독의 정도에 따라 다르다. 위경련, 구역질, 구토, 목과 입에 극심한 통증, 과도한 타액 분비는 가벼운 증상에 속한다. (……) 심각한 증상으로는 호흡 곤란, 신부전, 폐렴, 심장마비, 뇌사, 사망이 있다."(224쪽과 271쪽) 에이전트 오렌지의 성분으로 지금도 널리 사용되고 있는 2,4-D*에 급성중독되면 "잦은맥박, 무기력, 근육 경련이 일어나고 (……) 24시간 내에 뇌사나 사망에 이를 수 있다."(225쪽)

마지막으로 세계에서 가장 많이 판매된 제초제 중 하나인 파라콰트를 살펴보자. 보고서에서 그때까지 조곤조곤 말하던 세계보건기구 전문가들은 갑자기 목소리를 높인다. "파라콰트 중독은 재앙이다. 사망률이 매우 높기 때문이다. 심각한 경우 환자는 폐부종과 급성신부전으로 매우 빨리 사망에 이른다. 그보다 덜 심각한 경우에는 신장 기능 이상이 일어나고 간이 상한다. 불안 발작과 운동 실조,** 그리고 때에 따라 경련이 일어난다."(270쪽)

---

* 에이전트 오렌지의 또 다른 성분인 2,4,5-T는 베트남 전쟁이 끝난 뒤 금지되었다.

** 운동 실조는 근육 신경 질환으로, 환자는 동작을 조절할 수 없는 상태가 된다.

칠레의 중독자들

"살충제 클로르피리포스(13장 참조) 잔여물이 묻어 있는 사과를 건넨다면 드시겠습니까?" 2009년 11월 11일 산티아고에서 만난 칠레 보건복지부 독약감시프로그램 책임자인 클레리아 발레부오나 박사에게 질문을 던졌더니 박사는 깜짝 놀라는 기색이 역력했다. 한참 입을 다물고 있던 박사는 "아니오."라고 대답했다.

그러고는 더 이상 말이 없었다. 어디에서나 그렇지만 칠레에서도 역시 농약은 매우 민감한 사안이라는 증거였다. 그러나 박사는 자신의 행동에 자부심을 가질 만하다. 1992년 그녀는 뜻있는 동료들과 함께 1990년에 발표된 세계보건기구의 권고 사항을 글자 그대로 지키기로 결정했다. 그리고 심각한 보건 문제에 부딪힌 칠레를 위해 농약에 대한 전국역학감시망(REVEP) 창설을 제안했다. "10년 전 칠레 정부는 농산물 수출 정책을 추진하기로 결정했습니다. 그러자 수천 명의 농업 노동자들이 독성이 매우 강한 물질에 노출되기 시작했습니다. 무슨 일이라도 하지 않으면 안 되었지요. 공식 통계는 없었지만 우리는 중독 사례가 많다는 걸 알고 있었으니까요."

1997년에서 2005년까지 6233건의 중독 사례가 역학감시망에 보고되었다. 그중 사망 건수는 30건이 넘었고 연간 평균 보고 건수는 600건이었다. "급성중독 사례 보고가 의무화된 것은 2004년입니다. 하지만 우리는 실제로 중독 건수가 최소 다섯 배는 더 많으리라 확신했지요." 발레부오나 박사는 매년 쌓여 간 통계 수치를 보여 주었다. "가장 많은 중독을 일으킨 농약은 살충제인 클로르피리포스, 메타미도포스, 디메토에이트, 사이퍼메트린과 제초제인 글리포세이트입니다. 34%가 유기인계, 12%가 카바메이트, 그리고 28%가 피레스로이드입니다."

"농약 감시망을 마련하기가 쉽지 않았을 텐데요. 외부의 압력은 없었습니까?"

"우리 쪽 통계에 문제를 제기하는 사람은 늘 있습니다." 발레부오나 박사는 조심스럽게 말을 골랐다.

"그런 사람이란 누구를 말씀하시는 건가요?"

"기업이죠." 박사는 지친 기색으로 털어놓았다.

"그렇다면 농업부는 어떻게 반응하나요?"

"늘 쉬운 건 아니죠. 때로는 함께 일하기도 하지만 그들의 논리는 우리와는 완전히 다르거든요."

"보건부에 근무하는 공무원으로서 농약이 국민 건강에 정말 문제라고 생각하시나요?"

"네, 이 나라에 뿌려지는 농약이 얼마나 많은지, 또 그 부작용이 얼마나 심각한지 안다면 말이죠. 어린아이에서 노인까지 그 누구도 피할 수 없는 엄청난 보건 문제입니다."

실제로 칠레에서는 1985년에 5500t이었던 농약의 연간 소비량이 2009년 다섯 배나 증가한 3만t을 기록했다. 농약은 주로 산티아고 남쪽에서 시작되는 중앙 분지에 사용되었다. 그곳에서 미국과 유럽 시장으로 수출되는 농작물을 집약적으로 재배했기 때문이다. 마르크 뒤플루아예, 기욤 마르탱과 함께 나는 2009년 11월 초 안데스 산맥이 뻗어 있는 아름다운 지역을 누볐다. 농약 사용을 대체할 지속 가능한 대안을 추구하는 국제 NGO 남미 농약행동네트워크(RAP-AL) 칠레 지부의 책임자인 파트리시아 브라보와 마리아 엘레나 로사스가 우리와 동행했다.

남쪽 도로에서 우리는 산 페드로의 아주 유명한 포도원에 잠시 들렀다. 그곳에서 한 일꾼이 아무런 보호 장비도 갖추지 않고 디메토에이트를 살포하는 모습이 보였다. 디메토에이트는 쥐에 대한 LD50이 255mg/kg인 유기인계 살충제이다. 파트리시아 브라보는 "많은 기업들이 아직도 직원들에게 보호 장비를 제공하지 않으니 안타까운 일이지요. 저 청년은 어쩌면 살충제에 급성중독되지 않을 수도 있겠지만 미량의 살충제에 반복적으로 노출되면 어떤 일이 벌어질까요?"라고 말했다.

나는 기욤과 마르크를 데리고 살충제 살포 현장을 카메라에 담기 위해 몰래 포도밭으로 내려갔다. 우리는 완벽하게 직선으로 정렬되어 있는 포도밭 가장자리에 자리를 잡았다. 그곳에서 작은 트랙터 뒤에 매달린 분무기가 뿜어내는 흰 연기를 찍었다. 트랙터 운전석은 완전히 노출된 상태였다. 트랙터에서 200m 떨어진 지점까지 다가서자 자극적인 냄새가 목구멍을 자극했고 눈도 따가워지기 시작했다. 그래서 다음부터는 미리 보호복과 마스크, 보안경을 쓰지 않고는 이런 촬영을 하지 않기로 약속했다.

농약에 2도 화상을 입은 칠레 계절노동자, 에디타와 올리비아

우리는 마울레 지역으로 다시 발길을 돌렸다. 집약 농업 방식으로 마울레 지역에서 재배된 온갖 과일(키위, 사과, 붉은 과일, 포도)과 채소 중 일부는 파리 근교에 있는 룅지스 시장을 거쳐 프랑스 국민의 식탁에 오른다. 마울레 지역에서는 1년에 4개월 동안 이루어지는 수확 때 수만 명의 계절노동자들(그중 3분의 1이 여성이다.)이 일한다. 이들이 급성중독의 가장 큰 피해자다.

그날 우리에게는 계절노동자 두 명과 만날 약속이 있었다. 에디타 아라야 파하르도는 예순세 살이었고 올리비아 무뇨스 팔마는 서른아홉 살이었다. 그들의 비극적인 사연은 5년 전 칠레 언론을 뜨겁게 달궜다. 만남은 템포레라스(Temporeras), 즉 계절노동자의 권익보호단체를 맡고 있어 대형 농산물 생산업체들의 블랙리스트에 오른 자클린 에르난데스의 자택에서 이루어졌다. 시멘트로 지은 작은 집의 검소한 거실에서 만난 에디타와 올리비아는 증언 때문에 치러야 할 대가가 크더라도 "세상이 알아야 한다."며 그들이 겪은 지옥 같은 고통을 이야기해 주기로 했다.

2004년 10월 22일 새벽, 두 사람은 알레한드로 에스파르자라는 인력 알선업자가 모집한 스물한 명의 여자 일꾼과 함께 있었다. 알선업자는 가축을 운반하는 트럭에 여자들을 태우고 펠라르코의 엘 데스칸소('휴식'이라는 뜻이다.)로 향했다. 계약 없이 일당을 받기로 한 일꾼들은 밭에서 잠두를 수확해야 했다. 에디타는 감정이 북받친 목소리로 그날의 기억을 떠올렸다. "그곳에 도착하자마자 화학 약품 냄새가 코를 찔렀어요. 잠두는 젖어서 축축했지요. 대장은 그 전날 농약을 뿌려서 그렇다고 하더군요. 하지만 아무런 문제가 없다고 했어요. 저는 빈 자루 열 개를 받았는데 다섯 자루를 채우는 데도 힘이 많이 들었습니다. 계속 토하고 싶었거든요."

올리비아도 거들었다. "저도 몸이 아주 안 좋았어요. 발과 다리, 팔이 심하게 따가웠고요. 마치 뜨거운 물을 붓는 것 같았어요."

오전이 채 가기도 전에 일꾼 중 4분의 3이 가장 가까운 도시였던 산 클레멘테의 응급실로 향했다. 의사들은 급성 피부염과 심각한 홍반이라고 진단했는데 환자들의 똑같은 얘기를 듣고도 원인을 알 수 없다고 했다. 보르도의 해독센터나 칠레의 종합병원이나 똑같이 비겁함과 묵인을 교미시켜 현실 부정으로 일관했다. 몸 상태가 나아지지 않았지만 일꾼들은 모두 퇴원 조치되었고, 상태가 악화된 에디타와 올리비아만 남았다.

나는 칠레 방송국인 카날13의 방송 자료를 볼 수 있었다. 2004년 10월 22일 당일 저녁에 일꾼들의 사연과 농약 중독을 다룬 프로그램이 방영되었던 것이다. 방송은 큰 반향을 불러일으켰다. 모두가 쉬쉬하는 주제를 텔레비전에서 다룬 것이 처음이었기 때문이다. 칠레에서 외화를 벌어들이는 농산물 수출 모델을 비난하기란 어려운 일이다. 에디타와 올리비아가 구급차로 이송된 탈카 지역병원에서 촬영된 영상에는 침대에 누워 꼼짝도 못하는 두 사람의 모습이 보인다. 복부, 등, 다리 등 신체의 많은 부분이 2도 화상을 입었기 때문이다. 그날 저녁 방송국 기자는 사람의 입으로 들어가는 음식에 독을 사용했다는 사실이 아니라 "노동자들을 가축처럼 운반하고 계약이나 보호 장치 없이 위험한 물질에 노출시켜 그들의 노동권과 생명을 존중하지 않은 무책임한 기업주들"을 신랄하게 비난했다. "우리가 수출하면서 뿌듯해하는 과일을 줍는 사람들도 인간입니다. 이런 일은 고발해야 하고 책임자들은 처벌받아야 합니다."

그것이 그렇게 쉬운 일이 아니다. 중독된 계절노동자 스물한 명 중 에디타와 올리비아만이 소송을 걸었고 나머지 사람들은 "보복이 두려워 입을 다물기로" 했다. 방송 덕분에 그나마 재판까지 갈 수 있었다. 2005년 8월 26일 칠레 대법원은 잠두 밭 소유주인 안토니오 나바레테 로하스에게 유죄를 선고하고 600만 페소의 벌금형에 처했다. 또 알선업자였던 알레한드로 에스파르자에게는 벌금 500만 페소를 판결했다. 나중에 언론은 알선업자가 벌금을 내지 않았다는 사실을 폭로했다. 애그리비즈니스(Agribusiness, 기업으로서 운영되는 농업, 즉 농업 관련 산업 — 옮긴이)의 선두 주자인 산 클레멘테에서 큰 영향력을 행사했던 후안 로하스 베르가라 시장의 도움을 받았기 때문이었다.

에디타와 올리비아는 남미 농약행동네트워크와 전국농촌원주민여성단체(ANAMUR) 등 여러 시민 단체의 도움으로 최소한 치료비라도 받기 위해 손해배상을 청구했다. 그러나 민사소송은 단 한 차례도 열리지 않았다. 2005년 9월 3일 에디타와 올리비아는 기자회견을 열었다. 그 자리에는 칠레에서 사용되는 농약 규제 및 관리를 강화하기 위한 법안을 마련했던 국회의원 후안 파블로 레텔리에르와 아드리아나 무뇨스도 동석했다. 이 기자회견에서 2004년 마울레 지역에서만 279건의 급성중독 사례가 신고되었다는 사실이 밝혀졌다. 아드리아나 무뇨스는 "21세기 칠레에서 키위나 사과가 그것을 따는 노동자보다 더 가치가 있다는 것은 부끄러운 일입니다."라고 말했다. 현재 에디타와 올리비아는 과민 반응 증후군을 앓고 있고 특히 햇빛 알레르기가 심하다. 에디타는 "아무것도 바르지 않고 외출하면 얼굴에 붉은 반점이 나타나고 몸이 노곤해져요. 그래도 과일 따는 일을 다시 시작해야 했지요. 남편을 여의고 다른 생계 수단이 없으니까요."라고 말했다.

안타깝게도 두 칠레 여성의 사연은 평범한 이야기다. 범미보건기구(PAHO)의 한 연구 결과에 따르면, 중앙아메리카 일곱 개 나라에서 매년 약 40만 명이 농약에 중독된다. 브라질에서는 그 숫자가 30만 명에 이른다. 유전자 조작 콩이 자라는 1600만 ha의 땅에 1년에 두 번 라운드업을 살포하는 아르헨티나에서는 수천 명이 중독된다. 남미 농약행동네트워크 칠레 지부의 회장 마리아 엘레나 로사스는 "급성중독은 빙산의 일부일 뿐입니다. 눈에 보이지 않는 것은 미량의 농약에 의한 만성중독입니다. 만성중독은 몇 년 뒤에 암, 기형아 출산, 불임 등의 문제를 야기합니다."라고 강조했다.

불가능한 예방

"식물 약제를 사용할 때 부딪히는 가장 큰 어려움은 보이지 않는 것을 식별하는 법을 배워야 한다는 점입니다. 처음에 통에 들었던 '식물 약제'가 내 주변 환경에 점차적으로 스며든다는 것을 느끼는 법을 배워야 한다는 것이지요. 빨간 물감과는 달리 <u>눈에 보이지 않거든요.</u> 게다가 살포에 쓰이는 도구도 제대로 된 것이 없고 사용법은 어렵고 제품은 위험합니다. 그래도 내 몸을 보호할 수 있는 법을 배워야 합니다."(밑줄-인용자)

현실에 있을 법하지 않은 일이 2010년 2월 9일 프랑스 에로 지방의 페제나 본 테르 가톨릭 농업고등학교에서 일어났다. 그날 농업사회상호부조 소속 직업병 전문의인 제라르 베르나닥이 '식물 약제 위험 예방'에 관한 강의를 하러 왔다. 랑그독 지방 농업사회상호부조의 예방 자문 위원인 에디트 카토네, 그리고 상호부조의 본부가 있는 파리에서 강의를 위해 특별히 내려온 화학 리스크 전문의 장 뤽 뒤퓌페도 함께했다. 강의는 포도 재배와 양조학을 전공해서 장차 가업을 물려받을 30여 명의 남학생을 대상으로 진행되었다.* 이 강의를 들으면 학생들은 '식물 약제'의 직업적 사용을 허가하는 자격증 '세르티피토(Certiphyto)'를 딸 수 있었다. 이 자격증은 '농약의 지속 가능한 사용을 위한' 2009년 10월 EU 법령에 의해 2015년부터 의무화된다. 그때까지 농업사회상호부조는 할 일이 많다. 프랑스 농업부에서 약 100만 명에 달하는 사용자와 소매상, 도매상을 교육하라는 임무를 맡겼기 때문이다. 돌려 말하면, 지금까지는 누구나 아무런 사전 교육 없이 독극물을

---

* 우리 팀이 강의 현장을 촬영한다는 공고가 고등학교 인터넷 사이트에 게재되었다.(www.bonne-terre.fr 참조)

사용할 수 있었다는 것이다.

교내에 있는 아름다운 예배당에 정숙하게 앉아 있는 고등학생들을 바라보고 있으려니 나는 그들이 앞으로 일을 하면서 어쩔 수 없이 부딪히게 될 수많은 위험에 대해 생각하지 않을 수 없었다. 유럽에는 매년 22만 t의 농약이 살포된다. 살진균제 10만 8000t, 제초제 8만 4000t, 살충제 2만 1000t이다.[36] 거기에 밀의 줄기 성장을 억제하는 호르몬인 '성장조절물질' 7000t까지 합하면 유럽인 1인당 사용된 농약의 양은 0.5kg이나 된다. 프랑스는 그중에서 가장 많은 부분을 차지한다. 연간 사용량이 8만 t에 이르러 유럽에서 가장 많은 농약을 사용하는 국가가 되었고 세계에서는 미국, 브라질, 일본 다음으로 4위를 기록했다. 농약의 80%는 네 종류의 작물에 집중 살포된다. 농경지의 40%밖에 차지하지 않는 이 작물들은 낟알이 작은 곡물(밀, 보리, 귀리, 호밀, 쌀), 옥수수, 유채 그리고 식물 약제를 가장 많이 쓰는 작물인 포도이다.

본 테르 고등학교에서의 강의는 작은 연극으로 시작되었다. 베르나다 박사가 에디트 카토네와 함께한 연극의 목적은 미래의 농부들이 최악의 사태를 피할 수 있도록 '올바른 습관'을 갖게 하는 것이었다. 처음에 에디트 카토네는 재미있는 독백을 한다. '리스크'를 내포하고 있는 모든 작업 단계, 즉 통 열기, 약에 물 타기, 분무기 씻기와 농약 채우기, 농약 살포를 열거한다. 특히 운전석에 방수 처리가 되어 있는지, 혹은 오염되었는지도 확인한다. 그다음에는 마치 진심에서 우러나오는 것처럼 말한다. "자신을 보호할 수 있는 가장 좋은 방법은 농약을 만지지 않는 거야. 그러면 농약과 접촉할 일이 없을 테니까!"

사실감 넘치는 연극은 계속되었다. 고향 농장에서 늘 보아 왔던 행동들이라 나는 마음이 편치 않았다. 연극은 농부들이 보호용으로 착용해야 할 우주복과 필수 장비인 방독면 및 보안경 사용에 관한 것이었다. 그렇게 입으면 농부들은 정말 외계인처럼 보인다. 그런데 그 3주 전인 2010년 1월 15일 환경노동위생안전청은 보호복이 별 효과가 없다는 내용의 매우 우려할 만한 보고서를 발표했다.[37] 보고서를 작성한 전문가들은 보호복 열 개 제품에 대한 테스트 결과를 자세히 설명해 놓았다. "규정에 맞게 테스트를 실시한 결과 열 개 제품 중 겨우 두 제품만 명시한 제품 수준을 만족시켰다. 다른 제품의 경우 화학물질이 거의 즉시 침투되었는데, 세 제품은 소재를 통해서, 그리고 다른 두 제품은 바느질된 부분을 통해 침투되었다. 이는 심각한 기준 미달이다. 나머지 세 제품도 최소 한 개 물질과 관련하여 등급을 떨어뜨려야 한다."

전문가들은 거기에 머물지 않고 제조업체들이 실시한 테스트는 "실제 노출 조건과 매우 차이가 나는 실험실 조건에서 이루어졌다. 노출 시간, 외부 온도, 활동 유형, 접촉 시간 등 중요한 요인들은 고려되지 않았다."고 지적했다. 결론도 가차없다. "시중에 나와 있는 액체 화학제품에 대한 보호복 전체를 대상으로 기준에 부합하는지 검사를 실시해야 하며 미달된 제품은 지체 없이 회수해야 한다."

농업사회상호부조의 캠페인

농약의 위험을 오랫동안 과소평가하고 심지어 부인하기까지 했던 농업사회상호부조가 무기력한 상태에서 벗어나 대규모 예방 프로그램을 시작한 것은 물론 환영할 일이다. 1991년부터 상호부조는 칠레의 농약에 대한 전국역학감시망과 비슷한 '피타티튀드'라는 농약감시망을 개설했다. 자료는 투르에 있는 국립농촌의학연구소(INMA) 한 곳에서 수집했다.

1999년 내부 연구 자료에서는 "식물 약제를 사용하는 사람 다섯 명 중 한 명이 지난 1년간 적어도 1회 이상 몸의 이상을 느꼈다(피부 발진, 호흡 곤란, 구토, 두통 등)."고 밝히고 있다. 피해자들이 침묵을 깨고 나설 수 있도록 상호부조는 무료 전화를 개설해 인터넷 사이트에도 적혀 있듯이 "통화료를 부담하지 않고 익명으로 증상을 알릴 수" 있도록 했다.

피타티튀드 프로그램을 감시하는 역할을 하는 뒤퓌페 박사는 강의가 끝나고 인터뷰에 응해 주었다. "피해자들은 왜 익명으로 전화를 거나요? 농부들이 중독 피해를 입은 사실을 부끄러워하나요?" 이 질문에 장 뤽 뒤퓌페 박사는 1초도 망설이지 않고 대답했다. "물론이죠. 식물 약제의 독성이 낳는 부작용은 아직 금기시되는 얘기입니다. 어떤 사용자들은 중독된 사실 자체가 조작 실수, 더 나아가 직업적 실수를 저질렀다는 것을 뜻한다고 생각합니다. 그런 생각은, 농업이 환경과 먹을거리를 오염시키는 원인이라는 주장이 옳다는 데 힘을 실어 주기 때문에 더 수치심을 느끼는 것입니다."

"2009년에 몇 건이나 전화가 걸려 왔나요?"

"271건이요. 증상은 주로 점막과 피부에 발진, 화상, 가려움, 습진(연구 사례 중 40%)이 나타나는 것이었습니다. 소화 기관(34%), 호흡 기관(20%), 그리고 나머지 부분이었죠. 두통(24%) 등 신경계통에 문제를 일으키기도 했습니다. 전화를 건 사람 중 13%는 중독된 뒤에 입원했고, 27%는 병가를 냈습니다. 저희가 추산한 바에 따르면 매년 10만 명의 농부들이 식물 약제를 사용한 뒤 고통을 호소했습니다. 그러나 저희 기관은 급성중독 사례를 우선 처리합니다."

"가장 많이 원인으로 지목받은 제품은 무엇입니까?"

"보통 두통을 포함한 신경계 증상을 유발하는 것은 살충제입니다. 살진
균제는 피부 질환을 더 많이 일으키고, 제초제는 소화 기관과 피부에 동시
에 영향을 미칩니다."

"상호부조가 직업병으로 인정하는 만성질환은 어떤 게 있나요?"

"신경 퇴행성 질환입니다. 파킨슨병이나 근육병이죠. 백혈병이나 비호지킨
림프종 등 혈액암이나 뇌종양, 전립선암, 피부암, 폐암, 췌장암 등도 인정됩
니다. 우리가 만성질환을 언급하는 것은 그래야 농부들에게 우리가 전하고
자 하는 예방 메시지를 더 잘 전할 수 있기 때문입니다. 눈에 뭐가 난다든
지, 재채기, 콧물, 24시간 안에 진정되는 피부 발진이 일어날 수 있다고 하
면 별 효과가 없지요. 하지만 파킨슨병, 뇌종양, 전립선암이 농부들에게서
더 많이 나타난다고 하면 생각에 잠기더군요. 저희의 예방 메시지가 더 잘
먹히는 것이죠."[38]

평범한 인터뷰처럼 보이지만 촬영까지 하는 인터뷰는 5년 전만 해도 꿈
도 꿀 수 없는 일이었다. 뒤퓌페 박사의 솔직함은 공권력과 산업계뿐만 아
니라 농업협동조합의 자세와는 완전히 다른 것이었다. 앞으로 다루겠지만,
농업협동조합도 식량 생산을 위해 사용하는 독에 만성적으로 노출되었을
때 장기적으로 나타나는 건강 문제를 계속해서 부인해 오고 있다.

농약 때문에
아픈 사람들

"당해야 하는 의무는 알 권리를 준다."

—장 로스탕

"죄송하지만 촬영은 안 됩니다." 고위 공무원답게 양복을 반듯하게 차려입은 모습이 꽤 호의적이었던 브르타뉴 지역 노동고용직업교육지역국(DRTEFP)의 장 마르크 드 카크레 국장은 당황한 기색이 역력했다. "왜 안 되죠? 누가 반대하는 겁니까?" 나도 지지 않았다. 국장은 산업재해 예방 담당자 프랑수아 부탱을 필사적인 눈빛으로 쳐다보았다. 상관의 눈길을 못 이긴 프랑수아 부탱은 결국 사실대로 털어놓았다. "프랑스 농업협동조합(Coop de France, 프랑스 농업 관련 기업 3000개 사가 결성한 노조 — 옮긴이)입니다."

"알겠습니다." 상황이 조금 재미있어진 나는 대답했다. 그 사이 기욤은 감춰 둔 카메라로 이 믿지 못할 장면을 찍고 있었다. 나는 다시 말했다. "프랑스 농업협동조합 대표와 만나고 싶은데요."

"라콩브를 데려와!" 국장의 말이 떨어지기가 무섭게 프랑수아 부탱은 명령을 따랐다. 그는 렌 근처에 있는 직업대학교 케르 란 캠퍼스 대강당으로 들어섰다. 조금 전 나는 그곳에 들어갔다가 우락부락한 사내의 팔에 밀려 나올 수밖에 없었다. 아마 그 사람은 프랑스 농업협동조합 서부 지역의 대표 중 한 사람일 것이다. 그러나 에티엔 라콩브라는 사람은 왜 촬영이 안되는지 이유를 설명해 주러 올 배짱이 없었다. 나는 2009년 12월 1일이었던 그날 노동고용·직업교육지역국과 농업사회상호부조가 브르타뉴 지역의 모든 '식물 약제 도소매상'을 대상으로 마련한 '농부와 그들의 건강'을 주제로 한 세미나를 촬영할 예정이었다.

농업협동조합이 권력을 휘두를 때

이 흥미로운 세미나는 '세르티피토' 자격증 발급의 일환으로 개최되었다. 앞서 살펴보았듯이 세르티피토는 2015년부터 식물 약제를 직업적으로 권하거나 판매 및 사용하는 것과 관련된 활동을 할 때 반드시 갖추어야 하는 자격증이다. "식물 약제는 무해하지 않다. 성분 중 일부는 발암성, 변이원성, 생식 독성이 있는 물질로 분류되기 때문이다." 이는 내가 소중하게 간직한 초대장에 쓰인 문구이다.

사실 상황은 썩 괜찮았다. 며칠 전 장 뤽 뒤퓌페 박사가 세미나가 개최된다는 소식을 전해 왔다. 그는 농약 노출과 암의 관계에 관해 발표할 예정이었다. 그는 나와 프랑수아 부탱을 연결시켜 주었다. 연락을 취한 11월 24일 프랑수아 부탱은 내가 촬영을 준비할 수 있도록 '세미나와 관련된 자료' 일체를 메일로 보내 주었다. 11월 26일, 약간 곤란해 했지만 매우 친절한 프랑수아 부탱의 메시지가 전화 응답기에 녹음되어 있었다. 그 내용을 여기에 적어 본다. 프랑수아 부탱을 괴롭히려는 것이 아니라, 농업협동조합이 자신들의 이익이 위협받는다고 느끼면 어떻게 국가를 대표하는 공무원에게 자신들의 법을 강요하는지 보여 주기 위해서다.

"식물 약제에 대한 세미나 건으로 연락드렸습니다. 저희 협력 파트너들에게 미리 촬영에 대한 의견을 여쭸고요, 도매업체 대표님도 괜찮다고 하셨습니다. 제 상관이신 노동부 지역본부장님도 좋다고 하셨습니다. 그런데 프랑스 농업협동조합에 계신 분이 약간 꺼리십니다." 프랑수아 부탱은 농업협동조합 대표가 그에게 보낸 메일 내용을 읽어 주었다. 현란한 문장들의 요지는 내가 촬영을 하지 않았으면 한다는 것이었다. 그런데 그 이유가 이상했다. "가장 큰 이유는 시간입니다. 12월 1일까지 아르테 방송국과 다큐멘터리를 촬영할 수 있는 상황이 안 될 것 같습니다. 양측에서 다른 제안을 하시면 저희는 언제든지 수용하겠습니다. 예를 들어 농업협동조합을 방문하신다든지 인터뷰를 하신다면요."

그래도 프랑수아 부탱은 자신감 있는 목소리였다. "그래도 촬영 오실 수 있도록 그건 이유가 안 된다고 그쪽을 설득하고 있습니다. 다만 이 문제로 저희 협력 단체의 뜻을 거스르거나 기분 상하게 할 수는 없을 것 같습니다. 진행 상황은 이따가 다시 전화나 이메일로 알려 드리겠습니다." 몇 시간 뒤 나는 세미나에 오지 말아 달라는 메일을 받았다. 국립시청각연구소 (INA)와 다큐멘터리 프로듀서, 그리고 나는 일이 현장에서 풀릴 수도 있다는 생각에 무작정 렌 현지로 내려가기로 결정했다. 하지만 예상은 빗나갔다. 뒤퓌페 박사가 나서서 그의 발표만이라도 촬영할 수 있게 해 달라고 지역본부장에게 부탁해 봤지만 우리는 빈손으로 파리로 올라올 수밖에 없었다.

나는 집에 도착하자마자 프랑스 농업협동조합을 검색하기 시작했다. 1966년 화학농업 붐이 한창 일기 시작했을 때 창설된 농업협동조합은 "3000개의 기업체 및 판매사와 1500개의 자사"를 회원으로 두고 있었다. "2008년에만 회원사의 총 매출액이 800억 유로"에 달했다. "상근직 종업원 수가 최소 15만 명"에 달하는 회원사를 거느린 프랑스 농업협동조합은 "프랑스 농식품 산업의 40%"를 차지하는 거대 사업체이며 프랑스 농업 생산량의 반 이상을 좌지우지한다. "40만 6000호에 달하는 프랑스 농장 중 4분의 3이 적어도 한 곳 이상의 농업협동조합에 가입했기" 때문이다. 그러나 프랑스 농업협동조합 웹사이트는 '식물 약제' 판매로 농업협동조합이 얼마를 벌어들이는지는 알려 주지 않았다. 이 부분은 협동조합이 벌어들이는 엄청난 수입에서 매우 많은 비중을 차지한다.

여러 농업협동조합 웹사이트에 식물 약제에 대한 나쁜 평가가 올라와 있다는 것은 흥미롭다. 글의 흔적을 찾기가 힘들지만 말이다. 테레나(Terrena)는 '생태학적으로 집약적인 농업'(원문대로임.)을 지향하며 연간 39억 유로의 매출을 자랑하는 브르타뉴 지방의 대형 농업협동조합이다. 테레나의 웹사이트에서 '식물 약제'에서 발생한 소득을 찾아보는 일은 쓸데없는 짓이다. 사이트 어느 곳에서도 찾아볼 수 없기 때문이다. 사이트에 올라 있는 연간 보고서에도 보이지 않는다. '농학과 농자재' 란에서 하위 카테고리인 '축산 및 대규모 재배'를 보면 '몇 가지 통계'를 볼 수 있다. '비료'(30만t), '식물 건강'(160만ha), '종자'(32만ha), '농자재'(3500만 유로), '전체 매출액'(2억 1600만 유로). 독극성 화학물질은 '식물 건강'이라는 표현 뒤에 숨어 있다. 여기서 유일하게 제공된 단서는 협동조합이 판매하는 제품을 살포한 농경지 면적뿐이다.

테레나 인터넷 사이트는 협동조합이 '오달리스 물류 기지' 지분의 43%를 소유하고 있다고 설명하기도 한다. 오달리스 물류 기지가 하는 일은 "납품 업자를 유통업자 및 농부와 연결해 주는" 것이다. '납품업자'란 주로 농약 제조업체를 말한다. 농약을 담은 예쁘장한 통들의 모습이 오달리스가 업체의 노하우를 자랑하기 위해 올린 비디오에 나온다.[1] 여기에서 "2만 6000t의 제품이 매년 발송되고" 매출액은 360만 유로라는 것을 알 수 있다. 그러나 '식물 건강 제품'과 '종자'에 해당하는 금액이 모두 포함되었기 때문에 농약 판매 비용이 차지하는 비중이 얼마나 되는지는 알 수 없다.

사이트 이곳저곳을 살펴보면서 나는 프랑스 농업협동조합 서부 지사가 2009년 1월 『글리포세이트의 올바른 농업 사용법(Le bon usage du glyphosate en agriculture)』이라는 소책자 발간을 지원했다는 사실을 알아냈다. 몬산토가 돈을 지불한 것으로 보이지는 않는다.* 소책자 집필에 참여한 사람 중 한 명이 바로 용감한 에티엔 라콩브였다…….

지옥 같은 함정, 농부들의 농약 만성중독

"프랑스 농업협동조합이 렌에서 열린 세미나 촬영을 거부한 이유를 아시나요?" 브르타뉴에서 말도 안 되는 사건이 벌어진 지 석 달 뒤, 나는 장 뤽 뒤퓌페 박사의 증언을 받아 내고 싶은 마음을 결국 참지 못했다. 우리는 2010년 2월 페즈나 농업고등학교에서 다시 만났다. 물론 내가 던진 질문은

---

* 소책자는 '브르타뉴 농업회의소, 브르타뉴 지방의회, 정부, 유럽'의 지원으로 제작되었다.

대답하기 쉬운 것은 아니었다. "글쎄요……." 농업사회상호부조에서 화학 리스크 문제를 다루고 있는 뒤퓌페 박사는 말을 얼버무렸다. 그리고 긴 침묵 뒤에 입을 열었다. "정말 옴짝달싹 못하게 만드시는군요. 제가 답을 드리기는 쉽지 않습니다. 식물 약제가 만성적으로 나타내는 효과는 아직 금기시된 주제입니다. 농업협동조합에서는 그 문제에 대해, 이를테면 사적으로 얘기하고 싶어 하지요. 언론을 배제하고 말입니다."

"회원이나 직원들이 등을 돌릴까 봐서요? 독살이나 실뱅 메다르가 고발했던 것처럼 위험에 처한 사람을 돕지 않았다는 이유로 비난할까 봐 두려운 건가요?"

"네?"

"실뱅 메다르가 누군지는 아세요?"

"그럼요! 농업협동조합에서 기술자로 일하지 않았습니까. 그러다가 희귀한 근육병에 걸려 직업병 판정을 받았지요."

사실 실뱅 메다르의 사연은 프랑스 국내 언론의 집중 조명을 받고 농업계에 적지 않은 파장을 불러일으킨 첫 번째 사례였다. 그는 피카르디 지역(솜 지방의 코르비)의 농업협동조합인 캅솜(Capsom)에서 13년 동안 근무했다. 1997년 그는 '후천성 미토콘드리아 근육병'이라는 신경근육계 질환을 진단받았다. 예후가 좋지 않은 이 질환의 증상은 근조직이 퇴화하는 것이다. 명칭만 봐도 알 수 있듯이, 후천성 미토콘드리아 근육병은 다른 근육병과 달리 선천성 질환이 아니다. 서른셋의 젊은이 실뱅 메다르가 앓고 있는 질환은 의약품이나 화학약품에서 발생한 독성 성분으로 유발되었다. 농업 기술자였던 실뱅 메다르의 주요 업무는 새로 개발된 농약을 시장에 출시하려고 승인 요청을 제출한 제조업체를 위해 제품 테스트를 하는 것이었다. 전문

용어로는 '밭못자리 검정 책임자'라고 부른다. 테스트를 받으려는 제조업체
는 제품 라벨을 붙이지 않고 번호만 적은 통들을 협동조합에 보냈다. 실뱅
메다르는 수 년 동안 면으로 만든 작업복과 종이로 만든 마스크만 착용하
고 수십 가지의 독을 다루었다. 면 작업복과 종이 마스크는 잘 해야 먼지
를 들이마시는 것만 겨우 막아 줄 뿐이었는데도 말이다.

실뱅 메다르는 아미앵 사회보장재판소에 제소하기로 했다. 2005년 5월
23일 "호흡기 보호 장비가 불충분하다."고 판단한 법원은 협동조합에 "변명
의 여지가 없는 과실"에 대한 유죄를 선고했다. 협동조합이 "당시에 직원들
이 노출된 독성 제품이 건강에 유발할 수 있는 위험을 모르기란 불가능하
다."는 것이 판결 이유였다. 실뱅 메다르의 변호사 미셸 르두는 성명을 통해
"이 판결은 농업 분야의 직업병 환자들에게 희망을 주었다."고 밝혔다.[2] 실
제로 이 소송은 프랑스 국민이 농약에 대해 갖고 있던 인식을 크게 바꾸었
다. '제2의 석면 스캔들'[3]로 부르는 이 사건의 파장을 우려한 농업협동조합
이 가장 먼저 변화를 일으켰다.

실뱅 메다르의 사례를 석면 스캔들에 비유한 것이 썩 탐탁지 않은 듯 뒤
퓌페 박사는 "과장된 측면이 없지 않습니다. 다만 제가 말씀드릴 수 있는
것은 협동조합의 태도가 변하고 있다는 것입니다. 얼마 전까지만 해도 식
물 약제의 효능에만 관심을 가졌던 협동조합이 이제는 건강 위험에 대해
사용자들에게 경고하기 시작했습니다. 병원에서 진료를 받고 약을 사러 온
환자에게 약사가 경고를 해 주듯이 말입니다."[4]하고 말했다. 뒤퓌페 박사는
그쯤에서 입을 다물었다. 그의 솔직함과 농약에 반복적으로 노출되었을 때
장기적으로 나타날 수 있는 효과에 대해 지켜지고 있는 침묵의 법칙을 깨
려는 그의 노력에 박수를 보낸다. 오래전부터 '농업계에서 입이 무겁기로'

소문난 프랑스 농업사회상호부조가 아직까지는 여전히 매우 신중하지만, 그래도 죽음을 팔아 돈을 버는 사람들—농업협동조합을 포함한 도매상과 제조업체—과 공권력이 유지해 오던 입장과 완전히 결별하는 새로운 입장을 취했다는 것은 인정해야 할 것이다.

농약이 급성중독을 일으킬 수 있다는 사실을 인정하는 것도 작은 일은 아니기 때문이다. '식물 약제'를 다룬 뒤 구토를 하거나 2도 화상을 입은 농업 노동자를 눈앞에 두고 인과관계를 부인하기란 어렵다. 폴 프랑수아 사건(1장 참조)에서도 봤지만 희생자는 양심 없는 고용주나 기업에 맞서야 할 때가 많다. 그러나 독가스의 후손격인 농약에 만성중독되었을 때—즉 미량에 반복적으로 노출되었을 때—나타나는 장기적 효과라는 훨씬 유동적인 지뢰밭을 지나는 것은 또 다른 문제이다.

게다가 폴 프랑수아 사건에서는 당사자인 폴 프랑수아가 끈질기게 물고 늘어지지 않았다면 몬산토도 그의 급성중독을 끝까지 부인하려 하지는 않았을 가능성이 크다. 몬산토가 인정하고 싶지 않았던 것은 사고로 인한 중독이 심각한 만성 효과를 유발할 수 있다는 점이다. 그것을 인정하게 되면 판도라의 상자를 여는 셈이고 "양이 곧 독이다."라는 독성학자들의 교리에 이의를 제기하는 것이기 때문이다.

남미 농약행동네트워크 칠레 지부의 책임자인 마리아 엘레나 로사스의 말마따나 사고로 인한 중독이 '빙산의 일각'에 지나지 않는다는 사실은 레이첼 카슨의 『침묵의 봄』에서 이미 엿볼 수 있었다. "이 화학물질에 단 한 번만 노출되어도 그 양이 충분히 많으면 급성중독을 일으킬 수 있다는 사실을 우리는 알고 있다. 그러나 중요한 건 그 문제가 아니다. 농부, 농약 살포인 또는 살포 비행기를 운전하는 조종사가 상당량의 농약에 노출된 뒤 질병에 걸리거나 갑작스러운 죽음을 맞이하는 것은 분명 비극적인 일이고 벌어져서는 안 되는 일임은 분명하다. 그러나 보이지 않는 방식으로 환경을 오염시키는 농약을 미량으로 흡수했을 때 국민 전체의 건강에 시간차를 두고 나타나는 효과에 대해 더 우려해야 할 것이다."⁵⁾

레이첼 카슨이 '국민'에 대해 한 말은 특히 오랜 시간 많은 농약을 다루면서도 급성중독된 적이 한 번도 없었던 농부에게 해당되는 이야기다. 그들은 규칙적으로 농약과 접촉하면서 코로 들이마시거나 피부를 통해 농약을 흡수한다. 게다가 프랑스 환경노동위생안전청의 보고서는 보호복이 대부분 효과가 없다고 했다. 문제는 농부들이 암이나 파킨슨병처럼 심각한 질환을 앓게 되었을 때 그 질환과 직업 활동 간의 인과관계를 증명하기가 매우 어렵다는 것이다. 그 이유는 그들이 똑같은 효과를 낳을 수 있는 많은 물질에 노출되었기 때문이다. 그래서 특정 물질과의 인과관계를 규명하기가 복잡해진다. 인과관계가 수립하지 않으면 직업병을 공식 인정받을 수 없고 따라서 피해에 대한 보살핌도, 보상도 받을 수 없다.

독 제조업체들이 지속적으로 처벌을 면하는 상황에서 퀘벡의 독성학자인 미셸 제랭과 그의 동료들은 『환경과 보건(*Environnement et santé publique*)』⁶⁾에서 "환경 질병의 신고율이 낮다."고 지적했다. 그중 대표적인 것이 농약에 대한 만성 노출과 관련된 질병 신고이다. "환경이 건강에 미치는 실질적 영향을 인정하는 데 문제가 되는 것은 개개인의 질병의 환경적 원인을 찾기 힘들다는 점이다. 독성 물질에 대한 노출과 관련된 질병의 경우 문제가 특히 첨예해진다. 그 효과가 중장기에 걸쳐 나타나기 때문에 의사가 독성 물질의 '흔적'을 놓칠 수 있다. 이러한 저평가의 원인은 여러 가지다. 가장 큰 장애물은 노출 시점부터 진단 가능한 증상이 나타날 때까지 잠복기가 매우 길다는 점이다. 그렇게 되면 인과관계를 증명하기가 어려워진다. 과거에 노출되었거나 사용했던 사실을 잊어버리기도 하고 노출에 대한 객관적인 자료도 사라진 뒤이기 때문이다. 한편 환경과 관련된 대부분의 증상이 특정한 증상이 아니기 때문에 환경이 원인이 될 수 있다는 사실이 간과되기도 한다."[7]

농부들의 상황은 석면 시멘트판을 제작하는 과정에서 석면에 노출된 프랑스 생 고뱅 공장 노동자들의 상황과 매우 다른 것이 사실이다. 파브리스 니콜리노와 프랑수아 베예레트가 잘 설명하고 있듯이, "끔찍한 석면 사건의 비극은 농약의 비극에 비하면 그나마 큰 장점을 가지고 있다. 발암물질인 석면은 범죄 현장에 남겨진 지문이나 DNA처럼 흔적을 남긴다. 늑막에 발생하는 특이한 암 때문이다. 석면 접촉과 매우 밀접한 관련이 있어 모든 전문가들이 중피종을 '석면암'이라고 부른다."[8] 그러나 농약은, 흔적을 전혀 남기지 않는다. 활성 분자—몬산토의 라소의 경우 알라클로르—와 독성이 매우 강한 여러 성분으로 구성되어 있는 농약은 앞서 폴 프랑수아의 사례에서도 보았듯이 구성 성분에 관한 승인 요청 시 신고에서 누락될 수도 있다. 병에 걸린 농부가 직업병 인정을 받으려고 농업사회상호부조의 문을 두드렸다면 장기간의 마라톤 싸움을 각오해야 할 것이다. 그리고 그 싸움은 그의 에너지와 그가 가진 수단을 초월할 때가 많다.

도미니크 마르샬의 사례

도미니크 마르샬의 사연만큼 직업병을 인정받는 과정이 얼마나 어려운지 보여 주는 사례도 없을 것이다. 뤼펙 성명에도 참여했던 그는 뫼르트 에 모젤에 거주하는 농부이다. 1978년 그는 세 명의 동업자와 함께 뤼네빌 근처에 있는 가족 농장 550ha에 공동농업경영집단을 만들어 정착했다. 업무는 철저히 분리되었다. 삼촌과 사촌은 목축을 맡았고, 그의 형은 파종을, 그리고 그는 '재배 작물의 건강'을 책임졌다. 다시 말하면 그가 밀, 보리, 유채밭에 식물 약제를 뿌렸던 것이다.* 2002년 1월, 그의 무릎 수술을 집도하던 의사들은 혈소판 수치가 비정상적으로 높다는 사실을 발견했다. 그리고 추가 검사를 통해 '골수증식성 질환' 판정을 내렸다. 이 질환은 백혈병으로 발전할 수 있는 골수 질환이다. 뤼펙에서 만났을 때 도미니크 마르샬은 "작물에 농약을 치는 사람은 저 혼자였기 때문에 그 얘기를 듣자마자 식물 약제 생각이 나더라고요. 골수증식성 질환이 벤젠 노출과 관련된 농부의 직업병 목록에도 나와 있고요."하고 설명했다.

그의 놀라운 이야기를 계속하기 전에 프랑스의 '사회보장제도 일반 제도 및 농업 제도의 직업병 목록'에 대해 설명해야겠다. 프랑스 국립안전보건연구원 인터넷 사이트에서 열람할 수 있는 이 목록의 기원은 1919년 10월 25일로 거슬러 올라간다. 그날 산업 및 수공예 활동 중 납 및 수은 사용과 관련된 일정 수의 질병이 법적으로 직업병으로 공식 인정되었다.[9] 이는 납과 같은 중금속을 다루는 공장이나 작업장에서 일하는 노동자를 대상으로 한 수많은 임상 관찰 결과에 따라 내려진 결정이었다. 납의 독성은 고대 그리스 시대에 이미 알려져 있었고 20세기 초부터 북미와 유럽에서

---

* 프랑스 국립농학연구소(INRA)에 따르면 연간 농약 처리 평균 건수는 밀이 6.6번, 옥수수가 3.7번, 유채가 6.7번이다.(Pesticides, agriculture et environnement, Réduire l'utilisation des pesticides et en limiter les impacts environnementaux, rapport de l'expertise collective réalisée par l'INRA et le CEMAGREF à l a demande du ministère de l'Agriculture et de la Pêche et du ministère de l'Écologie et du Développement durable, décembre 2005)

납의 독성을 다룬 의학 보고서가 많이 발표되었다. 1910년 미국 시카고에서 최초로 열린 산업질병에 관한 학술회의에서 직업병 전문의였던 앨리스 해밀턴은 백연(연백 또는 탄산연이라고도 불린다.)으로 만든 물감을 사용한 화가들에게 나타나는 여러 가지 질병을 언급했다. 지금은 그 질병들을 '납 중독'이라고 통일해서 부른다.[10] 오늘날에도 '일반제도의 직업병'의 첫 '목록'은 '납과 납 혼합물에 의한 질병'에 관한 것이다. 표 왼쪽 열에는 빈혈, 신장 질환, 뇌 질환 등이 열거되어 있고, 중앙 열에는 '처리 기간', 다시 말해서 위험에 대한 노출 종료 시점에서 질환의 최초 확인까지 걸린 최장 기간이 기입되어 있다. 그리고 오른쪽 열에는 "납, 납 광석, 납 합금, 납 화합물 및 납을 포함한 모든 물질의 채굴, 처리, 준비, 사용 및 조작" 등 질병을 유발할 수 있는 작업이 명기되어 있다.

1919년에 비해 일반 제도의 직업병 목록은 크게 늘어나서 현재 114개에 이른다. 작업 환경에서 사용하는 독이 인체에 미치는 영향을 더 잘 알게 되면서 직업병 목록도 법령에 따라 추가되었다. 그러나 앞으로도 살펴보겠지만(6장 참조) 새로운 직업병을 추가하는 데는 오랜 과정이 필요하고, 그 과정이 때로는 산업계가 방해하여 늦춰지기도 한다. 그래서 화학물질과 그와 관련된 질병이 목록에 추가되기 전에 환자와 사망자가 속출한다.*

프랑스에서는 1955년 6월 17일 법령에 따라 일반제도에 속하는 직업병 7개가 최초로 목록에 올랐다. 파상풍, 렙토스피라증, 브루셀라증과 같은 전염병뿐만 아니라 비소와 관련된 질병도 포함되었다. '비소와 비소의 광물 혼합물'에 대한 〈표 10〉이 마지막으로 업데이트된 것은 2008년 8월 22일

---

* 사회보장법 제L.461-6조에 따르면 의사는 직업이 병인으로 보이는 질병을 신고할 의무를 가진다. 프랑스에서 직업병을 인정받은 사람은 1989년 4032명에서 2008년 4년 5000명으로 증가했다.

이었다. 여기에 피부암, 폐암, 요도암, 간암이 추가되었다. 현재 이 목록에는 납, 수은, 콜타르, 목재 분진, 석면과 관련된 질병 57개가 포함되어 있다. 농약과 관련된 표는 단 2개뿐이다. 〈표 11〉은 '유기인제 및 아세틸콜린 분해 효소를 억제하는 카르바민산염'(제초 작업 및 재배 작물과 생산 식물의 기생충 방지 처리)에 관한 것이고, 〈표 13〉은 '페놀의 질산부산물' 및 '린덴과 결합한 펜타클로로페놀'(집성목 및 구조재 처리)에 관한 것이다. 앞에서 설명한 바와 같이 목록에서 농약이 대부분 배제된 것은 농약과 질병의 인과관계를 규명하기 어렵기 때문이다. 특히 농부는 농사를 지으면서 많은 농약에 노출된다.

그러나 도미니크 마르샬이 강조한 바와 같이 〈표 10〉은 '벤젠과 벤젠을 포함한 모든 제품이 유발한 혈액질환'에 관한 것이다. '빈혈, 골수증식성 질환, 백혈병'이 여기에 포함된다.[11] 벤젠에 대해서는 다시 언급하기로 하자(9장 참조). 벤젠은 납과 마찬가지로 독성이 매우 강한 물질에 대한 규제가 제조업체의 조직적인 부정과 돈을 받은 일부 과학자들의 공모에 의해 어떻게 늦춰지는지 여실히 보여 준다. 이는 농약을 비롯해서 우리의 먹을거리와 접촉하는 모든 독에 대해서도 적용되는 현실이다. 벤젠은 원래 콜타르의 부산물이고, 벤젠의 산업적 생산은 18세기에 그 사용이 늘어나면서(합성 접착제와 염료 제작에 용매로 사용되었고 금속의 얼룩을 빼기 위한 용매, 합성 고무, 플라스틱, 폭약, 농약 제조 시 중간재, 휘발유 첨가제로 쓰이기도 했다.) 시작되었다.

1981년 국제암연구소는, 세계적인 의학저널《란셋》이 이미 1862년에 '가정의 새로운 독'[12]이라고 일컬었던 벤젠을 '인간에게 암을 유발하는 물질'로 분류하였다. 국제암연구소는 버티고 버티다가 미량의 벤젠에 장기간 노출되면 척수가 심각하게 손상된다는 결론을 내린 수많은 연구 결과가 발표되자 결국 벤젠을 발암물질로 분류한 것이다. 1920년대 말부터 북미와 유럽에서 발표된 의학 보고서들은 벤젠과 접촉한 노동자들에게 재생 불량성 빈혈과 백혈병이 다발적으로 발생했다고 지적했다. 1939년 10월《산업위생독성학저널》은 '벤젠에 대한 만성 노출'을 다룬 특집호에서 벤젠과 골수암의 상관관계를 증명하는 연구가 쉰네 건이나 된다고 밝혔다.[51]

고독한 싸움

뤼펙에서 만난 도미니크 마르샬은 "식물 약제에 벤젠이 들어 있다는 소리를 늘 들었습니다. 그래서 직업병을 인정받는 데 어려움이 없을 것이라고 믿었지요. 정말 큰 오산이었습니다." 하고 말했다. 그의 곁에 있던 아내 카트린이 그렇다며 고개를 끄덕였다. 2002년 12월 마르샬 부부는 농업사회상호부조에 농업 제도의 직업병 〈표 19〉를 근거로 직업병 인정을 요청했다. 그러나 농업사회상호부조는 도미니크 마르샬이 1986년에서 2002년까지 사용한 농약의 안전 설명서에 벤젠이 표시되지 않았다는 이유로 그의 요청을 거부했다. 마르샬은 그가 사용했던 250개나 되는 농약의 구매 영수증을 모두 보관하고 있었다. 그의 말마따나 그가 만약 '정리에는 젬병인 농부'였다면 그는 마냥 눈물만 흘리며 세월을 보냈을 것이다.

폴 프랑수아의 사례에서도 보았듯이 농약 제조에 사용되는 강화제는 통에 붙어 있는 라벨에 표시되지 않는다. 설사 표시되어 있다고 하더라도 잘해야 '방향 용매'나 '석유제품 부산물'이라는 애매한 명칭이 사용될 뿐이다. 게다가 농업사회상호부조는 리옹 해독센터의 직업병 및 독성학 전문의인 프랑수아 테스튀 박사의 보고서를 결정적 근거로 삼았다. 이 보고서는 "활성 성분을 용해하는 데 사용되는 석유탄화수소에는 1970년대 중반부터 벤젠이 포함되어 있지 않다."고 지적했다. 프랑스 주간지 《렉스프레스》가 엄청난 '오류'를 지적하자 산업계의 편에 섰던 테스튀 박사는 은근슬쩍 말을 바꿨다. "제가 정확하게 표현하지 못한 탓입니다. 제 말은 벤젠이 건강에 위험할 정도의 비중으로 들어 있지 않다는 뜻이었습니다."[14]

농업사회상호부조는 도미니크 마르샬이 주장하는 직업 활동, 즉 농약 살포는 〈표 19〉의 오른쪽 열 '니스, 염료, 유약, 퍼티, 풀, 잉크, 벤젠을 함유한 보존제의 준비 및 사용'에 명시된 '질병을 유발할 수 있는 작업 목록'에 포함되지 않는다고 한술 더 떴다.

농업사회상호부조가 요청을 거절하자 마르샬 부부는 에피날 사회보장법원에 제소하기로 결정했다. 에피날 법원이 임명한 독성학자는 소송을 좀처럼 진행시키지 못했는데, 항상 똑같은 문제에 부딪혔기 때문이다. 사용한 농약의 정확한 구성 성분에 관한 데이터가 존재하지 않았던 것이다. "얼마나 기운이 빠지던지 다 포기하고 싶었습니다. 그런데 아내가 포기하려고 하지 않더군요." 아니나 다를까 카트린의 황당한 이야기는 뤼펙에 모인 사람들을 그야말로 충격에 빠뜨렸다.

벤젠이 남편의 심각한 질병의 원인이라고 확신한 카트린은 보주 지역의 상원의원이자 상원의장인 크리스티앙 퐁슬레에게 도움을 청했다. 크리스티앙 퐁슬레는 국립농학연구소에 연락을 취했다. 2005년 1월 28일자 서신에서 마리 기유 소장은 "식물 약제의 전체 구성 성분은 기업 기밀에 속합니다."[15]라는 논리를 펴며 개입을 거절했다. 여러분이 잘못 읽은 것이 아니다. 국립연구소의 소장이라는 사람이 '기업 기밀'을 들먹이며 아픈 농부를 도와주지 않은 것이다. 연구소가 농약 제조업체와 유착 관계에 있다는 것은 세상이 다 아는 비밀이다. 소장이 '기업 기밀'이라고 한 것은 제조업체의 사적 이익을 보호하려는 목적 외에는 없다.

카트린은 정말 포기하지 않았다. 부부를 변호했던 마리 조제 쇼몽의 격려를 받고 카트린은 직접 조사를 진행하기로 마음먹었다. 남편이 사용했던 농약 성분의 이름과 고무장갑만 들고 주변 농장을 돌며 표본을 수집했다. 카트린은 표본을 잼을 넣는 유리 용기에 정성스럽게 담았다. 그렇게 해서 열여섯 개의 '죽음의 영약'을 모았다. 이제는 분석할 일만 남았다. 몇몇 실험실은 민감한 임무 수행을 거절하기도 했다. 요청을 수락한 곳은 스트라스부르 근교 일키르슈의 켐 톡스라는 회사였다.* "분석한 농약 중 절반에서 벤젠이 검출되었습니다. 그 순간 소송에서 이길 걸 알았죠."라는 카트린의 말에 뤼펙 참가자들은 박수를 보냈다.

2006년 9월 18일 보주 사회보장법원은 도미니크 마르샬의 골수증식성 질환을 직업병으로 분류하는 판결을 내렸다. 피카르디 지방의 농업협동조합에서 기술자로 일했던 실뱅 메다르 이후 도미니크 마르샬은 두 번째로 농약 사용으로 유발된 직업병을 인정받았다. 보주 사회보장법원의 용감한 판결은 백혈병에 걸린 다른 농부들에게도 길을 열어 주었다. 장 뤽 뒤퓌페 박사의 말에 따르면 4년 뒤 네 명이 직업병을 인정받았다. 그중 야닉 슈네는 뤼펙 모임에 참가하기 위해 엄청난 노력을 쏟아 부었다. 소종(샤랑트 마리팀 지역)에서 농장을 운영하는 야닉 슈네의 증언도 청중을 감동시켰다. 그는 60ha에 곡물을 재배했고 6.5ha에 포도를 재배했다. 2002년 10월 그는

---

* 분석 비용은 영농종사자 질병보험사연합(GAMEX)이 부담했다.

4형 만성 골수성 백혈병에 걸렸다. "골수를 이식받았지만 100% 일치하지 않는 골수였습니다." 그는 말하는 게 무척 힘겨워 보였다. "몸이 이식된 골수에 저항하고 있습니다. 힘줄이 수축하고 피부경피증, 안구건조증 등 많은 증상에 시달리고 있습니다." 2006년 직업병을 인정받은 야닉 슈네는 장애연금을 받지만 농장 경영을 그만둘 수 없어서 직원 한 사람을 고용했다. "병에 걸리기 전에 저희가 모아 두었던 돈을 농장을 살리는 데 모두 쏟아부었습니다. 하지만 이제는 더 이상 버틸 수가 없습니다. 이 상황에서 벗어나는 데 도움이 될 수 있는 걸 알아보려고 합니다."*

폴 프랑수아의 변호사 프랑수아 라포르그가 그에게 대답해 주었다. "할 수 있는 유일한 일은 제조사를 상대로 소송을 걸어서 금전적인 보상을 받는 것뿐입니다. 그 돈으로 직원에게 월급을 주실 수 있겠지요. 소송이 쉬운 일도 아니고 꼭 이긴다는 보장도 없습니다만 소송을 거는 사람이 많을수록 피해를 보상받을 수 있는 기회가 커집니다. 그렇게 해서 석면 피해자들이 보상을 받았고요. 조직을 갖추고 매번 소송을 걸어서 보상금을 얻어 낸 것입니다."

환자와 영안실 시체의 수를 세다

아픈 농부들은 아직 그 수준까지 가지 못했다. 뤼펙까지 찾아온 농부들도 마찬가지다. 그들 중에는 아직까지도 직업병을 인정받으려고 싸우는 사

---

* 2011년 1월 15일, 뤼펙에서 만난 지 거의 1년째 되는 날 야닉 슈네는 숨을 거두었다.

람들이 있다. 도미니크 마르샬과 야닉 슈네는 특별한 경우에 해당한다. 골수증식성 질환과 백혈병이 사회보장법에 속한 직업병 목록에 속하기 때문이다. 그 밖에 다른 질병에 걸린 환자들은 '목록 이외' 직업병 인정 요청을 해야 한다. 길고 힘든 이 절차는 1993년에 제도화되었다. 이 제도에 따르면 '목록'에 기재되지 않는 직업병에 걸렸다고 생각하는 사람은 직업병인정지역위원회(CRRMP)에 호소할 수 있다. 영구적인 부분적 노동 불능 상태가 25% 이상이거나 아예 사망했을 때 말이다.(사망자의 경우 미망인이나 자녀가 요청할 수 있다.) 실뱅 메다르도 그런 절차를 밟았다. 후천성 미토콘드리아 근육병이라는 희귀 질병을 앓게 된 불행이 오히려 '행운'이었던 것이다. 화학적 병인을 찾는 것이 그리 어렵지 않기 때문이다.

지역마다 하나씩 있는 직업병인정지역위원회는 세 명의 의사 전문가로 구성된다. 지역의회 소속 또는 지역의회를 대표하는 의사, 근로감독관 의사, 그리고 대학교수 및(또는) 종합병원 의사가 모여 진단서를 검토하고 요청인의 질병과 직업 활동 사이에 인과관계가 있는지 결정한다. 흥미로운 부분은 바로 여기이다. 실뱅 메다르의 근육병보다 훨씬 '평범한' 질환을 평가할 때 '전문가'들은 무엇을 기준으로 삼을까?

절대적으로 보면, 어떤 독이 특정 질병을 일으켰다고 확신할 수 있으려면 실험을 수행하는 것이 이상적인 방법이다. 자원자를 일정 양의 독에 일정 기간 노출시키고 몇 년이 지난 뒤에 특정 질병이 유발되었는지 관찰하면 된다. 독 제조업체들이 실험 결과에 대한 타당성을 걸고넘어질 수 있으니 피실험자가 다른 물질에 오염되지 않도록 실험이 진행되는 동안 그들을 고립된 장소에 가둬 놓고 매우 엄격하게 환경을 관리하면 될 것이다. 그러나 이런 실험이 불가능하다는 것은 불 보듯 뻔하다. 당연히 윤리적인 이유가 가장 크다. 그런 종류의 실험이 범죄 행위라는 것은 죽음의 수용소에 갇힌 유대인들에게 끔찍한 만행을 저지른 나치 의사들을 심판한 뉘른베르크 재판을 통해서도 알 수 있다. 윤리적인 이유가 가로막지 않는다면 실험 대상의 유형(연령, 성별, 건강 상태), 노출량, 노출 및 효과 관찰 시간을 바꿔 가면서 실험을 여러 차례 반복해야 믿을 수 있는 연구 결과가 나올 것이다.(더구나 만성질환의 잠복기는 적어도 20년이다.) 잠재적으로 독성이 있다고 간주되는 10만 개의 물질이 제2차 세계대전 이후 우리가 살고 있는 환경에 배출되었기 때문에 할 일이 얼마나 많은지 어렵지 않게 알 수 있다.

이쯤에서 우리가 심각한 질병과 화학물질 노출 사이의 관계를 어떻게 하면 최대한 정확하게 측정할 수 있을까 고민하는 이유는, 인간이 어느 한 순간 밭과 공장, 집, 마시는 물, 숨 쉬는 공기 또는 음식을 독으로 물들여도 아무런 처벌을 받지 않게 되었다는 사실에 기인한다는 것을 짚고 넘어가자. 그리고 그런 결정은 실제로 지구촌 주민들을 실험 대상으로 만들었다. 반세기가 지난 뒤 우리는, 미국 전염병학자인 데이비드 마이클스의 표현을 빌리면 "환자와 영안실 시체의 수를 세는" 신세로 전락했다. 데이비드 마이클스는 그것이 "매우 기초적인 방법"이면서도 "우리가 살고 있는 시대를 볼 때 놀라운"[16] 방법이라고 강조했다.

우리가 이 지경에 이른 것은 기업들이 그들만의 법을 강요할 때 정치인들이 수수방관했기 때문이다. 기업들은 "규제를 하기 전에 제품의 독성을 먼저 증명하라고 요구한다. 그 말은 유죄가 증명될 때까지 무죄로 추정되는 물질에 형사소송법의 대원칙을 적용하겠다는 뜻이다. 그런데 생태계 전체가 오염되었다면 그 물질 중 하나에만 책임을 따지기가 불가능해진다."[17] 주느비에브 바르비에와 아르망 파라시는 『발암사회』에서 이렇게 설명했다.

그런데 인간의 윤리는 이런 실험을 인간에게 하지 말라고 하면서 동물에게는 허용하고 있다. 동물은 인간이 강요한 광란의 산업화에 대한 대가를 톡톡히 치렀다. 앞으로 보게 되겠지만(9장 참조) 약 30년 전부터 기업들은 독성학 연구를 수행해야 제품을 시장에 출시할 수 있다. 동물, 그중에서도 설치류를 대상으로 수행되는 실험은 발암성이나 신경 독성 등 잠재적인 독성 효과를 테스트해야 한다. 문제는 실험이 잘 진행되었다고 가정하고 — 실제로는 전혀 그렇지 않다.(여기에 대해서는 아스파르탐의 사례를 다시 살펴보자.) — 그 결과를 인간에게 확대 적용시켜야 할 때에는 '충분한 증거'로 간주되지 않는 게 보통이라는 점이다. 미국 전염병학자인 데브라 데이비스도 그의 훌륭한 책 『암과의 전쟁 비사(The Secret History of the War on Cancer)』에서 이 희한한 모순을 강조했다. "암의 원인에 대한 동물 실험 데이터가 있지만 인간에게는 타당하지 않다고 치부되기 일쑤다. 반면 신약이나 새로운 치료법을 개발하기 위해 비슷한 프로토콜을 따른 연구에서는 동물과 인간의 생리학적 차이가 순식간에 사라진다."[18]

불가능한 증거

어쨌든 규제 기관이나 직업병인정지역위원회의 전문가들이 결정을 내릴 때 인간에 대한 데이터를 요구한다. 어떤 제품을 금지시키거나 아픈 농부에게 직업병을 인정해 주기 전에 전문가들은 먼저 "환자와 영안실의 시체를 세어 보았기를" 원한다. 그것은 전염병학자들의 일이다. 장 뤽 뒤퓌페 박사는 "전염병학 연구가 가장 중요합니다. 그 결과를 바탕으로 농업사회상호부조가 일부 암이나 파킨슨병과 같이 지금까지 무시되어 왔던 질환들을 직업병으로 조금씩 인정하고 있으니까요."라고 말한다.

미셸 제랭과 공동 저자들이 『환경과 보건』에서 설명한 바와 같이 "전염병학은 질병과 그 인자들이 인간에게 어떻게 퍼지는지 연구하는 학문으로 정의된다. (……) 전염병학은 노출이 인간의 몸에 일으키는 영향의 메커니즘을 연구하지도, 그것을 정의하지도 않는다." 다만 예를 들어 왜 어떤 사람은 암에 걸리고 다른 사람은 그렇지 않은지 연구하며 "그 영향을 측정할 뿐이다."[10] 이를 위해 전염병학에는 여러 가지 도구가 사용되는데 여기에서 간단하게 소개하고 넘어가겠다. 기초적인 지식을 제대로 알고 있어야 농업과 더 나아가 사회 전체의 고삐 풀린 산업화 때문에 얼마나 복잡한 상황이 펼쳐졌는지 이해할 수 있기 때문이다. 그리고 이 책을 읽어 나가는 동안 기업들이 규제나 시장 퇴출을 최대한 늦추기 위해 제품의 독성에 대한 의심을 유지하거나 아예 만들어 내려고 갖은 방법을 동원한다는 사실을 더 잘 이해할 수 있을 것이다.

전염병학자들은 질병 출현에 기여한 원인을 규명하기 위해 비교하는 방법을 쓴다. 예를 들어 비호지킨림프종(림프계 종양)에 걸린 환자 집단을 특징이 비슷하지만(키나 연령 등) 건강한 사람으로 구성된 집단과 비교하는 것이다. 이러한 비교대조연구는 후향적 연구이다. 대상의 기억에 의존해서 연구자들이 대상의 생활 방식이나 노출 가능성을 재구성하기 때문이다. 이때 설문이나 인터뷰를 진행한다. 산업계에서는 환자가 연구의 필요에 맞춰 기억을 변형시킨다며 비교대조연구를 비난하지만 농업 인구에서 나타나는 특정 질병에 대한 농약의 역할을 알아보는 데 비교대조연구 방법이 자주 사용된다. 또 다른 후향적 연구 방법으로는 코호트 연구가 있다. 코호트 연구는 어떤 요인에 노출된 인구 집단(예를 들어 화학농업 방식을 사용하는 곡물 재배자)과 노출되지 않은 집단을 비교하는 방법이다. 그렇게 해서 노출된 사람들에게 가장 많이 나타나는 질병을 알아보는 것이다.

연구 대상 요인(예를 들어 농약)에 노출된 집단이 노출되지 않은 집단에 비해 질병(예를 들어 비호지킨림프종)에 걸릴 상대 위험률은 오즈비(OR)로 나타낸다. 오즈비의 값이 비노출 집단의 정상 위기를 나타내는 1이 넘으면 노출 집단의 발병 위험이 높아졌음을 뜻한다. 예를 들어 오즈비가 4이면 연구 대상인 요인에 노출된 집단의 위험이 네 배 증가한 것이다.* 반대로 오즈비가 1 이하이면 노출이 되어도 관련 질병에 걸릴 위험이 적어진다.

마지막으로 전염병학자들이 '전향적' 연구 방법도 쓴다는 것을 알아 두자. 후향적 연구보다 비용이 훨씬 많이 들지만 참가자의 기억에 의존하지 않기 때문에 그만큼 주의 사항도 줄어드는 전향적 연구는, 특정 요인에 T 시간 동안 노출된 인구 집단을 연구한다. 예를 들어 농약을 사용한 농부의 가족 집단을 여러 해 동안 추적 조사하는 것이다. 그 기간은 수십 년까지 늘어날 수 있다. 그렇게 해서 질병이 나타나면 그것을 기록할 수 있다. 결과는 위험 요인에 노출되지 않은 대조 집단과 비교한다.

전염병 연구의 가장 큰 약점도 바로 여기에 있다. 전향적이든 후향적이든 '대조 집단'이 위험 요인에 노출된 적이 한 번도 없는지, 혹은 비슷한 독성을 지닌 다른 요인에 노출된 적은 없는지 절대적으로 확신하기 어렵기 때문이다. 주느비에브 바르비에와 아르망 파라시는 "암과 같은 질병에 관한 연구 결과는 대개 반론에 부딪힌다."고 말한다. "암이 유발되는 과정이 길기

---

* 오즈비를 표시할 때에는 괄호 안에 넣은 숫자 두 개가 늘 따라온다. 이 숫자는 다른 통계 수치와 마찬가지로 결과의 신뢰 구간을 가리킨다.

도 하고 무인도에서 혼자 사는 것이 아니라면 누구나 수많은 발암물질에 노출되기 때문에 연구에 방해가 될 수 있기 때문이다. 게다가 연구는 일반 인구 집단에서 '예상할 수 있는 수치'에 노출된 인구 집단의 발암률을 비교한다. 그러나 '예상할 수 있다.'는 말은 그 어떤 말보다도 누구나 걸릴 수 있는 병의 일반화를 효과적으로 확산시킨다. 결과가 없다는 사실이 위험이 없다는 것을 증명하는 것은 아니다. 결과를 얻을 수 없는 것은 위험을 분명히 밝힐 수 없다는 의미일 때가 많다."[20]

농약과 암

"상처받은 대지는 인간에게 물었다. 왜 나를 황폐하게 만드는 건가요?
그렇다면 사막이 어떤 과실을 맺을 수 있을까요?"

—빅토르 위고, 『대지의 찬가』

"우리는 최근 발표된 국제 연구 결과를 참조했습니다. 비호지킨림프종과 식물 약제의 가능한 상관관계를 연구한 전염병학 연구였지요. 그러나 아무리 완벽한 연구라도 아직까지 상관관계가 있다는 결론을 내릴 수 있게 해주지 못합니다. (……) 귀하의 질병과 귀하의 과거 직업 활동 사이에 어떤 관계가 있다고 합리적으로 주장할 수 있는 증거가 없습니다."

뤼펙에서 장 마리 보니가 2003년 3월 21일 장 로리오 박사에게서 받은 편지를 읽자 프랑수아 베예레트가 얼마나 경악했었는지 지금도 기억난다. 장 로리오 박사는 몽펠리에 해독센터의 산업의학과 과장이었다.

"이런 말을 썼다니 놀랍군요. 비호지킨림프종에 걸려서 직업병 인정을 받은 농부가 여럿인데 말입니다."

미래 세대의 권리와 존중을 위한 행동의 회장도 놀라움을 금치 못했다.

그의 말은 정확하다. 장 뤽 뒤퓌페 박사에 따르면 2010년 봄, 농부 세 명이 직업병인정지역위원회에서 직업병을 인정받았다. 직업병인정지역위원회는 미국 베데스다 국립암연구소의 마이클 알라반자 박사가 강조하듯이 "농약 사용과 관련해서 가장 연구가 활발히 진행되고 있는 암"인 비호지킨림프종에 관한 많은 의학 논문을 근거로 삼아 결정을 내려야 했다. 2004년에 발표되어 자주 인용되는 논문인 「농약에 대한 만성 노출이 건강에 미치는 효과: 암과 신경 독성」에서 알라반자 박사는 그가 검토한 스무 개 연구 중 열여덟 개에서 "비호지킨림프종이 과초산으로 제조한 제초제,* 유기염소계 및 유기인계 농약과 관련이 있고" 발병 위험이 "두 배 증가한"[1] 것으로 나타났음을 밝혔다.

몬산토의 보상과 비호지킨림프종 발병

"제가 30년 동안 만졌던 농약이 바로 그런 종류입니다."

62세의 장 마리 보니는 두꺼운 서류 뭉치를 보여 주며 나에게 말했다. 그는 매년 그가 접촉했던 수많은 독을 모두 조사했다. 유기인제와 유기염소제, 카바메이트, 용매(벤젠, 폴리에틸렌글리콜 알킬페놀 에테르, 황산암모늄) 등이 대표적이지만 제품 자체를 나열하면 수십 쪽에 이를 것이다. 2002년까지 장 마리 보니는 보클뤼즈, 가르, 부슈 뒤 론 지역 일부를 포함하는 프로방

---

* 에이전트 오렌지의 성분이기도 했던 제초제 2,4,5-T와 2,4-D가 이 계열에 속한다(클로로페놀). 2,4-D는 세계적으로 가장 많이 사용되는 제초제 중 하나이다.

스 랑그독 농업협동조합 조합장으로 활동했다. 포도나무, 과실나무, 채소, 곡물 재배가 활발한 지역으로, 이곳 농부들은 식물 약제에 인색하지 않다.

21세에 협동조합에서 일하기 시작한 이 농부의 아들은 "장갑도 끼지 않고 맨손으로" 농약을 만졌다. "그 당시에는 지게차도 없었고, 보호 장비도 없었으니까요. 농약을 바른 종자*나 가루 농약이 든 수천 개의 종이 자루는 실로 꿰매어 놓아 가끔 터지곤 했습니다. 트럭에 실은 농약을 내려서 창고에 쌓은 다음 농부들이 차로 싣고 가는 걸 도왔지요." 승진한 다음에는 처리된 곡물 집하를 감독하고 농약 살포기 조작에 관한 조언을 하거나 "병해, 균, 곤충이 공격해 오면" 농장에 직접 달려가 "포도나무, 과실나무, 감자, 곡물, 멜론, 토마토, 아스파라거스, 양파에 농약 살포를 지휘"했다.

"밭에 나가서 아직 승인받기 전인 제품을 시험해 보는 특권도 누렸습니다. 제조업체에서 우리에게 선물한 것이죠. 약을 뿌린 다음 해충이 정말 죽었는지 확인하려고 맨손으로 풀잎을 훑곤 했습니다. 아르데슈 강과 론 강이 범람해서 농부들이 밭에 들어가지 못할 때에는 헬리콥터로 농약을 뿌리는 작업을 감독했었죠. 한마디로 종합선물세트였습니다."

장 마리는 씁쓸하게 말을 이어 갔다.

"누워서 침 뱉기는 싫습니다. 저도 득을 봤으니까요. 물건을 잘 팔아서 수수료를 많이 챙겼거든요. 몬산토와 피튜럽이 경비를 대줘서 좋은 곳에 여행도 여러 번 다녀왔고요. 나이아가라 폭포도 구경했고 캐나다에서 스키 스쿠터도 타 봤습니다. 그리스랑 세네갈에도 가 봤죠. 2001년에는 몬산토가 버스를 대절해서 조합장들이 단체로 툴루즈 지역에 있는 프랑스 최초의

---

* 제조업자가 종자를 농약에 담갔다가 꺼내서 배달한다.

유전자 조작 옥수수 밭도 돌아봤습니다. 하지만 그 대가를 톡톡히 치렀지요. 백혈병으로 죽은 저희 협동조합의 조합장 앙드레처럼요."

1993년 장 마리 보니는 대장의 종양성 용종 수술을 받았다. 그리고 9년이 지난 뒤 정기검진에서 B형 중심모세포림프종 진단을 받았다. '공격적인' 비호지킨림프종의 하나다.

"화학 치료를 받은 뒤 몽펠리에 라페로니 병원 혈액학과의 장 프랑수아 로시 교수님이 직업병 인정을 받아보는 게 어떻겠느냐고 하시더군요. 그때 정말 하늘이 노랬습니다. 그때까지 다뤘던 농약 때문에 병에 걸렸다고는 정말 단 한 순간도 생각하지 못했거든요. 제조업체를 믿었고, 판매를 승인한 기관을 믿었으니까요."

2002년 10월 8일자 편지에서 로시 교수는 장 마리 보니의 병이 "유기인계 농약과 연관이 있을 가능성이 있다."고 적었다. 그렇게 말한 사람은 그가 유일했다. 그 뒤에 만난 전문가들은 하나같이 정반대의 이야기만 했기 때문이다. 2004년 11월 5일 농업사회상호부조는 장 마리 보니의 사건을 기대를 저버리지 않는 논리로 종결시켰다. "귀하의 질병은 농업 근로자의 직업병 목록에 포함되지 않습니다."라는 것이었다.

결국 장 마리 보니는 아비뇽 사회보장법원에 제소했고, 법원은 리옹 쉬드 병원 임상혈액과 과장인 베르트랑 쿠아피에 교수에게 보고서를 위임했다. 그리고 "림프종 발병에 농약이 관여한다는 결정적인 결론을 내릴 수 있는 연구 결과는 없다."(밑줄-인용자)는 것이 2007년 12월 3일 쿠아피에 교수가 내린 단호한 결론이었다.*

---

* 아비뇽 사회보장법원은 장 마리 보니 사건을 몽펠리에 직업병인정지역위원회로 이전시켰다. 위원회의 결정 일자는 2011년 2월이다.

이 결론에서 가장 먼저 우리의 관심을 끄는 것은 당연히 '결정적인'이라는 말이다. 쿠아피에 교수도 사람을 동물처럼 가둬 놓고 제품의 독성을 시험해 보지 않는 이상 환경보건 분야에서 '결정적인' 증거를 얻기란 불가능하다는 것을 모르지 않았을 것이다. 유일한 대안이 있다면 그것은 전염병학 연구일 것이다. 이 또한 완전하지는 않지만 어떤 경향이 존재한다는 것을 가르쳐 주면서 미국 전염병학자 데이비드 마이클스의 표현대로 "존재하는 가장 훌륭한 증거"가 되기 때문이다.[2] 궁금한 것은 쿠아피에 교수의 보고서에는 과학적인 근거가 하나도 보이지 않는다는 점이다. 농약과 비호지킨림프종의 상관관계에 대해 수행된 수많은 전염병학 연구 결과를 '적어도' 알고는 있었음을 보여 줄 만한 것이 아무것도 없는 셈이다. 샅샅이 뒤져 보아도 찾을 수 없었다. 그는 미국 국립의학도서관의 데이터베이스인 펍메드 (PubMed)도 몰랐던 것일까? 전 세계에서 발표된 모든 과학 논문을 문헌 정보뿐만 아니라 내용을 요약한 초록과 게재된 저널의 인터넷 사이트로 연결되는 링크까지 알려 주는데 말이다.* 물론 영어로 되어 있기는 하지만 그것이 뛰어넘을 수 없는 장애는 아니었을 것이다.

전염병학자들의 힘겨운 작업

펍메드의 검색창에 '비호지킨림프종'과 '농약'을 쳐 보면 240개의 검색 결과가 나온다. 이 많은 결과 중에 좋은 것을 가려낼 줄 알아야 한다. 앞으로

---

* 독자 여러분도 이 훌륭한 데이터베이스를 찾아보기 바란다. 2010년 말 집계된 논문 수만 해도 2000만 개 이상이었다.

보게 되겠지만 그것이 그리 간단한 일만은 아니다. 과학 논문은 엄격하지도 않고 심지어 왜곡된 연구로 오염될 때가 많기 때문이다. 기업들이 진실을 밝히려는 것이 아니라 반대로 흔적을 없애기 위해 그런 연구를 주문하는 것이다.

신기한 미로와 같은 펍메드(유사한 데이터베이스로 메드라인(MedLine)이 있다.)에서 길을 잘 찾으려면 인지도가 높은 연구자들이 수행한 체계적인 검토 연구에 의지하는 것이 좋다. 관심 주제에 대해 수행된 모든 연구 결과를 엄격하게 선별하기 때문이다. 미국 베데스다 국립암센터의 마이클 알라반자도 앞에서 인용한 논문 「농약에 대한 만성 노출이 건강에 미치는 효과: 암과 신경 독성」[3]에서 그런 선별 작업을 했다.

2004년 캐나다의 암 전문의와 전염병학자들이 쓴 「농약이 인간의 건강에 미치는 영향에 대한 체계적 검토」라는 연구도 마찬가지다. 이 논문은 엄격한 방법론 때문에 자주 인용되고 있다.[4] 온타리오의사회의 요청에 따라 연구자들은 네 개의 서지 데이터베이스(메드라인, 프리메디신(Premedecine), 캔설릿(CancerLit), 라일락스(Lilacs))에서 1992년에서 2003년까지 '비호지킨림프종, 백혈병, 뇌종양, 유방암, 신장암, 폐암, 난소암, 췌장암, 전립선암, 위암'에 관해 프랑스어, 영어, 에스파냐어, 포르투갈어로 발표된 논문을 찾았다.

찾아낸 1684건의 논문(농약에 관련된 논문은 1만 2061건이었다.)을 심층 검토해서 미리 정해 둔 질적 기준에 부합하는 논문 104건을 걸러 냈다. 이렇게 해서 검토한 연구의 평가 점수(방법론, 편차 가능성의 고려 여부 등), 연구 대상(인원 수), 연구 유형(코호트 연구인지 비교대조연구인지)과 함께 소개한 188쪽의 자료가 완성되었다. 선택된 비호지킨림프종에 대한 전염병학 연구 논문 27편 중 "23편이 농약에 대한 노출과 비호지킨림프종이 상관관계가 있으며 대부분 통계적으로 유의미한 결과를 보였다."

환경 리스크 평가에 매우 중요한 역할을 하는 전염병학자들이 어떤 방식으로 연구를 수행하는지 알아보기 위해 네 개의 연구를 소개하고자 한다. 첫 번째 연구는 스웨덴의 렌나르트 하델과 미카엘 에릭손이 1999년에 발표한 비교대조연구이다. 연구는 스웨덴 북부와 중부 일곱 개 지역에서 수행되었다.[9] 연구자들은 서론에서 1958~1992년 스웨덴에서 비호지킨림프종의 연평균 발병률이 남성은 3.6%, 여성은 2.9%라고 밝혔다. 여기에서 흔히 '유병률'과 혼동하는 '발병률'에 대해 짚고 넘어가자. 유병률과 발병률은 전염병학에서 사용하는 가장 기본적인 도구로 이 책에서 앞으로도 여러 번 등장할 것이다. 발병률은 전체 인구 대비(보통 10만 명당) 일정한 기간(보통 1년)에 새로 발생한 환자 수를 가리킨다. 반면 유병률은 특정 시기에 측정한 환자 수를 나타낸다. 여기에는 과거에 병에 걸린 사람과 현재 병에 걸린 사람이 모두 포함된다. 독감처럼 전염병으로 발전할 수 있는 병의 확산에 관심이 있다면 발병률의 변화를 지켜보는 것이 더 유용하다. 발병 신고를 한 환자의 수가 크게 증가하는 '정점'을 알 수 있기 때문이다. 암의 발병률이 해마다 증가한다는 것은 발암 요인이 활동 중이라는 뜻이며, 결국 점점 더 많은 사람들이 질병을 신고하게 된다.

하델과 엘릭손이 찾아내려고 했던 것도 바로 '발암 요인'이었다. 두 사람은 1987~1990년 비호지킨림프종 진단을 받은 남성 404명과 동일 연령(25세 이상)의 건강한 남성 741명을 비교했다. 참가자들은 긴 설문지를 작성하고 전화 인터뷰에도 응했다. 생활 방식(식습관, 음주나 흡연 등 위험 행동, 운동)과 과거 병력, 직업에 대해 답했다. 농약을 사용하는 사람은 어떤 곳에 농약을 뿌리는지(산림, 밭, 정원), 사용한 제품은 무엇인지(제초제, 살충제, 진균제),

농약은 어느 계열인지(카바메이트, 유기인계, 클로로페놀), 활성 성분이나 제조업체의 제조법, 사용 빈도와 기간에 관한 정보도 제공해야 했다. 조사 결과는 페녹시 계열(클로로페놀) 제초제에 노출된 사람은 비호지킨림프종에 걸릴 확률이 더 높다는 것(오즈비 1.6)을 보여 주었다. 또 제초제가 4-클로로-2-메틸페녹시-아세트산(MCPA)이면 확률은 더 올라간다(오즈비 2.7). 진균제와 함께 사용하면 확률은 네 배 증가한다(오즈비 3.7).

미국 록빌 국립암연구소의 연구자들도 유사한 결과를 얻었다. 그들은 농업 활동이 많은 네브래스카 주에서 비교대조연구를 수행했다. 1990년에 발표된 연구 결과에 따르면 2,4-D(역시 클로로페놀 계열에 속하며 에이전트 오렌지의 구성 성분이다.)를 1년에 최소 20일 동안 사용한 사람은 비호지킨림프종에 걸릴 확률이 세 배나 증가한다.[6]

캐나다의 '체계적 고찰(Systemic Review)'에 선정된 연구 중 놀라운 것도 있다. 예를 들어 아이오와 대학 연구자들이 수행한 후향적 코호트 연구는 미국녹지관리사협회에서 주문한 것이었다. 농약으로 골프장 잔디를 관리하는 회원들이 조기 사망하는 사례가 증가하자 이를 우려한 협회가 전염병학자들에게 사망확인서를 보냈다. 연구자들은 1970~1982년 50개 주에서 발생한 사망 686건을 철저히 파헤쳤다. 그 결과 29%가 암에 의한 사망으로 드러났다. 녹지 관리사와 일반인(백인 남성만)의 사망 원인을 비교했더니 비호지킨림프종(오즈비 2.37), 뇌종양, 전립선암, 소장암 등 네 개 암에 의한 사망률이 특히 높은 것으로 나타났다.

마지막으로 덴마크 조경사들(여성 859명, 남성 3156명)을 대상으로 수행한 전향 연구를 소개한다. 조경사들은 1975년에서 1984년까지 추적 관찰되었다.[7] 코펜하겐 대학 연구자들은 농약을 사용하면 비호지킨림프종에 걸릴 확률이 두 배 증가하고 연부조직육종(오즈비 5.26)과 백혈병(오즈비 2.75) 발병률도 크게 증가한다고 결론 내렸다.

몽펠리에 종합병원의 장 로리오 교수와 리옹 종합병원의 베르트랑 쿠아피에 교수가 성급하게 내린 결론과는 달리 많은 전염병학 연구가 하나의 결론으로 수렴된다. 즉 농약에 대한 노출과 비호지킨림프종, 더 넓게는 모든 림프계 질환(백혈병, 골수종) 사이에는 분명 상관관계가 존재한다.

이 통계 결과는 2009년 매우 중요한 연구에서 인정되었다. 이 연구는 전염병학자들의 관찰에 생물학적 설명을 제공했다. 프랑스 국립보건의학연구원(INSERM) 마르세유 뤼미니 면역학센터의 연구자들은 농약에 노출된 농부들에게서 "종양 전구체의 분자 흔적"이 나타난다는 것을 밝혔다. 2009년 2월 4일 세계 암의 날을 맞아 연구 결과를 발표한 암예방협회(Ligue contre le cancer)의 말을 빌리면, "림프계 암을 유발할 수 있는 유전자 조작이 일어났다."는 뜻이다.

연구자들은 농약을 사용하는 128명의 농부를 대상으로 코호트 연구를 수행했다. 농약에 노출되지 않는 25명의 농부와 함께 그들을 9년 동안 추적 관찰했다. 정기적인 혈액검사로 림프구 수치 변화를 분석해 보니 농약에 노출된 농부들이 대조군에 비해 "전좌된 세포 수가 100배에서 1000배 더 많았다." '전좌된 세포'는 염색체 14번과 18번 사이에 있는 DNA가 뒤바뀌면서 일어나는 유전자 조작의 결과물이다.(그래서 영어로 'T14:18'이라고 한다.) 건강한 사람에게도 나타나는 전좌 세포는 증식하기 시작하면 암성 변화의 생체 지표가 될 수 있다.

「농약에 노출된 농부들의 종양 전구체 분자 흔적」이라는 논문에서 연구자들은 "대조군에서는 전좌 세포의 수가 천천히 증가했는데(+87%) 이는 노화가 원인이다. 농약에 노출된 농부들에게서는 증가세가 훨씬 두드러졌다(+253%)."고 지적했다. 또 "우리의 데이터는 농약에 대한 반복적인 노출이 혈액 내 전좌 세포의 발생 빈도가 크게 증가하는 것과 관련이 있음을 분명히 보여 준다."[8]고 결론 내렸다.

암 유발 농약에 대한 연구 결과들

캐나다의 체계적 고찰에 소개된 연구 결과들은 메타분석으로 얻은 결과와 일치한다. 1992년 미국 베네스다 국립암연구소의 마이클 알라반자 교수의 동료이자 암과 농약의 상관관계 연구에 있어서 가장 왕성하게 활동하는 전염병학자인 에런 블레어도 메타분석을 했다.[9]

온타리오의 마거릿 샌본 박사 연구팀이나 마이클 알라반자 교수가 수행했던 '체계적 고찰'과 전염병학의 또 다른 연구 도구인 '메타분석'의 차이점에 대해 잠시 알아보자. 체계적 고찰은 예를 들어 '농약과 암' 같은 특정 주제에 관한 모든 연구를 수집해서 분석하는 것이다. 반면 메타분석은 유사한 연구에 등장하는 데이터를 수집해서 전반적인 결론을 이끌어 낼 수 있도록 데이터를 규합하는 통계적 연구 방법이다. 약학 분야에서 새로운 치료법의 효과를 알아보기 위해 많이 사용되는 메타분석은 비교 개체의 수를 증가시켜 개별적 결과의 통계적 영향력을 강화한다. 그러나 선정된 연구가 실제로 비교 가능해야 하고 올바른 최종 결과를 얻기 위해 수준이 낮은 연구나 아예 편차가 심한 연구는 제외해야 한다.

에런 블레어는 메타분석을 위해 그가 정한 질적 기준에 부합하는 전염병학 연구 스물여덟 개를 선정했다. 서론에서 그는 일반적으로 농부들이 다른 사람들보다 암과 심장 혈관 질환으로 사망하는 비율이 낮고 담배를 덜 피우기 때문에 "폐암, 식도암, 방광암 발병률도 더 낮다."고 했다. 그러나 그의 메타분석 결과가 보여 주듯이, "구순암, 피부암(흑색종), 뇌종양, 전립선암, 위암, 림프계 종양에 걸릴 확률은 크게 증가한다." 또 "대부분의 암과 비종양성 질환에 걸릴 확률이 낮은 농부들이 특정 암에 걸릴 확률이 지나치게 높은 것은 직업과 관련된 노출이 작용한다는 것을 암시한다. 이러한 사실은 보건학적으로 보았을 때 의미하는 바가 더 클 수 있다. 농부에게서 발병률이 가장 높은 암이 선진국의 일반인에게서 발병률이 증가하고 있는 암과 일치하기 때문이다."

이 논문의 결론이 몬산토의 기분을 언짢게 했을까? 몬산토는 '사내' 전염병학자인 존 아쿠아벨라에게 다시 메타분석을 의뢰했다. 물론 아쿠아벨라는 그가 원하던 것을 찾았다. 그가 정성껏 선정한 서른일곱 개의 연구를 버무려서 "농부들이 특정 암에 대한 발병률이 더 높다고 암시할 만한 결과가 없다."[10]는 결론을 내린 것은 놀랄 일도 아니다.

워싱턴의 전염병학자인 새무얼 밀햄은 몬산토(몬산토의 이름은 펍메드가 인터넷에 올린 초록에서 저자들의 이름 밑에 기입되었다.)의 메타분석을 게재한《전염병학회보》에 편지를 보내서 존 아쿠아벨라가 통계를 내기 위해 사용한 방법에 깜짝 놀랐다고 지적했다. "목축업자와 농부를 한데 묶은 이유가 뭡니까? 그들은 농약에 대한 노출도 다르고 암으로 인한 사망률의 종류도 다릅니다. 서로 다른 연구를 그렇게 섞으면 상대 위험도를 제대로 계산할 수 없습니다. 농부들이 농약에 노출되는 양상은 매우 다양하기 때문에 이런 종류의 메타분석은 주제 자체를 흐릴 뿐입니다. 노출 양상에 대해 훨씬 정교한 분류를 진행해야 합니다."[11]

농부라는 직업이 농장이 생산하는 품목에 따라 매우 상이한 활동을 모두 아우른다는 사실을 알아야 그의 지적이 얼마나 타당한지 이해할 수 있다. 밀이나 옥수수를 재배하는 일이 주 업무인 곡물 재배자의 활동과 가축을 기르는 목축업자의 활동은 매우 다르며, 농약에 대한 노출 위험도 당연히 다르다. 곡물 재배자는 목축업자보다 '식물 약제'를 훨씬 많이 사용한다. 이러한 차이를 고려하지 않는다는 것은 농업의 현실을 제대로 알지 못한다는 증거이다. 세계 농약 시장과 종자 시장의 선두 주자인 다국적기업을 위해 일한다는 과학자가 그런 것도 모른다니 코웃음을 칠 일이다.

내용에 관해서도 새무얼 밀햄은 메타분석을 할 때 빠질 수 있는 가장 큰 위험은 엄격한 기준을 적용하지 않고 흔히 말하듯 '똥인지 된장인지 구분도 못 하고' 아무 연구나 뒤섞어 놓으면 잘못된 결과가 나올 수 있다고 말했다. 메타분석에 사용된 방법론을 설명하는 부분에서 에런 블레어는 그러한 오류는 무조건 피하는 것이 상책이라고 강조했다.

"모든 농부가 똑같이 농약에 노출되지 않는 만큼 서로 다른 노출 수준을 조합하면 강도 높은 노출의 효과를 희석시키고 위험 평가를 제로로 낮추는 경향이 생긴다. 이러한 희석 효과가 갖는 잠재적 영향력은 아이오와 주와 미네소타 주에서 최근 수행된 한 연구의 데이터에서 확인할 수 있다.[12] 농장에 거주하는 698명의 농부 중 110명은 살충제를 한 번도 사용하지 않았고 344명은 제초제를 한 번도 쓰지 않았다. (……) 약 40%의 농부가 페녹시 계열의 제초제를 사용한 적이 있고, 20%는 유기염소계 살충제를 쓴 적이 있다. 그런 화학제품들이 일부 암을 일으킬 위험 요소를 많이 나타내는 것이 사실이지만 농부라는 직업을 유일한 기준으로 삼는 연구는 위험을 크게 저평가하는 결과를 얻게 될 것이다."

이 모든 것이 문외한에게는 별 흥미가 없는 전문가들의 설전처럼 들릴 것이다. 하지만 그 이면에는 국민의 삶에 매우 구체적인 영향을 미칠 엄청 난 쟁점이 숨어 있다. 예를 들어 장 마리 보니의 경우 장 로리오 교수와 베르트랑 쿠아피에 교수의 진정성을 의심할 수는 없다. 그들이 다른 연구자들처럼 농약 제조업체와 '이익 관계'에 놓여 있다는 증거가 없기 때문이다.(10장 및 11장 참조) 그러나 각자 연구 때문에 바쁜 그들이 나처럼 펍메드나 메드라인 사이트에서 2주일 동안이나 검색을 했을 리 없다는 것은 쉽게 짐작할 수 있다. 존 아쿠아벨라의 메타분석을 우연히 손에 넣었을 가능성도 있다. 하지만 연구를 주문했던 몬산토의 이름이 펍메드의 온라인 초록에는 분명히 명기되어 있지만 《전염병학회보》에 게재된 논문에서는 찾기 어렵기 때문에(첫 장 아래에 아주 작은 글씨로 표기되어 있다.) 주의를 기울여야 했다는 것을 몰랐을 수 있다. 따라서 장 마리 보니의 의료 기록을 평가한 전문가들이 몬산토가 후원하는 전염병학자의 메타분석만 참고했다면 독립적인 수십 명의 과학자들의 의견과는 달리 왜 농약에 대한 노출과 비호지킨림프종, 더 나아가 모든 종류의 암과 상관관계가 없다는 결론을 내렸는지 이해가 간다.

골육종과 뇌종양, 최전선에 선 농부들

모든 연구자들이 한결같이 말하는 사실이 있다. 농부들이 일반 국민에 비해 암으로 사망할 확률은 전반적으로 낮지만 반대로 특정 암의 발병률은 더 높다는 것이다. 결핵이나 비호지킨림프종과 같은 악성 혈액 질환이 거기에 해당하는데, 다발성 골수종도 마찬가지이다. 칼러씨병(kahler's disease)이라고도 하고 줄여서 골수종이라고도 부르는 이 암은 마이클 알라반자가 그의 체계적 고찰에서도 강조했듯이 "세계적으로 발병률이 증가하고 있다." 알라반자는 1981~1996년에 발표된 서른두 개 연구를 평가한 메타분석을 인용했는데, 이 메타분석은 농부들에게서 다발성 골수종 발병률의 수치를 +23%로 추산했다.[5]

전체 암의 1%를 차지하고 생존율이 매우 희박한 다발성 골수증이라는 질환을 내가 처음 알게 된 계기는 뤼펙에서 만난 장 마리 데디옹이었다. 그는 셰르 지방에서 일부러 시간을 내서 뤼펙까지 찾아온 옥수수 생산자였다. 아내와 함께 온 그는 2001년 시작된 지옥 같은 사연을 이야기했다. 장 마리 데디옹은 2001년 갑자기 위팔뼈 두 개가 모두 골절되고 갈비뼈 절반이 녹아내렸다. 진단은 청천벽력과 같았다. 경쇄형 다발성 골수종. 파리의 오텔 디외 종합병원에 입원한 그는 두 차례의 자가 골수이식을 받았고 조르주 퐁피두 병원에서 화학 치료, 방사선 치료, 글루코코르티코이드 치료 등 매우 힘든 치료를 받았다.

"마지막에는 골수를 완전히 파괴한 다음 무균실에서 줄기세포를 이식받았습니다. 지루하고도 무척 힘든 과정이었지요. 지금은 상태가 호전되었습니다만, 일을 놓고 보면 빠져나올 수 없는 덫에 놓인 상황입니다. 직업병을 인정받으려고 절차를 밟았는데 인정을 받기까지 가계 상황이 아주 어려워지더군요. 보험 계약에 명시되어 있는 대로 3년 동안 휴업 수당을 받았습니다. 그리고 그다음에는 수입이 전혀 없었지요. 제 상태가 이도 저도 아니었으니 황당했습니다. 보통 3년 동안 병가를 내면 죽거나 병이 낫거나 하는 데 저는 죽지도 않았고 병도 낫질 않았으니 일을 계속해야 합니다. 농사를 계속 지어야 하는 것이 저에게는 매우 힘듭니다."

폴 프랑수아를 변호하기도 했던 프랑수아 라포르그의 권유로 장 마리 데디옹은 몬산토를 상대로 소송을 걸기로 했다. "폴과 저는 공통점이 많습니다." 장 마리 데디옹은 웃으며 말을 이어 갔다. "우리 둘 다 옥수수를 키우고 라소를 많이 사용했지요. 차이점이 있다면 폴은 급성중독 환자였고 저는 만성중독 환자라는 것입니다. 저는 농업사회상호부조가 알려 준 권고 사항을 모두 지켰습니다. 농약을 칠 때 최대한 시간 간격을 두라고 하더군요. 라소를 한 번 치면 보통 2~3주 정도 걸렸고 하루에 2~3시간 정도 걸렸지요. 그게 치명적인 실수였습니다."

장 마리 데디옹의 사연을 들으면서 욱하고 치밀었던 기억이 아직도 생생하다. 그날 적었던 메모를 다시 읽어 보니 밑줄 두 개를 박박 그어 놓은 질문이 눈에 띈다. 프랑스의 농장에서 암으로 죽어 가는 농부는 도대체 몇 명이나 될까? 그걸 알 수나 있을까? 프랑스의 농촌의학 전문가인 이자벨 발디와 피에르 르바이이는 2007년 발표한 「암과 농약」[14]에서 이렇게 밝혔다. "지금까지 약 30편의 전염병학 연구 논문이 농촌에서의 뇌종양 발병률을 다루었고 그중 대다수가 발병률이 30% 정도 올라간다고 밝혔다." 두 사람은 농부들이 가장 많이 걸리는 고형암이 뇌종양이라는, 캐나다에서 수행된 체계적 고찰이 내린 결론을 다시 한 번 확인했다.

보르도 대학 건강노동환경연구소의 이자벨 발디와 캉 대학 지역암연구그룹(GRECAN)의 피에르 르바이이는 이 주제에 대해 특히 잘 알고 있다. 두 사람이 2007년 《직업과 환경 의학저널》[15]에 게재된 'CEREPHY(뇌를 뜻하는 CEREbrale과 식물 약제를 뜻하는 PHYtosanitaire에서 왔다.)' 연구에 참여했기 때문이다. 지롱드 지역에서 수행한 이 비교대조연구는 농약에 대한 노출과 중추신경계 질환과의 상관관계를 검토했다. 1999년 5월 1일과 2001년 4월 1일 사이에 양성 혹은 악성 뇌종양 판정을 받은 환자 221명과 상기 질환에 걸리지 않았으며 지역 선거인 명부에서 무작위로 추첨한 422명의 대조군을 비교했다. 연령과 성별은 물론 고려 대상에 포함되었다. 평균 연령이 57세인 환자 가운데 57%는 여성이었다. 47.5%는 신경교종, 30.3%는 뇌수막종, 14.9%는 청신경초종, 3.2%는 뇌림프종을 앓고 있었다.

실험 참가자의 자택이나 병원에서 실시한 인터뷰에서는 농약에 노출된 방식을 정원 가꾸기, 실내 화초에 농약 치기, 포도나무에 농약 살포, 농약을 친 재배지 주변에 거주한 것 등 범주별로 분류해서 자세히 물었다. 가족력, 휴대전화 사용, 용매 사용 등 질환 발생의 원인이 될 수 있는 다른 요소도 꼼꼼히 챙겼다. 결과는 확실했다. 내가 페즈나 농업고등학교에 갔을 때에도 확인할 수 있었듯이 '식물 약제'*를 다량으로 사용하는 포도 재배자는 뇌종양에 걸릴 확률이 2배 높았고(오즈비 2.16) 신경교종에 걸릴 확률은 3배 높았다(오즈비 3.21). 또 실내에서 기르는 화초에 정기적으로 농약을 뿌리는 사람은 뇌종양에 걸릴 확률이 2배 높았다(오즈비 2.21).

포도 재배자의 뇌종양 발병률은 1998년에 장 프랑수아 비엘이 발표한 연구 논문의 주제이기도 했다. 전염병학자인 장 프랑수아 비엘은 '농촌의 암 사망률과 농약에 대한 노출의 지리학적 상관관계'[16]를 다룬 박사 학위논문을 쓰기도 했다. 논문에서 그는 "프랑스 농부들의 암으로 인한 사망률과

---

* 프랑스의 포도 산지는 경작지 면적의 10%밖에 차지하지 않지만 프랑스에서 사용되는 살진균제의 80%, 살충제의 46%를 소비한다.(Bernard DELEMOTTE et alii, "Le risque pesticide en agriculture", *Archives des maladies professionnelles*, vol.48, 1987, pp.467-475)

농약에 대한 노출 간의 잠재적 관계를 테스트"하기 위해 "농약 노출의 지리적 지수"를 사용했다. 조사를 진행한 1980년대 말에는 프랑스 국토에 뿌려지는 농약의 양이 매년 9만 3000t에 달했다. 프랑스 농업부가 제공한 데이터와 농학자 앙드레 푸즈루ⁿ의 연구를 바탕으로 장 프랑수아 비엘은 각 데파르트망(프랑스의 행정 구역으로, 총 101개의 데파르트망이 있다. ― 옮긴이)과 재배지별 농약에 대한 노출 지도를 만들었다. 낟알이 작은 곡물(밀, 보리, 귀리, 호밀, 쌀) 재배지(총 700만 ha)의 96%에 제초제가 뿌려졌고 31%에 살충제, 70%에 살진균제가 살포되었다. 옥수수 재배지 321만 6000ha는 100% 제초제 처리가 되었고, 포도 재배지 97만 8000ha의 80%는 제초제, 82%는 살충제, 100%는 살진균제 처리가 되었다. 사과나무 재배지 6만 2000ha에서는 처리 비율이 각각 80%, 100%, 98%에 이르렀다. 프랑스 전체 경작지 면적의 처리 비율은 각각 95%, 39%, 56%였다.

프랑스의 11개 주요 재배지*의 지리적 분포와 재배지 유형별 농약 처리(사용된 농약의 종류, 헥타르당 사용량, 연간 살포 횟수)에 관한 정보를 가지고 장 프랑수아 비엘은 프랑스의 모든 데파르트망(도시화가 가장 많이 진행된 일드프랑스의 다섯 개 데파르트망과 테리투아르드벨포르는 제외)의 화학 노출 지도를 재구성했다. 그리고 프랑스 국립보건의학연구원과 통계청(INSEE)의 통계를 참조했다. 특히 1984~1986년 사회직업군 10(농업 경영인)과 69(농업 노동자)의 사망 기록을 살펴보았다. 개인보다는 집단에 관심을 가졌기 때문에 '생태학적'이라고 할 수 있는 이 광범위한 연구는 경작지가 많은 지역(보 지방과 오베르뉴 지방)에 췌장암과 신장암으로 인한 사망률이 높고 포도 재배 지역(보르

---

* 재배지 면적의 크기 순서대로 정리하면 다음과 같다. 낟알이 작은 곡물(밀, 보리, 귀리, 호밀, 쌀), 옥수수, 포도, 해바라기, 유채, 완두, 순무, 감자, 사과, 아마, 배.

도 지방)에서는 방광암과 뇌종양 사망률이 높다는 결론을 내렸다.

뇌종양에 관해서는 노르웨이에서 수행되었고 1996년에 발표된 광범위한 코호트 연구가 있다. 논문의 저자들은 농부나 농약을 직업적으로 사용하는 사람들의 자녀에게 나타나는 암 발병률을 조사했다. 규모 면에서 독보적인 이 연구는 1952~1991년에 농업 노동자로 등록된 부모에게서 태어난 자녀 32만 3292명의 의료 기록을 꼼꼼히 살펴보았다.[18] 그 결과, 4세 미만의 아이에게서 뇌종양과 비호지킨림프종의 발병률이 지나치게 높은 것으로 드러났다. 아이들은 특히 부모가 원예가이거나 작물 재배자였다. 가금류 사육자의 청소년 자녀들에게서는 골육종과 호지킨병의 발병률이 지나치게 높았다. 가금류의 공장식 집약 사육을 하면 화학 소독제와 살충제를 많이 사용해야 한다. 이는 부모의 농약 노출과 자녀에게서 가장 높은 발병률을 보이는 뇌종양과 결핵의 상관관계를 증명하는 수많은 전염병 연구(19장 참조) 결과와 맥락을 같이한다.

미국 농업보건연구의 충격적인 결과

'농업보건연구(Agricultural Health Study)'는 농약이 건강에 미치는 영향에 관해 미국 농촌에서 실시된 최대 규모의 전향적 연구이다. 이 연구는 1993년 미국의 3대 국립연구소인 국립암연구소, 국립환경보건연구소, 환경보호국에서 수행했다. 1993년 12월 13일에서 1997년 12월 31일까지 아이오와 주와 노던 캘리포니아 주의 농촌에 거주하는 8만 9658명이 광범위한 코호트 연구를 위해 동원되었다. 그중 5만 2395명은 농약을 사용하는 농부였고 3만 2347명은 그런 농부의 배우자였다. 4916명은 직업적으로 농약을 사용하는 사람이었다.*

참가자들은 21쪽에 달하는 문진에 답해야 연구 대상에 포함될 수 있었다. 문진에는 병력, 가족력, 식습관, 생활 습관(흡연, 음주, 운동)에 관한 모든 정보를 자세히 기록해야 했다. 또 사용 농약에 관한 상세한 내용(제품 계열, 성분의 정확한 이름, 사용량, 사용 빈도, 보호 장비 착용 여부)도 알려야 했다. 그 밖에도 정기적인 면접이 있을 때마다 농업 활동에서 일어난 모든 변화와 의사가 진단한 새로운 질병 출현도 알릴 것을 약속했다.

이렇게 해서 비교대조연구 결과를 해석할 때 자주 문제가 되는 허점을 메울 수 있었다. 우선 농약 노출에 관한 '데이터 수집'은 '암 진단 이전'에 이루어졌다. 이 연구의 주요 책임자였던 마이클 알라반자와 에런 블레어가 지적했듯이, 그래야 기억력 손실에 의한 오류를 피할 수 있기 때문이다. 그리고 이 연구는 대부분의 비교대조연구가 부딪혔던 어려움을 피해 갔다. 그 어려움이란 노출 정도에 대한 정확한 정보의 부재와 가장 위험한 제품의 식별이다. 각 사용자가 "각 농약에 대한 노출 정도와 연간 사용 일수, 사용 연수, 사용 방법, 보호 장비 착용 여부"를 정확히 알고 있었다는 것이 이 연구의 강점 중 하나였기 때문이다. 연구자들은 "코호트 연구의 규모가 워낙 방대해서 특정 화학제품에 대한 노출과 관련된 위험을 검토할 수 있을 정도로 충분한 통계적 역량을 가지고 있다."[10]는 결론을 내렸다.

농업보건연구가 시작된 지 12년이 지난 2005년, 연구자들은 많은 결과를 얻어 냈고 그 결과를 팔십여 편의 논문에 정리했다. 농업보건연구 인터넷

---

* 재배지에 대한 농약 살포나 종자 저장 사일로와 같은 저장 시설 처리 전문 기업의 직원을 말한다.

사이트에서 누구나 그 논문들을 읽어 볼 수 있는데, 이는 이 분야에서는 보기 드문 투명성이다.[20] 논문을 읽어 보면 2005년 4000건의 암 발병 사례가 보고되었고, 그중 500건은 유방암으로, 농부의 부인이 아닌 농부가 걸린 것이었다. 또 360건은 폐암, 400건은 림프종, 1100건은 전립선암이었다. 국민 전체의 데이터와 놓고 비교해 보니 후향적 연구들이 이미 밝힌 내용이 다시 한 번 확인되었다. 즉 농부와 그의 배우자에게서 나타나는 암 발병률은 전체적으로 일반 국민보다 크게 낮았다(각각 -12%와 -16%). 이 현상은 특히 폐암(-50%)과 소화기계 암(-16%)에서 두드러졌다. 그러나 데이터를 보면 농부(부인이 아님)에게서 유방암 발병률이 다소 높게 나타났고(+9%) 직업적으로 농약을 사용하는 여성에게서 난소암(세 배 증가), 농부의 부인에게서 악성 흑색종(+64%) 발병률이 현저하게 높았다. 남성에게서는 다발성 골수종(+25%) 등 림프계 암과 전립선암(농부에게서 +24%, 직업적인 농약 사용자에게서 +37%) 발병률이 높았다.[21]

마이클 알라반자와 에런 블레어가 지적하듯이 "전립선암은 미국과 주요 선진국 남성에게서 가장 흔히 나타나는 악성 종양이다. 그러나 전립선암의 원인은 아직 밝혀지지 않았다." 따라서 연구자들은 전립선암의 발병률 증가를 설명해 줄 수 있는 농약에 대한 노출이 있었는지 여부를 알아내는 데 주의를 기울였다. 2003년에 발표한 연구 결과를 보면 연구 대상이었던 마흔다섯 개 농약 가운데 브로모메탄*과 유기인계 제품 사용이 발병 위험을 크게 증가시킨다(오즈비 3.75).

---

* 1987년 9월 22일 채택된 '몬트리올 의정서'가 성층권의 오존층에 미치는 영향 때문에 사용을 금지한 브로모메탄은 2005년까지 세계에서 가장 많이 사용되는 살충제 중 하나였다. 농지 소독(특히 온실에서 기르는 토마토), 종자의 훈증 제충, 저장된 곡물 보호 및 저장 사일로와 제분기 청소에 사용되었다. 2005년 프랑스는 대안이 없다는 이유로 브로모메탄 194t의 사용 허가를 받았다.

농업보건연구에서 밝힌 전립선암의 발병률이 벨기에 주느비에브 반 마엘 파브리와 장 루이 빌렘이 2004년에 발표한 메타분석에서 얻은 결과와 매우 유사하다는 것은 흥미롭다. 스물두 개의 후향 연구를 분석한 벨기에의 두 연구자는 전립선암 발병률이 평균 24% 증가한다(오즈비 1.24)고 밝혔다. 그러나 정확히 어떤 농약이 증가에 영향을 미쳤는지는 밝히지 않았다.[22]

'아그리캉'을 기다리며

농약과 암의 상관관계를 다룬 이 꼭지를 마무리하며 나는, 2005년 프랑스 농업사회상호부조가 피에르 르바이이와 이자벨 발디가 각각 일하고 있는 캉 지역암연구그룹 및 보르도 건강노동환경연구소와 공동으로 시작한 아그리캉(AGRICAN) 연구의 첫 결과물도 소개할까 한다.(AGRICAN은 농업이라는 뜻의 AGRIculture와 암이라는 뜻의 CANcer를 합쳐 만든 합성어다. ─ 옮긴이)

농업사회상호부조가 "2009년 말" 발표한다던 "가장 발병률이 높은 암", 즉 전립선암과 유방암에 관한 데이터는 아쉽게도 1년이 지난 지금까지도 아직 발표되지 않았다. 미국의 농업보건연구의 방법론을 따른 아그리캉은 연구를 일부 재정 지원하는 프랑스 국립암연구소(INCa)가 강조하듯이 "세계 최대 규모의 농촌 코호트"를 대상으로 한다. 2005년에서 2007년까지 60만 건의 설문이, 농업사회상호부조에 최소 3년 동안 가입했고 암 환자 등록 기록을 보유하고 있는 열두 개 데파르트망* 중 한 곳에 거주하는 임

---

* 바 랭, 칼바도스, 코트 도르, 두, 지롱드, 오 랭, 이제르, 루아르 아틀랑티크, 망슈, 솜, 타른, 방데.

금노동자 및 비임금노동자에게 실시되었다.

나는 농업사회상호부조 인터넷 사이트에 올라와 있는 설문지를 볼 수 있었다. 여덟 쪽 분량의 설문은 연구를 소개하는 글로 시작한다. 연구의 목적은 "<u>직업의 위험</u>을 더 잘 파악하고 <u>예방</u>을 발전시켜 농업 세계의 건강과 안전을 <u>향상시키는 것</u>"(밑줄-원저자)으로 소개되어 있다. 설문을 작성한 사람들이 '식물 약제'라는 말을 일부러 사용하지 않았다는 점이 흥미롭다. 식물 약제가 농부의 건강에 미치는 잠재적 영향이 이 대규모 연구의 출발점이었을 텐데 말이다. 금기의 허물을 벗기기란 정말 힘들다. 설문지의 나머지 부분은 농업 활동 유형(포도, 곡물, 목초, 순무, 목축 등)과 "직업 활동 중 사용한 살진균제, 살충제, 제초제", "생활 습관"과 "건강"에 관한 자세한 질문들로 이루어져 있다.

건강에 관한 질문에도 금기가 나타난다. "의사에게 다음과 같은 질병이 있다고 들은 적이 있습니까?"라는 질문 다음에 열다섯 개의 질병 목록이 나온다. "알레르기 비염, 습진, 천식, 고혈압, 당뇨병, 경색, 파킨슨병, 알츠하이머병" 등이다. 그러나 암은 없다. 아마도 설문지 H2 줄에 있는 '현재 건강 상태'에 암에 관한 정보 — 민감하다고 판단된 듯 보인다. — 를 쓰라는 것이 아닌가 싶다. 그러나 농업 세계에서의 암 발병률을 평가한다는 연구에서 이런 '누락'은 놀랍기만 하다.

그래도 2005년에서 2007년까지 실시된 설문지 검토로 18만 명을 아그리캉 코호트에 포함시켰다. 이자벨 발디와 피에르 르바이이가 2007년에 밝혔듯이, 연구 "결과는 가장 빈도가 높은 암(유방암, 전립선암)에 대해서는 2009년에, 가장 빈도가 낮은 암에 대해서는 2015년에 발표된다."[23] 이 연구가 암에 집중되어 있는 것은 사실이지만 농약에 대한 노출과 파킨슨병에 관한 중요한 정보를 제공할 가능성도 배제할 수 없다. 앞으로 살펴보겠지만 농약과 파킨슨병의 관계는 전 세계에서 많이 연구되고 있다.

농약과 퇴행성 신경 질환

"현대화로 인한 위험은 위험을 생산하는 자와
그것을 누리는 자에게도 언젠가 영향을 미칠 것이다."

—울리히 벡, 『위험사회』

"파킨슨병이 노인병이라고 하지 마십시오. 저는 마흔여섯에 파킨슨병에 걸렸습니다."

현재 55세인 질베르 방데는 농업 노동자로 일했고 2010년 1월 뤼펙에 참여했다. 말하는 데 큰 어려움을 느끼는 것이 파킨슨병 환자의 특징인데, 질베르 방데는 그의 사연을 들려주어 청중을 감동시켰다. 그는 샹파뉴 베리숀 지역의 대농장(1000ha)에서 재배 감독으로 일했고, 1998년 가우초에 급성중독되었다.

가우초와 파킨슨병의 대표적 사례, 질베르 방데

꿀을 좋아하는 사람이라면 바이엘 사가 이미다클로프리드를 주원료로 제조한 이 제품에 대해 들어 본 적이 있을 것이다. 이 제품은 파브리스 니콜리노와 프랑수아 베예레트의 말을 빌리면 "수천 명의 사망자"를 낳았다. 꿀을 모으는 여성 일꾼들도 물론 희생자에 포함된다.[1] 1991년 프랑스에 출시된 일명 '침투성' 살충제 가우초는 가공할 위력을 자랑한다. 순무, 해바라기, 옥수수 등 종자에 뿌리면 수액을 통해 식물 내부로 침투해서 해충뿐만 아니라 꿀벌을 비롯해서 침을 가진 곤충이란 곤충은 모조리 중독시킨다. 1996~2000년 가우초와 기타 살충제 사용으로 인해 프랑스에서 사라진 벌집만 45만 개에 이른다.[2]

소송도 불사한 양봉업자 노조의 끈질긴 노력과 프랑스 국립과학연구센터의 장 마르크 봉마탱과 국립농학연구소의 마르크 에두아르 콜랭의 용기 있는 연구 덕분에 참사원이 농업부를 굴복시킬 수 있었다.* 농업부는 2005년에 드디어 가우초를 금지했다. 그러나 끝까지 제조업체 편에 섰던 부처 내 고위 공무원의 방해도 만만치 않았다. 그중에 1996~2000년 영향력이 막강한 식품국(DGAL)의 국장을 역임한 마리 기유가 있다.(도미니크 마르샬 사례에서도 거론됐던 그녀는 2005년 당시 국립농학연구소 소장을 맡고 있었다. 4장 참조) 마리 기유의 후임으로 2000~2003년 식품국 국장을 맡았던 카트린 제슬랭 라네엘도 보기 드문 열성을 자랑했다. 그는 가우초의 시판 승인 관련 자료를 담당 판사인 루이 리폴에게 넘기기를 거부했던 것이다. 리폴 판사가

---

* 정치 색깔은 사건과 아무 관련이 없었다는 사실에 주목하자. 관련 농업부 장관은 사회당의 장 글라바니(1998년 2월~2002년 2월 재임)와 공화국연합의 에르베 게마르(2002년 5월~2004년 11월 재임)였지만 요지부동의 자세는 똑같았다.

140

예심을 열고 식품국 본부에 대한 압수수색을 벌이는 중이었는데도 말이다. 2006년 7월 라네엘은 이탈리아 파르마에 소재한 유럽 식품안전청 청장으로 임명된다. 나는 2010년 1월 그곳에서 그녀를 만난 바 있다(15장 참조).[3]

짧게나마 이런 과정을 되짚어 보는 것은 우리를 다스리는 사람들의 결정이 그들이 섬겨야 할 시민의 삶에 얼마나 직접적인 영향을 미치는지 이해하기 위해서였다. 가우초를 시장에 계속 잔존하도록 하기 위해 명백한 증거에도 불구하고 가우초의 독성을 부인하는 등의 물타기 작전으로 1만 여 명의 양봉업자*와 질베르 방데와 같은 농부들이 병에 걸렸다.

1998년 10월 "하루 종일 가우초를 흡입한" 질베르 방데는 구토를 동반한 심한 두통에 시달렸다. 병원에서는 중독이라는 진단을 내렸다. 그러나 질베르 방데는 "아무 일 없었다는 듯이" 곧바로 다시 일을 시작했다. "저는 몇 년 동안이나 수십 가지 농약을 살포했습니다. 물론 밀폐된 운전석에 앉아 있기는 했지만 방독 마스크는 쓰지 않았지요. 몇 시간 동안이나 그걸 쓰고 앉아 있으면 숨이 막힐 지경이었으니까요." 중독되고 1년 뒤, 질베르 방데는 어깨에 극심한 통증을 느끼기 시작했다. "얼마나 아팠던지 트랙터에서 내려 바닥에 마구 뒹굴었다니까요." 2002년 그는 투르에 있는 신경 전문의를 찾아가 보기로 했다. 그리고 파킨슨병이라는 진단을 받았다. "그 날을 앞으로도 잊지 못할 겁니다." 질베르 방데는 감정에 북받쳐 목이 잠겼다. "의사 선생님이 제가 사용한 농약 때문에 병에 걸린 것 같다고 확실히 말씀하셨거든요."

마이클 알라반자가 2004년 체계적 고찰[4]에서 지적했듯이, 그 의사는 "농

---

* 프랑스의 꿀 생산량은 1995년 3만 2000t에서 2003년 1만 6500t으로 반감했다. 같은 기간 가우초와 독성이 비슷한 또 다른 살충제인 바스프 사의 레장도 꿀벌의 대량 폐사를 초래했다. 레장은 2005년에 금지되었다.

약 노출이 파킨슨병에 걸릴 확률을 높인다는 결론을 내린 수많은 의학 논문"을 알고 있었던 게 틀림없다. 알라반자는 파킨슨병과 파라콰트, 마네브, 디엘드린, 로테논 등 사용 빈도가 높은 성분들로 만들어진 '식물 약제'(유기염소제, 유기인제, 카바메이트)에 대한 만성중독 간에 통계적으로 유의미한 관계가 있다는 것을 보여 주는 30여 건의 비교대조연구를 인용했다. 2년 뒤 알라반자는 에런 블레어와 함께 농업보건연구의 첫 데이터 분석에서도 비슷한 결론을 얻었다.

코호트에 포함되고 5년이 지난 참가자들의 68%(5만 7251명)에 대한 면접조사가 이루어졌다. 그 결과 78건의 파킨슨병(농약 사용자 56명과 배우자 23명)이 새로 발병한 것으로 나타났다. 모집 시에는 83건이었다(농약 사용자 60명과 배우자 23명). 파킨슨병에 걸릴 확률은 9개 농약의 사용 빈도(연간 사용 일수)가 높을수록 2.3배까지 증가할 수 있다. 결론에서 저자들은 "농약 때문에 병원에 내원했다는 사실이나 강도 높은 노출로 인한 사고를 경험했다는 사실은 발병 위험 증가와 관련이 있다."[5]고 밝혔다. 이 결론을 읽고 나는 당연히 질베르 방데를 떠올렸다. 모든 것이 가우초에 대한 급성중독이 만성중독으로 시작된 병의 진행을 더 가속화하는 원인이 되었다는 것을 알려 주기 때문이다.

질베르 방데의 사연은 앞에서 소개한 사람들의 이야기와 이상하리만치 유사하다. 농업사회상호부조가 파킨슨병은 직업병 목록에 들어 있지 않다며 인정을 거부하자 질베르 방데는 오를레앙 직업병인정지역위원회에 호소했다. 그러나 이곳에서도 그의 요청을 거부했다. 질베르 방데는 부르주 사회보장법원에 소송을 냈고 법원은 2006년 그에게 마침내 승소 판결을 내렸다. 판결의 근거로는 관련 의학 논문들에 대해 오를레앙과는 다른 해석을 내린 클레르몽페랑 직업병인정지역위원회의 결정을 취했다.

당시 질베르 방데는 파킨슨병에 걸린 농부로는 두 번째로 직업병 인정을 받았다. 장 뤽 뒤퓌페 박사가 전해 준 농업사회상호부조의 통계에 따르면 4년 뒤 그 수는 '십여 명'으로 늘었다. 질베르 방데는 고향을 떠나 파리에서 지내며 프랑스 파킨슨병환우회에서 자원봉사자로 일하고 있다. "왜 고향을 떠났느냐고요? 파리에서는 날 아는 사람이 아무도 없으니까요. 시골에 계속 살았다면 사람들이 저를 손가락질했을 겁니다. 그렇게는 살 수 없었을 거예요."

파킨슨병을 일으키는 독소와 독성 제품

오랫동안 노화와 관련된 퇴행성 신경 질환으로 알려졌던 파킨슨병을 처음 기술한 사람은 영국의 제임스 파킨슨(1755~1824)이다. 그는 1817년 「진전마비에 관한 소고」에서 몸의 떨림, 경직되고 통제 불가능한 동작, 언어 구사의 어려움 등* 파킨슨병의 증상을 열거한다. 지리학과 고생물학에도 관심이 많았던 뛰어난 의사 제임스 파킨슨은 정치 활동가이기도 했다. 그는 올드 허버트(Old Hubert)라는 필명으로 세태를 비판하는 글을 썼는데, 산업의 역사를 돌아보면 이 글들은 매우 명철하다. 『대학살 없는 혁명』에서 그는 "더 높은 임금을 쟁취하기 위해 단결하는 노동자를 감옥에 가두어서는 안 된다. 고용주들은 노동자를 상대로 결탁하지만 아무런 처벌도 받지 않는

---

* 파킨슨병이라 명명한 사람은 프랑스 의사 장 마르탱 샤르코(1825~1893)이다.

다."고 지적했다.[6]

「진전마비에 관한 소고」에서 파킨슨은 그의 이름을 갖게 될 병에 대한 설명은 하지 않고 원인이 직업이나 환경과 관계가 있을 것이라고 가정했다. 그의 생각은 옳았다. 현재 발병 건수의 대다수가 '특발성'으로 진단이 내려지지만 — 원인을 알 수 없다. — 직업이나 환경 요인도 일부 규명되었기 때문이다.

제2차 세계대전 이후 파킨슨병의 증상을 유발하는 독성 물질이 발견되었다. 폴 블랑 교수가 그의 저서에서도 말했듯이, 연구자들은 서태평양 모리아나제도의 괌과 로타 섬에 살고 있는 원주민 차모로 족에게서 파킨슨병의 유병률이 유난히 높다는 것을 알아냈다.[7] 그리고 미국보다 100배나 높은 유병률은 소철 씨가 원인이라고 가정했다. 차모로 족은 소철 씨앗을 빻아 가루를 내어 먹었는데, 그 가루에 베타 메틸아미노 알라닌(BMAA)이라는 독소가 들어 있었던 것이다. 그러나 일부에서는 그런 주장을 반박했다. 가루 속에 든 BMAA의 양이 파킨슨병을 일으킬 만큼 많지 않다는 것이었다.

논쟁에 종지부를 찍은 사람은 하와이의 한 과학자였다. 그는 차모로 족이 소철 씨를 많이 먹는 박쥐 고기를 즐겨 먹는다는 사실에 주목했다. BMAA는 생물 농축 원리에 따라 박쥐의 지방에 축적되었던 것이다(3장 참조). 그러나 고기가 연해서 인기가 많았던 박쥐가 멸종되자 마리아나제도에서 파킨슨병도 사라졌다.

산업의 역사도 파킨슨병의 병인에서 독성 제품의 역할을 확인시켜 준다. 20세기 초 산업보건전문의들은 망간 가루에 노출되는 광부나 제강소 노동자들이 파킨슨병 증상을 보인다는 사실을 관찰했다. 1913년 《미국의사협회 저널》에 아홉 건이 보고되었다. 폴 블랑이 아이러니하다고 강조하듯이 해당 논문은 '낙관적인 어조'로 시작한다. 진보에는 어쩔 수 없는 '부수적 피해'가 따른다는, 당시 생기기 시작한 이데올로기를 반영한 것이었다. "근대의 거짓 인도주의 경향을 보여 주는 명백한 증거는 다양한 산업 활동의 대가로 발생한 사고, 중독, 질환에 대한 높아지는 관심이다."[8] 그런 문제를 겪을 염려가 없었던 저자들은 거만하게 문제를 축소시켰다.

20세기에는 중금속 노출(특히 용접소)과 정신 질환의 관계에 대한 연구가 전 세계적으로 증가했다. 그중 '망간에 의한 정신병(Manganese Madness)'의 증상은 파킨슨병의 전조 증상이라 할 수 있는 환각과 통제되지 않는 몸동작이었다. 1924년에 원숭이를 대상으로 한 실험은 망간이 뉴런의 조기 사망을 일으켜 중추신경계에 어떤 영향을 미치는지 알 수 있게 해 주었다. 뉴런이 죽으면 운동 기능을 제어하는 데 필요한 신경전달물질인 도파민 생성이 저하된다.[9]

1980년대까지 발표된 과학 논문들은 유기물 형태가 아닌 망간, 즉 산업용으로 사용된 망간 산화물이나 망간염만 다루었다. 그러던 중 1988년에 《신경학》에 발표된 연구에서 망간을 주원료로 한 살진균제인 마네브를 살포한 농업 노동자들이 파킨슨병의 전조 증상을 보인다는 사실이 밝혀졌다.[10] 이 연구 결과는 6년 뒤에 발표된 또 다른 연구로 재차 확인되었다. 이 연구는 특히 2년 동안 보리 종자에 마네브를 뿌린 뒤 파킨슨병에 걸린 37세 남성의 사례를 들고 있다.[11] 마네브와 유사한 살진균제로 지금까지도 역시 사용되고 있는 만코제브를 뿌린 사람들에게서도 비슷한 효과를 관찰할 수 있었다.

파킨슨병의 발병에 독성 성분이 기여하는 역할은 캘리포니아의 마약 사용자들을 관찰한 결과에 의해 확인되었다. 1980년대에 의사들은 MPPP

라는 합성 헤로인을 주입하면 파킨슨병에 걸린다는 사실을 알게 되었다. MPPP에는 파킨슨병을 유도하는 물질인 MPTP가 들어 있고, MPTP의 부산물인 사이퍼콰트는 사용 빈도가 매우 높은 제초제인 파라콰트나 다이콰트와 구조적으로 매우 비슷한 물질이다. 파킨슨병을 유발하는 생물학적 메커니즘을 이해하게 해 주는 'MPTP 모델'은 원숭이에게 실시한 많은 실험의 대상이 되었다.[12] 이 실험은 특히 열대지방 식물에서 생성되는 천연 독소로, 여러 살충제 성분이기도 한 로테논의 효과를 테스트하는 데 도움이 되었다. 연구자들은 로테논을 생쥐에게 반복적으로 소량 투입했을 때 파킨슨병을 유발한다는 사실을 관찰했다.*

브로모메탄과 마찬가지로 로테논도 2009년 유럽위원회에서 사용을 금지했으나 프랑스는 특별 유예 기간을 얻어 2011년 10월까지 사과, 배, 체리, 포도, 감자에 사용했다.**『침묵의 봄』의 레이첼 카슨처럼 "이런 결정은 누가 내리는가?"라는 질문에 답을 구하는 것이 그 어느 때보다 중요하다. 농약이라는 독이 갖고 있는 농학적 장점이 농약 사용자와 소비자의 건강보다 더 중요하다고 결정하는 사람은 누구인가? 유럽위원회가 미처 행동에 나서기 전에 실험실과 영안실에서 세어야 했던 환자와 사망자의 수를 우리는 어렵지 않게 짐작할 수 있다. 또 금지된 몬산토의 라소에 대해 프랑스가 유예

---

* 34년 동안 원예 관련 대기업에서 근무한 파리의 한 정원사는 로테논과 파라콰트를 사용해서 파킨슨병에 걸렸다는 이유로 2009년에 직업병을 인정받았다. 이 정원사는 48세에 파킨슨병에 걸렸다. 그의 사례는 스트라스부르 종합병원의 마리아 곤잘레스 박사가 2009년 6월 19일 《위생보건환경》과 했던 인터뷰에서 알려졌다. 마리아 곤잘레스 박사는 파리 직업병인정지역위원회의 전문가 위원회 소속이다.

** 2011년 1월에 미래세대와 농약행동네트워크 유럽 지부가 발표한 보고서에 따르면, 2007~2010년 유럽에서 금지된 농약을 사용하기 위해 유예 기간을 적용하는 사례가 500%나 증가했다. 농약에 관한 유럽지침(91/414)에는 실제로 '120일간의 유예 기간'을 받을 수 있는 8.4 조항이 존재한다. 이 조항은 회원국이 '예측할 수 없는 위험이 있을 때' 금지된 농약을 사용할 수 있도록 허용하고 있다. 2007년 예외 조항 적용 건수는 59건이었고 2010년에는 그 수치가 321건으로 치솟았다. 그중 74건은 프랑스에 적용되었다.(GENERATIONS FUTURES ET PESTICIDES ACTION NETWORK EUROPE, "La question des dérogations accordées dans le cadre de la législation européenne sur les pesticides", 26 janvier 2011)

기간을 요청한 것은 2007년《농업노조》가 사용했던 표현대로 그야말로 충격적이다.[15]

산업계의 질병

"척추동물과 무척추동물의 신경계는 근본적으로 유사하기 때문에 곤충의 신경계를 공격하기 위해 개발된 살충제는 인간의 신경계에도 급성 혹은 장기적으로 독성 효과를 일으킬 수 있음이 분명하다." 2006년 세계보건기구가 발표한 예방 매뉴얼의 내용이다(3장 참조). 권위 있는 이 국제기구는 "증상은 노출 직후 또는 차후에 나타날 수 있으며 사지의 근력 약화와 마비, 기억력 상실, 시력 혹은 지적 능력 감퇴, 두통, 인식 및 행동 능력 장애, 성 기능 이상을 포함한다."[16]고 덧붙였다.

세계보건기구가 '전문가'의 전형적인 임상학적 냉담함으로 기술하는 모든 것은 이미 수많은 전염병학 연구에서 거론되었던 것이어서 여기에서 일일이 소개할 수도 없을 정도이다. 연구 대상인 파킨슨병과 알츠하이머병은 프랑스에서만 환자 수가 80만 명에 이르고, 새 발병 건수도 연간 16만 5000명이나 된다. 근위축성 측색 경화증 또는 루게릭병도 연구 대상에 포함되었다.

전염병학자 이자벨 발디는 2001년 발표한 연구에서 포도나무에 살포한 많은 농약에 노출된 보르도 지방의 포도 재배업자들의 인지 능력(선별적 주의력, 기억력, 발화 능력, 추상적 데이터 처리 능력)이 저하되었다고 밝혔다. '피토네(Phytoner)'로 명명된 이 연구는 농업사회상호부조에 가입한 농부 917명을 대상으로 실시되었다. 528명은 최소 22년간 농약에 직접적으로 노출되었고

173명은 농약 처리된 잎이나 포도를 만져 간접적으로 노출되었다. 나머지 216명은 한 번도 노출된 적이 없는 대조군이다. 정신 능력 테스트에서 농약에 직접 노출된 사람은 대조군에 비해 질문에 틀린 답을 할 가능성이 세 배 높았다. 충격적인 것은 '간접적으로' 노출된 사람도 직접 노출된 사람만큼 틀린 답을 내놓았다는 것이다.[15]

이 연구 결과를 보니 페즈나의 본 테르 고등학교 학생들이 생각났다. 학생들은 앞으로 가족이 경영하는 포도 농장에서 일하며 수많은 독에 노출될 운명이다. 2003년에 발표한 또 다른 연구에서 이자벨 발디와 피에르 르바이이는 지롱드 지역의 포도밭에서 사용된 농약에 노출되면 파킨슨병에 걸릴 확률이 5.6배 증가하고 알츠하이머병에 걸릴 확률은 2.4배 증가한다고 밝혔다. 이 결과는 65세 이상 노인 1507명을 10년간 추적 조사한 전향 연구에서 얻은 것이다.[16]

2009년 12월 11일에 만났던 캘리포니아 서니베일 파킨슨병연구소의 신경학자 캐롤라인 태너는 "우리가 축적한 인간에 관한 모든 데이터가 이미 수십 년 전부터 동물에게서 얻은 데이터와 같다는 사실은 안타까운 일입니다."라고 말했다.

내가 물었다.

"동물 실험으로 얻은 결과를 인간에게 확대 적용할 수 있고 그 데이터를 이용해서 행동에 나서야 한다는 말씀인가요? 예를 들면 의심이 되는 제품들은 시장에서 퇴출시키고요?"

"그렇죠. '시장에 출시되기 전에' 테스트를 해서 고통스러운 인간의 비극을 피할 수 있다면 이상적이겠지요."

태너 박사는 미국의 과학자들에게서나 들을 수 있는 솔직한 답변을 서슴지 않고 해 주었다. 파킨슨병에 관한 많은 논문과 저서를 출간한 그녀는 미국에서 가장 저명한 신경학자 중 한 사람이다. 그녀는 '특별한 곳'에서 연구를 하고 있다. 파킨슨병연구소는 파킨슨병을 치료하는 병원이자 연구도 수행하는 기관이기 때문이다. 농업보건연구로 수집된 데이터 해석에 참여하기도 한 그녀는 2009년 농약 노출이 파킨슨병 발병 위험을 크게 높인다는 비교대조연구 결과를 발표했다.[17]

"제초제인 2,4-D와 파라콰트, 살충제인 퍼메트린에 노출되면 발병 위험이 세 배 증가한다는 것을 알게 되었습니다. 우리의 연구는 베트남전쟁 참전용사들에게 필요한 시기에 이루어졌습니다. 그들은 2,4-D가 성분으로 들어간 에이전트 오렌지에 노출되었지요. 참전용사들은 파킨슨병도 보상 대상 질환에 포함시키고 국가보훈부가 병원비를 부담해 줄 것을 요구하고 있었습니다. 결국 요구가 관철되었지요.* 파라콰트에 관해서는 놀랄 것이 없었습니다. 파킨슨병연구소에서 MPTP에 대해 많이 연구했거든요.** 파라콰트와 MPTP는 매우 유사한 물질입니다. 퍼메트린에 관한 결과는 걱정됩니다. 말라리아 예방 때문에 널리 사용되는 살충제거든요. 모기장, 군복, 일반인들의 옷을 이 살충제에 담갔다가 사용합니다. 많은 사람들이 피부를 통해 퍼메트린에 직접 노출될 수 있는 것이지요."

"노출 시간이 중요한 역할을 합니까?"

"저희가 연구한 바에 따르면 결정적인 요인은 아닙니다. 게다가 우리가 놀랐던 것 중 하나는 농부의 부인들도 일반인보다 발병 위험이 높다는 것

---

* 2008년 기준 이 목록에는 열여섯 개 질병이 포함되어 있는데, 암(호흡기암, 전립선암, 연부조직육종, 백혈병, 비호지킨림프종)과 제2형 당뇨병, 말초신경증이 그 예이다.
** 앞에서 인용했던 합성 헤로인의 독성 물질 MPTP를 연구한 윌리엄 랭스턴도 서니베일 파킨슨병연구소 소속이다.

입니다. 농약을 물과 섞어서 준비할 때 배우자들도 참여하기 때문에 노출이 되는 것이지요. 또 남편의 옷을 세탁하기도 하고 단순히 오염된 환경에 사는 것, 오염된 음식을 먹는 것도 원인이 됩니다. 호놀룰루 연구팀이 남성 쌍둥이들을 연구했을 때 저도 참여한 적이 있습니다. 쌍둥이 중 한 명은 파킨슨병에 걸렸고 나머지 한 명은 그렇지 않은 사례들을 살펴봤지요. 그 결과 유제품 섭취가 위험 요인 중 하나였고 저희가 내세운 가설은 잔류성 유기오염물질이었습니다. 그중에서 다이옥신이나 폴리염화바이페닐은 신경 독성 물질로, 우유의 지방 성분에 축적됩니다. 이 주제만 다루는 연구를 진행해도 좋을 겁니다. 최근 실시된 연구 결과는 파라콰트와 마네브를 혼합하면 파킨슨병 발병 확률이 크게 증가하고 자궁 내에서 노출된 동물에게서도 파킨슨병 징후가 나타날 수 있다고 하니까요."

"산업 선진국에서 파킨슨병이 크게 증가하고 있다고 하는데, 사실입니까?"

"알려진 것은 아무것도 없습니다. 그 이유는 아주 간단합니다. 확실하게 단언할 만큼 충분한 양의 데이터가 쌓이지 않았기 때문입니다. 저도 그런 질문을 던져 봤고 그 질문에 답을 구하기 위해 중국에도 갔습니다. 그게 약 20년 전이었습니다. 당시 중국에서는 농업의 산업화가 거의 진행되지 않았고 파킨슨병도 매우 희귀한 병이었지요. 그곳에서 여러 연구를 진행한 결과 중국에서도 파킨슨병이 미국만큼 흔한 병이 되었다고 말씀드릴 수 있습니다. 20년 만에 중국은 매우 빠른 산업화를 이루었고 서양 국가와 똑같은 농약을 쓴다는 것이 유일한 설명입니다."

해충이 아닌 인간을 공격하는 농약

며칠 뒤인 2010년 1월 6일 나는 파리 라 피티에 살페트리에르 병원에서 알렉시 엘바즈 박사를 만났다. 그는 프랑스 국립보건의학연구소 연구팀과 함께 일하는 신경역학자였다. 이 젊은 과학자는 질베르 방데가 고마워해야 할 정도로 신경역학 분야의 선구자이다. 질베르 방데의 변호사 질베르 쿠데르크가 2004년에 《르 코티디엥 뒤 메드생》에 난 기사를 읽다가 농약 노출과 파킨슨병 발병에 상관관계가 있음을 보여 주어 에피도르 상을 받은 엘바즈 박사의 연구를 알게 되었기 때문이다.[18] "위로를 받은 기분이었습니다." 귀중한 자료를 직업병인정지역위원회에 서둘러 제출한 질베르 구데르크는 소감을 털어놓았다.[19] 내가 인터뷰를 할 당시 알렉시 엘바즈는 《신경학회보》에 새로운 연구를 막 발표한 참이었다. 그것은 농업사회상호부조와 긴밀한 협력 하에 수행한 연구였다.[20] 이는 농업사회상호부조가 농약 사용이 건강에 미치는 영향을 조명해 보고자 제대로 작정했다는 또 하나의 증거다. 이 비교대조연구는 파킨슨병을 앓고 있는 농부 224명과 건강한 농부 557명을 비교했다. 그들은 모두 농업사회상호부조 회원이고 같은 데파르트망 출신이다.

"농업사회상호부조의 직업병 전문의들이 매우 중요한 역할을 했습니다." 알렉시 엘바즈는 이렇게 설명했다. "직접 농부들의 집에 찾아가 농부들이 그동안 일하면서 어떻게 농약에 노출되었는지 아주 자세하게 재연해 보았으니까요. 그렇게 해서 경작지 면적, 재배 유형, 사용 농약, 노출 기간, 연간 노출 빈도 등 아주 많은 정보를 수집했습니다. 농약을 살포할 때 트랙터를 썼는지 살포기를 등에 매고 뿌렸는지까지도 알아봤지요. 그야말로 사건을 수사하는 형사 같았습니다. 농부들이 제공한 자료도 모두 고려했습니다. 자료는 농업회의소나 농업협동조합에서 나눠 준 권고 사항, 농약을 뿌린 날짜, 영수증, 사용하고 버리지 않은 농약 통 등에 관한 것입니다. 이 모든 데이터를 전문가들이 그 유효성을 확인하고 내용을 평가했습니다."

"결과는 어떻게 나왔습니까?"

"유기염소계 살충제가 파킨슨병 발병률을 2.4배 높이는 것으로 나타났습니다. 그중 DDT나 린덴은 1950년대에서 1990년대까지 프랑스에서 널리 사용되었습니다. 사용하고 나서도 오랫동안 분해되지 않는 것이 그 특징입니다."

"밭에 뿌린 농약이 근처에 사는 주민들에게도 해를 끼칠 수 있다는 사실을 아십니까?"

"거기에 대한 데이터는 없습니다. 하지만 저희 연구 결과는 작업 환경에서 다량의 농약에 노출되는 것 외에 우리의 환경, 즉 물이나 공기, 음식에 들어 있는 미량의 농약에 노출되었을 때 나타나는 결과에 대한 문제도 제기합니다. 현재까지 설득력 있는 답변을 해 준 연구는 단 하나입니다."

엘바즈 박사가 말하는 연구는 2009년 4월에 발표된 것으로, 캘리포니아 대학 연구진이 캘리포니아 센트럴 밸리에서 수행했다.[20] 이 연구팀은 프랑스에서는 불가능한 이점을 누렸다. 1970년대 이후 미국에서 가장 부유한 주인 캘리포니아 주가 '캘리포니아 농약 사용 보고서'라는 중앙컴퓨터시스템에 모든 농약 판매 내역을 사용 장소와 일시까지 등록하도록 했던 것이다. 이 시스템 덕분에 어느 지역에, 언제, 어떤 농약이 뿌려졌는지 정확히 알 수 있었고, 세이디 코스텔로는 1975~1999년 연구 대상 지역 내 "거주 환경에서 이루어진 농약 노출의 역사를 재구성"할 수 있었다. 연구에 참여한 파킨슨병 환자 368명과 대조군 341명은 모두 캘리포니아 센트럴 밸리에 거주하고 있었다. 이들이 거주지 주소를 전달해 주면 24년 동안 어느 정도 농약에 노출되었는지 그 수준을 알 수 있었다.

이 뛰어난 연구가 내놓은 결과는 매우 우려스럽다. 일단 그것을 살펴보기 전에 이 연구의 타당성을 제대로 이해하는 것이 중요하다. 왜냐하면 우리 모두와 관련 있는 연구이기 때문이다. 미국 코넬 대학 농업생명과학대의 데이비드 피멘텔 교수도 "해충을 제어하기 위해 사용되는 농약 중 목표물을 공격하는 양은 0.1%도 채 안 된다. 99.9% 이상이 환경에 머물며 국민 건강을 해치고 생태계의 토양, 물, 대기를 오염시켜 유익한 비오토프(Biotope, 도심에서 야생동물이 서식하고 이동하는 데 도움이 되도록 조성한 자연물이나 인공물 — 옮긴이)를 파괴한다."[21]고 말했다.

조금 덜 비관적인 과학자들도 있다. 예를 들어 프랑스 국립농학연구소의 농학자 하요 반 데르 베르프는 1996년에 다음과 같이 지적했다. "매년 농작물에 사용되는 농약의 양은 250만 t에 달한다. 그중 목표 해충과 접촉하거나 해충이 먹는 농약의 양은 매우 적다. 연구자 대부분은 그 양을 0.3% 미만으로 보고 있다. 그렇다면 99.7%는 '다른 곳'으로 간다는 말이다."[22] 그리고 그는 "화학물질을 이용한 해충 퇴치는 겨냥하지 않은 생명체를 어쩔 수 없이 노출시키고 여기에는 인간도 포함된다. 그렇게 되면 생명체, 공동체, 생태계 전체에 부작용이 나타날 수 있다."고 덧붙였다.

그다음을 이어서 읽어 보면 화학농업이라는 것이 정밀과학이 아니라는 사실을 알 수 있다. 도대체 어떻게, 무엇을 위해 우리가 살고 있는 땅에 그토록 일반화된 중독 체계를 정착시켰는지 의문이 들 정도이다.

"농약은 땅이나 식물에 닿는 순간 사라지기 시작한다. 분해되거나 분산되는 것이다. 활성 성분은 증발하거나 흘러가거나 씻겨 나가서 지표수나 지하수에 스며들 수 있다. 농약을 뿌리는 시기에 토양에 뿌려진 농약 중 유수에 흘러가는 양은 평균 2% 정도이며 5~10%까지 올라가는 경우는 드물다. 반대로 농약을 뿌리고 며칠 동안 증발로 인해 발생하는 유실량은 80~90%까지 올라가기도 한다. (······) 항공 살포 시에는 바람을 타고 살포 지역 바깥으로 날아가는 농약의 양이 최대 50%에 달한다. (······) 1970년대와 1980년대에 농약이 매우 멀리 퍼질 수 있다는 것을 깨닫고 대기를 통한 농약 확산을 우려하기 시작했다. 대양의 물보라나 남극의 눈에서도 농약 성분이 검출되었기 때문이다."[24]

이렇게 재앙 시나리오를 읽고 나면 언뜻 이런 질문이 생긴다. 농약이 뭔가에 도움이 되기는 하는 걸까? '해충'이 완전히 박멸되기는 한 것일까? 그런데 전혀 그렇지가 않다. 데이비드 피멘텔 교수가 1995년에 그 이유를 설명했다. "매년 전 세계 작물을 공격하는 해충은 약 6만 7000종입니다. 9000종은 곤충과 진드기이고 5만 종은 병을 일으키는 식물, 8000종은 잡초입니다. 그러나 일반적으로 그중 실질적인 위험이 되는 것은 5% 미만입니다. (······) 해마다 250만 t이나 되는 농약을 쏟아 붓고 비화학적인 제어 방법을 써도 농업 생산량의 35%는 해충의 공격을 받아 사라집니다. 곤충이 13%, 병을 일으키는 식물이 12%, 잡초가 10%를 각각 차지합니다."[25]

요컨대 밭에 쏟아 부은 독은 대부분 목표물을 빗나간다는 것이다. 이는 해충이 저항을 하거나 피해 가기 때문이기도 하고, 하요 반 데르 베르프의 표현에 따르면 "다른 곳으로 가 버리기" 때문이기도 하다. 세이디 코스텔로 연구팀이 던진 질문이 타당성이 높은 이유가 바로 거기에 있다. 농약이 살포된 밭 근처에 사는 사람이 파킨슨병에 걸릴 수 있는가? 대답은 100%

'그렇다'이다. 농약 사용 기록을 보면 캘리포니아 센트럴 밸리에서 가장 많이 사용된 농약은 망간을 주원료로 만든 살진균제인 마네브와 피해 갈 수 없는 파라콰트였다. 연구 결과는 농약 살포 지역에서 500yd(야드) 미만(약 450m)의 거리에 살 때 파킨슨병 발병률이 75% 증가한다는 것을 보여 주었다. 게다가 60세 이전에 병에 걸릴 확률은 마네브와 파라콰트 중 하나에만 노출되었을 때 2배(오르비 2.27), 두 농약에 모두 노출되었을 때 4배 이상(오르비 4.17) 증가한다. 특히 1974년과 1989년 사이, 즉 당시 어린이나 청소년이었던 사람이 노출되었을 때에는 더욱 그렇다.

"이 연구는 동물 실험에서 관찰된 두 가지 사항을 확인해 주었다." 캘리포니아 대학 연구팀의 연구를 감독한 UCLA 보건대학원의 전염병학 교수인 비테 리츠는 "첫째, 많은 화학제품에 노출되면 각 제품의 효과를 증가시킨다. 이는 중요한 사실이다. 인간은 살아가는 환경에서 한 가지 이상의 농약에 노출되는 것이 보통이기 때문이다. 둘째, 노출의 시기 또한 중요한 요인이다."[26]라고 설명했다.

농약과 면역독성: 고래, 돌고래, 바다표범

"면역계를 손상시키는 농약이 많다는 사실을 암시하는 과학적 데이터는 놀라울 정도로 많다. 동물 실험 결과 농약은 면역계의 정상적인 구조를 변형시키고 면역 반응을 교란시키며 항원이나 병원체에 대한 저항을 약화시키는 것으로 나타났다. 이것이 농약에 노출된 인간에게도 그대로 적용될 수 있다는 것을 보여 주는 설득력 있는 증거도 있다." 로버트 레페토와 산자이 발리가는 1996년 워싱턴 소재 세계자원학회(WRI)가 주문한 「농약과 면역계: 공공 보건상의 위험」이라는 보고서를 작성했다.[27]

"이 보고서는 화학 산업계에 그야말로 청천벽력과 같은 충격이었습니다." 내가 전화로 인터뷰한 경제학자 로버트 레페토는 지속 가능한 개발 전문가이자 보고서 작성 당시 세계자원학회의 부회장을 역임하고 있었다. "농약이 면역계에 미치는 영향에 관한 데이터를 모두 규합한 연구는 처음이었으니까요. 그것은 당시만 해도 아예 저평가되었던 주제였는데, 제 생각으로는 지금도 달라진 게 없는 것 같습니다. 특히 선진국에서 많이 발생하는 암과 자가면역질환을 이해하는 데 아주 중요한 문제인데도 말입니다."[28]

암이 단 한 가지 원인으로 유발되는 경우는 드물다. 암은 광선, 바이러스, 박테리아, 독소, 화학오염물질 등 병원(혹은 항원)의 작용으로 촉발되며 거기에 여러 가지 원인이 개입하는 복합적인 과정의 결과물일 때가 많다. 그리고 유전적 소인이나 생활 방식, 식습관이 발병을 촉진시킬 수 있다. 건강한 상태의 몸은 병원이 공격해 오면 면역계를 작동시켜 스스로 방어할 줄 안다. 면역계의 기능은 침입자를 찾아내서 제거하는 것인데, 이때 세 가지 상호보완적인 메커니즘이 작동한다.

첫 번째 메커니즘은 생물학자들이 '비특수성 면역'이라고 부르는 자연 면역이다. 대식세포와 백혈구의 일종인 호중구가 침입자를 잡아먹고('식세포 작용'이라고 한다.) 림프구의 NK세포(영어로 Natural Killers)는 침입자를 제거한다. 두 번째 메커니즘은 '체액 면역'이다. B림프구를 활성화시켜 항체를 생산하는 과정이다. 세 번째 메커니즘은 '세포성 면역'으로, T림프구(T4나 T8)를 깨워 독소를 분비하게 해서 대식세포가 먹은 침입자를 독살한다.

로버트 레페토와 산자이 발리가는 묵직한 보고서에서 약 열다섯 쪽 분량을 수많은 생체 실험(동물에게 직접 한 실험)과 시험관 실험(배양 세포에 한 실험) 결과에 할애했다. 이 실험들은 농약이 면역 체계를 구성하는 세 가지 메커니즘 중 하나를 교란시킬 수 있다고 밝혔다.[29] 유기염소계 농약(DDT, 린덴, 엔도설판, 디엘드린, 클로르데콘)이 가장 많은 비중을 차지하는 긴 목록에서 아트라진을 살펴보자. 유럽에서 2004년 금지된 아트라진은 미국을 비롯해서 지금도 전 세계에서 널리 사용되는 제초제이다(19장 참조). 그런데 생쥐에게 아트라진을 경구투여하면 T림프구의 활동과 대식세포의 식세포 작용이 저하된다.[30] 1983년에 발표된 또 다른 연구에서는 쥐의 흉선 무게에 변화가 생긴 것으로 나타났다. 흉선은 T림프구가 성장하는 곳이기도 하고 자가면역, 즉 침입자가 아니라 면역 세포를 공격하는 항체 형성을 막아 주는 역할을 하기 때문에 면역 체계에서 매우 중요한 기관이다.[31] 1975년에 수행된 또 다른 실험에서도 경구나 피부를 통해 아트라진에 노출된 연어의 비장 크기가 줄어든 것으로 나타났다. 비장은 폐렴 연쇄상구균이나 수막염균 등의 박테리아로 인한 감염 제어에 관여한다.[32]

그런데 로버트 레페토와 산자이 발리가는 동물을 실험실에서 농약에 노출시켰을 때 나타나는 면역 체계의 이상이 야생 동물에게도 그대로 나타났다고 강조한다. 예를 들어 캐나다 세인트로렌스 강 하구에서 죽은 채 발견된 고래들을 해부해 보니 유기염소계 농약과 PCB의 농도가 높게 나왔고 박테리아 감염과 암 유병률이 비정상적으로 높았다. "유병률이 이처럼 높은 데는 두 가지 요인밖에 없다." 고래의 높은 사망률에 관한 연구를 진행한 실뱅 드 기즈는 "발암물질에 노출되었거나 암에 대한 저항력이 떨어진 것이다."[33]라고 설명했다.

1990년대 초에도 지중해 돌고래들이 이상한 전염병에 걸려 떼죽음을 당해서 에스파냐의 발렌시아 해변에 수십 마리의 고래 시체가 쌓이는 일이 벌어졌다. 역시 해부를 해 보니 바이러스 감염으로 죽은 것이었는데, 고래들이 원래 저항력이 있던 바이러스였다(모빌리바이러스 등). 영국의 한 연구자는 이렇게 평했다. "우리는 과학 논문을 뒤지기 시작했고 100년 전까지 거슬러 올라갔다. 그러나 그렇게 치사율이 높은 전염병은 유례를 찾을 수 없었다."[34] 결국 여러 연구의 공통적인 결과는 유기염소계 농약, PCB, 다양한 화학오염물질이 돌고래의 체내에 축적되어 면역 체계가 약화되었으며 그것이 떼죽음의 원인이었다는 것이다.[35]

농약이 동물의 면역을 억제한다는 사실을 보여 주는 연구는 많은데, 그중에서도 특히 눈길을 끄는 연구가 하나 있다. 그 시작은 1980년대였다. 동물학자들이 발트 해와 북해 연안에 서식하는 바다표범들이 모빌리바이러스에 감염되어 떼죽음을 당하는 것을 관찰했던 것이다. 네덜란드 과학자들은 전향적 연구를 진행하기로 했다. 비교적 오염이 덜한 스코틀랜드 북서쪽 해안에서 포획한 바다표범 새끼는 두 그룹으로 나뉘었다. 첫 번째 실험군에게는 오염이 심한 발트 해에서 잡은 청어를 먹이로 주었고, 두 번째 실험군에게는 아이슬란드 청정 연안에서 잡은 청어를 먹였다. 청어는 모두 '정상적인' 시장, 다시 말해서 사람들이 찾는 어시장에서 구입했다. 2년 뒤 결과를 살펴보니 첫 번째 그룹에서는 지방에 농축된 유기염소계 농약의 농도가 대조군의 농도보다 10배나 높은 것으로 나타났다. 또 오염된 청어를 먹은 바다표범의 면역 기능은 대조군보다 3배나 저하되었다. 특히 NK세포와 T 림프구의 활동이 크게 떨어졌고 항체 반응과 호중구 수치도 낮아졌다.

"이는 포유류의 면역 저하가 우리가 살고 있는 환경과 유사한 수준의 오염물질에 노출되어 일어난 결과일 가능성을 보여 주는 첫 번째 연구이다."

네덜란드 세균학자 알베르트 오스테르하우스는 1995년 2월 러신(위스콘신 주)에서 열린 학술대회에서 그의 연구팀의 연구 결과를 발표하면서 이와 같이 밝혔다.[36] 학술대회의 명칭은 '화학제품이 유발하는 면역 체계의 변화: 동물과 인간 사이의 관련'이었다.

알레르기와 자가면역질환이 미치는 영향

로버트 레페토와 산자이 발리가가 강조하는 것처럼 "모든 포유류(조류와 어류도 포함)의 면역 체계는 유사한 구조를 가지고 있어서"고래, 돌고래, 바다표범에게 일어난 일은 우리와 직접적으로 관련이 있다. 이식받은 장기에 대한 거부 반응을 막기 위해 처방되는 면역억제제 사이클로스포린에 관한 연구가 그 증거이다. 과학자들은 사이클로스포린을 "쥐, 생쥐, 원숭이, 인간 등 서로 다른 종"에 투약해도 "동일한 독성 및 면역성"을 나타낸다는 것을 알게 되었다. 또 그것은 장기적으로는 암을 일으키는 원인이 된다. 미국 암협회 의학과장이었던 암전문의 아서 홀렙은 사이클로스포린을 처방받은 환자가 림프계 암, 특히 백혈병과 림프종에 걸릴 확률이 무려 100배나 높다고 밝혔다.[37] 농부들이 바로 그런 악성 종양에 걸릴 확률이 높다는 사실을 상기할 필요가 있을까.

로버트 레페토와 산자이 발리가는 소련 과학자들이 수행한 여러 연구를 보고서에 소개했다. 소련 과학자들은 농약이 면역 체계에 미치는 영향을 꼼꼼히 조사했다. "이것은 매우 소중한 자료였습니다. 당시 서양에서는 암과 퇴행성 신경 질환에만 관심을 가졌거든요." 로버트 레페토는 전화 인터뷰 당시 내게 설명해 주었다. "공산주의 체제의 관료주의도 장점이 있더군요. 판매가 떨어질까 봐 제조업체들이 자사 제품의 독성을 감추는 데 급급한 자본주의 국가와는 달리 공산주의 국가는 영리를 추구하지 않으니 소련 과학자들은 진정한 의미의 보건 감시 연구를 했다고 할 수 있습니다. 그들은 농부들에게 나타나는 증상을 하나도 빠짐없이 양심적으로 기록했습니다. 증상으로 인해 발생하는 의료비를 줄이려는 것이 목적이었지요."

뼛속까지 공산당원이라는 소리를 들을지언정 나는 로버트 레페토의 말을 들으면서 '관료주의적' 연구, 다시 말해서 사적 이익과는 상관없이 독립적으로 수행된 과학 연구가 최선이라는 생각을 했다. 화학제품 평가에서 중장기적으로 초래될 보건 비용을 고려하지 않는 것이 관례인 규제 기관에 그 구시대의 모델이 영감을 주어야 하는 게 아닌가 하는 생각도 들었다. 물론 '관료주의' 과학자들의 연구도 광활한 구소련 영토에서 벌어진 재앙에 가까운 오염을 못 막지 않았냐고 묻는 사람도 있을 것이다. 아랄 해처럼 말이다. 그 말도 맞다. 그러나 만성질환이 폭발적으로 증가하면서 그것이 복지 예산에는 큰 부담이 되고 있는 것도 사실이다. 이는 농업경제(농약이 제공해야 하는 '수익')에 대한 걱정이 보건(그 '수익'과 결부된 '위험')보다 더 우선시되는 규제 체계를 낳을 수밖에 없다.

한편 '관료주의적' 과학 논문들은 농약 노출이 자가면역 반응을 일으키고 호중구나 T림프구 활동을 교란시켜 폐와 호흡기 감염을 일으키는 데 기여한다는 사실을 잘 보여 주었다. 1984~1995년에 우즈베키스탄 면화 재배 지역에서는 여러 연구가 수행되었다. 유기염소계와 유기인계 살충제가 다량으로 살포된 이 지역의 농업 노동자, 그리고 인근 지역 주민들에게서도 호흡기, 위장, 신장 감염률이 매우 높게 나타났다. 같은 시기에 서양에서도 아트라진, 파라티온, 마네브, 디클로르보스와 같은 농약에 노출되면 알레르기가 생기고 이로 인해 장 뤽 뒤퓌페 박사가 '피부 발현'(3장 참조)이라고 부르는 증상이 나타난다는 점에 주목했다. 피부 발현이란 화학적 공격에 면역 체계가 반응해서 나타나는 피부염을 일컫는다.[38]

세계보건기구는 2006년에 발간한 '농약 중독 예방 매뉴얼'에서 많은 부분을 알레르기에 할애했다. 알레르기의 유병률은 계속해서 증가하고 있으며, 특히 그것은 어린이와 자가면역질환 환자에게서 많이 나타난다.* "알레르기는 비염, 천식, 류머티즘 관절염, 피부염 등 다양한 형태로 나타날 수 있다. 알레르기는 직업 또는 환경으로 인해 독소에 노출되었을 때 일어나는 과잉 반응에서 비롯한다. 알레르기 반응을 일으키는 항원을 '알레르겐'이라고 부른다. 면역 체계가 체내 세포와 외부에서 들어온 세포를 분별하는 능력을 상실하면 체내 세포를 공격해서 죽이기 시작한다. 그렇게 되면 세포 조직에 심각한 손상이 발생한다. 이 현상을 '자가면역'이라고 한다. 면역 저하나 알레르기보다는 흔하지 않지만 자가면역 반응도 노동 현장에서 화학제품에 노출되는 것과 관련이 있다고 보았다."[39]

전화 인터뷰에서 로버트 레페토가 말해 주었듯이, 그가 세계자원학회를 위해 작성한 보고서는 기업들에 큰 (알레르기) 반응을 불러일으켰다. 과학자들이 기업들과 함께 《환경건강전망》에 '비판' 기사를 실은 것은 새삼스러운 일도 아니다.[40] 이 글에 서명한 전염병학자로는 캐롤 번스와 마이클 홀새플(다우케미컬), 이언 킴버(제네카), 그레고리 래딕스와 스콧 러블리스(듀폰), 에이

---

* "200년 전에 알려진 아토피는 알레르기를 쉽게 일으키는 체질을 가리키며 오늘날 세계 인구의 15%가 아토피를 앓고 있다. 산업 선진국에서는 그 수치가 20~30%까지 올라간다." (Mohamed Laaidi, "Synergie entre pollens et polluants chimiques de l'air: les risques croisés", *Environnement, Risques & Santé*, vol.1, n°1, mars-avril 2002, pp.42-40)

브러햄 토비아(바스프), 그리고 물론 몬산토에서 지원을 받은 데니스 플라어티와 존 아쿠아벨라가 있다. 존 아쿠아벨라는 논란을 일으킨 메타분석의 저자로 앞에서 소개되었던 인물이다. 저자들은 우선 보고서에 대해 정도를 벗어나지 않는 비판을 했다. 특히 소련 연구에 대해 "평가하기 어렵다."고 지적했는데, 그러면서 내린 결론은 아주 모순적이다. 그것이 당혹감의 표현인지, 아니면 잘 계산된 화해 전략인지 모를 정도이다.

"우리는 농약 노출과 관련된 면역 저하 현상이 널리 확산되었음을 보여주는 견고하고 신뢰할 수 있는 증거를 찾지 못했다. 그러나 세계자원학회의 보고서는 향후 연구를 위해 중요한 자료이다. 풍부한 외국 논문에 대한 서양 과학자들의 관심을 끌었기 때문이다."

'병 주고 약 주는' 것이 아니고 뭘까. 하지만 기업들의 반응은 훨씬 더 격렬했다. 그들은 우호적이지 않은 연구의 파급력을 무마하려고 할 때에는 심지어 사악하기까지 하다. 식품 사슬과 접촉하는 화학제품에 관한 규제가 어떻게 작용하는지 알아보려면 먼저 20세기 산업의 역사를 다시 살펴보는 것이 중요하다. 그래야 맹독성 물질이 환경과 인간을 어떻게 지속적으로 중독시켰는지 알 수 있기 때문이다.

NOTRE POISON QUOTIDIEN

2부

의구심을
생산하는 공장

진보의 어두운 이면

"과학은 발견하고, 산업은 적용하며, 인간은 따른다."

— 1933년 시카고 만국박람회 슬로건

"많은 화학제품의 독성이 알려진 즉시 조치를 취했다면 산업 현장에서 얼마나 많은 목숨을 구할 수 있었을까요? 그 생각만 하면 정말 울컥합니다." 2009년 10월 어느 날 워싱턴 교외 자택에서 피터 인판테를 만났다. 그는 "진보 이데올로기에 의해 학대당한" 대의를 위해 평생 싸워 온 미국의 전염병학자이다. 그 대의란 바로 국민 건강과 노동 안전이다. "생산직 노동자인 블루칼라는 소비사회가 일상적으로 우리에게 선사하는 멋진 물건들을 만들어 내느라 큰 대가를 치러야 했습니다." 그는 감정이 북받쳐 목이 메었다. "그나마 정부에서는 위험한 화학물질에 노출되는 것을 최대한 줄이기 위해 모든 노력을 기울였습니다. 노동자가 그로 인해 병에 걸리면 보상을 약속하기도 했습니다. 그러나 기업들은 그러한 노력을 매번 방해했습니다."[1]

화학 산업 로비에 맞서 싸운 피터 인판테와 데이비드 마이클스

69세의 피터 인판테는 자신이 무슨 말을 하는지 잘 알고 있다. 그는 24년 동안 미국 산업안전보건청에서 근무했다.* 산업안전보건청은 1970년에 미국 환경보호국과 동시에 설립되었다. 그 당시 레이첼 카슨의 『침묵의 봄』이 불러일으킨 환경 문제에 대한 관심이 높아지면서 미국은 환경 문제 개선에 앞장섰다.

"저는 1978년부터 산업안전보건청에서 일했습니다. 그때만 해도 이 기관은 제대로 일을 하고 있었습니다. 지미 카터 대통령이 임명한 독성학자 율라 빙엄 청장의 지휘 아래 우리는 직장에서의 납, 벤젠, 먼지에 대한 노출 허용치를 크게 낮출 수 있었습니다. 그런데 규제 완화에 열광했던 로널드 레이건이 백악관의 주인으로 선출되었습니다. 그러자 기업들이 산업안전보건청을 그야말로 쥐락펴락했습니다. 저도 일자리를 잃을 뻔했고요."

피터 인판테는 당시 미 의회 국정조사위원회 의장이었던 앨 고어**가 손 오치터 산업안전보건청 청장이자 노동부 차관보에게 보낸 서한을 내게 보여 주었다. 1981년 7월 1일에 작성된 이 편지는 피터 인판테의 해고 통보에 이의를 제기했다. 산업안전보건청은 피터 인판테가 국제암연구소에 포름알데히드에 관한 최신 연구 결과를 통보한 책임을 묻고자 했다.

세계보건기구 산하의 국제암연구소는 발암성 정도에 따라 화학제품을 분류하고 있다(10장 참조). 포르몰이라는 이름으로 더 잘 알려진 포름알데히

---

* 피터 인판테는 1978~1983년 발암물질분류국장을, 1983~2002년 보건표준국장을 지냈다.

** 1992년 민주당 의원이었던 앨버트 아널드 고어는 빌 클린턴 대통령(1992~2000년 재임) 선출 당시 미국 부통령으로 뽑혔다. 2000년 11월 조지 W. 부시 공화당 후보와 대선에서 맞대결을 펼쳤으나 패배했다. 이후 그는 다큐멘터리 「불편한 진실」(An Inconvenient Truth),(2006년)을 계기로 지구온난화 문제 해결의 대표 주자가 되었다.

드는 국제암연구소가 평가 내용을 발표한 우선 관리 물질에 속한다. 휘발성이 매우 강한 포름알데히드는 물에 용해시켜 베니어합판으로 가구를 만들 때 사용되는 접착제, 용매, 살균제, 화장품(매니큐어) 등 우리가 일상적으로 접하는 수많은 제품에 구성 성분으로 들어간다. 그런 식으로 산업 혹은 수공업 제품 제작 과정에 많이 사용된다. 1980년 11월 미국 독성물질관리 프로그램(NTP)의 일환으로 연구를 진행했던 과학자들은 "포름알데히드가 인간에게 암을 유발할 위험이 있다고 보는 데 신중"하다는 결론을 내렸다. 피터 인판테는 이 결과를 존 히긴슨 국제암연구소 소장에게 알렸고 산업안전보건청은 이에 대해 격노했다.

앨 고어는 단도직입적으로 말했다. "귀 기관이 계획하고 있는 행동은 정치적 동기에서 우러나온 것이라 생각됩니다. 게다가 행동의 동기를 밝힌 뒤 인판테 박사를 맹렬히 비난하는 포름알데히드 연구소가 보낸 몇 통의 편지를 별첨하셨습니다. 포름알데히드가 발암물질이 아니라는 주장을 하려는 것이 분명한 산업 기관의 편지를 근거로 한 행동은 매우 의심스럽습니다. (……) 귀 기관이 인판테 박사를 해고한다면 그것은 공공 보건을 위해 일하는 민간 봉사자들에게 일을 잘 하면 일자리를 잃게 된다는 분명한 메시지를 보내는 것입니다."

나는 놀라운 편지를 다 읽고 난 뒤 피터 인판테에게 물었다.

"결국 해고되지는 않으신 건가요?"

"예, 그리고 국제암연구소는 2006년 포름알데히드를 '인간에게 암을 유발하는' 물질로 분류했습니다. 그러나 산업안전보건청의 암흑기는 그때 시작되었습니다. 레이건에 이어 부시 부자가 이끈 공화당 행정부 밑에서 우리는 손발이 묶였습니다. 우리가 규제를 가한 제품의 수는 황당한 수준이었습니다. 15년 동안 겨우 두 개였으니까요. 2002년에 저는 산업안전보건청을 그만두고 프리랜서 고문으로 일하기 시작했습니다."

이 책의 2부를 피터 인판테의 이야기로 시작한 이유는, 20세기에 화학 산업이 맹독성 제품을 생산하거나 소비하는 사람들이 입는 피해는 아랑곳하지 않고 판매를 계속하기 위해 동원한 수많은 술책을 보여 주는 대표적 사례이기 때문이다. 전염병학자 데이비드 마이클스는 2008년 그의 책『청부과학』에서 그러한 사실을 훌륭하게 보여 주었다. 피터 인판테도 이 책을 적극 추천했다. 2009년 10월 인판테와의 인터뷰가 진행되기 직전에 버락 오바마 대통령이 산업안전보건청 청장으로 데이비드 마이클스를 임명했다. 조지워싱턴 대학 환경산업보건학 교수인 그를 직접 만나 보고 싶었으나 안타깝게도 그것은 불가능했다.

내가 그와 만나려고 접촉할 당시 그는 청장으로 임명되어 바쁜 나날을 보내고 있었다. 그가 임명되자 화학 산업의 로비스트들이 맹렬히 반대하고 나서며 무슨 수를 써서라도 상원의 승인을 막아 보려 했으나 소용없는 일이었다.

2009년 12월 3일 데이비드 마이클스의 임명이 드디어 확정되었다. 미국으로서는 희소식이 아닐 수 없었다. 산업안전보건청의 새 주인(노동부 차관보를 겸임한다.)에게 정말 비난할 수 없는 것 한 가지가 있다면 그것은 독 제조업체들을 어떤 식으로든 공격했다는 것이다. 데이비드 마이클스는 그의 책에서 독 제조업체들이 거짓말과 조작을 서슴지 않을 뿐만 아니라 인명까지 무시하면서 우리 건강에 전례 없는 '공격'을 가하고, 그렇게 해서 주느비에브 바르비에와 아르망 페라시가 말한 '발암사회'[7]의 도래를 촉진한다고 주장했다.

암, '문명'의 병

내가 진행한 취재의 가장 중요한 열쇠였던 화학 산업의 구역질 나는, 더 나아가 범죄와 같은 역사를 살펴보기에 앞서 의학의 역사를 간단하게 되짚어 보자. 나는 근본적인 질문에 대한 답을 찾기 위해 파리의 여러 도서관에서 책과 논문을 뒤지며 많은 시간을 보냈다. 암은 정말 '문명의 병'일까? 암 발병 증가가 산업 활동과 관련이 있을까? 많은 자료를 탐독한 뒤 나는 암이 매우 오래된 질병임이 확실하다는 것을 알게 되었다. 그러나 암은 19세기 말까지 매우 희귀한 질병이었다.

『발암사회』의 저자들도 설명하고 있지만 "인간이 농사를 짓기 전에 암으로 사망한 사람이 있다는 증거는 발견되지 않았다. 감염, 구루병, 정신적 외상의 흔적은 발견되었어도 암의 흔적은 나타나지 않았다."[3] 선사시대와 신석기 문명 전문가인 장 귀슬랜도 "신생물*의 역사는 전무하다. 악성 신생물이 정식 보고된 적은 없다."고 지적한다. 물론 그는 "연골 조직이 모두 사라진 상태이므로 이 부분에 악성 종양이 있었는지는 증명할 수 없다."고 말하지만 "암에 있어서 선사시대 사람들이 현대인과 같은 값을 치렀는지"[4]는 알 수 없다. 미국 암협회가 홈페이지에서 설명한 대로 "암에 관한 가장 오래된 기록은 기원전 약 1600년경으로 거슬러 올라간다."고 모든 전문가들은 이구동성으로 주장한다. 영국의 외과의 에드윈 스미스가 1862년에 발견한 첫 번째 기록은 이집트 파피루스에 적혀 있다. 여기에는 여덟 건의 유방암 사례에 대해 기술하고 "치료법은 없다."고 되어 있다. 영국의 독성학자인

---

* 신생물은 양성 혹은 악성(암) 종양 세포를 말한다.

존 뉴비와 비비안 하워드는 방대한 자료 조사를 통해 악성 흑색종(피부암)의 증거가 페루에서 발굴된 약 2500년 된 잉카족의 여자 미라에서 발견되었다고 보고했다. 한편 케냐 출신의 고고학자 루이 리키는 호모 에렉투스의 유해에서 림프종의 흔적을 발견했다.[5]

고대에 이미 암이라는 질병이 알려져 있었다는 증거도 있다. '암(Cancer)'이라는 말을 만들어 낸 사람이 히포크라테스(기원전 460~370)이기 때문이다. 그는 종양이 나뭇가지처럼 갈라지는 모양을 보고 그것을 게, 그리스어로 '카르키노스(Karkinos)'에 비유했다. 의학의 아버지 히포크라테스는 그의 총서에서 여러 종류의 암을 기술하면서 그 원인을 과다하게 분비된 '흑담즙'이라고 설명했다.* '카르키노스'라는 말은 기원후 1세기에 셀시우스라는 로마의 의사가 라틴어로 번역했다.

이처럼 고대인들도 암에 대해 알고 있었지만, 빌흐잘무르 스테판손(1879~1962)이 『암: 문명의 질병인가?(Cancer: Disease of Civilization?)』에서 매우 명백히 보여 주었듯이 암은 산업 발달에서 소외된 민족들에게서는 "매우 희귀하거나 아예 없는"[6] 병이었다. 빌흐잘무르 스테판손은 북극을 탐험한 아이슬란드의 권위 있는 민족학자이다.[7] 이 책의 서문을 쓴 록펠러 연구소의 분자생물학자 르네 뒤보도 "원시 부족이 전통적 생활 방식을 바꾸지 않았을 때"에는 암이 없었다고 지적했다. 이는 빌흐잘무르 스테판손이 언급한 의사들의 수많은 증언에 의해서도 확인되었다. 예를 들어 존 라이먼 버클리는 1927년 《암》에 "알래스카에서 12년 동안 여러 원주민 부족들과 함께 지내면서 단 한 차례도 암 환자를 본 적이 없다."[8]고 보고했다. "알래스카에서

---

* 히포크라테스는 인간의 몸이 네 가지 체액, 즉 혈액, 점액(뇌), 황담즙(쓸개), 흑담즙(비장)으로 구성되었다고 보았다.

가장 유명한 의사"[9]였던 조지프 허만 로믹도 1939년 "원시 부족인 에스키모와 아메리카인디언을 36년간 만나 봤지만 악성 종양 환자는 한 번도 만나지 못했다. 그러나 그들이 현대화되기 시작하자 악성 종양이 자주 발생했다."[10]고 말했다. 빌흐잘무르 스테판손은 "25년 동안 브라질과 에콰도르에서 6만 명의 환자를 검사했지만 암 환자는 단 한 명도 만나지 못한"[11] 유진 페인의 증언도 인용했다. 또 1923년 브뤼셀에서 열린 암학회에서 볼리비아 여성에 관해 언급한 프레더릭 호프만 박사의 말도 인용했다. "악성 종양은 단한 건도 발견하지 못했습니다. 제가 만나 본 의사들도 원주민 여성에게서 유방암 환자를 본 적이 없다고 했습니다."[12]

영미권 과학자들의 관찰 결과는 프랑스어권 과학자들의 관찰에서도 그대로 드러났다. 알베르트 슈바이처는 『물과 원시림 사이에서』를 통해 1914년에 적도 아프리카의 원주민들과 지냈던 경험을 이야기한다. "9개월 동안 2000명의 환자를 돌본 결과, 유럽인이 걸리는 질병 대부분이 이곳에서도 발생한다는 사실을 알 수 있었다. 그러나 암이나 췌장염은 한 번도 본 적이 없다."[13] 『발암사회』의 저자들은 20세기 초에 "악성 종양의 확산에 처음 관심을 기울인" 르네 드 보비 교수의 말도 인용한다. "과거에 원시 부족은 암에 거의 걸리지 않았다. 그런데 우리 문명이 침투하기 시작하자 암에 걸리기 시작했다. 이를 가리켜 원시 부족의 '암화(Cancerization)'라고 했다."[14]

"아프리카 부족이나 아메리카 원주민과 같이 문명화되지 않은 부족의 암발생률에 대한 설득력 있는 통계를 얻을 수 없다."고 반박하는 사람들에게 주세페 탈라리코 박사는 "원주민을 오래 돌보아 온 의사들은 하나같이 암환자는 거의 혹은 아예 본 적이 없다고 말한다."[15]고 대답한다. 반박이 죄는 아니다. 프랑스 역사학자 피에르 다르몽도 원주민을 관찰한 의사들이 일명

'캉리암'이라고 불리는 '전복벽 상피종'과 같은 '풍토암'을 본 적이 있다고 말했다. "카슈미르에서 흔히 발생하는 캉리암은 사람들이 추위를 피하기 위해 옷 속에 넣는 캉리가 원인이다. 흙을 구워 만든 화로인 캉리에 뜨거운 목탄을 넣어 옷 속에 집어넣으면 피부 화상과 만성 염증을 일으켰다." 또 "구순암, 설암, 구강암도 인도에서 비교적 흔한 암이다. 인도 사람들이 구장잎, 담뱃잎, 석회를 섞어 만든 베텔을 씹는 습관이 있기 때문이다."[16] 베텔을 씹는 것과 관련된 암은 내가 2009년 방문했던 인도의 오리사 주에서 여전히 흔히 발생했다. 다른 암들은 거의 발생하지 않았지만 어쩌면 그 상황은 그리 오래 지속되지 않을지도 모른다.

20세기 초 세계를 여행한 과학자들의 기행문을 읽고 나니 그 글들이 왜 증거가 되었는지 이해할 수 있었다. 누군가는 그 증거를 부인하고, 또 다른 누군가는 '착한 미개인의 신화'를 거들먹거리며 비웃을지도 모르지만, '원시 부족'에게서 우연히 발견된 암 발생률 제로는 산업혁명 이후 암이 폭발적으로 증가한 '문명' 국가의 상황과 극명한 대조를 이루었다.

18세기의 선구자 베르나르디노 라마치니와 직업병

"암과의 전쟁이 시작된 것은 사회가 암의 파괴력을 인식한 1890년이다." 역사학자 피에르 다르몽은 '통계 수치의 급등: 1880~1990년'[17]을 언급하며 이렇게 썼다. 아직까지 전염병이 우세했던 시대*의 우려를 전한 피에르 다

---

* 1906년 프랑스에서 전염병은 사인(死因)의 19%를 차지했다. 결핵과 디프테리아가 상위를 차지했다. 오늘날에는 전염병이 사인의 1.8%, 암이 27%를 차지한다.

르몽은 "최초의 조사 결과는 명백하다. 해가 바뀔 때마다 암은 더 확산된다. 통계 원자료를 보면 이론의 여지가 없다. 1880~1900년 인구 10만 명당 암으로 인한 사망률은 대부분의 국가에서 두 배 증가한 것으로 보인다."고 지적했다. 영국, 오스트리아, 이탈리아, 노르웨이, 프러시아가 대표적이다. 1896년에 《영국의학저널》에 발표된 한 보고서에 따르면 산업혁명의 요람인 영국에서 암으로 인한 사망자 수는 1840년 2786명에서(100만 명당 117명) 1884년 2만 1722명(100만 명당 713명)으로 크게 증가했다.[18] "40년 만에 암의 발병력이 네 배나 증가했다는 소리다." 피에르 다르몽은 스웨덴의 폴링스브로*라는 작은 도시의 예를 소개한다. "이곳에서는 암으로 인한 사망자를 19세기 초부터 집계해 왔다. 그 수는 10만 명당 2.1명에서 108명으로 치솟았다." 당시 발표된 (많은) 연구에 따르면 암은 구대륙뿐만 아니라 신대륙의 산업국까지 강타했다. "현 상황이 계속된다면 뉴저지 주에는 10년 안에 결핵, 천연두, 장티푸스로 사망한 환자를 모두 합친 것보다 암으로 사망한 환자가 더 많아질 것"이라고 1899년 로스웰 파크 교수는 《메디컬뉴스》에서 밝혔다.[19]

이 걱정스러운 변화를 설명하기 위해 일각에서 요즘 암의 환경적 원인을 부정하는 사람들이 귀가 따가울 정도로 주장하는 논리를 이미 차용했다는 점이 흥미롭다. 암 유병률의 증가세는 100년 전부터 멈추었다. 여기에 대해서는 앞으로 더 자세히 다루겠지만(10장 참조) 우선 피에르 다르몽이 말하는 20세기 초부터 갑자기 폭발적으로 증가한 악성 종양 이야기를 들어보자. "여러 연구자들이 수명 연장, 과거의 부정확한 통계, 임상 진단의 발달

---

* 스웨덴 남부에 위치한 폴링스브로는 18세기부터 제철 산업이 발달한 곳으로 유명하다.

때문에 암 환자의 수가 증가했다고 주장한다." 똑같은 내용을 100년이 지난 뒤 저명한 종양학자 — 프랑스의 모리스 튀비아나 교수처럼 — 의 펜 끝에서 읽을 수 있다. 그들은 암의 발생 원인 중 환경이라는 요소의 비중을 계속해서 낮추고 있다. 사실 '수명 연장'은 어디에나 등장한다. 1900년 평균 수명이 45세였는데 2007년에는 80세로 늘어났다. 막을 수 없는 암의 확산을 가늠하는 데 중요하고 유일한 데이터는 국민의 암 유병률 변화이다. 특히 연령별로 알아보는 것이 중요하다. 프랑스과학원의 높으신 분들 중에는 모르는 사람들도 있는 것 같지만 말이다.

피에르 다르몽도 강조했지만 그런 사이비 논리는 "여러 학자들이 최고의 발암 원인으로 꼽는 문명의 발달 앞에서 힘도 쓰지 못한다."[20] 16세기 중반에 이미 의사들은 질병과 직업이 관련 있다고 생각하기 시작했다. 1556년 독일의 의사이자 지질학자인 게오르크 바우어 혹은 게오르기우스 아그리콜라는 『광물에 관하여(De re metallica)』를 펴낸다. 광물 채굴 기술과 야금술을 적어 놓은 이 기념비적 저서에는 많은 미성년자에게 나타난 폐 질환과 종양에 대해서도 전하고 있다.*

그러나 최초로 암과 오염물질 또는 독성 물질에 대한 노출 사이의 연관성에 대한 체계적인 연구를 한 인물은 이탈리아 의사인 베르나르디노 라마치니(1633~1714)였다. 1700년 파도바 대학에서 의대 교수로 재직했던 라마치니는 '산업보건의학의 아버지'로 불린다. 그가 펴낸 『노동자의 질병(De morbis artificum diatriba)』은 폐암을 비롯한 직업병에 노출된 노동조합 삼십여 곳의 사례를 소개한다. 탄소, 납, 비소나 유리 제조공, 도장공, 도금공, 거울

* 이 책은 1912년에 미국의 광산 엔지니어 허버트 후버가 아내인 루와 함께 영어로 번역했다. 허버트 후버는 31대 미국 대통령(1929~1933년 재임)이 된다.

제조공, 도공, 목공, 피혁 제조인, 직조공, 대장장이, 약사, 화학자, 전분 제조인, 축융공, 벽돌 제조공, 인쇄공, 세탁소 주인 등 일할 때 금속과 접촉하는 사람들, '유황 증기에 노출된 사람' 또는 '수은을 다루는 사람'과 '담배를 만들어 파는 사람'이 모두 해당된다. 200년 넘게 가장 대표적인 참고서가 된 『노동자의 질병』에서 라마치니는 수녀의 자궁암 발병률이 동시대 일반인 여성보다 훨씬 낮다고 지적했다. 성관계로 옮을 수 있는 바이러스의 역할을 그도 모르고 강조한 것이다. 한편 독신 여성은 결혼한 여성보다 유방암에 더 잘 걸린다고 했는데 400년 뒤에 모유 수유가 호르몬에 영향을 받는 유방암에 미치는 역할이 발견되면서 그의 주장이 옳았음이 확인되었다.

　사회학자, 기자, 의사로 활동했던 그는 호기심 많고 정확한 사람이었다. 직업병을 연구하기 위해 공방을 직접 찾아다녔던 그는 직업병에 걸린 사람을 '서민 환자'라고 부르는, 보기 드물게 따뜻한 인간애를 지닌 사람이었다. 그는 『노동자의 질병』 서문에서 "서민 환자에게 왕진을 가는 의사는 집에 들어서자마자 맥박을 재지 않도록 주의하길" 당부했다. "의사들은 환자의 상태는 살펴보지 않고 무조건 맥박부터 재고 보는데, 잠깐만이라도 소박한 의자에 앉아서 마치 고급 소파에 앉아 있는 기분을 내며 의술의 가르침과 마음 속 의무감이 필요로 하는 모든 것을 환자에게 친절하게 물어야 한다. 환자에 대해서든 환자를 돌보는 사람에 대해서든 의사는 많은 것을 알고 있어야 한다. 이에 대해 히포크라테스가 남긴 말을 들어 보자. '환자를 만나면 어떤 느낌이 드는지, 그 원인이 무엇이라고 생각되는지, 며칠 동안 그런 느낌이 지속되었는지 물어야 한다. 배가 나왔으면 어떤 음식을 먹는지 물어야 한다.' 여기에 나는 한 가지 질문을 추가하겠다. 환자의 직업은 무엇인가?"[21](밑줄-인용자)

라마치니가 독창적인 이유는 일부 심각한 질병이 인간의 활동, 특히 발달하기 시작한 산업과 관련된 활동 때문에 발생한다는 것을 보여 주었기 때문이다. 그 점을 꿰뚫어 본 칼 마르크스도 『자본론』에 라마치니의 혁명적인 저서를 인용했다. 폴 블랑도 칼 마르크스가 "질병의 유발이 산업의 숨겨진 비용이 될" 가능성을 엿보았다고 했다.[22] 『자본론』 제1권 '자본의 생산 과정'에서 마르크스는 "신체와 정신의 위축은 사회 내 노동의 분업과 불가분의 관계를 가지고 있다. 그러나 산업 시대는 노동의 분업을 훨씬 가속화하고 동시에 개인의 삶을 뿌리째 흔들어 놓는다. 산업 시대는 산업 질병이라는 관념과 소재를 최초로 제공했다."[23] 그리고 『노동자의 질병』을 참고하라는 주석이 이어진다.

알려지지 않은 질병을 확산시킨 19세기 산업혁명

폴 블랑도 지적했듯이 19세기 유럽과 아메리카 전역의 공장 노동자들에게서 나타나는 질병에 대한 우려를 '진보주의자' 혹은 영미권에서 말하는 '자유주의자'들이 함께 공유하지 않았다는 점은 의아하다. 궁극적으로는 보편적 행복을 약속했던 산업혁명의 진보 이데올로기가 산업 활동이 보건 및 환경에 초래하는 피해를 오히려 부차적인 것으로 밀어냈다. 폴 블랑은 해리엇 마티노(1802~1876)를 언급한다. 해리엇 마티노는 영국의 여성운동가이자 노예폐지론자이며 언론인이자 사회학자이다. 그녀가 실증주의자인 오귀스트 콩트의 책을 번역했다는 것은 흥미롭다. 어쨌든 그녀는 작업장 안전에 관한 규제는 불필요하다고 주장했다. 자유주의는 '자유방임'을 원칙으로 하므로 안전 문제는 전적으로 기업에게 맡겨야 한다는 것이었다. 해리엇 마티노는 미국에 관한 연구로 흔히 알렉시 드 토크빌과 비교된다. 또 그녀는 직장 내 안전 강화에 국가가 개입해야 한다고 주장한 찰스 디킨즈와 벌인 격론으로 유명세를 얻기도 했다.

가난과 착취를 격렬히 비난한 참여 작가 찰스 디킨즈는 의사들과 가깝게 지냈는데, 산업혁명이 시작된 빅토리아 여왕 시대의 영국에서 노동자에게 나타나는 특징적인 질환을 관찰한 그들의 영향을 받아 『데이비드 코퍼필드』 등의 작품이 탄생했다. 2006년《임상신경과학저널》에 발표된 논문[24]에서 오스트레일리아 신경학자인 케리 쇼퍼는 찰스 디킨즈가 파킨슨병에 걸려 사지를 떠는 등장인물에 대해 정확하게 묘사하고 있다고 평했다. 당시에는 "아직 파킨슨병이라는 병명도 없었고 생물학적인 설명도 전혀 없었는데도 말이다."[25]

이는 산업혁명이 보건에 미치는 영향에 대해 정치계는 전반적으로 무관심했지만 의사들은 노동 계층에 나타나는 새로운 질환을 계속해서 보고했기 때문이다. 그들은 영국의 외과의사 퍼시벌 포트(1714~1788)가 수행한 선구자적 연구에서 영감을 받았다. 퍼시벌 포트는 1775년에 당시에는 잘 알려지지 않았던 음낭암에 관한 연구를 발표했다. 그는 런던의 한 병원에서 굴뚝 청소부들을 검진했다. 그리고 음낭에 그을음이 쌓이면서 종양이 발생한다는 사실을 알게 되었다. 가죽으로 만든 작업복을 착용한 독일과 스웨덴의 굴뚝 청소부들은 음낭암에 훨씬 덜 걸렸다.[26] 그로부터 100년 뒤인 1892년 영국 왕립의과대학 학술대회에 참석한 헨리 버틀린은 큰 반향을 불러일으켰다. '굴뚝 청소부들의 암'이 선박 동체를 역청으로 바르는 조선소 노동자들에게도 나타난다고 밝힌 것이다.[27]

그러나 석유 부산물의 폐해에 관한 긴 노래는 이제 막 시작된 것이었을 뿐이다. 머지않아 연탄 공장(웨일스 지방)이나 목재 처리에 크레오소트*를 사용하는 작업장에서 일하는 노동자들이 피부암에 걸린다는 임상 보고서와 연구가 발표되었기 때문이다. 당시에 피부암은 워낙 희귀한 질병이라서 항만 노조가 공식 조사를 요청할 정도였다. 1912년 발표된 최초의 역학조사는 항만 노동자들에게 멜라닌이 과다 분비된다는 결론을 내렸다.[28] 그리고 "함께 실시한 동물 실험은 암과의 연관성을 보여 주었다. 이는 화학물질로 인한 발암을 다룬 최초의 실험 연구였다."[29]

20세기 초 의학 논문들을 읽어 보면 등줄기에 식은땀이 흐르는 게 사실이다. 예를 들어 인광석 가공 산업이 번성했던 독일, 오스트리아, 미국에서는 성냥 공장 노동자들이 희생되었다. 수익성이 매우 뛰어난 이 산업이 시작된 뒤 10년이 지난 1830년 첫 의학 보고서들은 새롭고 끔찍한 질환의 출현을 보고했다. 노동자들이 황린 증기를 쐬어 턱뼈 괴사증이 나타난 것이다. 이 병의 증상은 구강 점막에 심각한 병변이 나타나고 아래턱뼈가 괴사되고 치아가 서서히 녹아내리는 것이다. 폴 블랑이 강조하는 것처럼 턱뼈 괴사증은 작업장 안전 분야에서 '방임주의'가 낳는 폐해가 얼마나 심각한지 잘 보여 준다. 성냥 생산에 필요한 황린 사용이 금지된 것은 위험이 덜한 대안(적린)을 개발한 뒤인 1913년의 일이기 때문이다.

---

* 크레오소트는 목타르나 석탄에서 추출한 유액이다. 발암물질로 알려져 유럽연합은 2001년에 크레오소트로 처리한 목재 판매를 금지시켰다.

미치게 만드는 독

신경 질환도 관심을 한 몸에 받고 있다. 이황화탄소 이야기는 특히 끔찍하다. 폴 블랑은 이른바 '문명화된' 국가의 산업화를 뒷받침했던 냉소적이고 범죄적인 무분별함에 대해 많은 것을 말해 주는 『직장에서 미쳐 가는 것(Going crazy at work)』[30]이라는 책에서 한 꼭지 전체를 이황화탄소에 할애했다. 수많은 유기 성분을 용해시키는 데 사용되는 이황화탄소는 독성이 매우 강한 용매이다. 가황 처리된 고무 제품이나 약품, 농약(19세기에는 포도나무 진딧물인 필록세라를 없애는 데 사용되었다.)* 생산에 관여한다.

1845년 파리의 젊은 의사였던 오귀스트 델페슈는 국립의학원에서 짧은 발표를 했다. 고무 공장에서 일하는 것이 원인인 새로운 질병을 소개하는 내용이었다. 그는 27세의 노동자 빅토르 들라크루아의 증상이 납에 중독되었을 때와 흡사하다고 설명했다. 두통, 근육 약화 및 경직, 불면증, 기억력 감퇴, 정신적 혼란, 성불구 등이 주요 증상으로 나타났다.[31] 클로드 베르나르가 독성 물질과 의약 물질의 효과에 관해 수업을 준비할 때 델페슈는 비둘기 두 마리와 토끼 한 마리에 이황화탄소의 독성을 실험했다. 비둘기는 모두 즉사했고 토끼는 몸이 마비되었다.[32] 폴 블랑은 "인간 질병의 임상 기술과 실험실에서 재현된 질병의 실험 모델 발달에 기여한 델페슈의 이황화탄소 중독에 관한 연구는 동료 의사들의 과학적 우려와 세계관에 정확하게 부합하는 것이었다."고 강조했다.

미국의 앨리스 해밀턴이나 빌헬름 후퍼처럼 몇몇 '개인' 의사들을 제외하

---

* 이황화탄소로 만든 농약인 메탐 소듐은 지금까지도 토양 소독(딸기 재배), 발아 방지, 종자 처리에 널리 사용되고 있다.

면 폐쇄적인 의학계를 벗어나 실험실에서 진단한 직업병을 공개 석상에서 고발한 사람들은 드물었다. 반면 끔찍한 질병들은 필연적인 산업화 과정에서 어쩔 수 없이 발생하는 부수적 피해로 용납되는 게 일반적이었다. 당시 대부분의 신문도 같은 의견이었다. 1863년 오귀스트 델페슈는 가황 처리된 고무로 풍선과 콘돔을 생산하는 노동자가 이황화탄소에 중독된 사례 스물네 건을 자세히 소개한 긴 논문을 발표했다. 소개된 노동자 대부분이 히스테리를 일으켰고 성적 흥분 상태와 불능 상태가 번갈아 나타났다. 또 한 여성 노동자는 증기를 들이마신 뒤 자살하기까지 했다.[33] 델페슈의 놀라운 연구 결과는 《런던타임스》에 언급되었다. "이황화탄소는 알려진 물질 중 가장 위험하다. 그러나 안타깝게도 가장 유용한 물질이기도 하다."[34]

그로부터 24년 뒤인 1888년 11월 6일 장 마르탱 샤르코(1825~1893) 교수가 그의 명성만큼 유명했고 라 살페트리에르 병원에서 매주 화요일 열었던 세미나에서 흰 가운을 입고 앉아 있는 의사들 앞에서 이황화탄소에 급성중독된 남성 환자의 사례를 소개했다. 고무 공장에서 17년 동안 일한 이 젊은 남성은 가황 처리 탱크를 청소한 뒤 코마 상태에 빠졌다. 샤르코의 논지는 '이 가여운 환자가 남성 히스테리의 예외적인 사례'라는 것이었다. 그는 히스테리가 여성에게 흔한 질병으로 알려져 있다고 설명했다. 히스테리를 일으키는 데 이황화탄소가 하는 역할을 강조하면서 희한한 사례를 검토하는 전문가다운 냉철함으로 설명을 이어 갔다. "위생학자와 임상학자의 일은 주로 노동자의 신경에 피해를 입히는 안전사고 때문에 산업 활동과 관련이 있다."[35] 이 세미나는 역사에 길이 남게 되었다. 1940년대에 영국의 한 의학 사전에서 '샤르코 이황화탄소 히스테리'를 이황화탄소 가스 흡입* 으로 유발되는 신경 질환으로 규정했기 때문이다.

우리의 생각과는 달리, 의학 데이터가 쌓였다고 해서 이황화탄소 사용을 금지시키지도 않았고 최소한의 규제도 이루어지지 않았다. 1902년 샤르코의 제자이자 영국인 의사였던 토머스 올리버는 작업장 안전을 기업의 책임으로만 돌리는 방임주의의 한계를 고발하며 경종을 울리고자 했다. 많은 자료를 참고한 그의 연구는 고무 공장의 여성 노동자들이 겪고 있는 히스테리와 성 문제에 동반된 중독 현상을 기술했다. "출근할 때는 두통과 불편함을 호소하다가 마치 알코올 중독 환자처럼 이황화탄소 증기를 흡입하면 그때부터 신경적으로 안정되었다."[36]

그러나 새로운 연구를 발표해도 독을 사용하는 공장의 노동 조건은 나아지지 않았다. 기적의 물질이라 불리는 새로운 제품이 나타나면서 이황화탄소의 사용이 더 다양해졌기 때문이다. '인조견' 또는 '레이온'이라 불리는 비스코스는 잠재력이 확실한 제품이었다.** 레이온은 나무 펄프에서 추출한 셀룰로오스로 만드는 합성 섬유로, 화학 처리 과정에서 이황화탄소가 주성분으로 쓰인다. "의학 보고서들은 신속히 위험을 파악했지만 아무런 반응도 얻지 못했다. 수십 년 동안 공장에서 실질적인 통제가 이루어지지 않은 것은 산업 분야에서 공공 보건을 위한 개입을 늦추기 위해 가해질 수 있는 경제적 및 정치적 힘이 얼마나 막강한가를 보여 준다."[37]

---

* '가스 흡입으로 중독된(gassed)'이라는 표현은 영국의 고무 산업에서 유래했다. 옥스퍼드 사전은 이 표현의 기원으로 1889년 《리버풀데일리》에 난 한 기사를 인용했다.

** 폴 블랑은 1930년대에 벨기에의 레이온 공장들은 노동자들이 '외설적인 행동'을 보이자 다른 직원과 접촉하지 못하도록 특별 열차로 출퇴근시켰다고 했다.(Paul BLANC, How Everyday Products Make People Sick, op. cit., p.159)

1936년 브뤼셀에서 열린 암 원인 규명 학회

"사상 최대의 암학회였다." 이스라엘 생화학자이자 종양학자인 아이삭 베렌블룸(1903~2000)은 훗날 이렇게 말했다.[38] 한편 미국 전염병학자인 데 브라 데이비스는 2007년 『암과의 전쟁 비사(*The Secret History of the War on Cancer*)』에서 이 학회를 '암에 관한 진정한 맨해튼 프로젝트'라고 평했다.[39] 1936년 9월 20일로 예정된 브뤼셀 암학회가 워낙 중대한 사건이다 보니 《네이처》는 6개월 전인 3월부터 소식을 전했다.[40] 개최 당일 전 세계에서 최 고의 종양학자 200명이 벨기에의 수도에 속속 도착했다. 북아메리카, 남아 메리카, 일본, 유럽 전역에서 주로 배를 타고 몇 주에 걸쳐 먼 바닷길을 돌 아온 그들은 날로 증가하고 있는 암에 대한 지식을 공유했다.

"제2차 세계대전이 시작되기도 전인 70년 전에 암 발병에 사회적·환경적 원인이 있다는 것을 이미 알았다는 게 놀랍다." 피츠버그 대학에 최초의 환 경종양학센터를 만든 데브라 데이비스는 말했다. "학회에서 발간한 세 권 의 자료집은 매우 상세한 임상 및 실험 보고서를 포함하고 있다. 비소, 벤 젠, 석면, 합성염료, 호르몬 등 당시 널리 사용되던 화학물질이 인간에게 암을 유발하는 물질로 기술되어 있어 매우 놀라웠다."[41]

발표자 중에는 영국에서 온 윌리엄 크레이머(1878~1945)가 있었다. 일란 성 쌍둥이(같은 난자에서 분열되었으므로 유전자가 100% 동일하다.)의 병력을 비교 한 크레이머는 (그때 이미) "암은 유전병이 아니다."[42]라는 결론을 내렸다. 영 국 왕립암연구기금(ICRF) 연구원이었던 크레이머는 영국의 사망 기록을 살 펴보고 암 발병률이 20세기 초보다 30%나 증가했다는 사실을 발견했다. 그는 인구 증가와 기대 수명을 제외하고 발병률을 (그때 이미) 계산할 줄 알

왔다. 암이 발암물질에 노출되고 20년이 지난 뒤에 발병한 것을 알아낸 그는 작업장에서 발암물질을 제한하고 실험 연구를 강화할 것을 권고했다. "암은 설치류든 인간이든 모두 같은 조직에서 발병한다."는 것을 그는 (그때 이미) 지적했다.

브뤼셀 학회에는 아르헨티나의 앙헬 오노리오 로포(1882~1947)도 참석했다. 그는 엑스선과 자외선에 규칙적으로 노출되어 암에 걸린 생쥐의 사진을 (그때 이미) 보여 주었다. 탄화수소계 화합물에 동시에 노출되면 발병률이 더 높아진다. 또 런던왕립암종합병원의 제임스 쿡과 어니스트 케너웨이(1881~1958)는 에스트로겐에 정기적으로 노출된 수컷 설치류가 유방암에 걸렸다는 것을 (그때 이미) 보여 준 서른 개의 연구를 메타분석했다. "이 과학자들은 1936년에 어떻게 암을 일으키는 원인이 있다는 것을 알 수 있었을까?" 데브라 데이비스는 질문을 던진다. "그들은 해부와 의학 보고서, 암 환자의 직업 경력을 조합했다. 광산에서 일한 사람의 폐에서 타르나 그을음이 나왔고 그 물질들이 동물의 피부나 폐에 암을 일으켰다면 결국 그 물질들이 암의 원인이니 암의 원인을 제어할 수 있다는 합리적인 결론을 내렸다."[43]

논문에서는 모든 것이 맑은 물을 들여다보듯 선명했다. 흔히 말하듯 '상식에 걸맞았다.' 그러나 암학회의 의사록을 들여다보면 한 가지 의문점이 든다. 암이 폭발적으로 증가한 주원인이 화학물질에 대한 노출이라는 것을 의사들이 '이미' 이해했다면, 그리고 독성 물질로 인한 피해를 줄이기 위해 어떤 방법을 써야 하는지 '이미' 알고 있었다면 왜 사람들은 그들의 말에 귀를 기울이지 않은 것일까? 대답은 질문만큼 간단하다. 과학자들의 연구와 권고가 무시당한 것은 1930년대부터 제품의 독성 연구를 통제하고 조작하기 위해 산업이 조직화되었기 때문이다. 기업들은 공공 보건을 위해 독립성을 지키려는 과학자들을 보면 무자비한 전쟁을 벌였다. 계란으로 바위를 친 첫 희생자는 독일 출신의 미국 독성학자 빌헬름 후퍼였다. 베르나르디노 라마치니의 후계자로 여겨질 만큼 명성을 누린 그는 브뤼셀 학회에 참석하고 몇 달 뒤 미국 화학 기업 듀폰에서 해고되었다.

빌헬름 후퍼의 외로운 투쟁

빌헬름 후퍼의 이야기는 대표적인 사례이다. 내가 오랫동안 취재를 하면서 발견한 모든 것을 압축해서 보여 주기 때문이다. 19세기 말 독일에서 태어난 빌헬름 후퍼는 제1차 세계대전 당시 베르됭 전선에 배치되었다. 그는 그곳에서 프리츠 하버가 발명한 독가스의 폐해를 알게 되었다. 그는 이 경험을 통해 굳건한 평화주의자가 되었고 평생 그 신념을 지켰다. 의학 공부를 마친 뒤 1923년 미국으로 이민을 간 후퍼는 시카고 의대에서 일하다가 필라델피아의 펜실베이니아 대학 암연구소에 들어갔다. 이 연구소는 당시 최대 화학 기업이었던 듀폰에서 많은 재정 지원을 받고 있었다. 1932년 후퍼는 딥워터 공장(뉴저지)에서 합성염료 생산에 사용되는 벤지딘과 베타나프틸아민을 제조하는 것을 알아내고 이레네 뒤 퐁(1876~1963) 회장에게 순진함이 가득 담긴 편지 한 통을 보냈다. 공장 노동자들이 방광암에 걸릴 위험에 노출되어 있다고 알리는 내용이었다. 그의 편지에는 답장이 없었다.

빌헬름 후퍼는 합성염료 전문가였다. 산업보건학을 전공했던 그는 영국 실험실에서 우연히 탄생한 합성염료 산업의 발전을 장식한 의학 보고서들을 꾸준히 살펴보았기 때문이다. 1856년 화학과 학생이었던 윌리엄 헨리 퍼킨이 콜타르를 자주색 염료로 만들어서 '모베인'이라는 이름을 붙였다. 당시 콜타르는 가스등의 연료를 만들기 위해 석탄을 증류시킬 때 나오는 부산물로, 가치가 전혀 없었다. 모베인은 최초의 합성염료이다. 퍼킨의 발견은 매우 중요한 것이었다. 합성염료 생산이 가능해지면서 유기화학 산업이 발달하고 그로 인해 의약품(아스피린, 매독 치료약), 폭약, 접착제와 수지, 농약, 그리고 벤지딘이나 베타나프틸아민 같은 방향족 아민을 사용한 섬유 제조에 일대 혁명이 일어났기 때문이다. 독일은 수백 개의 특허를 출원하며 화학 염료 시장의 선두로 나섰다. 그러나 1895년 독일 외과의 루트비히 렌은 그리스하임의 한 푹신(Fuchsine, 자홍색 염료) 제조 공장에서 노동자 45명 가운데 3명이 방광암에 걸렸다고 보고했다. 11년 뒤 환자 수는 35명으로 증가했다. 그다음 10년 동안 독일 전역과 스위스에서 수십 건의 발병 사례가 보고되었다.* 1921년 국제노동기구는 수많은 임상 보고서에 근거하여 방향족 아민에 관한 주제연구를 펴내면서 "주의 사항을 철저하게 적용"할 것을 권고했다.[44]

그러나 그런 보고서가 무용지물이 된 것은 이번에도 마찬가지였다. 제1차 세계대전이 끝났을 때 미국은 패전한 독일이 갖고 있던 특허를 몰수해서 아메리칸사이안아미드, 얼라이드 케미컬, 다이 코퍼레이션, 듀폰 등 미국 기업에 헐값으로 넘겼다. 듀폰은 딥워터에 기업 최초의 유기화학 공장을 짓고 '챔버스 워크스'라고 명명했다. 이곳에서 1919년부터 벤지딘과 베타나프틸아민이 생산되기 시작했다. 데이비드 마이클스가 손에 넣은 내부 자료를

---

* 1925년 스위스와 독일은 방광염을 벤지딘과 베타나프틸아민과 유관한 직업병으로 분류했다. 그러나 프랑스에서는 '방향족 아민과 그 염기로 유발된 방광의 증식성 병변'에 관한 직업병 분류 '15ter'가 1995년에나 만들어졌다.

보면 듀폰의 의사들은 1931년에 공장 노동자에게서 방광암을 처음으로 진단했다. 빌헬름 후퍼가 이레네 뒤 퐁 회장에게 편지를 쓰기 얼마 전이었다. 데이비드 마이클스는 직업 활동이 유발한 방광암에 관한 논문에서 "듀폰의 의사들은 그 이후에 국내 학회나 의학 저널에 방광암에 대해 보고했다. 1936년 확진을 받은 방광암 환자는 최소 여든세 명이었다."고 밝혔다.[45]

브뤼셀에서 학회가 열렸던 해인 1936년에 듀폰의 수석 의사 에드가 에반스가 발표한 연구는 듀폰이 투명성에 대한 의지가 있음을 입증하려 한다.[46] 2년 전 빌헬름 후퍼에게 때늦은 답장을 보내면서 방광암을 연구하기 위해 월밍턴에 신설한 독성학연구소에서 일해 보지 않겠느냐고 제안까지 했다. 빌헬름 후퍼는 베타나프틸아민이 개에게 미치는 영향을 테스트하기 위한 실험 프로토콜을 개발했다. 그리고 그 결과는 반박의 여지가 없었다. 베타나프틸아민에 정기적으로 노출되면 인간과 마찬가지로 개에게도 방광암이 발생했다. 연구 결과가 인간에게 어떤 의미를 갖는지 알고 나서 큰 충격을 받은 빌헬름 후퍼는 듀폰의 진심을 믿고 챔버스 워크스 공장을 방문하게 해 달라고 요청했다. 노동자들의 안전을 개선할 방법을 찾을 요량이었다.

그 뒤의 이야기는 그가 쓴 비망록에 나와 있다. "공장장과 이사진은 나를 제품이 생산되는 작업장으로 안내했다. 더 큰 건물에 있는 작업장은 커다란 미닫이문으로 다른 작업장과 분리되었다. 문이 베타나프틸아민에서 나오는 증기와 연기, 그리고 먼지가 확산되는 것을 막아 주었다. 생산 작업장의 완벽한 청결 상태가 무척 인상적이었다. 내가 방문했을 때에는 작업이 중단된 상태였다. 나는 방문객 사이에서 작업반장을 찾았다. 작업장이 무척 깨끗하다고 말했더니 그는 나를 쳐다보고 말했다. '어제 밤에 보셨어야 합니다. 박사님이 오신다고 해서 밤을 새워 청소했거든요.' 내가 방문한 목적이 물거품이 되는 순간이었다. 내가 본 것은 완벽한 무대 연출이었다. 나는 공장장에게 벤지딘 작업장도 보여 달라고 했다. 공장장은 처음에는 머뭇거리더니 내가 작업반장에게 들은 얘기를 전하자 갑자기 적극적으로 돌변했다. 우리는 바로 옆 작은 부속 건물에 있는 벤지딘 작업장으로 갔다. 그곳에 들어서자 노동자들이 어떻게 노출되어 있는지 한눈에 볼 수 있었다. 바닥과 적재 플랫폼, 창문 창살 등에 벤지딘 가루가 하얗게 쌓여 있었다. 이 광경으로 내 방문은 끝을 맺었다. 윌밍턴에 돌아온 나는 이레네 뒤퐁 회장에게 간략한 보고서를 작성해서 보냈다. 내 실험과 나를 속이려 한 것에 느낀 실망감을 담은 보고서였다. 답장은 받지 못했다. 그 이후로 두 작업장에는 두 번 다시 방문할 수 없었다."[47]

빌헬름 후퍼에게 그것은 끝이자 시작이었다. 얼마 뒤 그는 개에 관한 실험 결과 발표를 막으려는 듀폰과 갈등을 겪게 되었다. 결국 그는 브뤼셀 학회가 끝난 뒤인 1937년에 해고당했다. 그를 고소하겠다는 듀폰의 위협에도 불구하고 1938년 그는 결국 논문을 발표한다.[48] 그리고 4년이 지난 뒤에는 베르나르디노 라마치니의 저서 못지않게 중요한 『직업병으로서의 종양 및 관련 질병(Occupational Tumors and Allied Diseases)』을 펴냈다. 이 책은 50년 동안 암 발병과 화학물질 노출과의 관련을 다룬 연구를 정리한 것이다. 빌헬름 후퍼는 자서전에서 "화학으로 더 나은 삶을 만들기 위해 제품을 제조하다가 암에 걸린 모든 희생자들"에게 책을 바치고자 했다고 밝혔다. 이 표현은 듀폰이 1935년 만들었던 슬로건 "화학을 통한 더 나은 삶(Better Living through Chemistry)"을 비꼰 것이었다.* 듀폰의 보복이 걱정된 후퍼는 결국

---

* 1982년 듀폰은 이 슬로건에서 '화학을 통한'이라는 말을 뺐다. 결국 1999년 완성된 슬로건은 "과학의 기적을 통한 더 나은 삶(Better Living through the Miracles of Sciences)"이었다.

회적인 헌사를 선택했다. "타인의 더 나은 삶을 위해 더 나은 것들을 만들다가 직업병에 걸려 숨진 우리의 친구들을 기억하며."[49]

듀폰은 후퍼를 "나치주의자에 공산주의 지지자"[50]라고 하며 비방했지만 후퍼는 1948년 권위 있는 미국 국립암연구소에서 일하게 되었다. 그는 그곳에서 환경암에 관한 최초의 연구 분과를 설립했다. 그가 레이첼 카슨을 만난 것도 연구소에서였다. 『침묵의 봄』을 준비하던 레이첼 카슨에게 그는 가지고 있던 자료를 모두 제공했다. 듀폰은 생산 과정을 거의 수정하지 않고 베타나프틸아민을 1955년까지, 벤지딘을 1967년까지 생산했다. 1947년 6월 아메리칸사이안아미드의 의학 책임자였던 아서 망엘스도르프에게 보낸 편지에서 에반스 박사 — 챔버스 워크스 수석 의사이자 1936년 연구 수행자 — 는 단도직입적으로 인정했다. "베타나프틸아민을 생산하는 노동자들의 건강 관리 문제는 매우 심각합니다. (……) 우리 공장에서 처음부터 일했던 노동자들은 거의 100% 방광염에 걸렸습니다."[51]

벤지딘과 베타나프틸아민은 물론 타이어 같은 고무 제품 생산에 널리 쓰이는 산화제인 오르토톨루이딘 등 방향족 아민을 사용하다가 방광암에 걸린 노동자가 얼마나 많은지는 확인할 길이 없다. 노조의 요청으로 미국 보건 당국이 방광암 '클러스터'를 발견한 것은 1990년대 초였다. 듀폰에서 오르토톨루이딘을 공급받던 버펄로의 굿이어 공장에서 방광염 발병률이 비정상적으로 높았던 것이다.[52] 듀폰이 예외적인 사례가 아니라는 걸 말할 필요가 있을까. 어떤 제품이든 어떤 나라든 산업계가 자신의 법을 강요하고 공권력이 암묵적으로 공조하는 구조로 늘 같은 이야기가 반복된다. 2009년 미국 노동부 차관보가 된 데이비드 마이클스의 표현대로, 공권력은 사망자 통계나 내고 "인적 비용이 커져 더 이상 감당할 수 없을 때"[53]에나 나선다.

산업의 독재

　빌헬름 후퍼가 듀폰에서 해고되고 화학 기업들의 기피 대상이 되었을 때 또 다른 독성학자인 로버트 케호는 데브라 데이비스가 '방어적 연구'[1]라고 불렸던 학문의 리더로 추앙받았다. 방어적 연구의 유일한 목적은 산업 제품을 옹호하는 것이다. 현대 산업보건학을 대표하는 두 학자가 걸어간 길을 비교해 보는 것도 매우 흥미로울 것이다. 마치 야누스의 두 얼굴처럼 후퍼와 케호는 각각 공공 보건과 개인의 이익을 중시하는 독성학의 상반된 두 흐름을 대변한다.

1924년 미국에서 발생한 유연휘발유 사건

훗날 미국의 산업보건아카데미와 산업위생학회(AIHA)의 수장이 된 사람은 1923년과 1924년에 유연휘발유를 생산하는 정유소에서 발생한 대량 사망 사건에서 뛰어난 활약을 했기 때문에 그 자리에 오를 수 있었다. 1921년 자동차 시장을 선도했던 제너럴 모터스의 한 화학자가 사에틸납을 자동차 연료에 내폭제로 사용할 수 있다는 것을 발견했다. 제너럴 모터스의 연구소 소장이었던 찰스 케터링은 대안이 있었지만 저렴하다는 이유로 납 사용을 장려했다. 이 소식이 알려지자 전 세계에서 격렬한 반응이 일어났다. 역사학자 제럴드 마코위츠와 데이비드 로스너가 『기만과 부정, 산업 오염의 죽음의 정치학(Deceit and Denial: The Deadly Politics of Industrial Pollution)』에서 썼듯이 "당시에는 납이 독성 물질이라는 사실에 아무도 이의를 제기하지 않았다."[2] 두 저자가 몸에 축적되고 특히 어린이에게 치명적인 "모든 산업 독성 물질의 어머니"[3] 납에 할애한 200쪽의 책을 읽어 보면 납에 신경 독성과 생식 독성이 있다는 사실이 이미 로마 제국에서도 알려져 있었다는 것을 알 수 있다.

그 후에 벌어진 일은 또 다른 증거이다. "공공 보건에 심각한 위협"[4]이 될 것을 우려한 보건부의 경고에도 불구하고 유연휘발유는 1923년 2월 2일 시장에 출시되었다. 생산업체는 제너럴 모터스, 스탠더드 오일(오늘날의 엑슨 모빌), 그리고 듀폰이 만든 합작 회사 에틸 사였다. 듀폰은 벤지딘과 베타나프틸아민을 생산하던 챔버스 워크스 공장에 생산을 맡겼다. 12년 전 빌헬름 후퍼가 기피 대상이 되었던 바로 그 공장은 '나비의 집'이라는 별명을 얻게 되는데, 납 수증기에 중독된 노동자들이 환각 증세를 일으켰기 때문이다.

납 수증기는 들이마시면 정신이 이상해진다 하여 영어로 '루니 가스(Loony Gas)', 즉 '미친 가스'라고 불렸다.[5] 1924년 12월 31일자 《뉴욕저널》은 병실에서 퀭한 눈을 부릅뜨고 상상의 곤충 떼를 피하려고 발버둥치는 노동자를 그린 만평을 실었다.

그 주에 언론에서 유연휘발유에 집중 공격을 가했던 것이 사실이다. 10월 27일 《뉴욕타임스》는 챔버스 워크스의 노동자 300명이 납에 심각하게 중독되었으며 그중 10명은 이미 사망했다는 폭로 기사를 실었다. 같은 기간 제너럴 모터스의 데이턴(오하이오 주) 공장에서도 안전사고가 발생해서 '진보'의 노예 2명이 사망하고 40명이 입원 치료를 받았다. 뉴욕 근교에 있는 스탠더드 베이웨이 정유소의 사정도 마찬가지였다. 노동자 7명이 사망했고 33명이 정신질환자가 되었다.[6]

이 공장에서 납 용액을 만들던 청년 노동자 조지프 레슬리의 가족은 어느 날 그가 사망했다는 소식을 전해 들었다. 그가 아무도 모르게 정신병원에 수용되었다는 사실은 나중에 밝혀졌다.(그는 그곳에서 1964년에 사망했다.) 가족의 후손들이 진실을 알게 된 것은 2005년의 일이었다. 윌리엄 코바릭이 《직업환경보건국제저널》에 발표한 논문 덕분이었다. "레슬리 가족의 이야기는 정보 왜곡과 기만으로 점철된 공중환경보건사를 반영한다."[7]

1924년 10월 31일자 《뉴욕타임스》가 전했듯이, 레슬리가 사망할 당시 유연휘발유를 둘러싼 치열한 공방이 벌어지고 있었고 뉴욕이나 필라델피아와 같은 여러 도시는 판매를 금지하기로 결정했다.[8] 그러나 그 결정은 불발로 끝났다. 유연휘발유의 (독성) 잠재력이 워낙 뛰어났기 때문이다.* 그런데

---

* 유연휘발유가 미국에서 완전히 금지된 것은 1986년이다. 유럽에서는 2000년에 와서야 금지되었다.

윌리엄 코바릭에 따르면 시카고 시 당국이 1984년에 유연휘발유를 금지하려 하자 이번에는 《뉴욕타임스》가 "최초로 내려진 결정"[9]이라고 강조한 기사를 냈다. 이 이야기는 그냥 지나칠 일이 아니다. 윌리엄 코바릭이 매우 정확하게 표현했듯이 "공중환경보건 정책의 전형적인 기억 상실"을 보여 주기 때문이다.

'기억 상실'이 하늘에서 갑자기 떨어진 것은 아니다. 그것은 유연휘발유 생산업체가 쓴 시나리오에 따라 산업계가 정교하고 끈질기게 시도한 지우기 작업의 결과물이다. 당시에는 그 시나리오라는 것이 불완전한 습작에 지나지 않았지만 그 이후 담배 제조업체의 주도 하에 더 완성된 시나리오가 등장했다. 그러나 가장 결정적인 역할을 한 것은 1924년 10월에 일어난 일이었다. 경제의 핵심 부문인 화학, 석유, 기계를 대표하는 기업들이 처음으로 힘을 모아 체계적인 정보 왜곡 계획을 이행했기 때문이다. 그들의 목적은 정치계와 언론, 그리고 소비자를 '혼란'에 빠뜨리고 독립적인 연구에 족쇄를 채우는 것이었다. 그들이 마련한 모델은 독을 파는 자들, 특히 농약, 첨가제, 플라스틱 용기 등 결국에는 같은 집안이라고 할 수 있는 모든 제품의 생산업체에 귀감이 되었다.

과학의 이름으로 지는 무거운 짐

중독의 고통에 시달리는 노동자들의 소식에 여론이 들끓기 시작하자 제너럴 모터스는 1924년 10월 30일 기자회견을 열었다. 기자들은 잘 짜인 무대를 보게 되었다. 제너럴 모터스의 연구 책임자 토머스 미질리가 납 용액이 든 관을 보여 주더니 손에 납 용액을 뿌리고 1분 동안 코로 들이마신 것이다. 그는 어떻게 그럴 수 있을까 싶을 정도로 냉소적인 태도로, 만약 노동자들이 병에 걸렸거나 사망했다면 그것은 "그들이 안전 수칙을 제대로 지키지 않아서"[10]라고 말했다. 그리고 "엄청나게 희석된 이 제품이 주유소 1만 곳에서 일반 소비자에게 팔렸지만 건강에 영향을 미쳤다는 보고는 지금까지 단 한 건도 없었다."[11]고 덧붙였다. 이 무대가 효과가 있었는지 한 달 뒤 미국의 오피니언 리더라 할 수 있는 《뉴욕타임스》가 유연휘발유를 열렬히 지지하고 나섰다.

"스탠더드 오일 정유소에서 노동자들이 사망했다고 해서 막대한 경제적 이익을 가져다주는 제품의 사용을 포기할 수는 없다. (……) 일반 대중에 대한 위험이 측정 불가한 상황이므로 화학자들은 제품 생산을 중단해야 할 이유가 없다고 본다. 이것은 이 사안을 감정적으로 바라보는 시각과는 완전히 다른 과학자의 시각이며, 과학자의 판단이 비인간적으로 보일 수는 있어도 합리적인 판단인 것만은 분명하다."[12]

바로 이것이다. 1924년 기사에는 20세기 내내 우리의 환경과 식탁을 오염시키는 화학물질의 안전 문제가 거론될 때면 늘 등장했던 두 가지 논점이 분명히 적혀 있다. 이것은 매우 '복잡한' 문제이니 '감정'에 휘둘리지 말자. 하지만 안심하자. '합리적인' 사람들인 '과학자들'이 어련히 잘 알아서 하고 있을까. 물론 우리는 '안심'할 수 있다. 다만 '과학자들'이 독립적이고 우리를 보호하기 위해 진실을 규명하는 것만을 목표로 삼는다면 말이다. 안타깝게도 그런 과학자는 드물다. 데브라 데이비스의 표현대로 '방어적 연구'를 했던 전형적 인물 로버트 케호를 보라.

로버트 케호는 1925년 제너럴 모터스와 듀폰에 고용되어 에틸 사의 의학부서와 제너럴 모터스의 연구소 소장 이름을 딴 찰스 케터링 산업독성학연구실의 책임자가 되었다. 이 연구실은 케호가 생리학 교수로 재직하고 있는 신시내티 대학에 개설되었다. 그의 직책이 중요하다는 것은 그의 연봉이 10만 달러였다는 사실만 보아도 알 수 있다. 당시로서는 엄청난 금액이었고 독립에 대한 의지를 꺾고도 남을 돈이었다. 데브라 데이비스가 살펴본 연구실 자료를 봐도 알 수 있지만 케호의 임무는 듀폰, 제너럴 모터스, US스틸, 모빌오일, 에틸 사, 그리고 몬산토를 위해 동물실험을 진행하는 것이었다.

로버트 케호는 실험 결과를 있는 그대로 발표하지 않았다. 데브라 데이비스가 밝혔듯이, 연구실과 기업들이 맺은 계약에 "실험 계획과 진행은 공동의 선을 위해 정보를 공개할 권한이 있는 (신시내티) 대학이 맡는다. 그러나 발행물이나 보고서를 대중에 공개하기 전에 기부자가 비판이나 제안을 할 수 있도록 원고를 제출해야 한다."[13]고 명시했다. 여기서 '기부자'라는 말을 잠깐 살펴보자. 무엇을 기부했다는 것일까? 명령? 돈? 아니면 둘 다? 어쨌든 로버트 케호는 1920년대 말에 정해진 이 규칙을 철저하게 준수했다. 심지어 1965년에 은퇴하면서 동료들에게 매우 의미심장한 메모를 남기기도 했다.

"발표하려는 논문에는 연구소가 스폰서의 요청으로 작성한 보고서를 인용하는 것을 삼간다. 그것은 거의 규칙과 같다. 보고서를 인용하면 그 보고서를 보여 달라고 할 것이기 때문이다. 그런데 기밀 사항이 담겨 있기 때문에 관련자에게는 공개할 수 없다. 연구소가 승인하지 않으면 공개적으로 보고서를 언급할 수 없다."

문장들이 좀 거창하지만 내용을 들여다보면 메시지는 아주 간단하다. 데브라 데이비스가 아주 잘 요약했듯이 "케터링연구실에 실험 재료를 제공한 기업은 결과 공개 권한도 가지고 있었다."[14]

열정적인 '과학자'였던 로버트 케호는 꼼꼼하게 임무를 수행했다. 1926년 그는 납 중독으로 사망한 수십 명의 유아 시체를 '해부'했다. 데브라 데이비스는 당시 해부 보고서 내용이 소름끼친다고 전한다.

"그것은 꼼꼼한 사람의 작품이었다. 가여운 흑인과 백인 아이들의 뇌, 간, 심장, 신장에서 측정한 납의 양을 자세히 기록해 놓았다."[15]

보고서에는 웨인스보로(미시시피 주)에 사는 24세 여성이 아이 셋을 잃었다고 기록되어 있다. 막내 아이의 시체를 해부해 보니 혈액과 간, 뼈에 납 농축 수치가 매우 높게 나왔다. 그러나 더 이상의 정보는 알 수 없었다. 보고서는 아이들 부모의 직업이나 가정 환경에 대해서는 전혀 언급하지 않았다. 케호는 데이터만 축적하고 — 파렴치의 극치 — 매우 현학적인 논문만 발표할 뿐이었다. 그는 논문을 발표하면서 납이 기본적으로 무해한 '자연적 오염물질'이라는 주장을 반복했다. 파라셀수스의 말대로 '양이 곧 독'이니까.

파라셀수스의 원리를 악용하다

테오프라스투스 필리푸스 아우레올루스 봄바스투스 폰 호엔하임(1493~1541)으로 태어나 파라셀수스의 이름으로 역사에 기억된 이는 스위스 태생의 화학자이자 천문학자, 그리고 의사였다. 반항적이면서 신비주의자였던 그가 20세기 독성학자들이 독을 대량으로 팔아먹기 위해 그의 이름을 들먹이는 것을 알았다면 아마 무덤에서 수없이 벌떡 일어났을 것이다. "저주받은 의사"[16] 파라셀수스가 남긴 전설적인 독설 중 우리의 건강을 책임지는 모든 이가 한 번쯤 곱씹어 봐야 할 말이 있다. "우리 시대의 의사 대부분이 환자들에게 최악의 위험을 무릅쓰게 하면서 가장 수치스러운 방식으로 의무를 저버리는 걸 모르는 사람이 어디 있을까."[17] 1527년 의대 교수였던 파라셀수스는 바젤 대학 앞에서 의학 교과서를 불태워 버렸다. 그 사건으로 강한 적대감을 불러일으켰으리라는 것은 불 보듯 뻔하다.

"권위라면 뭐든지 알레르기 반응을 보였던"[18] — 그의 이름을 가진 원리를 남용하는 자들은 이 점을 잊고 있는 듯하다. — 파라셀수스는 오늘날에는 서로 등을 돌린 동종요법과 독성학의 아버지로 불린다. 동종요법은 파스퇴르가 백신을 개발할 때 영감을 받았던 파라셀수스의 유명한 격언을 원칙으로 삼는다. "인간을 치유할 수 있는 자는 인간에게 상처를 낼 수도 있고, 인간에게 상처를 낸 것은 인간을 치유할 수도 있다." 반면 독성학은 "독이 아닌 것은 없다. 모든 것은 독이다. 양이 곧 독이다."*를 원칙으로 삼는데, 결국 두 원칙은 서로 보완적이다.

'양이 곧 독'의 기원은 고대로 거슬러 올라간다. 『환경과 보건』에서 미셸 제랭과 공동저자들은 "미트리다테스 6세는 수십 가지의 독으로 만든 탕약을 정기적으로 먹었다. 그것은 적의 암살 기도에서 살아남기 위해서였다. 탕약이 얼마나 효과적이었던지, 포로로 잡힌 뒤 음독자살을 하려고 했지만 실패하고 말았다."[19] 그의 이름을 딴 면독법(Mithridatism)은 '복용량을 늘려 독에 대한 면역을 키우는 것'이다. 파라셀수스는 관찰을 통해 적은 양의 독은 오히려 이로울 수 있고 반대로 물처럼 원래 무해한 성분도 지나치게 많이 마시면 치명적일 수 있다고 생각했다. '양이 곧 독'이라는 원칙 — 현대

---

* 뼛속까지 반항아였던 파라셀수스는 라틴어가 아닌 독일어로 글을 썼다. 독일어 원문은 "Alle Ding sind Gift, und nichts ohne Gift; allein die Dosis macht, das ein Ding kein Gift ist." 직역하면 "모든 것은 독이고 독이 없는 것은 없다. 무언가를 독으로 만드는 것은 양밖에 없다."이다.

독성 물질에 관한 독성 평가에 있어서 건드릴 수 없는 교리 — 을 벗어나는 물질들도 많다. 하지만 아직은 그 문제를 논할 때가 아니다.

어쨌든 로버트 케호도 파라셀수스의 글을 읽었던 것으로 보인다. 아무런 거리낌 없이 신생아의 시체를 헤집어 놓은 걸 보면 위험하지 않아 '보이는' 납 노출량을 알아내려 했던 것이기 때문이다. 그것으로 유연휘발유 금지를 요구하는 사람들의 공격을 막아 내고자 했던 것이다. 결국 아이들의 시체 해부는 오염을 막기 위한 대책을 마련하는 데 쓰인 것이 아니라 보고서, 수치, 그래프 등 리스크매니저들이 좋아하는 유사 과학 논리를 가지고 오히려 오염을 연장시키는 데 사용되었다. 케호가 '턴키 방식'으로 기업에 제공한 이론은 네 가지 원칙을 바탕으로 하고 있었으며, 그 덕분에 기업들은 유연휘발유를 50년 이상 판매할 수 있었다. "①납은 자연 상태에서도 흡수된다. ②인체는 납을 동화할 수 있는 메커니즘을 가지고 있다. ③일정 수준 이하의 납은 무해하다. ④대중의 노출 정도는 그 수준보다 훨씬 낮아 우려할 필요가 없다."[20] 이 논리는 농약이나 식품 첨가제 등 독의 '일일섭취허용량', 다시 말해서 매일 복용해도 질병에 걸리지 않는 독의 양을 정하는 근거가 되었다(10장 참조). 식품 사슬을 오염시키는 화학제품을 규제하는 전문가들은 일일섭취허용량을 절대적 근거로 삼고 있다.

1966년 대기오염에 관한 국정조사의 일환으로 열린 미국 상원 청문회에 출두한 로버트 케호는 그의 이론을 철저히 옹호했다.

"인류는 지구에 출현했을 때부터 몸에 납을 가지고 있었다. 음식에도 납이 들어 있었고 물에도 납이 들어 있었다. 중요한 것은 납이 그 자체로 위험한가를 따지는 것이 아니라 납이 인체에 얼마나 쌓여야 위험한가를 따지는 것이다."[21]

'무해한 농도'가 얼마인지 알아보기 위해 케호는 엄청난 방법을 사용했다. '지원자'들을 방에 가둬 놓고 적게는 3시간, 많게는 24시간 동안 납 증기를 흡입하게 한 것이다. 그는 에틸 사와 듀폰, 심지어 보건부의 지원까지 받아 이 방법을 자그마치 30년 동안이나 사용했다.

제럴드 마코위츠와 데이비드 로스너는 "미국이나 여타 국가에서 인체 실험은 긴 오욕의 역사를 가지고 있지만 이 연구는 특히 사악하다."고 지적했다. "연구의 목적이 납 중독 환자의 치료법을 알아내려는 것이 아니라, 혈액에서 납이 검출되는 것이 정상이며 산업 제품으로 인한 중독은 전혀 걱정할 일이 아니라고 증명하려는, 산업계가 이용할 수 있는 데이터를 수집하는 것이었기 때문이다."[22] 덕분에 1980년대 초까지 제련소에서 납 노출량 기준은 공기 1m³당 200mg이었다. '위험하지 않은' 혈액 내 납 농도는 1dL당 성인은 80μg(마이크로그램), 어린이는 60μg이었다. 이 수치는 케호가 아무도 모르게 만들어 낸 임의적인 기준이고 결국 잘못된 수치로 판명되었다. 그런데도 전 세계 규제 기관들이 그의 기준을 액면가대로 받아들인 것이다. 윌리엄 코바릭은 "1920년대에서 1960년대까지 케호는 납 관련 산업이 경제적 힘을 이용해 납 중독에 관한 과학적 토대를 만들 수 있도록 도왔다."고 지적했다. 그가 인용한 윌리엄 그레이버는 "산업계가 납의 위험성에 관한 연구와 지식을 완전히 장악하면서 납과 그 효과에 대한 이해의 중심 패러다임이 케호와 그의 동업자들에 의해 만들어졌다."[23]고 지적했다.

역사의 아이러니인가. 미국 산업보건학의 두 경쟁자의 길은 우연히 만난다. 1960년대에 피부암에 걸린 노동자 세 명이 탄화수소로 파라핀을 제조하는 고용주를 상대로 소송을 걸었다. 빌헬름 후퍼는 원고들이 전문가로 지명했고 로버트 케호는 피고의 변호를 지원했다. 재판 당시 후퍼는 케호가 비밀리에 방향족 아민에 대한 연구를 계속하고 있다는 사실을 알아냈다. 방향족 아민은 후퍼가 듀폰에서 해고당한 이유가 되었던 물질이었다. 케터링연구실의 자료 속에는 그때까지 한 번도 공개된 적이 없는 수많은 보고서들이 숨어 있었다. 그 보고서들은 벤지딘, 베타나프틸아민, 파라핀 오일, 탄화수소에 노출된 동물들이 암에 걸렸다는 실험 결과를 담고 있었다.

빌헬름 후퍼는 그의 비망록에 재판 당시 탄화수소의 발암 효과를 부정하던 로버트 케호와의 대면을 기록해 두었다.

"신시내티 대학 연구실 책임자는 석유 기업의 자문 자격으로 증언을 했다. 그는 파라핀 오일에 관해 수행한 연구 중 발표되거나 의사 및 노조에 공개된 연구는 하나도 없다는 것을 인정해야 했다. 연구 데이터가 기업의 '기밀'이자 '독점권'에 해당되기 때문이다. 1년이 더 지난 뒤에야 데이터가 판사와 원고에게 공개되었다. 케터링연구실 사람들이 문제의 오일이 발암물질이라는 것을 잘 알고 있었던 것이 분명해졌다. 연구실 책임자는 첫 재판 때 과학자로서의 나의 신뢰도에 대해 신랄한 공격을 퍼부었지만 말이다."[24]

담배와 폐암, 연기 장막

"담배의 역사는 단순한 담배 이야기가 아닙니다." 데브라 데이비스는 2009년 10월 15일 피츠버그 카네기 자연사박물관 회의에 참석해 이렇게 말했다. "그것은 화학 기업 모두가 이용한 전형적인 이중성과 속임수*의 역

---

* 데브라 데이비스는 '기만의 모델(a Model of Deception)'이라고 했다. 영어로 디셉션(Deception)은 '속임수', '사기', '은폐', '이중성'을 의미한다.

사입니다." 피츠버그에서 미국 최초의 실험종양학연구소 소장을 역임한 그녀를 만나는 일은 쉽지 않다. 그녀는 현재 워싱턴에 살고 있다. 내가 그녀에게 연락을 취한 것은 2009년 가을이었다. 그녀는『암과의 전쟁 비사』를 홍보하기 위해 미국 전역을 누비는 동시에 휴대전화의 위험을 알리는 새로운 책을 준비하는 중이었다.[25]

언변이 뛰어난 64세의 데브라 데이비스는 개인적인 경험과 과학적 정보를 적절히 섞어 가며 청중을 사로잡았다. 피츠버그 강연에서 그녀는 슬라이드 자료를 보여 주며 철강 산업으로 유명한 데노라(펜실베이니아 주)에서 자랐던 이야기를 들려주었다. "사람들이 이사를 많이 왔습니다. 공장에서 연기가 났기 때문이지요. 연기가 난다는 것은 일자리가 있다는 뜻이었으니까요. 도시 전체가 그을음으로 뒤덮였습니다. 용광로에 석탄을 썼거든요."[26]

1986년 국립과학원에 근무할 당시 그녀는 상사인 프랭크 프레스에게 발암의 환경적 요인에 관한 책을 쓰겠다고 알렸다. 그러자 상사는 그녀를 극구 말리고 나섰다. 그 책이 "경력을 망친다."면서 말이다. 그녀는 이렇게 말했다.

"하지만 닉슨 대통령이 1971년에 암과의 전쟁을 선포한 이후 암 발병은 계속 증가하고 있었습니다. 이유가 뭘까요? 처음부터 제대로 된 무기를 가지고 싸우지 않았기 때문입니다. 예방보다 치료법 연구에 집중했던 것이지요. 치료가 중요하지 않다는 말이 아닙니다. 제 아버지는 다발성 골수종으로 돌아가셨고, 어머니는 위암으로 돌아가셨으니 저도 알 만큼은 압니다. 하지만 화학오염물질, 합성 호르몬, 농약, 전자파를 막지 않으면 암과의 전쟁에서 이길 수 없을 것입니다. 그러려면 제품의 위험성을 숨기는 기업들의 이해관계와 거짓말에 정면으로 맞설 용기가 필요합니다. 그런 기업의 대표적인 예가 바로 담배 제조업체입니다."

강연이 끝난 뒤 나는 데브라 데이비스에게 물었다.

"담배의 역사가 단순한 담배 이야기가 아니라고 하신 이유는 뭡니까?"

그녀는 답했다.

"시나리오를 쓴 주체가 담배 제조업체이고 이제는 그 시나리오를 화학 산업 전체가 이용해서 제품의 독성을 부정하고 있으니까요. 인광석 기업들이 처음 만들어 낸 시스템을 더 효과적으로 만들어서 담배의 위험성에 관해 계속 의심만 하게 만들고 있습니다. 과학자들에게 돈을 듬뿍 주고 조작된 연구 결과를 발표하는 것이지요. 그런 말도 안 되는 조작으로 50년 넘게 예방 조치를 취하지 못하도록 했습니다."[27]

이미 여러 책에서 다룬 담배 산업에 대해 여기에서 다시 다루지는 않겠다.[28] 다만 데브라 데이비스가 말하는 '시나리오'라는 것에 집중하기 위해 간략하게만 살펴보고 넘어가자. 이를 통해 규제 기관과 여론을 속이기 위해 화학 산업계가 사용한 방법을 이해할 수 있을 것이다. 이번 책을 쓰기 위해 오랫동안 취재를 하면서 한 가지 깨달은 사실은 반복적이고 익숙한 시스템만이 지난 반세기 동안 인류가 속아 온 화학 산업계의 작태를 설명해 줄 수 있다는 것이다.

내 또래 사람들이 대부분 그랬듯이 나도 청소년 시절 일찍 담배를 피우기 시작했다. 그런 의미에서 담배의 역사가 특히 시사하는 바가 많다. 담배가 호흡기 암과 관련이 있다는 사실은 이미 1761년 영국의 의사 존 힐이 밝혀냈다.[29] 100년 뒤 프랑스의 에티엔 프레데릭 부이송은 구강암 환자 68명 중 63명이 파이프 담배를 피웠다는 것을 알아냈다.[30] 그러나 담배가 강력한 발암물질이라는 연구가 속속 발표된 것은 1930년대부터였다. 그런 연구를 발표한 사람 중 하나가 1936년 브뤼셀 학회 이야기를 할 때 언급했던 앙헬 오노리오 로포였다. 그는 태양광선과 탄화수소의 발암 효과에 관해 연구했는데, 담배의 타르가 탄화수소에 속한다고 주장했다.*[31] 이것은 독일의 전염병학자인 프란츠 헤르만 뮐러가 브뤼셀에서 발표한 것이다. 그는 당시 흡연 효과에 관한 최초의 비교대조연구를 준비 중이었다. 1939년에 발표된 연구 결과는 '담배를 아주 많이 피는 사람'은 비흡연자에 비해 폐암으로 사망할 확률이 열여섯 배나 높다는 것을 보여 주었다.[32] 또 폐암 사망자 86명의 과거 습관을 재구성해 보니 3명 중 1명은 한 번도 담배를 피운 적이 없지만 납 먼지(17명), 크롬, 수은, 방향족 아민과 같은 독성 물질에 노출된 적이 있었다.

뮐러가 연구 결과를 발표할 당시 나치 독일은 사상 최대의 금연 캠페인을 벌였다. 미국 과학사가인 로버트 프록터는 그의 훌륭한 책『나치가 벌인 암과의 전쟁(The Nazi War on Cancer)』에서 금연 캠페인이 '인종 위생과 아리안의 순수성'을 지킨다는 히틀러의 이데올로기를 따르고 있다고 지적했다. 그는 독일 나치에게 담배는 "유전자에 독, 불임과 암, 심장마비의 원인, 국가 재원과 공공 보건의 구멍"[33]이었다고 말했다. 대단한 시가 애호가였던 요제프 괴벨스 선전부 장관은 좋아하지 않았겠지만, 나치 정부는 그 누구도 거스르지 못할 효율성을 갖춘 채 매우 엄격한 정책을 펼쳤다. 예를 들어 기차와 공공장소에서 흡연을 금지하거나 임산부에게 담배를 파는 행위가 금지되었다. 1941년 4월 예나에서는 최초의 '담배의 위험성에 관한 연구소(Wissenschaftliches Institut zur Erforschung der Tabakgefahren)'가 성대하게 문

---

* 아르헨티나 출신의 앙헬 오노리오 로포는 독일에서 발간하는 학술지에 연구 결과를 발표했다. 독일은 암 발병률(59%가 위암, 23%가 폐암이었다.)이 세계 최고였기 때문에 담배에 관심을 보인 유일한 국가였다.

을 열었다. 전쟁이 끝나자 폐원된 연구소는 짧은 활동 기간 동안 니코틴 중독의 효과에 관한 연구 일곱 개를 발표했다. 그중 에버하르트 샤이러와 에리히 쇠니거가 1943년에 발표한 연구가 가장 중요하다. 두 연구자는 프란츠 뮐러의 비교대조연구에서 영감을 받아 폐암 환자 195명과 건강한 남성 700명의 생활 습관을 비교했다. 연구 결과는 이론의 여지가 없었다. 가족들이 충분한 데이터를 제공해 준 109명의 폐암 환자 중 담배를 피우지 않는 사람은 고작 3명뿐이었다.(흡연자 중 일부는 석면이나 산업 독성 물질에 노출된 적이 있었다.)[34]

그러나 나치 정부가 저지른 범죄 행위 때문인지 독일의 연구는 금연 연구 기록에 남지 못했다. 그 영광은 영국의 전염병학자 리처드 돌(1912~2005)에게 돌아갔다. 그러나 어떻게 보더라도 리처드 돌이 독일 연구자들의 선구적인 연구에서 많은 영감을 받았다는 것은 분명하다. 로버트 프록터는 확신에 찬 사회주의자였던 젊은 의대생 리처드 돌이 1936년에 프랑크프루트에서 열린 방사능 치료에 관한 학술대회에 참가했다고 전한다. 이 학술대회에서 나치에 협력했던 방사능학자 한스 홀펠더는 '나치 전투부대'와 같은 엑스선이 유대인과 같은 '암세포'를 어떻게 파괴하는지 슬라이드를 통해 보여 주었다.[35]

1950년 리처드 돌은 폐암에 걸릴 확률이 "흡연량이 높을수록 증가"하며 "하루에 25개비 이상 담배를 피우는 사람에게는 50배나 높게" 나타날 수 있다는 연구 결과를 발표했다.[36] 런던의 20개 병원에서 폐암에 걸린 남성 649명, 여성 60명을 대상으로 벌인 이 비교대조연구로 리처드 돌은 '공공 보건 분야의 대표적 인물'[37]로 거듭났고 1971년에는 영국 여왕으로부터 귀족 칭호를 받기도 했다. 그러나 그는 화학 산업을 위해 그의 유명세를 이용했고 돈을 받고 화학 산업을 위한 연구를 하기도 했다(11장 참조).

그동안 담배 제조업체의 상황은 더욱 악화되었다. 1950~1953년 여섯 개의 연구 결과(리처드 돌의 연구도 포함)가 미국과 유럽의 신문 일면을 장식했다. 그리고 1954년에는 결정타를 맞았다. 미국 암협회(ACS)의 커일러 하몬드와 대니얼 혼이 50~69세 백인 남성 18만 7776명이라는 전례 없는 대규모 집단을 대상으로 최초의 전향 연구를 발표했기 때문이다. 미국 암협회에서 설문 조사 방법에 대한 교육을 받은 2만 2000명의 자원봉사자(대부분 여성이었다.)가 미국 전역에서 5년 간격으로 최소 2차례 대상자에 대한 면담을 실시했다. 연구 기간 동안 흡연자의 사망률은 52%나 되었다.[38]

"우리가 만들어 내는 것은 의구심이다"

담배업계는 판매가 저조해지기 시작하자 조직적인 대응에 나섰다. 1953년 담배산업연구원(TIRC)을 설립하고 미국 암협회 회장을 지냈던 클래런스 쿡 리틀 박사를 초대 원장으로 임명했다. 클래런스 쿡 리틀 박사는 1937년 입에 파이프를 물고 활짝 웃는 모습으로 《타임》의 표지를 장식했던 인물이다.[39] 그는 미국 암협회의 연구 결과를 최소화하는 데 급급했다. 그가 내세운 논리는 그 이후 담배산업연구원의 라이트모티프가 되었다. 박사는 《유에스 뉴스앤월드리포트》와의 인터뷰에서 "암과 심혈관 질환의 원인과 성격, 그리고 진행은 복잡한 문제입니다. 따라서 진실을 알려면 제대로 계획하고 끈기 있게 수행해서 용기를 가지고 객관적으로 결과를 해석할 수 있는 연구가 더 많이 필요합니다."[40]라고 주장했다. 데브라 데이비스는 "담배산업연구원의 전략은 의심을 불러일으키는 것이었다."라고 설명한다. "담배가 위험하다는 결론을 내리는 연구가 발표되면 연구원은 대학에 수백만 달러를 주고 새로운 연구를 수행하라고 제안한다. 물론 연구원의 감독 하에서 연구가 진행된다. 돈을 쏟아 부으면 과학적 논의가 진행 중이라는 인상을 줄 수 있다. 그렇게 되면 담배업계가 담배의 위험성 문제는 아직 해결되지 않았다고 주장할 수 있다. 이미 오래전에 그 문제는 이미 결론이 난 상태인데도 말이다."

데브라 데이비스의 말은 캘리포니아 대학의 연구원 스탠튼 글랜츠 교수가 1994년에 소포로 받았던 기밀문서로도 확인된다. 익명의 소포에는 담배 회사 브라운앤윌리엄스(B&W)에서 나온 수천 장의 문서가 담겨 있었다. 일명 '시가레트 페이퍼(Cigarettes Papers)'라 불리는 이 문서는 이후 미국 담배 회사를 상대로 한 대형 소송에서 증거 자료로 사용되었다. 중요한 정보를 담고 있는 이 문서 중 B&W의 경영진 한 명이 작성한 기가 막힌 글이 있다. "우리가 만들어 내는 것은 의구심이다. 의구심이야말로 대중이 생각하는 '사실'을 뒤집을 수 있는 최고의 방법이다. 또 논란을 일으키는 방법도 된다. (……) 담배를 옹호하면서 우리가 <u>충분한 자료를 바탕으로 한 사실</u>에 입각한다면 논란을 지배할 수 있다. 고로 우리는 연구를 독려할 것을 권고한다."[41](밑줄-원저자)

모든 것이 명백하게 드러나 있다. 실제로 담배업계는 능동적 흡연과 수동적 흡연에 관해 조작된 연구를 수없이 지원했다. 그와 동시에 소비자의 의구심을 유지하기 위해 엄청난 돈을 뿌렸다. 예를 들면 비싼 돈을 주고 신문에 끼워 넣는 광고 전단지를 만들어 업계의 입장을 전파했다. 최초의 대규모 홍보는 1954년 1월 4일에 시작되었다. 《뉴욕타임스》를 비롯해서

448개의 언론 매체가 '솔직한 성명(The Frank Statement)'을 실은 것이다. "최근의 의학 연구는 폐암을 일으키는 원인이 여러 가지일 수 있다고 본다는 것이 담배업계의 주장이다. 그러나 주요 원인에 관해서는 합의가 이루어지지 않았다. 흡연이 폐암의 원인이라는 증거도 없다. 흡연과 폐암 간의 상관관계가 있다는 통계들은 현대인의 다른 생활 습관에도 똑같이 적용될 수 있다. 게다가 해당 통계의 유효성에 의문을 제기하는 과학자들도 많다. 우리는 우리가 생산하는 제품이 건강에 유해하지 않다고 확신한다. 우리는 국민 건강을 보호하는 일을 하는 사람들과 지금까지 긴밀하게 협력해 왔고 앞으로도 그럴 것이다."

로버트 프록터가 필립 모리스 사를 상대로 한 소송에 전문가로 참여했을 때 만든 문서에서 그는 왜 '솔직한 성명'이 중요한 문서가 되었는지 설명했다. "역사적인 측면에서 봤을 때 이 성명은 의도적인 왜곡과 속임수가 대대적으로 홍보된 최초의 사례이다. 담배 산업은 이중의 산업이 되었다. 즉 담배를 생산하고 판매하는 산업과 담배의 위험에 관한 의구심을 만들어 내고 유포하는 산업이다."[42] 담배업계는 수십 년 동안 담배의 발암 효과가 1971년 B&W 관계자의 표현을 빌리면 "기정사실이 아니라 단순한 가정"일 뿐이라고 꾸준히 주장해 왔다[43]. 1975년 프랑스 담배공사(Seita)의 피에르 미예 회장도 "지나친 흡연과 심혈관 질환 및 암의 상관관계는 과학적으로 입증된 바 없다."고 했다.[44] 프랑스 담배공사는 비록 공기업이기는 하지만 항상 더 많은 증거를 요구하여 혹자는 '음모'[45]라고 부르는 것에 적극적으로 가담했다. 그러나 그들이 요구하는 '증거'가 도대체 무엇인지는 알 수 없다.

1950년에 연구를 발표했던 에바츠 그레이엄은 1954년 업계의 계속되는 부정과 양심 불량에 지쳐 그들의 요구를 그대로 받아들이면 되겠느냐고 반박했다. 인간을 대상으로 실험을 진행하자고 한 것이다. 그는 《란셋》에 발표한 글에서 "담배 타르가 기관지염과 폐 천공을 유도하는 데 동의할 자원자를 찾아야 한다."고 비아냥댔다. "실험은 적어도 20~25년 동안 진행되어야한다. 피실험자는 그 기간 내내 공기 정화 시스템을 갖춘 방에서 지내야 한다. 대기오염의 영향을 차단해야 하므로 외부에는 단 한 시간도 나갈 수 없다. 이 기간이 지나면 수술이나 해부를 해서 실험 결과를 확인해야 한다."[46]

그의 도발적인 제안은 앞에서 언급했던 농약에 관한 어려움을 강조해 준다. 실험 보건 분야에서 화학제품이 특정 질병의 '유일한 원인'이라는 '절대적 증거'를 얻기란 불가능하기 때문이다. 그러나 미국 환경보호국 국장이었던 크리스티 토드 휘트먼이 지적했듯이 "확신이 없다고 해서 손을 놓고 있을 이유는 없다."[47] 이것을 '예방 원칙'이라고 한다. 이 원칙은 1992년 리우데자네이루에서 열린 국제연합환경회의에서 꼭 필요한 요소로 인정받았다. 숨통이 조여 오기 시작하자 담배업계는 위기를 모면하기 위해 화학업계에 구조 요청을 보내기로 했다.

쓰레기 과학 혹은 독살자들의 신성동맹

모든 것은 필립 모리스 사와 그 일당이 견딜 수 없었던 '위협'에서 시작되었다. 그 위협은 이례적으로 미국 환경보호국이 가한 것이었다. 환경보호국은 1992년 간접흡연이 '인간의 발암물질'로 분류되어야 함을 제안하는 보고서를 작성했다. 이때가, 1993년 1월 17일 부회장 엘렌 메를로가 회장 윌리엄 캠벨에게 보낸 메모에서도 강조했듯이, 거대 담배회사 필립 모리스에게는 위기의 시기였다. 메를로 부회장은 작전을 제안했다. "우리의 첫 번째 목표는 환경보호국의 보고서에 대한 신뢰를 떨어뜨리고 환경보호국이 모든 제품에 대한 독성 평가 규범을 채택하도록 만드는 것입니다. 그와 동시에 정부, 시(市), 기업이 공공장소에서 흡연을 금지하지 못하도록 막아야 합니다."[48](밑줄-인용자) 캠벨 회장은 목적을 달성하기 위해 "언론과 대중에게 쓰레기 과학의 위험에 대해 교육시키고 경제적 및 인적 비용을 미리 계산하지 않고 취하는 규제에 대해 경계하도록 우리를 도와줄 지역 연대를 형성하라."고 제안했다.

그리고 말이 떨어지자마자 실천에 옮겨졌다. 5월 20일 업계 1위인 필립 모리스와 그 홍보회사인 APCO 어소시에이츠는 '건전한 과학을 위한 진보 연맹(TASSC)'을 출범시켜 '쓰레기 과학' 대응에 나섰다. 이게 꿈일까 생시일까? 출범 성명서에서 TASSC는 놀림감이 되는 게 두렵지도 않은지 "공공 정책 결정에서 건전한 과학 연구 사용을 진흥하는 것을 목적으로 하는 비영리단체"로 스스로를 소개했다. 단체를 알리기 위해 32만 달러 지출을 즉시 승인했고 2만 통의 서신을 영향력 있는 정치인, 기자, 과학자에게 발송했다. 공화당원이자 뉴멕시코 주지사인 가레이 캐루더스가 회장직을 맡고 있는 TASSC는 필립 모리스 사의 역할이 알려지지 않도록 조심했다. 그러자 기묘한 상황이 벌어졌다. 필립 모리스에서 컨설턴트로 일했던 텍사스 대학 의대의 게리 후버 교수는 '편지'를 받고 "회사에 도움이 될 수 있겠다."고 생각해서 필립 모리스에 서둘러 연락을 취했다.

필립 모리스가 미국 화학제조자협회(CMA)와도 결탁했다는 내용도 소개 서신에 포함되지 않았다. 미국 화학제조자협회는 2년 동안 '올바른 전염병학 연구 방법(Good Epidemiological Practices)'을 진흥하기 위한 프로젝트를 진행 중이었다. 독을 제조해서 내다 파는 이 업체들이 어떤 조작까지 할 수 있는지 믿으려면 직접 볼을 꼬집어 봐야 할 것이다. 그러나 사안은 보기보다 더 심각했다. 과학 연구에 만만치 않은 영향을 미쳤고 워낙 잘 알려져 있는 규제 기관의 나약함을 더욱 강화시키는 결과를 가져왔기 때문이다. 실제로 규제 기관은 TASSC에게 말 그대로 괴롭힘을 당했다. 대형 소송에서 담배업계를 대변했던 로펌 코빙턴앤벌링의 변호사 찰스 리스터가 1994년 필립 모리스에 보낸 편지를 보면 "몬산토와 ICI*를 비롯한 많은 기업이 유럽에서 올바른 전염병학 연구 방법을 장려"하고 있다는 것을 알 수 있다. 스탠턴 글랜츠는 이 기가 막힌 음모를 풍부한 자료를 바탕으로 다룬 글에서 '공공 보건 종사자'에게 경고를 보냈다.

"건전한 과학 캠페인은 과학 연구의 질적 향상을 꾀하는 연구자들의 자발적인 노력이 아니라 산업계 책임자들과 법률가들이 조직한 인위적인 홍보 캠페인의 결실이다. 이들의 목적은 과학적 증거의 표준 규범을 조작해서 그들 고객의 이익을 도모하는 것이다."[49]

프랑스의 독성학자이자 환경보건네트워크와 과학 전문 기자 도로테 브누아 브로웨스의 대변인으로 활동하는 앙드레 시코렐라의 표현대로라면 '자칭 정통 과학'을 내세우는 TASSC는 불편한 연구는 모조리 없애고 화학제품의 독성 평가에 관한 새로운 기준을 강요하려 한다.[50] '올바른 전염병학 연구 방법'을 특징짓는 '열다섯 개 지표' 중 TASSC가 유난히 집착하는 것이 하나 있다. 오르비가 2 이하인 결과를 낸 연구는 '통계상으로 유의미'하지 않은 것으로 간주되는 것이다. 그 말은 농약이나 간접 흡연(폐암의 오르비

---

* ICI(Imperial Chemical Industries)는 2008년 아크조노벨 사에 인수되었다.

가 1.2이며 심혈관질환의 오르비는 1.3이다.)에 관한 비교대조연구 대부분을 실질적으로 배제시킨다는 뜻이다. 게다가 TASSC는 내부 문건에서 '간접 흡연'에 관한 연구를 '불완전하고 근거 없는 불건전한 과학'의 사례로 꼽았다.

또 업계의 로비스트들은 동물 실험 결과가 그들이 생각하는 필수 조건을 충족하지 못하면 해당 제품을 겨냥한 규제 조치 및 시장 퇴출이 이루어질 수 없도록 요구했다. 그 조건이란 지목된 물질의 작용 메커니즘이 "명백하게 규명되고 이해되어야 하며 동물에서 인간으로의 확대 적용의 유효성이 입증되어야 한다."[50]는 것이다. 이러한 요구가 초래할 심각한 결과를 잘 이해하기 위해 A라는 제품이 쥐에게서 간암을 유발했다는 연구가 있다고 가정해 보자. 이때 조치를 취하기 전에 과학자들에게는 어떤 생물학적 메커니즘에 의해 암이 유발되었는지 매우 정확하게 기술하도록 요구될 것이다. 또 그 메커니즘이 인간에게 동일하게 작용하리라는 것도 증명해 보여야 한다. 결국 A제품이 퇴출될 날은 요원해지는 셈이다.

그런데 그것이 다가 아니다. TASSC는 규제 기관을 마음대로 휘두르려고 고군분투하는 동시에, 압력에도 불구하고 연구를 계속하는 과학자를 싸잡아 공격하는 캠페인을 벌였다. 과학자들의 이름이 폭스 뉴스 채널의 (논란의 여지가 매우 많은) 스타이자 기후 변화 회의론자인 스티븐 밀로이가 맡고 있는 웹사이트 정크사이언스닷컴(www.junkscience.com)에 공개되었다. 1997년 '쓰레기 과학자' 목록에는 250명 이상의 과학자 이름이 등록되었으며 데브라 데이비스를 포함해서 내가 만났던 과학자들도 여럿 포함되어 있다.

쓰레기 과학 반대 캠페인은 물론 유럽에도 활동 본부를 두고 있다. 런던의 유럽 과학환경운동(European Science and Environmental Movement)이나 2007년부터 "온갖 협잡과 지적 사기에서 과학과 자연과학적 유물론을 옹호하기 위해" 활동한다는 프랑스의 '사기꾼들' 블로그(http://imposteurs.overblog.com) 등이 그것이다. 안톤 수왈키라는 사람이 운영하는 이 블로그는 데이비드 마이클스의 말에 따르면 "과학자들을 깎아내려 연구의 질과는 상관없이 다국적기업의 대의에 맞지 않는 결과를 낳은 연구를 비방하는"[52] 목적을 가진 듯하다.

미국 산업안전보건청의 신임 청장은 "거대 담배 회사가 길을연 불확실성의 생산은 오늘날 산업계 전 부문에 걸쳐 이루어지고 있다. 기업들은 대중이 좋은 과학과 나쁜 과학을 구분할 수 없다는 사실을 깨달은 것이다. 의구심, 불확실, 혼동을 조장하는 것은 사업에 도움이 된다. 많은 시간을 벌어 주기 때문이다."라고 일침을 놓았다.

과학의 용병

"양심 없는 과학은 파괴된 영혼과 같다."

—라블레

"솔직히 40년 이상 연구자로 살아 보니 제대로 된 연구가 있는가 하면 엉터리 연구도 있다는 것을 알 수 있었습니다. 일반적으로 기업에서 지원을 받아 진행되는 연구는 처음부터 악영향을 찾아내는 것이 사실상 불가능하도록 만들어집니다. 그러다 보니 조금의 가치도 없는 연구로 과학 저술 전체가 계속 오염되는 것이지요. 정말 한심합니다."

미국 산업안전보건청에서 일했던 피터 인판테를 2009년 10월 워싱턴에서 만났다. 그는 무척 속상해 했다. 기업을 위해 일하는 동료들이 윤리적 문제와 타협하는 것에 관해서는 이야기가 끊이지 않았다. 그의 이야기는 다른 사람들의 입으로도 확인되었다. 어쨌든 그의 말을 옮겨 적던 나는 쓰레기 과학이라는 것이 있긴 있구나 했다. 썩 훌륭하지 않은 이 용어를 만들어 낸 사람들이 스스로 쓰레기 과학을 퍼뜨리고 행하는 주범이었다.

몸 파는 과학

"원하지 않는 결과를 피하는 연구는 어떻게 하는 겁니까?"

내가 묻자 피터 인판테는 이렇게 대답했다.

"안타깝지만 방법이 많습니다. 예를 들어 볼까요? 어떤 화학물질에 노동자들이 노출되었을 때 그것이 잠재적인 발암의 원인인지 연구하고 싶다고 칩시다. 이런 연구에서는 실험군, 그러니까 화학물질에 노출된 노동자 집단과 비교 대상이 될 대조군, 즉 노출되지 않은 노동자 집단을 잘 선택하는 것이 매우 중요합니다. 그렇게 해서 효과가 나타나는지 살펴보는 것이지요. 노출되지 않은 노동자를 실험군에 포함시키거나 반대로 노출된 사람을 대조군에 넣어 버리면 올바른 결과를 얻을 수 없습니다. 어떤 경우든 두 집단 간에 아예 차이가 없거나 차이가 있어도 미미하다는 결과를 얻을 것이고 따라서 해당 물질의 발암 효과는 크지 않다는 결론을 도출할 테니까요. 이것이 전염병학자들에게는 잘 알려진 '희석 효과'입니다. 농간을 부리는 또 다른 방법은 노출 수준을 아예 낮게 잡거나 노출 정도가 서로 다른 노동자들을 섞어 놓는 것입니다. 노출이 굉장히 많이 되어서 암에 걸릴 확률이 높은 노동자들을 노출이 적은 노동자들과 섞으면 효과가 희석되거나 효과가 아예 사라집니다. 이런 편차를 이용해서 노출량이 발암 효과와 관련이 없고, 따라서 어떤 공장에 유난히 암 환자가 많이 발생한 것은 문제가 된 물질이 아닌 다른 원인이 있기 때문이라는 결론을 내릴 수 있습니다."[1]

피터 인판테의 말을 듣고 있자니 내가 몬산토를 취재하던 때가 떠올랐다. 그러고 보니 레이먼드 서스킨드 박사 — 로버트 케호가 설립한 케터링 연구실에서 일했다(8장 참조). — 도 1980년대 초에 제초제 2,4,5-T(에이전트 오렌지의 성분)에 들어 있는 다이옥신에 발암 효과가 있다는 것을 부정하는 연구 논문 세 편을 발표한 적이 있다.[2] 그의 '비결'이 바로 노출된 노동자와 그렇지 않은 노동자를 구분하지 않고 실험군과 대조군에 동시에 넣는 것이었다. 그러니 두 집단에서 암 발병률이 동일하게 나왔고 따라서 다이옥신은 발암의 원인이 아니라는 결론을 내릴 수 있었다. 그 뒷이야기는 훨씬 심각하다. 미국과 유럽의 규제 기관들이 10년 동안이나 서스킨드의 조작된 연구 결과를 보고 다이옥신을 발암물질로 보지 않았기 때문이다. 베트남전쟁에서 에이전트 오렌지에 노출되었던 상이군인들은 오랜 시간이 지난 뒤에야 의료 혜택과 보상금을 지급받았다.

희석 효과가 산업계에 널리 퍼져 있다는 사실은 데이비드 마이클스의 『청부과학』에서도 확인되었다.[3] 데이비드 마이클스는 빌 클린턴 행정부에서 환경과 안전, 보건을 담당하는 에너지부 차관보를 지냈다. 당시 그는 핵무기 제조 공장 사건을 담당했다. 이 공장의 일부 노동자들은 베릴륨에 노출되어 때로는 죽음에 이를 수도 있는 폐 질환(베릴륨 증)에 걸려 투병 중이었다. 마이클스는 피해자 보상금이 지급될 수 있도록 산업계에 맞서 싸워야 했다. 이때 기업들은 그에게 노동자들의 노출 정도가 제대로 측정되지 않았다는 조작된 연구 결과를 건네주었다. '어떻게 첨부 과학자들이 우리를 호도하는가'라는 꼭지에서 마이클스는 독성 물질의 위험을 부정할 때 자주 쓰이는 '팁'이 '소수'의 노출 집단을 선택하여 '짧은' 기간 관찰하는 것이라고 설명했다. 이해를 돕기 위해 그는 사례를 하나 들었다.

"특정 화학물질에 노출되었을 때 백혈병 발병 위험이 3배 증가한다고 가정했다. 백혈병 환자가 1명 있으리라 예상했던 100명의 노동자 집단에서 실제로 환자가 3명 관찰되었을 때 그 결과는 통계적으로 유의미하지 않다. 예상하지 못했던 2명은 우연의 결과일 수 있기 때문이다. 그런데 노동자가 100명이 아니라 1000명이고 백혈병 환자 수도 10명이 아닌 30명으로 밝혀지면 그때는 높은 발병률을 우연으로만 설명하기가 매우 어려워진다. 관찰된 결과와 예상치의 차이가 '통계학적으로 유의미하다'는 결론을 도출하고 해당 물질이 백혈병의 원인이라는 가정을 세울 수 있다."[4]

데이비드 마이클스는 "악마는 디테일에 있다."고 결론을 내렸다. "과학 용병들이 독성 평가를 어떻게 조작하는지 파악하는 일은 쉽다. 수식에 잘 숨어 있는 변수 몇 개만 바꾸면 위험한 화학물질이 무해한 물질로 탈바꿈하는 기적이 일어난다. (……) 산업계가 수행하거나 지원한 과학 연구는 노출과 질병 간의 관계를 찾는 것이 아니라 숨기기 위해 조작되며 노동자가 아니라 다국적기업을 보호하는 것이 목적이다."(밑줄-원저자)[5]

"산업계는 어떻게 왜곡된 연구를 진행할 과학자들을 찾아내는 것일까?" 나는 취재를 진행하는 내내 이 질문을 떨쳐 낼 수 없었다. 피터 인판테를 만나기 전에 똑같은 질문을 데브라 데이비스에게 한 적이 있다. 데브라 데이비스는 무슨 소리인지 잘 알겠다는 듯 빙그레 웃으며 대답했다.

"연구소 소장이 되었다고 한번 생각해 보십시오. 어느 날 누군가가 수백만 달러를 줄 테니 연구를 하라고 하면서 당신이 세상에서 최고라고 말해 줍니다. 그때 어떻게 반응하시겠어요? 우쭐한 기분이 들면서 요즘같이 연구비를 구하기 어려운 때에 이게 웬 떡인가 하면서 돈을 받는 사람이 많을 것입니다. 그 순간에 악순환이 시작되는 것이지요."[6]

피터 인판테의 답변은 더 직설적이다.

"그런 일을 할 과학자들을 어떻게 찾느냐? 돈을 주고 사는 것입니다. 그래서 저는 '몸 파는 과학'이라는 표현을 씁니다. 그게 정확한 말이죠. 왜곡된 연구 결과가 규제 기관에 전달되고, 규제 기관은 그 결과를 그대로 믿는다는 것이 더 문제입니다. 이것이 독성이 강한 물질들이 우리 환경, 먹을거리, 논밭, 공장을 수십 년 동안 오염시킨 방법입니다. 벤젠이 바로 그런 예입니다. 제가 미국 산업안전보건청에서 일할 때 개인적으로 연구했던 문제이지요. 요컨대 그 많은 죽음과 질병을 피할 수도 있었다는 말입니다."

벤젠 관련 데이터를 은폐한 다우케미컬

"독성 평가는 붙잡힌 스파이와 같습니다. 한동안 쥐어짜면 원하는 걸 다 부니까요."[7] 미국 초대 환경보호국 국장을 지낸 윌리엄 러클하우스의 말이 으스스하게 들릴지는 몰라도 벤젠 규제의 역사를 잘 짚어 낸 말이다. 피터 인판테도 벤젠 규제에 대해서라면 잘 알고 있다. 다발성 골수종으로 직업병 인정을 받아 냈던 도미니크 마르샬의 사례(4장 참조)에서도 언급했다시피, 벤젠은 플라스틱, 고무, 페인트, 농약 제조에 유연제로 사용되거나 휘발유 첨가제로 사용되어 우리가 일상생활에서 흔히 접할 수 있는 물질이다. 1862년《란셋》은 벤젠을 '새로운 가정의 독'이라 칭했는데, 이 벤젠과 백혈병의 상관관계는《산업위생독성학저널》[8]에 따르면 이미 1939년에 쉰네 개 연구의 대상이 되었다.

폴 블랑은 "이 논문들이 발표된 뒤에는 벤젠의 관리 부재가 견고한 과학적 데이터의 부족 때문이라고 변명하기 어려워졌다."[9]고 설명했다. 그러나 달라진 것은 하나도 없다. 미국과 유럽 공장에서는 여전히 벤젠을 대량으로 사용하고 있다. 기껏해야 몇 개의 권고 사항이 노동자에게 스스로 보호할 짐을 지울 뿐이다. 폴 블랑은 그의 책에서 1941년 미국 보건부 장관이 벤젠을 다루는 노동자와 수공업자를 대상으로 한 예방 소책자를 배포했다고 밝혔다. 이 소책자에는 클라라라는 젊은 여성 이야기가 나온다. 클라라는 신발 공장에서 벤졸*로 만든 접착제로 깔창을 붙이는 일을 했다. 책자에서는 "조금만 더 주의하면 벤졸도 지키고 당신의 일자리도 지킬 수 있다."고 강조했지만 벤젠에 노출될 때 어떤 위험이 발생하는지에 대해서는 한마디도 언급하지 않았다. "클라라는 벤졸을 꼭 사용해야 하는 작업을 했던 3만 명의 노동자 중 한 명이다. 또 고귀한 벤졸을 제조하는 데도 수천 명이 종사한다. 벤졸이 없어진다면 많은 사람들이 일자리를 잃을 것이다."[10]

이 책의 자료를 준비하면서 나는 여러 번 분노했다. 기업가와 정치인들의 파렴치가 도를 넘었기 때문이다. 그러나 벤젠 문제는 용납할 수 있는 차원을 넘어섰다. 1948년 석유업계의 담배산업연구원이라 할 수 있는 미국 석유협회(American Petroleum Institute)가 하버드 대학 공공 보건원 필립 드링커 교수에게 '벤젠 노출로 인한 백혈병 발병에 대한 최우수 연구'를 종합 정리해 달라고 주문했다. 벤젠에 대한 급성중독과 만성중독이 유발하는 불치병을 모두 열거한 드링커 박사는 "인체가 벤젠에 대한 내성이 없고 벤젠에 대한 반응이 개인마다 편차가 크기 때문에 절대적으로 안전한 노출량은 0이라고 보는 것이 일반적이다."(밑줄-인용자)[11]라고 말했다. 다시 말해 벤젠에 대

---

* 벤졸은 벤젠, 톨루엔, 자일렌을 혼합한 물질이다.

한 노출을 막는 방법은 벤젠을 금지시키는 것뿐이다. 그러나 드링커 교수의 보고서도 기업의 행동을 바꾸지 못했다. 기업들은 아무런 기준도 없이 공장 안에서 8시간 일했을 때 공기 중 벤젠의 농도를 10ppm 이하로 정해 버렸다. 1970년대 초에 산업안전보건청이 설립된 뒤에야 미국 정부가 이 문제에 관심을 기울이기 시작했다. 당시 유럽과 프랑스에서는 무기력이 팽배했다. 당시 선도적인 역할을 한 것은 미국이었다. 피터 인판테는 "저의 상관인 율라 빙엄이 벤젠 규제를 담당하라고 했을 때 저는 의욕이 넘쳤습니다."라고 기억했다. "업계에서 정한 수치보다 기준치를 훨씬 낮춰야 한다고 확신했죠. 그때는 그게 얼마나 힘든 일이 될지 미처 몰랐습니다."

2006년 《직업환경보건국제저널》에 발표한 글에서 피터 인판테는 규제안을 없애려고 기업들이 펼친 방해 작전을 속속들이 밝혔다. 기업들은 "자사 연구소에서 진행한 실험에서 얻은 벤젠의 독성에 관한 데이터도 은폐"[12]하는 데 주저하지 않는다. 법을 아예 어기면서 말이다. 다우케미컬*도 벤젠의 농도가 10ppm이 넘어가면 염색체를 손상시킬 수 있다는 연구 결과를 은폐했다. 게다가 연구자인 단테 피치아노에게 데이터를 발표하거나 산업보건청에 알리지 말라고 했다. 피터 인판테는 "단테 피치아노가 치를 떨며 저에게 연락했습니다. 결국 사표를 던지고 1979년에 연구 결과를 발표했지요."[13]라고 말했다.

피터 인판테의 고난은 아직 끝나지 않았다. 다우케미컬과 싸우는 동안 그는 업계가 더 이상 평계를 댈 수 없게 만들 연구를 마무리하고 있었다. 그 연구는 굿이어 타이어의 합성고무 공장 두 곳에서 진행되었다. 1940~

---

* 농약 시장의 선두 주자인 다우케미컬에 대해서는 다시 다룰 것이다. 다우케미컬은 몬산토와 함께 에이전트 오렌지를 생산하기도 했다.

1949년 벤젠에 노출되어 1975년까지 추적 조사된 노동자 1200명이 연구 대상이었다. 노출량과 그 영향의 관계를 보여 주는 연구 결과는 그야말로 충격적이었다. 1~4년 동안 벤젠에 노출된 노동자는 대조군보다 백혈병에 걸릴 확률이 2배나 높았다. 노출이 5~9년까지 지속되면 수치는 14배까지 뛰었고, 노출 기간이 10년 이상이면 33배로 치솟았다. "과거에 벤젠에 대한 관리가 소홀했기 때문에 발암 위험에 대해 알지 못했던 수백만 명의 노동자들이 직장에서 지속적으로 벤젠에 노출되었다."고 피터 인판테와 그의 동료들은 지적했다. "우리는 벤젠에 노출된 노동자가 백혈병에 걸릴 확률이 높다는 것을 명백히 보여 준 이 연구 결과가, 척수를 상하게 하는 강력한 독으로 이미 100년 전에 알려진 벤젠을 (……) 관리하는 데 더 많은 노력을 경주하도록 자극할 수 있기를 바란다."[14] '결론'에서 우러나오는 목소리는 과학 저술에서 흔히 볼 수 있는 조용한 어투와 확연히 구분된다. 대규모 '보건 재앙'이라 불러도 과장이 아닐 이 사태에 대해 느끼는 연구자들의 격앙된 감정을 그대로 담고 있는 것이다. 하루 빨리 행동에 나설 때라 깨달은 미국 산업보건청은 1977년 벤젠 노출에 관한 새로운 기준치를 발표했다. 그 기준은 기업들이 (이론적으로) 적용한 수치보다 10배나 낮은 1ppm이었다.

그런데 이럴 수가! 미국 석유협회가 대법원에 소송을 냈고, 대법원은 1980년 7월 2일 산업안전보건청의 결정을 무효로 판결했다. 75쪽 분량의 판결문에서 대법원은 "충분한 데이터에 근거하지 않았기 때문에 기준치 1ppm 승인을 거부한다."고 설명했다. 그리고 산업안전보건청이 "새로운 노출 기준이 노동자의 안전과 건강을 담보하는 데 합리적으로 필요한지 혹은 적절한지 증명하지 못했다."[15]고 주장했다. 산업안전보건청의 연구자들이 "새로운 기준치가 10ppm이라는 합의된 기준치"보다 어떤 면에서 노동자를 더 잘 보호할 수 있다는 것인지 보여 주지 못했다는 것이다. 잘 보시라. 훌륭한 판사들이 '합의된 기준치'라는 말을 사용하고 있다. 그 '기준치'라는 것이 제대로 된 연구 결과 하나 내놓지 않은 기업들이 자의적으로 정한 것을 누구나 다 아는데 정말 터무니없는 소리가 아닌가!

'벤젠 판결'로 역사에 길이 남게 된 대법원 결정은 많은 논란을 불러일으켰다. 대법원은 20세기 화학 리스크 관리의 특징, 즉 환경 보건 분야에서 증명의 책임을 산업계가 아닌 공권력에 부여하는 관행에 상을 주었다. 따라서 화학물질의 독성을 증명할 책임은 '원고' — 규제 기관이나 피해자 — 에게 있고 제조사가 무해성을 증명할 책임은 없는 것이다.* 벤젠의 경우, 데브라 데이비스는 『암과의 전쟁 비사』에서 "대법원은 산업안전보건청에 충분히 많은 수의 사망자와 환자를 증거로 제출하라고 요구했다. 미래의 피해를 막기 위한 예방책을 승인하기 전에 과거의 피해를 먼저 증명하라는 것이다."[16]라고 그 상황을 강조했다.

산업계의 용병

피터 인판테는 벤젠 판결이 의미하는 것은 그가 굿이어 공장으로 돌아가 다시 연구를 시작해야 하는 것이라고 믿었다.

"동료 로버트 린스키와 저는 작업대별로 '노출 함수'라는 것을 만들어야 했습니다. 우리가 연구했던 노동자들은 30년 전에 공장에서 일했기 때문에

---

* 책의 끝머리에서 유럽연합의 신화학물질관리규정(REACH)은 증명의 책임을 제조사에게 묻는 것을 목적으로 한다.

당시 제조 과정을 바탕으로 노출 수준을 추정해야 했습니다. 물론 공장은 노출에 관한 데이터를 가지고 있지 않았으니까요. 그건 방대한 작업이었습니다. 그걸 하지 않아서 기업들은 7년을 벌었죠."

산업안전보건청의 재원이 매우 적었기 때문에 이러한 상황은 분노할 만했다. 신임 청장 데이비드 마이클스에 따르면 미국의 각 기업이 감사를 받는 것은 133년에 한 번꼴이다. 새로운 연구는 일상적인 노출 수준이 0에 가까울수록 백혈병 발병률이 줄어들고, 노출량이 10ppm을 넘어서면 발병 위험이 육십 배가 넘는다는 것을 확인시켜 주었다.[17] 이 연구 결과를 바탕으로 산업안전보건청은 1987년에 새로운 기준을 발표했다. 1987년은 세계보건기구의 국제암센터가 벤젠을 '인간에게 암을 유발하는 물질'[18]로 규정한 해이기도 하다.

그러나 사태는 여기서 끝나지 않았다. 기업들은 이미 다음 전투를 준비하고 있었다. 1ppm 이하의 미량은 우리가 일상적으로 노출될 수 있는 수준이다. 예를 들어 농약을 살포할 때나 주유소 근처를 지나갈 때 공기 중의 벤젠 함유량이 0.17~6.59ppm으로 측정되었다.[19] 이 사실을 가장 잘 아는 쪽은 기업들일 것이다. 1948년에 산업계가 은밀하게 접촉한 하버드 대학 교수도 "절대적으로 안전한 노출량은 0이다."라고 하지 않았던가? 데이비드 마이클스가 '청부 과학'[20]이라고 표현했던 분야를 전문으로 하는 컨설팅 회사 익스포넌트에서 일하던 독성학자 데니스 파우스텐바크에게 미국 석유협회가 연락을 취한 것도 그때였다. "제품, 설비, 서비스의 하자에 관한 소송을 준비하거나 이미 시작한 고객과 우리가 맺은 계약 대부분은 변호사나 보험회사가 초안을 작성한 것이다."라고 2003년 기업 활동보고서에 단도직입적으로 설명되어 있다. 이 보고서에는 "자동차, 항공, 화학, 건설, 에너지, 정부, 보건, 보험, 기술"[20] 등 기업의 활동 분야가 모두 열거되어 있다.

가장 '뛰어난 과학 용병'으로 알려진 데니스 파우스텐바크를 자세히 소개하기에 앞서 익스포넌트와 힐앤놀튼, 와인버그 그룹 등 미국 경쟁사 — 유럽에도 모두 진출해 있다. — 는 독 제조사들의 불법적이고 위선적인 조작으로 생겨난 혹 덩어리들이라는 걸 알아 둘 필요가 있다. 일부 미국 연구자들이 「이윤의 극대화가 건강에 미치는 위험」이라는 글에서 "소송과 규제를 피하기 위해"[22] 점점 더 정교한 전략을 만들어야 했던 산업 활동의 '범죄화 과정'이라고 규정한 것이 이런 컨설팅 회사의 존재 이유이다. 데이비드 에질만 박사와 공동 저자들은 그러한 '전략'이 새로운 '음모론'에서 나온 망상의 결과가 아니라 "재판 과정에서 자사 제품의 독성에 관한 기밀 자료가 유출"되어 드러난 엄연한 사실이라고 강조한다. 이는 "기업의 행동이 고의적이었고 동시에 위해를 가하는 것"이었음을 보여 주었다. 그런데 연구자들은 그것이 일부 썩은 기업의 개별적인 행태가 아니라 하나의 시스템이라고 말한다.

"지난 수십 년간 다국적기업은 자사 제품이 갖는 위험에도 불구하고 수익을 낼 수 있는 능력을 유지하기 위해 과학, 법, 홍보 분야에서 전술을 개발했다. 그 전술을 모두 살펴보면 기업에 따라 다른 방식으로 표현되는 전략이 그려진다. 그러나 공통점이 워낙 많기 때문에 미국 기업 대다수의 작업 방식으로 볼 수 있다."

나는 유럽 기업도 다르지 않다고 생각한다. 모델은 미국에서 만들어졌지만 현대 자본주의 구조와 이데올로기의 세계화로 유럽도 예외가 아니기 때문이다. 저자들은 "이 전략은 두 가지 목표를 달성하고자 한다. 그것은 최소한의 규제 환경을 조성하고 노동자와 소비자의 죽음 및 질환에 대한 모든 법적 책임을 피하는 것이다."라고 말한다.

다국적기업은 목적을 달성하기 위해 익스포넌트와 같이 일련의 '전술'을 마련하는 것을 전문으로 하는 기업과 긴밀하게 협력한다. "①외부 과학자를 고용해서 특정 생산 과정이나 제품의 '안전성'을 증명할 연구를 진행한다. 논쟁을 불러일으키고 생산 과정과 제품이 위험하다고 주장하는 과학자 혹은 연구를 공격한다. ②산업계와 친한 '제3의' 과학자 집단을 조성해서 규제 기관, 규범 제정 기관, 재판소, 여론을 상대로 자사의 과학적 입장을 뒷받침한다. 이 집단은 보통 '과학자문위원회'로 불린다. ③압력 단체, 산업 단체, 싱크탱크를 발족시키거나 이용해서 외관상 정통성을 갖춘다. ④언론을 이용하고 언론에 영향을 주어 여론을 지배한다."[23]

미국 식품의약국이나 유럽 식품안전청과 같이 우리의 건강을 맡고 있는 기관에 침투한 이 가혹한 전략에서 과학은 매우 중요한 역할을 한다. 미국의 역사학자 제럴드 마코위츠와 데이비드 로스너의 표현을 빌리면 이러한 "불법적인 음모"[24]를 위해 재능과 지식을 기꺼이 내어 준 과학자들이 적지 않다. 데니스 파우스텐바크가 그랬다. 그의 경력은 "미리 목표를 결정하고 연구를 수행할 때 나타나는 문제점들을 잘 보여 준다."[25]

그 무엇 앞에서도 물러서는 법이 없는 것으로 유명한(간단히 말하자면 그렇다.) 그는 타임스 비치와 러브 캐널에서 환경오염 사건이 크게 벌어졌을 때 다이옥신의 유해성을 고집스럽게 부정한 것으로 유명세를 얻었다.* 결정적으로 그의 이름은 힝클리 사건과 관련되어 남게 되었다. 캘리포니아 주의

---

* 『몬산토』 59쪽~67쪽을 참조하라. 이 책에서 나는 미주리 주의 작은 도시인 타임스 비치 사건을 다뤘다. 1983년 몬산토에서 생산한 PCB와 다이옥신에 오염된 타임스 비치에서 주민들이 대피했고 그곳은 결국 죽음의 도시가 되었다. 뉴욕 주 나이아가라 폭포에서 멀지 않은 러브 캐널은 1978년 후커 케미컬의 공장 근처에 매립된 2만 1000t의 독성 물질이 발견되면서 주민이 집단 이주했다.

작은 도시인 힝클리는 6가크롬*에 오염되었다. 이곳의 비극이 스티븐 소더버그 감독의 영화 「에린 브로코비치」(2000)를 탄생시켰다. 변호사 사무실에서 일하던 주인공 에린 브로코비치(줄리아 로버츠 분)는 1996년 PG&E에 식수 오염의 책임을 묻는 데 성공했다. 이 소송에서 660명의 피해자가 3억 3000만 달러의 손해배상을 받게 되었는데 PG&E는 이 대소송을 준비하면서 켐리스크(ChemRisk)를 운영하게 될 데니스 파우스텐바크에게 도움을 구했다. 그가 맡은 일은 6가크롬이 물과 토양을 오염시켜 암을 유발한다는 1987년 중국에서 수행한 연구 결과를 뒤엎을 해결책을 찾는 것이었다.[26] 이 연구는 미국 환경보호국이 뉴저지 주에 위치한 폐기물 매립장의 오염 제거 작업을 요구하기 위해 내세운 근거였기 때문에 더욱 시급했다. 그뿐만이 아니다. 데니스 파우스텐바크는 연구를 수행했던 지엔뚱장 박사에게 연락을 취했고, 박사는 2000달러를 받는 조건으로 데이터를 다시 해석하고 새로운 '결과'를 《직업환경보건국제저널》에 발표하기로 했다.[27] 10년 가까이 기준이 되었던 그의 연구는 조작된 뒤 6가크롬에 관한 수많은 소송에서 기업들이 사용했다. 그러다가 《월스트리트저널》이 비밀을 밝혀냈고[28] 《직업환경보건국제저널》은 공식적으로 논문 철회를 발표했다.[29]

그래서 미량의 벤젠 노출이 세간의 이목을 집중시켰을 때 미국 석유협회는 데니스 파우스텐바크에게 연락했던 것이다. 미국 국립암연구소와 중국 질병예방통제센터가 중국 공장에서 1997년에 수행한 연구는 결핵 발병률이 피터 인판테 팀이 얻은 수치보다 두 배 높다는 결론을 내렸다.[30] 이 연구를 공격하기 힘든 이유는 중국은 전염병학 연구를 진행하기에 이상적인 환

---

* 6가크롬은 크롬을 산화시켜 얻는다. 독성이 매우 강해서 노출되면 위암, 폐암, 간암, 신장암에 걸릴 수 있다.

경이기 때문이다. 중국에서는 작업대별로 노출 수준이 상세하게 기록되어 있고 이직률이 제로에 가깝기 때문에 노동자들을 장기간 추적 조사할 수 있다는 장점이 있다. 합리적 의심을 불러일으키기 위해 미국 석유협회는 데니스 파우스텐바크에게 피터 인판테와 그의 동료들이 굿이어 공장 두 곳에서 측정한 노출 수준을 재검사하도록 요청했다. 미국 산업안전보건청의 전염병학자들은 1940~1950년대 당시의 생산 공정을 재구성해서 노출 수준을 측정했음을 다시 한 번 말해 둔다. 파우스텐바크는 작업대별 노출 수준을 아예 높게 잡아서 10ppm 이상에 노출되어야만 결핵에 걸린다는 결론을 얻을 수 있도록 하는 전략을 사용했다.[30] 데이비드 마이클스는 "규제의 장에서 (이런 종류의) 연구는 (산업계에) 유용하다. 규제 기관이 고려해야 할 질적으로 우수한 연구여서가 아니라 기계에 슨 녹처럼 결정 과정을 지연시키기 때문이다."[32]라고 설명한다.

기업들이 자사 제품을 필사적으로 옹호하는 데 쓰는 에너지는 정말 놀라울 정도이다. 그런 악착같은 태도가 불러올 수 있는 끔찍한 결과에 대해서는 조금도 고려하지 않으면서 말이다. 벤젠의 역사를 이렇게 자세히 살펴보는 것은, 당장 눈앞에 보이는 이익을 최우선에 두고 수천 명의 무고한 피해자들이 당하는 죽음이나 질병 등 다른 사항은 전혀 고려하지 않는 기업의 냉혹한 생리를 보여 주는 대표적인 사례이기 때문이다. 몬산토, 다우케미컬, 듀폰, 바스프, 생 고뱅 등 간판은 다 다르지만 기업들은 '합리적 의심을 유지하기 위해' 엄청난 돈을 들일지언정 절대 물러서는 법이 없다. 그것은 놀라우면서도 매우 우려스러운 일이다. 그처럼 "의도적이고 유해한"[33] 돈 놀음을 누가 상상이나 하겠는가? 퍼즐의 모든 조각을 다 맞춘 사람은 급성 피해망상증 환자로 오해받을 것이다. 게다가 새로운 '음모론'을 제기한다는 비난을 면치 못할 것이다. 기업의 대리인들은 기업의 수많은 '술책'을 밝혀내는 사람이 나타나면 음모론을 들먹이곤 한다. 그것이 기업의 힘이기도 하다. 이중적인 태도를 보이면서 "기만과 부정"[34]을 동원해 규제라는 게임의 법칙을 완전히 파악한 것이다. 그들이 사용하는 기만과 부정의 기술은 말 그대로 '생각조차 할 수 없는' 것들이어서 간파하기도 어렵다.

벤젠 사건의 (잠정적) 결말도 이를 반증한다고 볼 수 있다. 2003년 데니스 파우스텐바크가 연구랍시고 발표를 한 뒤 새로운 연구가 조작 기계를 재가동시켰다. 2004년 《사이언스》가 중국 공장에서 이루어진 광범위한 조사를 보완하는 연구 결과를 게재했다. 「조금도 과하다」라는 제목의 기사는 벤젠에 노출된 노동자들을 검사한 결과 1ppm 미만에서도 백혈구와 혈소판 변형이 관찰되었다고 주장했다.[35] 그러자 미국 석유협회는 중무기를 꺼내 들었다. 2200만 달러를 석유 생산량을 기준으로 여러 석유 회사에 나눠준 것이다.[36] 첫 번째 연구의 재앙에 가까운 결과를 무효화할 새로운 연구를 중국에서 진행하기 위해서였다. 이는 마라톤오일에서 간부를 지냈던 크레이그 마커가 작성한 기밀문서에 엄연히 나와 있는 내용이다. 이 문서를 손에 넣은 사람은 데이비드 마이클스였다.

"중국 연구에서 보고된 미량의 벤젠 노출의 유해성을 규제 기관에서 받아들인다면 휘발유의 성분 변경뿐만 아니라 정유소와 주유소에서 발생하는 배출량과 오염된 시설물의 오염 제거 작업에 대해서도 관리를 요구할 것이다. 그것은 산업계에 악몽이 될 것이고 법적 분쟁의 시발점이 될 것이다."[37]

크레이그 마커는 회고록에서 연구(!)의 목적을 분명히 밝혔다.

"일반인이 환경에서 노출되는 벤젠 농도로는 백혈병을 비롯해서 모든 혈액 질환의 발병 위험이 제로임을 확인시켜 줄 수 있는 견고한 과학적 데이터를 마련하고, 현재 기준치(1~5ppm)가 벤젠에 노출된 노동자에게 유의미한 발병 위험을 발생시키지 않는다는 것을 확언할 수 있어야 한다."

이해 상충의 논리

새로운 연구 결과는 아직까지 발표되지 않았지만 내세운 목표에 부합하리라는 점은 불 보듯 뻔하다. 그렇다면 연구 발주자의 이름이 논문에 실릴지가 자못 궁금하다. 그런 경우가 거의 없기 때문이다. 수재나 랭킨 봄과 공동 저자들은 2000년대 초까지 과학 용병들의 이해 상충 문제는 한 번도 제기된 적이 없으며 "그들이 수행한 연구 결과는 미리 결론을 내놓고 수행된 것인지, 또 산업계의 대리인들이 읽어 보는지 여부를 알 수 없는 상태에서 발표되었다."[38]고 주장한다.

이렇게 만연한 비정상적인 관행은 과학 저널에 발표되는 논문의 질을 의심하게 만드는데, 이 문제를 처음 제기한 사람은 《뉴잉글랜드의학저널》의 저명한 편집장 아널드 렐먼이다. 1985년 그가 쓴 사설은 금기시된 주제를 다루어 엄청난 파장을 일으켰다. 그는 의료계 "종사자에게까지 영향을 미치기 시작한 기업의 열병"을 고발했다. 그에 따르면 "과거 소수에게 제한되었던 관행이 이제는 누구나 따라야 할 규칙이 되었고, 병원, 납품업체, 그리고 최근에는 제약사와 계약을 맺어 돈을 벌려는 의사들이 점점 더 증가하고 있다."[39] 이러한 폐해를 막기 위한 방법으로 그는 연구자들이 논문을 발표할 때 발생 가능한 이해 상충의 문제와 연구 내용과 관련 있는 기업과의 관계를 미리 알리도록 요구하자고 제안했다. 신약의 임상 실험 연구를 대상으로 했던 그의 제안은 생명의학 전 분야로 확대되었고,《뉴잉글랜드의학저널》에 이어 2001년에는 열세 개 주요 과학 저널에 채택되었다. 편집 책임자들은 공동 선언문에서 "금전적 관계(일자리, 개인 컨설팅, 주식 보유, 사례금, 전문성에 대한 보수 등)는 가장 쉽게 파악할 수 있는 이해 상충이다. 이는 저널, 저자, 그리고 과학 자체에 대한 신뢰도를 떨어뜨리는 일이기도 하다. 그러나 개인적 친분이나 연구자 간의 경쟁, 지적 열정 등 이해 상충이 일어나는 데는 다른 이유도 존재한다."[40]고 밝혔다. 이러한 양심선언이 주목을 받은 뒤로 열세 개 과학 저널 중 한 곳에 논문을 발표하려는 저자들은 이해 상충에 관한 신고서를 작성해서 제출해야 한다.

이러한 시도는 비록 소수의 과학 저널에만 해당되지만 고무적이다. 그러나 공공이익과학센터(CSPI)*에서도 강조하듯이 "이해 상충 신고 정책은 제대로 시행되어야 효율성이 보장된다." 저자에게 기업과의 관계를 신고하라고 요구해 보았자 저자가 요구 사항을 잘 지켰는지 감시하는 시스템이 존재하지 않으면 무용지물이기 때문이다. 2004년에 공공이익과학센터는 '협정'을 맺은 저널 중 이해 상충에 대해 까다롭기로 유명한 네 개 저널(《뉴잉글랜드의학저널》,《미국의학협회보》,《환경건강전망》,《독성학 및 응용약리학회지》)을 조사했다. 2003년 12월에서 2004년 2월까지 게재된 논문 176편을 조사한 결과 21.6%가 기업의 재정 지원을 받은 것으로 드러났다.(그중 40.8%가《뉴잉글랜드의학저널》, 5.4%가《환경건강전망》에 발표되었다.) 163편의 논문에서 저자들은 이해 상충이 없다고 신고했다. 그러나 첫 연구자와 마지막 저자의 약력을 더 자세히 살펴보자 13편의 논문(8%)에서 기업과의 관계를 '빼먹고' 신고하

---

* 1971년에 설립된 공공이익과학센터는 미국의 소비자 권익 보호 단체이다. 보건 및 식품 분야에서 독립적인 연구를 수행한다.

지 않은 것이 드러났다.* 공공이익과학센터가 든 사례 가운데 윌리엄 오언스는 프록터앤갬블을 위해 일하면서도 경제협력개발기구(OECD) 소속이라고만 자신을 소개했다. 그는 고용주가 홍보하는 독성 검사의 장점을 부각시켰다. 공공이익과학센터는 편집장들에게 "신고하지 않은 이해 상충 관계 적발 시에는 저자에게 3년 동안 논문 게재를 금지하는 등 엄격한 처벌을 내려라."라고 권고했다. "처벌이 있으리라는 것을 알면 자기 규율이 중요한 이 분야에서 규칙을 준수하는 사례가 늘어날 것이다."[41]

전문가들은 이해 상충 신고가 "최소한의 첫걸음"[42]이라는 것을 인정하면서도 그것이 만병통치약은 아니라고 강조한다. 저자가 금전적으로 연구를 지원한 기업과 관계가 있다는 것을 안다고 해도 그 관계로 발생할 수 있는 '왜곡' 문제를 해결해 주지는 않기 때문이다. "신고를 하면 왜곡의 가능성에 대해 주의를 환기할 수 있지만 이해 상충이라는 문제 자체를 없애 주지는 않는다."고 《미국의학협회보》의 편집장 캐서린 디앤젤리스도 지적했다.[43] 《미국의학협회보》는 매년 6000건의 논문을 받는다. 그는 "나는 FBI도 아니고 저자의 마음이나 생각, 영혼을 들여다볼 수 있는 능력도 없다."[44]고 하소연하기도 했다. 사실 기업이 후원한 연구에서 쉽게 발견할 수 있는 '왜곡'은 다양하게 나타난다. 껄끄러운 결과를 얻지 못하도록 프로토콜을 설정하거나 실험군과 비교대조군 선별을 '조작'할 수 있으며, 결과를 선별적으로 해석할 수도 있다. 그러한 왜곡을 파악하기 위해 《미국의학협회보》는 2005년에 한발 더 나아갔다. 데이터를 수집하는 과학자와 데이터를 분석하는 과

---

* 과학 논문에는 저자 이름이 여럿 올라올 때가 많다. 그들은 연구를 수행한 팀의 일원이다. 관례상 주요 연구자의 이름이 가장 처음과 마지막에 올라간다. 《미국의학협회보》에 실린 논문 53건 중 6건의 논문에 그와 같은 '누락'이 있었고, 《환경보건전망》에는 총 35건 중 3건, 《독성학 및 응용약리학회지》에는 총 33건 중 2건, 《뉴잉글랜드의학저널》에는 총 42건 중 2건의 누락이 있었다.

학자가 동일인이면 안 된다는 요구 사항을 첨가한 것이다. 특히 데이터 분석자는 "연구를 재정 지원하는 영리단체의 피고용인이어서는 안 된다."[45]

새로운 조건을 적용시키고 1년 뒤에 발표된 논문에서 캐서린 디앤젤리스는 "상업적 목적을 가진 기업이 개입된 위반 사항"을 발견했다. "연구의 전체 데이터 제출을 거부했다거나 12개월 동안 진행된 실험에서 6개월 동안 얻은 사전 결과만 통보하는 식이었다. 또 심각한 유해성에 대해 완전한 보고가 이루어지지 않거나 유해성을 증명하는 임상 데이터를 숨기기도 했다."는 것이다. 또한 이렇게 평가했다. "기업은 데이터와 통계 분석에 관여해서 연구에 부적절한 영향력을 행사할 수 있다. 심지어 결과를 아예 다시 작성하기도 하고 논문 작성 전 과정을 감독하거나 연구자에게 논문을 발표할 저널을 아예 선정해 주기도 한다. 최근 나는 《미국의학협회보》가 연구 데이터 분석을 지원 기업의 피고용인이 아니라 대학 교수에게 맡기라는 요구 조건을 내건 뒤에도 일부 기업은 자사의 연구자들이 저널을 보이콧하도록 요구했다는 사실을 알게 되었다. 그런 전술은 기업이 뭔가 감출 게 있나 하는 의심을 불러일으킬 뿐만 아니라 그러한 요구를 받아들이는 연구자의 명성도 퇴색시킨다."[46]

대학을 지배한 기업

게다가 이해 상충의 가능성은 논문 저자에게만 해당되는 이야기가 아니다. 투고된 논문을 읽는 '리뷰어', 즉 심사위원에게도 적용된다. 저명한 과학 저널들은 별도의 '심사위원회'를 두고 있는데, 이 위원회가 게재되는 논문의 수준을 판단할 수 있는 기준이 된다는 점에는 이견이 없을 것이다. 논문을 평가하는 심사위원의 신분은 비밀에 부쳐져 (이론적으로) 어떤 형태로든 압력이 행사되는 것을 막는다. 심사위원은 보통 세 명이고, 전문성을 기준으로 선정되며, 주로 학계에서 선발될 때가 많다. 데이비드 마이클스가 지적하는 바와 같이 "대학이 상업 회사에 관여하고 산업계와 협력하는 경우가 점점 늘어나면서 학술 기관의 이해 상충 문제도 걱정거리가 되었다."[47] 1980년 1월에서 2002년 10월까지 메드라인이 인터넷에 올린 연구 논문을 모두 검토한 결과 "연구자의 4분의 1이 기업과 관련이 있었으며 대학 기관의 3분의 2가 연구를 재정 지원하는 벤처기업의 지분을 보유하고 있다."는 사실이 드러났다. "기업, 과학자, 대학 간에 금전적 관계를 맺는 일은 상당히 널리 퍼져 있다. 그로 인해 발생하는 이해 상충의 문제는 생명 의학 연구에 큰 영향을 미칠 수 있다."[48]

대학이나 학술 기관에 소속되어 있다고 해서 독립이 보장되는 것은 아니라는 사실을 인지한 《란셋》은 2003년부터 '상당한 재정적 이득'을 취하는 것으로 밝혀진 대학 교수에게는 심사를 맡기지 않기로 결정했다. "대학 교수는 사업가로서의 능력을 발휘하거나 공익을 위한 과학에 계속 전념하는 것 중 하나를 선택해야 한다. 우리는 이 두 가지 선택 사항이 양립 가능하다고 생각하지 않는다."《란셋》은 매우 보수적인 학술 출판 분야에서 보기 드문 솔직함을 보여 주었다.[49]

마지막으로 미국 식품의약국이나 유럽 식품안전청과 같은 규제 기관이 '연구의 신뢰도 평가' 시 이해 상충 문제를 고려하지 않는 것은 우리 소비자들에게 큰 영향을 미칠, 사소하지만 중요한 사실이다. 최근 들어 규제 기관들이 그들이 고용하는 전문가에게는 이해 상충에 관한 신고를 의무화했지만 논문 저자에게는 아무것도 요구하지 않았다. "그것을 요구하는 것은 그들의 권리일 뿐만 아니라 의무로서도 매우 중요한 문제이다." 미국의 법률학자 웬디 와그너와 토머스 맥개러티는 "규제 기관이 논문 저자에게 연구의 원자료를 제공할 것을 요구해야 한다."[50]고 주장한다. 그런데 그런 경우는 아주 드물다. 규제 기관은 기업 연구소가 제공하는 데이터 요약본만 보고 결정을 내리기 때문이다. 더욱 심각한 것은 "제품 규제를 위해 사용한 민간 연구의 질이 공적 자금의 지원을 받은 연구보다 상당히 가벼운 통제를 받는다."는 것이다. 데이비드 마이클스는 2003년 《사이언스》에 발표한 글에서 그러한 상황을 개탄했다. "민간 부문에서 이루어진 연구 대부분은 외부 심사를 전혀 받지 않는다. 일반적으로 기업이 대상 제품을 영업 비밀이라며 밝히지 않기 때문이다."[51] 그것은 농약뿐만 아니라(10장 참조) 유전자 조작 생물체의 경우에도 해당된다.[52]

기업은 독성 연구의 원자료를 시민 단체나 대학 연구소 등 독립 기관에 일절 제공하지 않는다. 수백만 명에 이르는 소비자의 건강에 관련된 것인데도 원자료가 '영업 비밀'이라는 논리만 내세우는 것이다. 기업이 숨길 게 아무것도 없고 화학물질의 무해성을 확신한다 하더라도 우리에게는 무해성에 대한 이유를 묻고 원자료에 문제가 있지 않을까 의심할 수 있는 권리가 있다.

식품 사슬을 오염시키는 독(11장 참조)이 어떻게 규제되고 있는지 보여 준 이 중요한 꼭지를 마치기 전에 나는 데이비드 마이클스의 말을 다시 한 번 인용하고자 한다.

"이해 상충 문제를 통제할 수 없음은 분명하지만 궁극적으로 그 문제를 아예 없애야 한다고 확신한다. 그것이 매우 중요한 일이기 때문이다. 돈을 받는 과학자에게 가해지는 압력은 엄청나다. 계약상으로는 논문에 대한 지원 기업의 간섭을 금지하고 있지만 계약 갱신을 못 할까 봐 두려워하는 마음이 과학자의 독립성을 제한한다. 나는 연구와 평가가 독립적으로 이루어지는 시스템을 원한다. 기업이 발주하거나 요구한 연구는 기업이 돈을 대고 공공 기관의 감시를 받는 독립 연구자가 수행해야 한다. 그러한 연구가 발표될 때에는 기업과 철저히 분리되어야 한다. (……) 규제에 반대하는 사람은 이러한 시스템을 악몽이라 생각할 게 분명하다. 그러나 공공 보건과 환경을 진정으로 보호하는 규제는 최고의 과학에 바탕을 두어야 하고, 최고의 과학은 독립적인 연구자에 의해서만 만들어질 수 있다."[50]

여전히 한 가지는 확실하다. 기업이 제품의 독성을 숨기기 위해 사용하는 다양한 전술이 실효를 거두고 있다는 것이다. 독을 만드는 기업의 거짓말을 쉽게 눈감아 버리는 유력 학술 기관이나 정부 기관이 그것을 이어받기 때문이다.

기관의 거짓말

"과거와 다른 미래를 원한다면 먼저 과거를 공부하라."

—스피노자

"대통령님, 2009년 약 150만 명의 미국 성인과 어린이가 암에 걸렸고, 56만 2000명이 암으로 목숨을 잃었습니다. (……) 본 패널은 환경적 요인으로 발병하는 암의 실질적 무게가 크게 저평가되었다는 우려스러운 사실을 목도했습니다. 미국 국민은 현재 시장에 출시된 화학제품 8만 개 중 다수를 매일 사용하고 있습니다. 그 제품들에 대한 테스트는 불완전하거나 전무하며, 규제도 제대로 이루어지지 않는 상황입니다. 이처럼 발암물질에 대한 노출이 매우 광범위하게 이루어지고 있습니다. (……) 미국 국민은 태어나기도 전에 다양하고 위험한 화학물질에 복합적으로 노출됩니다. 이에 본 패널은 우리가 먹는 음식, 우리가 마시는 물, 우리가 숨 쉬는 공기에서 보건 비용을 불필요하게 가중시키고 국가의 생산성을 저해하며 국민의 생

234

활을 피폐하게 만드는 발암물질과 독성 물질을 대통령의 권한으로 아예 퇴출시켜 주실 것을 간곡히 부탁드립니다." 미국 대통령 버락 오바마에게 전달된 이 서신은 그린피스 활동가나 듣지도 보지도 못한 환경 단체에서 보낸 것이 아니다. 이 편지의 저자는 2008~2009년 대통령 직속 암위원회 (President's Cancer Panel) 위원장이었던 라살 르폴과 마거릿 크립케 박사이다.

'암과의 전쟁'을 선포했던 리처드 닉슨 대통령이 1971년에 발족시킨 대통령 직속 암위원회는 보건부와 국립암연구소와 함께 매년 '전쟁'(40년이나 되었다.)에 대한 총결산을 두꺼운 보고서로 제출한다. 「환경암 줄이기: 우리가 현재 할 수 있는 일」이라는 제목의 2010년 보고서는 조직적인 정보 왜곡에 가담한 모든 전문가들을 향해 용감히 독설을 퍼부었다. 대통령 직속 암위원회가 암 발병의 주원인으로 흡연, 음주, 운동 부족, 나쁜 습관을 지적하던 기존의 담화와 결별하고 환경 요인에만 관심을 기울인 것은 그때가 처음이었다. '대학, 정부, 산업, 환경 단체의 대표와 암 환자 및 일반 시민' 45명으로 구성된 위원회는 산업 및 직업 관련 노출, 농업 관련 노출, 실내 및 실외 공기 오염과 물 오염, 방사능과 전자파의 영향 등 네 가지 쟁점을 다루었다. 240쪽에 달하는 보고서의 결론은 확고하다. '암이라는 짐'을 덜고 싶다면 '암과의 전쟁'을 우스꽝스럽고 비효율적인 허무한 전쟁으로 변화시킬지라도 환경적 요인을 우선적으로 해결해야 한다는 것이다.

「프랑스의 암 발병 원인」, '심각하게 고려해서는 안 될' 보고서

이 보고서를 읽고 나는 큰 안도의 한숨을 쉬었다. 공식적인 보고서 작성자들의 펜 끝에서 나온 "환경 요인에 다중 노출되었을 때 암이 발병한다는 과학적 증거는 (……) 국가의 암 예방 전략에 적절하게 고려되지 않았다." 라는 말을 읽으니 안심이 될 수밖에 없었다. 그보다 3년 전, 프랑스의 '공식' 보고서에서는 정확히 반대되는 얘기가 나온 적이 있었다. 「프랑스의 암 발병 원인」은 프랑스 국립의학원과 과학원, 그리고 세계보건기구 산하 국제 암연구소가 공동으로 작성한 보고서였다.[2]

2007년 9월의 그날 아침을 평생 잊을 수 없을 것이다. 프랑스의 모든 라디오 방송에서 '희소식'이 들려 왔다. 진행자들은 보고서를 여러 군데 인용하면서 현대 과학사에서 가장 심각한 사기극으로 봐도 무방하리라고 평했다.

"21세기 초 프랑스(모든 산업국가와 대다수의 개발도상국처럼)의 암 발병 원인 1위는 흡연이라고(암으로 사망한 남성 2만 9000명 중 33.5%, 여성 55명 중 10% 차지) 보고서에서는 주장하고 있습니다. (……) <u>일부에서 주장하는 것과 달리 프랑스에서는 물 오염, 공기 오염, 식품 오염과 관련된 암의 비율이 0.5% 정도로 낮습니다. 대기 오염이 확실한 원인으로 밝혀진다고 하더라도 0.85%에 그칩니다.</u>"[3](밑줄-인용자)

이럴 수가! 소위 '전문가'랍시고 한다는 말이 암 발병의 0.5%만이 화학물질 오염 때문이라면 그것이야말로 '프랑스적 예외'가 되어 전 세계의 부러움을 한 몸에 받을 수 있을 것이다. 그러나 아무도 그 사실을 모르지 않나. 이 보고서의 모든 내용이 그렇고 게다가 발췌문들도 고개를 갸우뚱하게 만든다. "생활 방식의 서구화에는 호르몬이 원인으로 보이는 변화들을 수반했다. 신장의 증가(현재 프랑스인은 1938년에 비해 10~15cm나 더 크다.), 발 크기 증가, 첫 생리 연령의 하락(1950년대에 비해 2년 빨라졌다.) 등이 그러한 생리적 변화이다. 서구식 식단에 들어 있는 호르몬과 영양분 때문에, 혹은 어린이와 임산부의 칼로리 섭취가 크게 증가했기 때문에 세포 증식 속도가 빨라졌다는 주장에는 타당성이 있다. 이는 신생아 신장과 성인이 되었을 때 유방암에 걸릴 확률의 상관관계를 설명해 주는 것이기도 하다."[4]

물론 농약 문제도 다루는 이 보고서는 식물보호산업연맹(UIPP)이 "현재로서는 어떠한 과학적 연구도 암과 농약 사이에 유의미한 사실적 관계가 있다고 결론 내릴 수 없다."[5]는 학자들의 말을 인터넷 사이트에 증거로 올렸다고 자신 있게 알렸다. "몇몇 농약은 인간에게 암을 유발하는 것으로 알려져 있지만 현재 사용되는 농약 중 동물이나 인간에게 암을 유발하는 제품은 전무하다. 농약 노출과 암의 상관관계를 보여 주는 비교대조연구도 발표되었지만 그러한 연구 결과의 원인은 다양하다. ①연구의 수가 워낙 많기 때문에 통계상으로 일부 연구 결과는 상관관계가 있는 것으로 나올 수밖에 없다. ②암에 걸린 환자는 건강한 사람보다 노출에 대해 더 많이 기억한다. (……) 결론적으로 말해 농약과 암의 상관관계는 추정일 뿐이지 견고한 데이터에 기반을 둔 것이 아니다."[6](밑줄-인용자)

'프랑스적 예외'가 미국에서는 주목을 받지 못했지만 2007년 보고서는 비웃음과 신랄한 평을 받았다. "이 보고서는 오염되었으므로 진지하게 받아들일 필요가 없다고 생각합니다." 보스턴 대학 연구실에서 만난 공공 보건 전문 전염병학자인 리처드 클랩의 말이다. 보고서 저자들은 이미 발표된 논문들을 다 읽어 보지 않았거나 해석을 잘못한 것으로 보인다.

"프랑스 국립의학원이나 과학원 같은 권위 있는 기관에서 화학물질 노출과 암의 관계를 이렇게까지 지속적으로 부인하는 이유가 뭘까요?"

내가 이렇게 묻자 대통령 직속 암위원회와 함께 일했던 그는 단도직입적으로 말했다.

"기관의 대표들이 업계와 어떤 관계를 맺고 있는지 유심히 살펴볼 필요가 있습니다. 미국에는 그런 상황을 표현하는 말이 있죠. 돈을 따라가라!"[7]

기업의 영향을 받는 기관: 다이옥신과 석면의 사례

나 또한 이것이 심각한 고발이라는 사실에 동의한다. 의학원과 과학원의 자금 출처를 확인하려면 아마 한 권의 책으로는 턱없이 부족할 것이다. 어쨌든 이 기관들이 해당 분야의 기업들과 매우 가까운 관계를 유지해 왔고, 사리사욕과 기업의 거짓말에 눈이 멀었다는 것만은 확실하다. 그 증거로 앙드레 시코렐라와 도로테 브누아 브로웨스가 공동 집필한 『건강 경보(*Alertes santé*)』에서 다이옥신에 관해 다룬 꼭지를 소개하고자 한다.

1994년 프랑스 과학원과 응용위원회(CADAS)는 "보고서 작성을 위임했는데 현재 보고서는 한 부도 찾아볼 수 없다. 출판사에도 남아 있지 않고 과학원 사이트에도 자료로 보관되어 있거나 언급되지 않았다. 사이트에는 의아하게도 1996년 이후 보고서만 올라가 있다."[8] 나도 「다이옥신과 유사화합물」이라는 이 보고서를 인터넷에서 찾아보았지만 헛수고였다. 저자들이 보고서 제출 뒤에 당황했을 것도 이해가 됐다. 1994년 그들은 매우 침착하게 "현재 지식수준과 문제가 되는 양이 소량임을 고려하면 공공 보건에 큰 문제를 유발하지 않는 다이옥신과 관련된 위험을 규명하고 제어할 수 있다."[9]고 주장했다.

앙드레 시코렐라와 도로테 브누아 브로웨스는 뤼펙 회의(1장 참조)에 참여했던 독성학자 앙드레 피코가 과학원의 응용위원회 실무 그룹에 동참해 달라는 제의를 받았다고 밝혔다. 이는 파리에서 만났던 앙드레 피코도 내게 직접 말해 준 내용이다. 그의 동료 안 크리스틴 마슈레와 그는 위원회에 기고문을 제출했다. 그는 "다이옥신의 면역 독성을 확실하게 증명해 주는 데이터가 존재한다. 다이옥신이 소량으로도 인체에 해를 끼치므로 이 물질의 독성을 공공 보건에 유발할 수 있는 리스크 평가에 최우선적으로 고려해야 하는 것은 당연하다."라고 썼다. 2009년 파리에서 만났던 그는 "응용위원회는 제 기고문을 보고서에 싣지 않기로 했습니다. 놀라운 일도 아니었지요. 실무 그룹 구성원 대부분이 론 풀랑이나 아토켐 같은 기업에서 돈을 받았으니까요."[10]라고 설명했다.

『건강 경보』의 저자들이 강조하듯이, 과학원의 보고서는 정책의 부재를 정당한 것으로 만들고 사람들의 우려를 잠재우는 것이 목적이었다. 환경부도 1997년 5월 도지사들에게 "대기 중으로 배출되는 다이옥신과 환경에 존재하는 다이옥신"에 대해 걱정할 필요 없다는 공문을 보내기도 했다.[11] 기업을 기쁘게 해 주는 이러한 종류의 보고서가 가진 본질적 '미덕'이 있다. 과학원의 인장이 후광처럼 찍힌 보고서는 각종 공식 자료와 언론 기사, 법적 소송 등에 자주 인용된다는 점이다. 내용이 완전한 오류여도 문제가 되지 않는다. 과학원의 보고서가 발표되고 3년이 지난 뒤 국제암연구소는 다이옥신을 '인간에게 암을 유발하는 물질'[12]로 선포했다. 그리고 7년 뒤인 2001년 5월 22일 스톡홀름 회의는 다이옥신을 '현대의 독'으로 규정하고 시급히 제거해야 할 잔류성 유기오염물질 목록에 포함시켰다.

의학원도 우리를 실망시키지 않았다. 1996년 발표한 석면에 관한 보고서에서 용감한 전문가들은 석면에 '수동적으로 노출되었을 때'의 위험을 최소화하려고 안달이었다. 그러나 석면은 이미 1987년에 국제암연구소에서 발암물질로 규정한 상태였다. '백색 금'이라 불리면서 대량으로 사용되었고 지금도 후진국에서는 피해를 일으키고 있는 석면의 역사는 워낙 잘 알려져 있어서 여기서는 다시 살펴보지 않겠다. 석면이 늑막에 생기는 희귀한 암인 중피종을 일으킨다는 사실은 20세기 초부터 알려졌고 1930년대부터는 그에 관한 자료도 많이 수집되었다.[15]

1982년 프랑스의 생 고뱅과 스위스의 이터닛은 미국 담배 제조사가 1953년에 만든 담배산업연구원을 모델로 석면상임위원회(Comité permanent amiante)를 설치했다. 기업, 고위 공무원, 여러 부처(보건, 환경, 산업, 노동, 주거, 교통), 노조, 의사, 공공 연구 기관이 참여한 이 위원회는 기자이자 작가인 프레데릭 데네즈의 말대로 "완벽한 과학 사기"의 결정체였다. 프레데릭 데네즈는 "석면에 관하여 정부의 유일한 교섭 상대였던 석면상임위원회가 수년간 정책 결정자와 기자들을 자료의 홍수에 파묻어 버렸다. 그 자료들은 석면 금지는 말이 되지 않고 '통제된 사용'을 하면 된다는 주장을 담아 아주 교묘하게 작성되었다."[16]고 설명한다.

나도 내 의지와 상관없이 그 거대한 조작에 작게나마 기여한 바 있다. 신참 기자였던 나는 기업 홍보 전문 대행사에서 잠깐씩 일한 적이 있었다. 1980년대 말 생 고뱅의 자회사인 에버릿의 사내 홍보실을 위해 탐방 기사를 쓰게 되었다. 에버릿은 석면 시멘트로 슬레이트와 철판을 제작하는 회사였다. 나는 여러 차례 다마히 레 리스와 데카르트*에 있는 에버릿의 공장을 방문했다. 게다가 콜롬비아 마니살레스에 있는 공장에도 가 보았다. 그곳에서 나는 석면의 (치명적인) 위해에서 노동자를 보호하기 위해 기업이 취

---

* 다마히 레 리스에 있는 공장은 1993년에 문을 닫았고, 데카르트의 공장은 1996년에 폐쇄되었다. 그 직후 중피종에 걸린 공장 노동자들은 석면피해자보호협회와 함께 생 고뱅을 상대로 소송을 걸었다.

한 안전 대책을 기록해야 했다. 석면상임위원회의 한 과학자와 했던 인터뷰가 아직도 생각난다. 그는 공기 1m³당 석면의 농도가 일정 수준을 넘어가도 전혀 위험하지 않다는 내용을 현학적으로 설명했다. 그 증거로 '의심의 여지없는' 과학 연구를 보여 주었다. 당연히 나는 그 연구들을 기사에 인용했다. 2005년 프랑스 상원의 정보위원회가 제출한 충격적인 보고서에서 표현한 대로 "이의를 제기할 수 없는 과학적 뒷받침을 위해"[15] 고용된 최고 권위자가 거짓말과 조작을 할 수 있다는 걸 감히 누가 상상할 수 있겠는가.

프랑스가 1997년 1월 1일(미국보다 20년이나 뒤쳐졌다.) '기적의 섬유' 석면을 금지하기 몇 달 전에도 의학원은 에티엔 푸르니에 교수의 지휘 아래 수행된 보고서를 주문했다. 푸르니에 교수는 당시 직업병예방최고위원회 위원장이었다.* 석면에 명백하게 노출된 경우가 아니라면 중피종은 매우 희귀한 암이었는데 — 그래서 아예 '석면암'이라고 부를 정도이다. — 보고서는 출처도 밝히지 않고 "중피종의 25~30%는 원인 규명이 불가능하고 석면과 관련이 있다는 것도 과학적으로 증명된 바 없다. (……) 흡연은 현재 석면을 다루는 직업인의 경우에도 외인성 폐암의 가장 큰, 혹은 유일한 원인이다. 공공 보건 책임자들은 권고 사항을 마련할 때 대상이 누구인지 틀려서는 안 된다."[16]고 주장했다. 그다음 에티엔 푸르니에는 석면 로비스트들의 주장에 완벽하게 부합하지만 엉망진창인 증명에 나섰다. "언론에서는 30년 동안 축적된 가능성 있는 사례까지 합쳐서 (사망자 수를) 수만 명이라고 보도했다. 그러나 같은 기간 프랑스 국민 1800만 명이 다른 원인으로 사망했다.(30만 명이 교통사고로, 100만 명이 흡연으로 인한 폐암으로.) 중피종은 과거에 직업상의

---

* 에티엔 푸르니에는 파리 페르낭 비달 해독센터 소장이었고 석면상임위원회 발족을 주도했던 인물 중 한 사람이다.

이유로 다량의 석면에 장기간 노출된 것으로 설명할 수 없으며 환자 수가 워낙 적고 앞으로도 늘지 않을 것이기 때문에 급성 환자와 미량의 석면에 노출된 환자를 구분할 수 없다."

기만이라는 것이 뻔할 때 사람들은 주로 이런 반응을 보인다. "할 말이 없다." 다만 실무 그룹에 참여한 전문가 목록 밑에 "국립보건의학연구소 위원회 소속 J. 비농, P. 브로샤르, J.C. 라포레스트는 의학원의 보고서 채택 후 공동 저자로 명시되기를 고사했다."는 주가 붙어 있다는 것만 짚고 넘어가자. 1996년 7월 2일 국립보건의학연구소 위원회는 석면으로 인한 피해가 재앙 수준임을 밝히는 첫 보고서를 당시 총리였던 알랭 쥐페에게 제출했다. 이 보고서는 2025년까지 석면 때문에 프랑스인 10만 명이 사망할 것으로 내다보았다.[17]*

당황한 국제암연구소

"석면으로 인한 암 발생은 공공 보건 정책의 엄청난 실패를 보여 주는 결과이다." 2004년 미국의 의사이자 《직업환경보건국제저널》의 창간자 중 한 명인 조지프 라두는 석면이 아직까지도 널리 사용되고 있는 개발도상국에서 전면 금지되지 않으면 석면의 전 세계 피해자가 1000만 명에 이를 것이라고 추정했다.[18] 프랑스 의학원도 물론 판단을 재고했다. 논란을 불러일으켰던 보고서가 발표된 지 10년이 지난 뒤 과학원 및 국제암연구소와 함

---

* 교육부 장관을 지냈던 클로드 알레그르는 이 보고서를 신랄하게 비판했다. "형편없다. 과학적으로 좋지 않은 보고서이다." (1997년 10월 16일자 《르 푸앵》)

께 작성한 「프랑스의 암 발병 원인」에서 '프랑스에서 직업상의 노출로 인한 암'을 일으키는 물질 중 석면을 1위로 올려놓았다. 이 보고서에는 열네 개 화학물질만 분류해 놓은 간단한 표가 나와 있고, 그 표에는 내가 앞에서 언급한 벤젠, 6가크롬, 방향족 아민이 포함되어 있다.[10] 그러나 농약은 단 한 번도 언급되지 않았다.

이러한 '망각'이 의아했던 나는 국제암연구소에 연락을 취해 보았다. 샤를 드골 대통령의 주도 하에 1965년에 리옹에 설치된 국제암연구소는 세계보건기구 산하 기구로, 종양학 분야에서 국제적으로 가장 권위 있는 기관이 되었다. 국제암연구소가 발행하는 유명한 주제연구는 화학물질을 발암성을 기준으로 분류한 공식 문서이기 때문이다. 연구소의 전문가들은 과학저널에 발표된 화학물질에 관한 모든 연구 논문을 검토한다. 분류는 셋으로 나뉜다. 1그룹은 '인간에게 암을 유발하는' 물질이다. 1그룹에 화학물질이 포함되려면 전염병학 데이터가 필요한데, 그 데이터를 확보하기가 매우 어렵기 때문에 1그룹은 예외적인 범주로 볼 수 있다. 2010년 기준 1그룹에 포함된 화학물질은 석면, 벤젠, 벤지딘, 베타나프틸아민, 다이옥신, 포름알데히드, 담배, 시클로스포린, 머스터드 가스 등 107개에 불과하다.* 목록에는 피임약도 포함되어 있다(19장 참조).

2A그룹에 속하는 화학물질은 '인간에게 암을 유발할 가능성이 높은' 물질이고(2010년 기준 58개) 2B그룹은 '인간에게 암을 유발한 가능성이 있는' 물질이다(2010년 기준 249개). 이는 동물에 대한 어느 정도 유의미한 전염병학

---

* 모든 정보는 국제암연구소 인터넷 사이트에서 열람 가능한 자료에서 가져온 것이다. "Sécurité et prévention. Risques liés à la prévention des produits cancérogènes. Liste réactualisée des produits génotoxiques classés par le CIRC."(마지막 업데이트: 2010년 8월)

데이터와 실험 데이터가 존재하는 물질이라는 특징을 가지고 있다. 3그룹 (512개)은 '분류 불가능한' 물질을 포함하는데, 데이터가 분산되어 있고 불충분해서 그것을 기준으로 판단을 내릴 수 없는 물질들이다. 4그룹은 '인간에게 암을 유발하지 않을 가능성이 높은' 물질로, 2010년에 이 그룹에 포함된 물질은 딱 하나이다. 나일론 합성에 사용되는 유기화합물 카프로락탐이다.

제2차 세계대전 이후 우리 주변 환경을 장악하고 있는 10만 개의 화학 제품 중 1971년 발암 원인을 규명하기 위한 '주제연구 프로그램(Monographs Program)'을 발족시킨 국제암연구소가 평가한 물질은 935개에 불과하다. 턱없이 적은 숫자다. 2002년 프로그램 책임자로 임명된 미국 전염병학자 빈센트 코글리아노를 2010년 2월 리옹에서 만났을 때 내가 던진 첫 번째 질문도 그것에 관해서였다.

"국제암연구소가 30년 동안 935개의 주제연구만 작성했는데요. 그것밖에 안 되는 이유가 뭘까요?"

"아주 간단합니다. 방금 말씀하신 10만 개라는 화학물질 중에서 발암물질로 의심되는 2000~3000개만 테스트를 거치기 때문입니다. 저희 프로그램은 그중 3분의 1을 다룬 것이지요."

"국제암연구소가 위험하다고 분류하지 않은 화학물질은 무해하다고 볼 수 있습니까?"

"절대 그렇지 않습니다. 그 물질이 잠재적으로 암을 유발할 수 있는지 아무도 연구하지 않았다고 봐야죠. 테스트를 거친 물질 중에서도 아직 평가 계획에 넣지 못한 것도 있습니다."

"1그룹에 분류가 되었다는 것은 어떤 의미인가요? 제품 판매를 금지시키는 겁니까?"

"아닙니다. 국제암연구소가 규합한 전문가 그룹이 기존에 발표된 과학 논문을 살펴보고 해당 물질이 인간에게 암을 일으킨다고 결론을 내리는 것뿐입니다. 각국의 규제 기관에 이 정보를 알리면 규제 기관은 가장 적당하다고 판단되는 조치를 취합니다. 규제 기관은 보통 화학물질이 가져다주는 이익과 사용으로 유발되는 위험을 비교해서 평가를 내립니다. 사용을 제한하고 노출 기준이나 식품 내 잔여물 허용 기준치를 강화하기도 합니다. 그러나 어떤 경우에도 국제암연구소가 판매를 금지할 권한은 없습니다. 각국의 정부 당국에서 대책을 세울 수 있도록 독성학 연구나 전염병학 연구를 종합해서 전달하는 역할만 하는 것이죠."

"1그룹에 분류가 됐는데도 아직까지 우리 주변에서 볼 수 있는 화학물질이 있나요?"

"솔직히 말씀드리면, 국제암연구소가 '인간에게 암을 유발하는 물질'로 규정한 모든 화학물질이 여전히 사용되고 있습니다. 사용에 관한 규제는 아주 엄격할 때도 있고요."

"국제암연구소의 분류를 기업에서도 중요하게 생각하나요?"

"물론입니다. 화학물질 사용 방식에 비교적 장기간 영향을 미칩니다."

"다른 말로 바꿔 말하면, 자사 제품이 1그룹에 분류되지 않도록 기업이 온갖 노력을 기울인다는 것이군요?

"그렇습니다. 2그룹도 마찬가지입니다. 2그룹에 들어가면 감시가 강화되니까요."

"국제암연구소가 평가한 농약은 얼마나 됩니까?"

"정확하게 세어 보지는 않았습니다만 프로그램이 시작된 후 스무 개에서 서른 개 정도 평가했을 겁니다." 빈센트 코글리아노는 멋쩍게 웃는다.

"새 발의 피군요!"

"사용되고 있는 농약 수와 비교하면 많지 않은 게 사실이지요. 사실 농약에 관해 제대로 된 평가를 수행하기가 아주 어렵습니다. 실험 연구 대부분이 공공 연구 기관에서 내놓은 것이 아니거든요. 농약 제조업체가 국가 보건 당국에 독성학 데이터를 제출해야 하기 때문에 업체가 테스트를 하지요. 연구 결과는 정부 기관에 넘겨지지만 발표되지는 않습니다. 그래서 저희가 연구를 손에 넣기가 아주 힘듭니다. 영업 비밀이라고 넘겨주지 않거든요. 저희가 평가할 수 있었던 농약은 아주 오래되었고 논란이 많아 독립 연구가 많이 이루어진 물질들뿐입니다. DDT나 린덴처럼 농업 분야에서 금지된 농약들이죠."[20]

인터뷰 도중 빈센트 코글리아노가 떨어뜨린 '폭탄'의 의미를 강조하고 싶다. 그는 국제암연구소가 농약의 발암성을 평가하지 못하는 이유가 농약 대다수가 공공 기관에서 수행하지 않은, 따라서 질을 확인할 수 없는 독성 연구 데이터를 근거로 시장에 출시되기 때문이라고 밝혔다. 정말 기막힌 현실 아닌가. 나의 다음 질문이 이어졌다. "농약 제조업체가 수행한 연구가 과학 저널에 발표되지 않는 이유는 뭡니까?"

"음……. 자사 제품이 유해할 수도 있다는 결과를 발표하는 게 기업에 도움이 되지는 않을 겁니다. 어쨌든 연구 결과를 발표할 의무는 없으니까요." 빈센트 코글리오는 매우 신중하게 대답했다. 이제 모든 것이 명확해졌다. 농약 제조업체는 규제 기관이 요구하니까 '테스트'를 실시하지만 비판적인 심사를 요구하는 과학 저널에는 결과를 발표하지 않는다. 그렇게 되면 국제암연구소에서도 평가를 할 수 없으니 기업은 "농약은 발암물질이 아니다."라고 당당하게 주장할 수 있는 것이다. 절묘한 속임수가 아닌가! 인터뷰 다음 내용은 더 놀랍다.

"2007년에 프랑스 의학원과 과학원이 국제암연구소와 함께 「프랑스의 암 발병 원인」이라는 보고서를 발표한 걸 알고 계시죠? 그 보고서에서 저자들은 '현재 사용 중인 농약 중 동물이나 인간에게 암을 유발하는 제품은 없다.'고 했습니다. 연구소 논문을 살펴보니 현재 사용 중인 농약 두 개가 2B그룹에 분류되어 있던데요. 살충제인 디클로르보스와 진균제인 클로로탈로닐이었습니다. 2B그룹이라면 동물에게는 암을 유발한다는 연구 결과가 있다는 소리 아닙니까?"

"그렇습니다. 두 제품은 지금도 사용되고 있습니다. 동물에게 암을 유발하는 것은 확실합니다." 빈센트 코글리아노는 내가 건넨 논문 두 편을 살펴보며 중얼거렸다.

."그렇다면 이 보고서의 주장은 정확하지 않은 것이군요?"

"네, 그런 것 같습니다." 주제연구 프로그램의 책임자인 그는 씁쓸한 웃음을 지으며 인정했다.

"보스턴에서 리처드 클랩 교수를 인터뷰했는데요. 그분은 이 보고서가 '오염되었으므로 진지하게 받아들일 필요가 없다.'고 말했습니다. 동의하십니까?" 문제의 보고서가 가진 고름 주머니를 아예 뽑아 버려야겠다고 결심한 나는 거침이 없었다.

"글쎄요……. 사실 이 보고서의 결론을 이해하려면 저자들이 택한 방법론을 분석해 봐야 합니다. 저자들은 국제암연구소가 1그룹에 분류한 화학물질만 연구했습니다. 그런데 1그룹에 분류된 화학물질은 그 수가 아주 적습니다. 견고한 전염병학 데이터를 얻기 힘들기 때문이죠. 농약의 경우는 특히 더 그렇습니다. 아시다시피 특정 농약이 인간에게 암을 유발했다는 것을 증명하기란 무척 어렵습니다. 그래서 1그룹에는 농약이 하나도 들어가 있지 않죠. 반면 2그룹에는 농약이 몇 개 포함되어 있습니다. DDT나 방금 말씀하신 디클로르보스와 클로로탈로닐이 들어 있죠. 이것도 사실 아주 적은 수입니다. 조금 전에 설명했다시피 발표된 연구가 없기 때문에 대부분은 국제암연구소에서 평가할 수 없었으니까요. 그래서 보고서 저자들이 인간이나 동물에게 암을 일으키는 농약이 하나도 없다는 결론을 내릴 수밖에 없었던 겁니다."[21]

간단히 말하면 「프랑스의 암 발병 원인」이라는 보고서는 왜곡되었다. 그것도 환경 운동가가 한 말이 아니라 보고서를 공동 작성한 국제암연구소의 책임자 중 한 명의 입에서 나온 말이다.

국제암연구소에서 발생하는 이해 상충

나는 빈센트 코글리아노의 솔직한 반응에 놀랐다. 그는 보고서가 발표될 당시 국제암연구소에서 근무했지만 보고서의 공동 저자는 아니었다. 공동 저자로 들어간 사람은 파올로 보페타와 피터 보일이었다. 이탈리아인 파올로 보페타는 국제암연구소에서 1990년에서 2009년까지 일했고,* 영국인 피터 보일은 2003년에서 2008년까지 연구소 소장을 역임했다. 두 전염병학자의 행보는 ― 연구소 내에서도 ― 많은 논란을 불러일으켰다. 그들이 2009년

---

* 파올로 보페타는 1995년에서 2003년까지 암환경역학부서를 지휘했고 그 이후에는 유전자역학그룹을 이끌었다.

《종양학회보》에 발표한 논문은 암의 폭발적인 증가에 기여하는 환경오염의 역할을 부정하는 것으로 유명한 프랑스 종양학자 모리스 튀비아나와 함께 쓴 것이다. 모리스 튀비아나는 프랑스 과학원 소속으로, 상기 보고서에 공동 저자로도 참여했다. 세 연구자는 "프랑스에서 화학오염물질로 인한 암 발병 사망률이 전체의 1% 미만을 차지한다."[22]고 주장했다.

국제암연구소의 역사와 '암흑기'를 살펴보기 전에 나는 2009년 1월 신임 연구소장으로 부임한 크리스토퍼 와일드가 전임자의 보고서에 대해 어떻게 생각하는지 궁금했다. 2010년 리옹에서 만난 그는 매우 신중하게 대답했다. "솔직히 말하면, 이 보고서에 놀라운 점이 두 가지 있습니다. 저자들이 암의 50%가 발병 원인이 알려져 있지 않다고 썼습니다만, 저는 암 환자두 명 중 한 명이 병에 걸린 요인이 무엇인지 밝히려고 애쓰는 것이 진정한 도전이라고 생각합니다."[23]

얼마나 지당한 말인가! 사실 보고서에는 알쏭달쏭한 말이 나온다. "프랑스에서 발병한 암의 경우 원인이 규명된 것은 절반에 지나지 않는다. 앞으로 더 많은 원인을 규명하리라 기대하며 그날을 앞당기기 위해 모든 노력이 경주되어야 한다."[24] '희소식'이라며 논평했던 수많은 기자들 눈에 이 놀라운 자백이 보이지 않았다니 의아하다. 하지만 그도 그럴 것이 그 자백은 47쪽에 나와 있었고 신문 제작이 워낙 급하게 돌아가다 보니 기자들도 길고 난해한 보고서 전문을 읽지 못하고 요약이나 결론만 읽고 넘어간다. 그는 이어서 말했다. "두 번째로 놀란 것은 저자들이 2A그룹과 2B그룹에 분류된 물질을 모두 배제했다는 사실이었습니다. 그렇게 되면 결론의 파급력이 현저히 떨어지게 되지요."

그러고 나서 입을 닫았지만 국제암연구소의 전설적인 불투명성을 아는 사람이라면 그가 아주 많은 말을 했다는 것을 알 것이다. 국제연합 산하 기구인 국제암연구소는 2010년 신종플루(H1N1)가 전 세계적으로 확산되리라는 우려가 제기되었을 때에도 투명성 논란이 일었다. 2008년 5월 임명 당시 와일드 박사도 과학자의 이해 상충 문제를 근절하는 선봉에 섰던 《란셋》 사설을 읽었을 것이다. "국제암연구소는 신임 소장을 임명하려는 참이다. 공식 후보자의 이름은 발표하지 않는 것이 이곳의 관례이다. 지난 2003년 연구소장을 임명할 당시 우리는 투명성이 결여된 지명 과정을 비난하고 선별 과정에 영향을 미칠 수 있는 정치계와 기업의 영향에 대한 우려를 씻을 수 있도록 정책 전환을 촉구한 바 있다. 그로부터 5년의 세월이 흘렀지만 변한 것은 하나도 없다. (……) 국제암연구소 신임 소장 간택은 중세 시대에 버금가는 미스터리에 둘러싸여 있다."[25]

《란셋》이 언급했듯이, 국제암연구소는 5년 전 크리스토퍼 와일드의 전임자를 임명할 당시 "기업이 연구소에 영향력을 행사한다는 의혹"을 씻어내려고 했던 것이 사실이다. "특히 화학물질이 하위 그룹으로 재분류되거나 기업 출신이 아닌 '옵서버(참관인)'는 연구소의 실무 회의에 참석하는 데 어려움을 느낄 때 그런 의혹을 받았다." 《란셋》은 "국제암연구소의 파울 클라이후에스 소장과 세계보건기구의 그로 할렘 브룬툴란 사무총장은 그런 영향력이 있다는 것을 부인했다."[26]고 덧붙였다.

두 사람이 국제연합 기구처럼 매우 조용한 집단에서 이례적으로 비난의 집중포화를 맞으며 임기를 마쳤다는 것을 알려 둔다. '전쟁'을 개시한 것은 로렌초 토마티스 박사였다. 그는 1972년에서 1982년까지 주제연구 프로그램을 감독했고, 1993년에 은퇴할 때까지 국제암연구소 소장을 역임한 저명한 종양학자이다. 그는 2002년 《직업환경보건국제저널》에 「국제암연구소

주제연구 프로그램: 공공 보건에 대한 태도 변화」라는 논문을 발표했다. 이 논문에서 그는 다음과 같이 밝혔다.

"국제암연구소의 계획은 초기 단계부터 (……) 독립성을 보장하기 위해 외부에서 들어오는 매우 강력한 직간접적인 압력에 맞서야 했다. 주제연구 작성을 담당한 실무 그룹에 참여하는 외부 전문가들은 능력과 이해 상충 여부를 기준으로 선발되었다. 국제암연구소는 발표되지 않았거나 기밀로 간주된 데이터는 사용하지 않았기 때문에 독자가 원 연구를 찾아볼 수 있게 했고, 따라서 실무 그룹의 추론을 이해할 수 있게 했다. 프로그램의 독창성은 과학적 객관성과 투명성이다. 그러나 1994년에 국제암연구소는 공공 보건 보호와 1차 예방을 목표로 한 연구에 중요성을 덜 부여하는 것 같다. 또한 주제연구 프로그램도 독립성을 일부 상실한 것으로 보인다."[27]

매우 절제된 어조와 단호한 내용을 담고 있는 이 논문은 스물아홉 명의 과학자들이 세계보건기구 그로 할렘 브룬틀란 사무총장에게 보낸 서신의 연장선상에 있다. 과학자 중에는 로렌초 토마티스뿐만 아니라 1977~1979년 프로그램을 지휘했던 제임스 허프도 포함되어 있다. 2002년 2월 25일에 작성된 편지의 내용은 다음과 같다.

"우리는 세계보건기구 산하기관들이 자료, 특히 주요 산업 제품 및 오염 물질의 발암성에 관한 자료를 작성할 때 나타나는 다국적기업의 영향과 신고하지 않은 이해 상충 문제에 대해 매우 우려하고 있습니다. 또한 세계보건기구 산하기관의 과학 전문가 그룹의 회의에서 옵서버의 역할도 우려스럽습니다. 1998년 1,3-부타디엔*의 발암성 평가를 앞두고 열린 국제암연구

---

* 1,3-부타디엔은 합성고무(타이어), 폴리머(나일론), 유약과 염료 제조에 사용되는 불포화탄화수소이다. 2009년 1월에 '인간에게 암을 유발하는 물질'로 재분류되었다.

소의 실무 그룹 회의에서 1차 투표를 통해 전문가들이 17대 13으로 부타디엔을 인간에게 암을 유발하는 물질로 분류했습니다. 그런데 그다음날 열린 2차 투표는 매우 이례적인 방식으로 진행되었습니다. 투표에 참여했던 과학자 한 명이 회의 직후 자리를 떠나 2차 투표에는 참석하지 않았습니다. 1차 투표가 끝난 뒤 석유 산업과 고무 산업 기업과 관련이 있는 옵서버와 실무 그룹 전문가들은 찬성표를 던졌던 전문가 두 명을 설득해서 표를 뒤집었습니다. 2차 투표를 하는 것이 타당한지에 대한 논의는 전혀 이루어지지 않은 채 투표가 진행되었고, 1,3-타디엔은 결국 15대 14로 인간에게 암을 유발할 수 있는 물질에서 제외되었습니다. (……) 세계보건기구 산하 기관의 객관성을 유지하려면 경제적 이해 상충 문제의 완전한 공개와 분석이 보장될 수 있도록 하는 제대로 된 노력이 필요합니다. 이해 상충 문제를 가진 사람이 있다면 완벽하게 객관적이지 못하므로 과학자 패널에 속할 수 없는 것으로 간주되어야 할 것입니다."[28]

이 편지가 엄청난 파장을 불러일으키자 급기야 《직업환경보건국제저널》에 살리기까지 했다. 국제암연구소의 이해 상충 문제를 다룬 기획 기사도 함께 실렸다. 제임스 허프 박사는 미국 국립환경보건원(NIEHS)의 화학적 원인에 의한 발암연구국의 부국장으로 임명되었다.

연구의 독립성 보장을 위해 싸운 제임스 허프

제임스 허프가 비범한 과학자라는 사실에는 추호의 의심도 없다. 2009년 10월 27일 그는 청바지와 티셔츠 차림으로 활짝 웃으며 우리를 맞아 주었다. 그는 체 게바라를 꼭 닮은 모습이었다. 보안 — '대테러 전쟁' — 을 위한 서류를 작성하는 우리를 도와준 그는 본격적으로 국립환경보건원을 구경시켜 주었다. 국립환경보건원은 노스캐롤라이나 주 리서치 트라이앵글 파크(RTP) 내에 있는 대규모 연구소다. 1959년 2200ha에 달하는 넓은 부지에 조성된 리서치 트라이앵글 파크는 인터넷 사이트에 소개된 것처럼 '미국에서 가장 큰 연구 단지'로, 5만 명이 일하는 170개의 공공 및 민간 연구소가 이곳에 모여 있다. 국립환경보건원은 그중에서도 규모가 가장 크다.

정기간행물 《환경건강전망》으로 전 세계에 알려진 국립환경보건원은 환경보건 분야에서 가장 권위 있는 연구 기관이다. 식품과 의약품 안전을 담당하는 식품의약국이나 농약 규제를 담당하는 환경보호국 같은 정부 기관을 위한 도구를 개발하고 화학물질의 독성을 평가하는 독성물질관리프로그램을 감독하는 곳도 국립환경보건원이다.

수백 명의 과학자가 일하고 있는 어마어마한 규모의 연구소를 돌아보고 난 뒤에야 제임스 허프는 우리를 그의 연구실로 안내했다. 그의 연구실은 몇 년 만에 온갖 종류의 수많은 자료와 학회지, 잡지가 뒤죽박죽 쌓인 창고처럼 변했다고 한다. "국제암연구소를 거쳐 온 게 참 자랑스럽습니다." 앉을 자리를 찾고 있는 내게 그는 알 수 없는 목소리로 말했다. "그곳에서 '인류에게 암을 일으킨다.'는 표현을 '인간에게 암을 일으킨다.'로 바꾼 사람이 접니다. 그곳에서의 경험 때문에 저는 전공까지 바꿨습니다. 약학과 독성학을 연구하다가 화학적 요인으로 인한 암 형성 과정을 연구하게 되었거든요. 지난 30년 동안 그것밖에 안 했습니다. 어려움도 있었지만 그것이 절대적으로 시급한 보건 문제라고 생각합니다."

독성물질관리프로그램 창설에 관여했던 제임스 허프는 설치류가 자연사할 때까지 화학물질의 발암성을 테스트하는 실험 연구인 생물학적 검정의 프로토콜을 개발한 최초의 과학자 중 한 명이다. 1979년 벤젠 논쟁이 한창일 때 그는 벤젠이 '다점', 즉 노출된 쥐의 여러 기관에 동시에 암을 유발한다는 사실을 증명했다.[29]

"어려움이 있었다고 말씀하시는 건 뭔가요?" 그가 말할 때 감정이 실리는 걸 보고 내가 물었다.

"조지 W. 부시가 연임하면서 공공 보건을 위해 일하는 사람들은 지옥 같은 시간을 보냈지요. 피터 인판테가 그랬듯이 저도 잘릴 뻔했습니다."

제임스 허프는 갑자기 목이 메는가 싶더니 결국 울음을 터뜨렸다.[30] 가장 권위 있는 과학 저널에 300건 이상의 논문을 발표한 71세의 그가 카메라 앞에서 무너지는 모습을 보니 가슴이 먹먹했다. 그를 만나기 전에 나는 그가 《사이언스》의 표현대로 '유명한 대의'가 되었다는 것을 인터넷을 통해 알게 되었다. 2001년에 그는 국립환경보건원이 미국 화학산업연합회(American Chemistry Council)와 맺은 재정 협정 방식에 공개적으로 반대하고 나섰다. 이 협정은 임신 및 태아 발달에 화학물질이 미치는 영향을 실험하기 위해 400만 달러의 예산이 배정되었으며 그중 4분의 1을 화학 산업이 지원한다는 내용이었다.

《사이언스》는 2002년 7월 제임스 허프가 '함구령'을 받았다고 전했다. "국립환경보건원이나 국립환경보건원의 연구에 대해 비판하는 편지, 이메일, 논평을 언론이나 과학 단체, 연구자, 행정부 또는 국립환경보건원 외부 그룹이나 개인에게 보내는 것을 금지"[31]한 것이다. 이를 어길 시 5일 이내에 해고된다는 것이었다. 이 사건은 국제 과학자 사회에 큰 파장을 불러일으켰다. 국제암연구소의 전임 소장이었던 로렌초 토마티스가 선봉장이었다. 그는 "독재 체제에서나 사용하는 협박조"[32]라고 비난했다. 이 사건은 오하이오 주 민주당 의원인 데니스 쿠치니크 덕분에 의회에까지 상정되었고, 의회는 국립환경보건원에 "최고의 과학자에게 재갈을 물리지 말고 화학오염물질로 인간에게 유발되는 질병의 발병률 연구에 주력하도록"[33] 권고했다.

"몇 년이 지났는데도 여전히 가슴 아픈 일인가요?"

그는 긴 한숨을 쉬더니 "네, 엄청난 충격이었거든요."하고 말을 이었다. "저는 국립환경보건원이 산업계로부터 독립성을 유지할 수 있도록 싸워 왔습니다. 그런데 그때 내 목이 날아갈 수도 있다는 걸 깨달았죠. 그 사건으로 오랫동안 긴장을 늦추지 못하고 있습니다. 제가 양보를 안 하는 성격이니까요. 벤젠처럼 어떤 물질이 매우 위험하다는 생각이 들면 솔직히 말했습니다. 국민 건강을 지키는 것이 저의 일이니까요. 산업계와 싸우는 것도 제 일의 일부입니다. 그러나 기업과 똑같은 논리를 들이대는 상관들과 싸우는 것은 저를 상당히 의기소침하게 했어요. 저는 원래 2003년 1월에 은퇴할 예정이었습니다. 그런데 6년이 지난 지금도 이곳에서 여전히 공공 보건을 위한 연구를 하고 있지요. 제가 자부심을 가지고 있는 경력의 마지막 지점에서 저를 무너뜨리려는 사람들이 있었지만 말입니다."*

그리고 나서 그는 "공화당 정부, 특히 부시 행정부 시절에 정부 기관장들은 능력이 아니라 정치적 관계, 무엇보다 기업과의 친밀도에 따라 임명되었습니다. 그 대가를 치른 것이 국민 건강이었으니 끔찍한 일입니다. 국제암연구소의 암흑기에 일어난 일이지요."[34]라고 말했다.

---

* 2002년 회원 수 5만 5000명을 헤아리던 미국 공공보건학회(APHA)는 제임스 허프에게 "과학 연구로 공공 보건에 훌륭하게 기여한 공로를 인정하여" 데이비드 롤 상을 수여했다.

국제암연구소의 암흑기: 왜곡된 주제연구

"국제암연구소와 독성물질관리프로그램의 역할은 간단하다. 인간의 건강을 지키는 것이다. 그보다 중요한 일은 없다. 따라서 그들의 역할은 생물학적 메커니즘에 대한 예측을 하는 것도 아니고 어떤 발암물질이 '안전한' 방법으로 사용될 수 있다고 상상하는 것도 아니며, 특정 독성 평가가 경제, 규제, 정치에 미칠 영향을 지레짐작하는 것도 아니다. 그들의 역할은 공공보건과 공공 안전의 관점에서만 정보를 평가하는 것이다."[35]

이것은 제임스 허프가 2002년 9월 《직업환경보건국제저널》이 국제암연구소의 이해 상충 문제를 다룬 특별 기획의 일환으로 발표한 논문의 결론이다. 그가 국립환경보건원과 마찰이 있은 지 정확히 한 달 뒤였다. 제임스 허프가 별이 그려진 베레모를 쓴 아르헨티나의 반역자 체 게바라의 초상화를 보란 듯이 내건 이유를 더 잘 알 수 있는 대목이다.

"국제암연구소의 주제연구가 기업에 미치는 영향은 그 어느 때보다 크다." 제임스 허프는 1995년부터(로렌초 토마티스가 퇴임한 이후) 국제암연구소가 기존의 결정을 번복하고 12개의 화학물질을 어떻게 하위 그룹으로 분류했는지 매우 자세하게 연구했다. 1개 제품은 2A그룹에서 2B그룹으로 내려갔고, 11개 제품은 2B그룹에서 3그룹으로 내려갔다. 여기에는 독성이 매우 강한 제초제 아트라진(19장 참조)도 포함되어 있다. 제임스 허프는 "그런 일은 전무후무합니다."라며 흥분했다. "화학물질은 보통 실제 독성에 비해 낮은 등급을 받습니다. 전문가들이 워낙 신중하기 때문입니다. 따라서 새로운 연구가 발표될 때마다 국제암연구소가 등급을 높이는 것이 정상입니다. 오래전에 예측됐던 일을 확인해 주는 연구들이니까요. 1972~2002년 46개의 물질이 상위 그룹으로 분류되었습니다. 다이옥신은 1994년에 2A그룹에서 1그룹으로 올라갔습니다. 그런데 파울 클라이후에스가 소장으로 오고 나서 갑자기 상황이 역전되었습니다. 당시 작성된 주제연구 중 일부는 완전히 왜곡되었을 겁니다."

"왜 그렇다고 생각하시나요?" 인터뷰에 앞서 제임스 허프의 논문을 이미 읽어 봤기 때문에 답은 이미 알고 있었지만 나는 그에게 되물었다.

"1995~2002년 제 뒤를 이어 프로그램을 맡은 더글라스 맥그리거와 제리 라이스의 지휘 아래 주제연구를 작성한 전문가 그룹의 구성을 살펴봤거든요. 참가자들을 소속 단체를 기준으로 세 그룹으로 나눠 봤습니다. '공공 보건', '산업계', '알 수 없음'으로 나뉘더군요. '알 수 없음' 그룹에 대해서는 아주 신중했습니다. '산업계'로 분류할 만큼 충분한 이력을 알 수 없었거든요. 결과적으로 보면 산업계의 영향이 압도적이었습니다."

제임스 허프는 전문가 그룹 위원 중 29%가 '공공 보건' 분야 출신이고, 32%는 업계, 38%는 출신을 '알 수 없다'고 보았다. 그리고 전문가 그룹의 토론에 옵서버도 살펴보았다. 옵서버는 전문가 토론에 참여하고 발언도 할 수 있었지만 최종 투표에는 참여할 수 없다. 옵서버의 69%는 '산업계', 12%는 '공공 보건', 20%는 '알 수 없음'으로 분류되었다. 전문가와 옵서버의 출신을 종합해 보면 업계의 비율이 압도적으로 많다는 것을 알 수 있다. 업계 출신이 118명으로 38%를 차지하고, 공공기관 출신은 99명(26%), '알 수 없음'은 119명(35%)이었기 때문이다.

"현재 국제암연구소의 활동은 어떻게 평가하십니까?"

"암흑기에서 많이 벗어났습니다. 빈센트 코글리아노를 잘 알고 있는데요. 그는 국민 건강을 보호하기 위해 모든 노력을 기울일 것입니다."

리옹에서 만난 빈센트 코글리아노는 제임스 허프의 논문을 잘 알고 있다고 인정하면서도 서둘러 "시대가 바뀌었습니다."라고 덧붙였다.

"무엇이 바뀌었나요?"

"국제암연구소가 이해 상충 문제를 새롭게 바라보고 있습니다. 지금은 화학물질 평가를 계획하면 1년 전에 전문가 선발을 시작합니다. 후보자는 해당 물질에 대한 전문성을 얼마나 가지고 있는가를 기준으로 선정됩니다. 그리고 이해 상충 문제가 있다면 꼭 보고해 달라고 요구하고 있습니다. 이해 상충 문제가 있다고 해서 후보에서 제외되는 것은 아닙니다. 그러나 전문가 그룹에 참여한 다른 사람들에게 알리고 있습니다."

"보고는 공개됩니까?"

"아닙니다. 하지만 요약해서 논문에 별첨하고 있습니다. 논문을 종합한 내용을 《란셋종양학》에 싣고 있습니다. 《란셋종양학》은 이해 상충 문제에 대해 대단히 까다롭습니다. 저희가 제공한 정보도 일일이 확인하지요. 상황이 좋은 방향으로 가고 있다고 저는 진심으로 믿고 있습니다."

"현재 옵서버의 역할은 무엇입니까?"

"옵서버의 역할은 신중하게 규정되었습니다. 옵서버는 전문가 그룹의 토론에 직접 참여할 수 없습니다. 보통 회의 말미에 발언권이 주어지기는 합니다. 노조나 소비자단체가 회의에 더 자주 참석하지 않는 것이 유감입니다. 안타깝게도 재원의 문제가 있습니다. 최근에 난소암에 걸린 여성 환우단체를 옵서버 자격으로 초대한 적이 있습니다. 그런데 프랑스에 일주일 동안 사람 하나 보낼 여력도 없다고 하더군요. 물론 기업에는 이런 문제가 없지요."

"마지막 질문입니다. 2B그룹에서 3그룹으로 마법처럼 내려간 아트라진을 다시 평가하실 겁니까?"

"아트라진은 재평가 우선순위 물질 목록에 들어 있습니다."

빈센트 코글리아노는 이렇게 말을 마쳤다.[30]

설치류 암의 '행동 메커니즘'에 대한 기만적인 논리

"국제암연구소는 화학물질의 등급 하락을 어떻게 해명했나요?"

이 질문에 제임스 허프는 빙그레 웃었다. 그러나 대답하는 그의 목소리
는 갑자기 심각해졌다.

"그게 정말 최악이었습니다. 1999년에 기업 대표들이 대거 참여한 회
의에 간 적이 있습니다. 그들은 설치류가 화학물질에 노출된 뒤 앓게 된
암―신장암, 갑상선암, 방광암―이 설치류에게만 특정적으로 발병했다고
주장했습니다. 설치류의 생물학적 메커니즘이 인간에게는 적용되지 않는다
는 겁니다. 저는 동료 로널드 멜닉과 함께 강력하게 이의를 제기했습니다.
과학적 근거가 전혀 없는 주장일 뿐이라고 강조했지만 통하지 않았습니다.
국제암연구소는 그 논리를 그대로 받아들이고 몇 년 동안이나 쥐를 대상
으로 수행된 독성 연구 결과를 무시했습니다. 발암 메커니즘이 인간에게
확대 적용된다고 증명되지 않았다는 것이 그 이유였습니다."

이것은 단순한 기술적 디테일이 아니다. 데이비드 마이클스도 말했듯이
"악마는 디테일에 있기" 때문이다. 기업들도 빈틈을 보이지 않을 정도로 그
말을 잘 이해하고 있었다. 기업 대표들이 주장한 논리는 실제로 매우 심각
하다. 그 주장을 글자 그대로 따른다면 독성이 가장 강한 물질들이 시장에

서 버젓이 판매될 것이기 때문이다. 국제암연구소와 규제 기관들은 그 물질들을 평가할 도구를 전혀 갖추지 못했다. 기업에서는 전염병학 연구가 피실험자의 기억에 의존하는 경우가 대부분이고 결과도 우연의 산물일 수 있다며 신빙성이 없다고 끊임없이 주장하고 있다. 2007년 「프랑스의 암 발병 원인」 보고서의 저자들이 내세운 이론도 그런 것이었다. 결국 전염병학 연구는 퇴장당한다. 그런가 하면 동물을 대상으로 수행한 실험 연구도 결국 쓸모가 없었다. 그 결과를 인간에게 확대 적용할 수 없기 때문이다. 결국 화학물질만 장수를 누리는 것이다.

이러한 논리가 이론으로만 그치는 것이 아니다. 우리 모두에게 영향을 미치는 결론으로 이어질 수 있기 때문이다. 예를 들어 포름알데히드의 발암성은 오랫동안 인정되지 않았다. 알다시피 이 성분이 들어 있는 베니어합판을 소재로 만든 가구를 많은 가정에서 사용하고 있다. 포름알데히드를 흡입하면 부비강암과 비인두암(백혈병과 뇌종양도 일으킨다)을 일으킨다는 연구 결과가 여럿 발표되었다. 그러나 앙드레 시코렐라와 도로테 브누아 브로웨스에 따르면 연구 결과가 "쥐에게서 얻어진 것이고, 쥐의 주둥이 면적은 인간보다 비율 면에서 더 크기"[37] 때문에 인정받지 못했다. 결국 포름알데히드가 '인간에게 암을 일으키는 물질'로 분류된 것은 2004년이었다. 하지만 부비강암에 걸린 목공에게는 이미 때늦은 결정이었다. 부비강암은 '목공암'이라고 불리기도 한다.*

국제암연구소도 기만적인 논리를 펼친 적이 있다. 2000년 프탈레이트 계통의 강력한 독성 물질 다이에틸헥실프탈레이트(DEHP)를 2B그룹에서 3그

---

* 나무 분진도 비강과 부비강에 암을 일으킬 수 있다. 비강암과 부비강암은 프랑스에서 직업병으로 분류되어 있다(표 47).

룹으로 등급을 낮출 때였다. 플라스틱 가공에 사용되는 이 물질을 폴리염화비닐(PVC)에 첨가하면 플라스틱이 유연해진다. 풍선, 비닐 식탁보, 장화, 샤워 커튼, 우비, 의료 기기(혈액 주머니, 카테터), 식품 포장(랩) 등 물렁물렁하거나 잘 늘어나는 플라스틱 제품에는 DEHP가 항상 들어 있다. 유럽에서는 2005년까지 화장품과 장난감에도 사용되었다. 유럽연합은 2006년 가장 널리 사용되는 프탈레이트 계통의 물질 DEHP를 '생식과 성장에 유해한'(2그룹) 물질로 분류했다. 대기, 실내 먼지, 물, 심지어 모유에서도 이 오염물질이 발견된다. 비스페놀A와 같은 프탈레이트 계통 물질은 생식 독성을 가진 내분비계 교란물질이다. 많은 실험 연구가 DEHP에 노출되면 간암과 췌장암에 걸린다는 것을 보여 주었다. 제임스 허프도 1982년에 독성물질관리프로그램을 위해 생물학적 검증을 한 뒤에 그런 실험 연구 결과를 발표한 적이 있다. 그는 그러한 내용을 2003년 「국제암연구소와 DEHP의 수렁」[38]이라는 글에 소개한 적이 있다.

국제암연구소의 전문가 그룹이 DEHP의 등급을 하향 조정하기로 결정했을 때 프탈레이트가 쥐에게 췌장암을 유발한다는 새로운 연구 결과가 발표되었다.[39] 그 연구를 발표한 레이먼드 데이비드는 옵서버로 전문가 그룹의 토론에 참석했다가 최종 평가에서 그의 연구가 완전히 배제되는 것을 지켜볼 수밖에 없었다. 이 사건에 대한 반발은 《직업환경보건국제저널》을 통해 일어났다. 저널에서는 '중요한 연구의 배제' 혹은 '삭제'가 고발되었다.[40] 국제암연구소의 파울 클라이후에스 소장은 항의 글을 쓴 사람 중 한 명인 샬럿 브로디에게 2003년 4월 8일에 보낸 편지에서 놀라운 고백을 했다. "국제암연구소의 논문이 평가 대상에 관한 논문을 반드시 100% 인용하는 것은 아닙니다. 실무 그룹이 타당하다고 판단한 연구만 인용하는 것입니다." 그는 쥐에게서 암이 유발되는 메커니즘이 "인간에게 유효하지 않다."[41] 고 간주되었음을 인정했다.

기업의 이중적 태도

"미국 국립환경보건원을 20년간 이끌었고 독성물질관리프로그램을 창설한 데이비드 롤과 우리는 인간에게 암을 유발하는 것으로 분류된 100개의 물질 중 3분의 1 이상이 실험 연구 대상이 되었으며, 연구를 통해 동물에게 암을 일으킨다는 사실이 먼저 밝혀졌다는 것을 알았습니다. 또한 인간에게 암을 유발하는 것으로 의심되는 모든 물질은 동물에게 암을 일으킵니다. 기업이 주장하는 것과 달리 인간과 동물 사이에는 차이점보다 유사점이 더 많습니다."

제임스 허프의 이 의견에 빈센트 코글리아노도 전적으로 동의한다. 내가 제임스 허프의 발언에 대해 어떻게 생각하느냐고 묻자 빈센트 코글리아노는 서슴없이 대답했다. "완전히 공감합니다. 포유류의 생리학적, 생화학적, 독성학적 메커니즘은 공통점이 많습니다. 따라서 철저히 증명된 사실을 제외하면 동물에게 나타나는 징후를 인간에게 적용할 수 있다고 봐야죠. 제약 산업에서는 늘 그렇게 하고 있고요."

내가 만난 사람들 중 많은 이가 제약 산업의 태도를 기업의 '이중적 태도'를 보여 주는 증거로 꼽았다. 데브라 데이비스는 "기업이 신약을 개발하면 동물 실험을 먼저 합니다. 동물 실험을 하는 이유는 설치류나 다른 포유류에게 얻은 결과가 인간에게 나타날 부작용을 예측할 수 있게 해 준다고 보기 때문입니다. 부작용이 관찰되지 않으면 기업은 서둘러 시장 출시 승인을 요청합니다. 그런데 부작용이 관찰되면 인간에게 적용되지 않는 '설치류 고유의 메커니즘'이라는 논리를 들이대기 시작합니다. 화학오염물질을 규제하는 기관에서 일관성이 없는 기업의 태도를 보지 못한다는 것이 놀라울 따름입니다."[42]라고 지적했다.

피터 인판테의 말도 같은 연장선상에 있다. "지난 수십 년 동안 현대 실험의학은 동물 실험에 기반을 두었습니다. 우리 식탁과 환경에 있을 수 있는 화학물질의 독성을 테스트할 때 왜 유효성이 널리 입증된 그 원칙에서 벗어나야 합니까? 그런 궤변은 이제 그만둬야 합니다. 오로지 규제를 막기 위한 것 아닙니까."[43] 데이비드 마이클스는 이렇게 말한다. "유해한 화학물질이 암을 일으키는지 확인해 보기 위해 그걸 인간에게 먹일 수는 없습니다. (……) 행동에 나서기 전에 절대적인 증거가 필요하다고 하면 저희 규제 프로그램은 효율적으로 운용될 수 없습니다. 현재 가지고 있는 가장 좋은 증거로도 충분해야 합니다."[44]

"현재 가지고 있는 가장 좋은 증거"란 생체, 즉 동물에 실험하거나 시험관, 즉 배양 세포에 실험해서 얻은 결과를 일컫는다. "전염병학은 항상 열 발은 늦습니다." 이는 실제 전염병학자인 보스턴 대학의 리처드 클랩의 말이다. "환자 수를 파악하거나 시체 안치소에서 시체 수를 세게 되는 것은 사전 규제가 실패했기 때문입니다." 빈센트 코글리아노에게 리처드 클랩의 말을 글자 하나 틀리지 않고 그대로 전했더니 그는 "클랩 교수님 말씀에 저도 동의합니다. 발암물질을 1그룹에 넣을 때마다 우리가 예측에 실패했고 예방을 제대로 하지 못했다는 것을 의미하니까요. 어떤 물질이 1그룹에 들어가게 되었다는 것은 곧 그 물질 때문에 암에 걸린 사람이 있다는 뜻입니다. 사람들이 장기간에 걸쳐 그런 물질에 노출되고 돌이킬 수 없는 피해를 입기 전에 저희가 그런 물질을 알아볼 수 있다면 물론 이상적이겠지요."[45]

그가 말한 "돌이킬 수 없는 피해"는 이미 시작되었다. 화학 기업들과 그들의 영향을 받고 있는 기관에서 주장하는 것과 달리, 지난 50년 동안 만성질환은 꾸준히 증가했고 그 규모가 방대해서 '전염병'이라고 부를 정도이기 때문이다.

전염병이 된
만성질환

2010년 1월 13일 수요일. 인터뷰를 하기 위해 찾아간 리처드 페토 경은 옥스퍼드 대학 그의 연구실에서 무척 상기된 모습을 보였다. 자료를 모으기 위해 오랫동안 많은 사람을 만났지만 그처럼 흥분하는 과학자는 처음이었다.

리처드 페토 경은 훌륭한 전염병학자이다. 옥스퍼드 대학 오염물질에서 의학통계학과 전염병학을 가르치고 있고 런던 왕립학회의 회원이며 1999년에는 "암 예방에 기여한 공로로" 여왕에게서 작위까지 받았다. 영국에서 선망의 대상이 되는 귀족 작위를 받은 것은 1981년 그가 멘토인 리처드 돌경과 발표한 연구 때문이었다. 데브라 데이비스의 표현에 따르면 리처드 돌은 "암 역학의 성경"과 같은 존재였다. 리처드 돌도 흡연과 폐암의 상관관계를 증명한 연구로 귀족 작위를 받았고, 이 연구로 그는 '공공 보건 분야의 권위자'로 떠올랐다[2](8장 참조).

가장 중요한 참고문헌, 돌과 페토의 1981년 발암 원인에 관한 연구

1978년 조지프 캘리파노는 지미 카터 행정부의 보건부 장관이었다. 당시 지미 카터 대통령은 담배를 '공공의 적'으로 규정하고 강력한 금연 캠페인을 벌이고 있었다. 미 의회 연설에서 조지프 캘리파노는 가까운 미래에 암의 20%가 직업에 의한 독성 물질 노출 때문에 발병할 것이라고 밝혔다. "이 충격적인 숫자를 들은 각 기업의 홍보실은 전시 태세로 돌입했다."[3] 정부의 고위 책임자가 이례적으로 진실을 말해서 기뻤다는 데브라 데이비스의 말이다. 결국 미 의회의 기술적 선택 평가 위원회는 담배 제조업체의 로비에 타협하지 않는 것으로 유명했던 리처드 돌에게 직업암 발병 원인을 연구해 줄 것을 부탁했다.

그는 리처드 페토라는 '총명한 젊은 전염병학자'의 보좌를 받아 1981년에 100여 쪽에 달하는 보고서를 제출했다. 제목은 「암의 원인: 오늘날 미국에서 피할 수 있는 암 위험의 양적 평가」[4]로, 사실 발주 내용과는 거리가 있었다. 실제로 두 연구자는 1950~1977년 암으로 사망한 65세 미만의 백인 남성의 사망 기록을 살펴보고 연구를 진행했다. 그리고 암의 70%가 개인의 습관 때문에 발병했다는 결론을 내렸다. 개인의 습관 중 1위는 식습관으로, 사망 원인의 35%를 차지했다. 2위는 흡연(22%), 3위는 음주(12%)였다. 발암 원인을 정리한 표를 보면 직업 때문에 화학물질에 노출된 경우는 사망 원인의 4%에 지나지 않았고, 환경오염은 2%여서 감염(바이러스나 기생충)으로 인한 사망 비율(10%)보다 훨씬 낮았다.

『발암사회』에서 주느비에브 바르비에와 아르망 파라시는 "30년 전에 승부는 갈렸다. 돌과 페토의 연구는 관련된 모든 책에 참고문헌으로 등장하고 그들이 만든 표는 판례처럼 판단에 영향을 미치고 있다."[5]고 지적했다. 사실 담배를 암의 주요 원인으로 돌리고 화학 오염의 역할은 지극히 제한적이라는 증거로 '돌과 페토의 연구'를 언급하지 않는 공식 문서는 없을 정도이다. 프랑스에서도 자크 시라크 대통령이 추진한 '암 퇴치 운동 계획'을 주도했던 암에 관한 방향 결정 위원회의 2003년 보고서도 돌과 페토의 연구를 일곱 번 이상 인용했다.[6] 연구가 발표된 지 20년도 더 지났건만, 암에 관한 연구는 마치 그때 멈춰 버린 듯하다. 「프랑스의 암 발병 원인」 보고서도 "가장 중요한 참고문헌"[7]을 참고했음은 물론이다. 또 프랑스의 열아홉 개 농약 제조업체가 규합된 식물보호산업연맹도 인터넷 사이트에 돌과 페토의 연구를 올려놓았다. 프랑스가 예외적인 것은 아니다. 서양 국가 대부분이 비슷한 사정이다. 영국의 정부 기관인 보건안전청(Health and Safety Executive)도 2007년에 귀족 작위까지 받은 자국 연구자들의 연구를 화학적 요인에 의한 암에 대한 "현존하는 최고의 평가"[8]로 인용한 바 있다.

리처드 페토와의 놀라운 만남

돌과 페토의 연구는 방법론적 오류와 리처드 돌의 이해 상충 문제 때문에 맹렬한 비난을 받았다. 그 문제를 살펴보기에 앞서 돌과 함께 연구를 수행했던 리처드 페토의 말을 들어 보면 어떨까 싶었다. 나는 그를 2010년 1월 옥스퍼드 대학에 있는 그의 연구실에서 만났다. 그의 연구실은 2005년에 작고한 리처드 돌을 기리기 위해 이름이 붙여진 '리처드 돌' 관에 있었다. 66세인 리처드 페토는 누구도 부정할 수 없을 만큼 반백의 머리가 멋진 기품 있는 신사였다. 그는 긴 독백으로 같은 논리만 반복하며 가끔 반백의 머리를 뒤로 크게 넘기곤 했다. 내 질문이 거슬리는 게 틀림없었다. 그는 몇 번이나 자리에서 일어나 연구실을 서성거렸다. 인터뷰를 찍던 카메라맨은 당황하며 그를 쳐다보았다. 인터뷰 영상을 다시 봐도 그가 육체적으로나 정신적으로 원래 그렇게 흥분을 잘 하는 사람인지, 아니면 리처드 돌과 그의 유명한 연구를 조목조목 비난해서 위신을 떨어뜨리자 거기에 당황했던 것인지 알 수 없었다. 사실 리처드 돌의 연구는 앙드레 시코렐라가 『현대 전염병의 도전(Le Défi des épidémies mdoernes)』[9]에서 말했듯이 오랫동안 '복음'으로 칭송되었다.

"과거보다 암 환자가 늘어났고, 그것이 전 세계에서 사용되는 수많은 화학제품 때문이라는 믿음이 만연하고 있습니다." 리처드 페토는 이렇게 말을 시작했다. "화학제품으로 찌든 세계에서 살아남는 것은 행운이라고 말하는 사람들도 있지만 그건 다 거짓입니다. 우리가 수많은 화학물질에 일상적으로 노출되는 것은 맞습니다. 감자나 셀러리 같은 식물에서도 매우 해로운 독이 나옵니다. 그렇게 해야 해충으로부터 스스로를 보호할 수 있으니까요. 식물은 한곳에 계속 머물러 있어야 하기 때문에 자신을 보호할 수 있는 독을 계속해서 만들어 냅니다. 몇 십 년 전만 해도 생소했던 키위라는 과일도 그렇습니다. 요즘 사람들이 키위를 많이 먹는데요. 실험 결과 키위에는 많은 독성 화학물질이 들어 있는 것으로 밝혀졌습니다. 식물은 독을 품고 있지만 야채를 많이 먹는 사람들은 오히려 암에 덜 걸립니다. 화학물질의 효과를 예측하기가 얼마나 어려운지 아시겠죠? 어쨌든 우리가 노출되어 있는 주요 화학물질은 우리가 먹는 식물에 들어 있는 천연 물질입니다."

고집스럽게 책상만 내려다보며 첫 번째 장광설을 마친 리처드 페토는 잠시 말을 끊고 고개를 들었다. 그가 한 말을 내가 잘 이해했는지 확인하려는 듯했다. 나는 그의 논리에 기가 막혀 아무 말도 하지 못했다. 하지만 그가 말도 안 되는 주장을 계속 펼치게 그냥 내버려 두기로 했다. 그는 다시 고개를 책상 쪽으로 떨구더니 말을 이었다.

"물론 예외가 있습니다. 가장 큰 예외는 큰 해를 끼치는 담배입니다. 흡연율이 크게 증가하면 사망률도 그만큼 증가하니까요. 또 반대로 흡연율이 크게 떨어지면 사망률도 크게 떨어집니다. 그렇다면 모든 문제의 원인이 되는 담배를 뺐을 때 암의 발병 원인이 많아졌다고 할 수 있을까요? 데이터를 살펴보면 그렇지 않다고 나옵니다."

"리옹에 있는 국제암연구소에 자주 들르시니 그곳에서 내놓는 자료들을 읽어 보셨겠죠?" 나는 신중하게 물었다. "여기서 발표한 연구에 따르면 유럽에서 소아암 발병률이 지난 30년간 해마다 1~3%씩 증가했습니다. 주로 백혈병과 뇌종양이었죠.[10] 이것도 담배 때문이라고 하시겠습니까?"

"국제암연구소가 주장하는 것에 꼭 동의할 수는 없습니다." 리처드 페토는 흥분하며 대답했다. "연구소가 내놓는 데이터의 질이 중요합니다. 하지만 담배는 소아암이나 성인이 된 즉시 나타나는 암과는 관계가 아주 적거나 아예 없습니다. 이런 암은 출생 전 태아가 정상적으로 발달하지 않았기 때문으로 볼 수 있죠."

"그렇다면 그런 발달 이상은 어떻게 설명하십니까?"

나는 리처드 페토가 드디어 상투적인 주장을 꺼내 들 것이라 생각하며 물었다.

그런데 아니었다. 그는 미리 준비한 말을 하려고 대답을 피했다. 그가 다시 꺼내 놓은 구태의연한 논리는 제대로 된 공격에 금세 무너질 만한 것이었다. "눈에 보이는 변화는 암을 발견하고 기록하는 것이 더 좋아졌기 때문이라고 생각합니다." 그는 종이에 뭔가를 끼적이며 대답했다. 그러면서 내 질문이 그가 방금 말했던 '태아의 발달 이상'이 일어나는 원인이 무엇이냐는 것은 잊어버린 모양이었다. "예를 들어 1950년대와 1960년대에는 백혈병 진단이 어려웠습니다. 사람이 죽으면 감염 때문이라고 했지 백혈병 때문이라고 하지 않았지요. 지금은 암 진단 기술이 발달해서 암 환자가 더 많아졌다는 인상을 줍니다. 그리고 어렸을 때 암이라고 진단을 받았다가 성장하면서 사라지는 경우도 있습니다."

리처드 페토의 말이 워낙 근거도 없고 일관성도 떨어지다 보니 그가 스스로 지금 무슨 말을 하고 있는지는 알까 하는 생각이 들었다. 그냥 시간을 허비하고 있구나 싶어 인터뷰를 접을까도 했다. 그런데 그가 고개를 들더니 독백을 이어 갔다.

"전반적으로 암 사망률은 감소하는 추세입니다. 특정 암과 관련된 사망률은 증가하고 있지만 말입니다. 일부는 감소하고 나머지는 올라가니 결론을 내리기 어렵지요."

"선진국에서는 암으로 인한 전체 사망률이 낮아지고 있는 것이 사실입니다. 치료법이 더 좋아졌으니까요. 그런데 발병률은 오히려 계속 증가하고 있습니다. 어떻게 생각하시나요?"

"발병률이라는 게 원래 측정하기가 아주 어렵습니다."

리처드 페토는 갑자기 자리에서 벌떡 일어나 책상 위에 있던 종이를 내밀었다. 거기에는 '진단'이라는 단어가 적혀 있었다.

"우리는 암에 대한 관심이 계속 증가하는 시대에 살고 있습니다. 신문이나 텔레비전에서 암에 대해 더 많이 다루고 있지요. 게다가 사람들은 더 오래 삽니다. 그러니까 암 환자가 늘어나고 사람들이 암에 더 많은 관심을 갖는 게 당연하죠. 그런 걸 모두 감안하면 암을 일으키는 제품의 홍수 속에서 암 발병률이 증가한다는 것은 틀린 말이라는 것을 알 수 있습니다. 오히려 흡연으로 인한 사망률이라는 중요한 주제에 대한 관심을 분산시킬 뿐이죠."

"1981년의 연구가 30년이 지난 지금도 유효하다고 말씀하시는 겁니까?"

"그럼요. 발표 당시 우리의 주장은 지금도 여전히 사실입니다."[11]

리처드 돌 경의 '고집스러운 주장'

"어떻게 30년 전의 연구가 지금 옳은 결정을 내리는 데 도움을 줄 수 있다고 주장할 수 있죠?" 인터뷰를 하기 석 달 전인 2009년 10월에 만나 돌과 페토의 연구에 대해 오랫동안 얘기를 함께 나눴던 데브라 데이비스는 깜짝 놀랐다.[12] "게다가 그들이 사용한 방법론에는 오류가 있었습니다. 워낙 제한적인 방법론이어서 결과의 범위가 크게 줄어들 수밖에 없었거든요. 두 연구자는 1950~1977년 발생한 사망 기록을 조사했는데요. 사망 당시 65세 미만의 백인 남성만 대상으로 했습니다. 직업이나 주거지 때문에 화학물질에 더 많이 노출되는 흑인 남성은 배제한 것이죠. 또 여전히 생존 중이었던 암 환자도 제외했습니다. 발병률을 무시하고 사망률에만 집중했고요. 그런데 암의 잠복기를 생각하면 1950~1977년에 사망한 남자는 1930년대와 1940년대에 발암물질에 노출된 사람들입니다. 우리의 생활환경이 화학제품의 홍수에 파묻히기 전이라는 소리입니다. 그렇기 때문에 발병률의 변화를 살펴봐야 했던 겁니다. 그래야 암의 증가세와 가능한 원인을 파악할 수 있었을 테니까요."

데브라 데이비스는 존홉킨스 대학에 있을 때 45~84세 남성의 다발성 골수증과 뇌종양 발병률 변화를 연구한 바 있다. 통계학자였다가 하버드 대학의 유명한 전염병학자가 된 조엘 슈와르츠와 함께 연구를 진행하면서 데브라 데이비스는 두 암의 발병률이 1960~1980년에 30% 증가했다는 것을 알아냈다. 1988년 《란셋》[13]에, 그리고 2년 뒤 《뉴욕과학아카데미회보》[14]에 발표된 연구에 리처드 돌 경도 관심을 보였다. 『암과의 전쟁 비사』에서 데브라 데이비스는 1980년대에 국제암연구소가 주최한 한 심포지엄을 마치고 유명한 과학자인 리처드 돌 경과 술 한 잔 마실 특혜를 누렸을 때 얼마나 가슴이 벅찼는지 말했다.

"명사 인명록 『후즈후(Who's Who)』에 나온 그의 소개를 보면 취미가 사람들과 만나 대화하는 것이라고 되어 있다. 매력적이고 지적인 신사와 대화를 나누는 것은 분명 즐거운 일이었다."[15]

그날 저녁 리처드 돌은 그에게 '푹 빠진' 팬에게 왕처럼 으스대며 그녀가 연구에서 '중요한 실수'를 저질렀다고 지적했다. 데브라 데이비스가 관찰한 암 발병률의 증가는 의사들이 암을 더 잘 진단하게 된 데서 기인한 돋보기 효과 때문이라는 것이었다. 옛날에는 노인의 사망 원인이 정확히 파악되지 않으면 의사가 사망 진단서에 '노화'라고만 적었고, 때로는 '알 수 없는 장기의 암'이라고 적기도 했다. 리처드 돌은 젊은 연구자였던 데브라 데이비스에게 지금은 그런 기록이 현저히 줄어들었지만 '노화'나 '알 수 없는 장기의 암'이라고 원인이 분류된 사망자 수의 변화를 확인해 보라고 했다.

데브라 데이비스는 리처드 돌의 충고를 따랐지만 그의 말이 틀렸다는 것을 확인했다. 그녀는 1973년 1월 1일에 암 환자에 대한 기록을 시작한 미국 국립암센터의 자료를 4년에 걸쳐 꼼꼼히 살펴보았다. 그녀의 멘토인 미국 전염병학의 거장이 존홉킨스 대학의 에이브 릴리엔펠드 교수와 생물통계학자인 앨런 지텔손의 도움을 받아 백인 노인의 사망 증명서에 '노화'나 '알 수 없는 장기의 암'으로 사인이 기록된 건수는 줄어들지 않았다는 것을 확인했다. 오히려 그 반대였다. 그녀는 암 발병률이 크게 증가했고, 특정 암으로 인한 사망률 또한 크게 늘어났다는 사실을 관찰했다.[15]

"암 환자가 증가하는 것이 진단법의 발달로 만들어진 현상이라는 의견에 대해 어떻게 생각하세요?" 나는 데브라 데이비스에게 물었다.

"데이터를 분석해 보면 여지없이 무너지는 논리입니다. 제 책에도 그런 논리를 무조건 들이댄 게 50년도 더 되었다고 썼죠. 소아 백혈병이나 뇌종양이 지속적으로 증가하는 걸 보면 진단법의 발전만으로는 설명이 불가능합니다. 대장암이나 유방암, 전립선암과는 달리 조기 진단 프로그램이 마련되지 않았거든요. 아이에게 암이 발견된다는 것은 아이가 이미 아픈 상태인 것이고 왜 암에 걸렸는지 원인을 찾기 시작한다는 뜻입니다. 지난 30년 동안 이 과정은 하나도 변하지 않았습니다."

미국 대통령 직속 암위원회 보고서 저자들도 같은 생각이다(10장 참조). 그들은 흔히 '강경 논리'로 통하는 진단법에 관한 주장의 유효성을 자세히 검토했다. 리처드 페토 경과는 달리 그들은 상이한 개념인 사망률과 발병률을 구분했다. "소아암 사망률은 1975년에 급격하게 감소하기 시작했다. 치료법 개선이 주원인이다. 이는 소아 환자가 신약 개발을 위한 임상 실험에 많이 참여한 덕분이다. 그러나 같은 기간(1975~2006년) 20세 미만 미국인의 암 발병률은 지속적으로 증가했다. 그 원인은 밝혀지지 않았으나 유전자를 원인으로 보기에는 증가세가 지나치게 빠르다. 단층촬영법이나 MRI 등 진단 기술의 발전으로는 이러한 변화를 설명할 수 없다. 새로운 기술의 등장은 암 발병률을 일시적으로 한 차례 증가시킬 수는 있지만 이처럼 30년 동안 꾸준히 증가시킬 수는 없다."[17]

진단법 개선에 관한 주장은 2007년 저명한 학술지 《생체의학과약물치료학》에 실린 한 편의 논문으로 완전히 무너졌다. 「암: 환경의 영향」[18]이라는 제목의 100쪽 분량의 기획 기사에 실린 논문이었다. 저자인 리처드 클랩과 도미니크 벨폼, 뤽 몽테니에는 유럽 십육 개국에서 조기 진단 프로그램이 진행 중인 유방암을 예로 들었다.[19] 그들은 유방암 조기 진단이 사망률에는 영향을 미쳐도 발병률에는 영향을 미치지 않는다는 사실을 지적했다. 30년 전에도 많이 진행된 뒤에 발견되었을 뿐이지 진단에는 문제가 없었기 때문이다.

저자들은 노르웨이의 사례를 소개했다. 노르웨이는 유럽에서 암 환자 등록을 가장 먼저 시작한 나라이다(1955년).* 노르웨이는 유방암(유방 촬영술)과 전립선암(전립선 특이 항원 검사) 조기 진단법을 1992년부터 도입하기도 했다. 유방암과 전립선암의 발병률 변화를 살펴보니 1955~2006년에 계속해서 증

---

* 프랑스는 1975년에 시작했다. 2010년 프랑스 본토 96개 데파르트망 중 불과 11개 데파르트망에서 13개 등록부가 모든 암의 발병률을 조사하고 있다. 프랑스 국민의 13%만 파악되는 셈이다.

가했으며 1993년에 조기 진단법이 도입되었을 당시 조금 더 증가한 것으로 나타났다. 갑상선암도 마찬가지였다. 같은 기간 갑상선암의 발병률은 여섯 배 증가했는데, 이는 초음파 촬영술이 도입되기 이전에 시작된 현상이다.

"인구 고령화는 이유가 되지 않는다"

"만성질환의 증가를 설명하기 위해 내세우는 또 다른 논리는 인구의 고령화입니다. 어떻게 생각하십니까?" 내가 묻자 데브라 데이비스는 왜 그런 질문을 하는지 알겠다는 듯 빙그레 웃었다. "안타깝지만 그 또한 궤변입니다. 기대 수명이 늘어나면서 암에 걸릴 확률이 높은 노인들이 많아진 것이 사실입니다. 그러나 우리가 살펴봐야 할 것은 연령별 암이나 신경퇴행성 질환 발병률의 변화입니다. 65세 이상 노인에게서 발병률이 두 배 증가한 암이 있습니다. 예를 들어 여성 노인에게서 비호지킨림프종은 두 배 늘어났습니다. 미국의 뇌종양 환자가 왜 일본보다 다섯 배나 많은지, 또 서양 국가에서 고환암이나 갑상선암에 걸리는 젊은이들이 왜 증가하는지는 고령화로 설명할 수 없습니다. 소아암도 마찬가지입니다. 소아암이 증가하는 것이 기대 수명 연장 때문은 아니니까요." 2007년 프랑스 종양학자 도미니크 벨폼과 공동 저자들은 《종양학국제저널》에서 "연령은 결정적인 요인이 될 수 없다. 암 발병률 증가는 아동을 포함해서 모든 연령층에서 나타나고 있기 때문이다."[20]라고 강조했다. 잉글랜드와 웨일스에서 수행된 연구에 따르면 1971~1999년 전립선암과 유방암, 백혈병 발병 평균 연령이 계속 낮아졌다. 점점 더 젊은 사람들이 이런 암에 걸린다는 뜻이다. 같은 기간 전립선암 발병률은 두 배 증가했는데, 저자들은 이때가 전립선 특이 항원 검사를 도입하기 이전이라는 점을 강조했다.[20]

앙드레 시코렐라도 그의 책 『현대 전염병의 도전』에서 "고령화가 유일한 원인이라면 발병률의 변화가 모든 종류의 암과 남녀 모두에게서 비슷하게 나타나야 하지만 전혀 그렇지 않다."고 지적했다. 화학자이자 독성학자인 그는 "1953년에 출생한 여성을 1913년에 출생한 여성과 비교해 보면 유방암에 걸릴 확률이 3배 가까이 증가했다. 폐암은 5배나 차이가 난다. (……) 1953년에 출생한 남성과 1913년에 출생한 남성을 비교해 보면 전립선암에 걸릴 확률이 12배나 증가했지만 폐암에 걸릴 확률은 그대로다."[21]라고 밝혔다.

대학살을 위장하는 담배

"암 환자 증가의 가장 큰 원인으로 꼽히는 흡연은 어떻습니까?" 이 질문은 할 수밖에 없었다. 지금까지 들어 온 내용을 보면 우리는 암 예방을 금연 운동으로 전락시킨 집단적 강박의 근거가 도대체 무엇인지 알아볼 권리가 있다. "흡연이 구강암, 후두암, 폐암, 방광암을 일으키는 것은 분명합니다." 적극적인 금연 운동가인 데브라 데이비스는 내 질문에 답해 주었다. "하지만 전립선암, 유방암, 고환암 등 요즘 폭발적으로 증가하는 수많은 암과는 전혀 관계가 없습니다."

실제로 "흡연이나 음주로 인한 암 발생률이나 사망률은 지난 20년간 오히려 줄어들었다. 반면 흡연이나 음주와 관련이 없는 암의 발병률은 꾸준히 증가하고 있다. 이렇게 상황이 역전된 것이 유럽의 산업 선진국과 미국에 특징적으로 나타나는 현상"[22]이라고 강조하는 사람들이 많다. 카트린 일과 아네스 라플랑슈의 연구에 따르면,[23] 1953~2001년 프랑스에서 꾸준히 담배를 피우는 사람의 비율이 남성의 경우 72%에서 32%로 줄어들었다. 그렇다면 "1980년대부터 기관지암과 폐암이 감소"해야 했다. 그러나 주느비에브 바르비에와 아르망 파라시는 "1980~2000년 폐암은 계속 증가했다. 어떻게 이해해야 할까? 증가세가 가장 뚜렷함 암(흑색종, 갑상선암, 림프종, 뇌종양)은 담배와 별 상관이 없다는 것을 어떻게 설명할까?"[24]라고 지적했다.

'지난 세기와 앞으로 다가올 세기의 병'으로 규정된 담배는 암 예방 캠페인에 단골로 등장한다. 프랑스 자크 시라크 대통령의 '암 퇴치 운동 계획'에 영감을 준 암에 관한 방향 결정 위원회의 2003년 보고서[25]는 "35쪽 분량을 담배에, 11쪽을 음주에, 6쪽을 영양에, 7쪽을 직업암에, 3쪽을 환경에, 2쪽을 의약품에 할애했다."『발암사회』의 저자들도 "흡연이 프랑스 암 발병의 50% 이상을 일으킨 원인일까?"라고 물었다.

"언론은 암으로 인한 사망건수 15만 건 중 4만 건이 '흡연과 관련된 암 때문'이라고 밝혔다. 아는 사람은 알겠지만 이 표현에 대해서는 몇 가지 지적이 필요하다. 먼저, 흡연과 '관련된'이라는 말은 흡연이 '유발하는'의 의미가 아니다. 그러나 그런 미묘한 차이에 대한 설명이 부족하다. 4만 건이라는 숫자도 도처에서 인용된다. 마치 율법서에 새겨진 듯하다. 4만 명 사망이라는 숫자는 어디에서 나온 것일까? 2000년 구순암, 구강암, 인두암, 후두암, 폐암, 방광암으로 인한 사망자 수를 '모두' 합쳐도 3만 9000건이 되지 않는다. 그들이 모두 흡연자였나? 용매, 벤젠, 석면과 접촉한 사람은 아무도 없었나? 상부 호흡소화기관의 암 통계에서 비인두암이나 침샘암은 음주나 흡연과는 거의 무관하고 나무 분진과 이온화 방사선과 관련이 많다.

(……) 상부 호흡소화기관의 암에는 직업과 관련된 원인이 많다. 황산, 포름알데히드, 니켈, 도료에 노출된 사람은 70만 명이 넘는다. 방광암의 40%가 흡연에 의한 것이라면 염료, 고무, 금속, 용매 제조 산업이 나머지 60%를 일으킨다. 직업암 중 가장 대표적인 것은 기관지 폐암이다. 그러나 흡연으로 인한 기관지 폐암과 구분되지 않기도 하고, 프랑스는 직업암 인정에 있어서 특히 뒤쳐져 있기 때문에 담배는 모든 관심을 독차지하고, 대량 학살을 위장하고, 암 퇴치 운동 계획에 자금을 댔다."[77] 리처드 돌과 리처드 페토가 왜곡시킨 연구처럼 담배도 만성 질환의 우려스러운 확산에 대한 화학 오염물질의 역할을 숨기고 기업의 책임을 무마하는 데 쓸 수 있는 편리하고 강력한 핑계로 보인다.

리처드 돌은 몬산토를 위해 일했다

"발암 원인에 대해 연구를 준비할 때 리처드 돌이 비밀리에 몬산토의 컨설턴트로 일했다는 사실을 아셨나요?"

이 질문을 들은 리처드 페토 경은 의자에서 그야말로 튀어 올랐다. 그는 연구실을 서성거리더니 다시 의자에 앉아 거의 들리지 않는 목소리로 말했다. "그건 비밀이 아니었습니다. 비밀이 아니었어요. 그는 몬산토의 컨설턴트 자리를 수락하고 처음에는 하루에 1000달러를 받았습니다. 나중에 1600달러로 올랐죠. 몬산토에서 독성학 데이터를 만들고 평가하는 일을 도왔습니다. 위험한 물질을 더 쉽게 판명할 수 있도록 하려는 목적이었죠. 저희가 연구할 때 미국 정부에서 재정 지원을 제안했습니다. 하지만 저희가 원하지 않았습니다. 국제사면위원회에 기부하라고 했지만 정부에서 공산주의 단체라며 거절했습니다. 그래서 리처드 돌은 번 돈을 모두 옥스퍼드 그린칼리지에 기부했습니다.* 자신을 위해서는 한 푼도 남기지 않았습니다."

"조사 결과를 보면 리처드 돌 경이 몬산토뿐만 아니라 다우케미칼과 염화비닐 혹은 석면 제조업체에서 받은 보수는 공개된 적이 없습니다. 기부했다는 증거가 있습니까?"

"당시에는 그런 보수를 신고하는 일이 흔치 않았습니다. 하지만 담배의 경우에는 그가 담배 제조업체로부터 한 푼도 받지 않았다고 선서했습니다."

사실 흡연과 폐암의 상관관계를 규명하라고 담배 제조업체가 리처드 돌에게 돈을 주었다고 생각하기는 어렵다. 2007년 「영웅인가 악당인가?」라는 기사에서 미국 역사학자 제프리 트위데일은 "물론 돌이 담배 제조업체에서 돈을 받았다고 생각할 수는 없다. 그러나 그는 왜 암을 일으키는 제품을 만드는 다른 업체에서는 신고하지 않은 돈을 받아서 도덕적 이중성을 보였을까?"[20]라고 의문을 제기했다.

"그가 서비스를 대가로 돈을 받았다는 사실이 그의 정통성을 더럽히는 데 사용되었습니다." 리처드 페토는 그가 방금 얼마나 엄청난 발언을 했는지도 모르는 듯 한탄했다.

"이해가 갑니다. 다이옥신이 발암물질이 아니라는 주장을 해 주고 몬산토에서 돈을 받았으니까요. 치명적인 실수였죠."

"그건 실수가 아니었습니다. 다이옥신이 인간에게 암을 유발한다는 사실

---

* 1979년에 개교한 그린칼리지는 옥스퍼드 대학에서 가장 마지막에 생긴 단과대학이다. 리처드 돌이 의학과 비즈니스를 접목시키고자 설립한 그린칼리지의 이름은 학교 설립에 자금을 댄 미국 텍사스인스트루먼츠 사의 CEO 세실 그린의 이름에서 따왔다. 2008년 그린칼리지는 템플톤칼리지와 합쳐졌다.

을 증명할 만한 설득력 있는 증거는 없다고 생각합니다." 페토 경의 태도가 얼마나 뻔뻔하던지 자기가 하는 말을 정말 믿는 걸까, 아니면 멘토의 실추된 명예를 보호하려고 거짓말을 하는 걸까 하는 생각이 들었다.

1994년 국제암연구소는 다이옥신을 '인간에게 암을 유발하는 물질'로 분류했다. 그것이 때늦은 결정이었음은 리처드 돌의 개입으로 설명된다. 내가 『몬산토』에서 일부 언급했던 이 믿지 못할 이야기는 최고의 권위를 자랑하는 과학자들이 대중이 아니라 대기업의 이익을 위해 일할 때 어떤 영향을 미칠 수 있는지 여실히 보여 준다. 모든 것은 1973년에 시작되었다. 렌나르트 하델이라는 젊은 스웨덴 과학자가 제초제인 2,4-D와 2,4,5-T에 노출되면 암에 걸린다는 사실을 발견했다. 이 두 물질은 몬산토가 제조한 에이전트 오렌지의 구성 성분이다. 그는 간암과 췌장암에 걸린 63세의 남성을 외래 진료에서 만났다. 환자는 20년 동안 두 제초제를 섞어서 스웨덴 북부에 있는 숲에 살포하는 작업을 했다고 말했다. 렌나르트 하델은 다른 과학자 세 명과 함께 장기간의 연구를 진행했고, 그 결과를 1979년 《영국의학저널》에 발표했다. 2,4,5-T의 오염물질인 다이옥신에 노출된 것과 연부조직육종, 호지킨림프종, 비호지킨림프종과 같은 암 발병과의 상관관계를 보여 준 연구였다.[29]

1984년 렌나르트 하델은 오스트레일리아 정부가 베트남 전쟁 참전 용사들의 배상액 요구에 관한 결정을 내리기 위해 발족시킨 진상규명위원회에서 증언을 하게 되었다. 1년 뒤 '베트남에서 오스트레일리아 군인의 화학물질 사용 및 그 영향'을 조사한 왕립 위원회가 보고서를 제출했고 큰 파장을 불러일으켰다.[30] 1986년 《오스트레일리안소사이어티》에 발표된 논문에서 울런공 대학 과학기술학과의 브라이언 마틴 교수는 "에이전트 오렌지의 무죄 방면"[30]을 가능하게 한 조작을 고발했다.

"보고서는 베트남에서 사용된 화학물질에 노출되어 피해를 입은 참전용사는 없다는 낙관적인 결론을 내렸다. 위원회는 그 좋은 소식을 만방에 알리기를 열렬히 원했다." 마틴 교수는 베트남참전용사협회가 언급한 전문가들이 몬산토의 오스트레일리아 지사의 변호사에게 얼마나 '맹렬한 공격'을 당했는지 설명했다. 더욱 심각했던 것은 보고서 저자들이 렌나르트 하델과 그의 동료 올라프 액셀슨이 발표한 연구를 무효화하기 위해 몬산토가 제공한 200쪽의 자료를 거의 그대로 베꼈다는 사실이다.[32] 브라이언 마틴은 "그들은 표절을 하여 몬산토의 관점을 마치 위원회의 관점인 양 소개했다."고 평했다. 예를 들어 2,4-D와 2,4,5-T의 발암 효과를 다룬 중요한 부분에서 "몬산토의 자료가 '시사한다'라고 썼다면 보고서는 '위원회의 결론은'이라고 썼다. 그러나 나머지는 그냥 베껴 쓴 것이다."

렌나르트 하델이 연구 데이터를 조작했다고 암시하는 보고서가 커다란 의혹을 제기하자 하델 교수 또한 그 보고서를 낱낱이 파헤쳤다. 그 결과 "놀랍게도 리처드 돌 교수가 1985년 12월 4일 위원장인 저스티스 필립 에바트에게 편지를 보내 위원회의 관점을 지지했다."는 것을 발견했다. 리처드 돌은 그 내용을 1994년 봄에 발표한 한 논문에서 밝혔다. "하델 교수의 결론은 지지받을 수 없다. 나는 그의 연구가 과학적 증거로 인용될 수 없다고 본다. 2,4-D와 2,4,5-T가 실험실 동물에게 암을 유발한다고 생각할 이유는 전혀 없으며, 제초제에 들어 있는 위험한 오염물질로 소개된 다이옥신마저도 동물에게 암을 유발할 가능성이 아주 조금 있을 뿐이다."[33]

2006년 렌나르트 하델은 놀라운 발견을 한다. 그를 비방했던 리처드 돌(2005년 사망)이 개인 자료를 '인간과 동물의 건강을 위해 이루어진 놀라운 발전을 기리는 자선 단체'인 런던의 웰컴트러스트재단 도서관에 보관했다는 소식을 들은 그는 자료를 열람하기로 했다. 도서관 관장 크리스 베케트가 2002년에 발표한 바대로 "리처드 돌 경의 개인 자료는 분류가 되어 열람 가능했다. 전염병 연구에 평생을 바친 리처드 돌 경의 삶을 조명하는 이자료들은 역사의 연속성과 공적 책임감에 대한 깊은 의미를 돌아보게 하고 전염병학이 뿌리 내리고 있는 사회적 관계와 윤리적 관계를 여실히 보여 준다."[34] 크리스 베케트는 그의 찬사에서 '훌륭한 전염병학자'와 독 제조업체들을 결탁시킨 돈 거래가 있었음을 증명하는 자료가 있다는 사실에 대해서는 한마디도 하지 않았다. 그 자료를 하델이 발견한 것이다. 그 자료 중 상단에 '몬산토'라고 적힌 1986년 4월 29일자 편지가 있었다. 그것은 레이먼드 서스킨드 박사와 함께 다이옥신에 관해 왜곡된 연구를 했던(8장 및 9장 참조) 몬산토의 과학자 윌리엄 개피가 쓴 편지였고, 하루에 1500달러의 보수를 지급하겠다는 계약 갱신을 확인하는 내용이었다. 리처드 돌은 "컨설턴트 계약을 연장하고 보수를 인상해 주셔서 매우 감사합니다."라고 쓴 답장을 복사해서 간직하고 있었다.

리처드 돌이 암 발병에서 화학오염물질이 하는 역할을 최소화했던 '발암원인'에 관한 연구를 발표했을 당시 그는 "산업 역사상 오염을 가장 많이 일으킨 기업"[35]에서 두둑한 돈을 받고 있었다.

기업과 결탁한 리처드 돌을 옹호한 과학계

2006년 12월 영국의 《가디언》은 리처드 돌과 생 루이 사가 1970년에서

1990년까지 무려 20년간 결탁해 왔다는 것을 폭로했다.[36] 이 사건은 영국 사회에 큰 파장을 불러일으켰다. 여왕에게 작위까지 받은 과학자를 옹호하는 사람들과 이해 상충 문제가 연구의 신뢰성을 심각하게 떨어뜨린다는 사람들이 팽팽히 맞섰다.

제프리 트위데일은 당시 이 엄청난 스캔들 보도에 신이 났던 신문들을 모두 분석해 보았다. 《옵서버》는 "옥스퍼드 북부의 작은 집에서 살았던 리처드 돌은 악당이 아닌 영웅이었다."고 평했다. 또 "시대마다 도덕도 변한다. 과거의 거인에게 우리의 도덕을 기준으로 살라고 요구할 수는 없다."[37]고 말했다. 제프리 트위데일은 "리처드 돌이 도시에서 가장 좋은 집에서 살았다."[38]고 강조했다. 그는 리처드 돌이 기득권을 쥐고 있던 과학자들의 지지를 받았다고 지적한다. 리처드 돌을 지지했던 이유는 다섯 가지였다. "① 리처드 돌 경은 흡연과 폐암에 관한 연구로 수백만 명의 목숨을 구했다. ② 그의 시대에는 이해 상충 문제를 신고하지 않았다. ③ 기업에서 받은 보수를 자선 단체에 기부했다. ④ 자신을 변호할 수 없는 사람을 공격하는 것은 옳지 않다. ⑤ 그의 명성을 공격하는 자들은 '환경보호주의자'나 대의를 쫓는 사람들이다."

《타임스》에 보낸 편지에서 리처드 페토는 "리처드 돌의 연구는 전 세계적으로 수백만 명의 죽음을 막았고 앞으로도 수천만 명의 죽음을 막을 것입니다."[39]라고 과장했다. 제프리 트위데일은 "그것을 부정할 사람은 없다. 그러나 그것은 리처드 돌의 이해 상충에 관한 논란과는 아무런 관계가 없다."고 지적했다. 《선데이미러》도 그와 같은 의견이었다. "리처드 돌의 중립적이고 객관적인 이미지는 영영 추락했다."[40] 더군다나 리처드 돌은 직업 윤리에 관한 훈계도 서슴지 않았다. "어떤 형태로든 기업의 지원을 받으려 하는 과학자는 기업이 자사의 이익을 위해 그의 연구 결과를 이용할 수 있음을 인정해야 할 것이다." 이 말은 그가 렌나르트 하델의 연구를 비밀리에 비난하고 1년이 지난 뒤인 1986년에 했던 말이다.[41]

수년 뒤에 화학 산업과 타협했던 리처드 돌 경의 행적은 발암 원인에 관한 그의 유명한 1981년도 연구를 언급하며 그의 후계자를 자처했던 과학자들을 혼란에 빠트렸다. 종양학 분야의 권위 있는 기관인 미국 암학회(American Cancer Society)의 책임자들이 바로 그런 경우이다. 그들이 제약 산업과 맺고 있는 관계는 종종 비난의 대상이 되었다.

2009년 10월 나는 마이클 툰 박사를 만날 수 있었다. 그는 1998~2008년 미국 암학회 부회장을 역임했고, 암에 관한 전염병학 연구를 지휘했으며 지금도 명예직을 유지하고 있다. 애틀랜타에 소재한 미국 암학회의 멋진 건물에서 그를 만나기로 한 며칠 전, 그는 《임상의학의를 위한 암 저널》에 공동 논문을 발표했다. 그런데 '환경적 요인과 암'[42]에 관한 저자들의 의견이 다소 엇갈렸다. "수많은 산업 제품 및 상업 제품의 발암성에 관한 실험 데이터가 부재한다. 많은 소비자가 노출된 이후가 아니라 제품이 시장에 출시되기 전에 연구가 수행되어야 할 것이다."라고 말하는가 하면 리처드 돌의 연구를 또 다시 들먹이기도 한다. "환경과 직업으로 인한 오염물질 노출이 암 유발에 유의미한 영향을 미치는 것은 사실이지만 담배의 영향보다는 훨씬 적다. (……) 1981년 암 사망자의 4%만이 직업 때문에 암에 걸린 것으로 밝혀졌다."

"리처드 돌이 몬산토에서 컨설턴트로 일하고 돈을 받았다는 사실이 알려졌는데도 어떻게 돌과 페토의 연구를 인용할 수 있습니까?"

마이클 툰은 내가 이런 질문을 던지리라고는 예상하지 못한 게 분명했다.

당황한 기색이 역력했던 그가 대답했다.

"리처드 돌에게 그 돈이 필요했다고는 생각하지 않습니다. 부인이 회사를 소유하고 있어서 돈이 아주 많았으니까요. 게다가 화학 기업에서 받은 돈은 옥스퍼드 대학 그린칼리지에 쓴다고 늘 말하고 다녔습니다."

"어떻게 그걸 아십니까?"

"그렇게 들었으니까요."

"공공 보건에 관여하는 유명한 과학자가 기업을 위해서도 일하는 게 흔했나요?"

"안타깝지만 의료계에서는 흔한 일입니다. 그런 일이 일어나면 안 되겠지만요. 의약품을 연구하는 과학자들이 제약 회사의 돈을 받으면 안 되겠지요. 또 화학오염물질의 영향에 대해 의견을 제시하는 과학자도 그런 제품을 만들어 내는 기업의 돈을 받지 않는 것이 좋겠고요."

"하지만 리처드 돌은 돈을 받았지 않습니까?"

"그렇죠. 상당히 안타까운 일이죠."[43]

데브라 데이비스도 같은 심정이었다. 그러나 그녀는 더 예리했다.

"세대를 막론하고 모든 전염병학자들의 모델이었던 위대한 리처드 돌이 비밀리에 화학 산업을 위해 일했다니 정말 크게 실망했습니다. 물론 리처드 돌만 그랬던 건 아닙니다. 스웨덴의 카롤린스카 연구소의 한스 올라프 아다미, 하버드 대학의 드미트리오스 트리코폴로스도 마찬가지였습니다.* 그러나 리처드 돌의 경우는 특히 심각합니다. 워낙 명성이 자자해서 사람들

---

* 한스 올라프 아다미는 익스포넌트의 데니스 파우스텐바크(9장 참조)에게 고용되어 미국 환경보호국이 규제를 강화하려 할 때 다이옥신의 독성을 최소화하는 연구를 했다.(Lennart HARDELL, Martin WALKER et alii, "Secret ties to industry and conflicting interests in cancer research", *American Journal of Industrial Medicine*, 13 novembre 2006 참조)

이 그가 하는 말을 복음처럼 믿었으니까요. 그의 의견 때문에 만성질환의 환경적 원인과 다이옥신과 염화비닐 등 독성이 매우 강한 화학물질 규제에 대한 정책이 제때에 관심을 끌지 못했습니다."

염화비닐의 유해성

염화비닐 사건은 문제의 심각성을 잘 보여 준다. 제럴드 마코위츠와 데이비드 로스너는 그 사건이 리처드 돌이라는 유명한 과학자의 적극적인 가담에 힘입어 맹독성 제품을 계속 시장에 내다 팔려는 "기업의 불법적 음모를 보여 주는 증거"[44]라고 했다. 이 사건은 기획된 조작과 거짓말의 기술이 극에 달해 기업에 대해 내가 가지고 있던 마지막 환상까지 다 깨 버린 사건이었다. 기업은 아무리 유해한 제품이라도 악착같이 보호하기 위해 수단과 방법을 가리지 않았다. 1970년에 몬산토의 한 간부가 PCB에 관해 주장했던 끔찍한 이데올로기를 다시 한 번 느끼게 해 주었다. PCB 판매를 어떻게 해서든 지속시키려고 그가 했던 말을 어찌 잊을 수 있을까. 그는 "사업상 1달러도 잃을 수 없습니다."[45]라고 말했다.

1835년 세브르왕립자기공장의 공장장 앙리 빅토르 르뇨(1810~1878)가 처음 합성한 염화비닐은 독성이 강한 기체다. 압축해서 스프레이 제품(헤어스프레이, 화장품, 살충제, 실내 방향제)의 분사제로 사용된다. 화학합성물질인 염화비닐은 효과적이지만 위험한 물질이다. 『암과의 전쟁 비사』에서 데브라 데이비스는 주디 브레이먼의 이야기를 들려준다. 주디 브레이먼은 1965년에 폐암 진단을 받고 황급히 입원했다. 젊은 그녀의 폐는 염화비닐로 뒤덮여 있었다. 완벽하게 머리를 세팅한 인기 스타를 닮고 싶어서 매일 사용했던 헤어스프레이가 화근이었다. 주디 브레이먼은 살아남았고 미국 소비자 보호운동의 대표적 인물이 되었다. 그러나 화장품에 염화비닐 사용이 금지된 것은 1970년대 중반이 되어서였다. 플라스틱, 특히 PVC 제조에는 그대로 사용되었다.*

공장에서 제조될 때 (중합)염화비닐은 폴리염화비닐(영어로 PolyVinyl Chloride, 약자는 PVC이다.)로 변한다. 현대 산업의 대표적인 제품인 PVC는 포장지, 용기, 랩 등 많은 일상생활 용품에 들어 있다. 1920년대 중반에 굿이어 사의 화학자 왈도 론스베리 세몬(1898~1999)이 개발한 염화비닐 중합 과정은 매우 유해한 기체가 발생하는 위험한 공정이다. 거기에는 레진 제작에 사용되는 오토클레이브의 세척 같은 고위험 작업도 포함되어 있다. 1954년 미국 화학산업협회(MCA)는 공장 내 노출 기준치를 임의적으로 500ppm으로 정했다. 제럴드 마코위츠와 데이비드 로스너가 화학산업협회의 문서 중에서 발견한 메모에서 유니언 카바이드의 간부 헨리 스미스도 "동물에게 호흡기 흡입을 통해서만 수행된 연구 당시 광산부가 기준치를 정했다."[46]고 인정했다.

1960년대 초에 이탈리아, 프랑스, 그리고 미국의 PVC 제조 공장에서 이상한 질병이 발생했다. 손가락뼈가 서서히 파괴되면서 끔찍한 고통을 동반하며 손가락이 위축되는 말단골용해증이다. 굿리치(타이어 제조업체) 사의 존 크리치 박사는 1964년 켄터키 주 루이빌 근교에 있는 공장에서 첫 말단골용해증 환자를 발견했다. 환자는 곧 네 명으로 늘어났다. 그들 모두 중합조

---

* PVC 식별 코드에는 삼각형 안에 숫자 03이 기입되어 있다.

를 직접 세척하는 노동자들이었다. "같은 장소에서 같은 일을 하는 네 사람이 그런 희한한 병에 걸렸다면 대단한 과학자가 아니더라도 질병이 공장, 그리고 작업하는 장소와 관련이 있다는 것을 단번에 알 수 있다."고 크리치 박사는 회고했다.[47]

크리치 박사는 서둘러 굿리치 경영진에 이 사실을 알렸고, 경영진은 서둘러 사건을 덮었다. 몬산토와 다우케미컬을 비롯한 미국, 그리고 유럽의 PVC 제조업체들도 예외가 아니었다. 기업들은 비밀리에 케터링연구실의 로버트 케호(8장 참조)에게 자문을 구했다. 로버트 케호는 여러 사례를 연구한 끝에 몬산토의 의학팀 팀장 R. 에메트 켈리에게 보낸 편지에서 그것이 '새로운 직업병'이라고 결론 내렸다.[48] 생 루이 사는 PCB에 사용했던 방법을 그대로 답습해서 공장 한 곳에서 은밀히 데이터를 모으기 시작했다. 네슬 박사에게 공장의 모든 노동자의 손을 방사선 촬영하도록 지시했다. 왜 검사를 하는지 노동자들에게는 알려 주지 않았다. R. 에메트 켈리는 공장 책임자에게 보낸 편지에 이렇게 적었다.[49] "네슬 박사가 노동자들이 이상하게 생각하지 않도록 잘 꾸며 댈 것입니다."

굿리치도 똑같은 행태를 보였다. 1964년 11월 12일 렉스 윌슨 의학팀장은 오하이오 주 에이번 레이크에 있는 공장의 의사 뉴먼 박사에게 "종업원의 손을 검사"하라고 지시했다. 그리고 "최대한 빨리, 그러나 다른 정기 검사와 같이 실시해서 관심을 끌지 않으면서 지시 사항을 완수하길 바랍니다. 우리는 이와 관련된 발표를 하지 않을 것이므로 이 정보를 기밀로 유지해 주십시오."[50]라고 덧붙였다. 뉴먼 박사는 노동자 3000명 중 31명이 그 이상한 병에 걸렸다는 것을 발견했다.[51]

처음에는 말단골용해증, 곧이어 암에 대해 미국과 유럽 기업의 음모가 서서히 시작되었다. PVC 제조 과정과 제품 자체가 갖고 있는 맹독성을 은폐하고 규제를 막기 위해서였다.

PVC를 둘러싼 음모

"하루에 7시간씩 일주일에 닷새 동안 호흡기로 500ppm씩 장기간 흡입하면 상당한 피해를 유발한다고 확신합니다. 이해하시겠지만 이 정보는 유포하지 않는 것이 좋겠고, 공장에서 원하는 대로 이 정보를 활용하는 것은 가능하지만 이 정보를 기밀로 생각해 주시기 바랍니다."[50]

이것은 다우케미컬의 독성학자 베럴드 로우가 1959년 5월 12일 굿리치의 독성학자 윌리엄 맥코믹에게 보낸 편지 내용이다. 베럴드 로우는 염화비닐 200ppm에 노출시킨 토끼의 간에서 미세 병변이 관찰된 연구를 은밀히 진행한 뒤 이 편지를 썼다. 당시 기업이 정한 기준치는 500ppm이었고 그 기준은 15년이라는 긴 세월 동안 변하지 않았다.

1970년 휴스턴에서 열린 제10회 국제암학회에서 이탈리아의 피에르루이지 비올라가 큰 파장을 불러일으켰다. 염화비닐 증기에 노출된 쥐(하루에 4시간, 일주일에 닷새씩 12개월 동안 3만ppm에 노출)가 피부암(65%)과 폐암(26%), 뼈암에 걸렸다는 연구 결과를 발표했기 때문이다. 그는 "이 논문에 소개된 모델을 인간에게 확대 적용할 수는 없지만 염화비닐은 쥐에게 실질적으로 암을 유발하는 물질이다."[52]라고 결론 내렸다. 이탈리아 기업 몬테디손을 필두로 유럽 제조업체들은 체사레 말토니에게 염화비닐 기체의 영향에 대한 연구를 맡겼다.

체사레 말토니는 이탈리아 볼로냐 출신의 저명한 종양학자로, 1987년에 베르나르디노 라마치니(7장 참조)를 기리기 위해 라마치니 연구소를 설립한 인물이다. 체사레 말토니는 라마치니 연구소를 유명하게 만든 프로토콜을 사용해서 500마리의 쥐를 서로 다른 농도의 염화비닐에 노출시켰다. 250~1만 ppm이었으니 피에르루이지 비올라가 정했던 노출 수준보다 훨씬 낮았다. 쥐가 자연사할 때까지 진행된 실험 결과는 이론의 여지가 없었다. 가장 낮은 농도에 노출된 쥐의 10%가 매우 희귀한 간암의 일종인 혈관육종과 신장암에 걸렸다. 노출된 지 겨우 81주가 지나서였다. 기업의 입장에서는 심각한 결과였다. 250ppm이라면 공장에 적용된 기준치의 절반밖에 되지 않았으니 말이다. 또 굿리치의 기밀문서에도 나와 있듯이 당시에는 미용실에서도 염화비닐 기체 농도가 그 정도였다.[53] 그게 다가 아니었다. 말토니는 그보다 훨씬 낮은 농도에서도 비슷한 효과가 유발될 가능성을 배제하지 않는다고 밝혔다. 상황이 시급하게 돌아가자 유럽 기업들 — 이탈리아의 몬테디손, 영국의 ICI, 프랑스의 론 프로질(론 풀랑 계열사), 벨기에의 솔베이 — 은 미국 기업과 만나 1972년 10월 '비밀 협약'[54]을 맺는다. 미국 화학산업협회의 여러 자료에서 드러났듯이, 유럽 기업은 체사레 말토니의 연구 데이터를 언제든지 내줄 용의가 있었다. 단, 미국 기업이 사전 동의 없이 데이터를 공개하지 않는다는 조건을 내걸었다.[55]

미국 기업은 미국 산업안전보건청을 상대로 음모를 꾸밀지언정 약속을 지켰다. 1973년 1월 근로자의 안전과 건강을 담당하기 위해 신설된 산업안전보건연구원(NIOSH)이 화학산업협회에 연락을 취했다. 염화비닐의 위험성과 산업안전보건청이 1971년에 설립 당시 정했던 500ppm이라는 '자발적 기준치'에 대해 알아보기 위해서였다. 1973년 7월 11일 록빌에 있는 연구원에서 마커스 키 원장과의 만남이 예정되었다. 유럽 기업들과 맺은 약속을 지키기 위해 미국 기업들은 비밀리에 회동해서 전투 계획을 짰다. 비밀 회동의 회의록도 '기밀'로 분류되었다. 그들은 마커스 키가 먼저 얘기를 꺼내지 않으면 체사레 말토니의 연구에 대해 언급하지 않기로 결정했다.[57] 그리고 만약 마커스 키가 연구를 언급하면 그들이 보유하고 있는 데이터는 사전 데이터이고 "최종 결과를 받는 대로 통보하겠다."고 약속하기로 합의했다.[58]

기업들이 걱정했던 것은 공장 내 노출 기준이 강화되는 것뿐만이 아니었다. 플라스틱 병과 같은 PVC로 만든 식품 용기의 오염도 문제였다. 다우케미컬의 독성학자 테오도어 토켈슨은 "예상되는 질문은 염화비닐이 식품 속에 남게 되는지, 음식과 상호작용을 하는지, 그렇다면 어떤 방식인지 등이다."[59]라고 하면서 그러한 가정을 확인할 실험은 수행된 적이 없다고 했다. 결국 회의는 매끄럽게 진행되었다. 마커스 키가 민감한 질문을 하나도 하지 않았기 때문이다. 유니언 카바이드 대표는 "산업안전보건연구원이 염화비닐에 관한 대책을 서둘러 취할 위험은 실질적으로 줄어들었다."[60]고 보고했다. 그러나 태풍이 불어닥치기까지는 그리 오래 걸리지 않았다.

PVC 제조업체의 전투 준비

"1967년 9월에서 1973년 12월까지 켄터키 주 루이빌 근교에 있는 굿리치 공장에서 폴리염화비닐 중합화 작업장 노동자 네 명이 간 혈관육종 진단을 받았다. (……) 간 혈관육종은 극히 드문 암이다. 미국에서 해마다 간 혈관육종을 진단받는 사람은 스물다섯 명뿐이다. 그렇기 때문에 같은 공장에서 일하는 소수의 노동자 중 네 명이 진단을 받았다는 것은 매우 이례적인 일이고, 직업과 관련된 발암물질, 아마도 염화비닐이 원인일 가능성을 생각하게 한다."[61] 애틀랜타의 질병통제예방센터 주보인《이환률 및 사망률 주간 보고서》에 1974년 발표된 이 논문은 굿리치의 존 크리치 박사가 작성한 글이다. 10년 전에 그는 '극히 희귀한' 질병인 말단골용해증 네 건을 진단하고 경종을 울린 바 있다. 논문을 발표하기 직전 그는 산업안전보건청에 사실을 알렸고, 산업안전보건청은 염화비닐에 대한 규제를 재검토하기 위해 긴급 청문회를 열었다.[62]

산업안전보건연구원의 마커스 키가 1973년 7월 11일에 기업들과 만났을 때 속았다는 걸 깨달은 것도 그때였다. 그는 간 혈관육종으로 사망한 노동자의 미망인 홀리 스미스가 굿리치와 다우케미컬을 상대로 낸 소송에서 증언을 할 때 그가 느낀 '실망감'을 자세히 털어놓았다. 1995년 9월 19일에 촬영된 그의 증언은 매우 흥미롭다. 기업이 규제 기관의 대표를 속일 수 있는 전문적이고 개인적인 방법들을 밝히고 있기 때문이다. 마커스 키 박사는 1973년 7월의 모임에서 기업의 대변인 역할을 했던 다우케미컬의 베럴드 로우와 오래전부터 알고 지내던 사이였다. 그가 속았던 것은 베럴드 로우가 '고의로' 거짓말을 하고 그의 믿음을 저버릴 것이라고는 '상상'도 하지 못했기 때문이었다.

증인 심문은 유족을 대표하는 변호사 스티븐 보드카와 굿리치 및 다우케미컬의 변호사가 진행했다. 컬럼비아 주 지방 법원의 정리 모린 도넬슨도 입회한 상태였다. 마커스 키는 화학산업협회 대표들이 매우 강한 농도(3만 ppm)의 염화비닐이 암을 유발할 수 있다는 피에르루이지 비올라의 연구를 소개하는 데 그쳤다고 설명했다. 그리고 유럽에서 '더 합리적인' 노출 수준으로 또 다른 연구가 진행 중이며 결과는 아직 알려지지 않았다고 했다.

"로우 박사를 포함해서 화학산업협회 사람들과 회의를 할 때 또 다른 연구가 250ppm에서도 암을 일으켰다는 결과를 얻었다는 사실을 통보받았습니까?" 스티븐 보드카가 물었다.

"아니오."

"직업상의 이유로 로우 박사를 오래전부터 알고 있었다고 했지요?"

"네."

"회의를 할 때 로우 박사를 동료로서 신뢰했습니까?"

"네."

"회의를 할 때 로우 박사가 250ppm 노출 시 실험실 동물에게 간 혈관 육종을 유발한다는 사실을 알고 있었다면 당신에게 알렸을 것이라고 생각합니까?"

"이의 있습니다." 기업 변호사 한 명이 말을 끊었다.

"대답하십시오." 스티븐 보드카는 단호했다.

"네."[63]

심문의 마지막 부분을 보면 마커스 키가 얼마나 크게 '실망'했는지 알 수 있다. 기업의 거짓말을 덮기 위해 베럴드 로우는 그들이 체사레 말토니의 연구 결과를 통보했다고까지 주장했으며 회의 기록 조작도 서슴지 않았다.

1974년 2월 청문회가 끝난 뒤 산업안전보건청은 염화비닐 노출 기준치를 1ppm으로 정할 것을 제안했다. 데이비드 마이클스는 그것이 "진(Gin) 8만 gal(갤런)에 들어 있는 베르무트 1온스에 해당"한다고 했다.[64] 기준치를 확정하기 위해 산업안전보건청은 1974년 6월 다시 청문회를 열었다. 기업들은 다시 전투 준비에 돌입했다. 새 전투에 임하기 위해 그들은 힐앤놀튼에 도움을 구한다. "합리적 의심을 만들어 내는" 전문가인 힐앤놀튼은 납, 석면, 담배 제조업체에도 그 재능을 팔았다.[65] 이 회사는 산업안전보건청 본부 맞은편에 있는 호텔에 스위트룸을 얻어 전투 계획을 세우기 시작했다. 그곳이 사령부였다. 본격적인 훈련이 시작되었고, 기업들은 '홍보' 회사 '전문가'들이 준비한 논리를 갈고 닦았다. 기밀이었다가 공개된 「산업안전보건청 청문회 준비」라고 적힌 자료에는 기업의 입장을 대변하는 쟁점 네 가지가 들어 있다. 이 내용은 언론에 배포되었다.

"①PVC로 만든 제품은 우리 사회에서 중요한 역할을 한다. 쓸모없으면서 지나치게 엄격하기만 한 기준치는 미국 국민이 이로운 고부가가치 상품을 누리지 못하게 할 것이다. ②PVC를 없애면 생산과 고용 측면에서 경제적 및 사회적 파급 효과가 매우 클 것이다. ③노출 기준을 산업안전보건청이 권고한 수준으로 낮추는 것은 기술적으로 불가능하다. ④플라스틱제조업협회가 권고한 노출 기준치가 위험하다는 것은 증명되지 않았다."[66]

이 자료는 매우 흥미롭다. PVC를 비스페놀A나 아스파르탐으로 바꿔도 되기 때문이다. 독극물을 보호하는 전략은 과학자나 보건 당국의 우려와는 거리가 먼, '커뮤니케이션' 혹은 정보 왜곡 전문가들이 만든 상투적인 논리였다. 이 믿을 수 없는 전쟁의 진짜 쟁점을 강조해 놓은 이 자료의 결론도 볼 만하다. "잠정적으로 심각하게 우려되는 것은 모든 플라스틱 제품을 비롯해 집에서 사용하는 PVC 제품의 위험성에 대한 소비자의 반발이다."

기업의 메시지를 전달할 유명 신문들이 항상 있다는 것도 주목하자. 유연휘발유 사건 때의 《뉴욕타임스》를 보라(8장 참조). 1974년 10월 《포춘》의 논조는 냉정하다. "노동자들이 가스에 노출되도록 정부가 승인하면 그들 중 누군가는 죽을 것이다. 노출을 완전히 차단하면 가치 있는 산업 전체가 사라질 것이다. (……) 의료 및 경제적 우려는 그와 정면으로 대치한다."[67]

"리처드 돌의 정통성은 완전히 훼손되었다"

그러나 기업들의 노력은 모두 수포로 돌아갔다. 1974년 6월 청문회가 끝나자 산업안전보건청은 1ppm을 새로운 기준치로 확정했다. 새 기준치는 1975년 4월 1일 발효되었다. 재난을 예언했던 전문가들의 예상과 달리 PVC는 살아남았다. 예고된 '경제 재앙'은 일어나지 않았다. 화학 산업 전문지인 《케미컬위크》도 1977년 9월 5일 기사에서 보란 듯이 떠벌였다. "미국 비닐 제조업체들은 2년 전 그들의 생존을 위협한 '산업안전보건청 문제'를 해결했다." 저자는 PVC 수요와 가격이 그 어느 때보다도 높다고 언급했다. "그들은 산업안전보건청이 요구한 노출 기준을 준수하는 데 필요한 설비를 갖추었다. 그러나 그것 때문에 PVC 생산 증가를 마비시킬 정도로 생산 비용이 증가하지는 않았다."[68]

이렇게 자백도 했으니 폴리염화비닐 제조업체는 새로운 과학 혹은 의학 데이터가 현대 독극물의 안전성에 문제를 제기할 때마다 은폐하려는 시도를 멈추리라 기대할 수 있다. 그러나 그것은 오산이다. 1979년 국제암연구소는 염화비닐에 대한 첫 평가를 수행했고 "인간에게 암을 유발한다."고 잠정적인 결론을 내렸다. "대상 기관은 간, 뇌, 폐, 혈액계와 림프계이다." 8년 뒤 수행된 두 번째 평가는 첫 번째 평가 결과를 확정했고, '염화비닐'은 1그룹으로 분류되었다.[69]

전투 준비는 다시 시작되었다. 화학산업협회가 리처드 돌에게 PVC의 발암성을 검토한 연구들을 메타분석해 달라고 요청했던 것이다. 1988년《스칸디나비아노동환경보건저널》에 발표된 리처드 돌의 메타분석은 간 혈관육종만 PVC 노출과 관련이 있을 수 있고, 다른 암은 그렇지 않다는 결론을 내렸다.[70] 데이비드 마이클스, 폴 블랑, 데브라 데이비스, 2005년 리처드돌의 연구에 논문 전체를 할애한 제니퍼 새스[71] 등 여러 전문가들이 지적한 대로, 리처드 돌의 새로운 '연구'는 왜곡되었다. 그는 원하는 결론을 도출하기 위해 염화비닐이 뇌종양을 일으킨다는 것을 보여 준 여러 연구를 '통계적으로 유의미하지 않다.'며 제외시켰다.

제니퍼 새스는 "리처드 돌은 논문에 대해 재정 지원을 받았는지 밝히지 않았다."고 지적했다. 그는 분명 돈을 받았을 것이다. 2000년에 뇌종양을 앓게 된 노동자가 건 소송에서 기업 측 전문가로 인용되었기 때문이다. 결국 그는 1988년 메타분석 수행 당시 화학산업협회에서 '1만 2000파운드'를 받았다고 인정했다.[72] 그러나 당시에 몬산토에서도 돈을 받았다는 사실은 끝내 밝히지 않았다.

보스턴 대학의 리처드 클랩은 "염화비닐 사건은 리처드 돌의 명성에 결정타를 날렸습니다."라고 말했다. 그리고 이어 이렇게 말했다. "환경보건 분야에서 가장 권위 있는 학자로서의 정통성에 결정적인 오점을 남겼지요. 이제는 화학오염물질이 선진국에서 두드러진 암과 퇴행성 신경 질환, 생식기능 이상의 이례적인 증가 현상에 중요한 역할을 한다는 사실에 눈을 뜰 때입니다."

산업 선진국 전염병

"우리 과학자, 의사, 법률가, 인권 운동가, 시민은 상황의 시급성과 심각성을 인식하고 다음과 같이 선언한다. 현재 수많은 질병의 증가는 환경 파괴로 인한 것이다. 화학 오염은 어린이를 비롯한 인류의 생존을 심각하게 위협하고 있다. 우리의 건강과 아이들의 건강, 그리고 미래 세대의 건강이 위험에 처해 있고 이는 곧 인류의 건강이 위험에 처해 있음을 의미한다." 역사에 '파리 성명'으로 길이 남을 '화학 오염이 건강에 미치는 위험에 관한 국제 성명'은 2004년 5월 7일 도미니크 벨폼 교수가 설립한 항암치료연구협회(ARTAC)가 유네스코에서 개최한 암환경보건회의에서 채택되었다.* 성명서에 서명한 사람 중에는 이 책에서 이미 언급한 과학자들도 있었다. 거기에는 리처드 클랩, 앙드레 피코, 장 프랑수아 나르본, 앙드레 시코렐라, 뤽 몽테니에, 그리고 암이 무엇보다 "인간이 만든 환경 질병"[72]이라고 공개적으로 밝힌 최초의 프랑스 종양학자인 도미니크 벨폼도 포함되어 있다.

사실 국제암연구소의 인터넷 사이트만 봐도 "황금 집게발 달린 게"[74]는 주로 '선진'국, 즉 유럽, 북미, 오스트레일리아에서 증가했다. 지도와 그래프를 이용해 '전 세계 암 발병률과 사망률'을 보여 주는 글로보캔 2008년 데이터에 따르면, 프랑스는 인구 10만 명당 새로운 암 환자가 연간 360.6명으로 상위 그룹에 속한다. 그 뒤를 이어 오스트레일리아가 360.5명을 기록했다. 이는 캐나다(335명), 아르헨티나(232명), 중국(211명), 브라질(190.4명), 볼리비

---

* 항암치료연구협회는 1984년 종양학자 도미니크 벨폼이 '연구자, 환자, 환자 가족들'과 함께 설립했다. 이곳의 연구 방향은 '암 원인 규명과 예방'이다.(Dominique BELPOMME, *Avant qu'il ne soit trop tard*, Fayard, Paris, 2007, pp.21-25 참조)

아(101명), 인도(92.9명), 니제르(68.6명)보다 훨씬 높은 수치이다. 전 세계적으로 해마다 가장 빠른 증가세를 보이고 있는 유방암에서도 프랑스는 99.7명으로 '뛰어난' 성적을 보였다.

유방암의 경우 북반구와 남반구 국가 사이의 차이가 엄청나다. 부르키나파소의 발병률은 21.4명이고, 중국은 21.6명, 멕시코는 27.2명에 그친다. 전립선암도 상황은 별반 다르지 않다. 프랑스의 발병률은 118.3명이나 되며, 미국은 83.8명, 독일은 82.7명인 데 반해 인도는 불과 3.7명이다. 대장암도 프랑스는 36명, 독일은 45.2명, 인도는 4.3명, 볼리비아는 6.2명, 카메룬은 4.7명이다. 갑상선암, 고환암, 폐암, 뇌종양, 피부암, 백혈병도 산업 선진국과 남반구 국가의 발병률이 열 배에서 스무 배까지 차이가 벌어진다.

국제암연구소가 발표한 연구에 따르면, 2006년 유럽연합 25개국에서 암 진단 건수가 319만 1600건에 달했다(남성 53%, 여성 47%). 2004년에 비해서 30만 건이나 늘어난 수치이다.[75] 리처드 페토 경이 주장하는 것과 달리 인구 고령화가 유일한 원인이 아니라는 증거는 증가세가 멈추지 않는 소아암이다. 국제암연구소가 발표한 또 다른 연구는 유럽의 암 등록부 63개를 분석한 것이다. 이 분석에 따르면, 지난 30년간 0~14세 아동의 연간 발병률 증가율은 1%였고, 15~19세 청소년은 1.5%였다. 이 현상은 10년 단위로 더욱 심각해지고 있다. 1970년대와 1980년대 사이에 아동의 발병률 증가율은 0.9%였으나 1990년대에는 1.3%로 높아졌다. 청소년의 경우에는 1970년대와 1980년대 사이에 1.3% 증가했고, 1990년대에 1.8% 증가율을 기록했다.[76] 상황이 매우 심각해지자 2006년 9월 세계보건기구는 전 세계에 경종을 울렸다. "피할 수 있는 만성 전염병"[77](밑줄-인용자)을 "제어하기 위한 전략"을 실행에 옮기라고 요구한 것이다. 암이 전염병이 아닌데도 걷잡을 수 없이 확산되자 '전염병'이라는 단어를 사용한 것은 보통 매우 점잖은 화법을 구사하는 세계보건기구로서는 획기적인 변화였다. 누군가에게는 못마땅했을 전염병이라는 단어를 선택함으로써 암의 이례적이고 비정상적인 확산을 강조했던 것이다.

프랑스에서는 2008년에 국립보건의학연구소가 환경노동위생안전청의 요청으로 암에 대한 전문가 그룹의 진단이 내려졌다. 전문가 그룹은 1년 앞서 발표된 의학원과 과학원의 보고서를 정면으로 반박했다. 889쪽에 달하는 방대한 보고서 「암과 환경」을 작성하기 위한 33명의 전문가들이 기울인 엄청난 노고에 박수를 보낸다. 보고서는 서론에서부터 리처드 페토 경과 '존경해 마지않는' 과학자들의 보잘것없는 주장을 조목조목 반박했다.

"암 발병률은 지난 20년 동안 증가해 왔다. 인구 변화(프랑스 인구 증가 및 고령화)를 고려한다 하더라도 1980년 이후 발병률 증가율은 남성에게서 +35%, 여성에게서 +43%로 나타났다."[78]

저자들은 "환경의 변화가 일부 암의 발병률 증가에 부분적으로 원인이 되었을 수 있다."고 덧붙였다. 어조는 분명 신중하지만 이 보고서가 그때까지 화학 오염의 역할을 최소화하거나 아예 무시했던 다른 보고서들과 확실히 단절되어 있다는 것은 분명하다.

국립보건의학연구소의 과학자들은 "지난 25년간 발병률이 꾸준히 증가해 온 암은 폐암, 중피종, 혈액암, 뇌종양, 유방암, 난소암, 고환암, 전립선암, 갑상선암 등 총 아홉 개"*라고 밝혔다. 그들은 오로지 '환경 요인'만 연구

---

* 전립선암 발병률은 매년 증가해서 2005년에는 1980년에 비해 6.3% 증가한 것으로 나타났다. 특히 2000년과 2005년 사이에 증가세가 두드러졌다(+8.5%). 1980~2005년 유방암의 연평균 증가율은 2.4%이며, 갑상선암은 6%, 고환암은 2.5%, 뇌종양은 1% 증가했다.

한 논문들의 데이터를 분석했다. 환경 요인이란 "대기, 물, 토양, 식품에 들어 있으며 개인의 행동에 의해 노출되는 것이 아닌 물리적, 화학적, 생물학적 오염물질"을 말한다. 따라서 일부 암을 유발하는 원인임에는 이견의 여지가 없는 '능동적 흡연'은 제외시키고 '일반적인 환경 요인'(농약, 다이옥신, PCB, 중금속, 자동차 먼지 등)과 '직장의 환경 요인'만 다뤘다. 그리고 결론에서 "암의 환경 요인에 관한 전염병학, 독성학, 분자학 연구를 강화"할 것을 권고했다. "그것이 국민 대다수와 관련이 있는 공공 보건에 중요한 문제"이기 때문이다.

국제암연구소의 크리스토퍼 와일드 소장도 "암의 80~90%가 환경이나 생활 방식과 관련이 있다고 본다."고 말했다. "화학오염물질에 대한 노출 수준과 생활 방식이 다른 지역으로 이주한 이민자들에 대한 연구도 그것을 증명해 준다. 정착한 지역의 암 발병 모델을 그대로 따라가기 때문이다." 와일드 박사가 언급한 연구 중에는 하와이에 정착한 일본 이민자들에 관한 연구가 있다. 실제로 이민 1~2세대만에 일본 이민자들은 미국인들의 암 발병 프로필을 그대로 따라갔다. "전립선암, 대장암, 갑상선암, 유방암, 난소암, 고환암 발병률이 크게 증가"79)한 것이다. 일본에서는 발병률이 훨씬 낮은 암들이다. 앙드레 시코렐라와 도로테 브누아 브로웨스는 『건강 경보』에서 "유전자가 변한 것이 아니라 환경이 변한 것이다."80)라고 지적했다.

환경이 만성질환 발병에 미치는 영향을 평가하는 또 다른 방법으로는 같은 난자에서 수정되어 유전자가 100% 동일한 일란성 쌍둥이의 건강 변화를 비교하는 방법이 있다. "암이 유전병이라면 일란성 쌍둥이는 똑같은 암에 걸릴 것"이기 때문이다. 그런데 "현실은 완전히 다르다."81) 2000년 스물여덟 개 암에 관한 발병 위험을 평가하기 위해 스웨덴, 덴마크, 핀란드에 등록된 4만 4788명의 쌍둥이의 의료 기록을 검토한 연구가 내린 결론은 분명했다. "유전적 요인이 대부분의 암에 대한 감응성에 미치는 영향은 미미하다. 이 결과는 환경이 암 발병에 중요한 역할을 한다는 것을 보여 준다."[82]

이는 상황이 바뀌고 있다는 증거였다. 2010년 5월 6일 유럽의회 결의문이 내린 결론도 똑같기 때문이다. '암 퇴치를 위해 행동에 나서기'라는 제목의 결의문도 암을 일으키는 환경 요인의 역할을 강조한다. 환경 요인이란 "담배 연기나 방사선 혹은 자외선에 과도하게 노출된 것만"을 가리키는 것이 아니라 "음식, 공기, 토양, 물에 들어 있거나 산업 공정 또는 농업 활동에서 발생하는 화학오염물질"도 포함된다고 덧붙였다. 결의문은 유럽위원회에 "직업이나 환경에 의해 발암물질에 노출되는 것을 줄이는 방법으로 암 예방"[83]을 독려하도록 요청했다. 그러기 위해서는 소비자나 시민보다 기업의 입장을 더 고려하고 있는 현행 화학물질 규제를 처음부터 재검토해야 할 것이다.

NOTRE POISON QUOTIDIEN

3부

기업을
섬기는 규제

독극물 '일일섭취허용량'과
과학 사기

"과학은 인간과 자연의 오염을 관리하는 행정가로 둔갑했다."

—울리히 벡

"규제 시스템의 목적은 발암물질로부터 국민 건강을 보호하는 것이다. 그러나 규제 시스템은 그 기능을 제대로 수행하지 못하고 있다. 만약 그랬다면 암 발병률이 감소했을 테지만 실상은 전혀 그렇지 않기 때문이다. 식품 사슬을 오염시키는 해로운 제품을 규제할 때 주로 사용하는 도구인 일일섭취허용량은 소비자의 건강보다는 기업을 더 보호하고 있다는 생각이 든다."

물리학자였다가 철학자와 과학사학자로 변신한 영국의 에릭 밀스톤은 다른 유럽 국가에서는 찾아볼 수 없는 전공인 과학기술정책학 교수이다. 그의 관심사는 정책 당국이 보건 및 환경 정책을 결정하는 방식과 정책 결정 과정에서 과학이 하는 역할이다. 내가 그를 만난 것은 2010년 1월 어느 눈 쌓인 날이었다. 잉글랜드 남부 브라이튼에 있는 서섹스 대학 내 그의 연구실에는 30년 동안 해 온 연구를 '납 오염', '광우병', '유전자 조작 생물체', '농약', '식품첨가물', '아스파르탐', '비만', '일일섭취허용량' 등으로 깔끔하게 라벨을 붙여 분류한 책과 자료가 가득 쌓여 있었다.

일일섭취허용량 발명의 블랙박스

직설적인 성격과 난해하기로 소문난 주제를 파헤치는 뛰어난 능력의 소유자로 유명한 에릭 밀스톤은 유럽의 식품 안전 규제 시스템의 최고 권위자이자 가장 신랄한 비판가이다. "일일섭취허용량 원칙을 정당화할 수 있는 과학 연구를 하나라도 찾아와 보십시오. 불가능할 겁니다." 그는 확신에 차서 말했다. "소비자 안전이 1950년대 말에 지어낸 개념에 의존하고 있습니다. 그것은 무너뜨릴 수 없는 도그마가 되었습니다. 시대에도 뒤떨어지고 과학적 정통성도 없는데 말입니다."[1]

사실 나는 그를 만나기 전, 몇 주 동안이나 일일섭취허용량 — 영어로는 'Acceptable Daily Intake'라고 한다. — 이 어떻게 탄생했는지 알아내려고 애쓰고 있었다. 일일섭취허용량은 우리가 먹는 식품과 접촉하는 화학제품, 즉 농약, 식품첨가물, 플라스틱 용기 등에 대한 노출 기준을 정하기 위해 사용되는 개념이다. 인터넷에 검색해 보면 대략 다음과 같은 정의를 찾을 수 있다. "일일섭취허용량은 우리가 건강에 아무런 문제 없이 평생 동안 매일 섭취할 수 있는 화학물질의 양이다." 그러나 왜 그런 개념이 만들어졌는지 가르쳐 주는 연구 자료 출처는 밝히지 않았다. 일일섭취허용량을 사용해서 식품 내 잔류농약허용량을 결정하는 사람들에게 물어봐도 당황한 채 대답을 얼버무리기 일쑤다. 2010년 1월 파르마에서 만난 유럽 식품안전청의 농약 담당 부서장 에르망 퐁티에도 "농약 승인을 담당한 지 23년이나 됐지만 솔직히 일일섭취허용량이 처음에 어떻게 만들어졌는지 생각해본 적이 없군요. 확실한 건 과학자들 사이에서 소비자 보호를 위한 일일섭취허용량을 만들자는 <u>합의</u>가 있었다는 것입니다."[2](밑줄-인용자)

에르망 퐁티에의 아쉬운 설명을 듣고 있자니 몬산토에 관해 취재할 때가 떠올랐다. 그때 나는 '실질적 동등성'의 기원을 찾고 있었다. 이 개념도 유전자 조작 생물체 규제에 관한 '합의'였다. 1992년 미국 식품의약국이 인정하기도 했던 이 개념은 유전자 조작 식물이 기존 식물과 '실질적으로 유사'하다는 것이지만, 이를 뒷받침할 과학적 데이터는 전무하다. 세계 생명공학의 리더인 몬산토가 상업적 이익을 위해 배후 조종한 정책 결정의 산물이었던 것이다. 그러나 국제 규제 기관들은 앞 다투어 실질적 동등성을 받아들였고 시장에 출시된 유전자 조작 식물에 대한 과학적 평가가 없다며 이 개념을 내세우고 있다.

일일섭취허용량의 사정도 별반 다르지 않다. 이는 사회학자이자 과학철학자인 브뤼노 라투르가 말했던 '블랙박스'를 연상시킨다. 블랙박스란 과학 지식이나 기술 지식이 어떻게 인정되었는지 그 과정은 망각 속에 빠지고 아무리 격렬한 논란이 벌어져도 결국 자명한 진리처럼 받아들여지는 과정을 가리킨다. 『행동하는 과학(La Science en action)』[3]에서 브뤼노 라투르는 오랜 실험과 이론 연구를 거쳐 탄생한 새로운 발견 — DNA의 이중 나선 구조나 ECLIPSE MV/8000 컴퓨터 — 은 "식어서 안정된 대상" 혹은 "기정 사실"이 되어 그것을 도구로 사용하는 과학자를 포함해서 그 누구도 새로운 발견을 지배했던 "내부의 톱니바퀴"를 이해할 수 없고 "셀 수 없이 많은 관계의 실타래를 풀어내" 볼 수도 없게 된다고 주장했다. 일일섭취허용량의 원리도 그와 비슷해서 독성학자와 화학 리스크 관리자들이 그것을 기준으로 삼지만 "과학의 조용한 실행" 속에서 "두꺼운 캡슐에 싸인 암묵적 지식"이 되었다. 탄생 이야기가 워낙 오리무중이다 보니 "수백 년 전에 이미 알려졌거나 십계명에 적혀 있었을지 모를" 지식이 되었다는 것이다.

에릭 밀스톤은 "일일섭취허용량이 브뤼노 라투르의 사례와는 매우 다른 성격의 블랙박스라는 것이 문제"라고 지적했다. "DNA의 이중 나선 구조는 확고한 과학적 사실로, 다른 과학자들이 그것을 바탕으로 인간 유전자에 관한 지식을 넓혔습니다. 능력과 시간이 되는 사람이 마음만 먹는다면 제임스 왓슨과 프랜시스 크릭이 이중 나선 구조를 어떻게 발견하게 되었는지 그 수많은 과정을 재구성하는 것이 가능합니다. 그러나 일일섭취허용량은 그렇지 않습니다. 기업과 정치인을 보호하기 위한 자의적인 결정에서 나온 사이비 과학 개념이기 때문이죠. 기업과 정치인은 전문가 뒤에 숨어서 자신들의 활동을 정당화하려고만 합니다. 일일섭취허용량은 독성 화학물질을 식품 생산에도 사용할 권리가 있다고 생각하는 자에게 없어서는 안 될 인위적 장치입니다."

"그럼 누가 이 개념을 만들어 냈는지 알 방법이 없나요?"

"세계보건기구에 따르면 르네 트뤼오라는 프랑스 독성학자가 만들어 냈다고 합니다. 미국에서는 식품의약국 소속의 독성학자로, 비슷한 문제를 연구했던 아널드 리먼과 가스 피츠휴가 만들어 냈다고 보지만요."

파라셀수스를 신봉했던 프랑스 독성학자 르네 트뤼오

푸아투 지방 사람 특유의 황소고집으로 나는 기어코 제네바의 세계보건기구 본부까지 찾아가 기록을 뒤지기 시작했다. 위압감이 느껴지는 세계보건기구 자료 센터의 주제 색인에서 실제로 르네 트뤼오(1909~1994)에 대한 기록 몇 개를 찾을 수 있었다. 그는 파리에서 독성학 교수로 활동했고 프랑스 종양학의 선구자로 손꼽힌다. 「내인성 발암 원인 연구 논고」라는 논문으로 약학 박사 학위를 취득했던 이 '부지런한 노력파'는 식품 독성학 전문가가 되었다. 1984년 벨기에의 레오폴드 몰이 르네 트뤼오에게 바친 헌사의 표현을 빌리면, 그는 "화학물질이 체내에 유입되는 과정을 밝히고 그 활동 메커니즘을 분석했다."[4] '독성 동력학*'의 선구자'인 트뤼오는 파리 약학대학의 독성학 실험실을 운영하면서 "농약 잔여물, 동화 촉진제 잔여물, 보존제, 유화제, 천연 및 합성 색소 등 의도적으로 혹은 모르는 사이에 식품에 첨가된 화학물질의 발암성 및 독성을 평가"했다.

르네 트뤼오의 귀한 인터뷰 자료도 살펴볼 수 있었다. 장 랄리에(1928~2005)가 1964년에 찍은 다큐멘터리에 포함되었던 내용이다. 「2000년의 빵과 포도주(Le pain et le vin de l'an 2000)」라는 제목의 다큐멘터리는 내가 이 책에서 답을 구하려고 하는 모든 (제대로 된) 질문을 이미 50년 전에 던지고 있었다. 무엇보다 식품 사슬을 오염시키는 화학물질에 대해 아직 걸음마 단계였던 규제의 효율성과 그 과정에서 독성학자들이 하는 역할은 무엇인가에 대한 물음을 던졌다. 화면 속 르네 트뤼오는 흰 가운을 입고 약학대 실

---

* 독성 동력학은 약품과 화학물질이 체내에 흡수, 분배, 신진대사, 배출되는 메커니즘을 분석해서 체내에서 겪는 변화를 연구하는 학문이다.

험실에 앉아 이렇게 말했다.

"19세기와 비교해 볼까요? 파스퇴르라는 사람이 박테리아가 식품 분야에 미치는 위험을 발견하자 사람들은 식품의 미생물 관리를 중시하게 되었습니다. 관리를 담당할 실험실도 많이 세웠지요. 식품에 첨가되는 화학물질 관리도 그래야 합니다. 화학물질의 위험은 겉으로 보기에는 대단한 것 같지 않지만 그 심각성은 박테리아 못지않다고 확신합니다."[5]

프랑스 의학원과 과학원 회원이기도 했던 르네 트뤼오는 그의 화려한 이력서에도 나와 있듯이 유수한 국제기구에 진출한다. 예를 들어 그는 국제직업병상임위원회, 국제노동기구, 국제암연맹(UICC), 국제순수응용화학연합(IUPAC)과 유럽공동체의 많은 과학 위원회에서 활동했다. 특히 유럽공동체 산하 화학물질의 환경 독성 및 독성 위원회에서는 위원장을 맡기도 했다. 그러나 그의 이름은 30년 동안 열심히 드나들었던 세계보건기구와 가장 관련이 많다. 1991년 발표한 글에서 일일섭취허용량을 만들어 낸 것도 세계보건기구에서였다고 직접 밝힌 바 있다. "내가 일일섭취허용량을 처음 만들어 낸 사람이라고 생각한다. 1950~1962년 나와 함께 지냈던 전문가들도 여러 논문에서 그 사실을 인정하고 있다. 당시에 과학 저널에 논문을 발표하지 않은 것이 안타깝고 또 아이러니하기도 하다."[6] 트뤼오의 다소 조심스러운 언사가 신중함인지, 아니면 겸손함에서 우러나온 것인지는 모르겠다.

어쨌든 그의 말처럼 안타까운 것은 사실이다. 덕분에 유명한 일일섭취허용량의 탄생 기원에 대해서는 더 이상 알 길이 없기 때문이다. 트뤼오의 글을 읽어 보면 그가 철저하게 검증된 실험 모델을 바탕으로 이 개념을 만들어 낸 것은 아니었고 단지 이론적인 아이디어 수준이었던 듯하다. 물론 기발하고 잠재력이 있는 아이디어였다. 트뤼오는 연구를 통해 그의 아이디어를 발전시켜 나갔다. "인간이 다양한 환경에서 장기간 흡수하게 되는 화학 물질의 독성 평가를 연구해 오면서 내가 황금률로 삼았던 원칙은 500년 전에 파라셀수스가 만들었던 '양이 곧 독이다.'였습니다. 이 원칙을 바탕으로 허용할 수 있는 한계를 정할 수 있도록 용량과 효과를 설정하는 방법론에 가장 큰 우선순위를 두었습니다."

독성학의 아버지 파라셀수스가 로버트 케호의 납 독성 연구에 어떤 영향을 미쳤는지 기억할 것이다(8장 참조). 케터링연구실의 로버트 케호 소장은 기업을 위해 일하며 납에 중독된 신생아의 시체를 해부했고 '자원자'에게 실험을 해서 위험하지 않다고 판단되는 노출량을 정했다. 그리고 그 연구 결과를 가지고 유연휘발유를 퇴출시키자는 사람들의 논리를 반박했다. 로버트 케호는 네 가지 원칙을 바탕으로 한 이론을 관철시켰는데, 그것이 일일섭취허용량 이론과 매우 유사하다. "①납은 자연 상태에서 체내에 흡수된다. ②인체는 납을 동화시키는 메커니즘을 가지고 있다. ③일정한 양 이하로 흡수되었을 때 납은 무해하다. ④대중이 노출되는 납의 양은 그보다 적으므로 우려할 만한 수준이 아니다."

1961년 '과학적으로' 공식화된 '조금 애매한' 원칙

르네 트뤼오는 로버트 케호의 연구를 알고 있었을 가능성이 높다. 두 사람다 직업과 관련된 오염물질의 영향을 연구하고 있었기 때문이다. 1957년 헬싱키에서 열린 국제직업병상임위원회 회의에서 '작업장 내 공기 및(또는) 자연 환경에서 독성 물질 허용량'을 제안한 사람도 로버트 케호였고, 1980년 르네 트뤼오가 산업보건에 관한 연구 공로를 인정받아 미국 산업위생학회가 수여하는 얀트상을 받았을 때 학회 회장도 바로 로버트 케호였다.

그러나 내가 세계보건기구에서 찾아낸 자료를 보면 자칭 '일일섭취허용량의 고안자'였던 르네 트뤼오는 그에게 아이디어를 준 연구나 아이디어를 발전시키기 위해 했을 법한 연구에 대해서는 일언반구도 하지 않는다. 그는 세계보건기구와 식량농업기구가 그의 제안을 받아들인 과정을 시간 순서대로 나열하기만 했다. 1981년에 그가 쓴 글에서 "1953년 제6회 세계보건총회(세계보건기구의 정책 결정 기구)는 지난 수십 년 동안 식품 산업의 화학 물질 사용 증가가 새로운 보건 문제를 낳았으며, 이를 연구할 필요가 있다고 밝혔다."7)라는 내용을 볼 수 있었다. 식량농업기구는 "수많은 식품첨가물의 순도와 첨가물을 사용했을 때 나타날 수 있는 보건상의 위험에 관한 데이터가 턱없이 부족"하다고 지적했다. 그래서 세계보건기구와 식량농업기구는 1955년 9월에 "식품첨가물 사용과 관련된 문제를 다각도로 연구해서 세계 각국의 보건 당국과 정부 기관에 지침 혹은 권고 사항을 제시할" 전문가 위원회를 발족시켰다. 따라서 이 위원회의 가장 큰 관심사는 오로지 "음식의 외관, 맛, 질감, 보존 기간을 향상시키기 위해 의도적으로 첨가된 미량의 비영양 성분인 식품첨가물"이었다.

이렇게 해서 FAO/WHO 합동 식품첨가물전문가회의(JECFA)가 발족되었다. 첫 번째 회의는 1956년 12월 로마에서 개최되었다. 식량농업기구와 세계보건기구가 지명한 전문가들은 일명 '포지티브 리스트'를 채택해서 "적절한 독성학적 기준으로 승인되지 않은 물질의 사용을 전면 금지"8)했다. 그 전문가들 중에 르네 트뤼오도 있었다. 이 권고 사항은 사전에 독성학 테스트를 받고 식품첨가물전문가회의(혹은 국가별 규제 기관)에 그 결과를 제출하지 않은 새로운 식품첨가물은 사용할 수 없다는 것을 의미한다. 내용만 보면 소비자를 보호하는 방향으로 가고 있는 놀라운 발전이 틀림없다. 그러나 아스파르탐의 사례를 보면(14장 및 15장 참조) 기업이 자사의 이익만을 위해 어떻게 평가 시스템을 피해 가는지 알 수 있다.

전문가 집단은 "독성학 평가를 받는 첨가물의 '기술적 유용성'에 우선순위[9]를 둘 필요가 있다고도 강조했다. 이 표현이 흥미로운 것은 르네 트뤼오와 그의 동료 전문가들의 행보가 어떤 이데올로기적 배경에서 이루어졌는지 이해할 수 있게 해 주기 때문이다. 그들은 식품 생산에 화학물질을 왜 사용해야 하는가라는 사회적 필요성을 단 한 번도 문제 삼지 않았다. 독성이 있는 화학물질이라 해도 말이다. 르테 트뤼오도 텔레비전 방송 인터뷰에서 그 사실을 인정했다.

"예를 들어 적은 양의 색소를 2주일, 2개월, 1년 혹은 2년 동안 섭취했을 때 아무런 부작용이 없을 수 있습니다. 그러나 적은 양이라도 장기간 반복적으로, 매일, 그리고 평생 섭취하면 큰 위험이 잠복해 있을 가능성이 있습니다. 때로는 그것이 돌이킬 수 없는 위험이 될 수도 있고요. 적어도 동물에는 악성 종양, 그러니까 암을 유발하는 색소가 있기 때문입니다."[10]

식품에 들어 있는 강화제가 국민 건강에 미칠 영향을 우려한 르네 트뤼오는 당시에는 그리 흔하지 않았던, '진보의 위험'에 대한 우려를 표명했다. 그러나 과학적 혁신이 '기술적 유용성'을 지닌다는 생각에 의문을 제기하지는 않았다. 그의 관심사는 제조업체가 경제적 이익만을 고려해서 "음식에 의도적으로 첨가한" 발암물질을 금지해 달라고 요구하는 것이 아니라 소비자에게 미칠 영향을 최소화하는 방향으로 최대한 잘 관리하는 것이었기 때문이다. 식품첨가물전문가회의 제2차 회의가 1957년 6월 제네바에서 열렸을 때 전문가들은 식품에 들어 있는 독극물의 허용량을 결정하기 위해 기업에 어떤 유형의 독성학 연구를 요구해야 할지 오랜 시간 협의했다. 나는 분명 '독극물'이라고 했다. 대상 물질이 독이 아니라면 식품첨가제전문가위원회는 존재할 이유가 없기 때문이다. 그것은 일일섭취허용량도 마찬가지다.

그것이 얼마나 애매한 과정인지 이해할 수 있도록 르네 트뤼오가 1991년에 했던 얘기를 인용해 보자. "나는 최종 보고서에 「인간에게 '아마도 무해한' 농도 평가」라는 새로운 꼭지를 추가하자고 했다. '다양한 연구를 검토하면 각 물질에 대하여 실험동물에게 나타난 효과를 유발하지 않는 최소한의 양을 정할 수 있다.(다음부터는 좀 더 간단하게 최대 무효량이라 부르자.) 이 양을 인간에게 적용할 때에는 일정한 안전 범위를 마련해 두는 것이 좋다.'는 말도 곁들였다." 그리고 기가 막힐 정도로 솔직하게 "좀 애매했다."[11](밑줄-인용자)라고 덧붙였다.

그것은 두말할 나위 없다. 그럼에도 불구하고 식품첨가물전문가회의는 1961년 6월 제6차 회의에서 일일섭취허용량을 채택했다. 전문가들은 "실험에서 독성학적으로 의미 있는 효과를 일으키지 않은 양을 1일 기준 mg/kg 단위로" 표시하기로 했다. 이 난삽한 측정 단위를 더 자세히 살펴보기에 앞서, 다시 한 번 '일일섭취허용량의 아버지'가 얼마나 명철했는지 강조해야겠다. 그는 그의 고안품이 갖는 한계를 똑같은 열정을 가지고 설명했다. "독성학 실험에서 무효량은 0밖에 없다. 이외에는 아무리 적더라도 효과가 나타날 수밖에 없다."[12](밑줄-인용자) 다시 말하면 일일섭취허용량이 만병통치약은 아니지만 식품첨가물처럼 체내에 섭취된 화학물질뿐만 아니라 잔류농약이 입히는 피해를 제한할 수 있다는 것이다.

식품첨가물전문가회의 초기였던 1959년에 식량농업기구는 "식품과 사료에 남아 있는 잔류농약으로 인해 소비자가 노출된 위험"[13]을 연구할 유사한 위원회 발족을 제안했다. 이는 농약이 농부들이 일하는 논밭에 널리 사용되고 있는데도 인간의 건강에 미칠 수 있는 영향에 대해 제대로 관심을 가진 사람이 그때까지 아무도 없었다는 증거이기도 하다. 3년 뒤 레이첼 카슨의 『침묵의 봄』이 국제적인 관심을 받자 식량농업기구는 "농업 분야에서 농약 사용이 갖는 과학적, 법적, 규제적 측면에 관한 미래 행동계획을 만들고 권고하기 위한 회의를 개최했다."고 르네 트뤼오가 1981년에 밝혔다. 그는 이 회의의 주요 구성원이었다.[14]

그는 "지중해에서 대규모로 재배되는 올리브의 해충 퇴치"를 위한 실무 그룹에 참여했다고 말했다. 그리고 "소비자에게 판매되는 올리브유 유기인계 살충제, 특히 파라티온* 잔여물의 최대허용량을 결정해야 했다. 세계 여러 나라에서 통용되던 한계 농도는 기름 1kg당 1mg이다. 그러나 독성학적으로 보면, 모든 것은 하루에 소비하는 올리브유의 양이 얼마인가에 달렸다. 올리브유에 빵을 적셔 먹는 그리스 목동은 하루에 60g까지 섭취할 수 있다. 따라서 샐러드에 올리브유을 곁들여 먹는 일반 소비자보다 파라티온을 훨씬 더 많이 섭취할 수밖에 없다. 그렇게 생각하니 문제를 거꾸로 봐야 한다는 확신이 들었다. 기준을 먼저 정하고, 그런 다음에 특정 지역에서 특정 음식의 평균 섭취량에 따라 허용량을 계산할 수 있도록 하자는 생각이었다."[15]

1991년 르네 트뤼오가 했던 말은 1963년 10월 식품첨가물전문가회의에

---

* 파라티온은 맹독성 때문에 2003년에 유럽에서 금지되었다. 현재 절대 금지시켜야 할 열두 개 잔여 오염물질 목록에 올라 있으며, 금지되기 전 파라티온의 일일섭취허용량은 0.004mg/kg이었다.

주어진 농약의 일일섭취허용량과 '잔류농약 최대허용량'(13장 참조)을 정하는 임무와 정확하게 일치한다. 잔류농약 최대허용량이란 각 농산품에 사용 승인된 농약 잔여물의 양이다.

일일섭취허용량을 적극적으로 홍보하는 기업 로비

"일일섭취허용량을 적용하게 되자 농식품 분야의 규제를 만들어야 했던 기관들은 큰 도움을 받았고 국제 무역도 훨씬 용이해졌다."[16]고 르네 트뤼오는 그의 글에서 간략하게 결론 내렸다. 사실 그의 글은 1990년 국제생명과학연구소(ILSI)가 벨기에에서 개최한 '일일섭취허용량, 식품 안전을 보장하는 도구'라는 세미나에서 그가 했던 발표를 그대로 옮겨 적은 것이다.[17]

흥미로운 것은 국제생명과학연구소가 일일섭취허용량의 개념을 오랫동안 홍보해 왔다는 사실이다. 실제로 그에 관한 회의도 많이 개최하고 출판물도 많이 냈다. 그런데 이 '연구소'라는 곳이 중립성과는 거리가 멀다. 그것이 1978년에 농식품 분야의 대기업(코카콜라, 하인즈, 크래프트, 제너럴푸즈, 프록터앤갬블)이 주축이 되어 워싱턴에 설립한 기관이기 때문이다. 얼마 뒤에는 농식품 분야의 선두 기업(다논, 마즈, 맥도널드, 켈로그, 아스파르탐의 주요 제조업체인 아지노모토)뿐만 아니라 농약 시장의 유수 기업(몬산토, 다우 애그로사이언스, 듀폰, 바스프), 그리고 의약품 시장의 리더(화이자, 노바티스)까지 합세했다.* 제약 산업을 제외하고 나머지 모든 기업들은 녹색 혁명과 농식품 혁명 덕

---

* 1986년에 탄생한 국제생명과학연구소의 유럽 지부를 재정 지원하는 예순여덟 개 회원사 목록은 www.ilsi.org/Europe에서 볼 수 있다. 워싱턴에 본부를 두고 있는 국제생명과학연구소는 오대륙에 모두 지부를 두고 있다.

택에 성장을 거듭할 수 있었다. 이는 우리가 먹는 음식을 오염시키는 화학 제품을 제조하고 사용한 덕분이었다.

자칭 '비영리단체'인 국제생명과학연구소 유럽 지부는 인터넷 사이트[18]에서 "영양, 식품 안전, 독성학, 리스크 평가 및 환경과 관련된 과학 지식을 발전시키는 것"이 "사명"이라고 소개하고 있다. 또한 "대학, 정부, 산업, 공공 부문의 과학자들을 연계시켜 일반 대중의 복지를 위한 공통의 관심사를 해결할 수 있는 균형 잡힌 접근을 도모한다."고 주장한다. 그러나 겉으로 드러나는 좋은 의도 뒤에는 훨씬 삭막한 현실이 숨어 있다.

국제생명과학연구소는 2006년까지 세계보건기구에서 특별한 지위를 누렸다. 연구소 대표들이 국제 보건 관련 기준을 정하는 실무 그룹에 직접 관여할 수 있었기 때문이다. 세계보건기구가 그 지위를 박탈한 것은 연구소의 로비 활동이 드러난 뒤였다. 표면적으로는 독립성을 내세웠으나 실질적으로는 회원사들의 이익을 대변했던 것이다.[19] 세계보건기구와 식량농업기구가 발표한 탄수화물(글루시드)에 관한 보고서를 국제생명과학연구소에서 재정 지원했다는 사실도 드러났다. 당의 과잉 섭취와 비만 및 만성질환 사이에는 직접적인 관련이 없다는 결론을 내린 보고서였다.[20] 2001년 세계보건기구의 내부 보고서는 국제생명과학연구소가 담배 산업과 "정치적, 금전적으로 결탁"했다고 고발하기도 했다.[21] 국제암연구소가 간접 흡연을 인간에게 암을 유발할 수 있는 원인으로 분류하려고 하자 국제생명과학연구소가 담배 제조업체들을 위해 간접 흡연이 건강에 미치는 영향을 최소화하는 연구에 돈을 댔다는 것이다. 이러한 폭로는 1983~1998년 연구소와 기업이 활발히 협력했음을 증명하는 시가레트 페이퍼 중 700건의 공개 문서에 근거한 것이었다(8장 참조).[22]

2006년에는 환경 단체인 환경실무그룹(Environmental Working Group)의 폭로가 이어졌다. 미국 환경보호국이 과불화탄소(PFC) — 들러붙지 않는 프라이팬에 들어가는 테플론의 소재 — 노출 기준을 정할 때 국제생명과학연구소가 제출한 보고서를 근거로 했다는 것이었다.[23] 국제생명과학연구소는 과불화탄소로 쥐에게 유발된 암은 인간에게 확대 적용할 수 없고 따라서 무해한 물질로 볼 수 있다고 결론 내렸다. 결국 환경보호국은 2004년 7월에 듀폰을 상대로 소송을 걸었다. 국제생명과학연구소 회원사이자 테플론 제조업체였던 듀폰은 2006년 12월 1660만 달러라는 거액의 벌금형에 처해졌다. 과불화탄소가 "간암, 고환암, 신생아 체중 미달, 면역 체계 파괴"[24]를 유발한다는 것을 증명한 실험 연구 결과를 20년 넘게 숨겨 왔다는 것이 이유였다.

1971년 공공이익과학센터를 설립한 미국 생물학자 마이클 제이콥슨은 국제생명과학연구소가 "더 안전하고 더 건강한 세상을 만들기 위해 노력한다."고 떠들었지만 "문제는 그런 세상이 누구에게 실제로 이익인가 하는 것이다."[25]라고 지적했다. 분명한 것은 국제생명과학연구소가 막대한 재정적 수단을 보유하고 있어서 "컨퍼런스를 개최하고 과학자들을 정부 기관 회의에 보내서 논란이 되는 문제가 다뤄질 때 기업의 이익을 대변한다."는 것이다. 그중 국제생명과학연구소가 2000년에 주제연구 한 권을 통째로 일일섭취허용량을 다루는 데 바쳤으니, 그것은 연구소가 르네 트뤼오의 발명품을 특별히 소중하게 여긴다는 증거이다.

다이앤 벤포드, "우리에게는 왜 일일섭취허용량이 필요한가?"

일일섭취허용량은, 전문가들이 참고한 연구를 찾을 수 없을 정도로 무(無)에서 창조된 '블랙박스'이다 보니 「일일섭취허용량, 식품 안전을 보장할 도구」[26] — 그보다 10년 전 르네 트뤼오가 참석했던 워크숍 제목이기도 하다 — 는 그만큼 희귀한 자료이다. 이 보고서는 국제생명과학연구소의 요청으로 다이앤 벤포드가 작성한 문건이다. 다이앤 벤포드는 영국 식품기준청(Food Standards Agency) 화학물질 리스크부서를 담당했다. 국제생명과학연구소가 독성학자와 기업이 좋아하는 도구인 일일섭취허용량의 장점을 자랑하기 위해 소비자의 건강을 보살펴야 하는 규제 당국의 고위 책임자에게 연락했다는 사실은 시사하는 바가 많다. 다이앤 벤포드와 약속을 잡는 것이 간단하지만은 않았다. 그녀는 내가 누구인지 검색해 보고 곤란한 질문을 받지 않을까 걱정했던 것 같다. 어쨌든 나는 누군가의 추천을 받아 식품첨가물전문가회의와 세계보건기구의 국제잔류농약전문가그룹의 서기관 안젤리카 트리처를 만났고, 그녀는 자주 드나들던 국제생명과학연구소에 논문이 있다는 걸 내게 알려 주었다. 수많은 이메일을 주고받은 뒤 결국 다이앤 벤포드는 나를 만나주기로 했다. 그 대신 사전에 미리 질문지를 받아본다는 조건을 내걸었다. 사실 그것은 별 문제가 되지 않았다. 내가 알고 싶었던 것은 그녀의 전문 분야인 일일섭취허용량의 구체적인 산정 방법뿐이었기 때문이다.

런던으로 향하는 유로스타를 타고 가면서 나는 다이앤 벤포드의 글을 자세히 읽었다. 서론은 다음과 같이 시작한다. "일일섭취허용량은 식품첨가물 및 농약의 안전성 평가와 오염물질 평가, 즉 음식과 식수에 대한 규제 마련에 있어서 국제적인 기준으로 <u>받아들여졌다</u>. 식품 안전성에 대한 대중의 관심은 인간의 건강을 다루는 전문가 평가에 있어서도 더 많은 <u>투명성</u>을 요구하고 있다. (……) 일일섭취허용량을 이해하기만 한다면 수행된 평가의 <u>투명성</u>과 <u>신뢰도</u>를 향상시킬 수 있다."[27](밑줄-인용자)

이런 자료에서는 저자가 한 마디 한 마디를 매우 신중하게 골라서 사용했기 때문에 행간을 읽을 줄 알아야 한다. 그렇게 읽어 보면 국제생명과학연구소의 주문은 일일섭취허용량이 주축이 되는 독극물 규제 시스템이 불투명하다는 비난을 씻어 달라는 것임을 알 수 있다. 그 비난은 새로운 것이 아니다. 르네 트뤼오가 '우리'라는 인칭 대명사를 사용해서 쓴 놀라운 자백이 그것을 증명한다. 다음은 내가 세계보건기구 보관 자료에서 찾아낸 그가 1973년에 쓴 글이다.

"우리는 복잡하고 많은 문제에 대한 접근 방법 자체가 완벽하지 않다는 것을 완벽하게 인식하고 있다. 그렇기 때문에 우리는 지금까지 FAO/WHO의 여러 전문가위원회들이 적용한 <u>독트린</u>에 가해지는 비난을 이해하고, 또 때로는 그 비난에 동의하기도 한다. 거기에 꼭 따라붙어야 할 것은 독성학 평가 방법론을 수정하거나 개선할 수 있는 새로운 지식에 대한 열린 정신이다. 다학제적인 성격을 가지고 있는 이 분야에서의 연구가 독려되고 재정적인 뒷받침 또한 뒤따라야 한다."[28](밑줄-인용자)

솔직히 말하면, 르네 트뤼오의 이 '고백' 때문에 나는 결정적으로 그와 화해했다. 갑자기 그가 예고된 보건 재앙을 피하고 싶어 하는 선의의 남자로 보였던 것이다. 그는 자신이 만들어 낸 시스템을 기업이 얼마나 왜곡시킬지 미처 상상하지 못했던 것 같다. 기업의 목적은 그 시스템이 소비자를 중심으로 '수정'되거나 '개선'(그것은 분명 트뤼오의 바람이었을 것이다.)되지 못하도록 막는 것이었는데 말이다. 국제생명과학연구소에서 다이앤 벤포드에게 일일섭취허용량에 관한 논문을 의뢰한 것은 돈을 대는 기업들이 그때까지 그들의 이익을 잘 섬겨 왔던 '독트린'이 불투명하다는 비난을 받아 흔들릴까 봐 걱정했기 때문이다.

다이앤 벤포드는 서론을 마친 뒤 '우리에게는 왜 일일섭취허용량이 필요한가?'라는 제목의 1부에서 기업의 담론을 반복한다. 여기에서 그녀가 사용하는 '우리'는 독자로 삼은 소비자를 가리킨다. "20세기에 우리는 가공 식품과 저장 식품을 점점 더 많이 소비하게 되었다. 그것은 원래 산업화, 그리고 증가한 도시 인구를 먹여 살리기 위한 필요에서 비롯되었다. (……) 식품의 생산과 저장 방식에는 흔히 화학물질(천연이나 인공)이 필요하다. 그래야 식품의 안전성을 높일 수 있고(세균) 영양가도 파괴되지 않기 때문이다. 풍미와 외관 개선은 소비자를 위한 덤이다. 화학물질의 안전성이 보장되어야 하고 유해성을 막기 위해 관리도 필요한 것이 사실이다." 다이앤 벤포드는 이렇게 빤한 이야기를 늘어놓은 뒤 '일일섭취허용량의 아버지' 르네 트뤼오의 역할을 다시 한 번 언급하고 파라셀수스까지 인용한다. "독인 것도 없고 독이 아닌 것도 없다. 양이 곧 독이다."

위조된 연구와 우수실험실운영기준

"일일섭취허용량의 기준이 되는 것은 '양이 곧 독'이라는 파라셀수스의 원칙입니다. 이 말은 정확히 어떤 의미입니까?"

내가 다이앤 벤포드에게 물었다.

"독성 효과가 나타날 가능성은 양이 늘어날수록 높아진다는 뜻입니다."
다이앤 벤포드는 인터뷰 내내 긴장을 늦추지 않았다. "하지만 그건 물이나
산소에도 해당되는 말입니다. 물이나 산소가 없으면 살 수 없지만 지나치게
많은 양을 섭취하는 것은 오히려 해로우니까요."

그런 비교를 하다니 나는 좀 놀랐다.

"하지만 물과 생명체를 죽이기 위해 만든 농약은 많이 다르지 않습니까?"

"네, 하지만 일반적으로 대부분의 물질은 양이 적을수록 부정적인 효과
를 낼 가능성이 적어집니다."

"독성학자들이 '용량 반응 관계'라고 하는 것이지요."

"맞습니다. 양이 많아지면 효과의 강도만 높아지는 것이 아니라 부정적
인 반응을 보이는 사람의 수도 늘어납니다."

"제가 이해한 게 맞는다면 모든 평가 과정은 화학물질에 독성이 있다는 원
칙에서 출발하고 아무런 효과를 내지 않는 양을 찾으려 한다는 것이군요?"

"그렇죠." 다이앤 벤포드는 오랜 침묵 끝에 인정했다. "독성학 연구는 화
학물질이 유발할 수 있는 일련의 효과를 모두 살펴보고 아무 효과도 일으
키지 않는 용량을 찾는 것을 목적으로 합니다."

"아주 복잡한 시스템이군요. 그렇죠?"

"네, 평가해야 할 게 많으니까요. 소비자를 보호하기 위해 할 수 있는 한
최선을 다하는 거죠."

"독성학 연구를 수행하는 사람은 누구입니까?"

"그것은 기업입니다. 독성학 연구에는 많은 비용이 듭니다. 공적 자금이
그 비용을 댄다면 납세자들에게 큰 부담이 될 것입니다. 자사 제품을 시장
에 출시해야 하니 기업의 입장에서는 승인을 얻는 것이 분명 이득입니다.

그러니 적절한 테스트를 수행하는지 의심이 드는 게 당연합니다. 그래서 마련된 것이 실험 프로토콜에 관한 지침입니다. 연구자 프로필에 관한 지시 사항이나 원자료를 기록하는 방식에 관한 지시 사항도 자세히 정해 놓았고요. 그래서 필요할 경우 연구 결과의 유효성을 평가할 수 있죠."

"우수 실험실 운영 기준이라는 것이죠?"

"네."

"미국의 유수 연구소들이 기업을 위해 연구 결과를 속이고 조작하는 사건들이 일어나자 경제협력개발기구가 우수 실험실 운영 기준을 만들었죠."

"그렇습니다. 지금은 그 규정이 있어서 민간 연구소가 제대로 일을 하는지 감시를 할 수 있죠."[29]

『몬산토』에서 나는 1980년대 말에 세상을 떠들썩하게 했던 소송을 소개했다. 노스브룩의 민간 연구소 IBT 랩스(Labs)에 관한 소송이었다. 연구소의 책임자 중 한 명이 몬산토 출신의 독성학자 폴 라이트였다. 그는 1970년대 초에 PCB와 일부 농약이 건강에 미치는 영향에 대한 연구를 감독하기 위해 IBT 랩스에 채용되었다. 미국 환경보호국의 조사관들은 연구소의 기록을 살펴보다가 수십 개의 연구에서 "심각한 결점과 오류", 그리고 실험 대상이었던 "수많은 쥐의 죽음"을 숨기기 위한 "데이터 위조"를 발견했다.[30] 그 연구 중에는 글리포세이트(라운드업의 활성물질)에 관한 테스트 서른 건이 포함되어 있다.[31] "연구의 과학적 진정성을 의심하지 않을 수 없다. 특히 IBT 랩스의 연구자들이 수컷(!) 토끼에게서 채취한 자궁의 조직 검사를 했다고 했을 때는 말이다."[32]라고 환경보호국의 독성학자는 지적했다.

1991년 크레이븐 연구소도 과일과 채소, 물과 토양에 남아 있는 잔류농약의 효과를 평가하는 연구 결과를 조작했다는 의혹을 샀다.[33] 《뉴욕타임스》는 "환경보호국은 그 연구들이 신선 식품과 가공 식품에 남아 있는 농약의 승인 기준을 결정하는 데 중요했다고 설명했다. 연구 결과의 조작으로 인해 결국 환경보호국은 무해하다고 증명되지 않은 농약을 무해하다고 선포했다."[34]고 밝혔다. 대규모 조작 사건으로 연구소 소유주인 크레이븐은 5년 징역형에 처해진 반면, 호의적인 연구 결과의 덕을 봤던 몬산토와 그 밖에 화학 기업들은 아무런 걱정도 하지 않았다.

NOAEL: 무독성량

이 모든 것이 우리를 전혀 안심시켜 주지 않는 것이 사실이다. 특히 지금까지 보았듯이 기업들은 독성이 얼마나 강하든 자사 제품을 무조건 시장에서 퇴출되지 않도록 막기 위해 만반의 준비가 되어 있으니 말이다. 제품의 승인을 받을 때에는 두말할 필요도 없다. '독성학 연구'는 실험동물을 대상으로 이루어진다. 다이앤 벤포드가 말했듯이 "화학물질을 인간에게 테스트한다는 것은 윤리적이지 않다. 피해를 입지 않으리라는 합리적인 믿음이 있는 게 아니라면 말이다."[35]

이건 그냥 지나칠 말이 아니다. '진보'의 이름으로 의도적으로 우리 식탁에 올린 독성물질의 평가 시스템이 얼마나 '부조리'한지 보여 주기 때문이다. 르네 트뤼오는 "인간이 당할 위험을 평가하려면 인간을 상대로 한 실험 데이터가 당연히 더 만족스러울 것이다. (……) 그러나 이 이상적인 방법은 수많은 어려움과 한계를 가지고 있다. (……) 그래서 반증이 없다면 인간이 실험 대상인 동물과 비슷하다고 가정한 뒤, 결과적으로 인간과 가장 유사한 동물을 실험 대상으로 고르는 것이 더 적절하다."[30]고 말했다. 이는 '일일섭취허용량의 아버지'가 사용한 표현을 빌리면 이보다 "애매"할 수는 없을 것이다. 화학물질에 중독되었을 때 인간과 가장 비슷하게 반응하는 동물이 무엇인지 결정할 수 있는 실험 모델은 만들어진 적이 없기 때문이다. 결국 설치류(생쥐, 쥐, 토끼)를 일반적으로 사용하고 더 까다로운 실험에는 개나 원숭이를 동원한다.

실험이 시작되면 처음에는 테스트하는 물질의 농도를 높여서 실험동물에게 노출시킨다. 주로 입으로 투입한다. 그렇게 해서 '치사량', 전문 용어로는 LD50, 즉 실험동물의 반을 죽이는 양을 결정한다. LD50은 전쟁용 독가스를 발명한 독일 화학자의 이름을 딴 하버의 법칙과 비슷하다(2장 참조). 이 법칙은 독가스의 농도와 생명체의 죽음을 유발하는 데 필요한 노출 시간의 상관관계를 나타낸다. 농도와 시간을 곱한 수치가 클수록 독가스의 치사력도 크다. 예를 들어 농약의 독성을 나타내는 LD50도 마찬가지다. 하버는 장기간 미량의 독가스에 노출되면 단기간 다량의 독가스에 노출된 것과 똑같은 치사 효과를 가진다고 했다. 의아하게도 규제 기관뿐만 아니라 식품첨가물전문가회의나 국제잔류농약전문가그룹도 하버가 내린 결론을 모르는 듯하다. 고농도에 노출되었을 때 죽음을 유발한 물질에 장기간 노출되어도 무해한 양을 찾을 수 있다고 믿는 걸 보면 말이다.

독성 평가 과정의 두 번째 단계는 LD50을 만드는 기준이 되었던 양을 줄여서 실험동물에 어떤 효과를 나타내는지 관찰하는 것이다. 다이앤 벤포드는 "가능한 유해 효과를 모두 살펴봅니다."라고 설명했다. "예를 들어 조직이나 기관을 파괴하는지, 신경계나 면역계에 영향을 미치는지 알아보고 특히 암을 일으킬 가능성이 있는지를 주의 깊게 봅니다. 사람들이 걱정하는 부분이니까요."

다이앤 벤포드가 국제생명과학연구소를 위해 작성한 논문을 읽어 보면 기업에서 규제 기관에 제공하는 독성학 연구 목록에 놀라게 된다. "그 연구 들이 조사하기로 한 '효과'는 신체의 기능 변화(체중 저하)와 형태 변화(기관 의 크기 증가 혹은 병적인 이상), 돌연변이 유발력(다음 세대로 전해질 수 있고 암이 나 태아 기형을 유발할 수 있는 DNA, 유전자, 염색체 변형), 발암성, 면역 독성(과민 증, 알레르기, 면역 저하로 인한 감염 위험 증가), 신경 독성(행동 변화, 난청, 이명), 생 식 독성(생식능력 저하, 유산, 태아 기형)입니다."

어떤 효과를 연구하느냐에 따라서 연구 기간은 2주(단기 독성)에서 2년(발 암성)까지 차이가 난다. 그동안 실험동물은 매일 일정 농도의 독을 섭취한 다. 테스트의 목적은 만성 독성, 즉 장기간에 걸쳐 반복적으로 노출되었을 때 발생하는 효과를 측정하는 것이기 때문이다. 실험은 겉으로 보기에 동 물에게 아무런 효과도 일으키지 않는 양을 알아낼 때까지 계속된다. 그 양 이 바로 '무독성량(NOAEL, No Observed Adverse Effect Level)'이다.

"무독성량이 안전을 보장해 줄 수 있는 한계치인가요?"

내가 다이앤 벤포드에게 물었다.

"삶에서 절대적인 안전을 보장할 수 있는 건 없지요." 그녀는 애꿎은 손 만 내려다보며 대답했다. "사실 그것은 동물을 대상으로 한 연구의 질에 좌 우되는 문제입니다. 연구의 품질이 떨어지면 관찰할 수 있었던 효과도 그냥 지나치게 되는 것이지요. 그래서 무독성량을 100으로 나누는 안전 요소를 적용해서 일일섭취허용량을 정한 것입니다."

'절대 받아들일 수 없는 엉터리' 안전성 계수

"무독성량은 애매모호한 개념입니다. 딱 떨어지게 정확하지 않죠." 25년 간 미국 최대의 소비자단체인 소비자연맹(Consumers Union)에서 전문가로 활동한 생물학자 네드 그로스가 내게 말했다. 그는 전문가 자격으로 식량 농업기구와 세계보건기구가 식품 안전에 관해 개최하는 포럼에 꾸준히 참여했다. "그것이 리스크 관리자들이 '안전성' 계수 혹은 '불확실성' 계수라 부르는 것을 사용하는 이유입니다." 지난 50년 동안 독성학자들이 사용한 표준 접근법은 무독성량을 100으로 나누는 것이다. 그리고 동물과 인간의 차이점을 고려하기 위해 다시 계수 10을 적용한다. 인간이 화학물질에 동물과 정확하게 똑같이 반응하지 않을 수 있기 때문이다. 그다음에 계수 10은 인간의 감각 반응 차이를 고려해서 적용한다. 감각 반응은 임산부, 아이, 노인, 중병을 앓는 환자 등 사람마다 다르기 때문이다. 문제는 이것만으로 충분한가다. 개인별 차이에 계수 10만 적용하는 것이 매우 불충분하다고 생각하는 사람들이 많다. 같은 양에 대해 반응이 아예 나타나지 않는 사람이 있고 반응이 매우 크게 나타나는 사람이 있을 수 있기 때문이다.

"100이라는 계수는 어떤 과학적 근거로 정해진 것인가요?"

"몇 명이 테이블에 둘러앉아서 정했지요.* 어떤 컨퍼런스에 참석했을 때 미국 식품의약국에서 일했던 밥 십먼이 그랬지요. '1960년대에 식품에 허용할 수 있는 독성 물질의 수준을 결정하는 방법을 찾아야 했습니다. 그래서 한 자리에 둘러앉아 그렇게 했지요.'라고요."[37]

---

* 네드 그로스가 쓴 영어 표현은 "Bunch of guys sitting around the table"이었다.

네드 그로스가 했던 얘기를 르네 트뤼오가 직접 확인해 주었다. 그는 1973년 논문에서 독극물의 독성에 대한 최후의 보루인 '안전성 계수'가 순전히 경험의 산물이라고 인정했다.

"100이라는 다소 자의적인 안전성 계수는 널리 받아들여졌다. 이 숫자는 식품첨가물전문가회의가 두 번째 보고서에서 권고한 것이다. 그러나 그것을 지나치게 엄격하게 적용하는 것은 합리적이지 않을 것이다."[38](밑줄-인용자)

다이앤 벤포드도 정확히 같은 말을 한다.

"관례상 불확실성 계수 100은 다른 대안이 없기 때문에 사용된다. 그것은 처음부터 자의적인 결정의 산물이었다."[39](밑줄-인용자)

평가 과정에 나타나는 '변수와 불확실'의 주요 원인은 최적의 위생 환경에서 자라서 단 한 개의 화학물질에 노출된 실험동물과 가변성(유전자, 질병, 위험 인자, 연령, 성별 등)이 크고 수많은 물질에 노출된 인간이 다르다는 데 있다.

에릭 밀스톤은 솔직한 성격답게 명쾌한 말로 상황을 정리한다.

"100이라는 안전성 계수는 하늘에서 뚝 떨어져서 냅킨 한 구석에 휘갈겨진 숫자입니다. 실전에서는 전문가들이 필요에 따라 값을 바꿉니다. 대상 물질의 안전성 문제가 아주 심각할 때에는 값을 1000으로 올리기도 합니다. 또 10으로 줄일 때도 있는데, 100으로 값을 정하면 기업에서 해당 제품을 판매할 수 없기 때문입니다. 현실에서는 과학과는 전혀 상관없이 필요에 따라 온갖 종류의 안전성 계수를 사용한다는 말입니다. 소비자 건강과 관련된 문제라는 걸 생각하면 이건 절대 받아들일 수 없는 엉터리입니다."[40]

건강을 위한 시민단체(Citizens for Health) 회장이자 권위 있는 식품 및 환경 안전 전문가인 변호사 제임스 터너도 같은 생각이다. 그는 나와 워싱턴에서 만났을 때 "그 '안전성 계수'라는 것에는 어떤 규칙도 없습니다."라고 말했다. "예를 들면 현재 미국 환경보호국은 어린이의 신경 파괴나 행동 장애를 유발할 수 있는 농약에 계수 1000을 사용합니다. 사실 안전성 계수를 얼마로 산정할까 하는 문제는 전적으로 평가를 담당하는 전문가에게 달려 있습니다. 건강과 환경 보호에 민감한 사람이라면 1000이 아니라 100만을 못 쓰겠습니까. 또 기업과 가까운 사람이라면 100이나 10을 적용하겠지요. 이 시스템은 완전히 자의적이고 과학과는 하등 관련이 없습니다. 매우 정치적인 시스템인 거죠."[41]

우리 입으로 들어가는 음식에 포함되는 화학 독극물의 피해를 막아 주어야 할 규제 시스템에 전문성이라고는 눈곱만큼도 없는 형편이다. '확실한' 노출 기준을 마련한다면서 동물 실험으로 '무독성량'을 찾는다. 그런데 그 '무독성량'은 불확실하다. 실험동물과 민간 연구소의 역량에 따라 결과가 좌우되기 때문이다. 그렇게 얻은 무독성량은 전문가가 누구인가에 따라 달라지는 안전성 계수로 나눠진다.

일일섭취허용량은 몸무게 1kg당 허용된 독성 물질을 mg으로 표현한 값이다. 일일섭취허용량이 0.2mg인 농약을 예로 들어 보자. 소비자의 몸무게가 60kg이면 60×0.2=12, 즉 12mg의 농약을 매일, 그리고 평생 섭취해도 건강에 해를 끼치지 않는다는 소리가 된다. 결국 상당히 관료주의적인 이 그럴싸한 개념은 우리가 매일 수백 개의 화학물질에 노출되어 있는 현실을 고려하지 않은 셈이다. 그 화학물질들은 체내에서 상호작용할 수도 있고, 내분비계 교란물질과 같은 것은 최첨단 도구로만 찾아낼 수 있을 만큼 극소량이라도 인체에 나쁜 영향을 미칠 수 있다. 하지만 아직까지 그런 최첨단 장비는 마련되지 않았다(16장 참조).

위험사회

"일일섭취허용량이 과학적인 개념이라고 생각하십니까?" 피해 갈 수 없는 질문인데도 안젤리카 트리처는 놀란 듯하다. "물론 과학적인 개념입니다. 화학물질에 대해 현재 보유한 모든 데이터를 평가한 결과물이니까요." 그녀는 주저 없이 대답했다. "그 데이터를 바탕으로 아무런 효과를 나타내지 않는 양을 정하고 그것을 다시 불확실성 계수로 나눕니다. 아주 과학적인 과정이죠."[42]

유럽 식품안전청의 농약부서장인 에르망 퐁티에도 비슷한 대답을 했다. "일일섭취허용량이 과학적 개념이길 바랍니다." 그는 활짝 웃으며 외쳤다.[43] 미국 식품의약국에서 식품첨가물을 담당하고 있는 독성학자 데이비드 해턴도 한 치의 흐트러짐 없이 "소비자의 건강을 보호하는 과학적 개념이라고 생각합니다."라고 말했다.

국가기관 혹은 국제기구에서 일하는 이 전문가들이 전부 거짓말을 하고 있거나 사기를 치고 있는 게 아닌가 하는 생각이 들었던 것도 사실이다. 화학 독극물의 위험에서 우리를 보호해 주어야 할 규제 시스템이 허술한 걸 알게 되자 솔직히 몇 번이나 그런 생각이 머리를 스치고 지나갔다. 진실은 물론 그보다 훨씬 더 복잡하다. 이익에 목마른 기업뿐만 아니라 '진보'라는 사상에 사로잡힌 정치인들이 수많은 독극물을 우리 환경에 유입시키는 행위를 정당하다고 받아들인 순간부터 우리는 실타래처럼 엉킨 복잡한 상황에 빠져 들었다. 우리에게도 그러한 상황에 대한 일말의 책임이 있다. 1962년 레이첼 카슨은 다음과 같이 말했다. "암을 일으키는 화학물질은 두 가지 방식으로 우리가 사는 세계와 얽혀 있다. 첫 번째는 아이러니하게도 더 편리하고 더 나은 삶을 원하는 인간의 욕망에 기인한다. 두 번째는 우리 경제와 생활 방식에 널리 받아들여진 화학제품의 생산과 판매 때문이다."[44]

나는 독일 사회학자 울리히 벡의 『위험사회』를 읽은 덕분에 '대중 소비'가 갖는 정치적, 사회적 파장을 제대로 이해했다. 또 그 모델이 필연적으로 유발하는 피해를 제한하기 위해 동원된 '전문가'가 처한 난처한 입장도 이해하게 되었다. 이 책에서 울리히 벡은 '가난'과 '사회적으로 유발된 부'의 '분배' 문제가 특징인 '계급 사회'에서 우리가 어떻게 50년 만에 '현대성'의 표지이자 "부의 사회적 생산이 반드시 위험의 사회적 생산과 결부된 위험사회"[45](밑줄-원저자)로 이동했는지 설명하고 있다.

"계급 사회는 변화하는 과정에서 평등이라는 이상을 중시했다. 위험사회에서는 상황이 다르다. 위험사회의 근간이자 동력이 되는 규범적 대안은 안전이라는 개념이다. (······) 평등의 유토피아에는 긍정적인 내용의 사회 변화 목표가 가득하지만 안전의 유토피아는 매우 부정적이고 방어적이다. 뭔가 '좋은' 것을 이루려는 것이 아니라 최악의 상황이 벌어지는 것을 막는 것이 중요한 것이다. 계급 사회의 꿈은 모두가 자기 몫의 파이를 받는 것이다. 위험사회가 추구하는 목표는 다르다. 모두가 독이 있는 것에서 면제되어야 한다는 것이다."[46]

물론 '위험'은 항상 존재했다. 그러나 '진보라는 산업 기계'의 특성인 위험은 미지의 여행을 떠난 크리스토퍼 콜럼버스나 페스트에 떨었던 농부가 감당했던 위험과는 성격 자체가 다르다는 것이 울리히 벡의 주장이다. "감각으로 인지되지 않기" 때문이다. "그것은 우리가 다른 것을 먹거나 흡입할 때 함께 들어오는 '기생 물질'이다. 정상적인 소비에 따라오는 '불법 승객'이다. 그것은 바람과 물에 의해 운반된다. 도처에 있을 수 있고 우리의 생존 문제가 걸린 공기, 음식, 집에 들어가 있을 수 있다."[47]

따라서 "위험사회의 새로운 패러다임"에서 정치인들이 해결해야 할 근본적인 문제는 "현대화가 과속화되는 과정에서 어쩔 수 없이 발생하고 그 영향이 잠복하는 위험과 위협 요소들이 현대화 과정을 방해하지 않고 (환경적, 의학적, 심리학적, 사회적 관점에서) '허용할 수 있는' 범위를 넘지 않도록 어떻게 막아 낼 것인가"[48]이다.

그의 책을 읽으면서 나는 식품과 환경 안전에 관한 규제가 제2차 세계대전 이후에 만들어진 개념을 무조건 따르는 이유를 마침내 이해하게 되었다. 예를 들면 '리스크 평가'나 '리스크 관리'가 그것이다. 이 새로운 공공정책 개념은 심지어 지난 수십 년 동안 건강제품위생안전청(AFSSAPS)이나 식품위생안전청, 환경노동위생안전청 등 프랑스에(다른 선진국도 마찬가지다.) 우후죽순처럼 생겨난 '기관'들의 유일한 존재 이유이다. 장 뤽 뒤퓌페 박사(3장 참조)도 자신을 농업사회상호부조의 '화학 리스크 담당 의사'로 소개한다. 이는 영국 식품기준청에서 '화학 리스크 부서'를 담당하는 다이앤 벤포드와 비슷한 역할이다.

다이앤 벤포드는 국제생명과학연구소를 위해 작성한 논문에서 '리스크(Risk)'의 개념을 '위험(Danger)'과 비교해서 길게 설명했다. 그녀의 글이 식품에 관한 것이었으니 더 흥미롭다.

"전문가들이 '위험'이라고 부르는 것은 건강에 해로운 영향을 미칠 수 있는 생물학적, 화학적, 물리적 요소이다. 그 위험이 인간에게 나타날 가능성 혹은 리스크는 몸으로 유입되는 화학물질의 양, 즉 노출량에 달려 있다. 위험은 화학물질 고유의 특성이며 <u>노출되지만 않는다면 그 위험 때문에 피해를 입을 리스크도 없다</u>(원문 그대로!). 따라서 리스크 평가는 특정 위험이 일

정한 노출 수준과 기간 혹은 생애의 특정 순간에 나타나는가를 결정짓는 과정이다. 그럴 경우 리스크 범위가 측정된다. 리스크 관리는 노출을 줄여 리스크를 감소시키는 것이다."[49](밑줄-인용자)

건강을 담보로 얻는 이익

"일일섭취허용량은 과학적인 도구처럼 보입니다. mg/kg이라는 단위가 아주 근사해 보여서 정치인들을 안심시키죠." 에릭 밀스톤은 피식 웃으며 말했다. "하지만 과학적인 개념이 아닙니다. 우선 리스크의 범위를 나타내는 값이 아니라 허용 범위니까요. '허용 범위'란 사회적이고 규범적이며 정치적 혹은 상업적인 개념입니다. 또 누구를 위해 '허용할 수 있다'는 것입니까? 허용 범위의 개념 뒤에는, 얻는 이익에 비해 리스크를 허용할 만한가하는 질문이 늘 숨어 있습니다. 그런데 화학물질을 사용해서 이익을 보는쪽은 항상 소비자가 아닌 기업입니다. 따라서 리스크를 감수하는 쪽은 소비자이고 이익을 가져가는 쪽은 기업인 것이죠."

사실 정치인들이 '전문가'에게 수많은 수치를 요구하는 것은—'잔류농약 최대허용량'의 경우는 상상을 초월한다(13장 참조)—화학 독극물이 가져다 줄 '이익'이 인간에게 어느 정도 리스크를 일으켜도 된다고 생각하기 때문이다. '이익 대 리스크라는 중요한 개념'은 르네 트뤼오가 고안한 시스템의 근간이기도 하다. 르네 트뤼오는 그 점을 매우 노골적으로 인정하기도 했다. "기대 수명이 40세를 넘지 않고 영양실조에 걸린 국민이 먹을거리가 넘치는 국민보다 더 많은 리스크를 감수하는 것은 당연하다."[50]

'농약의 시장 출시에 관한' 1991년 7월 15일 유럽지침 서문만 읽어 봐도 보건 정책을 지배하는 경제 이데올로기의 위력이 얼마나 큰지, 그리고 지도 자들의 머릿속에서 '이익'이 얼마나 '리스크'보다 우선시되는지 알 수 있다. "유럽연합 내에서 농산물 생산은 매우 중요한 위치를 점하고 있다. 농산물 생산의 수익성은 해충이나 잡초로 인해 늘 피해를 입는다. 수익성이 감소 하는 것을 막고 수급의 안정성을 확보하기 위해 그러한 리스크에서 농산물 을 보호하는 것이 절대적으로 필요하다. 농약 사용은 농산물을 보호하고 농업 생산을 개선시킬 수 있는 첫 번째 방법이다. 농약은 농산물 생산에 좋은 영향만 미치지는 않는다. 농약 사용이 인간과 동물, 환경에 리스크와 위험을 초래할 수 있다. 특히 검사를 받고 공식 승인을 받지 않은 채 시장 에 출시되거나 부적절한 방법으로 사용되었을 때는 더욱 그러하다."[51](밑줄- 인용자)

어법이 얼마나 정교한지 여러 번 읽은 뒤에야 심각하게 충격적인 내용을 이해할 수 있었다. 이 글에서 '리스크'라는 단어가 두 번 사용되었다. 처음 에는 '해충' 때문에 농산물이 입을 수 있는 리스크였고, 두 번째는 인간의 건강을 위협하는 리스크를 가리켰다. 유럽연합의 입법 기관은 이 두 가지 서로 다른 형태의 '리스크'가 갖는 성격이 전혀 다르지 않다고 본 게 분명 하다. 더 기가 막힌 것은 농약의 사용으로 유일하게 이익을 보는 화학농업 찬동자와 농약 제조업체의 논리를 그대로 받아들이면서 첫 번째 리스크를 없애는 것으로 두 번째 리스크를 정당화한다는 것이다.

'이익'에 관한 논리는 2010년 4월 프랑스 우파 정당 대중운동연합(UMP) 의 망슈 지방 국회의원 클로드 가티뇰과 마른 지방 상원의원 장 클로드 에 티엔이 의회에 제출한 보고서 「살충제와 건강」의 핵심이었다. 일간지 《리베

라시옹》은 "200쪽 전체가 얼마나 편향적인지 읽다 보면 웃음이 터질 수도 있다."고 평했다.[50] 「프랑스의 암 발병 원인」(10장 참조)의 저자들에 대한 청문회에서 저자들은 가슴에 손을 얹고 "현재 프랑스에서 승인된 살충제와 농약이 인간의 건강에 미치는 영향은 매우 과대평가된 반면 그것들이 가져다주는 이익은 매우 과소평가되었다."고 증언했다. 클로드 가티뇰과 장 클로드 에티엔의 경종은 가히 병적이다.(이것도 예의를 지켜서 한 말이다.) "보고서 저자들은 농약 사용이 가져다주는 이익을 상기시키고 정부가 프랑스의 농약 사용 급감의 결과에 미리 대비할 것을 당부했다."[53]

두 의원의 보고서는 더 이상 살펴볼 가치도 없는 패러디에 불과하다. '이익 대 리스크'의 수사학은 미국 환경보호국의 문서에도 등장한다. 환경보호국은 1972년에 농약 승인 제도를 마련했고 "농약의 경제적, 사회적, 환경적 비용과 이익을 모두 비교해 본 뒤 인간이나 환경에 비합리적인 리스크" [54](밑줄-인용자)를 야기하지 않는 모든 농약의 시장 출시를 승인하고 있다.

"정치인들의 관점은 환경오염물질의 위험을 경제적 가치를 기준으로 따져 봐야 한다는 것입니다." 변호사 제임스 터너의 설명이다. "화학물질을 사용할 때 발생할 수 있는 이익과 리스크를 평가하자는 것에 대해 저도 원칙적으로는 반대하지 않습니다. 다만 그 판단의 유일한 기준은 건강이 되어야 합니다. 그런데 판단은 건강 대 건강이 아니라 건강 대 경제적 이익을 놓고 이루어집니다. 게다가 어떤 제품이 해마다 100만 명 중 1명 이상 사망자가 나오지 않으면 안전하다고 간주되는 것이 통상적입니다. 얼마나 타락한 시스템입니까."

미셸 제렝과 공동 저자들은 『환경과 보건』에서 제임스 터너의 말을 확인시켜 주었다. "리스크와 허용량이라는 개념이 많은 논란을 불러일으킨 것은 사실이지만 동물에게서 암을 일으킨다고 알려진 화학물질의 경우 10^{-6}(노출 인구 100만 명당 암 환자 1명) 정도의 리스크는 허용 가능하다고 본다."[55] 프랑스 국민에게만 해당되는 이 '쿼터'는 발암 제품 '하나' 당 연간 사망자가 60명이라는 뜻이다. 현재 유통되고 있는 발암(신경 독성이나 생식 독성 포함) 제품이 수천 개나 되므로 피해 규모가 얼마일지 짐작할 수 있을 것이다. 또 '일일섭취허용량'과 '잔류농약 최대허용량'이라는 기둥 뒤로 대량 살상을 숨겨야 하는 '전문가'의 고충도 이해할 수 있을 것이다.

해결되지 않는 골칫거리,
'잔류농약 최대허용량'

"세계보건기구 지도부에 의견을 물었습니다. 국제잔류농약전문가그룹 회의 초반 촬영을 승인해 주더군요. 하지만 음향 녹음은 불가합니다."

처음에는 안젤리카 트리처가 무슨 말을 한 건지 제대로 이해할 수가 없었다. 나는 별것 아닌 듯 웃으며 말했다.

"신문 기사가 아니라 텔레비전에 내보낼 다큐멘터리를 만드는 건데요. 영상과 음향이 다 필요합니다."

"저도 압니다. 하지만 세계보건기구와 식량농업기구의 위원회 실무 회의는 모두 비공개로 진행됩니다. 외부 옵서버가 참관할 수 없지요. 음향은 안 되지만 영상이라도 몇 컷 찍을 수 있는 건 대단한 배려입니다. 촬영을 하거나 접거나 둘 중에 하나를 택하셔야 해요. 저로서는 더 이상 어찌해 볼 도리가 없습니다. 그리고 연구를 종합해서 발표하기 전까지는 전문가들의 신분을 밝히지 말아 주시기 바랍니다. 맡은 업무를 다 마치지 않았기 때문에 이름은 공개될 수 없습니다."

"다큐멘터리는 1년 뒤에나 방영될 겁니다."

"그렇다면 문제없겠군요. 이름표는 촬영하셔도 됩니다."

2009년 9월 제네바 국제잔류농약전문가그룹으로 떠난 특별한 나들이

2009년 9월. 그날 내가 세계보건기구 건물 안으로 카메라를 들고 들어갈 수 있었던 것은 엄청난 행운이었다. 국제잔류농약전문가그룹은 그곳에서 연례 회의를 갖고 있었다. 안젤리카 트리처와 이메일을 주고받고 오랜 시간 전화 통화까지 하며 석 달 간의 끈질긴 협상 끝에 마침내 승인이 떨어진 것이다. 안젤리카 트리처는 미국에서 오랫동안 일한 독일인 독성학자로, 그녀가 없었다면 제네바 촬영은 불가능했을 것이다. 그녀는 몬산토에 관한 내 작업을 알고 있다는 걸 넌지시 알렸다. 하지만 어떤 생각을 하는지 직접 말한 적은 없다. 국제잔류농약전문가그룹 회의에 참관할 수 있도록 특별히 허락을 받은 것에 도움이 되었는지, 아니면 오히려 해가 되었는지도 알 수 없다.

국제잔류농약전문가그룹은 식품첨가물전문가회의를 모델로 삼아 1963년에 발족되었다. 이 두 기관은 국제식품규격위원회(Codex alimentarius)에 독성 평가 결과를 제공한다. 세계보건기구와 식량농업기구가 1961년에 창설한 국제식품규격위원회는 식품 안전에 관한 권고 사항과 지침을 내리는 기관이다. 규제력은 없지만 각국 정부가 자국의 보건 규정을 마련할 때 참고할 수 있다.

이름만 봐도 알 수 있듯이 국제잔류농약전문가그룹의 임무는 농약의 독성을 평가하고 일일섭취허용량을 정할 뿐만 아니라 천연 혹은 가공 농산물에 대해 승인된 '잔류농약 최대허용량'을 정한다.* 일일섭취허용량을 결정하는 일은 세계보건기구가 선발한 전문가들이 맡았고, 잔류농약 최대허용량은 식량농업기구가 임명한 전문가들이 결정한다. 두 '패널'을 구성하는 전문가들이 어떻게 선발되는지 알아보기에 앞서 먼저 농약의 유해성을 막아 줄 최후의 보루라고 하는 '잔류농약 최대허용량'이라는 것이 도대체 무엇인지 정확히 알 필요가 있다.

클로르피리포스-메틸을 예로 들어 보자. 유기인계 살충제인 클로르피리포스계에 속하는 클로르피리포스-메틸은 신경 독성을 가진 내분비계 교란물질로 알려져 있다. 펍메드 데이터베이스에서 확인할 수 있듯이 많은 과학자들이 다우 애그로사이언스가 제조한 이 물질을 연구했다. 2011년 1월 29일 펍메드에서 '클로르피리포스'로 검색을 하자 2469건의 결과가 나왔고, 그중 1032건은 '클로르피리포스 독성', 139건은 '클로르피리포스 신경 독성'이라는 표현을 담고 있었다.**

2009년 9월 16~25일 세계보건기구에서 열린 국제잔류농약전문가그룹 회의에서 클로르피리포스-메틸은 다섯 개 재평가 대상 농약에 포함되었다. 렐던이라는 이름으로 판매 중인 클로르피리포스-메틸의 LD50은 2814mg/kg이고(포유류에게 경구 투입 시) 일일섭취허용량은 0.01mg/kg이다. 유럽연합 인

---

* 1963~2010년 국제잔류농약전문가그룹은 약 230개의 농약을 평가했다.

** 클로르피리포스-메틸은 로스번과 도스번이라는 브랜드로 판매 중인 클로르피리포스보다 독성이 적다고 되어 있다.

터넷 사이트에 공개된 설명서에 따르면,[1] 일일섭취허용량은 2년 동안 쥐를 대상으로 한 신경 독성 연구 결과를 바탕으로 하고 안전성 계수 100을 적용해서 산출되었다.*

복잡해서 불안한 과정

일일섭취허용량은 소비자가 병에 걸리지 않고 매일, 그리고 평생 섭취할 수 있는 독극물의 최대량을 가리킨다. 문제는 그 독극물을 사용해서 처리하는 과일, 채소, 곡물이 수없이 많다는 사실이다. 클로르피리포스-메틸은 감귤류(레몬, 귤, 오렌지, 베르가모트)와 견과류(피칸, 피스타치오, 코코넛 등), 과일(사과, 배, 살구, 복숭아, 자두, 붉은 열매, 포도 등)에 살충제로 사용된다.** 리스크 관리자는 다음과 같은 질문을 할 수밖에 없다. 클로르피리포스-메틸로 처리한 식품 몇 개를 분별없이(!) 집어먹는 습관 때문에 소비자가 일일섭취허용량을 초과하는 상황을 어떻게 막을 것인가?

이 재앙에 가까운 시나리오를 막기 위해서 국제잔류농약전문가그룹의 설립자들은 르네 트뤼오의 권고(12장 참조)를 따르기로 했다. 농약을 뿌린 농산물에 대해서 '잔류농약 최대허용량'이라는 것을 정하기로 한 것이다. 식품 1kg당 남아 있는 농약을 mg으로 표시한 잔류농약 최대허용량은 복잡해서 더 불안한 과정을 통해 결정되었다. 특정 농약에 대한 전문가 평가의

---

* 무독성량은 1일 기준 1mg/kg이다.

** 유럽에서 사용되는 모든 농약 관련 규정은 유럽연합 인터넷 사이트 참조. EU PESTICIDES DATABASE, ⟨http://ec.europa.eu/sanco_pesticides/public/index.cfm#⟩. 클로르피리포스-메틸을 뿌리는 농산물 목록도 나와 있다.

첫 번째 단계는 수확한 농산물에 남아 있는 잔류농약(대사 산물, 즉 분해 과정에서 생기는 물질)의 양을 측정하는 것이다. 그다음 단계에서 전문가는 소비자의 잠재적 노출 가능성을 추산한다. 이때 매일 먹는 과일과 채소, 곡물의 종류 및 양과 국가별 및 대륙별 식습관을 살펴본 조사 결과를 근거로 삼는다. 그 결과 식품별로 엄청난 양의 통계를 바탕으로 잔류농약 최대허용량이 결정된다.

"구체적인 과정은 어떻게 됩니까?" 나는 네덜란드 독성학자 베르나데트 오센도르프에게 질문을 던졌다. 그녀는 2009년 9월 국제잔류농약전문가그룹 회의에서 식량농업기구 패널 의장을 맡은 바 있다.

"가장 먼저 하는 일은 '농산물우수관리제도', 즉 제조업체가 권고한 사용법에 따라 농약을 실제 밭에 뿌려서 필드 테스트를 시행한 결과 얻은 데이터를 검토하는 것입니다. 그렇게 해서 농약 처리된 식품에 농약이 얼마나 남아 있는지 알아보고 최대허용량을 정하는 것이죠."

"필드 테스트는 누가 합니까?"

"제조사죠. 필드 테스트를 할 때에는 매우 자세한 지침을 따르게 되어 있습니다. 여러 종류의 농산물을 대상으로 해야 하고, 가능하다면 최소한 두 계절에 반복해서 실험을 해야 합니다. 기상 조건 탓으로 발생한 오류를 없애기 위해서지요."

"데이터의 질에 대해서는 어떻게 확신하십니까? 산업의 역사를 살펴봐도 워낙 부실하거나 왜곡된 연구가 많지 않습니까?"

내 예상과는 달리 베르나데트 오센도르프는 이 질문에 그리 놀라지 않는 것 같았다.

"우리는 보고서 내용을 아주 자세하게 요구합니다. 예를 들어 어떤 분석 방법을 사용했는지도 물어보죠. 또 사용한 농약의 양이 농부들에게 실제로 권고된 양과 일치하는지, 농약을 제때 살포했는지 여부도 확인합니다. 농부들은 실제로 수확하기 2주 전에 농약을 뿌리는데 만약 제조업체에서 수확하기 2개월 전에 살포했다면 실제보다 잔류농약 비율이 훨씬 낮게 나오겠죠. 데이터의 타당성을 의심한 경우도 있습니다. 그래서 제조업체에 해명을 요구한 적이 있지요. 그래도 부족할 때에는 데이터를 거부하기 때문에 제품 평가가 이루어지지 않습니다. 그러면 시장에 출시될 수 없습니다."

"평가하시는 제품이 대부분 이미 출시되지 않았습니까?"

"그렇기는 합니다. 하지만 장기적으로 봤을 때 제조업체가 국제잔류농약 전문가그룹의 '반박'을 받았다는 것이 좋을 리 없습니다."

"만약 실제 상황에서 농부가 사용법에 따라 사용량을 지키지 않는다면 이 모든 노력이 허사가 되는 것 아닙니까?"

"그건 저희 능력 밖의 일입니다. 농부들이 사용 기준을 지키는지 정부 당국이 확인해야지요."

"잔류농약에 대한 데이터를 검토한 다음에 소비자의 잠재적 노출 가능성을 평가해야 하는데요. 어떤 방법으로 합니까?"

"오대륙 인구의 열세 가지 식습관 모델에 따라서 각 농산물의 평균 소비량을 추산합니다. 채식주의 같은 특수성도 고려합니다. 사과를 예로 들어볼까요? 프랑스 국민 한 사람이 매일 평균 몇 개의 사과를 먹는지 알아보기 위해 프랑스의 연간 사과 생산량을 조사합니다. 거기에서 수출량을 뺀 다음 수입량을 더하죠. 마지막으로 그 숫자를 인구수로 나눕니다. 모든 농산물에 대해 그렇게 계산을 합니다. 그렇게 해서 표준 식단을 기준으로 프랑스 국민 한 사람이 매일 섭취하는 농약의 양을 측정할 수 있습니다."

"엄청난 양의 일이네요. 우리가 음식 때문에 병에 걸리지 않도록 하기 위해 그 많은 일이 필요하군요."

"그렇습니다. 전문가인 우리도 결국 소비자니까요."

"살충제로 많이 쓰이는 클로르피리포스-메틸을 예로 들어 봅시다. 소비자가 이 농약을 뿌린 과일과 채소를 조금 많이 먹어서 일일섭취허용량을 넘기면 어떻게 되는 겁니까?"

"무슨 말씀이신지 알겠습니다. 하지만 저희가 평가하는 잔류농약 최대허용량은 실제로 노출되는 양보다 훨씬 높습니다. 저희 모니터링 프로그램에 따르면 소비되는 모든 사과에 클로르피리포스-메틸을 뿌리는 것은 아닙니다. 저희가 추산한 소비량은 사실 이론적으로 최악의 경우를 염두에 둔 것입니다. 우리가 어느 날 먹은 모든 음식이 같은 농약으로 처리되었다고 가정한 것이지요. 실제로 그런 일이 벌어질 가능성은 아주 낮습니다. 보통은 접시에 농약을 뿌린 감자가 있으면 농약을 뿌리지 않은 당근이나 상추도 함께 올라오니까요. 따라서 하루 만에 클로르피리포스-메틸을 다량으로 섭취할 가능성은 극히 적습니다."

"그렇겠죠. 하지만 안심이 되지는 않는군요."

"아닙니다. 어떤 제품이 갖고 있는 잠재적 위험은 우리가 실제로 감수하게 되는 리스크와 아무런 상관이 없습니다. 소금이 그렇죠. 소금 5kg을 한꺼번에 먹으면 몸져누울 겁니다. 그렇다고 소금을 맹독성 물질이라고 할 수는 없죠. 파라셀수스가 말했듯이 독이 되는 것은 양입니다. 리스크가 0이길 바라신다면 농약을 사용하면 안 되죠. 하지만 그것은 정치적인 결정입니다. 농부가 수확을 늘리기 위해서는 농약이 필요하다고 하는 정치인들이 농약을 승인해야 한다고 하니 우리로서는 그것이 최선의 방법입니다."[7]

탈산업화 시대의 화학 마법사들

긴 인터뷰를 마치고 나왔을 때 나는 신경이 곤두선 상태였다. 베르나데트 오센도르프가 불쾌해서도 아니었고, 그녀가 '헛소리를 지껄인다.'고 생각해서도 아니었다. 내가 화가 났던 건 그녀가 오히려 대단히 진지했기 때문이었다. 안쓰러울 정도로 빈약한 논리를 들이밀 때조차도 그녀는 참 진지했다. 어떻게 생명체를 죽이기 위해 고안된 농약을 양념으로 쓰이는 소금과 비교할 수 있을까? 농약 중독으로 자살하는 사건이 안타깝게도 비일비재하지만 소금에 일부러 중독되어 자살했다는 사람을 본 적 있는가? 염화나트륨은 리스크 평가 전문가들의 단골 비교 대상인 모양이다. 안젤리카 트리처에게서도 똑같은 말을 들었기 때문이다.

"식품에서 화학물질이나 잔류농약이 발견되었다는 것 자체가 우리의 건강이 위협받는다는 뜻은 아닙니다. 소금의 경우처럼 위험이 어떤 노출 수준에서 나타나는가를 알아내는 것이 중요하죠. 문제는 음식이라는 것이 매우 감정적인 반응을 불러일으킨다는 것입니다. 소금을 넣으면 양을 조절할 수 있지만 농약은 그럴 수 없죠. 알 수 없다는 사실이 사람들을 두렵게 만듭니다. 식탁에 올라온 음식을 제어할 수 없다는 인상을 갖게 되니까요."

이 말을 전해들은 제임스 허프는 펄쩍 뛰었다. 그는 미국 국립환경보건원에서 화학적 원인에 의한 암 발병 문제를 담당하고 있으며 국제암연구소 주제연구 프로그램을 지휘했고 국제암연구소에 행사하는 기업의 영향력을 고발한 인물이다(10장 참조). "안젤리카 트리처를 실력 있는 과학자로만 알고 있었는데 그녀가 화학제품 제조업체를 옹호하는 궤변을 늘어놓다니 정말 놀랐습니다." 안젤리카 트리처를 만나고 한 달 뒤에 만난 제임스 허프는 분을 참지 못했다. "소금은 맛을 변화시키는 천연 물질입니다. 물론 섭취량을 적당히 조절하는 것이 바람직합니다. 하지만 일부러 생명체에 해를 가하도록 만들었으며 우리도 모르는 사이에 우리의 식탁을 오염시키고 있는 농약을 소금과 비교하다니요! 장난합니까? 식품오염물질을 평가하는 전문가들이 그런 착각에 빠지더군요. 사실 그들에게 불가능한 임무를 요구하는 것이죠. 그들도 속으로는 일일섭취허용량과 잔류농약 최대허용량이 인위적인 장치에 불과하다는 걸 잘 알 테니까요. 사람들을 보호하는 방법은 그들이 평가해야 할 독성 물질을 아예 금지시키는 것뿐이라는 사실도 잘 알고 있을 겁니다."[3]

제임스 허프의 관점은 『위험사회』에서 읽었던 울리히 벡의 명철한 분석과 일맥상통한다. 울리히 벡은 '현대성'의 특징인 보건 재앙을 일으키는 데 과학자들이 한 역할을 가차 없이 비난한다. "고도로 전문화된 노동 분업, 방법론 및 이해에 대한 고민, 실천과의 완전한 단절로 점철된 과학은 문명에 의한 위험에 적절히 대응하는 능력을 완전히 상실했다. 그 위험이 발생하고 증가하는 데 적극적으로 가담한 것이 바로 과학이기 때문이다. 과학은 공기, 물, 식품을 오염시키고 그로 인해 동식물과 인간의 쇠퇴 및 멸종을 초래하는 산업을 보호하고 정통성을 확보해 주는 주체로 탈바꿈했다."[4]

울리히 벡은 '리스크 전문 과학자'를 '마법사' 혹은 '한계 비율의 곡예사'라고 부르며 책의 많은 분량을 할애한다.

"과학자들이 완전히 비양심적일 수는 없으므로 양심의 가책을 숨기기 위해 새로운 말과 방법론, 수치를 만들어 냈다. '한계 비율'이라는 말은 아는 것이 아무것도 없다고 말할 때 가장 널리 사용되는 표현이다. (……) 공기, 물, 식품에 들어 있는 '허용 가능한' 오염물질과 독성 물질의 한계 비율은 정해진 수치만 넘어가지 않으면 오염물질 배출을 허용하고 오염물질의 존재에 정통성을 부여하는 마법을 부린다. 오염을 제한한다면서 오히려 오염을 조장한다. (……) 한계 비율이 최악의 상황을 막아 줄 수도 있다. 그러나 책임자의 '책임을 벗기는' 데 사용되기도 한다. 자연과 인간에게 독을 조금은 먹여도 괜찮다고 생각하기 때문이다. (……) 한계 비율은 넘치는 오염물질과 독성 물질로 둘러싸인 문명의 후퇴선이다. 무중독은 가장 기본적인 상식처럼 보이지만 이상적이기만 하므로 버려야 할 요구 사항이다. (……) 한계 비율은 정상적인 집단 중독의 지속 가능한 1인당 중독량으로의 길을 열어 주었다. 그것은 상징적인 해독 기능을 수행한다. 오염에 관한 끔찍한 정보들에 대한 불안을 해소해 주는 상징적인 진정제이다. 또 애쓰며 감시하는 사람들이 있다는 것을 가르쳐 준다."[5](밑줄-원저자)

울리히 벡은 '한계 비율 고안자들'에게 신랄한 비난을 퍼부으며 결론짓는다. 그의 눈에 그들은 "놀라운 예지력"과 "세 개의 눈"을 가지고 있는 "탈산업화 시대의 화학 마법사들"이었다. "결국 그것은 중독이 중독이 아닌 상태로 어디까지 갈 수 있는지, 언제부터 중독이 중독이 되는지 정하는 문제였다. (……) 많은 수치를 내세우며 아주 우아하게 말하고 있지만 결국 '우리도 몰라'라고 말하는 것 외에 또 무엇을 알 수 있을까."[6]

기업의 데이터는 '기밀'이다

"클로르피리포스-메틸 제조업체인 다우 애그로사이언스가 당신에게 제공한 연구 목록을 훑어봤습니다. 아주 흥미롭더군요. '데이터 보호'라고 적혀 있고 하나같이 '미공개' 보고서더라고요. 지금도 그렇습니까?" 내 질문에 안젤로 모레토 교수는 미간을 찌푸렸다. 그는 2009년 9월 국제잔류농약전문가그룹 회의를 주관한 이탈리아 독성학자이다. 나는 그의 대답을 돕기 위해 66쪽 분량의 자료를 내밀었다. 2005년에 유럽연합이 발간한 이 자료에는 다우 애그로사이언스가 클로르피리포스-메틸에 대해 수행한 200건이 넘는 연구 목록이 열거되어 있다.[7] 제품의 독성을 측정하기 위해 진행된 동물 실험도 있고, 작물에 남아 있는 잔류농약 비율을 측정하기 위해 진행된 필드 테스트도 있었다. 예를 들어 "렐던을 수차례 뿌린 토마토의 수확 당시와 가공했을 때(통조림, 주스, 퓌레)의 잔류농약 농도"[8]를 측정하는 실험이 있었고, "렐던을 두 번 뿌린 와인 제조용 포도의 수확 당시 잔류농약 농도"[9]를 측정한 실험도 있었다. 연구 보고서는 매번 '미공개'라는 언급과 함께 인용되었고, 서문 어디인가에서는 "제조업체에서 데이터 보호를 요청했다."고 강조했다. 어떤 연구는 클로르피리포스-메틸이 아니라 클로르피리포스에 관한 것이다.

안젤로 모레토는 한참 자료를 보고 나더니 말했다. "네, 그럴 가능성이 큽니다. 기업이 국제잔류농약전문가그룹이나 각국의 관할 당국에 제출하는 연구 보고서는 기밀 조항으로 묶인 데이터입니다. 하지만 국제잔류농약전문가그룹이 평가 회의 뒤에 작성한 자료나 각국 관할 당국이 작성한 자료를 보면 데이터를 대략적으로 파악할 수 있습니다."

"원자료가 아니라 요약본입니까?"

"네, 원자료는 아닙니다. 그건 제조업체 것이니까요. 그러니까 국제잔류농약전문가그룹의 전문가 스무 명의 판단을 믿어야 합니다. 그들은 데이터의 올바른 분석과 해석을 위해 세계 각국에서 전문성을 기준으로 선발된 사람들이니까요."

"믿지 않을 이유는 없습니까?"

"없길 바라야죠."[10] 안젤로 모레토 의장은 억지로 웃으며 말했다.

이는 NGO와 시민 단체들이 국제잔류농약전문가그룹이나 식품첨가물전문가회의, 유럽 식품안전청, 그 밖에 화학 리스크 평가 및 관리를 맡은 공기관에 늘 퍼붓는 비난 중 하나이다. 기관들이 하나같이 연구 데이터를 '영업비밀'로 분류해 달라는 기업의 요구를 군말 없이 받아들이기 때문이다.

"데이터를 비밀로 유지하는 것은 기업의 영업 이익에만 도움이 될 뿐입니다." 과학정책학 교수 에릭 밀스턴이 말했다(12장 참조). "그것은 소비자 및 국민 건강의 이익과는 정면으로 대치됩니다. 세계보건기구와 규제 기관은 그 행태를 바꾸지 않는 한 대중의 신뢰를 누릴 자격이 없습니다. 제품 제조 공정에 관한 데이터일 때만 기밀 조항이 정당할 수 있습니다. 경쟁 상황에서는 중요한 영업 정보가 될 수 있으니까요. 하지만 제품의 안전성이나 독성에 관한 데이터는 공공 분야에 속해야 합니다."[11]

나는 안젤리카 트리처와도 이 민감한 문제를 논했다. 국제잔류농약전문가그룹과 식품첨가물전문가회의의 서기관인 그녀는 평가 과정을 조직하는 데 핵심적인 역할을 하고 있다. 회의가 열리기 1년 전에 (재)평가될 물질이 무엇인지 공개하는 것도 그녀가 하는 일이다. 그리고 "정부, 유관 기관, 제조업체, 개인에게 보유한 모든 데이터를 공개 여부와 상관없이 제공해 달라고 요청"한다. 2009년 9월 회의를 준비하면서 2008년 10월 온라인에 올린 글에서 그녀는 "비공개된 기밀 연구는 보호받을 것이며 국제잔류농약전문가그룹의 평가 목적을 위해서만 사용될 것이다."[12]라고 밝혔다.

"원자료는 왜 공개되지 않나요?"

"솔직히 말씀드리면, 대중이 그 데이터를 가지고 무엇을 할 수 있을지 정말 모르겠습니다. 수천 쪽이나 되는 분량인 걸요."

"일반 대중을 말씀드리는 게 아닙니다. 농약의 독성학 데이터를 확인하려는 소비자단체나 환경 단체를 말씀드리는 겁니다. 원자료가 왜 영업 비밀이 되어야 합니까?"

"지적 재산권 보호 때문입니다. 법적인 문제지요. 데이터는 기업의 소유입니다. 저희에게는 그것을 제3자에게 알릴 권리가 없습니다."

"데이터가 공개되지 않는다는 사실이 유효성에 관한 의심을 불러일으키고 투명성이 담보되어야 생기는 신뢰도를 깎아내리고 있습니다."

"물론이죠. 왜 그런 말씀을 하시는지 압니다. 저희에게 뭔가 숨길 게 있는 듯한 인상을 주니까요."

안젤리카 트리처는 뜻밖에도 솔직하게 인정했다.

"예를 들어 담배 제조업체가 제공했던 연구 보고서들은 결함이 있었습니다. 조작되거나 위조되기도 하죠. 세계보건기구도 수년 동안 기업에 속았습니다."

"거기에 대해서는 코멘트하지 않겠습니다."

"하지만 사실 아닙니까?"

"코멘트하지 않겠습니다. 게다가 제가 이곳에서 일하기 전에 일어난 일이고요. 자세한 것까지는 잘 모릅니다."

"세계보건기구로서는 뼈아픈 이야기라는 것 압니다. 그 때문에 2000년에 큰 방향 전환도 있었고요."[15]

"그렇습니다. 뼈아픈 이야기라는 게 분명하죠. 하지만 농약과 관련하여 비교할 수 있을지 모르겠습니다. 어쨌든 이곳에서도 데이터 보호는 활발한 토론의 대상입니다. 어떻게 결말이 날지 두고 봐야겠죠. 데이터 기밀에 왜 그렇게 집착하는지는 기업에 가서 물어보셔야 될 겁니다."[14]

기업이 껄끄러운 질문을 피해 갈 때

내가 농약 제조업체 대표들과 인터뷰를 시도하는 데 안젤리카 트리처의 조언이 필요한 건 아니었다. 클로르피리포스-메틸을 포함해서 가장 논란이 많은 살충제인 클로르피리포스에 각별한 관심이 있었기에 미드랜드(미시건 주)에 있는 다우 애그로사이언스 본사에 연락한 것은 사실 당연한 수순이 었다. 다우 애그로사이언스는 세계 최대의 클로르피리포스 제조업체이다.

취재차 미국에 두 번 방문했을 때 본사로 찾아갈 예정이었다. 2009년 10월 2일, 다우 애그로존스의 홍보 책임자인 얀 주르발렉이 런던에 있는 유럽 지사의 홍보 책임자인 수 브리치에게 내 요청을 전달했다. 10월 13일, 수 브리치는 매우 친절한 이메일을 보내왔다. 인터뷰 촬영 시 던질 질문을 미리 보내 달라는 것이었다. "귀하가 다큐멘터리에 직접 등장할 수 있을지 는 확답을 드릴 수 없지만 귀하의 요청과 질문을 주의 깊게 검토한 뒤 꼭 연락드리겠습니다."[15]

솔직히 말하면, 『몬산토』 집필 당시 몬산토에 인터뷰 거절을 당한 뒤로 헛된 희망은 품지 않게 되었다. 다우와 몬산토는 농약, 플라스틱, 그 밖에 화학제품 시장에서 늘 경쟁하는 관계지만 화학 산업의 이익을 보호해야 할 일이 있을 때면 늘 긴밀히 협조해 왔다. 아니나 다를까, 10월 16일 나는 수 브리치에게서 부정적인 답변을 받았다. "기업으로서 저희는 특히 보건 및 안전, 환경 분야에 있어서 저희 제품과 활동에 관하여 언론과의 소통에 항상 개방적인 자세를 취하고 있습니다. 귀하의 인터뷰 요청에 감사드리오나 유감스럽게도 거절의 뜻을 전하게 되었습니다. 귀하가 지금까지 해 오신 작업을 알아본 결과 저희의 관점이 대변될 방식에 대한 우려를 갖게 되었습니다. 이 점 이해하시리라 믿습니다." 마지막으로 수 브리치는 내 질문에 "서면으로 답변"을 보내 줄 수 있다고 말했다.

그런데 아주 재미있는 일이 벌어졌다. 유럽의 화학 산업을 대표하는 기업들에 연락을 취하기 시작했을 때 그들이 나에 대해 서로 정보를 교환한다는 것을 알게 된 것이다. 빈번한 이메일 교환에 적극적으로 참여했던 인물 중 한 사람이 다우의 브뤼셀 지사 '정부 관련 유럽 부서'의 토머스 리올이었다. 그중 누군가가 그동안 주고받았던 이메일 내용을 지우지 않고 내게 메일로 보내 주는 바람에 이 사실을 알게 되었다. 유럽화학산업협회(CEFIC)는 결국 내 인터뷰 요청을 거절했다. 브뤼셀에 본부를 두고 있는 농산물 대기업의 공식 로비 기관인 유럽농작물보호협회(ECPA)도 마찬가지였다. 2010년 1월 28일 나는 유럽농작물보호협회 홍보 책임자인 필 뉴턴의 이메일을 받았다. 나는 그에게 "농약 평가 과정에서 기업이 하는 역할"과 "데이터 기밀"에 대한 매우 '기본적인' 질문을 보냈었다. "마리 모니크 씨, 모든 농약 제품은 현행 유럽연합법에 따라 평가와 테스트를 거쳤습니다. 이 분야에서 가장 적합한 정보 출처원인 (……) 유럽 식품안전청이 모든 데이터를 독자적으로 검토했습니다." 2010년 2월 1일에는 크롭라이프 인터내셔널(Croplife International)의 안나 라일리가 유럽농작물보호협회에 연락해보니 그쪽에서 거절을 하지 않았느냐며 내 요청을 일언지하에 거절했다. 크롭라이프 인터내셔널은 인터넷 사이트에 "식물 과학 산업의 글로벌 연맹"으로 소개되어 있고 주요 농약 제조업체 여덟 군데*에서 재정 지원을 받는다.

프랑스의 식물보호산업연맹(2장 참조)은 '농약과 농업 서비스를 시장에 출시하고 판매하는 열아홉 개 기업'의 모임이다. 2010년 1월 28일 연맹의 홍보부는 회장과의 인터뷰 요청에 간략한 답변을 보내왔다. "장 샤를 보케 회장님과의 인터뷰 요청에 응하지 않기로 했음을 알려 드리는 바입니다." 그래서 나는 연맹 본부에 직접 전화를 걸었다. 전화를 받은 사람은 다행히 내게 메일을 쓴 사람이 아니었다. 매우 이해심 많던 그녀는 내게 회장의 휴대전화 번호를 알려 주었다. 그리하여 장 샤를 보케 회장과 긴 전화 통화를 할 수 있었다. 그는 전화를 받자마자 "다큐멘터리 「몬산토」를 봤습니다. 노선이 아주 분명하더군요."라고 말했다. "저한테 문제가 되지는 않습니다. 누구에게나 사회 참여를 할 권리가 있으니까요. 하지만 주로 몬산토에 반대하시는 사회 참여 방식은 농약 제조업체 전체를 반대하시는 것으로 보입니다. 그리고 저는 그 제조업체들을 대표하는 사람이니 인터뷰 요청에 응하기 어렵겠습니다. 게다가 다큐멘터리에 오류도 많습니다. 몬산토 대표들을 만나보려고 하지 않은 것은 잘못됐다고 봅니다."

"말씀을 들어 보니 제 다큐멘터리를 제대로 보신 것 같지 않군요. 그랬다면 제가 그 먼 세인트루이스까지 찾아갔다는 걸 아실 테죠. 석 달 동안이나 협상 끝에 저를 만나기를 거부한 쪽은 몬산토입니다. 지금도 그 이유를 모르겠습니다. 제가 어떤 질문을 할지 두려워서였을까요? 그리고 말씀하신 다큐멘터리의 오류가 무엇인지 알 수 있을까요?"

"흠……. 다큐멘터리는 정말 봤습니다. 몬산토가 나름의 커뮤니케이션

---

* 바스프, 바이어 크롭사이언스, 다우 애그로사이언스, 듀폰, FMC, 몬산토, 스미토모, 신젠타.

정책을 가지고 있지만 저는 그보다는 더 개방적인 사람입니다."

"제가 무슨 질문을 할지 걱정되십니까?"

"아니오. 전혀 그렇지 않습니다. 누가 어떤 질문을 해도 걱정 없습니다. 제 답변을 어떻게 이용하는가가 오히려 걱정이죠."

"제가 일하는 아르테는 훌륭한 방송국입니다. 또 지금 하신 말씀을 제가 반대로 내보낼 수도 없고요. 회장님의 관점을 변호하는 것은 회장님이 하실 일입니다. 예를 들어 농약 제조업체들이 국제잔류농약전문가그룹이나 유럽 식품안전청에 보내는 원자료가 공개되지 않는 이유를 어떻게 설명하시겠습니까?"

"대중이 전문가는 아니니까요. 대중이 전문가가 되면 그때는 볼 수 있을 겁니다. 농약 평가 전문 기관이 아닌 단체에 정보를 줄 수는 없지 않습니까? 우리가 수행해야 할 수많은 연구에 얼마나 많은 경비가 드는데요."

"농약의 발암성에 관한 독성 연구 하나를 진행하는 데 얼마나 듭니까?"

"수십만 유로죠."[16]

2010년 2월 24일 결국 '서면 답변'을 보내온 다우 애그로사이언스는 "업계의 조사에 따르면 해충 제어를 위한 새로운 활성물질을 규명하고 시장에 출시하기 위해 정부 기관의 요구 조건을 충족시키는 데 필요한 연구에 보통 1억 8000만 달러 이상이 든다."고 설명했다. 클로르피리포스의 경우 "1965년부터 판매되고 있으며 100여 개 국가에서 승인받아 50여 개 작물에 사용되고 있다. 그 50여 개 작물에 대한 인증을 받기 위해 45년 동안 수행한 연구 경비는 정확하게 말하기 힘들지만 2억 달러가 넘는 것은 확실하다."[17]

모든 것이 비밀이 되는 국제잔류농약전문가그룹

국제잔류농약전문가그룹이 어떤 일을 하는 곳인지 내가 꼭 알기 바랐던 안젤리카 트리처 덕분에 나는 세계보건기구 건물 지하에서 몇 장면을 찍을 수 있는 특별 허락을 받았다. 그곳에는 제조업체들이 자사 제품 평가를 위해 보낸 모든 데이터가 쌓여 있었다. "책장을 일렬로 늘어놓으면 수 킬로미터는 될 걸요." 문서 보관 담당인 마리 빌맹이 말했다. "이제는 데이터를 파일로 보내라고 하니 다행이지요. 그렇지 않았으면 통제 불능이 됐을 거예요." 내 눈앞에는 농약별로 정성껏 라벨을 붙여 놓은 수많은 책장이 늘어서 있었다. 몬산토의 라운드업 활성물질인 글리포세이트에 관한 데이터만 해도 커다란 상자 일곱 개 분량이었다. 나는 임의로 몇 상자를 골라 열어 보았다. '쥐에 대한 세대 전이 및 생식에 미치는 효과'에 관한 연구도 있었고 감자와 당근에 대한 필드 테스트 결과도 있었다. 수백 쪽에 이르는 보고서들은 수많은 표와 숫자로 도배되어 있었다.

"전문가들이 이 많은 데이터를 정말 다 봅니까?" 안젤리카 트리처에게 물었다.

"네, 물론 나흘에서 열흘 정도 열리는 회의 중에 보는 건 아닙니다. 준비 작업은 1년 전에 시작되죠. 원자료가 소수의 전문가 그룹에게 전달되면 전문가들이 종합을 해서 회의 때 패널들에게 제출합니다."

"원자료를 보내는 주체는 어디입니까?"

"제조업체가 직접 보내거나 때에 따라서는 국제잔류농약전문가그룹 사무국에서 보내기도 합니다."

"그렇다면 제조업체가 패널에 들어갈 전문가 이름을 적어도 일부는 미리 알 수 있다는 거네요?"

"그렇습니다."

"보고서가 발표되기 전까지는 전문가 이름이 공개되지 않는다고 하지 않으셨습니까?"

"맞습니다. 세계보건기구 규칙이 그렇습니다. 전문가들이 회의 전에 기업이나 해당 주제에 이익이 걸린 국가나 소비자단체의 압력을 받지 않도록 취해진 조치입니다."

"제조업체가 미리 전문가의 이름을 알 수 있으니 규칙에 예외가 있는 셈이군요?"

"네, 데이터 발송의 편의를 위해서죠."

"전문가는 어떻게 선발되나요?"

"패널을 구성하기 위해 정기적으로 전문가 구인 공고를 냅니다. 과학자라면 누구나 지원할 수 있고, 자세한 이력서와 논문 목록을 제출하면 됩니다. 선발 기준은 후보자의 능력과 전문성입니다. 대신 오대륙에 골고루 분포될 수 있도록 조절하기는 합니다. 선발된 전문가는 보수를 받지 않습니다. 여행과 체류 경비는 세계보건기구와 식량농업기구가 부담합니다."

"가장 최근에 내신 전문가 구인 공고를 봤습니다. '세계보건기구와 식량농업기구가 마련한 표준 양식에 따라 이익 상충 여부를 빠짐없이 신고하도록' 되어 있더군요."

인터뷰를 다시 들어 보니 그제야 내 지적이 얼마나 미묘한 사안이었는지 알 수 있었다. 2009년 가을, 세계보건기구는 신종인플루엔자와 관련된 전문가들이 이익 상충을 신고하지 않아서 기구 사상 최대의 스캔들에 휘말렸기 때문이다. 내가 제네바를 방문하기 석 달 전인 6월 11일, 세계보건기구 사무총장 마거릿 챈이 엄숙하게 '신종플루 대유행'을 선언하면서 세계는 공포에 떨었다. 그로부터 1년 뒤, 수만 명이 죽어 나갈 것이라던 예측과 달리 '돼지 독감'의 희생자는 해마다 찾아오는 일반 독감보다 열 배나 적었다. 그러나 이 사건은 백신을 제조하는 다섯 개 업체—노바티스, 글락소스미스클라인, 사노피 파스퇴르, 백스터, 로슈—에게는 황금 같은 기회였다. 백신 판매로 60억 달러나 되는 이익을 나눠 가질 수 있었기 때문이다. 세계보건기구에 자문을 했던 '전문가'들이 이 "비통한 사기극"[10]을 이용한 기업들과 유착 관계에 있었던 것이다.

내가 이익 상충 문제를 언급하자 왜 안젤리카 트리처가 다소 경직되었는지 지금은 이해가 간다.

"국제잔류농약전문가그룹이나 식품첨가물전문가회의 전문가들의 이익 상충 여부는 왜 공개되지 않았나요?"

"세계보건기구의 규칙입니다." 그녀가 불편해 하는 게 분명했다. "저희 전문가 패널은 상근직이 아닙니다. 사안에 따라서 매번 구성이 바뀌지요. 저희와 함께 일하는 그 많은 전문가들의 이익 상충 여부를 인터넷 사이트에 올리는 것은 엄청난 작업일 겁니다."

"유럽 식품안전청에서는 그렇게 하는데요."

"맞습니다. 하지만 그쪽 전문가 위원회는 상설입니다. 그게 중요한 문제라는 것은 저도 압니다. 솔직히 말하면 저희도 이 문제를 어떻게 개선할 수 있을지 알아보기 위해 법률 부서와 논의 중입니다. 이익 상충 여부 공개뿐만 아니라 일부 연구에 나타나는 왜곡 문제도 포함해서요."

"단도직입적으로 말씀드리면, 국제잔류농약전문가그룹이나 식품첨가물전문가회의의 운영에 투명성 문제가 심각합니다. 연구 데이터, 전문가 신분,

이익 상충 여부 등 모든 게 비밀이니까요. 외부 옵서버가 참관할 수 없는 회의는 말할 것도 없습니다. 그런데 제가 이곳에 오기 전날 패널이 농약 제조업체를 불렀다면서요?"

"그렇습니다. 제조업체를 불러 제품에 관한 질문을 하곤 합니다."

"물론 어떤 사항들은 명쾌하게 밝히고 넘어가는 것이 중요하겠지요. 그런데 왜 옵서버 자격을 원하는 NGO와 학계의 요청은 거부하는 겁니까?"

"세계보건기구에서 열리는 실무 회의는 비공개적인 성격을 띱니다. 회의가 외부에 폐쇄적이기보다는 참석하려면 초대를 받아야 합니다. 또 비공개로 진행해야 전문가들이 그 어떤 영향도 받지 않고 자유롭게 의견을 개진할 수 있다고 생각합니다.

"식품오염물질 평가 시스템을 전면 재검토해야 한다"

"시스템을 변화시키는 것은 무척 힘든 일입니다." 20년 넘게 국제소비자기구(Consumers International)에 전문가로 참여한 생물학자 네드 그로스는 웃으며 말했다. 완벽한 외모와 언변의 소유자인 그는 예순다섯 살의 존경받는 과학자이자 미국 국립과학아카데미를 지휘했던 인물이다. 전혀 격앙되지 않은 그의 시스템 비판은 흠잡을 데 없다. "세계보건기구와 식량농업기구가 국제연합 회원국이 내는 공여금뿐만 아니라 출처를 알 수 없는 민간 자금으로 운영되는 거대한 관료 체제라는 것을 잊지 마십시오. 기구의 입장에서는 기구의 활동을 매우 가까이에서 지켜보는 기부자와 사이가 틀어지기를 바랄 이유가 없습니다. 그리고 화학물질 평가 시스템이 기업에 의해, 기업을 위해 만들어졌다는 것은 분명한 사실입니다."

"제조업체들이 제공한 수천 쪽 분량의 데이터를 전문가들이 상세히 검토한다는 말을 정말 믿으십니까?"

"물론 믿지 않지요. 사실 그것은 기업이 쓰는 전략으로 잘 알려져 있습니다. 다 보려면 몇 년이나 걸릴 몇 트럭분의 데이터를 보내와서 아무도 확인할 수 없게 만드는 것이죠. 그러다 보니 아무런 관련 없는 전문가가 보수도 받지 못하는 힘든 일을 자처하는 건 드문 일입니다. 극히 드물지만 전문가 패널이 더 주의를 기울여서 의심이 가는 데이터를 발견한다고 하더라도 기업 입장에서는 좋은 일입니다. 시간을 벌 수 있거든요. 국제잔류농약전문가그룹이 데이터를 다시 검토하라고 할 것이고, 그것만 해도 2년이 걸릴 겁니다. 그동안 규제는 바뀌지 않죠."

"전문가들의 이력은 어떻게 됩니까?"

"해야 할 일이 워낙 복잡하다 보니 위원회 결정에 입장이 반영되기를 바라는 정부에서 보통 후보자를 추천합니다. 주로 시간 여유가 있는 은퇴한 과학자들인데, 최신 과학 지식을 업데이트하지 못한 사람들도 있죠. 활발히 활동하는 과학자가 정책이나 상업적 이익을 위한 활동에 몇 주나 되는 시간을 바치겠습니까? 그러니까 국제잔류농약전문가그룹이나 식품첨가물전문가회의에서 활동하는 전문가들은 수준이 낮다고 볼 수 있죠. 뛰어난 사람들은 자기 할 일이 있으니까요."

"전문가들의 결정에 오류가 있다고 생각하십니까?"

네드 그로스는 한숨을 쉬었다.

"문제는 농약 독성학에 대해 잘 아는 과학자들은 대학교수나 컨설턴트로, 주로 기업을 위해 일했거나 일하고 있다는 것입니다. 그 사람들을 자주 만나 봐서 아는데, 생각하는 것이 아주 똑같죠. 똑같은 세미나에 참석하고, 똑같은 언어를 구사하며, 농약 없이는 살 수 없다고 똑같이 확신합니다."

"전문가의 이익 상충 문제가 국제잔류농약전문가그룹이나 식품첨가물전문가회의의 결정에 정말 영향을 미칠 수 있다고 생각하십니까?"

"분명 그렇습니다. 소에게 주입하는 성장 호르몬이 가장 전형적인 예입니다. 식품첨가물전문가회의에서 1992년과 1998년에 평가를 했었죠. 위원회 활동은 호르몬 제조업체인 몬산토에서 일했던 전문가들이 완전히 통제했습니다. 마거릿 밀러도 그중 한 명이었습니다."[19]

나는 『몬산토』에서 소의 성장 호르몬 rBGH와 관련된 이 이야기에 두 꼭지를 할애한 바 있다. 그때 나는 '회전문 인사(Revolving Door)'라는 관행의 위력을 알게 되었다. 그것은 기업 대표들이 정부 단체나 국제기구의 고위직을 차지하고 기업의 이익을 대변하고, 임무가 끝나면 다시 기업으로 돌아가는 시스템이다. 젖소의 우유 생산량을 늘리려고 만든 유전자 조작 호르몬에 관한 식품첨가물전문가회의의 평가는 캐나다 상원의 진상규명위원회에서 공개적인 망신을 당했다. 몬산토가 캐나다 보건부 소속 전문가들에게 뇌물을 제공하려 했다는 사실을 폭로한 것도 이 위원회였다. 이 사건을 취재하면서 에릭 밀스톤의 이름도 처음 알게 되었다. 그는 한 논문에서 몬산토가 rBGH가 젖소의 건강에 미치는 영향에 관한 데이터 분석을 어떻게 속였는지 설명한 바 있다.[20]

"식품오염물질 평가 시스템을 전면 재검토해야 합니다." 브라이튼에서 만난 에릭 밀스톤은 내게 이렇게 말했다. "전문가 선정과 평가에 관한 불투명성을 없애야 합니다. 저도 식품화학독성학 분야에서 35년이나 일했지만 독성학 박사 학위가 없다는 이유 하나 때문에 패널에 참여하지 못합니다. 이것은 정상이 아닙니다. 투명성 부재가 심각해서 제가 유럽연합 연구 기관을 위한 보고서 작성을 위해 회의에 참석하는 것도 허락하지 않더군요.[20] 위원회 결정과 직접 관련이 있는 기업에서 일한 사람은 위원회 내에서 요직을 차지할 수 없도록 해야 합니다. 그러나 네슬레에서 수년간 일한 안젤리카 트리처는 중요한 직책을 맡고 있습니다."

모르는 사실도 아니었다. 나도 안젤리카 트리처를 만나기 전에 그녀가 아스파르탐을 포함해서 식품첨가물을 다량으로 사용하는 네슬레 산하 연구소에서 일했다는 것을 알고 있었다(14장 및 15장 참조). 그녀는 화학, 농식품, 제약 분야의 다국적기업이 재정 지원하는 국제생명과학연구소가 2009년 1월 투손(애리조나 주)에서 개최한 학술대회에 참가하기도 했다.

내가 안젤리카 트리처에게 이 점에 관한 질문을 하자 그녀는 화를 냈다.

"제가 네슬레에서 일했다고 해서 세계보건기구에서 일하지 못할 이유가 뭐죠? 게다가 세계보건기구 법률팀이 제 이력서를 꼼꼼히 검토했고 제가 자리에 맞는 이력을 가지고 있다고 판단했습니다. 저는 숨길 게 없어요. 네슬레에서 일하기 전에는 함부르크의 그린피스에도 지원했지만 채용이 되지 않았을 뿐입니다. 제게 무슨 숨겨진 의도가 있다고 생각하지 말아 주세요. 세상은 흑백논리로만 볼 수 있는 게 아니니까요."

"물론이죠. 하지만 그린피스에서 일했던 사람이 지금 당신 자리에 앉아 있을 수 있다고 생각하십니까?"

"기구에서 요구하는 과학자로서의 역량만 갖추면 안 될 것도 없죠. 국제생명과학연구소 학술대회에 참가한 것도 세계보건기구에서 결정한 사항입니다. 리스크 평가에 관한 라운드테이블에 세계보건기구 대표로 나선 것입니다. 뭐가 문제된다는 거죠?"

나는 안젤리카 트리처의 선의와 투명성 제고에 대한 의지가 진심이라고 믿는다. 그녀 덕분에 굳게 닫혀 있던 국제잔류농약전문가그룹의 회의실 문을 열고 들어갈 수 있었던 것도 부인할 수 없는 사실이다. 네드 그로스의 말을 듣고 보니 내 느낌이 맞았다는 생각이 들었다. 그는 안젤리카에 대해서 이렇게 말했다. "안젤리카 잘 알지요. 대단한 사람입니다. 기업 쪽에서 국제잔류농약전문가그룹이나 식품첨가물전문가회의에서 보낸 첩자로 보기는 어렵습니다. 공공 보건을 진심으로 걱정하고 위원회들이 임무를 완수할 수 있게 최선을 다하고 있거든요. 기업을 위해 일하는 뛰어난 과학자는 많습니다. 기업 밖에서는 형편없는 과학자가 많고요. 이건 개인의 차원을 뛰어넘는 시스템의 문제입니다. 소비자를 보호하지 못하고 있으니까요."

"국제잔류농약전문가그룹의 평가는 정밀과학이 아니다"

제네바로 향하기 전, 나는 세계보건기구와 식량농업기구가 발표한 「식품에 들어 있는 화학물질 평가 원칙 및 방법」을 자세히 살펴보았다. 자료에서 한 문장이 눈에 띄었다. "식품첨가물전문가회의와 국제잔류농약전문가그룹이 정한 일일섭취허용량은 <u>평가 당시 알려진 사실에 근거를 둔다</u>."[22](밑줄-인용자) 이 문장은 르네 트뤼오가 썼던 글을 연상시켰다. "일일섭취허용량은 고정된 것도 아니고 변경 불가능한 것도 아니다. 추가되는 정보가 있으면 수치를 재검토할 수 있다."[23] 일일섭취허용량과 잔류농약 최대허용량이 전문가들이 값을 정하는 순간에 가지고 있는 지식에 따라 달라지므로 정해져 있는 값이 아니라면 그것으로 어떻게 우리를 보호하겠다고 할 수 있을까? 두 기준의 효력에 관한 의심은 유럽 식품안전청의 자료를 보자 더욱 커졌다. 그것은 일본 기업 스미모토가 제조하는 진균제 프로시미돈에 관한 자료였다. 프로시미돈은 2009년 9월 국제잔류농약전문가그룹 회의에서 "유럽연합이 우려를 표명해서 재평가"된 농약 중 하나였다. 유럽연합은 2008년에 강력한 내분비계 교란물질인 프로시미돈 사용을 금지했고(19장 참조), 유럽 식품안전청은 프로시미돈의 일일섭취허용량과 잔류농약 최대허용량을 하향 조정했다. 유럽연합 스물일곱 개 회원국에서는 프로시미돈이 더 이상 사용되지 않았지만 유럽연합으로 수입되어 들어오는 농산물을 수출하는 많은 나라에서는 아직 사용되고 있었다. 따라서 (있을 수도 있는) 관리에 필요한 기준치를 그대로 유지할 필요가 있었다.

유럽 식품안전청은 2009년 자료에서 프로시미돈의 일일섭취허용량을 0.025mg/kg에서 0.0028mg/kg으로 조정했고, 그 결과 "잔류농약 최대허용량을 소비자의 건강에 유해한 영향을 미치지 않는다고 추정되는 수준으로 낮출 것을 제안"했다.[24](밑줄-인용자) 이 심난한 문장을 분석하기에 앞서 프로시미돈이 복숭아, 살구, 배, 자두, 포도, 딸기, 키위, 토마토, 파프리카, 가지, 오이, 호박, 멜론, 상추, 마늘, 양파 등 약 마흔 개의 과일과 채소에 사용된다는 것을 알아 두자. 20년 넘게 사용했던 프로시미돈이 유럽에서 금지된 데는 어미 배 속에 있는 동안 12.5mg/kg에 노출된 여러 세대의 수컷 쥐에게서 '회음 축소, 요도밑열림증,* 고환 위축이나 정류 고환'이 나타났다는 것을 보여 준 연구가 결정적이었다. 그보다 다섯 배 낮은 농도에서도 '고환의 무게 증가, 전립선의 무게 감소, 부고환** 내 물집'이 발생한다. 이 모든

* 요도밑열림증은 음경 아랫부분에 요도가 형성되는 선천성 기형이다.
** 부고환은 고환의 뒷면에 붙어 있는 작은 기관으로 정자의 보관 및 배출을 담당한다.

정보가 유럽 식품안전청 자료에 공개되어 있다. 이 자료는 새로운 일일섭취허용량을 정하는 전문가들이 무독성량에 대해 안전성 계수 1000을 적용했다고 밝히고 있다.

2009년 9월 제네바에서 국제잔류농약전문가그룹 의장인 안젤로 모레토를 만났을 때 나는 그에게 유럽 식품안전청의 자료에 대해 알려 주었다. "재평가 대상인 프로시미돈에 대해 유럽 식품안전청이 2009년 1월 21일에 발표한 의견이 있습니다."

"예, 유럽연합에서 저희가 정한 허용량에 대해 우려를 표명했지요." 그는 내가 건넨 자료를 꼼꼼히 살펴보았다.

"제가 밑줄 쳐 놓은 문장 보셨습니까? '유럽 식품안전청은 잔류농약 최대허용량을 소비자의 건강에 유해한 영향을 미치지 않는다고 추정되는 수준으로 낮출 것을 제안한다.'고 되어 있습니다. 이 말은 유럽 식품안전청이나 국제잔류농약전문가그룹이 정한 일일섭취허용량이나 잔류농약 최대허용량이 영원히 확정될 가능성이 없다는 말씀입니까?"

"네, 인생에도 미리 정해진 게 없듯이 과학도 그렇습니다." 모레토 교수는 당황한 듯 아무 말 못 하고 있다가 결국 입을 열었다. "새로운 데이터가 나타나서 우리가 결정을 번복해야 한다면 그렇게 해야지요."[25]

나는 안젤리카 트리처에게도 같은 질문을 던졌다. 그녀는 한동안 가만히 있더니 마침내 입을 열었다.

"이 문장이 표현된 방식이 정말 마음에 안 드네요. 기존의 기준치는 소비자를 전혀 보호하지 않아서 마치 소비자가 위험에 처해 있다는 인상을 심어 주고 있습니다. 그건 사실이 아니에요. 화학물질이 가지고 있는 잠재적 위험과 소비자가 실제로 감수하는 리스크는 다른 것입니다. 노출 수준에 따라 모든 게 달라지니까요. 중요한 안전성 계수가 있다는 걸 잊으면 안 됩니다."

"저도 위험과 리스크의 차이를 압니다. 하지만 린덴을 예로 들어 봅시다. 1938년에 판매되기 시작한 유기염소계 살충제인 린덴은 강력한 신경 독성 물질입니다. 국제암연구소가 1987년에 린덴을 인간에게 암을 유발할 수 있는 물질로 분류했고 잔류성 유기오염물질로 간주되고 있기도 합니다. 유럽에서 완전히 금지된 것은 2006년이고요. 국제잔류농약전문가그룹이 1977년에 린덴의 일일섭취허용량을 0.001mg/kg으로 정했습니다. 완전히 황당한 기준치죠. 더구나 린덴은 몸에 축적됩니다."

"문제는 국제잔류농약전문가그룹이 평가를 할 당시에는 잔류성 유기오염물질이라는 개념 자체가 없었다는 것입니다. 국제잔류농약전문가그룹이 하는 일이 정밀과학이 아니라는 의미라면 저도 동의합니다. 이곳의 결정은 평가를 할 당시 나와 있는 과학 지식을 바탕으로 하니까요."

"제 표현이 저속하다면 죄송합니다만, 저는 그 모든 과정이 짜깁기에 불과하다는 생각이 듭니다."

안젤리카 트리처의 눈빛은 내 말에 동의하지 않는다는 뜻을 내비쳤다. "전문가들에게 매우 모욕적인 표현이군요. 그분들은 최선의 과학적 판단을 내리기 위해 정말 최선을 다하십니다."

아무리 내 솔직한 느낌을 반영했다 하더라도 내 표현이 조금 거칠었던 게 사실이다. 그러나 『위험사회』는 그런 내 기분이 틀리지 않았음을 확인시켜 주었다. 약간의 차이는 있다. 울리히 벡은 '한계 비율을 만들어 내는 마법사들'을 비방했지만 나는 우리가 맞이한 보건 재앙의 가장 큰 책임자는 정치인들이라고 생각한다. 그들이 바로 '리스크 관리자'이기 때문이다. 그들은 근시안적 시각에서 벗어나 장기적인 관점에서 우리의 건강을 돌보아야 할 사람들이다. 나머지는 울리히 벡의 의견에 전적으로 동의한다.

"단독이든 여럿이든 독성 물질의 농도가 인간에게 미치는 영향을 <u>알 수 없다는 것은 사실이 아니다. 알기 싫어서라면 모를까!</u> (……) 질병이나 죽어 나가는 숲에 관한 통계도 한계 비율을 만들어 내는 마법사들을 설득하지 못하는 듯하다. 본인의 의지와는 상관없이 실험동물로 신분이 상승한(!) 인간이 중독으로 인한 증상을 스스로 알리고, 그것도 모자라 그의 주장을 증명할 수 있는 증거를 제공해야 하는 대규모 장기 실험을 하는 것이나 마찬가지다. 그러나 그의 주장은 고려의 대상이 되지 못할 것이다. <u>한계 비율이 존재하고, 그 비율이 지켜졌기 때문이다.</u>"[26](밑줄-원저자)

2010년 1월 역사적인 유럽 식품안전청 방문

"유럽 식품안전청이 소비자의 건강이 우려된다며 프로시미돈의 일일섭취허용량과 잔류농약 최대허용량을 강화했습니다. 그 말은 기존의 일일섭취허용량이 사실은 우리를 보호해 주지 못했다는 뜻 아닙니까?" 유럽 식품안전청의 농약부서장 에르망 프롱티에에게도 나는 역시 같은 질문을 던졌다. 질문을 던지자 에르망 프롱티에의 작은 사무실에 침묵이 흘렀다. 그는 내 뒤에 앉아 있는 홍보실 직원 세 명에게 몇 번이나 도와 달라는 눈빛을 보냈다. 홍보실 직원들은 사실 아주 친절했는데, 2010년 1월 19일 파르마에서 내가 유럽 식품안전청과 가진 인터뷰 네 건의 진행 사항을 다 녹음했다. 녹음 내용을 다시 들어 보면 아마 에르망 프롱티에가 어쩔 줄 몰라

하며 내놓는 대답을 내가 글자 하나 빠트리지 않고 적었다는 것을 쉽게 알 수 있을 것이다. 에르망 프롱티에는 변호할 수 없는 것을 변호하느라 진땀을 흘렸다. "그걸 보호하는 게 아니라……. 그러니까 그게 똑같은 게 아니라……. 똑같은 수준으로 보호하는 것은 아니지요. 다시 말씀드리지만, 안전성 계수라는 게 적용됩니다. 무독성량에 100을 적용하는 것이지요. 시스템 곳곳에 그런 안전장치가 들어갑니다. 일일섭취허용량이 과거에 정해졌다고 해서 건강에 무슨 영향을 미치거나 할 가능성은 아주 적습니다."

당황한 기색이 역력한 에르망 프롱티에의 모습에 처음에는 웃음만 나오다가 이내 서글픈 생각이 들었다. 아주 작은 오점에도 끊어지고 말 가느다란 줄 위에서 춤을 춰야 하는 '한계 비율의 마법사들'이 얼마나 나약한 존재인지 가늠했기 때문이다.

"제가 프로시미돈과 클로르피리포스 잔여물이 있는 사과를 드리면 드시겠어요?"

"그야 잔류농약 농도에 따라 다르겠지요. 잔류농약 최대허용량 이하라면 저는 먹겠습니다." 내가 다른 질문을 던지자 그는 반가운 눈치였다.

"3년 뒤에 새로운 데이터가 나와서 수치를 낮춘다고 해도 말입니까?"

"네, 미래가 어떻게 될지는 아무도 모릅니다. 하지만 지금 우리가 하고 있는 일을 믿습니다. 절대적으로요."[77]

인터넷 사이트에도 설명되어 있다시피, 유럽 식품안전청이 "1990년대 말 식품 안전 관련 사고가 연이어 발생한 뒤인" 2002년 1월에 창설된 것도 바로 "유럽연합의 식품 공급에 관한 신뢰를 회복하고 유지하기"(밑줄-인용자) 위해서였다. 이 분야에서 유럽 식품안전청이 해야 할 일은 막중하다. 2006년 2월 발표된 유로바로미터 설문 조사 결과를 보면, "응답자의 40%가 음식이나 다른 소비 제품 때문에 건강이 나빠졌으리라고 생각한다고 답했다. 그러나 음식이 건강과 관련 있다고 생각하는 사람은 5명 중 1명밖에 되지 않았다."[28] 그리고 유럽인이 가장 "위험"하다고 생각하는 "외부 요인" 중에서는 "잔류농약"(71%)과 "쇠고기에 남아 있는 항생제나 호르몬"(68%)이 상위를 차지했다. 또 "유럽연합이 시민의 건강에 관한 우려를 진지하게 다룬다고 생각하는 응답자가 54%였지만, 관할 당국이 우선순위를 결정할 때 소비자의 건강보다는 제조업체의 이익을 더 많이 고려한다고 대답한 사람도 47%나 됐다."

이탈리아 파르마에 있는 유럽 식품안전청은 식품 사슬에서 화학물질 사용과 관련된 리스크를 평가하는 기관이다. 규제력은 없고 "과학적 견해와 조언"으로 "유럽위원회, 유럽의회, 그리고 유럽연합 각 회원국이 리스크 관리에 관한 효율적이고 적절한 결정을 내릴 수 있도록 돕는다."

유럽 식품안전청의 기능을 이해하려면 1991년 7월 17일 유럽지침 91/414에 의거해서 마련한 농약 규제 시스템을 알아야 한다. 유럽지침 91/414는 농약이 합법적으로 사용되려면 승인 제품의 '포지티브 리스트'에 미리 등록되어야 한다고 명시하고 있다. 이 포지티브 리스트가 유명한 '부속서 1'이다. 등록되려면 먼저 제조사가 유럽 회원국 중 하나의 '보고국' 시장에 출시 승인 요청을 해야 한다. 제조업체가 보낸 활성물질에 대해 독성학 연구와 환경독성학 연구 자료를 수집하고 평가하는 일은 보고국이 맡는다. 이를 위해 보고국은 유럽 식품안전청에 도움을 구한다.

유럽 식품안전청은 두 가지 측면에서 개입한다. 우선 화학물질의 발암성, 변이원성, 생식 독성 분류에 대한 의견을 제출한다. 이것만 해도 복잡한 과정인데, 문제를 더 복잡하게 만드는 것은 유럽연합이 국제암연구소의 발암물질 분류(10장 참조)와는 다른 분류 체계를 사용한다는 점이다. '인간에게 암을 유발하는 것으로 알려진' 물질이 속하는 국제암연구소의 1그룹은 유럽연합의 1번 카테고리에 해당한다. 2A그룹('인간에게 암을 일으킬 가능성이 높은 물질')은 2번 카테고리, 2B그룹('암을 일으킬 가능성이 있는 물질')은 3번 카테고리에 해당한다.[20] 변이원성과 생식 독성 물질도 같은 원칙이 적용된다. 그리고 2008년 9월 1일부터 유럽 식품안전청은 평가되는 각 농약에 대해 일일섭취허용량과 잔류농약 최대허용량을 제안하고, 이것을 유럽연합이 공포해서 스물일곱 개 회원국에 공통으로 적용한다.

결국 어떤 농약이 시장에 출시될 때 최초로 승인을 해 주는 국가가 '보고국'이다. 출시 승인은 10년 동안 유효하고 갱신이 가능하며 '상호 인정' 원칙에 따라 다른 유럽 국가에서도 인정되는 것이 통상적이다. 나라마다 "잠정적으로 제품 유통을 제한하거나 금지"할 수는 있다. 2011년 6월 14일부터 유럽지침 91/414가 유럽규정 1107/2009로 교체되면서 유럽위원회는 "농약이 인간이나 동물의 건강 또는 환경에 심각한 리스크가 되고, 그 리스크를 해당 국가가 제대로 제어하지 못할 때에는 해당 제품의 사용 및(또는) 판매를 제한하거나 금지하는 긴급 조치를 취할 수 있다."고 못박았다.

"현재 유럽에서 승인된 농약 활성물질*은 몇 개입니까?"

2010년 1월 에르몽 프롱티에에게 이 질문을 던졌다.

"1990년대에는 약 1000개 정도 되었습니다. 하지만 지금은 300개가 넘지 않습니다. 유럽연합에서 진행한 광범위한 재평가 프로그램으로 많은 물질이 탈락했습니다. 무엇보다 기업이 데이터 제출을 포기했기 때문이죠. 제

---

* 하나의 활성물질로 다양한 농약을 만들 수 있다.

출된 서류가 미비해서 포지티브 리스트에서 탈락한 경우도 있습니다."

"그렇다면 700개의 물질이 최근에 금지됐다는 겁니까?"

"그렇습니다. 재평가 프로그램이 2008년에 완료되었으니까요."

"유럽 식품안전청이 일일섭취허용량이나 잔류농약 최대허용량을 정할 때 국제잔류농약전문가그룹의 의견도 참조합니까?"

"물론입니다. 국제잔류농약전문가그룹의 권고 사항을 주시하고 있습니다. 그 의견에 늘 동의하는 것은 아닙니다. 그곳에서 평가가 이루어질 당시 없었던 데이터를 저희가 손에 넣게 될 때가 가끔 있거든요. 차이가 날 때를 보면 저희가 정한 일일섭취허용량이 보통 더 낮습니다."

"그렇다면 소비자는 국제잔류농약전문가그룹이 아닌 유럽 식품안전청의 일일섭취허용량을 지키는 게 더 좋겠군요?"

"물론 유럽 식품안전청의 기준을 따라야 한다고 생각합니다."

새로운 유럽 기준을 비판하는 그린피스

유럽위원회가 잔류농약 최대허용량을 정하기 시작한 것은 2008년 9월 1일이다. 이를 위해 스물일곱 회원국이 사용하고 있는 서로 다른 기준치들을 조정하는 대규모 프로그램이 진행되었다. 2008년 9월 1일 이전까지는 각 회원국마다 농산물(채소, 육류, 과일, 우유, 달걀, 곡물, 향신료, 차, 커피 등)에 대한 나름의 허용 기준을 정해서 유럽에서만 잔류농약 최대허용량이 17만 개나 되었다. 유럽위원회는 회원국의 기준치를 똑같이 정해서 골칫거리를 해결하려고 했다.

"아주 좋은 생각이었습니다. 유럽의 모든 소비자가 동일한 수준의 보호를 받을 수 있다는 것이었으니까요." 2009년 10월 5일, 만프레드 크라우터가 말했다. 그는 그린피스 함부르크 지부에서 18년 동안 일해 온 화학자이다. "그런데 유럽위원회는 최소 공통 계수를 선택하는 대신 가장 높은 기준치를 골랐습니다. 그 결과 유럽에서 가장 낮은 기준치를 자랑하던 독일과 오스트리아에서는 농약의 65%에 대한 잔류농약 기준치가 최대 1000배까지 상승했습니다."[30]

그린피스와 지구의 벗(FOEI)은 2008년 3월 발표한 보고서에서 "사과, 배, 포도에 적용된 허용 기준치 중 10%는 (과일을 많이 먹는) 아이들에게 잠정적으로 위험하다."고 밝혔다. 실제로 독성학 기준치는 독성 물질의 양을 체중으로 나눈 값으로 표현된다(12장 참조). 따라서 똑같은 양의 잔류농약을 섭취하더라도 어른보다 아이에게 미치는 영향이 더 크다. 체중이 12kg인 아이가 사과 2알과 포도 1송이를 먹었을 때 60kg의 성인보다 상대적으로 더 많은 리스크를 감수한다. 그린피스와 지구의 벗은 "16.5kg인 아이는 포도 20g만 먹어도 프로시미돈 허용량에 이르고, 사과 40g이나 자두 50g만 먹어도 메소밀(살충제) 허용량을 금방 채운다."[31]고 지적했다.

"기준치 조율 과정에서 잔류농약 최대허용량이 낮아진 것이 아니라 오히려 높아진 이유가 뭐라고 보십니까?" 에르망 퐁티에의 대답은 설득력이 컸다. "유럽 식품안전청은 여러 국가의 잔류농약 최대허용량 중에서 문제가 있다고 판단되는 기준치는 아예 제외시켰습니다. 실제로 기준치는 나라마다 다릅니다. 예를 들어 어떤 농작물에 대해서 A라는 국가의 잔류농약 최대허용량은 1mg/kg인데 B라는 국가는 그보다 두 배 높은 2mg/kg을 적용합니다. 그럴 경우 저희는 2mg/kg이라는 기준이 건강에 문제가 되지 않는지 확인하고, 안전하다고 판단되면 그 기준치를 기준으로 삼았습니다. B라는 국가는 해당 농작물에 그 기준치를 그대로 적용해서 재배할 수 있는 것이죠. A국가와 비교했을 때 농학적 조건이나 식물 건강 조건이 나쁘기 때문입니다. 그러나 A국가에서는 1mg/kg이 넘지 않는 최소 유효량을 계속 사용했다는 것을 간과해서는 안 됩니다. 언뜻 보기에는 앞뒤가 맞지 않는 것 같지만, 기준치 조절로 값이 상승했다고 해서 소비자의 노출까지 증가한 것은 아닙니다. 반대로 일부 기준치를 제외시킴으로써 안전이 강화되었다고 볼 수 있죠."[32]

이게 모순어법이라는 것이다. 무역을 하게 되면 A국가에 잔류농약이 두 배나 많은 B국가의 제품이 들어오는 것은 당연하다. 따라서 잔류농약 최대허용량 상승이 소비자 노출 증가로 이어지지 않는다는 주장은 좋게 말해도 거짓이다. 게다가 허용량의 원칙에도 어긋난다. 만프레드 크라우터는 "잔류농약 최대허용량이 상승하면 유럽의 전반적인 상황이 나아 보일 겁니다."라고 말했다. "기준치가 높을수록 그걸 넘어설 가능성이 낮아지니까요. 유럽 식품안전청이 잔류농약에 관한 첫 연례 보고서를 발표했을 때 그런 일이 일어났죠. 기준치를 초과한 비율이 줄었다고 자랑했으니까요."

2009년 6월 10일에 발표된 보고서는 유럽연합 27개 회원국의 상황을 종합한 것이었다. 350개 식품군에서 7만 4305개의 샘플을 채취했고, 과일과 채소에서 354개의 농약, 곡물에서 72개 농약이 검출되었다. 샘플의 3.99%에서 1개 이상 농약에 대한 잔류농약 최대허용량이 초과되었고, 26.2%의 샘플에서는 최소 2개의 농약 잔여물이 검출되었다.(8개 농약이 검출된 샘플은 1%였다.) "다수의 잔류농약이 검출된 과일, 채소, 곡물의 비율은 1997년 15.4%에서 2006년 27.7%로 상승했다가 2007년에 다소 감소했다."[33]

지면에 적힌 결과를 보면 어느 정도 안심이 된다. 그러나 그것은 유럽 전체의 '평균'이기 때문에 나라별로 나타나는 큰 격차를 지워 버린다.* 검출 대상 농약의 수도 1위인 독일이 709개이고 불가리아는 겨우 14개이다.(프랑스는 265개, 이탈리아는 322개이다.) 검출된 농약의 수도 편차가 심하다. 독일은 287개나 되지만 헝가리는 5개밖에 안 된다.(프랑스와 에스파냐는 모두 122개이다.) 분석 샘플 수도 독일은 1만 6000개 이상이지만 몰타와 룩셈부르크는 몇 백 개를 넘지 않는다(프랑스는 4000개). 만프레드 크라우터는 "잔류농약 검출 비용이 막대하고, 장비를 제대로 갖추지 못한 국가가 많다는 것이 문제입니다."라고 설명했다. "유럽 식품안전청이 솔직했더라면 발표한 수치가 실제로는 그보다 훨씬 높다는 걸 밝혔겠죠."

나는 2009년 10월 슈투트가르트에 있는 독일 최고의 잔류농약 및 동물용 의약품 분석 연구소를 방문한 적이 있다. 크래마토그래피와 질량분석기 등 최신 장비를 갖춘 이 공립 연구소는 1000개 이상의 물질(농약 및 그 대사 물질)을 검출할 수 있다. "저희는 유럽에서 이런 장비를 갖추고 있는 몇 안 되는 연구소 중 하나입니다." 에버하르트 슐레 소장의 설명이다. "저희가 독일 관할 당국의 요청에 따라 정기적으로 분석하는 식품의 평균 5%가 현행 기준치를 초과합니다."

"소장님은 유기농 식품을 드세요?"

내 질문에 소장은 깜짝 놀랐다.

"개인적으로 답변을 드릴 수도 있겠지만 공기관의 장으로서 답변은 하지 않겠습니다."[34]

---

* 예를 들어 잔류농약 최대허용량을 초과하는 아기 이유식 비율은 나라별로 0~9.09%까지 차이가 난다.

유럽이 올바른 방향으로 나아가고 있다는 긍정적인 단서도 있었지만 2010년에는 기대에 훨씬 못 미쳤다. 나는 유럽 식품안전청의 보고서를 살펴보다가 샘플에서 가장 많이 검출되는 12개 농약 중에서 2개는 생식 독성 물질로 분류되거나 그렇다고 의심되는 물질이었고, 1개는 신경 독성물질(클로르피리포스), 5개는 발암물질, 2개는 내분비계 교란물질(프로시미돈)이라는 것을 알게 되었다.

"여전히 시장에서 농약으로 판매되고 있는 발암물질이 있나요?" 나는 에르망 프롱티에에게 물었다.

"그렇습니다. 아직 몇 개가 있죠. 하지만 곧 유럽지침 91/414를 대신할 새로운 유럽규정 1107/2009 때문에 상황이 바뀔 겁니다. 1번 카테고리에 속하는 변이원성, 발암성, 생식 독성물질, 내분비계를 교란시키는 것으로 의심되는 물질은 시장에서 퇴출될 것입니다."[30]

좋은 소식이 아닐 수 없다. 그러나 유럽 식품안전청이 화학물질 평가 시 근거로 삼는 연구들이 우수해야 하고 기업의 압력이 평가 과정을 완전히 왜곡시키는 일이 없어야 한다는 문제가 남아 있다. 안타깝게도 실제로는 그런 일이 많이 벌어지고 있다. 농약 이외의 분야에서 그런 상황을 보여 준 슬픈 본보기가 있다. 바로 합성 감미료 아스파르탐 스캔들이다.

아스파르탐 규제를
쥐락펴락하는 기업

**"나는 대의를 위해 싸울 수 있는 이상주의자이며,
동시에 정글의 법칙을 신봉하는 사람이다."**

―에드가 몬산토 퀴니(1943~1963년 몬산토 CEO)[1]

"평판이 좋으셔서 만나 뵙고 싶습니다만 15년 전부터 아스파르탐에 관한 인터뷰는 하지 않고 있습니다. 아스파르탐 문제는 절망적입니다. 미국 식품 의약국 같은 규제 기관이 기업의 이익보다 소비자를 보호해야 하는 책임을 다하지 않는다는 걸 보여 주고 있지요."

내가 존 올니 박사와 가진 첫 전화 통화 내용이다. 그는 세인트루이스(미주리 주) 워싱턴 대학에서 40년 넘게 교편을 잡은 신경병리학 및 면역학을 전공한 정신의학자이다.

우리 식탁 위에 올라오는 식품첨가물 코드번호 E621, E900, E951

여든이 가까운 존 올니는 매우 존경받는 정신의학자이며 '흥분독성'이라는 용어를 만든 사람으로 의학사에 길이 남을 인물이다. 흥분독성은 글루탐산이나 아스파라긴산처럼 신경 수용체를 흥분시키거나 과도하게 활동하게 만드는 아미노산(프로테인과 펩타이드의 주요 구성 성분)의 성질을 일컫는다. 이때 신경 세포가 지나치게 자극을 받으면 죽기도 한다. 이러한 과정은 간질이나 심장 혈관 질환 등 신경 질환, 그리고 알츠하이머병, 다발성 경화증, 파킨슨병 등 퇴행성 신경 질환과 관련이 있다.

『신경과학(Neurosciences)』을 쓴 신경과학자 데일 퍼브스와 공동 저자들은 "흥분독성 현상은 1957년에 우연히 발견되었다."고 소개했다. "(영국의 안과의사였던) D. R. 루카스와 J. P. 뉴하우스가 글루탐산나트륨(MSG)을 생쥐 새끼에게 먹였더니 망막의 신경 세포가 파괴되는 것을 발견했던 것이다.[2] 10년 뒤 존 올니는 (……) 이 발견을 더욱 발전시켜 글루탐산나트륨으로 신경 세포가 죽어서 생긴 병변이 뇌 전체로 퍼지는 것을 보여 주었다."[3]

"제 연구는 글루탐산나트륨이 신경 독소임을 분명히 증명했습니다. 글루탐산나트륨은 내분비 기능을 관장하는 뇌의 매우 넓은 지역에 병변을 초래해서 행동 장애, 성기능 장애, 비만을 유발합니다."[4] 2009년 10월 뉴올리언스의 한 공원에서 만난 올니 박사는 내게 이렇게 설명했다.[5] 당시 나는 내분비계 교란물질에 관한 학술대회(16장 참조)에 참석 중이었고, 그는 마취가 어린이의 뇌에 유발할 수 있는 피해에 관한 심포지엄에 참석했다. "마취는 중병에 걸린 어린 환자를 수술하는 데 반드시 필요하기 때문에 이익과 리스크를 비교평가할 수 있습니다. 그러나 글루탐산나트륨은 리스크밖에 없습니다. 수백만의 어린이와 임산부의 몸에 글루탐산나트륨이 대량으로 유입되고 있으니 안타까운 노릇이죠."

글루탐산나트륨은 중국 요리에 많이 쓰이기도 하지만,* 유럽연합이 승인한 약 300개의 식품첨가물의 구성 성분이기도 하다. 영어 대문자 E에 아라비아 숫자를 붙인 괴상한 기호(글루탐산나트륨의 기호는 E621이다)로 식별되는 식품첨가물은 "일반적으로 그 자체로는 식품으로 소비되지 않는 물질"로 정의된다. "식품의 제조, 가공, 조리, 처리, 포장, 운반 또는 저장 단계에서 기술적 목적을 위해 의도적으로 첨가되며 (……) 식품첨가물 또는 첨가물의 부산물이 직접 또는 간접적으로 식품의 구성 성분이 된다."(밑줄-인용자) 식품첨가물 사용을 규정한 이 유럽지침 89/107의 정의는 복잡한 것이 사실이다.[6]

좀 더 쉽게 설명해 보자. 대부분 화학 합성물인 식품첨가물은 제2차 세계대전 직후 녹색 혁명과 동반 성장한 농식품 산업의 출현과 함께 우리의 식탁에 등장했다. 생산 비용을 크게 줄여주었기 때문에 기업 입장에서는 대환영이었다.** 식품첨가물이 하는 수많은 '기술적' 기능은 유럽지침 95/2에 명시된 것처럼 "보존제, 항산화제, 산제, 산도 조절제, 고결 방지제, 유화제, 강화제, 조미료(글루탐산나트륨 등), 기포제, 소포제, 교화제, 피막제, 습윤제, 변성 녹말, 포장 가스, 충전제, 안정제, 팽창제, 감미료(아스파르탐 등)"[7]이다.

제조업체가 천연 물질을 사용할 때에는 착색료 '비트레드'(E162)처럼 이름

---

* 글루탐산은 '중국음식점증후군'을 일으킨다. 중국 요리를 먹은 뒤 수 분 또는 수 시간 내에 나타나는 이 증후군은 두통, 구토, 근육통, 피부발진이 주요 증상이다. 글루탐산은 식품 산업에서 짠맛을 강화하고 향신료를 줄인 간편 요리에 대한 식욕을 자극하기 위해 사용된다.

** 예를 들어 천연 바닐라로 아이스크림 1t을 만들면 780유로가 들지만 인공 향료인 에틸바닐린을 쓰면 4유로면 충분하다.(Charles WART, L'Envers des étiquettes. Choisir son alimentation, Éditions Amyris, Bruxelles, 2005 참조)

376

을 쓰지만 화학물질일 때에는 디메틸폴리실록산처럼 어렵고 멋도 없는 이름 대신 숫자로 표기한다. 실리콘 부산물로, 과일 주스, 잼, 와인, 분유에 들어가는 소포제 디메틸폴리실록산의 코드는 E900이다. 식품첨가물 대부분에는 일일섭취허용량이 정해져 있다. 이는 무해하지 않다는 보증이다. 아스파르탐의 사례를 통해 일일섭취허용량이라는 것이 품질이 의심되는 독성학 연구를 바탕으로 정해지는 경우가 많았다는 사실을 살펴보자.

아스파르탐의 발견

아스파르탐 혹은 E951은 단맛을 내는 성질이 사탕수수보다 200배나 강한 합성 감미료다. 6000개 이상의 식품에 사용되며 전 세계 약 2억 명의 인구가 섭취하고 있다.(그중 400만 명이 프랑스인이다.) 캔더럴이나 이퀄 같은 설탕 대용 감미료, 아침 식사용 시리얼, 껌, 탄산음료(코카콜라 라이트를 비롯한 '무설탕' 음료), 요구르트, 디저트류, 비타민 및 300개 이상의 의약품에 아스파르탐이 들어간다. 주요 생산업체는 미국의 메리산트와 뉴트라스위트 ― 모두 몬산토의 자회사였다. ― 일본의 아지노모토가 있고 연간 생산량은 1만 6000t에 이른다.

아스파르탐은 미국 제약회사 GD 설의 화학자 제임스 셰터가 우연히 발견했다. 그는 당시 위궤양 약을 개발 중이었다. 내가 찾아본 텔레비전 영상 자료에서 그는 흰 가운을 입고 손에 묻은 흰 가루를 기계적으로 핥으면서 강한 단맛에 놀랐다고 말하고 있다. 때는 1965년의 어느 날이었다.[8] 흰 가루는 설탕과 맛이 똑같았다. 열량이 전혀 없었고, 당시 시장을 독점하고 있던 합성 감미료(논란이 많았다.) 사카린(E954) 특유의 쓴 뒷맛도 나지 않았다.*
많은 돈을 벌 수 있으리라 직감한 GD 설은 1967년에 미국 식품의약국에 출
시 승인을 신청했다. 영국 환경 저널 《더에콜로지스트》의 표현대로 누군가에
게는 "역사상 가장 논란이 많은 식품첨가물"[9]로, 혹은 미국 식품의약국 같
은 규제 기관과 제조업체가 주장하는 것처럼 다른 누군가에게는 "모든 시
대를 통틀어 가장 많은 연구가 이루어진 식품첨가물"[10]로 여겨지는 아스파
르탐의 파란만장한 이야기는 그렇게 시작되었다.

나는 상황을 분명하게 파악하기 위해 E951에 관한 엄청난 분량의 자료
를 넉 달 동안 샅샅이 훑어보았다. 공개된 비밀문서, 과학 연구, 신문 기사,
미 의회 청문회 보고서 등 1000건에 가까운 자료를 살펴보았고 전문가 이
십여 명을 인터뷰했다. 특히 애틀랜타의 베티 마티니에게 감사한다. 이 고
집불통의 여인은 자택 지하에 개인으로서는 가장 큰 아스파르탐 자료 센터
를 만들어놓았다. 나도 그녀의 지하실에 출입할 수 있었다. 그녀가 20년 동
안 증거 자료를 모을 수 있었던 것은 미국 시민에게 행정부 문건을(비록 검
게 칠한 부분이 있거나 훼손되었더라도) 공개하도록 한 정보자유법 덕분이었다.[11]
나는 대기업의 이익을 "국민의 건강을 보호해야 한다는 절대 명제"보다 우
선시하고 "의심을 떠들썩하게 부정해서 책임자의 빈약한 논리를 보충하는
위험사회"[12]의 부조리를 보여 주는 이 반전 드라마의 퍼즐을 조금씩 재구
성할 수 있었다.

이 문제가 얼마나 중요한가를 이해하려면 아스파르탐이 아스파르탐산

---

* 사카린은 1977년에 암(특히 방광암)을 유발하는 물질로 의심받아 캐나다에서 금지되었다. 국제암연구소는 1987년에 사카
린을 '인간에게 암을 일으킬 수 있는 물질'인 2B그룹에 분류했고, 1999년에는 '분류 불가한 물질'인 3그룹에 집어넣었다. 캐
나다를 제외한 나머지 국가에서는 사카린이 허용되고 있으며, 일일섭취허용량은 5mg/kg이다.

(40%), 페닐알라닌(50%), 메탄올(10%)로 구성된다는 것을 알아야 한다.[15] 아스파르탐산과 페닐알라닌은 일부 식품에 들어 있는 천연 아미노산이다. 그러나 아스파르탐의 형태로 섭취되면 다른 단백질과 결합하지 못하기 때문에 유리되어 체내에 돌아다니게 된다. 물에 닿거나 섭씨 30도 이상이 되면 아스파르탐산과 페닐알라닌은 디케토피페라진(DKP)로 분해된다. 일부 과학자들은 이 부산물을 암을 유발하는 독성 물질로 본다. 메탄올은 메틸알코올 혹은 목정이라고도 한다. 과일이나 채소에 들어 있는 천연 물질로, 아스파르탐과 달리 에탄올(에틸알코올)과 항상 결합되어 있다. 메탄올의 독성을 막아 주는 것도 바로 에탄올과의 결합이다.* 메탄올이 중화되지 않으면 간에서 신진대사를 거쳐 포름알데히드로 변한다. 포름알데히드는 2006년에 '인간에게 암을 유발하는' 물질로 분류되었다(7장 참조).

40년 동안 논란에 불을 지핀 것은 이 세 가지 성분의 잠재적 독성과 아스파르탐의 시장 독점을 위해 1970년대 초에 GD 설이 세운 전략이다. 아스파르탐의 승인이 쉽지 않으리라는 것을 GD 설이 알고 있었다는 매우 충격적인 '기밀 메모'가 존재한다. 미 의회 청문회에서 공개된 이 문서는 GD 설의 책임자 중 한 명인 허버트 헬링이 작성했고 '영업 비밀'로 분류되었다. 1970년 12월 28일 그는 "아스파르탐과 관련하여 우리가 세워야 할 전략에 관한 나의 관점은 다음과 같다."라고 썼다. "아스파르탐이 우리의 경제적 요구를 충족시킬 수 있는 수준으로 소비(따라서 생산)될 수 있도록 다양한 사용에 대해 식품의약국의 승인을 얻는 것이 우리의 목적이다. 따라서 그 목적을 달성하기 위해 우리가 해야 할 것, 알아야 할 것, 이루어야 할 것을 결

---

* 메탄올은 매우 강한 독성 물질로, 섭취했을 때 시력 상실이나 사망에까지 이를 수 있다. 메탄올의 가장 좋은 해독제는 에탄올이다.

정해야 한다. 식품의약국이 문제 삼을 만한 요소들을 예상하고, (우리에게 어려움을 줄 순서대로 분류한 뒤) 그중 가장 문제가 적은 것이 무엇인지 파악해야 한다. 식품의약국 책임자들과 만날 때 우리의 철학과 기본 방침이 그들에게서 '좋다'는 말을 이끌어 낼 수 있어야 한다. (……) 우리에게 유리한 분위기를 조성하고 (……) 우리에게 동조하도록 잠재의식에 심어 줘야 한다. 내가 가장 우려하는 것은 디케토피페라진이다. 완벽한 독성학적 데이터가 없다는 점이 문제이다. 우리에게 책임을 물을 수 없는 여러 가지 가설을 비공식적으로 그들에게 소개하고 (……) 그 가설이 옳다고 설득한다. 첫 번째 가설은 디케토피페라진이 설탕을 첨가한 시리얼처럼 건조 식품에서는 안정적이라는 것이다. 그런 다음에 식품군별로 하나씩 살펴보면서 어느 식품군에서 저항성이 나타나는지 찾아낸다. (……) 그렇게 하면 저항성의 성격을 파악해서 현재 진행 중인 연구로 어떻게 문제를 해결할 수 있는지 알 수 있다. (……) 회의 준비는 (식품의약국) 식품담당국의 버질 워디카를 통해야 한다."[14]

GD 설의 '방임주의적 연구'

"GD 설이 아스파르탐의 시장 출시 승인 요청을 했다는 걸 알자마자 저는 1970년에 수행한 연구 결과를 알려 주기 위해 GD 설에 연락을 취했습니다. 감미료 성분 중 하나인 아스파르탐산에 관한 연구였죠." 존 올니가 나에게 설명했다. "글루탐산나트륨과 같은 종류의 뇌 병변을 일으킨다는 것을 보여 주는 연구였고요.[15] GD 설의 대표들은 문제를 검토해 보겠다고 했습니다. 제가 아스파르탐 샘플을 요청했더니 보내 주었습니다. 그 샘플을 생쥐 새끼에게 먹였더니 아스파르탐산과 똑같은 뇌 병변이 나타났습니다. 1974년에 미국 행정부가 발간하는《연방관보》(미국 식품의약국이 규정문을 발표하는 관보에 해당)에서 아스파르탐의 판매 승인이 임박했다는 것을 읽었습니다. 저는 서둘러 식품의약국 국장에게 생쥐 새끼의 뇌에서 관찰된 병변 사진을 보내고 청문회를 요구했습니다. 그리고 제임스 터너에게도 연락을 취했지요. 그는 사이클라메이트가 금지되는 데 핵심적인 역할을 했던 변호사입니다."

사이클라메이트는 1970년에 제임스 터너(12장 참조)가 벌인 캠페인 이후에 미국에서 금지된 합성 감미료이다. 미국의 대표적인 소비자 운동가 랄프 네이더의 멘티였던 제임스 터너는 같은 해 발표된 베스트셀러『화학의 향연(The Chemical Feast)』의 공동 저자였다.[16] 사이클라메이트가 사카린과 결합하면(1대 9의 비율로) 생쥐에게서 방광암을 유발한다는 연구 결과를 바탕으로 한 책이었다. 제임스 터너는 1953년에 판매되기 시작했던 사이클라메이트를 시장에서 퇴출시켜 달라고 식품의약국에 요구했다.* 사이클라메이트 제조업체인 애벗이 1974년 7월 26일 건조 식품에 대한 아스파르탐 사용 승인을 얻어 낸 GD 설보다는 운이 없었던 셈이다.

"우리는 한 소비자단체와 함께 식품의약국의 결정에 항의했습니다. 존 올니의 연구를 근거로요." 제임스 터너가 내게 말했다. "큰 논란이 불거졌죠. 식품의약국 역사상 처음으로 승인에 근거가 된 연구 데이터를 공개해야 했

---

* 사이클라메이트에 관한 연구 결과가 미국과 유럽에서 각각 다르게 나타났다는 점을 참고하자. 유럽에서는 무알코올 음료, 디저트류, 사탕류에 사이클라메이트(E952)가 여전히 사용되고 있다. 일일섭취허용량은 7mg/kg이며 잔류농약 최대허용량은 11mg/kg이다.

으니까요. GD 설이 제공한 연구는 방임주의적이었습니다."[17] 논란이 생길 이유는 많았다. 사안 자체가 경악스럽기 때문이다. 식품의약국 과학자들은 그 이후 6년 동안 GD 설의 독성학 연구에 나타난 수많은 결점과 오류를 입을 모아 비난했다. 그러나 그 독성학 연구를 기준으로 아스파르탐의 일일 섭취허용량이 정해졌고 지금도 여전히 사용 중이다.

알렉산더 슈미트 식품의약국 국장은 1975년 7월 '특별 실무 그룹'을 발족시켰다. GD 설의 6개 의약품 및 아스파르탐 관련 연구 25건의 유효성을 검토하기 위해서였다. 이것은 식품의약국 과학자들이 약리학 테스트를 '비상식적'이라고 판단한 뒤에 특별히 요청한 것이었다. 실무 그룹에는 식품의약국에서 1964~1979년 일한 에이드리언 그로스도 있었다. 상원의원 하워드 메첸바움에게 1987년에 보낸 두 통의 편지[18]에서 에이드리언 그로스는 GD 설의 연구소에서 아스파르탐에 관한 연구 11건을 상세히 검토한 결과를 자세히 설명했다. 그중 연구 두 건은 아스파르탐의 발암성과 최기성(催奇性)*을 테스트한 결과여서 매우 중요했다.

에이드리언 그로스는 1976년 3월 24일 실무 그룹이 제출한 보고서의 공동 저자이다. 500쪽 분량의 보고서는 다음과 같이 시작한다. "식품의약국이 규제를 만드는 과정의 중심에는 대상 제품을 제조하는 업체가 제출한 데이터의 유효성을 근거로 삼을 수 있는 권한이 있다. 우리의 조사는 GD 설의 경우 우리의 신뢰를 뒷받침할 만한 것을 전혀 찾을 수 없다는 것을 명백히 증명해 주었다." 이어서 보고서는 수십 쪽 분량을 "아스파르탐 연구와 관련된" GD 설의 "작업과 실무"에 나타난 "심각한 결점"을 열거하는

---

* 태아의 기형을 유발하는 화학물질의 성질.

데 할애했다. 그리고 우선 "식단에 들어가는 재료의 균일성과 안전성을 고려하지 않았기 때문에 동물이 정해진 양을 잘 섭취했는지 확신할 수 있는 방법이 없다."고 지적했다. 또 "관찰 사항과 결과를 기록한 보고서에는 많은 오류와 비상식적인 내용이 들어 있다."고 강조했다. "존재하지도 않는 제품에 관한 관찰 기록"이 있다고도 했다. "최기성 연구를 위한 '전문' 과학자 양성 부재"와 "일부 기관의 완전 부패로 인한 중요한 질병 정보 상실"도 지적했다. 마지막으로 가장 심각한 문제로는 "종양 부위 절제"를 들었다. 실험동물에게서 종양을 떼어 내는 방법으로 실험군에서 관찰된 뇌종양 발생 건수(총 열두 건)를 줄였다는 것이다. 에이드리언 그로스는 메첸바움 상원의원에게 보낸 편지에서, 그 많은 오류를 가지고 있으면서도 "노출된 동물의 뇌종양 발병률이 노출되지 않은 동물보다 훨씬 높았고, 그렇게 높은 수치는 매우 유의미하다."고 밝혔다.

실무 그룹은 GD 설이 중요한 두 건의 연구 결과를 '빼먹었다'는 사실도 알아냈다. 그중 하나가 위스콘신 대학의 한 실험실 소장이자 페닐알라닌의 최고 권위자인 해리 와이스먼이 수행한 연구이다. 1967년에 7마리의 원숭이 새끼를 가지고 시작한 실험에서 1마리는 죽었고, 5마리는 간질 발작을 일으켰다. 또 다른 연구는 일리노이 대학의 동물학자 앤 레이놀즈가 진행했다. 그녀의 연구는 존 올니의 연구 결과를 다시 한 번 확인시켜 주었다. 실무 그룹은 이 사안이 매우 심각하다고 판단하고 GD 설을 상대로 '범죄적인 위법 행위'를 이유로 소송을 걸었다. 아스파르탐의 판매 승인은 무기한 정지되었고, 알렉산더 슈미트 국장은 1976년 7월 상원 청문회에서 공개적인 비난에 맞서야 했다.

"GD 설의 연구를 검토한 식품의약국 실무 그룹의 보고서가 여기 있습니다. 이 보고서가 내린 결론에 동의하십니까?" 민주당 상원의원 에드워드 케네디가 슈미트 국장에게 물었다.

"네."

"이런 심각한 문제가 식품의약국에서 발견된 것이 처음입니까?"

"네. (……) 개별적인 문제가 있다는 보고는 가끔 받았습니다만 제약회사에서 이런 규모의 문제를 발견한 적은 없습니다."[10]

알렉산더 슈미트는 청문회에서 아스파르탐의 대사 물질인 디케토피페라진의 효과에 대해 GD 설이 수행한 세 번째 중요한 연구를 검토할 새로운 실무 그룹을 만들었다고 발표했다. 식품의약국의 명망 있는 과학자 제롬 브레슬러가 지휘한 조사는 이전 실무 그룹이 발견했던 오류를 재확인했다. 그 결과를 1977년 8월 제롬 브레슬러의 이름을 딴 보고서에 발표했다. 그런데 몇 가지 '독특한 점'이 있다. "관찰 보고서는 동물 A23LM번이 88주차에 살아 있었고 92~104주차에 죽었다고 기록했다. 그런데 다시 108주차에 살아 있다가 112주차에 죽었다는 기록이 나온다." 그다음에 이어지는 얘기도 비슷하다. '비정상적인 내용'이 워낙 많아서 몇 가지만 발췌해 본다. "1972년 12월 2일 동물 B3HF번에서 1.5cm×1.0cm 크기의 조직을 절단했다." "연구 도중 죽은 실험동물 196마리 중 98마리에 대한 해부가 매우 늦게 이루어졌다. 때로는 죽은 지 1년이 지난 뒤에야 해부가 실시된 경우도 있다." "동물 20마리는 부패 정도가 지나쳐 연구에서 제외되었다." "동물 F6HF번은 고농도에 노출된 암컷으로, 787일째에 죽은 채 발견되었다. 이 암컷에게서는 5.0cm×4.5cm×2.5cm 크기의 종양이 발견되었지만 GD 설이 식품의약국에 제출한 보고서에는 종양이 언급되지 않았다. 암컷이 부패 상태 때문에 연구에서 제외되었기 때문이다." "동물 K9MF번의 자궁에서

GD 설이 진단하지 못했던 폴립(Polyp, 점막에 증식하여 혹처럼 돌출한 것을 통틀어 이르는 말 — 옮긴이)이 발견되었다. 그렇게 되면 중간 농도(15%)에 노출된 그룹에 속한 34마리 중 자궁 폴립이 나타난 동물은 5마리로 늘어난다."[20]

"1979년에 정보자유법 덕분에 GD 설의 연구 보고서를 열람할 수 있었죠." 존 올니는 놀라울 정도로 천천히 말을 이었다. "보고서에 적힌 내용을 보고 깜짝 놀랐었죠. 실험실 기술자가 찍은 사진 한 장이 아직도 기억납니다. 쥐에게 먹일 가루 먹이에 커다란 디케토피페라진 덩어리를 대충 섞어 놓았더군요. 그 내용은 브레슬러 보고서에서도 언급이 됐습니다. 설치류는 꾀가 많아서 역겨운 건 먹지 않거든요. 또 한 연구에서는 뇌종양 발생 건수가 꽤 많다는 걸 확인했습니다. 그런 종류의 암이 실험동물에게서 발생하는 일은 극히 드물거든요. 당시 발표된 논문들을 보면 발병률이 0.6% 정도인데, GD 설의 연구에서는 그렇게 부실하게 진행했는데도 3.57%가 나왔죠. 그런 걸 보니 식품의약국이 아스파르탐 승인을 거부할 수밖에 없겠구나 생각했던 게 기억납니다."[21]

아스파르탐을 강요한 도널드 럼스펠드

올니 박사의 희망은 머지않아 꺾인다. 가공할 위력을 가진 인물이 무대에 등장했기 때문이다. 그는 바로 일리노이 하원의원인 도널드 럼스펠드였다. 포드 행정부에서 국방부 장관을 지내기도 했고 '공화당의 JFK'라고 불렸던 그가 1977년 3월 GD 설의 CEO로 임명되었던 것이다. "GD 설은 럼스펠드가 하원의원으로 있던 일리노이에 설립되었습니다." 제임스 터너의 설명이다. "매유 영향력 있는 가문이었던 설 가(家)가 럼스펠드의 정치 활동을 내내 지원했죠. 그러던 중 지미 카터가 (1976년 11월) 대통령으로 당선되자 럼스펠드에게는 힘든 시기가 닥쳤던 겁니다. 마침 GD 설에서도 기업의 관행에 대한 폭로나 여러 건의 소송 때문에 위기에 봉착한 회사를 살리기 위해 영향력 있는 인물을 필요로 하던 때였습니다. 럼스펠드는 이상적인 이력을 가지고 있었지요. 하원의원으로 있던 일리노이의 시카고뿐만 아니라 수도인 워싱턴에서도 입지를 다진 인물이었으니까요."

미국 식품의약국 법률부의 리처드 메릴 부장이 1977년 1월 10일 '데이터 점유 및 허위 신고'로 GD 설을 상대로 시작한 소송을 덮어 버리는 데 럼스펠드가 어떤 역할을 했는지 정확하게 알 수는 없다. 식품의약국에서 제조업체를 상대로 형사소송을 벌인 것은 그때가 처음이었기에 사태는 심각했다. 6개월 뒤 GD 설에 자문을 했던 법률회사 시들리 오스틴이 일리노이주 검사 새뮤얼 스키너를 고용했다. 1979년 1월에 새뮤얼 스키너는 윌리엄 콘론으로 교체되었고, 그 바람에 시효가 지나게 되었다.[22]

1979년 7월 식품의약국은 공공조사위원회(PBOI)를 열었다. 위원회 소속 과학자 세 명은 아스파르탐에 관한 모든 정보를 종합하는 일을 맡았다. 민주당 행정부의 앞날이 얼마 남지 않은 상황에서 위원회 앞에 섰던 존 올니는 1980년 9월에 서면 증언을 제출했다. 이 문서에서 그는 유용성이 의심스러운 아스파르탐에 관한 것이기에 더욱 타당한 리스크 평가의 원칙을 소개했다. "아스파르탐 때문에 피해를 입을 수 있는 하위 그룹(태아, 신생아, 어린이, 페닐케톤뇨증 환자*)과 잠재적으로 이익을 얻을 수 있는 하위 그룹(당뇨병

---

* 페닐케톤뇨증은 페닐알라닌 대사를 막는 유전 질환이다. 프랑스를 비롯한 많은 국가에서 페닐케톤뇨증 조기 진단 검사를 의무화하고 있다. 치료를 하지 못하면 뇌 장애나 정신 지체가 초래된다.

환자, 비만 환자)을 구분해서 이익 리스크 분석을 하고, 이익을 얻는 사람은 제품을 사용하되, 피해를 입을 수 있는 사람은 노출되는 일이 없도록 현명한 계획을 짜야 한다."[23]

존 올니의 말은 상식적인 수준이지만 그마저도 규제 기관들이 요구한 평가 기준에 반영되지 않은 듯하다. 존 올니는 아스파르탐이 가져다준다고 하는 '이익'으로 1974년 미국 국립과학아카데미가 개최한 감미료 포럼의 결론을 인용했다.

"비만 환자에게 심리적인 이익을 줄 수 있다. 열량이 적은 감미료를 섭취하면 다이어트를 계속해야 한다는 것을 상기시킨다. (……) 감미료는 기억을 상기시키는 역할만 하고 체중을 실제로 감소시키지는 않는다."

당뇨병 환자가 얻을 수 있는 이익은 "건강보다는 즐거움과 편의"이다. 존 올니는 글루탐산나트륨과 아스파르탐 혼합물(포테이토칩과 코카콜라 라이트를 함께 마시므로)을 정기적으로 섭취하는 어린이에게 나타날 수 있는 위험을 강조하면서 식품의약국 신임 국장 도널드 케네디가 마련한 사카린에 대한 종합 평가를 인용했다.

"①소비자 그룹에 어떤 이익을 가져다준다는 것이 증명된 바 없다. ②어린이의 사카린 섭취량이 심각한 수준으로 증가했다. ③식품의약국은 어린이를 보호해야 할 특별한 의무가 있다. 지적으로 성숙하지 못해서 리스크를 평가하고 건강을 지키기 위해 옳은 결정을 내릴 수 없기 때문이다."[24]

1980년 9월 30일 공공조사위원회가 보고서를 제출했고, 존 올니와 제임스 터너의 싸움은 승리로 끝날 것 같았다. "새로운 연구가 잠재적인 발암성 문제를 해결해 주지 않는 한, 식품에 아스파르탐을 사용하는 것은 금지되어야 한다. 아스파르탐을 식품첨가물로 승인한 결정의 철회를 명령한다."[25]

고 보고서는 결론 내렸다. 그러나 5주 뒤 할리우드의 카우보이에서 규제 완화의 사도로 변신한 로널드 레이건이 미국 대통령으로 당선되었다. 1985년까지 GD 설의 CEO 자리를 지킬 도널드 럼스펠드는 1981년 1월 20일 취임식 이전에 새로운 행정부를 준비할 인수 위원회에 참여했다. 그는 식품의약국이 속해 있는 보건부를 맡았다. 그리고 식품의약국의 수장으로 펜실베이니아 대학 의대 교수인 아서 헤이스를 추천했다.

아서 헤이스가 1981년 4월 3일 정식 취임했을 때 《뉴욕타임스》는 미래를 예견한 듯한 기사를 내보냈다. "식품의약국은 오염되고 해로운 식품, 의약품, 화장품으로부터 소비자를 보호할 책임이 있다. 신약과 잠재적인 발암물질로 간주되는 식품첨가물 분야에서 식품의약국의 활동은 제약회사의 비난을 받았다. 업계의 일부 대표들은 헤이스 박사가 전임자들과는 다르게 그들의 관점과 가장 가까운 견해를 가진 인물로 생각한다."[26] 모든 정황을 고려해 보았을 때 "고위 인사들"이 신임 국장에게 "아스파르탐 문제를 빨리 마무리하라."고 요청했음을 추측할 수 있다. 그것은 "레이건 행정부가 새로운 규제 완화의 시대를 여는 신호탄"[27]이었다. 신자유주의 시대가 오자 기업 활동에 대한 국가의 개입은 적절한 수준으로 줄어들게 되었고, 식품의약국은 규제 활동을 최소한으로 줄이고 그저 공산품을 등록하는 기관으로 전락했다.

1981년 7월 15일 아서 헤이스는 아스파르탐의 시장 출시를 허용하고 일일섭취허용량을 50mg/kg으로 정했다. 《연방관보》에 발표된 결정 사유는 다음과 같다. "국장은 다음 사항에 대해 합리적인 확신이 있다고 판단했다. 첫째, 아스파르탐은 쥐에게 뇌종양을 유발하지 않는다. 둘째, 인간에게 정신지체, 뇌 장애, 신경 내분비 조절계에 유해한 효과를 일으킬 리스크가 없다."[28] 첫 승인 대상은 대용 설탕, 껌, 시리얼, 분말 커피, 차 등 건조 식품이었다. 탄산음료와 비타민 음료는 1983년에 승인이 떨어졌고 그 이후 모든 식품군에 확대되었다.

에이드리언 그로스는 1987년 11월 메첸바움 상원의원에게 보낸 편지에서 씁쓸한 마음을 드러냈다. "1976년에는 GD 설이 제공한 아스파르탐 실험 연구가 부실하다고 판단했던 식품의약국이 어떻게 몇 년 만에 입장을 바꿔서 <u>똑같은 연구</u>에 대해 믿을 만하다고 평가하고, 인간이 섭취했을 때 아무런 위험이 없다고 '합리적으로 확신'할 수 있는지 납득하기 무척 힘들다."[29](밑줄-인용자)

눈덩이 효과

"그다음은 눈덩이 효과가 일어났습니다." 에릭 밀스톤은 애석해하며 웃었다. "레이건 당선은 제네바에도 영향을 미쳤습니다. 식품첨가물전문가회의가 식품의약국의 전철을 밟았고, 유럽의 모든 국가가 그 뒤를 이었으니까요. 1980년대 중반에 저는 영국의 농수산식품부 사람에게 아스파르탐 승인이 어떤 과학적 근거로 이루어졌는지 물었습니다. 그는 아스파르탐에 아무런 문제가 없다고 보증한 미국 식품의약국과 몇 번 의견을 교환했고, 근거는 그것뿐이라고 하더군요."

"그럼 식품첨가물전문가회의에서 아스파르탐의 일일섭취허용량을 40mg/kg으로 정한 근거가 된 연구는 뭡니까?"

"식품의약국이 본 것과 같은 연구죠! GD 설이 했던 연구요. 아스파르탐을 보면 최초의 승인이 왜 기업에 중요할 수밖에 없는지 알 수 있습니다. 식품의약국이나 식품첨가물전문가회의에서 승인을 얻으면 가장 이상적입니다. 두 기관의 결정을 그냥 따르는 전 세계 시장에 진출할 수 있으니까요. 그다음에는 시간이 흘러가기만 기다립니다. 아무도 일일섭취허용량이 어떤 조건에서 정해졌는지 기억하지 못할 테니까요. 그러면 제품은 창창한 미래를 보장받는 겁니다."

"식품의약국과 식품첨가물전문가회의가 같은 연구를 보고도 서로 다르게 일일섭취허용량을 정한 건 왜일까요?"

"완전히 자의적인 결정이라서 그렇습니다. 어쨌든 연구가 절대적으로 신뢰할 수 있는 것은 아니니까요. 더 자세하게 알 수는 없을 겁니다. 식품첨가물전문가회의의 보고서는 회의 내용을 기록하지 않으니까요."

국제잔류농약전문가그룹도 그렇지만 식품첨가물전문가회의도 사실 말을 아끼는 편이다. 최종 결정에 이르게 한 과학적 논거를 요약하는 데 그치는 게 보통이다. 아스파르탐의 경우에는 식품첨가물전문가회의 전문가 열아홉 명이 독성을 평가하기 위해 1975년 4월 14~23일에 모였다. 르네 트뤼오와 식품의약국의 리처드 블루멘탈 박사도 참석했다. 전문가들은 GD 설이 수행한 디케토피페라진에 관한 연구를 검토했다. 2년 뒤 브레슬러 보고서가 수많은 오류를 지적하게 되는 바로 그 연구이다. 보고서에서 전문가들은 "오염물질 디케토피페라진으로 인한 특별한 문제가 제기된다. 장기간 디케토피페라진이 포함된 식단을 섭취한 쥐에게서 자궁 폴립으로 볼 수 있는 병변이 관찰되었다. (……) 따라서 위원회는 이 물질을 평가할 수 없었고, 그래서 주제연구도, 기준치도 만들지 않았다."[30]고 말했다.

이듬해 발표된 보고서는 더 간결하다. 그러나 미국에서 아스파르탐이 불러 일으킨 우려와 같은 맥락이었다. "제공된 데이터가 충분하지 않으므로 위원회는 아스파르탐 검토를 연기하기로 결정했다. 참고용 기준치는 정해 졌지만 논문은 준비되지 않았다."[31] 식품첨가물전문가회의는 1977년 보고 서에서 디케토피페라진에 대한 연구를 다시 언급하고 "기본 데이터의 유효 성에 관해 의구심이 표명되었다."고 지적했다. 그래서 "사용된 독성학 데이 터의 유효성에 관해 확실한 증거가 주어질 때까지 결정을 연기하기로"[32] 한 것이다.

아스파르탐 평가가 몇 문장으로 아주 짧게 언급된 것은 1980년에 발표 된 스물네 번째 보고서였다. "위원회는 동물에 대한 새로운 독성 연구와 인간에 대한 연구 여러 건을 검토했다. 동물 연구를 기준으로 무독성량은 4g/kg으로 정해졌고, 일일섭취허용량은 40mg/kg으로 정해졌다. (……) 주 제연구도 준비되었다."[33]

보고서에는 5건의 '연구'가 첨부되었는데, 그중 2건은 이시 이로유키가 아스파르탐 제조사인 아지노모토를 위해 쥐의 뇌종양 발병률과 디케토피 페라진의 효과를 측정한 연구였다. 문제는 연구 결과가 보고서 발표 뒤인 1981년에 나왔다는 점이다.[34] (참고로 식품첨가물전문가회의 사무국에는 '일본식품 첨가물협회의 M. 후지나가 박사'가 있다.) 나머지 연구 3건은 GD 설이 제공한 것 으로, 페닐케톤뇨증 환자에게 나타나는 아스파르탐의 효과를 다루었다. 발 표되지 않은 미공개 자료였다. 식품첨가물전문가회의가 "주제연구를 준비"하 게 된 과학적 데이터에 대해서나, 그동안 GD 설의 독성학 연구에 대해 가졌 던 "의구심"을 어떻게 해결했는지는 더 이상 알 수 없다. 다만 위원회가 "일 일섭취허용량이 스물네 번째 회의에서 정해졌다."[35]고 확인한 때가 1981년, 로널드 레이건이 백악관에 입성하기 몇 달 전이라는 것을 염두에 두자.

30년 뒤 제네바에서 아스파르탐의 일일섭취허용량(2011년에도 여전히 적용되고 있다.)에 관한 이야기는 물론 흐지부지한 상태로 남아 있다. "식품첨가물전문가회의가 1980년대 초에 일일섭취허용량을 정했을 때에는 당시 발표된 모든 연구를 근거로 했습니다." 안젤리카 트리처의 설명이다. "이 기준치는 여전히 유효합니다. 그동안 다른 규제 기관들도 그 기준치를 확인했으니까요."

그러나 '확인'이라는 말은 적절하지 않다. 그 말을 쓰려면 그 규제 기관들이 GD 설이 제공한 연구를 독자적으로 평가해야 했기 때문이다. 그러나 그들은 식품첨가물전문가회의가 정한 일일섭취허용량을 "그대로 취했을" 뿐이라고 2009년 1월 파르마에서 만난 유럽 식품안전청의 식품첨가물 부서장 위그 케닉스발트는 설명했다. "40mg/kg이라는 기준치가 식품첨가물전문가회의에서 정해진 뒤 유럽 식품과학위원회(Scientific Committee on Food)가 1985년에 그 기준치를 그대로 채택했습니다."

"식품첨가물전문가회의가 어떤 연구를 근거로 삼았는지 아십니까?"

"GD 설이 재정 지원한 연구였죠. 아스파르탐을 시장에 내놓으려 한 기업이 한 연구라는 말입니다."

위그 케닉스발트는 거침이 없었다.

"GD 설의 연구가 많은 논란을 불러일으켰고 식품의약국의 많은 과학자들이 신뢰할 수 없다고 판단한 걸 알고 계시나요?"

"그 연구에 대해서는 뭐라고 드릴 말씀이 없습니다. 판단할 수 있는 자료가 없으니까요. 데이터의 유효성에 관한 의구심이 있었더라도 그 문제가 해결된 것이겠죠."

"문제는 그 의구심을 어떻게 씻을 수 있었는지 설명해 줄 수 있는 새로운 연구를 GD 설이 하지 않았다는 것이고, 그동안 모든 사람들이 일일섭취허용량을 그대로 따른다는 것입니다."

"안타까울 수도 있겠죠. 하지만 30년 전에 이루어진 결정은 대부분 그런 식입니다."[36]

아스파르탐은 그렇게 해서 세계를 정복했다. 아스파르탐이 건강에 미치는 해악에 관한 신호가 그렇게 많은데도 불구하고 규제 기관들은 의심스럽게도 하나같이 그런 상황을 모른 척하고 있다.

아스파르탐의 위험과
공권력의 침묵

"학자는 제대로 된 답을 주는 사람이 아니라 제대로 된 질문을 던지는 사람이다."

—클로드 레비스트로스

"아스파르탐의 안전성을 공격하는 사람은 전 세계 보건 당국과 규제 당국이 내린 독립적인 결정도 걸고넘어집니다. 상원의원님, 미국뿐만 아니라 전 세계에서 아스파르탐의 안전성에 관한 과학 문건을 검토한 과학, 의학, 규제 당국 혹은 기관은 독립적이고 개별적으로 똑같은 하나의 결론에 도달했습니다. 아스파르탐이 위험하지 않다는 것이지요."(밑줄-인용자)

아스파르탐의 (별로 명예롭지 않은) 세계적 성공이 '양떼 효과' 때문이라는 걸 모르는 로버트 샤피로의 주장은 참 가소롭다.

나는 『몬산토』에서 야망과 거만함으로 점철된 몬산토 CEO의 이력을 길게 언급한 바 있다. 그는 유전자 조작 생물체로 지구에 혁명을 불러일으키려 했다. 로버트 샤피로는 GD 설에서 변호사로 (화려한) 경력을 쌓기 시작했다. 1983년에는 GD 설의 자회사이자 아스파르탐 제조업체인 뉴트라스위트(미국에서 아스파르탐이 '뉴트라스위트'라는 브랜드로 판매되었다.)의 CEO로 임명되었다. 몬산토가 1985년에 GD 설을 인수했을 때에도 그는 뉴트라스위트의 CEO 자리를 지켰고, 1995년에는 몬산토의 CEO가 되었다.*

1987년 메첸바움 상원위원회의 폭로

1987년 11월의 그날, 로버트 샤피로는 워싱턴에서 하워드 메첸바움의 주도로 열린 상원 청문회에 증인으로 출석했다. 오하이오 주의 민주당 상원의원이었던 메첸바움은 아스파르탐에 대한 반대 의견을 공공연히 밝혀 왔던 인물이다. 그는 아스파르탐을 즉각 금지시키는 것은 불가능하리라는 점을 잘 알고 있었기 때문에 공중위생 조치, 즉 식품에 사용된 아스파르탐의 양에 대한 의무표시제를 관철시키기 위해 싸웠다. 1985년 5월 5일 의회에서 이미 그는 질문을 던졌다.

"뉴트라스위트의 안전성에 대한 많은 우려를 고려하면, 코카콜라 라이트를 마시는 개인과 그들의 의사들이 그 안에 얼마나 많은 양의 아스파르탐이 들어 있는지 알아야 하는 게 상식적이고 논리적인 것 아닐까요? 양을 표시하는 것이 곤란한 이유가 무엇입니까? 소비자나 의사가 특히 하절기에 합리적인 소비 한계치를 넘어섰다는 걸 알 수 있는 방법은 무엇입니까?"[1]

---

* 《시카고트리뷴》은 몬산토가 GD 설을 270억 달러에 인수했다고 보도했다. 인수가 성사되면서 설 가는 10억 달러를 벌어들였고, 도널드 럼스펠드는 1200만 달러를 챙겼다.("Winter comes for a Beltway lion: Rumsfeld rose and fell with his conviction intact", *Chicago Tribune*, 12 novembre 2006)

나는 5시간이나 되는 1987년 11월 3일자 청문회 녹화 기록을 모두 살펴보았다. 미국 연방의회 방송 채널 씨스팬(C-Span)의 인터넷 사이트에 모든 기록이 남아 있었던 덕분이다.[2] 공식적인 자리에서도 불편한 진실을 적나라하게 털어놓을 수 있는 미국인들에게 나는 매료되었다. 결국에 가서는 그것이 아무 소용없게 되더라도 말이다. 사반세기가 지난 지금까지 아스파르탐은 금지되지 않았고, 의무표시제도 시행되지 않았다. 미 국방부가 화학무기 개발에 사용할 후보 물질 목록에 아스파르탐을 올려놓았다는 것을 알게 된 것도 청문회 자료를 통해서였다. 게다가 1981~1983년 식품의약국을 지휘했던 아서 헤이스 밑에서 건조 식품(1981년)과 탄산음료(1983년)에 아스파르탐 사용 승인을 마무리하기 위해 일한 열여덟 명의 고위 공무원이 이후 GD 설과 몬산토에 고용되었다는 사실도 알게 되었다. 그중 한 사람이 마이클 테일러다.

나는 『몬산토』에서 몬산토의 컨설팅 회사 변호사였던 마이클 테일러가 1991년에 어떻게 식품의약국 부국장으로 임명되었는지 밝힌 바 있다. 그는 3년 동안 식품의약국에서 일하면서 유전자 조작 생물체에 관한 (비)규제를 만들었다. 그리고 1998년에 이 분야의 선두 주자인 몬산토의 부회장이 되었다. 회전문 인사의 전형이었던 그는 1980년대 초부터 민간 부문과 공공 부문을 오가기 시작했다. 아스파르탐에 관한 공공조사위원회에서 식품의약국의 입장을 대변했기 때문이다. 아서 헤이스는 1983년 11월에 식품의약국을 떠나 곧바로 뉴트라스위트와 몬산토가 가장 선호하는 PR 대행사인 버슨마스텔러에 컨설턴트로 들어갔다.[3]

메첸바움 상원의원의 요청으로 '의회의 수사기관'이라 할 수 있는 정부책무원(GAO)이 과학자 67명을 불러 조사했다는 사실도 알게 되었다. 과학자의 "반 이상은 아스파르탐의 안전성에 우려를 표명했다." 그중 12명은 "매우 우려스럽다."[4]고까지 답했다. 시장에 출시되고 5년이 지났을 때, 식품의약국이 불만 신고를 가장 많이 받은 제품이 바로 아스파르탐이었다는 사실도 발견했다. 불만 신고 중 3133건은 신경 장애에 관한 것이었다.

메첸바움의 표현을 빌리면, "미국인의 혀를 정복한" 아스파르탐의 (수많은) 부작용을 보여 주기 위해 메첸바움은 미 공군 조종사 마이클 콜린스 소령을 불렀다. 조깅 마니아(네바다 사막에서 7~10km씩 뛰곤 했다.)인 콜린스 소령은 "매일 코카콜라 라이트를 최소한 1gal(3.8L)씩" 마셨다. 처음에는 팔과 손에 미세한 떨림이 생겼다. 그러다가 1985년 10월 4일에 그는 의식을 잃고 간질 발작을 일으켰다. 병가를 내고 오스트레일리아 사막으로 날아갔을 때에는 그렇게 좋아하던 음료수를 끊었다. 그랬더니 증상도 사라졌다. 미국에 돌아와서는 오래된 습관이 다시 시작되었다. 그랬더니 다시 떨림 증상이 시작되었고 간질 발작이 다시 찾아왔다. 의사는 그에게 아스파르탐이 들어간 모든 식품을 피하라고 권했다. 소령은 떨리는 목소리로 증언했다. "의사의 권유를 따랐더니 모든 증상이 아예 사라졌습니다. 하지만 그 이후로 비행 자격을 잃었습니다. 군에서 저를 장애인으로 판정했기 때문입니다."*

그의 증언을 개별적인 사건으로 치부하는 사람도 있을 것이다. 그러나 미국 신경과학 분야의 최고 권위자이며 매사추세츠 공과대학 임상연구센터 소장을 역임한 리처드 워트만의 의견은 다르다. 그는 상원 청문회에서, 아스파르탐을 섭취한 뒤 잦은 편두통과 현기증뿐만 아니라 간질 발작까지 일으킨 소비자 200명을 대상으로 수행한 연구 내용을 소개했다. 소비자들에

---

* 1992년 5월 발간된 미 공군 회보 《플라잉세이프티》에서 로이 풀 대령은 조종사들에게 "현기증, 간질 발작, 갑작스러운 기억력 상실, 점진적인 시력 저하"를 일으키는 아스파르탐의 위험을 경고하고 있다.

게는 병력이나 생리학적 문제가 전혀 없었다.[5] 빈틈없는 전문가답게 워트만 박사는 문제의 원인이 페닐알라닌이라고 차분하고 자신 있게 설명했다. 아미노산의 하나인 페닐알라닌은 그가 "15년 동안 연구하고 그의 실험실이 400편 이상의 연구 논문을 발표한" 물질이었다. 그는 "아스파르탐의 아미노산들은 식품에 들어 있는 아미노산과 같다."는 말만 기계처럼 반복하는 뉴트라스위트 대표들의 (빈약한) 주장을 단칼에 잘라 냈다.

"아스파르탐 섭취는 정상적인 프로테인 섭취와는 아무런 관련이 없습니다. 페닐알라닌은 다른 아미노산과 결합하지 않기 때문입니다. 그래서 혈장에 과도한 영향을 미쳐 신경 전달 물질 생성과 뇌 기능을 해칠 수 있습니다."

"아스파르탐이 뇌에 미치는 영향을 알아보기 위한 연구는 얼마나 수행되었습니까?" 메첸바움이 물었다.

"제가 알기로는 하나도 없습니다." 워트만 박사는 망설임 없이 대답했다. 그리고 매우 흥미로운 이야기를 시작했다.

국제생명과학연구소의 조작

1980년, 워트만 박사는 공공조사위원회에서 아스파르탐을 옹호하는 증언을 했다. 건조 식품에 넣었을 때에는 소비량 자체가 제한적이기 때문에 리스크가 미미하다고 생각했다. 당시 그는 국제생명과학연구소의 컨설턴트로 일하고 있었다. 이 연구소는 1978년에 농식품 제조업체가 워싱턴에 설립한 '연구' 단체이다(12장 참조). 소장은 GD 설을 위해 아스파르탐을 테스트했던 아이오와 대학의 잭 파일러였다.

리처드 워트만은 1983년에 뉴트라스위트의 승인을 탄산음료에도 적용시켜 달라는 요청이 들어왔음을 알게 되었다. 그는 연구소에 우려의 뜻을 표했다. 미국인, 특히 어린이가 탄산음료를 얼마나 좋아하는지 알기 때문에 식품 사슬에 페닐알라닌이 대량 유입되면 국민 건강에 심각한 결과를 초래할 것으로 예상했다. 그는 아스파르탐이 "뇌의 화학 반응을 바꾸고 간질 발작을 일으키는지"[6] 알아보기 위한 연구를 제안했다. 그의 계획을 알게 된 GD 설의 부회장 제럴드 골은 매사추세츠 공과대학에 있는 그의 연구실로 직접 찾아와 국제생명과학연구소가 그에게 주는 연구비를 끊도록 거부권을 행사하겠다고 위협했다.

"기업에서는 제품의 잠재적 효과에 대해 테스트하고 싶은 마음이 하나도 없다는 걸 깨달았습니다." 리처드 워트만은 청문회에서 이렇게 밝혔다. "그래서 기업의 재정 지원을 받지 않기로 했죠." 컨설턴트 직에서 물러날 때 그는 로버트 샤피로에게 편지를 보냈다.

"친애하는 로버트, 회사가 듣기 싫어하더라도 직언을 하는 것이 내가 GD 설에 기여할 수 있는 바라고 생각하네. 여기에 대해 자네도 나와 같은 생각일 것이라 믿네. 그 직언 중 하나는 소비자가 아스파르탐을 다량으로 섭취했을 때 의학적으로 유의미한 증상을 나타낼 수 있다는 것이네. 특히 체중 감소를 위해 다이어트를 할 때는 더욱 그렇다네. GD 설이 돈을 댄 연구들은 그런 사람들의 증상을 이해하는 데 도움이 되어야 하므로 그들을 연구 대상에 포함시켜야 하며, 하루에 한두 개의 탄산음료밖에 마시지 않는 사람에게만 대상을 제한해서도 안 되네."[7]

청문회에서 워트만 박사는 "기업에서 돈을 대고 하루나 이틀 동안 아스파르탐의 농도 한두 개만 가지고 한 연구"를 비난했다. "증상은 아스파르탐을 섭취하고 몇 주 뒤에 나타나는 것이 일반적이기 때문에 하루나 이틀 동안 한 연구는 아무 소용이 없습니다. 문제는, 제대로 된 연구를 하기 위한 공공 자금이 없다는 것입니다. 제 동료들도 연구 계획을 제출했지만 기업의 후원을 요청해 보라는 대답만 들었습니다. 저도 제 연구실 예산으로 연구를 진행하고 있습니다."

기업이 자사 제품에 대한 연구를 차단해 버릴 수 있는 왜곡된 시스템은 청문회에 나선 다른 두 과학자도 확인해 주었다. "페닐알라닌이 인간의 뇌에 미치는 효과는 한 번도 연구된 적이 없습니다." 애틀랜타 주의 애모리 대학에서 유전학을 연구하는 루이스 엘사스의 증언이다. "그런 문제를 다루지 않는 쓸데없는 연구에는 수백만 달러가 쓰입니다." 소아과 전문이었던 그는 페닐알라닌이 특히 태아에게 미치는 영향을 우려했다. "산모의 혈액 속에 들어 있는 페닐알라닌의 수치는 태반과 태아의 혈액뇌장벽*을 거치면 네 배에서 여섯 배 높아집니다. 수치가 높아지면 태아에게 정신 지체, 소두증, 기형을 일으킬 수 있습니다. 같은 메커니즘에 의해서 12개월 이전의 신생아에게 돌이킬 수 없는 뇌 손상을 일으킬 수도 있고요."

"국제생명과학연구소에 연락 하신 적이 있습니까?"

하워드 메첸바움이 물었다.

"그렇습니다. 유쾌한 경험은 아니었습니다. 개인적으로나 공개적으로 제 우려를 표명했기 때문에 국제생명과학연구소는 저에게 연구 계획서를 작성하라고 요구했습니다. 하지만 연구 계획서를 작성하고 나서도 답이 없었습니다. 그 대신 기업이 돈을 대는 연구소에서 제가 만든 연구 프로토콜을

---

* 혈액 내에 존재하는 병원체를 막아 주는 역할을 한다.

그대로 베꼈더군요."

내분비학자이자 캘리포니아 대학 의대 교수인 윌리엄 파드리지도 비슷한 경험을 했다. 국제생명과학연구소는 "그들 편에 있는 과학자에게만 연구비를 주었고 보건 문제를 들먹이는 과학자에게는 지원을 거부했다."[8]는 것이다. 혈액뇌장벽으로의 페닐알라닌 운반에 관한 연구를 하고 있던 그는 아스파르탐이 어린이의 뇌에 미치는 영향에 관한 연구 계획서 두 건을 제출했지만 모두 거절당했다.

이렇게 조목조목 따지고 들자 국제생명과학연구소의 책임자나 협력자 들은 어쩔 줄 몰라 했다. 그중 피츠버그 대학의 정신의학자 존 펀스트롬은 문제를 회피하려 했다. "어린아이가 하루에 코카콜라 라이트를 다섯 캔이나 마실 수 있습니까? 그래야 아스파르탐의 일일섭취허용량이 됩니다. 그건 불가능합니다." 그리고 나서는 "아스파르탐의 분해 속도"가 "인간보다 쥐에게서 다섯 배나 빠르다."며 말도 안 되는 논쟁을 시작했다. 질린 기색이 역력했던 메첸바움은 펀스트롬의 하나마나한 소리를 뚝 잘라 버리고는 씨익 웃으며 탄산음료, 껌, 시리얼, 요구르트, 의약품, 비타민 등 아스파르탐이 들어 있는 제품 수십 개를 하나씩 꺼내 보였다. 매우 극적으로 제품이 하나둘씩 쌓이자 장내에서 우렁찬 박수가 터져 나왔다.

2009년 10월, 식품의약국 "아스파르탐은 안전한 물질이다."라고 서명하다

"식품에 허용된 아스파르탐 사용량이 GD 설의 연구를 기반으로 정해진 것이라면 그야말로 큰 재앙이라고 말하는 데 저는 아무런 양심의 가책도 없습니다." 국제생명과학연구소 과학자들의 장광설에 비하면 재클린 베렛의 증언은 하도 간단해서 청문회장이 순식간에 조용해졌다. 네모난 안경과 투피스 정장이 꼬장꼬장해 보이는 베렛 박사는 식품의약국에서 1957년부터 1979년까지 생화학자와 독성학자로 일했다. 1977년에는 제롬 브레슬러 팀에 합류해서 미국과 유럽의 아스파르탐 일일섭취허용량의 기준이 되었던 연구 3건(디케토피페라진에 관한 연구 1건과 최가성에 관한 연구 2건)의 원자료도 살펴볼 수 있었다(14장 참조).

그녀는 시종일관 담담한 목소리로 "종양을 제거한 뒤 연구 대상에 다시 삽입된 동물"이나 "죽었다가 다시 살아난 쥐"에 관해 빈정거렸다. 그리고 "제대로 된 독성학자라면 데이터를 객관적이고 완전하게 평가한 뒤에 연구 해석이 불가능하다거나 연구를 다시 수행해야 한다는 결론 따위는 내릴 수 없다."고 단언했다. 또 이렇게 말했다. "최근 논문들을 확인해 봤습니다. 제기된 문제를 해결하려고 기존 연구들을 그대로 재현한 연구는 하나도 없었습니다. (……) 결국 우리는 일일섭취허용량이 제대로 된 것인지 절대적으로 확신할 수 없게 되었습니다."

1997년에 사망한 재클린 베렛은 1974년에 파격적인 책 『먹는 것이 당신의 건강에 해로울 수 있다(Eating May be Hazardous to your Health)』를 발표했다. 그녀는 이 책에서 식품의약국 시절을 이야기하면서 권위 있는 기관의 명성에 정면으로 도전했다. "안타깝게도 미국의 식품이 세계에서 가장 안전한 것은 아니다. (……) 만약 식품첨가물에 의약품 규정을 적용했다면 금지될 식품첨가물도 있을 것이다. 혹은 의사의 처방이 있어야 살 수 있는 것, 따라서 임산부에 대한 경고문이 동봉되어야 하는 것도 있을 것이다."[9] 베렛은 색소인 시트러스레드2를 예로 들었다. 이 색소는 "동물에게서 사산, 태아 사망, 태아 기형"*을 유발한다. 이외에도 미국에서 사이클라메이트(E952, 유럽에서는 여전히 허용되고 있다.)가 금지되도록 하는 데 그녀가 한 역할도 들려주고 있다. 1969년 10월 1일, 그녀는 NBC에 출현해서 1만 3000개의 병아리 배를 가지고 한 실험 결과를 밝혀 큰 파장을 불러일으켰다. 사이클라메이트를 배에 주입하자 "척추와 다리 기형, 해표지증"** 같은 "심각한 기형"을 가진 병아리가 태어났던 것이다.

그녀는 식품의약국에서 승인한 수백 개의 식품첨가물 "대부분이 테스트도 거치지 않았다."며 한탄했다. "우리는 거대한 실험에 참여하게 되었습니다. 그리고 최소한 우리가 살아 있는 동안에는 그 결과를 알 수 없을 것입니다. 우리가 섭취하는 화학물질은 어떤 위험을 가져올까요? 암을 유발할까요? 태아 기형이나 돌연변이를 일으킬까요? 뇌와 심장에 해를 가하고 수많은 질병을 초래할까요? 지금으로서는 아무것도 알 수 없습니다. (……) 어쩌면 우리는 1980~1990년대에 증가할 암 전염병의 씨앗을 뿌리는 중인지도 모릅니다."[10]

나는 이 우울한 책을 읽고 나서 식품의약국에 연락을 취했다. 때는 잘 들어맞았다. 오바마 대통령이 2009년 3월에 마가렛 햄버그에게 식품의약국을 맡겼기 때문이다. 마거릿 햄버그는 기업의 관심 밖에 있는 국민 건강을 위해 일하는 의사로 유명하다. 몬산토에 관해 취재할 때 이미 한 번 경험했기 때문에 나는 연락 절차를 잘 알고 있었다. 나는 우선 홍보실에 연락을

---

* 시트러스레드2(E121)는 1977년 유럽에서 금지되었다. 국제암연구소는 이 색소를 '인간에게 암을 유발할 가능성이 큰' 물질로 분류했다. 미국에서는 오렌지 염색에 이 색소 사용을 여전히 허용하고 있다. 플로리다산 오렌지를 구입했을 때에는 껍질을 깐 뒤 손을 씻는 것을 권장한다.

** 해표지증 혹은 바다표범 손발증은 사지가 짧거나 없는 기형이다. 1950~1960년대에 구역질을 막기 위한 약으로 산모에게 처방된 탈리도마이드에 태아가 노출되었을 때 발생했다.

취했다. 연락을 받은 마이크 헌든은 한참을 주저한 뒤에 핵심 인물인 제임스 매리얀스키의 이메일 주소를 알려 주었다. 제임스 매리얀스키가 식품의약국 생명과학부 부서장이었다. 내 생각에는 마이크 헌든이 내 다큐멘터리 「몬산토」를 본 것 같았다. 다큐멘터리에서 제임스 매리얀스키가 식품의약국과 몬산토의 관계에 대해 충격적인 발언을 했기 때문이다. 마이크 헌든은 시종 친절한 태도로 내 요청을 거부했다. 마거릿 햄버그 국장의 오른팔인 조슈아 샤프스타인에게 연락을 취하고 난 뒤에야 일이 신속하게 진행되었다―이는 미국의 변화를 보여 주는 증거이기도 했다. 결국 마이크 헌든은 나와 만날 약속을 잡을 수밖에 없었다. 식품의약국에서 식품첨가물을 담당하고 있는 독성학자 데이비드 해튼도 자리를 함께했다. 2009년 10월 19일, 수석 연구원 데이비드 해튼의 연구실에 들어섰을 때 나는 눈앞에 벌어진 광경을 믿지 못했다. 그는 1987년 11월 3일 상원 청문회에서 프랭크 영 식품의약국 국장 왼쪽에 앉아 있던 사람이었다. 당시 프랭크 영 국장은 아스파르탐 승인을 고집했고 데이비드 해튼은 그런 그를 옳소 하는 눈빛으로 바라보고 있었다. "씨스팬에 보관된 자료에서 뵌 적이 있습니다." 나는 재미있다는 듯 말했다.

"아, 예……."

"동료인 재클린 베렛도 함께였죠. 그분이 『먹는 것이 당신의 건강에 해로울 수 있다』를 쓰셨죠. 읽어 보셨습니까?" 상당히 긴장한 데이비드 해튼에게 나는 책을 내밀며 물었다.

"아니오." 그는 작은 소리로 말했다.

"이 책의 96쪽을 한 번 봐 주십시오. 이곳에서 일하신 지 무척 오래되었으니 박사님 의견이 궁금합니다. 베렛 박사는 '정책 결정자들이 부패한 것은 아니다.'라고 했는데요. 다행이지 않습니까?" 나는 해튼의 반응을 살피며 물었다. 그는 경직된 웃음을 띤 채 말했다. 나는 책을 읽어 내려갔다. "'그러나 그들의 책임 의식은 기업과 접촉하면서 점점 약해졌다. 그들의 관심은 기업에 미칠 단기적 효과였지 소비자에게 미치는 장기적 효과가 아니다.' 동의하십니까?"

"아니오, 전혀 동의하지 않습니다. 기업의 이익을 소비자의 건강보다 우위에 둔 연구를 했을 때 그것이 제대로 되었다고 생각할 사람은 식품의약국에 아무도 없습니다. 그 말은 안전성 평가의 패러다임을 완전히 뒤집는다는 소리입니다. 저는 정말 베렛 박사의 말에 동의할 수 없습니다."

"공공조사위원회가 설치된 시기에 식품의약국에 오셨으니 아스파르탐 승인 절차를 매우 가까이에서 지켜보셨겠죠?"

"네."

"공공조사위원회는 식품의약국의 다른 조사 그룹과 마찬가지로 아스파르탐 승인을 반대했습니다. 이처럼 식품의약국 내에서 GD 설의 연구가 절대적인 신뢰를 얻을 수 없다는 분위기가 팽배했는데, 어떻게 몇 달 뒤에 아스파르탐 승인이 떨어졌을까요?"

"저희가 보관한 자료를 살펴보시고 식품의약국에서 그 논란을 해결하기 위해 어떤 일을 했는지 아셨으면 좋겠습니다. GD 설은 수백만 달러의 대가를 치러야 했습니다. 우리가 그 모든 걸 변호하는 것은 아닙니다. 이 연구들에 몇 가지 오류와 누락이 있는 것이 사실입니다. 그때는 '우수실험실운영기준'이 마련되기 전이었고, 지금처럼 요구 조건들이 엄격하지도 않았습니다. 하지만 문제가 된 것 중에서 연구 결과의 유효성을 뒤집거나 아스파르탐의 안전성을 의심할 만큼 심각한 문제는 없었습니다."[11]

아흔한 가지 부작용

"식품의약국은 아스파르탐의 부작용에 관한 수천 건의 불만 신고를 받았습니다." 내가 말을 하는 동안 데이비드 해튼은 내 뒤에 앉아 있는 홍보실 직원 마이클 허든을 계속 보았다. "공개된 내부 기밀문서에 따르면 부작용이 아흔한 개나 되는데요. '두통, 현기증, 구토, 구역질, 복부 경련, 시력 장애, 설사, 간질 발작, 실신, 기억 상실, 피부 발진, 불면증, 생리 불순, 사지 마비, 부종, 만성 피로, 호흡 곤란' 등등이요." 기억을 되살려 보라는 의미에서 내가 데이비드 해튼에게 내민 문서는 1995년에 언론을 떠들썩하게 했던 자료이다. 정보자유법에 의해 이 문서를 손에 넣은 사람은 미션 포시블(Mission Possible)의 설립자 베티 마티니였다. 문서에 따르면 약 1만 명이 아스파르탐과 관련된 장애를 식품의약국에 신고했다.* 그런데 식품의약국에서 파악하기로는, 애써 우편으로 신고 접수를 하는 사람은 아스파르탐 때문에 문제가 생긴 소비자 중 1%에 지나지 않는다. 그렇다면 (1981~1995년) 실제로 부작용으로 고생한 미국인은 100만 명이나 된다는 말이다.

식품의약국 문건에 기록된 증상은 모두 하이먼 로버츠 박사가 오랜 의사 생활을 하는 동안 보아 왔던 증상과 정확히 일치했다. 플로리다 주 팜비치에서 활동하는 그를 2009년 10월 24일에 만났다. 그는 1984년에 아스파르탐에 우연히 관심을 갖기 시작했다.[12] 태미라는 열여섯 살 여자 환자를 만난 것이 그해였다. 태미는 그가 보는 앞에서 간질 발작을 일으켰다. 깜짝 놀란 그는 여러 가지 검사를 지시했다. 그러나 간질의 원인을 밝히지 못했

---

* 38.3%는 탄산음료, 21.7%는 대용 설탕, 4%는 껌에 관한 신고였다.

다. 결국 태미가 설탕을 줄이려고 마시기 시작한 '저칼로리 음료'의 성분인 아스파르탐을 유일한 원인으로 볼 수밖에 없었다. 4년 뒤 로버츠 박사는 그를 찾아온 환자 551명에 관한 연구를 발표했다. 그들은 식품의약국 문건에 기록된 부작용 중 적어도 하나 이상의 증상 때문에 병원을 찾은 사람들이었다. "아스파르탐이 들어 있는 식품이 원인이라는 주장은 식품 섭취를 줄이면 증상이 빠르게 사라지며, 의도하지 않게 다시 노출되면 몇 시간이나 며칠 뒤에 증상이 다시 나타난다는 사실로 뒷받침된다. 간단한 절제 테스트로 빈번한 내원과 비싼 검사, 입원을 피할 수 있다."[13] 하이먼 로버츠는 2001년에 1020쪽 분량의 책을 출간했다. 이 책에서 그는 환자 1400명의 임상 사례를 소개한다.[14] 그는 특히 저칼로리 음료나 '무설탕' 껌(하루에 최소 한 통)을 많이 먹는 환자들은 중독 증상을 보였다는 것에 주목했다. 음료나 껌을 먹지 않으면 금단 증상이 나타난 것이다.

"식품의약국에 알리셨나요?"

"물론이죠. 하지만 답이 없었습니다." 로버츠 박사는 한숨을 내쉬었다. "기업에서는 모든 사례가 '일회성'이라고 생각했습니다. 그런 사람들이 수만 명이나 되었는데도 말입니다."

1987년 11월 청문회 직후 하워드 메첸바움 상원의원에게 편지를 보낸 존 올니는 "행여나 불만을 신고한 평범한 시민들이 모두 중추신경계 장애를 앓고 있는 것처럼 보이려고 음모를 꾸미고 계획적으로 식품의약국에 연락했겠습니까?"[15]라고 비꼬았다.

"로버츠 박사의 연구에 대해 알고 계십니까?" 데이비드 해튼은 질문에 눈살을 찌푸리더니 망설이며 대답했다. "사실 식품의약국과 GD 설이 두통이나 간질 발작 등 부작용을 평가하기 위해 추가 임상 연구를 수행했습니다. 철저한 테스트를 거쳐서 도달한 결론은, 섭취량과 섭취 시간, 소비자를 정확하게 알 수 있는 상황에서는 부작용이 나타나지 않았다는 것입니다."

"해튼 씨가 말하는 연구가 어떤 것인지 모르겠습니다." 2009년 10월 30일 뉴욕에서 만난 랄프 월턴의 반응은 냉정했다. "그분이 저에게 그것이 어떤 연구인지 알려 주면 좋겠는데요. 사실 아스파르탐이 인간의 신경계에 미치는 영향을 조사한 제대로 된 연구가 없기 때문에 제가 직접 해 보려고 마음먹었거든요." 오하이오 대학 임상정신의학과 교수인 그도 "우연히 아스파르탐을 접했다."고 했다.

"제가 12년 동안 봐 온 만성 우울증 환자 한 분이 1985년에 갑자기 간질 발작과 조증을 보이기 시작했습니다. 몇 년 동안 상태가 매우 좋았었기 때문에 더 의아했죠. 그동안 우울증 치료 방법은 바뀌지 않았거든요. 양극성 장애일 거라는 가능성을 배제했기 때문에 환자의 생활에서 바뀐 것이 무엇인지 살펴보기 시작했죠. 그러다가 그녀가 살을 빼려고 '크리스탈 라이트' 다이어트 음료를 마시기 시작했다는 사실을 발견했습니다. 하루에 1~2L정도 마셨더군요. 음료를 끊자 증상은 완전히 사라졌습니다. 이 사례를 기록한 임상 보고서를 한 의학 저널에 발표했는데, 그때 심사위원 중 한 사람이 리처드 워트먼이었습니다. 혹시 유사한 다른 사례가 있느냐고 묻더군요. 제가 사는 도시의 의사협회 회장이었기 때문에 동료 의사들에게 물어봤죠. 그랬더니 비슷한 사례가 수십 건이나 되더군요. 그 환자들의 임상 사례가 페닐알라닌이 뇌 기능에 미치는 효과를 다룬 워트먼 박사 책의 한 꼭지가 되었습니다."[16]

"박사님이 하신 연구는 어떤 내용입니까?"

"사실 그렇게 큰 반발이 일어날 줄 알았다면 아마 하지 않았을 겁니다.

자원자를 모아서 일주일 동안 아스파르탐을 섭취하게 한 실험이었습니다. 참가자와 실험자 모두 누가 아스파르탐을 먹고 위약을 먹는지 알 수 없는 이중 맹검 방식이었습니다. 44세의 심리학 박사인 동료이자 친구에게는 망막 박리와 안구 출혈이 나타났습니다. 결국 한쪽 시력을 잃었죠. 한 간호사도 안구 출혈이 있었습니다. 그러자 연구를 관리하던 윤리위원회가 실험을 즉각 중단하라고 요구했습니다. 하지만 열세 명이 프로토콜을 모두 마친 상태였기 때문에 유의미한 결과를 발표할 수 있었습니다. 우울증을 앓았던 환자는 아스파르탐에 극도로 민감하다는 것이 결론이었죠."[17]

"실험에서 사용한 아스파르탐의 양은 얼마였나요?"

"30mg/kg입니다. 식품의약국이 정한 일일섭취허용량보다 낮은 기준으로 테스트하고 싶었거든요. 하루에 코카콜라 라이트 캔 여덟 개에 해당하는 양입니다. 사실 그 정도 먹는 사람은 많습니다. 많은 제품에 아스파르탐이 들어 있으니까요."[18]

펀딩 효과, 기업의 재정 지원이 연구에 미치는 영향

"우리가 발표한 논문은 아스파르탐이 판매되고 3년 뒤에 미국인의 뇌종양 발병률이 증가하고 뇌종양의 증상이 악화되기 시작했음을 보여 주고 있습니다."[19] 때는 1996년 11월 18일이었다. 워싱턴에서 개최된 기자회견에는 랄프 월턴, 제임스 터너, 하워드 메첸바움, 존 올니가 참석했다. 존 올니는 1970~1992년 열세 개 지역에서 등록된 뇌종양 발생 건수에 관한 미국 국립암연구소의 데이터를 샅샅이 검토했다. 이는 미국 국민 10%에 해당하는 자료이다. "1970년대 중반에 발병률이 처음으로 일시 상승한 것은 진단 기술의 발달로 설명됩니다. 그리고 1984년에 다시 10% 상승했고, 이 상승률은 1992년까지 유지되었습니다." 존 올니는 "이 연구는 아스파르탐이 뇌종양의 원인인가 아닌가를 밝혀 주지는 못합니다. 새로운 실험 연구를 수행해서 그 문제를 밝히는 것이 시급합니다."라고 결론 내렸다.

존 올니의 책은 언론을 떠들썩하게 만들었다. 유명한 텔레비전 프로그램 「60분(60minutes)」이 아스파르탐에 관한 특별 방송을 편성할 정도였다. 아스파르탐에 관한 엄청난 분량의 연구에 당황한 CBS 프로듀서들은 랄프 월턴에게 유수 과학 저널에 발표된 논문들에 대한 체계적 문헌 고찰을 수행해 달라고 부탁했다. 메드라인 등 데이터뱅크에 검색을 하자 527건의 검색 결과가 나왔다. 랄프 월턴은 "인간에 대한 아스파르탐의 안전성과 명백한 관련이 있는" 연구만 선택했다.

"우선 아스파르탐의 일일섭취허용량을 정할 때 기준이 되었던 GD 설의 연구 3건은 한 번도 공개된 적이 없습니다." 랄프 월턴이 내게 말했다. "게다가 제 팀이 최종 선정한 연구 166건 중 74건은 기업이 재정 지원을 했고 (GD 설, 아지노모토, 국제생명과학연구소 등), 92건은 독립적인 연구 기관이 돈을 댔습니다(대학이나 식품의약국). 기업이 돈을 댄 연구는 모두 아스파르탐이 위험하지 않다는 결론을 냈습니다. 그 74건 중 똑같은 연구가 다른 이름으로 여러 저널에 발표된 사례가 여럿 있었습니다. 한편, 독립 연구 92건 중 85건은 아스파르탐이 한 개 이상의 건강 문제를 일으킨다는 결론을 내렸습니다. 그리고 식품의약국이 가장 최근에 수행한 연구 7건도 기업의 연구와 같은 결론을 냈습니다."

"이런 놀라운 결과를 어떻게 설명하십니까?"

"아! 돈의 힘은 아주 강력하죠."

랄프 월턴이 적나라하게 볼 수 있었던 이 현상을 '펀딩 효과(Funding Effect)'라고 한다. 데이비드 마이클스도 펀딩 효과에 대한 우려를 나타낸 바 있다. "기업이 돈을 대는 연구의 결과가 기업의 재정적 이익과 관련이 있을 때, 연구 결과가 기업에 호의적으로 나올 확률이 크게 올라간다." 그는 "연구 결과가 기업의 이익과 결부되어 있다는 사실 때문에 가장 권위 있는 과학자라도 연구에 접근하는 방식이나 결과를 해석하는 방식에 영향을 받는다."[20]고 지적했다.

펀딩 효과를 발견한 사람은 노인병 전문의인 폴라 로숀이다. 보스턴에서 활동하는 그녀는 아스피린, 나프록센, 이부프로펜(애드빌) 등 비스테로이드성 항염증제를 관절염 치료에 사용했을 때의 임상 실험 결과를 비교하다가 펀딩 효과를 발견했다. 기업이 돈을 댄 테스트는 '항상' 호의적인 결론을 내렸다. 데이터를 자세히 검토해 보면 실상은 그렇지 않은데도 말이다.[21]

4년 뒤에 캐나다 토론토 대학의 헨리 토머스 스텔폭스 팀도 폴라 로숀과 똑같은 현상을 관찰했다. 이 팀은 고혈압 치료에 쓰이지만 심근 경색을 유발하는 것으로 알려진 칼슘길항제를 연구했다. 1995년 3월에서 1996년 9월 사이에 발표된 논문의 저자들을 칼슘길항제에 관한 입장에 따라 '호의적', '중립적', '비판적' 저자로 나누었다. 그리고 호의적인 저자의 96%가 칼슘길항제 제조사와 경제적 관계를 맺고 있는 것으로 나타났다. 중립적인 저자와 비판적인 저자에서는 그 비율이 각각 60%와 37%로 떨어졌다.[22] 경구 피임약이나 정신 분열, 알츠하이머병, 암 치료제에 대해서도 같은 현상이 관찰되었다.[23]

나는 랄프 월턴이 수집한 일흔네 건의 연구 목록을 주의 깊게 살펴보았다. 모두 아스파르탐 제조사가 돈을 댄 연구였는데, 그중 한 건이 눈에 띄었다. 브뤼노 라투르가 『행동하는 과학』에서 언급했던 블랙박스 현상을 잘 보여 주었기 때문이다. 과학 논문이 그 누구도 기원을 알아낼 수 없는 기정사실이 되려면 다른 논문에 되도록 많이 인용되어야 한다. "과학 논문이 사실인가 픽션인가를 결정하는 것은 그 논문 자체가 아니라 다른 논문들이다. 살아남기 위해서, 혹은 사실로서의 지위를 얻기 위해서, 논문은 다음 세대의 논문을 필요로 한다."[24] GD 설과 다른 기업들이 수십 건의 '연구'를 '발표하게 하는' 이유가 바로 그것이다. 그런 연구의 목적은 중요한 문제를 다루는 것이 아니라 '과학 저널에 발표되는 것'뿐이다. 연구가 '발표되었다'는 것은 '인용될 수 있다'는 뜻이고, 결국 '픽션'을 '사실'로 바꿀 수 있다는 뜻이다. 그와 함께 독립 연구를 막을 수 있다면 금상첨화다. 그 역할을 완벽하게 수행하는 곳이 바로 국제생명과학연구소다.

우리는 1981년에 아스파르탐의 일일섭취허용량이 얼마나 의심스러운 조건에서 정해졌는지 살펴보았다. 10년이 지난 뒤, GD 설은 헤리엇 부츠코와 크랑크 코초니스에게 "널리 사용되고 있는 식품 첨가제인 아스파르탐을 예로 들어서"[25] 일일섭취허용량의 개념을 설명하는 논문을 발표해 달라고 요청했다. 참 과감한 시도가 아닐 수 없다. 그렇게 되면 아스파르탐 일일섭취허용량을 '블랙박스'로 보게 만들 수 있기 때문이다. 상원 청문회가 끝나고 4년이 지났지만 아스파르탐의 일일섭취허용량에 대한 합의는 여전히 요원했다. "세계보건기구와 유럽 및 캐나다 규제 당국은 일일섭취허용량을 40mg/kg으로 정했고, 미국 식품의약국은 50mg/kg으로 정했다." 저자들은 수많은 참고문헌(50개)으로 논문을 도배했다. 주로 GD 설이 돈을 댄 연구였는데(그러나 연구비의 출처는 밝히지 않았다.), 그중에는 훗날 국제생명과학연구소의 소장이 될 잭 파일러(9개)가 수행한 연구들도 있었다. 저자들이 일일섭취허용량을 정하는 데 사용되었다고 주장하는 이 연구들이 모두 1979년 이후에 진행되었다는 사실을 누가 확인하겠는가? 게다가 아스파르탐의 무독성을 주장한 파일러의 연구는 겨우 6시간 동안 진행되었고, '정상적인 성인' 8명(남자 4명, 여자 4명)이 2시간마다 아스파르탐 10mg을 섭취했다.[26]

"문제는 이런 부실하고 심지어 왜곡된 연구들이 유수 과학 저널에 실렸다는 겁니다." 랄프 월턴은 한탄했다. "리처드 스미스가 부르짖었던 '극단적인 개혁'이 필요합니다." 저명한 《영국의학저널》의 편집국장인 리처드 스미스는 과학 논문 발표에 있어서 꼭 필요한 단계로 간주되었던 동료 평가 시스템의 한계와 단점을 공개해 파장을 몰고 왔다(9장 참조).

"우리는 동료 평가 시스템이 비용도 많이 들고, 진행이 더디며, 왜곡과 악습의 가능성도 있다는 것을 알고 있다. 게다가 이 시스템은 진정한 혁신을 저해하고 사기를 가려 낼 수 없다. 우리는 이 시스템으로 평가되어 발표된 논문 중 매우 부실한 논문이 많다는 것도 알고 있다."[27]

리처드 스미스는 (기업의) 이를 갈게 했을 이 사설에서 피오다 갓리와 저널의 두 동료가 진행한 실험을 언급했다. 일부러 논문에 오류 8개를 삽입해서 리뷰어 420명에게 보냈더니 그중 답을 보내온 221명(53%)이 찾아낸 오류의 수는 평균 2개였다. 5개 이상 찾아낸 심사위원은 한 명도 없었으며, 16%는 오류를 하나도 찾아내지 못했다.

라마치니 연구소, '진실 찾기에 삶을 바친 사람들의 집'

"독성물질관리프로그램*이 아스파르탐 연구를 할 수 있도록 싸워 온 지 어언 20년입니다." 제임스 허프(10장 참조)가 2009년에 내게 설명했다. "안타 깝게도 식품의약국이 거부권을 행사하면서 계속 반대했습니다."

"왜 그랬을까요?"

"아스파르탐이 발암물질이라는 사실을 증명할까 봐 그랬던 것 같습니 다."[28] 제임스 허프는 내게 1996년 11월에 발표된 그의 논문을 보라고 했다. 그 논문은 뇌종양 증가에 관한 존 올니의 연구 뒤에 발표되었다. 제임스 허 프와 데이비드 롤은 "그것이 아스파르탐이 테스트되지 못하도록 할 효과적 인 방법이다. 과학자들에게 테스트를 못하게 만든 다음에 아스파르탐이 안 전하다고 말한다."[29]고 지적했다.

"하지만 독성물질관리프로그램이 2005년에 아스파르탐에 관한 연구 결 과를 발표했다[30]고 들었는데요."

"맞습니다." 제임스 허프도 인정했다. "하지만 그 연구에 저와 국립환경보 건연구원의 동료 몇 명은 반대했습니다. 유전자를 변형시킨 생쥐를 대상으 로 했기 때문입니다. 더 쉽게 암에 걸리도록 만드는 유전자를 주입한 쥐였 습니다. 이것은 유전 독성이 없는 화학물질에 대해서는 아무런 이득이 없 는 실험 모델입니다. 아스파르탐에는 유전 독성이 없습니다. 돌연변이를 일 으키지 않는다는 뜻입니다.** 쓸데없이 돈만 많이 든 이 연구는 당연히 부정

---

* 미국의 독성물질관리프로그램은 국립환경보건원 산하에 있지만 연구 주제는 산업안전보건청, 환경보호국, 식품의약국 등 규제 기관의 대표를 포함한 집행 위원회가 결정한다.

** 발암물질에는 두 종류가 있다. 유전 독성물질은 유전자에 직접 관여해서 유전자 변이로 인한 암성화 과정의 첫 단계를 개시 한다. 비유전 독성물질은 유전자에 직접적으로 관여하지 않고 돌연변이를 일으켰거나 '발암이 개시된' 세포의 증식을 도와 암

적 결과를 냈고, 기업은 행복해했죠.* 넌더리가 났습니다. 그래서 라마치니 연구소가 수행할 연구 설계에 적극적으로 참여한 것입니다. 그 연구들은 아스파르탐의 발암력을 확인시켜 주었죠. 제 생각에는 아스파르탐에 관한 연구 중 최고입니다."

1987년에 '산업보건의학의 아버지'(7장 참조)를 기리기 위해 설립된 라마치니 연구소는 이탈리아 종양학자 체사레 말토니의 작품이다. 염화비닐에 관한 체사레 말토니의 연구는 유럽과 미국의 플라스틱 제조사를 두려움에 떨게 했다(11장 참조). 라마치니 연구소는 볼로냐에서 30km 떨어진 아름다운 르네상스 양식의 벤티보글리오 성에 소재한다. 환경종양학 연구소인 라마치니 연구소는 세계 32개국의 과학자 180명이 소속된 라마치니아카데미와 함께 연구 프로그램을 결정한다. 그중에는 이 책에서 만나본 제임스 허프, 데브라 데이비스, 피터 인판테, 빈센트 코글리아노, 에런 블레어, 렌나르트 하델도 포함되어 있다. 이들은 해마다 한 번씩 '거장의 출생지'인 카르피에서 모인다. 2000년에 체사레 말토니(2001년 사망)가 발표한 논문은 그의 신앙 고백이자 유언과 같았다. 그는 이 글에서 다른 어느 아카데미와도 비교할 수 없는 라마치니아카데미의 독창성을 칭송했다. "우리 시대는 (과학도 포함되는) 문화나 인문주의를 배제한 산업과 무역의 엄청난 확장과 절대 권력으로 점철되어 있다. 산업과 무역이 추구하는 유일한 목적은 이윤이다. 그 목적을 이루기 위한 전략은 사이비 과학이라는 대안 문화를 조장하는 것이다. 문화나 인문주의와 갈등을 일으키는 것은 문제가 되지 않는

발생 과정(암 촉진 단계 혹은 진행 단계)에 참여한다. www.cancer-environnement.fr에서 '직업암' 참조.
* 독성물질관리프로그램의 연구에는 "새로운 모델이므로 정밀도나 발암 효과 측정 능력은 불확실하다."라는 설명이 삽입되어 있다.

다. 그러한 대안 문화의 주요 목적은 진실을 의도적으로 오염시키는 것이며, 문화와 과학을 서로의 적으로 만들어 인문주의자들의 목소리를 죽이는 것이다."[30] 체사레 말토니는 라마치니아카데미의 존재 이유는 "진실을 찾기 위해 삶을 바친 사람들의 집이 되는 것이며 진리를 추구했다는 이유로 공격이나 모욕을 당한 사람들과 함께하는 것"이라고 말한다.

라마치니 연구소는 설립 이후 벤젠, 염화비닐, 포름알데히드, 수많은 농약 등 약 200개의 화학오염물질을 검사했다. 이곳의 철두철미한 연구는 노출 기준치를 강화하는 데 기여했다. 기업이 수행한 연구와는 달리 수천 마리의 실험동물을 대상으로 하는 대규모 실험을 진행하기 때문에 통계상의 강점을 가지고 있다.[32] 2010년 2월 2일, 연구소를 방문했던 나는 1만 m^2나 되는 넓은 실험실 규모에 놀랐다. 원형의 거대한 설비에는 다양한 전자파에 노출된 9000마리의 쥐가 들어 있었다. 체사레 말토니의 뒤를 이은 모란도 소프리티 박사의 실험이 진행 중이었던 것이다. 그는 활짝 웃으며 실험은 일급 기밀이라고 농을 쳤다.

"저희 연구소의 두 번째 특징은 '우수실험실운영기준'의 권고 사항과는 달리 실험 연구 기간이 2년을 넘긴다는 것입니다. 그리고 실험동물들을 자연사할 때까지 살려 둡니다. 인간에게 발생하는 악성 종양의 80%는 60~65세에 발견됩니다. 그러니 실험동물을 104주차에 없애 버리는 것은 말도 안 됩니다. 인간으로 치면 은퇴할 나이고, 그때가 암이나 신경 퇴행성 질환이 나타날 확률이 가장 높은 때입니다."[33]

"그것이 라마치니 연구소의 연구가 가진 가장 큰 힘입니다." 제임스 허프도 인정했다. "2년 뒤에 연구를 그냥 중단해 버리면 발암 효과를 제대로 보지 못하고 지나갈 위험이 있습니다. 여러 증명 사례도 있고요. 카드뮴은

PVC나 화학 비료 제조에 쓰이는 등 널리 사용되는 금속입니다. 국제암연구소 분류로는 1그룹(인간에게 암을 유발하는 물질)에 속하지요. 하지만 2년 동안 실험을 해도 결과가 나오지 않았습니다. 그런데 어떤 과학자가 쥐들을 자연사하게 내버려 두었지요. 그랬더니 75%가 생애 마지막 4분의 1에 해당하는 시기에 폐암에 걸렸습니다. 독성물질관리프로그램도 톨루엔을 테스트했을 때 24개월 차에는 아무것도 발견하지 못했습니다. 반면 라마치니 연구소는 28개월 차에 여러 암이 유발된 것을 확인할 수 있었죠. 모든 과학자가 라마치니 연구소의 연구 프로토콜을 따라야 합니다. 매우 중요한 문제니까요. 사람들은 수명이 연장되었다고 좋아하지만, 화학물질 노출을 잘 관리하면 피할 수도 있었을 온갖 종류의 질병에 걸려 꼼짝도 못하면서 10년, 15년 더 살면 뭐합니까? 그런 의미에서 라마니치 연구소가 했던 아스파르탐에 관한 두 건의 연구를 보면 참 심란합니다."

"아스파르탐은 강력한 발암물질"

더 우려되는 것은 사실 유럽 식품안전청과 미국 식품의약국, 그리고 세계 모든 규제 기관이 라마치니 연구소의 연구 결과를 거부했다는 사실이다. 그들이 내세운 논리를 아무리 따져 보아도 이해가 되지 않았다. 2006년에 발표된 첫 번째 연구는 쥐 1800마리를 대상으로 했다. 쥐들은 생후 8주부터 자연사할 때까지 매일 20~100mg/kg의 아스파르탐을 섭취했다. 그 결과 암컷에게서는 림프종, 백혈병, 신장암이, 수컷에게서는 신경초종(두개골 신경에 생기는 종양)이 섭취량과 관련하여 유의미하게 증가했다. 연구자들은

"우리가 실험을 2년 만에 끝냈다면 아마 아스파르탐의 잠재적 발암 효과를 증명하지 못했을 것이다."라고 썼다. "이 대규모 실험은 아스파르탐이 일일 섭취허용량보다 훨씬 낮은 20mg/kg을 섭취해도 여러 기관에 암을 유발하는 물질이라는 것을 보여 주었다."[34]

제조업체가 보내는 데이터 요약본으로도 만족하기만 했던 식품의약국이 왜 이 연구에 관해서는 유독 원자료 전체를 요구한 것인지 의아하다. 어쨌든 식품의약국의 공식 입장은 늘 똑같고, 데이비드 해튼도 눈 하나 깜짝하지 않고 내 앞에서 그 논리를 반복했다. "우리는 원자료의 일부분만 검사할 수 있었습니다. 그런데 관찰된 변화가 산발적이었습니다. 이런 종류의 실험에서는 통상적인 것이었죠. 하지만 데이터 전체를 얻을 수는 없었습니다. 라마치니 연구소가 내부 규정상 제3자와 데이터를 공유하는 걸 금지하고 있다고 알려 왔기 때문입니다."

"원자료를 왜 제공하지 않으셨나요?" 나는 모란도 소프리티에게 물었다.

"식품의약국에서 그런 말을 하다니 놀랍군요." 그는 특유의 빈정거리는 웃음을 보여 주었다. "우리가 식품의약국에 연락을 취한 것은 2005년입니다. 그리고 우리가 가진 데이터는 모두 보냈습니다."

어쨌든 식품의약국은 2007년 4월 20일에 "연구 데이터로는 아스파르탐이 발암물질이라는 결론을 내릴 수 없다."[35]고 밝혔다. 그보다 1년 앞서 유럽 식품안전청도 비슷한 견해를 밝혔다. 긴 서문의 내용은 '블랙박스'에 기대고 있다. "아스파르탐은 1970년대와 1980년대 초에 동물을 대상으로 한 발암성 연구 네 건에서 다뤄졌다. 이 연구들은 유전 독성에 관한 연구와 함께 전 세계 규제 기관의 평가를 받았고, 평가 결과 아스파르탐은 유전 독성이나 발암성이 없다는 결론이 나왔다."[36] 유럽 식품안전청은 라마치니 연구소의 연구를 언급했다. "결과의 유효성을 의심하게 하는 결점이 있다. (……) 연구 결과 중 가장 수긍되는 부분은 림프종과 백혈병에 관한 것이다. 실험 대상이 앓고 있던 만성 호흡기 질환이 원인이기 때문이다. (……) 요컨대, 일일섭취허용량 40mg/kg을 재검토할 이유는 없다."

"왜 이 연구를 거부하셨나요?" 유럽 식품안전청 식품첨가물 부서장을 맡고 있는 위그 케닉스발트(14장 참조)에게 물었다.

"우선 분명히 해 둘 점이 있습니다. 이 연구는 아예 거부된 것이 아닙니다. (말 그대로) 매우 세심한 검토가 이루어졌습니다. 문제는 방법론상의 미흡한 점들이 보였다는 것입니다."

"예를 들면요?"

"일부 쥐에게서 호흡기 질환이 나타났다는 것입니다."

"호흡기 질환이 림프종이나 백혈병과 무슨 관계가 있나요?"

"호흡기 질환은 종양을 유발…… 종양의 원인이 되기 때문에 연구 결과를 오염시킬 수 있습니다. 이 연구에서 바로 그런 일이 일어났죠."

유럽 식품안전청의 주장에 모란도 소프리티는 (다시) 특유의 웃음을 지었다. 그는 소파에 몸을 푹 파묻고 대답했다. "여러 가지 이유로 우리는 동의할 수 없습니다. 우선, 동물에게서 관찰한 감염 과정은 우리가 쥐를 일부러 죽이지 않고 자연사할 때까지 살려 두었기 때문인 경우가 많습니다. 인간도 노인이 되면 폐나 신장 관련 질병에 흔히 걸립니다. 게다가 노인에게 나타나는 폐나 신장 관련 질환이 그렇게 짧은 시간에 종양을 유발한다는 것은 증명된 바 없습니다."

"대조군 쥐도 같은 감염 문제가 있었나요?"

"물론입니다. 실험군과 대조군에서 똑같이 관찰되었죠. 두 그룹의 유일한 차이점은 아스파르탐 섭취 여부였고요."

소프리티 박사팀은 2007년에 두 번째 연구를 발표했는데, 첫 번째 연구보다 더 우려스러운 결과를 보여 주었다. 새끼를 밴 쥐 400마리에게 매일 아스파르탐 20mg/kg과 100mg/kg을 섭취시키고, 태어난 새끼들을 자연사할 때까지 관찰했다. "어미 배 속에서 아스파르탐에 노출되기 시작하면 첫 연구에서 관찰된 종양의 발병률이 매우 크게 증가한다는 사실이 드러났습니다. 그리고 새끼 중 암컷에게서 유방암이 나타났습니다. 우리는 규제 기관들이 이 결과를 보고 최대한 신속하게 대응해야 한다고 생각합니다. 임산부와 아이들이 아스파르탐을 가장 많이 섭취하는 소비자이기 때문입니다." 모란도 소프리티와 공동 저자들은 "규제 기관들의 요청에 따라 연구의 원자료 전부를 제공했다."[37]고 강조했다.

그러나 데이비드 해튼은 상반된 이야기를 했다. "라마치니 연구소의 두 번째 연구는 검토하지 않았습니다. 원자료 제공에 관한 동의를 얻지 못했기 때문입니다."

"그건 사실이 아닙니다." 모란도 소프리티 박사가 반박했다.

"데이비드 해튼이 거짓말을 했다는 말씀입니까?" 내가 물었다.

"그렇다고 할 수 있죠."

유럽 식품안전청도 2009년 3월 19일에 발표한 견해에서 "저자들이 연구의 원자료를 제공하지 않았다."고 강조했다. 모란도 소프리티 박사는 이를 강하게 부인했다. 유럽 식품안전청은 백혈병과 림프종이 "만성 호흡기 질환의 특징"이라면서 다시 한 번 관찰 결과를 받아들이지 않았다. 그러면서 내놓은 '노골적이고 비과학적인' 설명을 들은 제임스 허프와 피터 인판테는 펄쩍 뛰었다. "유방암종 발병률 증가가 아스파르탐이 암을 일으킬 수 있는 물질이라는 것을 증명한다고 볼 수 없다. 암컷 쥐의 <u>유방암 발병률</u>은 비교적 높고 발암성 연구마다 격차가 심하기 때문이다. 아스파르탐에 관한 첫 번째 연구에서도 아스파르탐 섭취량이 훨씬 높았어도 <u>유방암종 발병률 증가가 나타나지 않았다.</u>"[38](밑줄-인용자)

"전문가들이 이런 글을 쓸 수 있다는 게 믿어지지 않습니다." 제임스 허프는 경악했다. "어미 배 속에서부터 노출시켰다는 것이 이 연구에서 가장 독창적인 부분인데, 그걸 이해하지 못한 것 같습니다. 첫 번째 연구에서 어른 쥐에게 나타나지 않았던 유방암이 새끼들에게 나타났다는 점은 걱정스럽습니다. 내분비계 교란물질에 대해서도 똑같은 현상이 나타납니다. 태아였을 때 노출된 딸은 어머니는 걸리지 않는 유방암에 걸립니다."

유럽 식품안전청의 논리가 놀라운 것은 사실이다. 그런데 라마치니 연구소의 연구 결과를 무시하는 이유로 위그 케닉스발트가 내놓은 근거는 이것 하나뿐이었다. "두 번째 연구에 기술된 유방암이 첫 번째 연구에서는 나타나지 않았습니다." 위그 케닉스발트는 내 뒤에 앉은 직원 두 명을 연신 쳐다보며 말했다. "결국 두 연구 결과가 일관성이 없다는 것이죠."

"이 논리에 대해 어떻게 생각하십니까?" 나는 모란도 소프리티에게 물었다. 그는 대답하기 전에 신중하게 말을 고르는 모습이었다. "여러 규제 기관의 전문가들이 내놓는 평가는 성급한 것도 많고 충분한 고찰이 부족할 때도 있습니다. 태아일 때 노출이 시작된다는 것이 어떤 의미인지 생각할 시간을 충분히 가졌다면 과학적으로 봤을 때 그렇게 수준 낮은 판단을 내리지는 않았겠죠." 유럽 식품안전청의 결정에 국제감미료협회(ISA)는 기뻐했다. 2009년 4월에 협회는 "2006년 5월 아스파르탐의 안전성과 무독성에 관해 발표한 견해를 재확인한 유럽 식품안전청의 과학적 견해를 환영"한다며, "아스파르탐이 건강에 해롭다는 이탈리아 라마치니 연구소의 주장을 거부한 유럽 식품안전청의 결론은 전 세계 과학자들의 합의와 전적으로 양립한다."[36]고 강조했다.

이익 상충과 판도라의 상자

유럽 식품안전청과 미국 식품의약국의 논리는 전혀 설득력이 없다. 환경 종양학 분야에서 권위 있는 기관이 수행한 연구를 무시하기로 한 두 기관의 결정을 어떻게 이해해야 할까? 위그 케닉스발트의 표현을 빌리면 "방법론상의 미흡한 점"을 가장 많이 담고 있는 연구에 근거해서 만든 아스파르탐의 일일섭취허용량을 기를 쓰고 옹호하니 말이다. 기가 막혔던 나는 유럽 식품안전청의 '식품첨가물 및 식품첨가영양소 패널(ANS패널)'의 전문가 스물한 명이 도대체 누구인지 궁금했다.

국제잔류농약전문가그룹과 식품첨가물전문가회의의 전문가들과는 달리 상시직인 유럽 식품안전청 전문가들은 이익 상충을 신고해야 하며 그 내용은 식품안전청 인터넷 사이트에서 조회할 수 있다. 나도 사이트를 보고 ANS패널 회장인 존 크리스티안 라르센이 국제생명과학연구소에서 일한 적이 있었다는 사실을 알아냈다. 존 길버트와 이본 리에티엔스도 미국착향료협회(FEMA)와 금전적 관계를 맺고 있다. 위르겐 쾨니히도 아스파르탐을 대량 사용하는 다논과 계약을 맺었다. 그러나 그중에서도 '대상감'은 도미니크 파랑 마생이다. 그녀는 아스파르탐을 생산하는 일본의 대기업 아지노모토의 과학위원회뿐만 아니라 그 누구도 따라올 수 없을 정도로 아스파르탐을 사용하며 국제생명과학연구소 설립 멤버인 코카콜라의 과학위원회 위원이다. 프랑스 브레스트 대학 식품독성학연구소 소장인 그녀는 프랑스 식품위생안전청(2010년 식품환경노동위생안전청으로 명칭이 변경되었다)의 식품첨가물패널 의장을 맡기도 했다. 프랑스 국립농학연구소의 연구자인 프랑스 벨릴, 베르나르 기 그랑과 함께 아지노모토 사의 '프랑스 드림팀'으로 활약하고 있다. 프랑스 벨릴은 농식품 대기업이 후원하는 유럽 식품정보위원회(EUFIC)의 과학위원회에서 일하고 있고, 파리 시립병원 영양학 교수인 베르나르 기 그랑은 아지노모토 과학위원회 의장을 역임했다. 그는 아스파르탐의 무독성을 옹호하기 위해 '보건 당국' 대표로 학술대회 연단에 오를 때 그런 사실을 밝히지 않았다.[40] 2006년 비샤연수(Entretiens de Bichat)에서도 그녀는 같은 말을 반복했다. "아스파르탐은 세계에서 가장 많이 연구된 식품첨가물이다."[41]

도미니크 파랑 마생을 비롯한 ANS패널의 일부 전문가들이 가지고 있는 이익 상충 문제와 관련해서 유럽 식품안전청의 카트린 제슬랭 라네엘 청장을 인터뷰했음은 물론이다. 식품국 고위직에서 열성적으로 일하던 그녀를 만난다니 호기심이 동한 것이 사실이다. 6장에서도 보았지만, 식품국은 벌을 죽이는 데 사용하는 살충제 가우초의 판매 허가에 관한 서류를 루이 리폴 판사에게 보내는 것을 거부한 바 있다. 루이 리폴 판사는 가우초의 독성에 관한 심리 도중 식품국 본부를 압수 수색했다. 제슬랭 라네엘 청장은 매우 호의적인 태도로 유럽 식품안전청이 2008년에 '색소 재평가'를 시작했으며 "유럽에서 32년 동안 사용해 온 색소"를 최근 금지시키기로 결정했다고 설명했다. 이 색소는 "영국과 아일랜드에서 소비되는 아침 식사 대용품과 소시지에 사용되었다." "연구들을 검토해 보니 이 색소가 유전 독성이 있는 것으로 드러났습니다. 합성 착향료에 대해서도 그랬듯이 이 색소도 시장에서 퇴출시켰죠."

"좋은 소식이군요. 그런데 아스파르탐과 관련해서는 주요 제조업체와의 관계가 확실히 드러난 도미니크 파랑 마생 같은 사람이 식품첨가물패널에 속해 있다는 사실에 놀랐습니다."

"아스파르탐 평가를 할 때에는 그 전문가가 보고자가 될 수 없습니다. 이익 상충 문제가 있기 때문에 패널의 견해 작성에도 참여할 수 없고, 아스파르탐에 대한 논의에도 참여할 수 없습니다."

"그렇다면 2009년 3월에 발표된 견해에 도미니크 파랑 마생은 참여하지 않았습니까?"

"네, 요즘 공공 연구는 민간 연구와 매우 밀접하게 연계되어 있어서 기업과 한 번도 일한 적이 없는 전문가를 구하기란 불가능합니다. 그런 전문가는 더 이상 없다고 보시면 됩니다. 그래서 과거에 평가 제품을 제조한 기업과 일한 경험이 있거나 현재 직접 일하고 있는 과학자들을 평가 작업에 참여하지 못하게 하는 규정을 만들었습니다. 도미니크 파랑 마생도 그 규정을 적용받았습니다."[42]

투명성에는 어쨌든 한계가 있다. 내가 파르마를 방문하기 '전'에 유럽 식품안전청 인터넷 사이트에서 봤던 도미니크 파랑 마생의 이익 상충 신고 내용은 며칠 뒤 감쪽같이 사라졌다. 아지노모토나 코카콜라와의 관계에 대해서는 일언반구도 없는 그녀의 최근 소식으로 대체되었다. 이 이야기를 들려 주니 모란도 소프리티는 또 씨익 웃었다. 그도 내게 들려 줄 이야기가 있다는 것이다.

"유럽 식품안전청의 고위 책임자가 어느 날 제게 그러더군요. '소프리티 박사, 당신의 연구 결과가 유효하다고 우리가 인정하면 아스파르탐을 내일 당장 금지시켜야 합니다. 그런 일은 불가능하다는 걸 아마 잘 아실 겁니다.' 라고요."

경제적인 문제를 넘어서 아스파르탐은 난공불락의 요새가 되었다. 규제 기관들에게 미운 털이 박힌 에릭 밀스톤은 "규제 기관이 실수를 인정하면 신뢰를 잃게 됩니다. 그렇게 되면 물꼬가 트일까 봐 걱정하는 것이기도 하고요."라고 비난했다. "실수를 한 가지만 한 게 아니라 여럿 저질렀다, 모든 과정이 잘못 되었다고 말할 용기 있는 사람들도 있습니다. 아스파르탐은 판도라의 상자입니다. 그 상자가 열리면 시스템 전체가 무너질지도 모릅니다. 반세기 넘게 적용되고 있는 규제가 얼마나 비효율적인지 상징적으로 보여 주는 비스페놀A도 마찬가지입니다."

NOTRE POISON QUOTIDIEN

4부

내분비계 교란물질
스캔들

위기에 처한 수컷,*
인류는 위험에 빠졌나?

"몇 년 뒤 분노한 자연은 가장 예기치 못한 방법으로 복수했다."

─올더스 헉슬리

　"화학물질을 규제하는 방식과 인간을 보호하는 방식을 바꿔야 합니다. 내분비계 교란물질이 생식기능 이상을 초래하고 암과 행동 장애를 일으킨다는 연구 결과는 충분히 나와 있습니다. 그것은 과학적인 문제가 아니라 정치적인 문제입니다." 2010년 9월 14일 프랑스 국회. 보스턴의 터프츠 대학 의대에서 세포생물학 교수로 재직 중인 안나 소토는 내분비계 교란물질에 관한 심포지엄의 기조 강연을 이렇게 마무리 지었다. 제라르 바 의원과 베랑제르 폴레티 의원**이 후원하고 환경보건네트워크(RES)가 개최한 심

---

* 이 표현은 실비 질망과 티에리 드 레스트라드의 훌륭한 다큐멘터리 제목에서 따온 것이다. 2008년 11월 25일에 아르테에서 방영된 이 다큐멘터리는 프랑스에서는 최초로 이 꼭지에서 다룬 충격적인 사실들을 폭로했다.
** 제라르 바(사회당 소속)는 국회환경보건그룹 의장이며, 베랑제르 폴레티(대중운동연합 소속)는 국가보건환경계획(Plan national santé environnement)의 모니터링 그룹 의장이다.

포지엄이었다. 안나 소토는 두 의원을 노골적으로 쳐다보며 강조했다. "법적 차원에서 나서야 합니다. 그렇지 않으면 어떻게 될까요? 앞으로 100년을 또 기다리고, 인류의 멸종을 피하기 위해 어떤 수용체에 개입해야 하는지 찾고만 있겠죠."

연단에 앉아 있던 앙드레 시코렐라는 안나 소토의 의견에 전적으로 동의했다. 환경보건 전문가이자 환경보건네트워크의 대변인인 앙드레 시코렐라가 만족스러워 하는 데는 이유가 있었다. 그는 2009년 6월 5일에 국회에서 비슷한 심포지엄을 개최한 적이 있다. 그때는 행사장이 텅텅 비었다. 그런데 15개월이 지난 뒤에는 많은 사람들을 돌려보내야 할 지경이 되었다. '보건 및 환경 리스크 평가의 패러다임 전환' — 심포지엄의 명칭이었다. — 이 필요한 때가 왔다는 증거였다. 또 안나 소토나 카를로스 소넨샤인을 비롯한 미국 과학자들이 20년 넘게 계속해 온 끈질긴 경고의 목소리가 기업이 놓는 함정이나 관할 당국의 부인에도 불구하고 마침내 결실을 맺기 시작했다는 증거이기도 했다.

"플라스틱은 불활성물질이 아니다"

1987년 어느 날, 안나 소토와 카를로스 소넨샤인에게 청천벽력 같은 일이 벌어졌다. 당시 두 사람은 유방암 세포에 관한 연구를 하고 있었다. 세포 증식을 막아서 암 진행을 멈출 수 있는 억제제를 찾는 것이 그 목적이었다. 그들은 2년 전에 여성호르몬인 에스트로겐을 혈청에서 제거하고 '깨끗해진' 혈청을 유방암 세포에 주입하면 세포 증식이 멈춘다는 사실을 알아냈다. 반대로 에스트로겐을 암세포에 주입하면 증식 속도가 매우 빨라졌다. "우리는 에스트로겐 때문에 무력화된 억제제가 있다고 가정하고 그것을 찾으려고 했습니다." 내가 2009년 10월 터프츠 대학에 찾아갔을 때 만난 안나 소토의 설명이다. "같은 실험을 수없이 반복했고, 매번 같은 결과를 얻었지요. 에스트로겐이 없으면 유방암 세포는 증식하지 않았습니다. 반면에 에스트로겐이 있으면 증식했습니다. 그런데 두 실험군에서 모든 세포가 갑자기 무분별하게 증식하기 시작했지요. 우리는 실험실이 에스트로겐 때문에 오염되었다고 판단하고 어디에서 그 오염이 시작되었는지 파악하기 위해 실험 과정을 일일이 점검하기 시작했습니다."[1]

워낙 흔치 않은 일이 발생했기에 누군가의 '방해 공작'까지 생각했다는 두 과학자는 (길고 긴) 넉 달 동안 실험에 사용했던 모든 도구를 살펴보았다. 유리 시험관, 혈청에서 에스트로겐을 추출하는 데 사용했던 활성탄 필터, 혈액 세포를 보관했던 플라스틱 관 등을 문제가 없으면 하나씩 제외하는 방식이었다. 하지만 도구를 모두 새것으로 교체해서 실험을 해 봐도 소용없었다. 암세포는 에스트로겐이 있든 없든 계속해서 증식했다.

"코닝 사의 플라스틱 관을 사용한 지 몇 년 되었습니다." 카를로스 소넨샤인은 주황색 뚜껑이 유명한 관 샘플을 보여 주었다. "궁여지책으로 조달 업체를 팰컨으로 바꾸기로 했죠. 그런데 놀랍게도 에스트로겐을 제거한 혈청에 노출된 암세포의 증식이 멈춘 겁니다. 그래서 코닝 사의 관에서 흘러나온 어떤 물질이 에스트로겐과 반응했으리라고 생각했죠. 우리는 터프츠 대학 학장인 진 메이어에게 이 사실을 알렸습니다. 영양학자인 그는 우리의 발견이 얼마나 중요한 문제인지 금세 알아차렸습니다."

1998년 7월 12일, 코닝 대표들과의 만남이 보스턴 공항의 힐튼 호텔에서 이루어졌다. "플라스틱 제조 성분을 최근에 바꾸었다고 하더군요. 더 안정적이고 견고한 관을 만들기 위해서요. 제품 안내서의 내용은 바꾸지 않았다고 하고요. 산화제로 어떤 물질을 썼는지 끝내 가르쳐 주지 않았습니다. 영업 비밀이라면서요."

"저희는 큰 충격을 받았습니다." 카를로스 소넨샤인이 덧붙였다. "플라스틱 젖병이나 식품 포장용 랩에 그 물질이 사용되었다면 어떤 효과를 낼지 알고 있었으니까요. 저희가 화학자는 아니지만 그 물질을 관에서 분리해 내려고 2년을 보냈습니다. 결국 매사추세츠 공과대학이 그 물질이 노닐페놀*이라고 가르쳐 주었습니다."

안나 소토는 "아주 우려스러운 상황이었습니다."라고 말했다. "노닐페놀이 PVC나 폴리스티렌의 구성 성분인데, 이 플라스틱들이 음식이나 수돗물, 살정제, 샴푸, 세제와 접촉할 수 있기 때문입니다."

"제조사는 노닐페놀이 에스트로겐과 같은 역할을 한다는 걸 몰랐습니까?"

"네! 그것이 기업이 돌아가는 전형적인 방식입니다." 카를로스 소넨샤인이 대답했다. "화학자가 새로운 물질을 합성해서 시장에 내놓으면 시간이 아주 많이 흐른 뒤에야 그 물질이 초래할 수 있는 효과를 알게 됩니다. 사람들이 생각하는 것과는 달리, 생물학적 측면에서 플라스틱은 불활성물질이 아니며 천연 호르몬을 모방하는 합성 물질을 내포하고 있다는 것을 저희도 우연히 발견한 것입니다."[2]

"그 유명한 '내분비계 교란물질'이군요."

"그렇습니다. 이 개념을 처음 만들어 낸 사람은 테오 콜본입니다. 인류 전

---

* 노닐페놀은 '알킬페놀'이라 불리는 합성 화학물질의 일종이다. 노닐페놀의 전 세계 생산량은 연간 60만 t이다.

체가 고마워해야 할 사람이죠. 그녀가 현대인이 앓고 있는 만성질환 대부분의 원인이 되는 오염물질의 새로운 분류를 밝혀냈으니까요."[3]

동물학자 테오 콜본의 걱정스러운 발견

테오 콜본은 아무나 만날 수 있는 사람이 아니다. 저서의 파급력 때문에 레이첼 카슨과 자주 비교되는 그녀는 83세의 나이 때문에 활동을 줄여야 했고, 그래서 수많은 인터뷰와 강연 요청을 꼼꼼하게 고르는 편이기 때문이다. 게다가 콜로라도 주의 그랜드 정션 공항에서 100km나 떨어진 구석진 곳에 살고 있다. 2009년 12월 10일 공항에 내렸더니 눈이 1m나 쌓인 전설적인 그랜드 밸리가 눈부신 태양 아래 빛나고 있었다. 기온은 영하 25도. 전날 있었던 휴스턴이 영상 23도였으니 온도 차이가 엄청났다.

테오 콜본이 1962년부터 가족과 함께 살고 있는 파오니아로 향하는 차 안에서 나는 그녀의 특이한 경력을 다시 한 번 읽어 보았다. 약학을 전공한 그녀는 콜로라도의 한 농가에서 네 아이를 기르기로 마음먹었다. 그리고 광산과 농업 활동으로 오염될지 모를 지역 수질 보호 운동에 참여했다. 손자를 본 나이에 수질 관리 석사 학위를 받았고, 위스콘신 대학에서 1985년에 동물학 박사 학위를 땄다. 그때 그녀의 나이 58세였다. "제 목소리를 듣게 하려면 학위가 필요했죠." 그녀는 한 인터뷰에서 이유를 설명했다.

내 메모 가운데에는 그녀가 "우리의 공통점인 레이첼카슨 상"을 언급한 마지막 이메일도 있었다. 나는 2009년 6월에 제10회 레이첼카슨 상을 수상하는 큰 영광을 누렸다. 이 상은 노르웨이 스타방에르에 있는 심사위원단이 '국제적으로 환경 보호에 기여한 여성'에게 수여한다. 테오 콜본은 나보다 10년 전인 제5회 수상자이다. 그녀의 집 문턱을 넘어가자마자 그녀는 명함에 새겨져 있는 '환경 보건 전문가'로서 『침묵의 봄』을 쓴 레이첼 카슨 (3장 참조)에 대해 오랫동안 언급했다.

"제가 활동하던 내내 그 책이 저와 함께해 주었습니다. 농약의 위험에 대해 눈을 뜨게 했고, 여러 생물체 간의 관계를 다시 설정하고 미래를 내다보게 함으로써 더 넓은 전망을 보여 주기도 했습니다. 제가 가장 놀랐던 부분은 홍수처럼 쏟아져 나오는 화학제품들이 태아 때부터 노출된 세대와 생식에 영향을 미칠지도 모른다는 문제 제기였습니다. 선견지명이 있었던 것이지요."

'작은 창을 통해서'라는 꼭지에서 레이첼 카슨은 "비행기로 DDT를 살포한 남성에게서 정자 생산이 감소하는 희소정자증"이나 "실험동물에게서 나타나는 고환 위축", DDT에 노출된 곤충이 몇 세대에 걸쳐 "반은 수컷, 반은 암컷인 자웅 모자이크라는 이상한 생물"[4]로 변형되는 현상에 관한 '의학 보고서들'을 인용한다. 사망하기 얼마 전 유일하게 했던 텔레비전 인터뷰에서 그녀는 이미 화학물질이 여러 세대에 걸쳐 영향을 미칠 것이라는 우려를 나타냈다. "요즘 태어나는 아이들이 출생 순간 혹은 그 이전부터 화학물질에 노출된다는 것을 잊어서는 안 됩니다. 아이들이 성인이 되었을 때 어떤 결과를 가져올까요? 우리는 아무것도 알 수 없습니다. 그런 경험을 해 본 적이 없으니까요."[5]

"레이첼 카슨은 특히 암을 걱정했지요." 테오 콜본이 설명했다. "그녀도 암으로 사망했고, 당시에 암은 큰 관심거리였습니다. 화학물질의 독성을 단기 혹은 중기 사망자 수로 평가하던 전후 시대의 독성학 개념에서 빠져나오는 데 저도 많은 시간이 걸렸습니다. 그걸 극복할 수 있었던 건 '우리의 운명은 동물의 운명과 연결되어 있다'고 말한 레이첼 카슨의 가르침을 따랐기 때문이죠."

"박사님의 시각은 어떻게 바뀌었습니까?"

"긴 과정이었죠. 저는 1987년에 캐나다와 미국 합동 위원회에 고용되었습니다. 오대호의 생태 환경을 종합적으로 평가하기 위해서였습니다. 저는 오대호에 관한 연구를 한 생물학자들에게 전부 연락을 취했습니다. 그들과의 만남을 잊지 못할 거예요. 그들도 일부 생물종의 급격한 개체 수 감소, 생식기능 이상 등 유사한 현상에 주목하고 있었습니다. 새끼를 잘 낳지 못하거나 낳더라도 기형이거나 금방 죽어 버리는 동물들이 있었습니다. 암컷끼리 교미를 하거나 수컷이 자기 영역을 지키지 않는 등 행동 장애도 관찰되었죠."

테오 콜본은 1996년에 출간되어 베스트셀러가 된 『도둑맞은 미래(Our Stolen Future)』에서 "작동 중인 메커니즘의 퍼즐을 맞출 수 있도록" 해 준 동료들의 연구를 소개했다. 그중 피에르 벨랑이라는 해양학자는 1982년부터 『죽음의 책(Livre de la mort)』을 집필했다. 이 책에서 그는 세인트로렌스 만에서 수많은 흰고래 시체를 발견했다고 기록했다. 고래를 해부해 보니 유방암, 방광암, 위암, 식도암, 대장암, 구강궤양, 폐렴, 바이러스 감염, 갑상선 낭종이 발견되었다. 그리고 그때까지 알려지지 않았던 생식기관 기형이 관찰되었다. '불리'라는 수컷 흰고래에게서 고환 2개와 자궁 1개, 난소 2개가 한꺼번에 발견된 것이다. "동물에게서는 극히 드물게 나타나는 암수한몸은 고래류에게서 관찰된 적이 한 번도 없었다."[7] 고래 시체에서는 하나도 빠짐없이 잔류농약이 검출되었다. DDT뿐만 아니라 PCB와 중금속도 나왔다.

또 피에르 벨랑은 20세기 초에 5000마리였던 지역 돌고래 수가 1960년대 초에 2000마리, 1990년에 다시 500마리로 줄었다고 설명했다.

테오 콜본은 조류학자인 글렌 폭스도 만났다. 그는 온타리오 호와 미시건 호에 서식하는 재갈매기 군집에서 이상한 현상을 관찰했다. 1970년대부터 새 둥지에 평소보다 두 배나 많은 알이 생긴 것이다. 수컷과 암컷이 짝을 이루어 둥지에 사는 것이 아니라 암컷 두 마리가 함께 살기 때문이었다. "글렌 폭스는 그래서 '레즈비언 재갈매기'라고 불렀죠." 테오 콜본의 말이다. "글렌 폭스는 DDT에 오염된 재갈매기가 성 정체성 문제를 갖게 되었다는 사실을 발견했습니다. PCB처럼 DDT도 에스트로겐처럼 작용하니까요." 생물학자 리처드 올리치와 로버트 링거도 담비가 거의 멸종되었다고 보고했다. 담비는 물고기를 주식으로 삼는데, 물고기에 PCB가 다량으로 들어 있었기 때문이다.

"피해 상황이 워낙 심각해서 저는 연구 지역을 오대호 이상으로 확대했습니다. 찰스 페이스마이어가 플로리다 주 남쪽에서 수컷 표범의 암컷화를 목격했다는 것도 알게 되었죠. 잠복고환증(고환이 음낭으로 완전히 내려오지 못한 상태) 사례도 많았고, 정자 수 감소나 남성호르몬인 테스토스테론에 비해 여성호르몬인 에스트라디올 수치의 비정상적인 상승도 관찰되었습니다. 해부를 한 결과 DDT와 PCB의 대사물인 DDE 수치가 굉장히 높았습니다. DDE가 보호 대상 동물인 표범의 지방에 쌓였던 겁니다. 같은 시기에 찰스 브롤리도 흰머리수리에게서 비슷한 현상이 나타났다고 보고했습니다. 미국의 상징 동물이기도 한 흰머리수리는 플로리다 해안에서 거의 사라지다시피 했습니다. 이렇게 저는 북아메리카와 유럽에서 수행된 연구를 1000건 이상 살펴보았습니다. 그리고 요즘 잔류성 유기오염물질이라고 부르는 것을 비롯해서 수천 개나 되는 화학물질로 인한 소리 없는 오염에서 안전한 곳은 전 세계 어디에도 없다는 것을 깨달았습니다."

PCB는 어디에나 있다

2001년 스톡홀름 회의에서 금지된 잔류성 유기오염물질에 대해서는 앞에서 소개한 바 있다(2장 참조). '더티 더즌'에는 전후 '기적의 제초제'라 불렸던 DDT, 다이옥신, 그리고 『몬산토』의 한 꼭지를 차지했던 PCB가 있다. 나는 그 책에서 몬산토가 50년 동안이나 PCB의 고(高)독성을 숨겨 왔던 사실을 폭로했다. 놀라운 내열성과 내화성을 지닌 PCB는 변압기나 유압장치에 냉각액으로 사용되기도 하고 플라스틱, 페인트, 잉크, 종이 등 다양한 제품에 윤활제로 쓰이기도 한다. "PCB는 어디에나 있다."『몬산토』에서 이렇게 쓰긴 했지만 이 물질이 어떻게 지구를 정복했고 인간을 포함한 수많은 동물종의 생존을 위협했는지 제대로 깨닫게 된 것은 『도둑맞은 미래』를 읽은 뒤였다.

이 책에서 테오 콜본은 폴리염화바이페닐(PCB) 분자의 여행을 상상했다. PCB는 1947년 봄에 애니스턴에 있는 몬산토의 공장에서 태어났다. '아로클로르 1254'라는 이름을 갖게 된 PCB는 기차를 타고 매사추세츠 주 피츠필드에 있는 제너럴일렉트릭의 변압기 공장으로 향한다. 기름과 혼합되어—'파이랄러'(미국)나 '피랄렌'(프랑스)이 된다.—텍사스 정유 공장에 설치된 변압기로 들어가기도 한다. 1947년 7월 사나운 허리케인이 불어닥쳐 전기 시설이 번개를 맞자 변압기는 공공 쓰레기장에 버려진다. 노동자 한 명이 신경 쓴답시고 변압기에 들어 있던 액체 내용물을 정유 공장 주차장에 쏟아 버린 뒤였다. PCB는 주차장 바닥의 붉은 먼지를 물들였다.* 넉 달 뒤 강한 바람이 불어와 주차장의 먼지들이 부유하기 시작했고, PCB는 긴 여행을 시작한다. 그렇게 해서 다다른 곳은 바로 남극! 태양열에 노출된 PCB는 수증기처럼 떠다니면서 매우 높은 상공까지 올라가 바람을 타고 먼 거리를 이동한다. 그러다가 차가운 공기를 만나 갑자기 지상으로 낙하한다. 암소들이 풀을 뜯어 먹는 목초지 위에 떨어지면 지방과 친화성이 매우 높기 때문에 우유의 지방에 들러붙는다. 호수에 떨어지면 물풀에 달라붙는다. 물풀에 붙어 있는 PCB를 먹은 곤충은 갑각류에게 먹히고, 갑각류는 다시 송어에게 먹힌다. 송어는 결국 낚시꾼의 일요일 저녁 식탁에 오른다.

열흘 동안의 짧은 삶을 마친 PCB가 곤충의 몸에 들어갔을 때의 농도는 물풀에 있을 때보다 400배나 높았다. 몬산토가 만든 PCB는 생분해되지 않고 지방 조직에 쌓이기 때문이다.(마지막에는 소비자인 우리의 지방에 쌓인다.) 낚시꾼이 허탕을 쳤더라면 상처만 입은 송어는 결국 갈매기의 부리 속으로 들어갔을 것이다.(이때 PCB 농도는 호수의 물속보다 2500만 배 높다.) 갈매기는 온타리오 호까지 날아가 짝짓기를 한다. 그리고 알을 두 개 낳는다. 첫 번째 알은 6주 뒤에 부화하지만 새끼는 곧 죽고 만다. PCB(DDT나 다이옥신도 마찬가지다.)가 노른자까지 침투해서 배아를 죽였기 때문이다. 두 번째 알에서는 아무 일도 일어나지 않는다. 그런데 갈매기 한 마리가 알을 보고 깨뜨려 버린다. 노른자가 호수 위로 떨어져 가재에게 먹힌다. 가재는 뱀장어에게

---

* 전 세계 공공 쓰레기장이나 노천에 그렇게 비워진 변압기가 얼마나 많을까? PCB가 금지된 지 5년이 지난 2002년 6월 30일 프랑스에서는 PCB가 5L 이상 들어 있는 기계가 54만 5610개로 집계되었다. 제거해야 할 PCB가 3만 3462t이나 남아 있다는 소리다.

먹히고, 뱀장어는 대서양까지 나가서 알을 낳고 죽는다. 뱀장어의 시체는 바하마의 따뜻한 바닷물에서 분해된다. 분해 과정에서 흘러나온 PCB는 다시 공중 여행을 시작한다. 바람을 타고 북쪽으로 올라간다. 이번에는 북극곰의 지방에서 여행의 마지막을 장식한다. 북극곰 몸속에서 PCB의 농도는 주위 환경보다 30억 배나 더 높다. 북극곰은 "북극에서 최후의 포식자이자 가장 큰 육식동물"이기 때문이다.

테오 콜본은 "인간도 북극곰처럼 먹이사슬의 꼭대기에 있기 때문에 똑같이 위험하다. 북극곰의 세계를 장악한 잔류성 합성 화학물질은 인간의 세계도 장악했다."[8]고 경고했다. "어느 봄날 만들어진 물질이 반세기가 지난 뒤 세상 곳곳에 존재할 수 있게 된다. 뉴욕 주 북부의 한 병원에서 불임 진단을 받은 남성의 정자 속에, 최고급 캐비아에, 미시건 주에서 태어난 신생아의 지방 조직에, 남극 펭귄의 몸속에, 도쿄의 한 선술집에서 내놓은 참치 초밥에, 캘커타에 쏟아지는 장맛비에, 프랑스에서 아기에게 젖을 물리는 엄마의 모유 속에, 한여름 주말에 잡은 통통한 줄무늬 농어에……."[9]

테오 콜본은 "PCB와 그 밖의 잔류성 유기오염물질이 동물에 미치는 효과를 살펴보다가 그런 물질에 다량으로 노출된 인간을 대상으로 처음으로 진행되었던 연구를 알게 되었습니다."라고 말했다. "그 연구 결과를 보면, 이누이트족 아이들이 캐나다 남쪽이나 미국 아이들보다 PCB 농도가 일곱 배나 높았죠. 모유도 크게 오염되었고요.[10] 세인트루이스 만의 흰고래처럼 그 아이들도 면역이 저하되어서 만성 중이염에 시달리거나 백신 예방 주사를 맞아도 항체가 잘 형성되지 않았습니다. 미시건 호에서 잡은 생선을 먹은 어머니들을 대상으로 한 또 다른 연구에서는 아이들이 배 속에 있을 때부터 PCB에 노출되어 신경 장애나 행동 장애를 일으키는 것으로 나타났습니다.[11] 연구자들은 10년 뒤에 그 아이들을 추적 조사한 결과 청각과 시각에 문제가 있다는 것을 발견했지요. 지능 지수도 또래 평균보다 6.2포인트나 낮았습니다.[12]"

"지금은 널리 확인된 사실이지만 당시만 해도 그것은 그때까지 볼 수 없었던 새로운 현상이었습니다. 저는 사태를 파악하기 위해 커다란 표를 그려보기로 했죠. 한쪽에는 동물과 인간을, 그리고 다른 한쪽에는 관찰된 증상을 나열했습니다. 제 사무실에서 몇 주 동안이나 시간을 보내다가 드디어 그 모든 이야기의 연결 고리를 찾아냈습니다. 아이들이 자궁에 있을 때부터 내분비계가 손상되었던 겁니다. 그래서 태아 기형, 생식 장애, 신경 장애, 면역계 약화가 초래된 것이지요. 저는 이런 문제에 부딪힌 과학자들을 한 자리에 모으기로 했습니다. 잊을 수 없는 순간이었지요.[13]"

1991년 7월 역사적인 윙스프레드 선언

이 만남이 의학 역사에 길이 남으리라는 사실에는 의심의 여지가 없다. 비록 공식적인 의학 분야의 수많은 권위자들은 그 모임에 대해 한 번도 들어본 적이 없거나 적어도 그렇다고 주장하더라도 말이다. 그러나 1991년 7월 26~28일 위스콘신 주 윙스프레드 컨퍼런스센터에 모인 스물한 명의 선구자들에게 그것은 안나 소토의 말대로 "매우 중요한 경험"이었다. 테오 콜본은 이 특별한 만남을 성사시키기 위해 존 피터슨 마이어스 — '피트 마이어스'로 통한다. — 에게 도움을 청했다. 그는 북극에서 남아메리카로 이동하는 바닷새의 개체 수 감소를 연구했던 젊은 생물학자이며 『도둑맞은 미래』의 공동 저자이다. '화학으로 유발된 성 발달 변화: 동물과 인간의 연결'이라는 제목으로 열린 심포지엄에서 인류학, 생태학, 내분비학, 조직병리학, 면역학, 정신의학, 독성학, 동물학, 그리고 법학까지 열다섯 개 분야의 학자들이 서로의 연구를 공유했다.

"이 만남이 저에게는 큰 전환이 되었습니다." 플로리다 대학의 동물학자 루이스 길레트의 말이다. 내가 그를 만난 것은 2009년 10월 22일, 뉴올리언스에서 열린 한 심포지엄에서였다. "저는 플로리다의 앨리게이터에게서 나타난 이상 징후의 원인을 파악하려고 혼자 고민 중이었습니다. 그런데 다른 분야의 학자들과 교류하면서 갑자기 모든 것이 선명해졌습니다. 테오의 엄청난 작업도 한몫했고요." 루이스 길레트는 그의 이야기를 들려주었다. 1988년, 플로리다 주정부는 앨리게이터를 양식하기 위해 그에게 알을 수집해 달라고 요청했다. 그는 플로리다 주의 10여 개 호수를 돌아다니면서 5만 개 이상의 알을 가져왔다. 부화기에 넣어 관찰했더니 아폽카 호수 (면적이 1만 2500ha로 올랜도 및 디즈니랜드와 가깝다.)에서 가져온 알 중 부화한 알은 20%밖에 되지 않았다. 다른 호수에서 가져온 알의 부화율은 70%였다. 그나마 태어난 새끼 중 50%도 얼마 지나지 않아 죽었다.

"그제야 몇 년 전 아폽카 호수에서 디코폴 대량 유출 사건이 있었다는 걸 기억해 냈습니다. DDT와 유사한 살충제죠. 그런데 이상하게도 호수 물에서는 디코폴의 흔적이 사라졌습니다. 호수 바닥의 침전물과 수중 동물, 악어의 지방에 쌓였을 가능성이 컸습니다. 앨리게이터 개체 수를 연구하기 시작할 때 암을 발견할 거라 생각했죠. 그런데 정작 관찰한 것은 종양과는 하등 관련이 없었습니다. 암컷에게는 난소 기형과 정상 범위를 넘어선 에스트로겐 수치가 나타났습니다. 또 수컷에게서는 왜소 음경과 매우 낮은 테스토스테론 수치가 나타났습니다. 설명하기는 어렵지만 가장 타당성 있는 가정으로 보인 것은 알이 잔류농약에 오염되었기 때문에 배아가 형성될 때 뭔가 잘못되어 기형이 유발되었다는 것입니다."

"그런 사례를 과거에도 보신 적이 있습니까?"

"아니오. 한 번도 없었습니다. 당시 이런 종류의 기형에 대한 과학 논문은 전무했습니다. 앨리게이터뿐만 아니라 다른 야생 동물에서도 보고된 적이 없었습니다. 그런데 자궁에서 디에틸스틸베스트롤에 노출된 실험동물에 관한 연구 논문을 읽은 적이 있습니다. 1950~1960년대에 임산부에게 처방되던 약이었죠.(17장 참조) 이 약이 난소나 음경 기형을 일으킨다고 되어 있었습니다. 저는 더 큰 충격을 받았죠. 앨리게이터가 약을 먹은 것도 아니고 일부러 화학물질에 고농도로 노출된 것도 아닌데, 몸속에 들어 있는 미량의 농약이 어떻게 그런 기형을 일으킬 수 있을까 하는 의문이 들었습니다."

"측정된 농약 농도는 얼마였나요?"

"1ppm 정도였습니다. 생물학적으로 불활성이라고 간주되는 수치입니다. 일상적인 환경이나 음식에도 그 정도는 들어 있고요."

"앨리게이터에 대한 실험이 어떤 면에서 인간에게 도움이 될까요?"

"동물은 인간의 건강을 지키는 초병이라고 생각하시면 됩니다. 야생 동물은 인간, 특히 어린이를 위협하는 환경 위험에 대해 경보를 보내 줍니다. 인간을 비롯한 포유류와 파충류는 호르몬 구성이 동일합니다. 난소와 고환의 구조도 똑같죠. 1980~1990년대에 앨리게이터에게 나타났던 증상이 요즘 전 세계 어린이에게서 나타나고 있습니다."

"농가의 남자아이들이 그렇죠?"

"그렇습니다. 농약을 사용하는 농부의 아들에게 왜소 음경이나 고환 이상이 나타날 확률이 더 높습니다."

"현재 아폽카 호수는 오염물질이 제거된 상태인가요?"

"복원 중입니다. 당국에서는 수많은 농약을 제거하려 하지만 쉬운 일이 아닙니다. 디코폴이나 DDT 같은 농약은 호수의 먹이사슬에 이미 고착되었습니다. 생물체의 지방 조직에 쌓여서 몇 세대가 지나면 인간에게 이를 것입니다."

"앨리게이터들은 이제 괜찮나요?"

"아니오. 암컷은 인간처럼 몇 십 년 동안 새끼를 낳는데, 지금도 20년 전과 똑같은 기능 이상이 관찰됩니다."

"윙스프레드 심포지엄이 어떤 면에서 도움이 되었습니까?"

"다른 야생 동물에 대해 비슷한 현상을 관찰한 학자들과 의견을 교환하다 보니 체내에서 호르몬처럼 작용하는 화학물질이 있다는 것을 깨달았습니다. 놀라운 발견이었지요."[14]

심포지엄을 마친 참가자들은 '윙스프레드 선언'을 발표했다. 그들이 화학물질의 유해성을 경고한 것은 1991년이었지만 20년이 지난 지금도 관할 당국과 정부는 그 경고를 무시하고 있다. "인간 활동으로 인해 환경 속으로 침투한 수많은 화학물질은 어류를 포함한 동물과 인간의 내분비계를 교란시킨다. 내분비계 교란은 심각한 결과를 가져올 수 있다. 발달을 제어하는 호르몬은 매우 중요하기 때문이다. 많은 야생 동물이 이러한 내분비계 교란물질에 이미 오염되었다. (……) 효과의 종류는 생물종과 화학물질에 따라 다르지만 네 가지 공통점이 있다. 첫째, 화학물질의 효과는 배와 태아, 출산 전후, 그리고 성인일 때 각각 다르게 나타난다. 둘째, 효과는 부모보다 자손에게 더 많이 나타난다. 셋째, 성장 중인 개체의 노출 성격과 잠재

적 효과를 알기 위해서는 노출 시기가 중요하다. 넷째, 배가 발달하는 과정
에서 많은 양에 노출되었다고 해도 밖으로 드러나는 징후는 성인이 되어야
나타날 수 있다."

선언서에 서명한 과학자들은 이렇게 경고한다. "내분비계 교란물질을 환
경에서 제거하지 않으면 인구 전체가 기능 이상을 보일 수도 있다. 내분비
계를 교란하는 것으로 알려진 수많은 합성 화학물질에 반복적이고 지속적
으로 노출될 가능성이 크므로 동물과 인간에 대한 잠재적 리스크도 그만
큼 크다."

뒤죽박죽으로 만드는 위험한 물질, 내분비계 교란물질

"내분비계 교란물질이라는 용어는 누가 만들었습니까?" 이 질문에 테오
콜본은 뜻밖에도 웃음을 머금었다. "그건 또 다른 이야깁니다. 심포지엄이
진행될수록 참가자들의 흥분도 커졌지만 걱정도 많아졌습니다. 문제의 심
각성을 깨달았기 때문이죠. 우리가 발견한 현상에 이름을 붙이는 데 애를
먹었습니다. 그러다가 결국 '내분비계 교란물질'로 합의가 이루어졌죠. 저는
마음에 들지 않았지만 더 좋은 말을 찾을 수 없었습니다."

"내분비계 교란물질이란 무엇입니까?"

"내분비계 기능을 방해하는 화학물질입니다. 그렇다면 내분비계의 기능
은 무엇일까요? 우리 몸의 갑상선, 뇌하수체, 부신, 난소, 고환 등 분비샘들
이 만들어 내는 오십여 개의 호르몬 활동을 조절하는 것입니다. 호르몬은
아주 중요한 역할을 합니다. 배의 성장, 혈당, 혈압, 뇌 기능, 신경계 기능, 생

식능력 같은 생명과 직결된 과정을 조절하기 때문입니다. 난자와 정자의 수정에서 출생에 이르기까지 아기를 만드는 모든 과정을 제어하는 것이 내분비계입니다. 근육 하나하나, 뇌와 장기 형성 등 모든 것을 내분비계가 주관하지요. 문제는 몸속에 들어 있는 호르몬과 비슷한 화학물질을 인간이 만들어 냈다는 것입니다. 이 화학물질은 호르몬과 똑같은 수용체에 들어가서 특정 기능을 시작하게 하거나 멈추게 할 수 있습니다. 그 영향은 매우 심각할 수 있습니다. 특히 자궁 속에 있을 때 그런 물질에 노출된다면 문제는 더욱 심각합니다."

이 말의 중요성을 가늠하려면 혈액과 세포를 감싸고 있는 세포액으로 분비된 호르몬이 어떤 작용을 하는지 정확히 알 필요가 있다. 호르몬은 자기와 맞는 '수용체'를 가진 '표적 세포'를 찾아 몸속을 돌아다니는 '화학 메신저'이다. 그래서 수용체를 자물쇠로, 호르몬을 생물학적 반응이라는 문을 열 수 있는 열쇠로 비유하기도 한다. 호르몬이 수용체와 결합해서 지시 사항을 전달하면 수용체는 표적 세포에 있는 단백질을 변형시키거나 새로운 단백질을 만들어서 원하는 생물학적 반응을 일으키는 유전자를 활성화한다. 테오 콜본은 "문제는 내분비계 교란물질이 호르몬을 모방해서 수용체와 결합하고 그러지 말아야 할 순간에 생물학적 반응을 일으킨다는 것입니다."라고 설명했다. "혹은 수용체에서 호르몬의 자리를 빼앗아서 호르몬의 작용을 차단합니다. 또 수용체의 수를 늘리거나 호르몬 합성, 분비, 운반에 관여해서 호르몬과 반응하기도 합니다."

앙드레 시코렐라와 도로테 브뉘아 브로웨스는 내분비계 교란물질이 "고전적인 의미로 따지면 독성이 있는 물질"이 아니라고 했다. "신기루나 배후의 조정자처럼 움직이기 때문이다. 소화, 호흡, 생식, 뇌 등 가장 중요한 기능 속에 침투해서 잘못된 메시지를 전달하고 모든 걸 뒤죽박죽으로 만든다. 극소량으로도 활동하며 화학적 성질도 매우 다양하다."[15] 테오 콜본은 "이 화학물질들은 1ppm, 심지어 0.01ppm만 있어도 영향을 미칩니다. 특히 배나 태아가 성장하는 아주 중요한 시기에 복잡한 호르몬에 조금만 섞여 들어가도 돌이킬 수 없는 효과를 초래한다는 것이 문제지요."라고 말했다.

임신 도중 태아가 노출된다는 문제에 나는 큰 충격을 받았다. 10대 아이를 셋 둔 엄마로서, 임신 첫 13주 동안 진행되는 태아의 기관 형성이 얼마나 복잡 미묘한 과정인가를 알게 되었을 때 나는 오장육부에서부터 걱정이 느껴졌다. 베르나르 제구, 피에르 주아네, 알프레드 스피라는 『생식능력은 위험에 빠졌나?(La Fertilité est-elle en danger?)』에서 다음과 같이 설명한다. "이 과정에는 중요한 단계가 있다. 기관이나 기능이 자리를 잡는 단 몇 시간 혹은 단 며칠이 그때이다. 따라서 물리적, 화학적 및(혹은) 생물학적 변화에 노출되었을 때에는 그 시기에 따라 영향도 다르게 나타나는데, 큰 차이가 날 때가 많다. 노출이 일어난 때가 며칠밖에 차이가 나지 않더라도 극단적으로 다른 결과를 초래할 수 있다. (……) 산모, 배-태아, 태반의 메커니즘이 교란된 환경에 적응하면서 부작용이 생기고 그것이 장기간에 걸쳐 지속된다."[16]

국제적인 명성을 누리고 있는 세 명의 공동 저자는 "트로이의 목마"[17] 같은 내분비계 교란물질을 임신한 여성이 섭취하면 임신 뒤 정확히 43일째에 이뤄지는 성 분화, 뇌로 자라게 될 신경판 형성(18~20일째), 심장 형성(46~47일째) 등 배 속에 들어 있는 아기의 가장 중요한 기관 형성 단계를 방해할 수 있다고 설명한다. 내가 1990년대에 딸아이들을 가졌을 때는 이런 내용을 하나도 몰랐다. 안타까운 건, 앞으로 엄마가 될 사람들도 그때의 나보다 더 많이 알지 못한다는 사실이다.

합성 호르몬이 식물에서 나오는 천연 호르몬과 매우 유사하다고 주장하는 사람들 — 기업과 결탁한 과학자와 로비스트 들에게서 여러 번 들을 수 있었던 궤변 — 에게 테오 콜본과 그의 공동 저자들은 이미 1996년에 다음과 같이 답했다. "생명체는 식물성 에스트로겐을 신진대사하거나 분비할 수 있다. 그러나 인간이 만든 수많은 합성 호르몬은 정상적인 분해 과정을 밟지 않는다. 미량에 지속적으로 노출된 인간과 동물의 몸속에는 합성 호르몬이 분해되지 않고 계속해서 쌓인다. 만성적인 호르몬 노출은 인류의 진화 역사상 유례가 없는 모델이다. 이 새로운 위험에 적응하려면 수십 년이 아니라 수천 년이 필요하다."[18]

우려스러운 남성의 생식능력 저하와 기능 이상

윙스프레드의 선구자들이 '내분비계 교란물질'이라는 용어를 만들어 낸 시기에 덴마크에서는 닐스 스카케벡이라는 과학자가 '청천벽력 같은 충격'을 불러일으킬 연구를 출간 준비 중이었다. 그는 코펜하겐 대학병원 동료들과 함께 "1938~1990년 발표된 예순한 건의 논문을 분석했다. 오대륙의 생식능력이 있는 건강한 남성 1만 4947명에 관한 논문들은 시간에 따라 정자 생산량이 지속적으로 감소하고 있음을 보여 주었다. 1938년에는 정자 1mL에 정자 수가 평균 1억 1300만 개로 집계되었으나 1990년에는 6600만 개로 줄어들었다."[19] 사정액에 들어 있는 정자 수가 50년도 안 되는 기간에 반으로 줄었다는 소리다.

1992년 9월에《영국의학저널》[20]에 발표된 연구 결과가 워낙 믿을 수 없을 정도로 놀라워서 프랑스의 자크 오제와 피에르 주아네는 의구심을 품었다. 두 사람은 생식 건강 전문가이며 시험관 아기 기술 발전에 공헌한 인간 난자 및 정자 연구 보관 센터(CECOS)의 설립자이다. 이들은 1973년(크레믈랭 비세트르 병원 내에 센터를 설립했던 해)부터 1992년 사이에 파리에 거주하는 정자 기증자 1750명의 사정액을 분석하고 비교했다. 그러나 결과는 덴마크 연구와 일치했다. 20년 만에 정자 수가 4분의 1이나 줄었다. 해마다 농도가 2%씩 감소한 셈이다. 1945년에 출생한 남자의 정자 수를 1975년에 측정해보니 1mL당 평균 1억 200만 개였고, 1962년에 태어난 남자는 5100만 개였다.(측정은 30년 뒤에 했다.) 그리고 정자 수만 감소한 것이 아니라 정자의 질도 나빠졌다. 운동량도 줄어들었고 모양도 비정상적이어서 난자와 수정될 가능성이 줄어들었다.[21]『생식능력은 위험에 빠졌나?』에서 피에르 주아네는 그의 불편한 연구도 역시 의심을 샀다고 말한다. "이 결과는 널리 받아들여진 데이터 — 안정적인 정자 생산 — 와 완전히 상반되는 것이어서 이 논문을 발표한 신문(《뉴잉글랜드의학저널》)은 외부 통계 전문가에게 특별히 평가를 맡겼다."[22]

편견은 쉽사리 사라지지 않는 법. 미국의 전염병학자인 셰나 스완은 2000년에 닐스 스카케벡의 메타분석에 마흔 개 논문을 새로 추가해서 모든 걸 처음부터 다시 검토하기로 했다. 그리고 그녀 또한 덴마크 연구팀과 같은 결론 — 최종적이며 수치는 더 높은 결론 — 을 내렸다. 1934~1996년 정자 수가 미국에서는 해마다 1.5%, 유럽과 오스트레일리아에서는 3%씩 줄어들었다는 결과가 나왔던 것이다.[23]

테오 콜본이『도둑맞은 미래』에서 소개했지만 논문이 일으킨 소동은 아직도 닐스 스카케벡을 웃게 만든다. "제 연구가 발표되었을 때 모든 사람이 정자 수의 급격한 감소에만 관심을 기울였습니다." 2010년 1월 21일에 코펜하겐 대학병원 연구실에서 만난 그는 이렇게 말했다. "하지만 그 연구에는 그것 말고도 중요한 정보가 하나 더 있었습니다. 고환암 발병률이 꾸준히 증가했다는 사실이죠. 특히 덴마크에서는 1940년과 1980년 사이에 발병률이 3배나 증가했습니다. 이웃 국가인 핀란드에서는 나타나지 않은 변화이기 때문에 충격이 더 컸죠. 핀란드는 산림 국가이고 산업화가 거의 이루어지지 않았습니다. 핀란드보다 덴마크에서 발병률이 4배나 높은 남성 생식기 이상이 두 개 더 있었습니다. 잠복고환증과 요도밑열림증이죠."

닐스 스카케벡의 발견이 얼마나 중요한지 이해하려면 "고환이 음낭에 내려와 자리 잡게 하는 것이 INSL3나 테스토스테론 같은 호르몬"이라는 것을 알아야 한다. "고환이 생후 3개월에 음낭으로 내려오지 않으면 이를 잠복고환이라고 한다."고 『생식능력은 위험에 빠졌나?』의 저자들은 설명한다. 또 요도밑열림증에 대해서는 "음경에 요도가 형성되는 것은 테스토스테론에 의해 조절된다. 이 과정이 교란될 수 있다. 귀두에서 요도가 열리지 않고 음경 밑이나 음낭에 다소 큰 구멍이 뚫릴 수 있다."[24]고 설명한다.

닐스 스카케벡은 연구 결과에 놀라서 스코틀랜드 과학자인 리처드 샤프에게 연락을 취했다. 리처드 샤프도 영국에서 동일한 생식 관련 이상 징후를 관찰했다. 두 사람은 관련 논문들을 샅샅이 훑어보고 쥐를 합성 에스트로겐인 디에틸스틸베스트롤(17장 참조)에 노출시킨 실험 연구를 발견했다. 이 연구 결과에서도 똑같은 유형의 태아 기형이 나타났다고 밝히고 있었다. "생식기능과 관련된 이상 징후가 증가하는 것이 어쩌면 태아가 엄마 배 속에서 에스트로겐에 많이 노출되어 그런 것이 아닐까 하는 생각을 처음으로 하게 되었습니다."[26] 닐스 스카케벡이 내게 말했다.

"아주 꼼꼼하게 추적하셨군요?"

"네, 그렇다고 볼 수 있죠. 당시에는 아주 새로운 연구 분야였으니까요. 제가 운이 좋았던 건 이곳 스톡홀름 대학병원에서 쌓은 의사로서의 경험이 많은 도움이 되었다는 것입니다. 많은 남성들이 불임 문제로 저를 찾아왔습니다. 고환의 생체 조직 검사를 해 보니 전암세포가 발견되었습니다. 제가 몇 년 동안 봐 왔던 환자 중 몇 명은 실제로 고환암에 걸렸습니다. 또 충격적이었던 것은 불임 남성의 고환에 있던 전암세포가 태아의 생식세포와 유사하다는 것이었습니다. 이 세포는 성인 남성의 고환에서 발견되면 안 됩니다. 세포가 성숙해서 정자를 생산할 수 있어야 하는데 뭔가가 태아의 세포 발달 과정을 차단한 것으로 보였습니다. 고환 속에서 생식세포 상태로 그대로 유지되는 바람에 남자아이가 미성숙한 세포를 가지고 태어나게 된 것이죠. 어렸을 때는 활동을 하지 않고 있다가 사춘기가 되면 증식하기 시작해서 암으로 발전하는 것입니다."

"왜 이런 현상이 나타나는 것일까요?"

"가장 가능성이 높은 시나리오는 태아의 생식기관이 발달하는 중요한 시기에 임신한 여성이 내분비계 교란물질에 노출되었다는 것입니다. 출생 이전에 노출되면 불임, 잠복고환증이나 요도밑열림증 같은 태아 기형, 고환암 등 서로 관련 있는 일련의 기능 이상이 나타나게 됩니다. 저는 동료들과 함께 이 현상을 '고환발육부전증후군(TDS)'라고 명명했습니다. 태아와 환경이라는 똑같은 원인을 가진 여러 증상을 가리키기 위해서였죠. 또 이 말은 아이를 갖기 어려운 남성이 정기적으로 검사를 받아야 한다는 의미를 가지기도 합니다. 40세 이전에 고환암에 걸릴 확률이 매우 높기 때문입니다."[26]

"암은 노인 인구가 증가한 것이 원인이지 환경오염과는 아무런 관계가 없다고 말하는 사람들에게는 뭐라고 답하십니까?"

"고환암의 경우는 그렇지 않습니다. 환자들이 20~40세의 젊은 남성이기 때문입니다. 55세 이상의 남성이 고환암에 걸릴 확률은 거의 없습니다. 또 고환암은 지난 30년간 가장 많이 증가한 암 중 하나입니다. 그걸 설명할 수 있는 유일한 원인은 환경오염이죠."

"그렇다면 어떻게 그런 문제에서 인간을 보호할 수 있을까요?"

"유일한 방법은 임신한 여성을 보호하는 것입니다. 내분비계 교란물질이 도처에 있다는 것이 문제입니다. 프탈레이트처럼 임산부가 절대로 피해야 하는 물질이 있습니다. 플라스틱 포장재와 랩, PVC로 만든 물건뿐만 아니라 샴푸 같은 바디 용품도 조심해야 합니다. 저는 최근에 모유에 들어 있는 프탈레이트 농도와 요도밑열림증 같은 남아의 태아 기형 비율 사이에 연관성이 있다는 내용의 연구를 발표했습니다.[27] 비스페놀A가 들어 있는 딱딱한 플라스틱 용기나 통조림 캔(18장 참조), 퍼플루오로옥타노익에시드(PFOA)가 들어 있는 들러붙음 방지 코팅이 된 프라이팬과 냄비도 피해야 합니다.[28] PFOA 잔여물에 많이 노출된 남성의 정자 수는 불임 한계에 가까운 평균 620만 개에 불과하다는 연구 결과도 발표했습니다.[29] 많은 농약이 내분비계 교란물질이니 유기농 과일과 채소를 먹어야 합니다."

"하지만 규제 기관에서는 비스페놀A나 PFOA에 관해서 우리 몸속에 남아 있는 잔여물은 무시해도 될 수준이라고만 합니다. 일일섭취허용량보다 낮다는 이유로요. 규제 기관이 잘못 알고 있는 것일까요?"

"제가 독성학자는 아닙니다만, 내분비학자로서 말씀드릴 수 있는 것은 그 물질들이 일일섭취허용량보다 훨씬 적은 미량으로도 몸속에서 작용한다는 것입니다. 규제 시스템이 내분비계 교란물질에는 잘 들어맞지 않는 것 같습니다."

"인류가 위험에 처했다고 생각하십니까?"

"상황이 심각하다고 생각합니다. 덴마크에서는 어린이 8%가 시험관 아기 같은 보조생식기술(ART)로 태어났습니다. 높은 수치죠. 불임 문제가 있는 부부도 점점 더 늘어나는 추세입니다. 하루 빨리 대응책을 찾아야 합니다."

전 화학 기업 로비스트 던 포사이스의 충격 증언

"1996년 3월 18일에 테오 콜본의 책이 출간되었을 때, 20부를 구매해서 고위 간부에게 돌리라는 회사의 명령을 받았습니다. 반격을 준비하자는 것 이었죠."

던 포사이스를 만나는 일은 쉽지 않았다. 그녀는 1996년 말까지 스위스 농약 제조사 산도스 애그로(1996년 시바게이지와 합병하여 노바티스가 되었다.)의 미국 지사에서 정부 담당 부서장을 맡았다. 그의 증언은 매우 가치 있는 것이다. 13장에서도 보았듯이 화학 산업을 대표하는 인물들의 인터뷰를 성 사시키는 일은 불가능에 가깝기 때문이다. "화학 산업 분야의 다국적기업 에서는 정보가 완전히 차단되어 있습니다. 제가 잘 알죠." 2009년 10월 18 일 워싱턴의 자택에서 나를 맞아 준 던 포사이스의 말이다. "저처럼 '가족' 을 떠나는 사람들은 아예 다른 분야로 가서 잊히길 바라죠."

"인터뷰에 응한 이유는 뭔가요?"

"제가 전적으로 신뢰하는 테오 콜본이 추천해 주신 분이라서요."

"그분은 당신의 옛 고용주에게는 달갑지 않은 원수 아닙니까?"

"그렇죠. 산도스의 모든 간부가 그녀의 책을 샅샅이 훑어보았습니다. 내분비계 교란물질로 의심받는 제품이 여럿 있었거든요. 부회장과 만났던 기억이 나네요. '정자 수 감소를 다룬 꼭지를 읽었습니다. 환경 운동가들이 좋아라 하겠더군요. 환경 운동가들이 산아 제한을 찬성하는 사람들 아닙니까?' 하더군요. 농약 제조업체들은 테오 콜본이 제2의 레이첼 카슨이 될까 봐 두려워했습니다. 그래서 그녀가 암에 걸렸다는 루머를 퍼뜨리기도 했죠. PR 대행사를 고용해서 그녀의 활동을 주시하고 일거수일투족을 기록하게 했습니다. 제가 여행 가방 하나 분량의 내부 문건을 가지고 있습니다. 그녀가 참여했던 학술대회나 토론 내용에 대해 '스파이'가 꼼꼼히 기록한 보고서가 많습니다. 저는 그 보고서를 평가하는 일을 주로 맡았습니다. 사실은 책이 나오기 전부터 '스파이'가 활동했습니다. 1995년 12월 2일 미시건 주 앤아버에서 테오 콜본이 한 강연을 기록한 익명의 보고서가 그걸 증명하고 있죠."*

"농약 제조업체들에게 얼마나 중요한 문제였습니까?"

"엄청나게 중요한 문제였죠. 암 문제를 벌써 30년 동안이나 속이려고 애쓰고 있으니까요. 제조업체들이 했다는 테스트는 모두 '양이 독이다'라는 원칙에 기초한 것입니다. 내분비계 교란물질의 개념을 하나도 이해하지 못했고, 자사 제품이 태아나 생식기능에 미치는 영향을 어떻게 테스트해야 할지도 몰랐습니다. 화학 산업 전반이 그렇지만 산도스에도 과학자 중에 내분비학자가 단 한 명도 없었습니다. 1996년 3월 11일자 '부서 간 서신'을

---

* 던 포사이스는 개인적으로 보관하고 있던 문서 100여 건을 복사하게 해 주었다. 인터뷰에서 언급한 보고서도 포함되었다.

보면 윗선에서 얼마나 당황했는지 알 수 있습니다. 서신에는 '인류 역사상 가장 똑똑한 사람들이 암의 원인과 치료법을 밝히려고 수십 년 동안 노력했지만 아직 성공하지 못했습니다. 내분비계 교란물질의 생물학적 과정을 다 이해하려면 앞으로 몇 십 년이 걸릴 듯합니다.'라고 되어 있었죠."

"산도스 내부에서는 농약이 내분비계 교란물질일 수도 있다는 사실을 부정하지 않았습니까?"

"예. 1996년 7월 30일에 작성된 또 다른 문건이 있습니다. 미국 농작물보호협회(ACPA)가 발표할 공식 성명의 초안이죠. 나중에 그 공식 성명에 농약 제조업체 전체가 서명했습니다. 참여한 기업들이 모두 살펴볼 수 있도록 성명서 작성을 조율한 것이 접니다. 초안을 만든 사람은 기업에서 일하는 과학자 9명이었습니다. 그들은 '내분비계 교란물질'이라는 말 대신 '내분비 생식 조절 물질'이라는 용어를 사용하자고 제안했습니다. '조절'이라는 말이 '교란'보다 덜 부정적이라는 것이었죠. 그리고 '일부 농약을 포함한 유기화학물질에 다량 노출된 어류와 동물의 생식에 영향을 미쳤으며 그 영향은 내분비생식계 조절에 관한 것이라는 확실한 과학적 증거가 있다. 또 환경보호국이 요구하는 연구로는 어떤 화학물질이 그러한 영향을 미치는지 평가할 수 없는 것이 일반적이다.'[30]라고 썼습니다. 이 문단은 최종안에서는 삭제되었죠. 그리 놀랄 일은 아닙니다. 제가 사람들에게 홍보하고 다녀야 했던 점은 그와는 정반대되는 사실이었으니까요. 지금 보여 드리는 전국농업화학제품협회(NACA)의 견해서도 솔하게 뿌리게 다녔죠. 이 문서는 내분비계 교란물질에 관한 핵심 쟁점을 언급하면서도 완전히 만들어진 답만 내놓습니다. 예를 들어 '환경보호국이 요구하는 연구가 에스트로겐의 활동을 모방할 물질을 밝혀 낼 수 있을까?'라고 묻고, 대답은 '그렇다. 잠재적인 에스트로겐 활동을 알려 줄 핵심 연구는 두 세대에 걸친 생식 연구다.'라는 답을 주는 식이죠."

"『도둑맞은 미래』의 파급력을 막기 위해 기업이 취한 전략은 무엇이었습니까?"

"공격하는 사람을 공격하는 것이었죠. 다만 직접적인 공격은 피했습니다. 테오 콜본의 사적인 부분을 공격하려는 사람이 업계에 많았습니다. 하지만 공격하면 할수록 그녀의 신뢰도만 높일 뿐이라고 생각하는 사람도 있었죠. 환경 운동을 하는 과학자에게 이미지가 좋지 않은 농약 제조업체의 공격을 받는 것보다 더 좋은 일은 없을 겁니다. 레이첼 카슨이 바로 그런 경우였죠. 기업 쪽에서는 이미지에 큰 타격을 입었고요. 저희는 수없이 많은 회의를 했고 — 1996년은 정말 무척 힘들었습니다. — 저희의 선의를 보여 주기로 결정했습니다. 그래서 '내분비 문제 연대(Endocrine Issue Coalition)'라는 실무 그룹을 만들었습니다. 농약 및 화학제품의 평가 개선을 위한 제안을 하는 것이 그 임무였죠. 제가 퍼뜨려야 할 메시지는 '이 모든 것을 우리는 진지하게 생각하고 해결하려고 노력 중이다.'라는 것이었습니다. 그와 동시에 업계에서 오십 개 주에 만들어 놓은 모든 '친농약 단체'에 연락을 취하는 일도 맡았습니다."

"친농약 단체가 뭡니까?"

"우리가 만들어 낸 허수아비 단체들이죠. 언론 쪽에서 업계 대표에게 인터뷰 요청이 들어오면 그쪽으로 보냅니다. 제가 목록을 가지고 있는데요. '인디애나환경보호연맹'이라는 이름의 단체를 어떻게 믿지 못하겠습니까? '캔자스환경보호환경교육평의회'나 '워싱턴 농장과 숲의 친구들'은요? 저희가 그런 단체에 자금과 정보를 댔습니다. 그들의 역할은 독립적인 단체라고 주장하면서 우리의 입장을 옹호하는 것이었죠."

"합리적 의심을 만들어 내는 게 목적이었나요?"

"바로 그겁니다. 기자들이 내분비계 교란물질을 둘러싼 논쟁에 대해 의견을 물으면 '그렇게 흥분할 필요 없습니다. 많은 농산물을 싼 가격에 생산하려면 농약은 필요한 겁니다. 연구를 더 해야죠.'라고 대답하는 겁니다. 그런 단체 중 하나인 '음식과 주거를 위한 오리건 주민 모임'의 회장 테리 위트가 보낸 편지가 있습니다. 이 편지는 산도스, 시바, 듀폰, 몬산토, 미국농작물보호협회, 다우엘란코에 동시에 발송되었습니다. '환경 운동과 반과학기술 운동을 펼치는 무리'가 벌이는 유기염소계 제초제 반대 캠페인을 막기 위해 '정보와 전문가의 이름'을 보내 달라는 요청이었습니다. 저희가 고용했던 대학교수 몇 명의 이름을 보내 줬을 것입니다."

"대학교수요?"

"네, 돈을 넉넉히 주고 저희가 연구를 부탁할 수 있는 대학교수 인력망을 구축하고 유지하는 것도 저의 일이었습니다. 공개적으로 저희의 이익을 옹호하는 발언을 하도록 하기도 했죠."

던 포사이스는 갑자기 하던 말을 멈추었다. 그리고 한동안 말이 없더니 그녀는 울음을 터뜨리며 다시 말을 이어 갔다.

"그 모든 게 저에게는 큰 고통이었습니다. 제가 회사를 떠난 뒤 몇 년은 특히 더 심했고요. 국민을 보호하기 위한 법을 무효로 만들거나 우리의 거짓말을 믿도록 설득하기 위해 제가 어떤 역할을 하고 있는지 깨달았을 때 저는 회사를 나왔습니다. 아주 힘들었어요. 지금도 힘들고요. 제 인생의 일부를 그런 일에 바쳤다는 게 속상합니다. 세계 식량 문제를 해결하려면 농약이 필요하다고 정말 믿었거든요."

"회사를 나오게 된 계기는 무엇입니까?"

"안나 소토의 강연이었죠. 내분비계 교란물질과 유방암의 상관관계에 관한 내용이었습니다. 당시에 산도스는 아트라진을 기존 제품과 혼합할 생각을 가지고 있었습니다. 걱정이 된 저는 경영진에게 보고를 했죠. 하지만 경영진은 그런 문제에 전혀 관심이 없었습니다. 그 이후 회사 내에서뿐만 아니라 업계 전체가 저를 점점 더 의심한다는 걸 느꼈습니다. 어느 날 기업 간 회의를 하는데, 다우케미컬 대표가 저를 '환경여성운동을 하는 테러리스트'로 취급하더군요. 산도스와 시바게이지가 합병하는 틈을 타서 회사를 나왔습니다. 그 이후의 삶은 평탄하지 않았습니다. 업계에서 제명당한 건 당연하지만 환경 운동 쪽에서도 마찬가지였습니다. 농약 로비를 하던 사람을 누가 믿어 주겠습니까? 테오 콜본 덕분에 힘든 시기를 극복하고 행정 분야에서 일자리를 찾을 수 있었습니다. 그 사이 화학 산업도 대가를 치렀죠. 미국 의회가 1996년 8월에 화학물질이 내분비계에 미치는 영향을 평가하는 환경보호국의 프로그램을 만들게 하는 법안을 통과시켰습니다. 하지만 13년이 지난 지금까지 실행된 것은 하나도 없습니다. 시간만 낭비했죠."*

던 포사이스의 말이 옳다. 17장과 18장에서 디에틸스틸베스트롤과 비스페놀A 스캔들을 살펴보면서 1991년에 윙스프레드 선언으로 과학자들이 울렸던 경종이 그다지 영향력이 없었음을 확인하게 될 것이다. 다른 문제로 넘어가기 전에 나는 던 포사이스에게 마지막 질문을 던졌다. 화학 산업에 대한 취재를 하는 동안 내 머릿속을 떠나지 않던 질문이다. "산도스나 몬

---

* 이때 통과된 법안은 식품질보호법(FQPA)과 안전음용수법(SDWA)의 1996년 개정안이다. 오바마 행정부는 2010년에 프로그램을 가속화하라고 환경보호국에 요청했다. 환경보호국은 1998년 인터넷 사이트에 "화학물질 및 그 부산물(8만 7000개) 대다수에 대한 과학적 데이터가 부족"해서 내분비계와 관련된 리스크 평가를 할 수 없다고 밝혔다.(EDSTAC Final Report, www.epa.gov, chapitre 4, août 1998)

산토에서 일하는 사람들에게도 가족이 있을 텐데요. 그들은 어떻게 가족을 보호하나요?”

"그들은 그들만의 세상에서 살고 있어요. 합병이 있거나 대량 해고가 일어나지 않는 한, 화학 산업을 대표하는 대기업을 떠나는 사람은 드뭅니다. 그리고 그들 세계에서 화학 리스크는 존재하지 않습니다. 제가 오랜 시간 그랬던 것처럼 그들도 '책임 있는' 회사에 다닌다고 믿고 있습니다. 또 제품이 판매되기 전에 철저히 테스트를 받는다고 생각하죠. 대다수가 그런 확신을 가지고 있습니다."

디에틸스틸베스트롤
혹은 완벽한 모델

"우리는 스스로 만들어 낸 거대한 실험에 자신도 모르게 참여한 실험동물이다."

―테오 콜본

"디에틸스틸베스트롤(DES)은 우리의 사고방식을 바꿔 놓은 화학물질입니다. 내분비계 교란이 무엇인지 알게 해 주었고, 성인이 앓고 있는 질환의 원인이 출생 이전일 수 있다는 것을 이해하게 해 주었기 때문입니다."

툴레인 대학 생물환경연구소 소장 존 맥라클란은 2009년 10월 20~24일 뉴올리언스에서 열린 제9회 환경호르몬심포지엄의 개막을 이렇게 알렸다. 전 세계에서 참가한 육십여 명의 과학자들은 안나 소토, 카를로스 소넨샤인, 루이스 길레트(16장 참조)의 부름에 응한 것이었다.

"DES는 찰리 도즈가 1938년에 합성해 낸 첫 번째 호르몬입니다." DES의 세계 최고의 권위자로 알려진 존 맥라클란은 말을 이었다. "찰리 도즈는 1936년에 비스페놀A를 합성했지만 DES가 에스트로겐 수용체와 결합하는 능력이 더 뛰어났기 때문에 비스페놀A를 포기했습니다. 그 비스페놀A 를 다른 사람들이 주워 쓴 거죠. 쉽게 중합하는 비스페놀A를 사용해서 플 라스틱을 만들었습니다. DES는 1940년대 말에서 1975년까지 내분비계 보 조제로 수백만 명의 임산부(400~800만 명)에게 처방되었습니다. 그다음에는 무슨 일이 일어났는지 다들 아실 겁니다. 약을 처방받은 여성이 낳은 여아 에게서 질암과 수많은 생식기 문제가 발생했습니다. 남성이 극소량을 섭취 해도 가슴을 자라게 하는 물질이 바로 DES입니다. 제 연구소와 30년 이상 긴밀하게 협력해 오고 있는 DES액션의 대표들에게 마이크를 넘기며 오늘 일정을 시작하고자 합니다."

1938년에 발견된 '기적의 약'

피해자들의 증언을 듣기 전에 먼저 DES의 역사를 살펴보자. 30년 전에 금지되었지만 지금도 피해를 입히고 있는 DES는 "에스트로겐 유사 효과 를 가지고 있는 환경 물질의 모델"[1]로 손꼽힌다. 존 맥라클란이 말한 것처 럼 DES는 영국인 찰스 도즈[2]가 최초로 합성한 물질이다. 스위스에서 폴 뮐 러가 DDT를 발견한 것도 그때였다. 기적의 약과 기적의 살충제를 발명한 두 사람은 1948년에 공동으로 노벨상을 수상했다. 그 짧은 시간에 세계 최 고의 권위를 자랑하는 노벨상을 받은 걸 보면 당시 세상이 얼마나 DES와 DDT에 열광했는지 알 만하다. 이 두 물질은 (적어도) 두 가지 공통점을 지 녔다. 현재는 금지된 '독극물'이라는 점, 그리고 비슷한 화학 구조를 가지고 있어서 여성호르몬인 에스트로겐을 모방하는 성질이 있다는 점이다. 이것은 DES가 산부인과에서 비극적인 결과를 낳기 시작할 때 시러큐스 대학의 두 과학자가 발견한 사실이다. 두 사람은 수탉에게 DDT를 주입했을 때 고환의 크기가 줄어들면서 여성화된다는 사실을 발견했다.[3]

강력한 합성 에스트로겐인 DES의 '여성화' 능력은 제2차 세계대전 때 독일 공장에서 이미 알려졌다. 특허를 받지는 못했지만 공적 자금으로 운영되는 연구소에서 만들어졌기 때문에 나치 정권하에서 얼마 지나지 않아 동화 촉진제로 농업에 사용되기 시작했다. 닭과 암소, 돼지의 사료와 섞으면 가축의 성장이 15~25% 정도 빨라졌다. 가뜩이나 전쟁 중이던 독일에게 시간과 돈을 절약할 수 있는 방법을 주었으니 로버트 케호는 DES에 완전히 매료되었다. 그는 유연휘발유를 열렬히 옹호했던 인물이다.(8장 참조) 독일을 여행 중이던 그는 이겐파르벤의 화학자들을 만나 "벤지딘 공장 노동자들의 방광암 발병률과 예방법에 대해 연구했다."[4] 그는 치클론B 생산업체가 데려간 DES 공장을 감탄하며 묘사했다.

"DES는 산업보건 분야에서 매우 흥미로운 약이다. DES를 생산하는 공장에는 여자 노동자만 일할 수 있다. 남자가 흡입하면 부작용이 일어나기 때문이다. 가슴이 부어오르고 통증이 격심해서 작업복에 느껴지는 압박을 견딜 수 없을 정도이다. (……) 이외에도 노인 남성은 고환의 크기가 줄어들고 일시적으로 성불구가 된다."[5]

화학 산업에 매료된 케호는 임신한 노동자에게 나타날 수 있는 효과에 대해서는 한마디도 하지 않았다. 그러나 국제 과학 저널에 발표된 논문들을 훑어봤다면 DES를 발명한 찰스 도즈가 1938년에 이미 임신 초기의 에스트로겐 섭취가 토끼와 쥐에게서 유산을 초래했다는 사실을 알았다는 것을 확인했을 것이다.[6] 그해에 영국의 과학자 두 명도 암소에게서 유사한 현상을 관찰했다. DES는 우유 생산도 감소시켰다.[7] 프랑스에서는 앙투안 라카사뉴가 DES로 인해 생쥐에게 유방암이 나타났다고 지적했다.[8] 자궁 속에서 에스트로겐에 노출된 쥐가 자궁과 질, 난소 기형으로 태어났고, 수컷 쥐도 왜소 음경 등 다양한 생식기 이상을 보였다는 미국 과학자들의 보고가 알려진 것도 같은 시기였다.[9]

DES가 발견되고 1년이 채 지나지 않았을 때 벌써 40여 건의 논문이 천연 혹은 합성 에스트로겐의 발암성과 최기성 위험을 주장했다. 《미국의학협회보》가 — 예외적으로 — 경종을 울릴 정도였다. "에스트로겐이 암을 유발할 가능성은 무시될 수 없다. 세포 증식을 유발하는 이 물질을 소인을 가진 환자에게 오랜 기간 지속적으로 주입하면 위험할 수 있다. 에스트로겐의 활동이 생식기관과 관련이 없다는 생각은 버려야 한다. 에스트로겐의 양이 과하거나 장기간 투여되면 인체의 다른 조직들도 유해한 방식으로 반응할 수 있다. 이 모든 것을 철저히 검토해야 한다. 앞으로 의사들이 조제하기 쉬운 DES처럼 매우 강력한 에스트로겐을 과도하게 여성 환자에게 처방할지도 모르기 때문이다."[10]

《미국의학협회보》의 판단은 정확했다. 1941년에 미국 식품의약국은 DES의 판매를 허용했고, 많은 유럽 국가들이 그 뒤를 따랐던 것이다. 엘리 릴리, 애벗, 업존, 머크 등 제약업체들도 제조하기 쉽고 비용도 싼(특허가 없었으므로) DES로 몰려들기 시작했다. '기적'의 약은 알약 형태로 많은 여성에게 처방되었다. 폐경기 여성의 안면 홍조와 질염 치료, 젖 분비를 끊으려는 산모, 사춘기 소녀의 여드름 치료, 성장 조절, 심지어 응급 피임약으로도 쓰였다. 1947년에 DES는 식품 보조제 혹은 성장을 촉진하기 위해 가축의 귀나 닭의 목에 이식하는 삽입물로 승인을 받았다. 1971년에 변호사 랄프 네이더가 식품사슬에 대량 유입되는 에스트로겐의 과다 사용에 분노하자 찰스 에드워즈 식품의약국 국장은 공개적으로 DES를 옹호했다. "DES가 든 사료를 500파운드의 가축에게 먹이면 몸무게를 1050파운드로 키울 수 있습니다. 31일이라는 시간과 511파운드의 사료를 절약하면서요."[11] 그의 장사꾼 논리는 독성학자 재클린 베렛(15장 참조)을 펄쩍 뛰게 만들었다.

1962년 절망적인 탈리도마이드 스캔들

"문제는 의료 당국을 신뢰하기 힘들다는 것입니다." 뉴올리언스 심포지엄에 참가한 DES액션의 대표 중 한 명인 스테파니 캐너렉의 말이다. "우리가 어머니의 배 속에 들어 있을 때 어머니에게 처방된 합법적인 약 때문에 우리는 심각한 건강 문제를 갖게 되었습니다. 그리고 지금도 합법적인 약으로 우리를 치료하려고 하지만 우리의 불신은 매우 큽니다. 우리가 제약 회사와 의사를 믿어야 할까요? 그래서 우리에게는 독립적인 과학자들의 조언이 필요합니다."

나는 스테파니 캐너렉의 절망을 이해할 수 있다. 그녀의 부모는 '건강하고 튼튼한' 아기를 낳게 해 준다는 고가의 치료법인 '스미스 요법'을 그대로 따라하느라 '출혈'이 컸다. 조지 스미스와 올리브 스미스 부부는 하버드 대학의 산부인과와 내분비내과 의사였다. 고위험 임신 전문가였던 그들은 1948년에 임산부의 유산과 당뇨를 예방하기 위해 DES를 처방할 것을 권장하는 논문을 발표했다. 실험에 자원한 몇몇 여성들만 관찰하고 대조군과 비교하지도 않은 결과만 가지고 DES를 임신 초기부터 복용하고 35주째에는 복용량을 차츰 늘리라고 권장했던 것이다.[12] 제약 회사들은 산부인과 의사들에게 무료로 DES를 나눠 주는 등 홍보에 힘을 쏟았고, DES 알약을 함께 복용하는 스미스 요법은 머지않아 '모든 임산부'에게 확산되었다. 1957년 6월《미국산부인과저널》에 실린 그랜트케미컬스컴퍼니의 광고처럼 그것은 "더 예쁘고 더 건강한 아기"를 낳기 위해서였다. 사회학자 수잔 벨은 DES가 "임신을 의학의 영역으로 흡수하기 위한 중요한 수단"[13], 즉 돈을 많이 벌 수 있는 수단으로 만들었다고 강조했다. 그 사이 위험 경고는 계속 쌓여 갔다.

1953년 제임스 퍼거슨이 뉴올리언스에서 수행한 연구는 DES를 처방받은 여성 184명과 위약을 받은 198명을 비교한 것이었다. 그 결과 DES는 유산, 자간,* 조산, 사산을 예방하는 효과가 전혀 없는 것으로 드러났다.[14] 같은 해에 윌리엄 디크만도 동일한 결과를 얻었다. 1646명의 여성 중 840명은 시카고 대학 의료센터에서 DES를 처방받았다.[15] 25년 뒤에 동일한 코호트를 다시 검토했을 때에는 완전히 반대의 결과가 나왔지만[16] 그것은 뒤에서 살펴보기로 하자.

미국 식품의약국과 국제 보건 당국은 윌리엄 디크만의 연구를 철저히 무시했고, DES가 대량 처방되는 변함없는 상황이 계속되었다. 이 글을 쓰고 있는 지금 이 순간, 나는 메디아토르 스캔들**을 떠올리지 않을 수 없다. "제약사는 설득력이 강한 마케팅 전략을 내세운다."고 DES액션의 설립자 팻코디는 말한다. "의사는 환자를 돕는다고 믿고 싶어 한다. 하지만 환자에게

---

* 심각한 임신중독증으로, 주요 증상은 경련이다.

** 2010년 11월 16일, 프랑스 보건 당국은 세르비에 사에서 제조한 메디아토르로 인해 유발된 심장 판막 질환으로 1976년에서 2009년 11월까지 500명이 사망하고 수천 명이 입원한 사실을 인정했다. 메디아토르는 과체중 당뇨병 환자에게 식욕 억제제(효과는 전혀 없었다.)로 널리 처방되었다.

처방한 약에 대해 어떤 연구가 이루어졌는지 일일이 확인할 시간이 없다. 임신한 여성들도 의사를 믿었기 때문에 질문을 거의 던지지 않았다."[17]

그럴 수 있다. 하지만 보건 당국은 어떻게 된 것인가? 의사가 하지 못하는 연구 검토가 그들이 할 일 아닌가? 1950년대 말에 미래에 대한 암울한 전망을 내놓은 수많은 연구 결과에도 무반응으로 일관한 것을 심각한 태만과 기업 봐주기가 아니라면 무엇으로 설명해야 할까? 1959년 예일 대학의 윌리엄 가드너는 어미의 배 속에서 DES에 노출된 생쥐가 질암과 자궁암에 걸렸다는 연구 결과를 발표했다.[18] 같은 해에 또 다른 연구에서는 DES를 처방받은 여성의 "어린 딸이 남성화"한 사례 네 건이 보고됐다.[19] 요도밑열림증이 있는 남자아이가 자웅동체인 것을 보고한 연구도 있었다.[20]

사람들이 살충제와 '기적'의 약을 기꺼이 찬양하고 화학이 승승장구하던 시절에는 의료 및 보건 당국이 '태반의 신화'에 눈이 멀었던 게 확실하다. 테오 콜본이 말한 '태반의 신화'란 "자궁벽에 달라붙어 있고 탯줄로 태아와 연결된 복잡한 조직인 태반이 외부의 유해한 영향에서 태아를 보호해주는 무적의 방패막이라는 믿음"을 가리킨다. "당시에는 태반을 통과할 수 있는 것은 방사능뿐이라고 믿었다."[21]

'신화'는 1962년에 산산이 부서졌다. 『침묵의 봄』이 출간되기 몇 주 전, 손발이 끔찍하게 잘려 나간 아이들 사진이 전 세계 신문 1면에 일제히 실렸다. 대부분 사지 기형이었고, 팔이 없거나 손가락이 어깨에 나 있는 식이었다. 이 희귀병을 해표지증이라고 불렀는데, 바다표범처럼 손이 몸통에 바로 달려 있었기 때문이다. 환자에게는 청각 장애, 시각 장애, 자폐, 뇌 장애, 간질 등도 동반되었다. 원인 물질은 탈리도마이드였다. 1957년에 오십 개국(미국 제외)에서 판매되기 시작한 독일제 약이었던 탈리도마이드는 진정제나 임신구토 예방약으로 처방되었다. 이 약 때문에 태어난 기형아가 5년 동안 8000명에 이른다. 과학자들은 탈리도마이드의 효과에 관심을 기울이기 시작했고, 임신한 여성이 장기간 약을 복용했음에도 불구하고 정상으로 태어난 아기가 있는가 하면 약을 딱 한 번밖에 먹지 않았는데도 기형이 무척 심한 상태로 태어난 아기도 있다는 사실에 주목했다. 그리고 최기성이 "약을 얼마나 먹었느냐가 아니라 언제 먹었느냐에 달려 있다."[22](밑줄-원저자)는 것을 알아냈다. 임신 5주에서 8주 사이에 약을 — 한 알이든 두 알이든 — 먹은 여성은 사지 기형인 아이를 출산했다. 그때가 태아의 팔다리가 형성되는 시기이기 때문이다.

"이 비극은 성인에게 전혀 문제가 없는 물질과 양이 태어날 아기에게는 재앙이 될 수 있다는 사실을 알려 주었다."고 『도둑맞은 미래』의 저자들은 밝혔다. "노출 시기가 결정적이라는 것은 성장을 방해하는 화학물질을 연구한 과학자들이 여러 번에 걸쳐 확인한 원칙이다. 미량의 약이나 호르몬이 태아 성장의 어떤 시기에는 아무런 영향을 미치지 않을 수 있지만 그로부터 몇 주 뒤에는 심각한 피해를 줄 수 있다."[23]

『침묵의 봄』이 《뉴요커》에 연재되기 시작했을 때(3장 참조) 권위 있는 《라이프》는 탈리도마이드의 재앙을 커버스토리로 다뤘다.[24] 관할 당국은 그러한 비극이 주는 교훈을 깨닫지 못했지만 레이첼 카슨은 그것이 얼마나 중요한 문제인지 잘 알고 있었다. 그녀는 1963년 1월 1일 생전에 유일했던 인터뷰에서 "우리는 의약품이 태어날 아기에게 심각한 기형과 장애를 유발할 수 있다는 비극적인 경고를 받았습니다."라고 말했다. "농약도 똑같은 결과를 불러일으킬 수 있습니다. 그것을 인간에게 테스트해서는 안 됩니다. 우리가 몇 년 동안 농약이 유전자에 미치는 영향을 알아보기 위한 실험처럼 동물에게 실험해야 합니다. 우리는 훨씬 더 과학적이고, 타당성 있으며, 정확한 검사 방법을 고민해야 합니다."[25] 레이첼 카슨의 말은 전적으로 옳다 (19장 참조).

DES 피해 여아들의 처참한 비극

테오 콜본은 『도둑맞은 미래』에서 "탈리도마이드로 침범할 수 없는 태반의 신화가 무너졌다면, DES 실험은 심각한 태아 기형이 즉시적이고 가시적이리라는 편견을 날려 버렸다."[26]고 주장했다. 그리고 《뉴잉글랜드의학저널》이 1971년 4월에 게재한 연구[27]는, 재클린 베렛의 표현대로라면 "폭탄을 떨어뜨렸다."[28] 『먹는 것이 당신의 건강에 해로울 수 있다』에서 재클린 베렛은 그 연구가 언론을 떠들썩하게 했을 때 DES를 주입하는 가축이 매년 3000만 두에 이르렀으며 미국 농무부도 미국 국민이 소비하는 육류에 DES 잔여물이 남아 있음을 인정했다고 지적했다. 하버드 대학 연구팀이 수행한 이 연구는 15~22세 여성 일곱 명의 임상 기록을 소개한다. 이들은 투명세포암 환자들이었다. 그 연령층에서는 매우 희귀한 질암의 일종이어서 논문으로 보고된 사례도 단 네 건뿐이었다.

이 암을 우연히 '발견'한 것은 부인과 의사였던 하워드 울펠더였다. 그는 내원한 15세 여자 환자에게 질과 자궁 절제를 처방해야 했다. 환자 상태를 보고 놀란 그에게 환자의 어머니가 혹시 임신 중 먹었던 DES가 원인일 수 있느냐고 물었다. 울펠더는 질문에 깜짝 놀랐다. 몇 달 뒤, 그는 똑같은 질환을 앓고 있는 어린 여자 환자를 또 만났다. 이번에 질문을 던진 사람은 그였다. 똑같이 '스미스 요법'을 따랐다는 환자 어머니의 대답에 올펠더는 충격을 받았다. 좀처럼 충격이 가시지 않았던 그는 하버드 대학 동료인 아서 허브스트와 전염병학자인 데이비드 포스칸저에게 연락을 취했다. 그렇게 해서 매사추세츠병원 한 곳에서만 같은 사례가 다섯 건이나 더 발견되었다. 《뉴잉글랜드의학저널》에 논문이 실리고 6개월이 지났을 때 세 저자는 투명세포암에 걸린 24세 이하 여자 환자 예순두 명의 사례를 취합했다.

세간의 관심이 워낙 커지자 식품의약국은 "임신한 여성에게 DES 처방을 금지"하라는 견해를 발표할 수밖에 없었다. 그러나 의아하게도 DES를 공식적으로 금지하지는 않았다.* 『도둑맞은 미래』의 저자들은 만약 관할 당국이 일을 제대로 할 때까지 기다렸다면 DES의 유해성이 밝혀질 때까지 한참 더 기다려야 했을 것이라고 강조했다. "믿기 어려운 환자군**과 한 어머니가 우연히 던진 질문이 없었다면 어린 여성 환자들이 앓고 있는 질병과 그들의 어머니가 몇 십 년 전에 먹었던 약을 연결 지어 생각할 의사가 있었을까? DES 사태가 일어나기 전까지 의사들 대부분은 DES가 즉각적이고 자명한 기형을 유발하지 않았으므로 안전한 약물이라고 생각했다. 그들은 겉으로 드러나는 태아 기형이 아니라 장기간에 걸쳐 심각한 결과를 낳는 약물이 있으리라고는 상상하지 못했다."[29]

"보스턴 의사들의 연구가 발표되었을 때 저는 이미 첫 번째 수술을 받은 상태였습니다." DES액션의 프로그램 책임자인 캐리 크리스티안슨은 뉴올리언스 심포지엄에서 이렇게 밝혔다. "제가 아주 어렸을 때였는데, 제가 앓

---

* 프랑스에서는 1977년이 되어야 DES를 임신한 여성에게 금지했다.(Véronique MAHÉ, Distilbène: des mots sur un scandale, Albin Michel, Paris, 2010 참조) 프랑스에서 DES를 처방받은 여성은 약 20만 명에 달하며 태어난 아이는 16만 명인 것으로 추산된다.
** 환자군(Cluster)은 특정 지역에 거주하는 일정한 인구 집단에서 특정 질병에 걸린 예외적 환자 집단을 가리킨다.

고 있는 병이 저를 임신했을 때 먹었던 약 때문이라는 사실을 언론을 통해 알게 된 어머니의 반응을 잊을 수 없습니다. 어머니는 큰 충격을 받으셨습니다. 제가 태어나기 전에 네 번이나 유산을 하셨죠. 그래서 저와 제 남동생을 낳게 된 게 다 DES 덕분이라고 믿고 사셨어요. 게다가 제가 아주 건강한 상태로 태어났거든요. 겉으로 보이는 문제는 하나도 없었습니다."

"그런데 어떤 병을 앓으셨습니까?"

"자궁경부투명세포암이었습니다. DES에 노출된 여아에게서 매우 흔한 질병이죠. 자궁 경부의 점막이 암으로 발전한 것입니다.

"어떻게 발견하셨나요?"

"대부분 그렇지만 저도 사춘기 때 발견했습니다. 아이를 가지려고 할 때 발견하는 사람들도 있고요."

"제가 그랬습니다." DES액션의 또 다른 일원인 카렌 페르난데스가 나섰다. "젊었을 때 결혼한 저는 자궁외임신을 두 번 했습니다. 아이들이 모두 나팔관에서 자랐죠. 스물여섯에 불임 판정을 받았고요."

"DES 노출과 연관된 질병은 무엇입니까?"

"여아에게서는 태아 기형이 나타납니다." 캐리 크리스티안슨이 대답했다. "예를 들어 자궁 모양이 T자형이라든가, 질과 난소에 문제가 생겨 불임이 될 수 있고 임신이 되어도 유산될 가능성이 높습니다. 자궁암이나 질암도 발생합니다. 투명세포암은 노출된 여성 1000명 중 1명에게 나타나지요. 유방암 발병률보다 세 배나 높은 수치입니다. 여러 전염병학 연구 결과가 증명했듯이 우리 어머니들도 똑같은 증상을 나타냅니다. 남아에게서는 잠복고환증, 요도밑열림증, 고환암 유병률이 높고 정자의 농도가 낮은 것으로 나타납니다. 최근에는 어머니 배 속에서 DES에 노출된 남아가 성인이 되었을 때 우울증, 신경 질환, 행동 장애를 보일 확률이 더 높다는 보고가 있었습니다. 어머니의 몸속에서 분비되는 에스트로겐과 달리 DES는 태아의 뇌까지 침투할 수 있습니다. 태반을 통과할 수 있기 때문이죠. 이 모든 것은 DES액션 설립자인 팻 코디의 헌신적인 노력 덕분에 과학적으로 증명될 수 있었습니다."

DES액션의 모범적인 투쟁

사람들이 'DES 어머니'라고 부르는 인물을 나는 꼭 한 번 만나 보고 싶었다. 사회학자 수잔 벨이 말했듯이 그녀가 이루어 낸 일은 "의학의 역사에서 전설적인 위치에 올랐다." 수잔 벨은 1978년 팻 코디가 설립한 DES액션에 관한 책을 쓰기도 했다.[30] 팻 코디는 인류를 위한 큰 기여로 존경하지 않을 수 없는 여성 중 한 명이다. 안타깝게도 그녀와의 만남은 이루어지지 않았다. 그녀가 2010년 9월 30일에 87세라는 나이로 생을 마감했기 때문이다.

《이코노미스트》 기자로 활동하던 팻 코디는 DES를 넘어 의학 문제를 접근하는 새로운 방식을 대변하는 운동을 시작했다. 그러나 그 이전에 남편과 함께 버클리에서 독립 서점을 세워 이미 유명세를 떨쳤다. 그 서점에는 세상을 바꾸고 싶어 했던 1960년대 사회운동가와 작가들이 모여들었기 때문이다. 『DES의 목소리. 분노에서 행동으로(DES Voices. From Anger to Action)』에서 그녀는 "1971년 4월의 어느 금요일에" 그녀의 삶이 "완전히 바뀌었다."고 말했다. "부엌에서 커피를 마시면서"《샌프란시스코 크로니클》을 읽다가

"심장마비를 일으킬 뻔했다."[31]는 것이다. 신문은 보스턴 과학자들이 발표한 연구를 소개하면서 "약이 여아들에게 암을 옮기고 있다."고 전했다. 팻 코디도 네 아이 중 첫째 딸인 마사를 임신했을 때 DES를 먹은 적이 있었다. 가슴이 벌렁거리는 와중에도 그녀는 DES 치료가 엄청나게 비쌌다는 것이 기억났다. 당시 집세가 75달러였는데 약값이 한 달에 30달러였다. 7개월 동안 DES 10g을 섭취했으니 피임약 50만 알과 맞먹는 셈이었다. 후회와 걱정에 휩싸인 그녀는 아이가 성인이 될 때까지 아무 말도 하지 못했다.

이야기를 들은 마사는 일단 충격이 가시자 질 검사를 받아보기로 했다. 그리고 검사 결과 전암세포가 발견되었다. 부인과 의사는 "6개월마다 한 번씩 정기 검진을 해야 합니다. 그리고 특히 경구 피임약을 복용하면 안 됩니다. 암 발병이 가속화될 수 있으니까요."라고 일렀다. 그때 팻 코디는 개인적인 비극의 차원을 넘어 행동에 나서야 한다고 깨달았다. DES에 노출된 모든 모녀에게 사실을 알려야겠다고 생각한 것이다. 그렇게 해서 DES의 유해성을 잘 알고 있는 여성들과 의사 및 과학자, 그리고 법률, 정치, 보건 당국 사이에 모범적인 협력이 시작되었다. 그들의 독특한 경험은 프랑스의 농약피해농민협회(Association des paysans victimes des pesticides)에 영감을 주었을 것이다. 폴 프랑수아가 협회의 첫 번째 총회가 2011년 3월 18일 뤼펙에서 열린다고 내게 알려 주었다(1장 참조).

팻 코디, 그리고 캐리 크리스티안슨을 비롯한 동료들은 미국 전역에 네트워크를 형성했다. 각 지부는 여론을 변화시키기 위해 뉴스 레터를 대량으로 배포했다. 그리고 DES에 노출된 수천 명의 어머니, 딸, 아들들이 각자의 경험과 두려움을 전해 왔다. 그렇게 해서 현대의 독극물 DES에 관한 엄청난 데이터뱅크가 마련될 수 있었다.

DES액션은 그 데이터를 과학자들에게 공개했다. 1971년에 발표되어 보스턴종합병원에 "경태반 호르몬에 의한 발암 연구 등록"을 개시했던 연구 논문의 공동 저자인 아서 허브스트가 그 과학자들 중 한 명이었다. 기업들이 '지엽적인 보고'라고 평가(절하)한 수천 건의 데이터는 "연구를 수행해 주기를 바라는 마음으로 과학자들에게 전달되었다."[32] 그리고 바람은 이루어졌다. 이외에도 의사와 의료 기관을 대상으로 관심을 불러일으키기 위한 홍보가 진행되었다. 예방과 치료 모두 효과적으로 이루어질 수 있도록 하기 위해서였다. DES액션은 의사, 간호사, 교사, 사회복지사, 과학자를 초대해 연수를 진행하기도 했다. 2009년 뉴올리언스 심포지엄을 조직한 존 맥라클란도 이 행사에 참여한 적이 있다.

또 매우 중요한 점은 DES액션이 기업을 상대로 소송을 건 DES 희생자들을 지원했다는 것이다. "테스트를 제대로 거치지도 않고 효과도 없는 약을 시장에 내놓았다는 이유를 판사들 앞에서 해명해야 한다는 사실만으로도 기업의 이윤에 악영향을 미칠 것이다. 그로 인해 제약회사가 더 신중해지면 우리도 또 다른 화학 재앙을 피할 수 있을지 모른다."[33]고 팻 코디는 그녀의 책에서 지적했다. 그녀의 말은 폴 프랑수아의 변호사였던 프랑수아 라포르그가 했던 말을 떠올리게 했다. 그는 뤼펙에 모인 농부들에게 농약 제조업체를 상대로 소송을 걸라고 독려했었다(4장 참조).

1974년 DES의 최대 생산업체인 엘리 릴리를 재판장으로 끌어낸 사람은 조이스 비클러였다. 그녀는 17세에 투명세포암 진단을 받았다. 뉴욕 법원이 주장한 기소 이유는 '태만'이었다. 변호사 시빌 셰인왈드는 "1940년 이전까지는 에스트로겐과 DES, 그리고 암과의 상관관계를 보여 주는 중요한 연구 논문이 여덟 건에 불과했다."고 밝혔다. 그리고 1940년대와 1950년대에

472

발표된 연구를 열거한 뒤 최후 변론에서 "자사 제품이 태아 기형과 암을 유발한다는 사실을 제조업체가 알았다면 확인을 위해 테스트를 하는 것이 더 신중하지 않았을까? 제품을 사용하면 어떤 암이 발생하는지 누군가가 알아낼 때까지 대중이 실험동물이 되어야 한다고 제조업체는 생각하는 것인가?"[34]하고 물었다.

1980년 판결 선고에서 배심원들은 일곱 개의 질문에 답해야 했는데, 그중 세 가지 질문은 매우 중요하다. "제약업체가 DES를 복용한 여성의 자녀들에게서 암이 유발되는 것을 예견했어야 했을까?" 여섯 명의 배심원은 만장일치로 "그렇다."고 대답했다.

"신중한 제조업체라면 DES가 임신한 생쥐의 자손에게 암을 유발한다는 것을 알고서도 DES를 유산 방지제로 판매했을까?" 이 질문에는 "아니다." 라고 대답했다.

"비클러 양에게 책정한 보상액은 얼마일까?" 이 질문에는 "50만 달러다."[35]* 라고 대답했다.

엘리 릴리는 항소했지만 또 패소했다. 결국 대법원이 원심을 확정했다. 조이스 비클러의 승리는 가능성을 열어 주었지만 다른 피해자들에게 승소는 요원했다. 그들은 현실적으로 넘기 힘든 어려움에 부딪혔다. 소송은 가능했지만 어머니가 먹었던 제품의 제조업체가 어디인지를 입증할 수 있는 증거를 반드시 제출해야 했던 것이다. DES를 다양한 브랜드로 판매하던 기업이 200여 개나 되었기 때문에 그것은 무척 힘든 일이었다. 팻 코디가 강조했듯

---

* 프랑스에서는 2002년 5월 24일이 되어서야 법원(낭테르 법원)이 DES 제조업체(UCB 파마)에 유죄 판결을 내렸다. 원고는 나탈리 보베와 잉그리드 크리우였다. 그녀들은 자궁과 질 절제 수술을 받았다. 10년 동안 진행된 재판이 끝나고 1만 5244유로의 배상액을 받았다. DES프랑스가 이끌어 낸 값진 승리였으며 이 단체는 현재 다른 소송도 지원하고 있다.

이 "어떤 엄마가 25년 전에 샀던 약통을 아직까지 보관하고 있겠는가?"[36] 처방전을 써 주었던 의사 중에서 고소당할까 두려워 증언대에 설 용기를 가진 이는 드물었다. 팻 코디는 "병원 기록을 없애 버린 화재와 홍수"는 왜 그렇게 많았는지 모르겠다며 비웃었다. 주인이 바뀐 약국과 폐업한 병원은 말할 것도 없다.

DES액션은 이 문제를 해결하기 위해 뛰어난 변호사를 섭외했다. 이들은 피해자의 어머니가 구입한 DES의 브랜드가 무엇이든 상관없이 DES를 제조하는 모든 업체를 상대로 소송을 걸기 위해 전력을 다해 싸웠다. 그리고 그들은 승리했다. 1980년 3월, 캘리포니아 대법원은 주디스 신델의 소송을 허가했다. 그녀의 어머니가 먹은 DES의 제조업체를 몰라도 상관없었다. 팻 코디는 역사적인 대법원의 판결문을 그대로 인용했다.

"매우 복잡해진 우리의 산업화된 사회에서 과학과 기술의 발전은 소비자의 건강을 해칠 수 있는 제품을 만들어 냈다. 그러나 그 제품을 생산한 제조업체가 어디인지는 알 수 없다. 법원의 답변은 기존의 독트린을 엄격하게 따르거나 새로운 요구를 충족할 수 있는 수단을 만들어 내는 것이다. (……) 따라서 우리는 발생할 가능성이 있는 피해에 대한 책임을 분명히 하는 법을 현실에 적응시키는 것이 적절하다고 판단한다."[37]

"시장 지분에 비례하는 책임 이론"을 세운 이 판결에 따라 "원고는 DES의 주요 생산업체를 고소할 수 있다."고 주디스 신델의 변호사 낸시 허쉬가 DES액션 뉴스 레터에 썼다. "각 업체가 시장 지분만큼의 책임이 있기 때문이다. 혹은 원고가 입은 피해의 원인이 된 제품을 생산하지 않았다는 증거를 댈 수 있어야 한다." 캘리포니아 대법원의 결정은 미국의 판례가 되었고, 이를 계기로 플로리다에서 위스콘신, 워싱턴에서 미시간까지 DES제조업체에 대한 수많은 소송이 시작되었다.

존 맥라클란, DES액션과 과학자가 만들어 낸 '핵심 인물'

팻 코디는 『DES의 목소리(*DES Voice*)』에서 "제약회사를 상대로 소송을 벌이는 것이 왜 중요한지" 강조한다. — 나는 모든 독극물 제조업체를 상대로 해야 한다고 덧붙이고 싶다. "첫째, 피해자가 부담해야 할 의료비와 감당해야 할 고통을 보상받을 수 있다. 둘째, DES 문제에 대한 언론의 관심을 모을 수 있다. 셋째, 제약사가 자사의 의약품 테스트 방법을 숙고한다. 넷째, 행동하는 것, 싸우는 것, 피해자가 아니라 생존자가 되는 것은 소송을 거는 사람과 사회 전체에 긍정적인 효과가 있다." 그녀는 또 DES액션의 주된 역할은 '연구 진흥'이지만 법적 행동도 최우선 목표 중 하나라고 강조했다.

수잔 벨은 DES액션이 가진 가장 큰 독창성은 "예방, 치료, 연구를 더욱 발전시키기 위해 생명의학 분야 과학자들과의 협력을 돈독히 했다."는 것이라고 평가했다. "DES가 자신의 몸에 어떤 영향을 미쳤는지 직접적으로 체험한 피해자의 지식과 과학 연구 간의 괴리가 존재한다는 것을 깨달은 DES액션은 직접 연구에 나섰다."[38] 1984년 협회는 회원에게 자세한 의료 설문지를 돌렸다. "DES에 노출된 인구에서 노출되지 않은 인구보다 더 자주 나타나는 질병 — 알려진 것 외에 다른 질병 — 을 알아내기 위해서"였다. DES액션은 캘리포니아 대학 전염병학자인 데보라 윙가드와 협력하여 설문 결과를 살펴보았다. 반복적으로 나타나는 새로운 데이터를 "과학자들과 함께 토론했고, 과학자들은 연구 계획을 세웠다."

DES액션과 과학자들의 협력 과정을 이끌어 낸 "핵심 인물"[39] 중 한 명이 뉴올리언스 심포지엄을 주관했던 존 맥라클란이다. 1976년에 미국 국립환경보건원의 내분비학 및 약학 부서 책임자가 된 그는 '내분비계 교란에 관한 가설'을 검증하기 위한 일련의 실험 연구를 진행했다. 그것은 보스턴대학 환경정책학 교수 셸던 크림스키가 말했듯이 "DES에 관한 연구 안에서, 그리고 그 연구로부터 발전된 대담하고 이단적인 직관"[40]이었다. 1985년에 툴레인 대학 생물환경학연구소 소장이 된 존 맥라클란의 연구는 1980년대 중반까지도 "제야의 과학"[41]으로 간주되었지만 그 연구 덕분에 DES는 내분비계 교란 메커니즘의 모델이 되었다. 맥라클란이 개발한 실험 연구 프로토콜은 현재 내분비계 교란물질을 연구하는 모든 과학자에게 기준이 되었다. "생쥐의 세계와 인간의 세계, 에스트로겐 유사 물질의 효과에 관한 환경학 연구와 임상학 연구를 끊임없이 오갔기 때문이다."[42] 그는 1979년에 환경과 호르몬에 관한 첫 심포지엄을 열었고, 거기에 팻 코디도 참석했다. 그 후 툴레인 대학에서 정기적으로 개최되고 있는 이 중요한 과학 행사는 2009년 10월에 30주년을 맞이했다.

　　"새끼를 밴 쥐를 DES에 노출시켰을 때 어떤 결과가 나타났습니까?"

　　내가 존 맥라클란에게 물었다.

　　"수컷과 암컷 새끼 모두에게 영향이 있었던 것으로 관찰되었습니다. 암컷에게서는 심각한 생식기 기형과 생식기 암, 특히 질암이 많이 나타났습니다. 수컷에게서는 불임, 잠복고환증, 전립선암이 나타났습니다.[43] 그리고 우리가 생쥐에게서 관찰한 모든 것은 인간에게서도 그대로 확인되었습니다. 인간에게 나타난 것 역시 생쥐에게서 볼 수 있었고요. 이것은 매우 충격적인 사실입니다. 우리가 25년 전 생쥐를 가지고 실험했을 때 2세대 암컷에게서 조기 폐경이 나타났는데, 현재 어머니도 배 속에서 DES에 노출된 여성에게서 같은 증상이 나타나고 있기 때문입니다."

"내분비계 교란 메커니즘을 이해하는 데 DES가 모델이 되는 이유는 무엇입니까?"

"완벽한 모델이니까요." 존 맥라클란은 주저하지 않고 대답했다. "DES에서 관찰한 것이 비스페놀A 연구로도 확인되고 있습니다. DES와 비스페놀A는 생물학적 관점에서 보면 똑같은 방식으로 활동합니다. 미량이어도 상관없습니다. 우리가 살고 있는 환경에 존재하는 내분비계 교란물질이 어떤 위험을 나타내는지 알아내는 데 DES 모델을 사용해야 합니다. 환경과학 분야에서 동물에 관한 데이터가 이렇게 견고하면서도, 노출된 인간을 40년 이상 추적해서 쌓은 데이터가 존재하는 사례가 DES 외에는 없기 때문입니다."[44]

"내분비계 교란은 이론이 아니라 현실이다"

"제게는 스물여덟 된 딸과 스물셋 된 아들이 있습니다. 지금은 건강한 상태입니다." 뉴올리언스 심포지엄에서 DES액션의 대표 중 한 사람인 셰릴 로스가 말했다. "그러나 DES가 3세대에 미치는 영향에 관한 연구가 얼마나 진행되었는지 알고 싶습니다. 손자 손녀 걱정을 하는 우리 회원들에게 뭐라고 얘기해 주어야 할까요?"

미국 국립환경보건원 독성학 부서에서 일하는 생물학자 리타 뉴볼드가 이 질문에 답했다.

그녀는 먼저 '생쥐를 대상으로 한 DES 모델'의 타당성을 상기시켰다. 그녀는 국립환경보건원의 존 맥라클란의 연구소에서 일할 때 이 모델을 만드는 데 참여한 바 있다. 연이은 슬라이드 화면을 보면서 그녀는 "임신 1~5주 사이에 어미의 배 속에서 DES에 노출된 암컷 생쥐 중 1%가 질 선암에 걸렸으며, 그 수치는 DES에 똑같은 방식으로 노출된 여자아이에게서 나타난 질 선암 발병율과 정확히 일치합니다."[45]라고 설명했다. 게다가 "DES 모델을 통해서 제니스테인의 효과를 측정할 수 있었습니다."라고 덧붙였다. "제니스테인은 콩에 들어 있는 이소플라본으로, 약한 에스트로겐의 성질을 가지고 있습니다. 우리는 자궁 속에서 제니스테인에 노출된 암컷 생쥐가 난소에 이상이 생겨 불임 문제가 발생할 수 있다는 것을 알아냈습니다. 태아가 발달 과정의 중요한 순간에 호르몬처럼 작용하는 물질에 노출될 때 취약하다는 것이 우리가 수행한 모든 연구에서 확인되었습니다. 태아가 발달 초기에 노출되면 성인이 되었을 때 질병이 나타날 수 있고 그것은 생쥐와 인간 모두 그렇습니다."[46]

"우리는 종양에 대한 감수성이 다음 세대로 전달될 수 있는지 알고 싶었습니다." 리타 뉴볼드가 말을 이었다. "답은 '그렇다'였습니다. 예를 들어 첫 세대 생쥐, 즉 어미 배 속에서 DES에 노출된 F1 세대 생쥐의 31%가 자궁암에 걸렸을 때 그 생쥐들이 낳은 암컷 생쥐 F2 세대에게서는 11%가 자궁암에 걸렸습니다. 대조군에서는 0%였고요.[47] F2 세대의 수컷에게서는 생식계 선암과 종양 발병률이 증가했습니다.[48] 이렇게 유전이 되는 메커니즘이 현재로서는 밝혀지지 않았지만 후성적인 성격일 가능성이 높습니다. 여러 연구소가 그런 가능성을 연구하고 있습니다.[49] 인간에게서는 자궁 내에서 DES에 노출된 여성이 낳은 남자아이에게서 요도밑열림증 발병률이 증가했다는 연구가 여러 건 있습니다."[50]

리타 뉴볼드는 내분비계 교란물질이 유발할 수 있는 효과 중 알려지지 않은 측면을 살펴본 최신 연구 결과를 소개했다.

"생식과 암 문제 외에도 우리는 출생 이전에 DES에 노출되는 것이 비만, 그리고 당뇨와 관련 있다는 것을 관찰했습니다. 이는 매우 흥미로운 사실입니다. 최근에 증명되었듯이 지방 세포가 내분비 기능을 하는 내분비 기관이기 때문입니다. 지방 세포는 생식계나 면역계, 간, 갑상선과 신호를 주고받을 수 있습니다. 이 말은 비만을 내분비계 질환으로 볼 수 있다는 뜻이 되고, 그렇다면 전 세계에 유행하고 있는 비만의 원인을 일정 부분 설명할 수 있을 것입니다. 물론 비만은 복잡한 질병입니다. 나쁜 음식, 유전적 소인, 운동 부족 같은 여러 요소가 상호 작용해서 나타나는 것이니까요. 하지만 우리는 DES 같은 내분비계 교란물질이 캘리포니아 대학의 브루스 그린버그[51]가 말했듯이 '비만을 유발하는' 기능이 있다는 것, 다시 말해 발달 중인 태아에 영향을 미쳐서 성인이 되었을 때 비만이 되도록 프로그램할 수 있다는 것을 증명하려고 합니다."

리타 뉴볼드는 '비만 유발 가설'을 확인시켜 주는 여러 장의 슬라이드를 보여 주었다.

"왼쪽은 자궁에서 DES에 노출된 생쥐이고, 오른쪽은 대조군입니다. 생후 24일은 생쥐의 사춘기에 해당합니다. 이때 노출된 생쥐들이 대조군보다 조금 더 말랐습니다. 그다음에 뚜렷한 변화가 나타나죠. 몇 주 만에 노출된 생쥐는 비만이 되고 죽을 때까지 살이 빠지지 않습니다. 더 큰 우리를 주문해야 할 정도였습니다. 프탈레이트, 내연제, 프라이팬의 퍼플루오로옥타노익에시드, 비스페놀A 같은 다른 내분비계 교란물질을 가지고 실험을 한 연구소들도 똑같은 결과를 얻었습니다. 저는 이것이 매우 중요한 연구 분야라고 생각합니다. 이것이 사실로 확인된다면 임신한 여성이 이런 물질에 노출되는 것을 막아 자녀의 비만을 예방할 수 있다는 소리니까요."[52]

그 후 리타 뉴볼드의 발표에서 과학적인 부분에 대한 매우 기술적인 질문이 이어졌다. 좌장이 다음 연사를 소개하려는 순간이었다. 그때 DES액션의 프로그램 담당자인 캐리 크리스티안슨이 발언해도 되겠느냐고 물었다. "어머니 배 속에서 DES에 노출된 여자들이 오늘 이 자리에 참석한 것은 과학자인 여러분이 내분비계 교란물질이라는 것이 단순한 이론이 아니라 분명한 현실임을 잊지 말도록 하기 위해서입니다. 그것은 우리의 현실이고, 우리 아이들, 혹은 우리 손자 손녀들의 현실입니다." 캐리 크리스티안슨은 격앙된 모습이었다. "우리 가족이 겪은 비극이 쓰레기통에 버려지는 것을 원하지 않습니다. 의학 논문의 각주 신세가 되는 것도 바라지 않고요. 우리의 고통이 미래를 밝혀서 똑같은 비극이 반복되지 않기를 바랍니다. 공동체의 이익을 위해 일하는 독립 연구자들이 그 어느 때보다 절실합니다. 우리는 여러분에게 그것을 상기시키기 위해 앞으로도 이 자리에 참석할 것입니다."

또 다른 내분비계 교란물질인 비스페놀A가 언론의 집중 조명을 받고 있던 와중에 DES액션의 대표가 보내는 경고에도 불구하고 규제 기관은 강력한 부정으로 일관했다. 2010년 초에 규제 기관은 전 세계 독립 연구자 수십 명이 보낸 수많은 경고를 무시했기 때문이다.

비스페놀A 사건
혹은 판도라의 상자

**"새로운 이론이 저절로 성공하는 법은 없다.
그 이론에 반대하는 자들이 소멸해야 성공할 수 있다."**

—막스 플랑크

"따라서 인간에게서 관찰된 DES의 효과가 생쥐와 쥐에게서도 나타났다는 말을 자꾸 반복해야 합니다." 터프츠 대학의 생물학자 안나 소토(16장 참조)는 2009년 10월 뉴올리언스에서 열린 '환경과 호르몬' 심포지엄에서 이렇게 강조했다. "오늘 우리는 카를로스 소넨샤인의 연구 덕분에 우리가 살고 있는 환경에도 존재하는 미량의 비스페놀A가 동일한 효과를 낸다는 것을 알게 되었습니다. 그러나 차이는 있습니다. 우리는 2007년에 첫 결과를 얻었습니다. DES와 비교해서 본다면 2032년이 되어야 인간에게 미치는 효과를 확인할 수 있다는 뜻이 됩니다. 그렇게 되면 상황은 아주 어려워질 것입니다. DES의 경우 자궁에서 노출된 여성이 어머니가 받은 처방전을 증거로 내세울 수 있지만 2032년에 암에 걸린 여성은 자궁에서 비스페놀A에 노출되었다는 증거를 보여 줄 수 없기 때문입니다. 이 매우 우려스러운 상황을 생각해 보시길 바라며 이만 마칠까 합니다."

소량으로도 엄청난 피해를 입히는 비스페놀A

비스페놀A(BPA라고도 한다.) 문제가 전 세계를 떠들썩하게 했던 2009년, '환경과 호르몬' 심포지엄은 하루 전체를 이 물질에 할애했다. 찰스 도즈가 DES보다 2년 먼저인 1936년에 합성한 비스페놀A는 천연 에스트로겐보다 2000배 약한 호르몬이다. 플라스틱 중합 과정이나 플라스틱 가공제에 산화제로 많이 사용된다. 연간 생산량이 300만 톤에 달하는 비스페놀A는 제조사들의 기막힌 인터넷 사이트에서 강조하듯이 "우리의 일상생활을 더 편리하고, 더 건강하며, 더 안전하게 만들어 주는 수많은 제품"[1]에 들어 있다. 실제로 강성 플라스틱 용기, 물병, 젖병, 전자레인지 용기, 선글라스, CD, 영수증으로 쓰이는 감열지 등 폴리카보네이트로 만든 많은 일상 용품(사용량의 65%)과 통조림이나 음료수 캔의 내벽과 치과용 시멘트에 쓰이는 에폭시 코팅제(35%)에 비스페놀A가 들어 있다.*

제조사들은 "비스페놀A는 요즘 사용되는 물질 중 가장 많은 테스트를 거쳤다."고 홍보한다. "비스페놀A의 안전성 연구는 40년 이상 계속되었다. 비스페놀A로 만든 소비 제품이 안전하며 (……) 인간의 건강에 아무런 위험도 끼치지 않는다는 것은 이미 나와 있는 수많은 독성학적 데이터가 입

---

* 비스페놀A의 식별 코드는 삼각형 중앙에 적힌 숫자 '7'이다. '3'이나 '6'이라고 적힌 제품에도 비스페놀A가 들어 있을 때가 있다.

증한 사실이다. 미국 식품의약국과 소비자 건강을 보호하는 국제 기관들도 비스페놀A의 사용을 전적으로 지지한다." 비스페놀A 제조사들의 공식 입장은 30년 전 아스파르탐 제조업체들이 주장한 논리와 매우 흡사하다.

좀 더 구체적으로 살펴보자. 2006년에 비스페놀A의 일일섭취허용량은 몸무게 1kg당 0.05mg(또는 50μg)으로 정해졌다. 실내 먼지에서도 비스페놀A가 검출되긴 하지만 주된 노출 경로는 음식이다. 제조사들도 인정하듯이, 비스페놀A는 음식과 접촉하면 플라스틱이나 합성수지에서 음식으로 침투하는 성질을 가지고 있다. 비스페놀A 분자와 폴리머의 화학적 결합이 불안정해서 생기는, 가수분해와 비슷한 이 현상은 열이 가해질 때 더 가속화된다. 분유를 탄 젖병을 전자레인지에 넣고 그냥 돌리는 습관이 사회적 이슈가 된 이유도 그 때문이다. 젖병 문제가 중요하지 않은 것은 아니지만 그것은 숲을 가리는 나무에 불과하다. 비스페놀A가 세간의 주목을 받는 것은 규제 기관이 잘 모르고 있는 논란거리를 상징하고 있기 때문이다. 즉 화학물질은 미량으로도 피해를 입힐 수 있다는 것이다. 일일섭취허용량에 미달하면 테스트를 하지 않는다. 내분비계 교란물질처럼(16장 참조) 호르몬 작용을 하는 화학물질이 거기에 해당한다. 극소량으로도 영향을 미치는 물질 중 비스페놀A는 단연 최고봉이라 할 수 있다.

그러나 일일섭취허용량이 효과가 나타나지 않는 양, 즉 무독성량(12장 참조)에 '안전성 계수'인 100을 적용해서 정한 게 아니냐고 묻는 사람도 있을 것이다. '일일섭취허용량에 크게 못 미치는' 양을 섭취했을 때 어떻게 효과가 나타날 수 있을까? 이것은 사실 유럽 및 미국의 규제 기관과 과학자들이 팽팽하게 맞서고 있는 문제이다. 비스페놀A 제조업체들은 '미량 가설'을 '유효하지 않다'며 일제히 거부하고 있다. 그들은 인터넷 사이트에서 비스페놀A가 "매우 높은 수준으로 노출될 때에만 독성 효과를 나타낸다."고 밝히고 있다. 그리고 "모든 과학적 증거가 비스페놀A의 안정성을 확증하고 있으며 미량에 노출되어도 인간의 건강에 영향을 미친다는 두려움을 뒷받침할 만한 근거는 전혀 없음을 보증한다."

제조업체들의 낙관적 태도는 참으로 놀랍다. 이미 1993년에 《내분비학》에 발표된 논문이 그 '두려움'이 전적으로 옳았음을 증명하고 있기 때문이다.[2] 이 논문은 스탠퍼드 대학(캘리포니아 주)의 데이비드 펠드먼이 그보다 몇 년 일찍 안나 소토와 카를로스 소넨샤인이 품었던 의문(16장 참조)을 똑같이 갖고 있다가 우연히 발견한 내용을 담고 있다. 당시 그는 효모에 들어 있는 단백질을 연구 중이었다. 그는 그 단백질이 에스트로겐과 결합하는 성질이 있다는 것을 관찰하고 그것을 바탕으로 단백질에 에스트로겐 수용체가 있으리라고 생각했다. 그 말은 곧 효모에 호르몬이 들어 있다는 뜻이었다. 그의 연구팀은 그 호르몬을 추적하기 시작했고, 에스트로겐 수용체를 '불법 점거'한 물질을 발견했다. 데이비드 펠드먼은 오랜 연구 끝에 범인을 잡아냈다. 범인은 바로 비스페놀A였다. 실험에 사용된 물을 폴리카보네이트 플라스크에 담아 고압 멸균기로 살균하는 과정에서 효모로 이동한 것이었다. 데이비드 펠드먼은 제조업체(GE플라스틱스)에 연락을 취했고, 제조업체에서는 비스페놀A가 특히 열과 세제의 영향으로 자사의 플라스크와 증류수 통에 들어 있는 내용물로 옮겨갔다는 것을 인정했다. 그리고 새로 개발한 플라스틱 세척 시스템으로 문제를 해결했다고 해명했다.

『도둑맞은 미래』에 나오는 그다음 이야기는 매우 중요하다. 그것이 비스페놀A에 관한 논란의 핵심이기 때문이다. 데이비드 펠드먼은 GE플라스틱스에 오염된 물 샘플을 보냈다. 그러나 GE플라스틱스는 비스페놀A의 흔적이 검출되지 않는다고 했다. 데이비드 펠드먼은 그로 인해 유방암 세포가 증식했다는 것을 확인했는데도 말이다. 제조업체에서 사용한 측정기는 10ppb(10억분율)부터 검출할 수 있었고, 데이비드 펠드먼 연구팀이 검출한 잔여물은 2~5ppb였던 것이다. 데이비드 펠드먼은 "우리는 비스페놀A의 양이 10ppb 이하일 때에도 세포에 에스트로겐 반응을 일으킨다는 것을 증명했다."고 말했다. "국민 건강에 비상이 걸렸다고 할 정도로 많은 것을 알게 된 상황은 아직 아니지만 동일한 농도의 비스페놀A에 오염된 물을 동물에게 마시게 해서 똑같은 반응이 나오는지 확인하는 것이 논리적인 수순일 것이다."[3]

데이비드 펠드먼의 조언은 몇 년 뒤에 실행에 옮겨졌다. 그의 동료인 분자생물학자 파트리시아 헌트도 1998년에 클리블랜드 대학 연구소에서 오염 사건을 경험했던 것이다. 그녀는 당시 임신 여성의 연령이 올라갈수록 태아의 염색체 이상이 증가하는 원인을 밝히기 위한 실험을 수행 중이었다. 이를 위해 염색체 이상을 보이는 생쥐와 '정상' 생쥐의 난모세포 분열을 비교했다. 이 실험의 결과가 의미하는 바를 잘 이해하려면 포유류의 생식세포(수컷의 정자와 암컷의 난자)는 감수분열이 일어날 때 생성된다는 것을 알아야 한다. 암컷 태아가 어미의 배 속에 있을 때 난소가 만들어진다는 뜻이다(난형성). 파트리시아 헌트는 《플로스생물학》에 "배란 직전에 정상 생쥐의 난모세포 분열을 관찰하던 중에 염색체의 수와 배열이 비정상적이라는 것을 알게 되었다. 그런 종류의 기형을 나타내는 난자는 다운증후군처럼 심각한 태아 기형과 관련 있다."[4]고 밝혔다.

안나 소토, 카를로스 소넨샤인, 데이비드 펠드먼과 마찬가지로 파트리시아 헌트도 난소 형성 과정을 심하게 교란시키는 물질을 알아낸 것이다. 며칠 전 연구소 직원이 폴리카보네이트로 만든 생쥐 우리를 강력한 세제를 사용해서 닦았는데, 그 세제가 플라스틱을 훼손시켜 미량의 비스페놀A가 방출된 것이었다. 생쥐는 피부를 통해 오염되었다. 비스페놀A가 인간의 건강에 얼마나 심각한 영향을 미칠지 우연히 알게 된 파트리시아 헌트는 충격을 받고 임신한 생쥐를 미국 국민에게서 측정된 비스페놀A 잔여물 수준과 비슷한 양에 노출시켰다. 그 결과, 어미의 배 속에서 노출된 암컷의 난자에는 염색체 이상을 보이는 난모세포가 비정상적으로 많다는 것을 알게 되었다. 난모세포의 염색체 이상은 유산, 태아 기형, 정신 지체와 연관이 있다. 출생 전에 노출된 생쥐가 어른이 되자 파트리시아 헌트는 생쥐의 난자를 수정시켰다. 그리고 염색체 이상을 보이는 배의 비율이 매우 높다는 것을 관찰했다.[5] 그 실험의 결론은 다음과 같다. "암컷 생쥐를 적은 양의 비스페놀A에 노출시키자 2세대 뒤에 비정상적인 생쥐가 태어날 가능성이 증가했다."[6] "태아만 노출된 것이 아니라 그다음 세대를 낳을 난자도 노출되었기 때문이다." 그리고 "태아에게서 나타나는 기형은 성인과는 다르게 항구적이고 불가역적이다. 태아는 비스페놀A에 특히 민감하다. 짧은 기간에 단 한 번만 노출이 되어도 발달에 지장을 초래할 수 있다."[7]

태아가 비스페놀A에 노출되었을 때의 위험

"업계에서는 우리가 얻은 결과의 유효성을 전적으로 부정하지는 않지만 설치류는 인간과 다르다며 의미를 최소화하려고 합니다." 내가 보스턴에 있는 터프츠 대학 연구소로 찾아갔을 때 안나 소토가 한 말이다. "그럼 우리가 어떻게 해야 할까요? 임신한 여성을 일부러 비스페놀A에 노출시켜서 정말 그런 효과가 일어나는지 확인해야 한다는 말입니까?" 안나 소토는 약간 무덤덤하게 말하더니 컴퓨터를 켜서 카를로스 소넨샤인과 함께 임신한 생쥐를 미량의 비스페놀A에 노출시켜 진행한 연구와 관련된 이미지들을 보여주었다. 노닐페놀을 우연히 발견한 뒤(16장 참조) 안나 소토와 카를로스 소넨샤인은 비스페놀A가 여러 세대에 걸쳐 영향을 미치는지 알아보기로 했다. "그것이 더 유용한 연구라고 생각했습니다. 노닐페놀보다 비스페놀A 노출이 훨씬 더 심각한 문제였으니까요. 그래서 양을 정할 때도 우리가 일상적인 환경에서 노출될 수 있는 양과 비슷하게 한 것입니다. 일일섭취허용량보다 매우 낮은 수치였지요. 가능한 범위에서 최소량까지 내려간 적도 있습니다. 그러면 효과가 나타나지 않으리라 생각했지요. 안타깝게도 결과는 그렇지 않았습니다."

"그래서 어떤 효과를 관찰하셨습니까?"

"자궁 속에서 노출된 쥐나 생쥐에게서 유방암과 전립선암 발병률이 증가했습니다. 배란 주기가 불규칙해지는 등 생식 문제도 관찰되었고, 행동 장애도 보였습니다. 암컷 생쥐가 수컷처럼 행동했지요. 또 정말 놀라웠던 것은 비만이 두드러졌다는 것입니다. 이것은 매우 우려스러운 문제입니다. 인간에게서도 크게 증가하고 있는 질병들이니까요."

"그런 결과가 나타났을 때 노출량은 얼마였습니까?"

"일일섭취허용량보다 200배 낮은 수준이었습니다. 1kg당 250ng(나노그램)이었죠." 안나 소토는 전자 현미경으로 찍은 사진을 보여 주며 말했다. "4개월 된 암컷 생쥐의 유선입니다. 비스페놀A에 노출되지 않은 생쥐였죠. 새끼를 낳으면 유관을 거쳐 젖이 나옵니다. 유관은 수가 아주 많지도 않고 여러 갈래로 뻗지도 않습니다. 이번에는 태어나기 전에 비스페놀A에 노출된 생쥐의 사진을 보여 드리죠. 유관이 지나치게 발달했고 여러 갈래로 뻗어 나가는 걸 볼 수 있습니다. 종말구가 비정상적으로 변형되었고 프로게스테론 수용체도 증가했습니다. 노출된 지 4개월 만에 찍은 사진입니다. 생쥐가 새끼를 뱄다면 정상적인 상황이지만 임신한 건 아니었습니다. 임신은 분명 질병이 아닙니다. 그러나 새끼를 배지도 않은 암컷의 유선이 임신한 상태의 유선을 모방한다면 그것은 정상이 아니지요."

안나 소토는 2001년 《생식생물학》에 발표한 논문에서 "이러한 변화는 설치류를 비롯한 모든 동물에게서 나타나는 암 형성 과정과 관련이 있다."[8]고 밝혔다. 안나 소토 연구팀은 그것을 확인하기 위해 다시 한 번 실험을 시작했다. 그리고 자궁에서 비스페놀A에 노출된 쥐에게서 유방의 전암성 병변이 크게 증가한 것을 확인했다. 또 비스페놀A의 양을 최고로 했을 때 상피내암이 크게 증가했다. "이 결과는 출생 전에 DES에 노출된 여성에게서 얻은 결과와 유사합니다. 그런 여성은 호르몬 의존성 암에 대한 감수성이 높았지요."라고 안나 소토가 설명했다.

"태아가 엄마 배 속에 있을 때 천연 에스트로겐에 노출이 되는데, 그건 영향이 없나요?"

"천연 에스트로겐은 몸에 분비되어야 할 때 분비됩니다." 카를로스 소넨샤인이 대답했다. "반대로 합성 호르몬은 아무 때나 몸에 들어오지요. 특히 그러지 말아야 할 때 들어옵니다. 또 다른 차이점은 천연 호르몬은 빠른 속도로 신진대사가 일어나면서 자연히 활동이 무력해집니다. 외부에서 유입되는 호르몬은 그렇지 않죠. 그래서 더 오래 활동하게 됩니다. 분해 메커니즘에 저항할 뿐만 아니라 지방친화성도 가지고 있어서 지방에 가서 쌓이기 때문입니다."

"비스페놀A가 태아에 미치는 영향은 돌이킬 수 없나요?"

"안타깝지만 그렇습니다." 안나 소토는 주저 없이 대답했다. "기관이 형성되는 시기에 노출되기 때문이죠. 발달 중인 기관에 합성 호르몬이 미치는 영향은 이미 완성된 성인의 기관에 미치는 영향과는 아주 다릅니다."

"다른 연구소에서도 같은 실험을 한 적이 있나요?"

"물론이죠. 프레더릭 폼 살이 저희에게 나아갈 방향을 제시했습니다. 내분비계 교란물질이 많은 양에도 아무런 효과를 내지 않을 수도 있고 극히 적은 양에도 엄청난 피해를 입힐 수 있다는 것을 밝힌 분이 바로 프레더릭 폼 살 교수입니다."

호르몬의 힘을 발견한 프레더릭 폼 살

미주리 주 콜롬비아 대학의 생물학자 프레더릭 폼 살의 연구는 테오 콜본이 내분비계 교란물질을 발견하기 전까지(16장 참조) 오랫동안 맞춰 온 "퍼즐의 가장 중요한 조각"[9]이다. 『도둑맞은 미래』에서 테오 콜본은 미국에서 큰 명성을 얻은 프레더릭 폼 살이 얼마나 훌륭한 과학자인지 이야기하고 있다. 그는 "출생 전에 호르몬에 일어나는 아주 작은 변화가 매우 중요하고, 그 영향이 평생 지속될 수 있음"을 최초로 밝힌 과학자였다.

텍사스 대학(오스틴)을 졸업한 프레더릭 폼 살의 전환기는 1970년대였다. 그는 당시 태아의 발달에 남성호르몬인 테스토스테론이 하는 역할에 관한 박사 논문을 준비 중이었다. 그는 남성 생식기의 형성과 기능에 매우 중요한 테스토스테론이 남성의 특징 중 하나인 공격성을 결정한다는 사실에 주목했다. 그래서 인간과 유전자가 비슷한 생쥐를 가지고 몇 달 동안 행동을 관찰했다. 그 결과 같은 어미에게서 태어난 암컷 중에 공격성이 비정상적으로 두드러진 생쥐가 있다는 것을 알아냈다. 그는 행동의 차이가 배 속에서 어떤 자리를 차지하고 있었느냐와 관련이 있다는 가설을 세웠다. 소형 설치류는 한 번에 평균 새끼 열두 마리를 배는 게 '일반적'이다. 열두 마리가 시루 속 콩나물처럼 자란다. 이때 암컷이 수컷 사이에 샌드위치처럼 낄 수 있다. 그런데 세상 밖으로 나오기 일주일 전부터 수컷의 고환에서는 테스토스테론이 분비되기 시작한다. 테오 콜본도 "암컷이 수컷에게서 분비된 테스토스테론 속에 잠길 수 있다."[10]고 썼다. 어쩌면 그래서 암컷이 태어난 뒤에 남성적인 행동, 즉 공격적인 행동을 보이는지도 몰랐다. 프레더릭 폼 살은 가설을 증명하기 위해 생쥐가 자연 분만(보통 임신 19일째) 되기 직전에 열두 마리를 제왕절개 했다. 그리고 새끼들이 어미의 배 안에서 각각 어떤 위치에 있는지 꼼꼼히 기록한 다음에 행동 변화를 살펴보았다. 결과는 놀라웠다. "공격성이 가장 높은 암컷은 남자 형제들 사이에서 자란 암컷이었다."[11]

"태아의 성 발달에 미치는 호르몬의 강력한 영향력과 자궁 내에서 성장 중인 포유류가 호르몬의 아주 작은 변화에 나타내는 극도로 민감한 반응"을 '한배효과(Wombmate Effect)'라고 한다. 이것은 "자궁 내 착상 위치 현상"[12]이라는 새로운 개념을 낳았다. 프레더릭 폼 살과 그의 뒤를 이은 맥마스터 대학의 머티스 클라크, 피터 카피우크, 베넷 갈레프, 그리고 노스캘리포니아 대학의 존 반덴버그와 신시아 휴게트도 암컷의 자궁 내 위치가 성인의 삶에 결정적인 영향을 미친다는 것을 관찰했다. '재수 없게도' 수컷 사이에서 자라게 되는 암컷 ─ 테오 콜번은 그런 암컷을 '못난이 자매(Ugly Sister)'라고 불렀다. ─ 은 수컷에게 훨씬 인기가 없었다. 수컷 열 중 여덟은 '예쁜' 암컷을 선호했기 때문이다. 테오 콜본은 "예쁜이 자매(Pretty Sister)는 수컷에게 더 '섹시'하게 어필할 수 있는 체취를 가지고 있다. 그들은 매력이 떨어지는 암컷과는 다른 화학물질을 분비한다."고 말했다. "출생 이전의 호르몬 환경은 암컷에게 지워지지 않는 지문을 남긴다. 그 지문은 평생 수컷에게 인식된다."[13] 연구자들은 못난이 자매가 예쁜이 자매보다 사춘기도 더 늦게 겪고 생식력도 떨어진다는 사실도 관찰했다. 못난이 자매가 새끼를 배면 수컷 새끼가 과반수를 이룬다(60%). 예쁜이 자매에게서는 반대로 암컷 새끼가 과반수를 차지한다(60%).

그러나 '자궁 내 착상 위치 현상'은 암컷에게만 해당되지 않는다. 프레더릭 폼 살과 그의 동료 과학자들이 관찰한 바에 따르면 출생 전 암컷 사이에서 자란 수컷 생쥐는 남자 형제 사이에서 자란 수컷 생쥐보다 더 많은 에스트로겐에 노출되고, 그로 인해 다른 수컷들과는 매우 다른 행동을 보인다. 그런 수컷을 '바람둥이'라고 부르는데, 공격성이 훨씬 강해서 어린 생쥐를 공격하거나 심지어 죽이기도 한다. 반면 남자 형제 사이에서 자란 수컷은 나무랄 데 없는 '완벽한 아빠'처럼 행동한다. 게다가 바람둥이 생쥐의 전립선은 에스트로겐에 노출되지 않은 형제보다 2배나 크고, 테스토스테론 수용체가 3배나 많기 때문에 남성호르몬에 대한 감수성이 더 크다.

테오 콜본은 이를 두고 "인간은 형제나 자매와 어머니의 배를 나눠 쓸 일이 없다. 그러나 태아의 발달도 호르몬 변화에 영향을 받을 수 있다."고 지적했다. 호르몬의 변화는 "질병 때문에 일어날 수 있다. 예를 들어 혈압이 높으면 에스트로겐 수치가 올라간다." 혹은 "산모의 지방조직에 존재하는 합성 화학물질이 호르몬을 교란시킬 수 있다."[14] 그런데 "호르몬은 유전자를 변화시키지도 않고 돌연변이를 일으키지도 않는다는 점에 주의해야 한다. 호르몬은 1ppt(1조분율) 차이로 부모에게 물려받은 유전자의 발현을 조절한다."[15]

성적 차이, 특히 남성성을 결정하는 SRY(Sexdetermining Region of Y gene) 유전자가 그에 해당한다. 포유류 암컷의 세포에는 성염색체 X가 2개 있고, 수컷에게는 X염색체 1개와 Y염색체 1개가 있다. 따라서 난자는 모두 X염색체만 가지고 있고, 정자는 X염색체를 가진 정자와 Y염색체를 가진 정자가 따로 있다. 과학자들은 오랫동안 태아의 성별은 정자의 Y염색체 존재 여부에 따라 결정된다고 생각했다. 정자가 Y염색체를 가지고 있으면 남자아이가 태어나고, X염색체를 가지고 있으면 여자아이가 태어난다는 것이다. 그런데 1990년에 태아의 성이 결정되는 과정이 그보다 훨씬 더 복잡하며 Y염색체 위에 있는 SRY 유전자의 발현에 따라 달라진다는 것을 알게 되었다.

"정자가 난자에 침투할 때 태아의 성을 결정하는 유전자 방아쇠를 가지고 있는 것은 사실이지만 발달 중인 태아가 곧바로 남자가 되거나 여자가 되는 것은 아니다. 남자가 될 수도 있고 여자가 될 수도 있는 잠재성을 6주 이상 갖고 있기 때문이다. 고환이 될 수도 있고 난소가 될 수도 있는 한 쌍의 생식샘과 둘로 나뉜 원시적인 생식기관 — 하나는 남성 생식기, 또 하나는 나팔관과 자궁의 초보적인 모습을 하고 있다. — 이 이 기간에 발달한다. 서로 다른 조직에서 만들어진 남성과 여성의 생식기관은 볼프관과 뮐러관이 유일하다. 남성과 여성의 생식기가 매우 다르게 생겼지만 사실은 동일한 조직에서 만들어진 것이다. 그 조직에서 음경이나 음핵, 음낭이나 음순이 만들어지는 것은 태아가 발달하는 동안 받는 호르몬 신호로 결정된다."[16]

태아의 성을 완전히 결정짓는 것은 SRY 유전자의 발현이다. 이 유전자는 임신 기간 중 아주 정확한 시기에 딱 한 번 테스토스테론 신호를 보낸다. 베르나르 제구, 피에르 주아네, 알프레드 스피라가 『생식능력은 위험에 빠졌나?』에서 이 내용을 설명하고 있다.

복잡한 성 분화와 생식기관 형성 과정을 잘 이해하는 것이 중요하므로 책의 내용을 옮겨 적어 본다. 이 과정은 지극히 정교하기 때문에 침입자가 나타나면 모든 것이 완전히 어긋날 수 있다.

"7주째가 되면 Y염색체에 있는 SRY 유전자가 생식샘에 신호를 보낸다. 고환으로 변하라고 지시하는 것이다. 성 분화는 중요한 두 가지 호르몬을 활발하게 분비하는 고환의 호르몬 활동에 따라 결정된다. SRY 유전자가 일으키는 첫 번째 영향은 세르톨리 세포에서 항뮐러관호르몬(AMH)이 분비되는 것과 라이디히 세포에서 테스토스테론이 분비되는 것이다. 항뮐러관호르몬은 뮐러관을 퇴화시키고, 테스토스테론은 볼프관이 부고환과 수정관, 정낭으로 발달할 수 있도록 한다. 안드로겐인 테스토스테론과 그 부산물은 요도와 전립선 발달을 촉진하고 생식 결절을 확장시켜 음경과 음낭이 형성될 수 있게 한다. 이 시기에 고환은 복부에 위치한다. 임신 7~8개월째, 그러니까 출생이 임박해서 음낭으로 내려온다. (……) 여아일 때에는 SRY 유전자가 없다. 대신 다른 유전자의 작용으로 생식샘이 난소로 자란다. 테스토스테론과 항뮐러관호르몬이 없기 때문에 볼프관이 퇴화한다. 뮐러관은 나팔관, 자궁, 질 상부로 발달한다. 외부 생식기 주름은 합쳐지지 않고 외음부의 소음순과 대음순이 되며, 생식 결절은 음핵이 된다."[17]

시한폭탄

"화학 산업은 정보 왜곡에 많은 투자를 했습니다. 우리가 비스페놀A에 노출되지 않았고, 우리 몸에 남아 있는 비스페놀A의 양도 우려할 만한 수준이 아니라고 믿게 만들었죠." 프레더릭 폼 살은 뉴올리언스 심포지엄에서 이렇게 말했다. "그러나 현실은 그것이 거짓이라는 것을 증명했습니다. 비스페놀A 일일섭취허용량대로 먹고 싶다면 하인즈 토마토케첩이나 참치 캔을 먹으면 됩니다. 애틀랜타에 소재한 미국질병통제국은 여러 연구를 통해 미국 국민의 소변에 들어 있는 비스페놀A의 양을 알아 봤습니다.[18] 그 결과 미국인 95% 이상이 오염되었고, 어릴수록 비스페놀A 양도 많았습니다.[19] 인큐베이터나 중환자실에 입원한 조산아의 오염은 특히 심각합니다. 플라스틱으로 만든 펌프와 수액 주머니에 든 비스페놀A와 프탈레이트가 원인입니다.[20] 측정된 비스페놀A의 양은 제가 10년 전부터 실험에서 사용하던 수준입니다."

프레더릭 폼 살은 이 심포지엄에서 비스페놀A에 관한 최신 연구 결과를 소개한 뒤 나와 인터뷰를 했다. 인터뷰는 두 시간이나 계속되었다. 비스페놀A에 관해 훤히 꿰뚫고 있는 그가 열정에 휩싸여 말하는 걸 보고 있으면 참으로 놀랍다. 그의 열정은 유럽 식품안전청이나 프랑스 (전)식품위생안전청에서 비스페놀A 문제를 다루는 다른 전문가들의 미적지근한 태도와 뚜렷한 대조를 이룬다.

"새끼를 밴 생쥐를 미량의 비스페놀A에 노출시켰을 때 어떤 결과가 나타났나요?"

"말씀드리기 전에, 제 연구팀이 실험에서 사용한 양은 미국, 유럽, 일본 국민을 대상으로 실시한 모든 조사에서 나온 비스페놀A의 양과 같다는 점을 말씀드리고 싶습니다. 다시 말하면 국제 규제 기관이 정한 일일섭취허용량보다 훨씬 적은 양입니다. 저희가 관찰한 효과는 여러 가지입니다. 우선 수컷과 암컷의 행동 차이가 줄어들었고, 성 정체성이 상실되었습니다. 자궁과 방광의 기형 때문에 성인이 되어서 정상적으로 소변을 보지 못했습니다. 끔찍하다고 할 수 있을 정도의 기형도 일어났습니다. 자궁에서 몸무게 1kg당 비스페놀A 20μg, 즉 일일섭취허용량보다 2.5배나 낮은 농도에 노출된 쥐는 여기 사진에서 보시다시피 요도가 막혀서 방광의 심각한 기능 이상을 겪었습니다. 그보다 더 낮은 농도에서도 비스페놀A는 인슐린 분비를 일으켜 혈당을 증가시킬 뿐만 아니라 인슐린 저항성을 키웠습니다. 당뇨병, 심장 질환, 뇌 질환, 행동 장애를 일으켰죠. 수컷과 암컷의 생식기능 이상도 나타났습니다. 암컷에게서는 난소 낭종이나 자궁 근종이, 수컷에게서는 고환 기형, 정자 수 감소, 호르몬과 테스토스테론의 수치 저하가 관찰되었습니다. 또 수컷에게서는 전립선암이, 암컷에게서는 유방암이 나타났습니다. 인간이 어느 정도 오염되었는가를 알게 된다면 시한폭탄을 다루는 것과 마찬가지일 것이라고 생각합니다."

"태아가 유난히 비스페놀A에 민감한 이유는 뭡니까?"

"비스페놀A뿐 아니라 모든 내분비계 교란물질에 민감합니다. 우선 태아에게는 성인과 달리 보호 시스템이 없기 때문입니다. 예를 들어 화학물질의 신진대사를 가능하게 할 효소가 없습니다. 태아의 몸속으로 화학물질이 일단 침투하면 그대로 영원히 머무는 것입니다. 두 번째 이유는 태아에게만 있는 감수성 때문입니다. 이는 하나의 세포가 2개로 분열하고, 다시 4개로 분열하는 세포 분화 과정으로 인한 것이지요. 근육세포든, 지방세포든, 뇌

세포든 세포의 유전자는 모두 같지만 특정 호르몬에 의해 다른 세포를 만들도록 프로그램 되어 있습니다. 그런데 비스페놀A는 모든 내분비계 교란물질이 그렇듯이 세포 분화 과정을 방해합니다. 일단 비정상적인 경로에 들어서면 다시 정상으로 되돌아가는 것은 불가능합니다. 피해가 영구적이기 때문입니다. '유전자 프로그래밍'으로 일부 기관이 비정상적으로 작동하도록 만들어져서 몇 십 년 뒤에는 암이 발생합니다."

"태반 장벽이 전혀 소용이 없다는 말씀입니까?"

"태반 장벽은 분명 존재합니다. 그러나 우리가 생각하는 것과 달리 독성물질이 태아에 닿지 않도록 막아 주지는 못합니다. 오히려 그 반대입니다. 마치 함정처럼 독성물질이 태반을 뚫고 들어오면 다시 나갈 수 없게 만들지요. 제 연구에서도 밝혔습니다만, 태아의 세포는 혈관 장벽 덕분에 어머니의 몸속에 있는 천연 에스트로겐으로부터 보호를 받습니다. 그러나 혈관 장벽은 합성 호르몬이 태아의 세포에 침입하는 것은 막지 못합니다. 이것은 제가 내분비계 교란물질의 어머니라 할 수 있는 DES에 대한 연구에서 발견한 사실입니다."[21]

전투에 나선 기업

프레더릭 폼 살은 DES와 같은 외부에서 유입되는 에스트로겐이 태아의 발달에서 중요한 과정에 어떻게 개입하는지 이해하려고 연구 중이었기 때문에 생쥐의 한 배 새끼들에 대한 연구에서 관찰한 결과를 확인할 수 있었다. "미량의 호르몬이 갖는 강력한 힘은 양이 많을 때보다 훨씬 더 심각하고 나쁜 효과를 냅니다." 뉴올리언스에서 인터뷰를 할 때 그가 내게 말했다. 규제 기관들은 계속 거부하고 있지만 이 발견이 얼마나 중요한지 이해하기 위해 프레더릭 폼 살의 연구 경력을 간단하게 살펴볼 필요가 있다.

그는 1997년에 자궁에서 미량의 DES에 노출된 수컷 새끼의 전립선이 비정상적으로 커지는 것을 관찰한 첫 연구를 발표했다. 자궁에서 에스트라디올에 노출된 생쥐 새끼에게서 관찰된 것과 비슷한 증상이었다. 프레더릭 폼 살은 내생 호르몬인 에스트라디올의 전문가이기도 했다.[22] 전립선의 크기와 무게가 비정상적으로 증가한 것은 암의 전조 증상으로 보는 것이 일반적이다. 프레더릭 폼 살은 비스페놀A를 가지고 똑같은 실험을 반복했고, 역시 똑같은 결과를 얻어 같은 해에 발표했다. 그는 《환경건강전망》에서 "우리의 연구는 태아가 비스페놀A에 1ppb 단위로 노출되어도 성인 쥐가 되었을 때 생식기능이 변형될 수 있음을 최초로 보여 주었다. 1ppb 단위라면 우리가 살고 있는 환경에 존재하거나 우리가 일상적으로 섭취할 수 있는 양이다."라고 밝혔다. 그러나 이 글이 발표될 당시에는 반응이 거의 없었다.[23] 이듬해 발표한 세 번째 연구는 "즉각 화학 기업들의 관심을 끌었고, 그를 비스페놀A와 싸우는 지칠 줄 모르는 십자군 병사로 탈바꿈시켰다."고 《플로스생물학》의 과학 전문 기자 리자 그로스는 표현했다.[24]

프레더릭 폼 살은 실험을 위해 새끼를 밴 생쥐에게 임신 11일째에서 17일째까지 비스페놀A(기름에 용해시켰다.)를 2~20μg/kg으로 섭취시켰다. 이는 비스페놀A의 일일섭취허용량보다 2.5~25배 낮은 것이다. 연구 논문의 서문에는 "2μg은 치과용 시멘트를 시술받은 환자가 시술 뒤 한 시간 동안 삼킨 비스페놀A의 양보다 적다."[25]라고 적혀 있다. 그러나 관찰된 결과는 결코 무시할 수 없는 수준이다. 일부 생식기(포피선)의 크기가 증가하거나 감소

(부고환염)하며, 20μg일 때에는 정자 생산량이 대조군에 비해 20% 줄어든다. 화학 기업들을 경악하게 했던 『도둑맞은 미래』(16장 참조)가 출간되고 얼마 지나지 않아 발표된 프레더릭 폼 살의 연구도 큰 충격을 불러일으켰다. 그는 《플로스생물학》에서 연구의 파장을 자세히 밝혔다. "우리가 비스페놀A에 대한 논문을 발표하자마자 화학 기업들은 즉각적인 반응을 보였다. 그들은 우리의 연구를 반박하기 위해 민간 연구소에 연구를 의뢰했다. 그런데 연구를 어떻게 진행해야 할지 아예 감을 잡지도 못하는 사람들에게 의뢰를 했다는 사실이 가장 놀라웠다. 그 연구소들의 몇몇 대표가 나를 찾아와 '연구를 어떻게 시작해야 할지 모르겠습니다. 저희를 좀 도와주실 수 있을까요?'하고 물은 적도 있다."[26]

이 놀라운 이야기를 리자 그로스가 이어서 전한 바 있다. "프레더릭 폼 살은 실험 프로토콜을 녹화해서 다우케미컬과 계약을 맺은 연구소로 보내주었다. 또 학생 한 명을 영국으로 보내서 아스트라제네카 과학자들에게 연구 절차를 가르쳐 주기도 했다. 1999년부터 플라스틱산업협회(SPI)와 손을 잡은 아스트라제네카(아스트라제네카는 비스페놀A를 생산하지 않지만 동일한 효과를 유발하는 여러 종류의 농약을 만든다.), 다우케미컬, 셸, 제너럴일렉트릭, 바이엘의 연구소, 비스페놀A 주요 제조업체들에서 작성한 논문들이 쏟아져 나오기 시작했다. 이 논문들 중 미량의 비스페놀A가 전립선 발달에 피해를 입힌다고 한 논문은 한 편도 없었다."[27]

그러나 같은 해에 피츠버그 대학 약학과 교수인 찬다 굽타가 발표한 연구도 프레더릭 폼 살과 같은 결론에 이르렀다. 찬다 굽타는 새끼를 밴 생쥐를 미량의 비스페놀A와 알라클로르(몬산토가 라소라는 브랜드로 판매하는 농약. 1장 참조)에 노출시켰고 프레더릭 폼 살과 마찬가지로 '양성 대조군'으로 사용하기 위해 미량의 DES에도 노출시켰다. 프레더릭 폼 살이 설명한 것처럼 "생쥐가 DES 노출에 반응을 나타내지 않는다면 DES 노출 효과는 이미 잘 알려져 있으므로 실험 설계가 잘못되었다는 증거가 된다."[28] 찬다 굽타는 자궁에서 16일째부터 18일째에 비스페놀A 50μg/kg(일일섭취허용량에 해당)에 노출된 수컷 쥐의 전립선이 비대해진 것을 관찰했다. 또 회음부*의 길이도 증가했다.(같은 양의 알라클로르 노출에서도 동일한 효과가 나타났다.)[29] 게다가 태아의 전립선을 배양액에 넣고 화학물질로 처리했더니 비정상적으로 자라는 것을 볼 수 있다. 이는 "화학물질이 기관에 직접적으로 작용한다는 증거"[30]였다.

기업들의 반응은 즉각적이었다. 미국 화학산업연합회 산하 화학산업독성연구소(CIIT)의 과학자 3명은 《실험생물학의학협회회보》에 논평을 싣고 찬다 굽타의 '연구 분석 방법과 결론'을 격렬하게 비난했다.[31] 찬다 굽타는 아스파르탐 사건에서 이미 언급했던 현상, 즉 펀딩 효과(15장 참조)를 언급하며 반박했다. "비스페놀A가 일으키는 효과를 발견하지 못한 연구들이 화학 기업으로부터 연구비를 받았다는 사실은 흥미롭다. 대학의 독립 연구소들은 정반대의 결과를 얻었는데 말이다. 기업의 수익과 직결된 화학물질을 연구하는 과학자들은 화학 기업들과 그 기업을 위해 일하는 과학자들의 물 샐 틈 없는 검증의 대상이 되는 것이 분명하다."[32]

기업들은 이번에도 전염병학자 피터 인판테(9장 참조)의 표현대로 '과학 논문을 오염시키는 것을 목적으로 하는' 전략을 사용했다. 매우 권위 있는 기관인 하버드리스크분석센터(HCRA)의 '전문성'을 빌린 것이다. 지면상으

---

* 항문과 생식기 사이. 보통 수컷의 회음부가 암컷의 회음부보다 두 배 더 길다. 그보다 길거나 짧다는 것은 자궁에 있을 때 생식기관에 기형이 일어났다는 단서가 될 수 있다(19장 참조).

로는 하버드라는 이름이 워낙 대단하게 보여서 규제 기관의 순진한 전문가들의 눈을 멀게 하기 충분하다. 하버드 대학이라는 이름을 건 기관이 세계 최대의 독극물 제조업체들을 위해 일하리라고 누가 의심할 수 있겠는가? 그러나 존 그레이엄이라는 사람이 1989년에 설립한 하버드리스크분석센터의 '임무'가 바로 그런 것이었다.

세기의 담배 소송이 진행될 때 일반에 공개된 기밀 자료를 보면 하버드리스크분석센터의 최초 고객이 필립 모리스였음을 알 수 있다.[33] 다우케미컬, 듀폰, 몬산토, 엑손, 제너럴일렉트릭, 제너럴모터스가 그 뒤를 이었다. 하버드리스크분석센터는 이 기업들에 유리하도록 화학물질과 관련된 보건 리스크를 최대한 줄여서 소개하는 긴 보고서를 작성했다. 미국합성수지위원회(American Plastics Council)에서 미량의 비스페놀A가 유발하는 효과에 대한 연구의 메타분석을 의뢰했을 당시 존 그레이엄은 조지 부시 행정부에 들어가 정보규제국(OIRA) 국장에 임명되었다. 화학물질 규제에 매우 중요한 영향력을 행사할 수 있는 자리였다. 존 그레이엄의 임명은 학계를 비롯해서 많은 반발을 불러일으켰다. 전염병학자 리처드 클랩(11장 참조)을 비롯한 53명의 저명한 과학자들은 2001년 5월 9일 급기야 상원 정무위원회에 항의 서한을 보냈다. 그들은 "규제 대상 기업과 매번 심각한 이익 상충 문제를 보인 그레이엄의 연구"와 "이론의 여지가 많은 경제 논리를 사용하며 다이옥신이나 벤젠과 같이 고증된 오염물질이 일으키는 실질적 리스크를"[34] 부정하고 있다고 비난했다.

존 그레이엄이 워싱턴으로 떠나자 그의 자리를 조지 그레이가 차지했다. 그는 농약의 열렬한 지지자이다.[35] 그는 화학 기업들이 돈을 대는 메타분석을 수행한다며 과학자 '패널'을 모집했다. 담배 회사와 밀접하게 일했던 컨설팅 회사 그라디언트 코퍼레이션(Gradient Corporation)의 '전문가' 로렌츠 롬버그도 그중 한 명이었다. 롬버그는 2006년에 3세 미만 아동용 젖병과 장난감에 비스페놀A와 프탈레이트를 금지시키는 캘리포니아 주 법안(AB319) 통과를 적극적으로 막는 활동을 벌여 유명해졌다. 그의 펜 끝에서 나온 여러 가지 논리를 나는 유럽 식품안전청에서 단어 하나 틀리지 않고 그대로 듣게 되었다.

"법안에 찬성하는 사람들은 전통적인 과학과는 거리가 먼 가설을 내놓는다. 미량 ─ 안전하다고 간주되는 양보다 훨씬 낮은 수준 ─ 의 비스페놀A에 노출되어도 건강을 위험에 빠뜨린다는 것이다. 그들은 극히 적은 양의 비스페놀A가 아이에게 피해를 입힌다는, 증명되지도 않은 추측을 할 뿐이다. 그들이 인용하는 연구 대부분이 그 유효성이 제한적이거나 아예 없으며, 미량의 비스페놀A의 효과를 증명한다는 몇몇 연구는 그보다 더 광범위하고 엄격한 연구로 확인된 적이 없다. (……) 인용한 연구의 수가 얼마이건 간에, 빈약하고 일관적이지 못한 증거를 합쳐 놓는다고 견고한 증거가 되는 것은 아니다. (……) 반대로 비스페놀A를 포함한 플라스틱의 안전성은 끊임없이 재확인되고 있다. 일본과 유럽의 규제 기관이나 하버드리스크분석센터의 과학 전문가 독립 패널이 최근 수행한 매우 완전한 평가가 그 예이다."[36]

16세기 기술과 지식

2004년 하버드리스크분석센터가 '미국합성수지위원회의 지원을 받아' 발표한 메타분석은 "미량의 (비스페놀A) 효과에 대한 증거들이 일관적이지 않다."[37]고 결론을 내렸다. 조지 그레이와 '독립 패널의 전문가들'은 2년에 걸쳐 2002년 4월에 발표된 연구 47건 중 19건의 연구를 분석했다. 그리고 패널 중 세 명은 결국 보고서에 서명하기를 거부했다. 보고서는 결론에서 "실험 조건을 까다롭게 통제한 상태에서 기존의 연구를 반복"할 것을 권고했다.

플라스틱 제조업체들이 이 보고서를 대량 유포할 때 프레더릭 폼 살과 하버드리스크분석센터의 보고서에 공동 저자로 올라갔지만 결국 결별한 클로드 위그는 새로운 메타분석을 내놓았다. 그들은 19건이 아니라 2004년 말까지 미량의 비스페놀A가 내는 효과를 연구한 논문 115건을 검토했다.[38] "결과는 정말 경악할 수준이었습니다." 프레더릭 폼 살은 뉴올리언스에서 인터뷰를 할 때 말했다. "우리는 공적 자금으로 재정 지원을 받은 연구의 90% 이상 — 115건 중 94건 — 이 미량의 비스페놀A의 효과가 심각하다고 결론 내린 것을 알게 되었습니다. 대신 기업이 지원한 연구 중 그런 결론을 내린 연구는 단 한 건도 없었죠."

"펀딩 효과라고 하는 것이죠."

"그렇습니다. 게다가 척추동물과 무척추동물 구분 없이 동물을 대상으로 수행한 연구 서른한 건은 비스페놀A의 일일섭취허용량보다 적은 양에서도 유의미한 효과가 나타났다고 보고하고 있습니다."

"기업을 위해 일하는 과학자들이 얻은 부정적 결과에 대해서는 어떻게 생각하십니까? 그들이 속임수를 쓴 것일까요?"

"속임수라는 걸 증명하기는 어렵습니다. 다만 잠재적 효과를 감출 수 있는 '팁'이 몇 개 있죠. 클로드 위그와도 우리 논문에 썼습니다만, 우선 기업이 돈을 대는 연구소 대부분은 에스트로겐 성질이 있는 화학물질에 반응을 보이지 않는 쥐를 사용하는 것으로 유명합니다."

"그런 쥐도 있나요?" 나는 신기해서 물어보았다.

"네, 스프레그 다우리 종(SD)이라고 있습니다. 세계 최대의 실험동물 공급업체인 찰스리버가 만들어 낸 종이라고 할 수 있습니다. 번식력이 높고 성장이 빨라서 찰스리버가 약 50년 전에 선택한 쥐의 한 종류입니다. 비만 암컷은 많은 새끼를 낳을 수 있지만 그 때문에 에스트로겐에는 반응하지 않습니다. 예를 들어 피임약에 들어 있는 강력한 에스트로겐인 에티닐에스트라디올에 반응하지 않지요. 경구 피임약을 복용하는 여성이 하루에 섭취하는 양보다 100배나 높은 양에나 반응합니다. 따라서 미량의 합성 에스트로겐 효과를 연구하는 데 스프레그 다우리 종은 부적합합니다."

"기업을 위해 일하는 연구소에서는 쥐의 그런 특성을 모르는 건가요?"

"그런가 봅니다. 공공 연구소에서는 다 알고 있는데 말입니다." 프레더릭 폼 살은 의미심장한 웃음을 지었다. "민간 연구소의 연구에서 찾아낸 또 다른 문제는 적어도 50년은 됐을 기술을 사용한다는 것입니다. 미량의 비스페놀A를 검출하지 못하는 것은 연구소가 그럴 만한 장비를 갖추지 못했기 때문이거나 '우수실험실운영기준'(12장 참조)이 참 편리하게도 그런 설비를 갖추라고 요구하지 않기 때문입니다. 천문학자와 비교하자면, 허블 망원경이 있는데 굳이 쌍안경으로 달을 관찰하고 있는 것과 비슷하지요. 저희 연구소에서는 신진대사 되지 않은 비스페놀A 잔여물을 0.2ppb까지 찾아낼 수 있습니다. 저희가 검토한 기업 연구의 대부분은 검출량이 50~100배까지 높았습니다. 그러니 '비스페놀A가 완전히 제거되었으므로 건강에 위험하지 않다.'는 결론을 내리기 쉬웠던 겁니다. 마지막 문제는 민간 연구소의 과학자들뿐만 아니라 규제 기관의 전문가들도 내분비학에 문외한이라는 사실입니다. 그들은 '양이 곧 독이다'라는 구세대 독성학을 배운 사람들입니다. 일일섭취허용량의 근간이 되었던 그 원칙은 16세기에 세워졌던 잘못된 가설에 바탕을 두고 있습니다. 파라셀수스 시대에는 화학물질이 호르몬처럼 작용한다는 것을 알지도 못했고, 호르몬이 독성학의 규칙을 따르지 않는다는 것도 몰랐으니까요."[39]

"그렇다면 일일섭취허용량의 파생 명제인 '양과 효과'의 상관관계 원칙도 잘못되었다는 말씀이군요."

"물론입니다. 내분비계 교란물질에는 그 원칙이 아무런 소용이 없습니다. 기존의 독성 물질에는 적용될 수도 있겠습니다만 호르몬에는 절대 들어맞지 않습니다. 일부 화학물질과 천연 호르몬의 경우 미량으로도 효과가 일어날 수 있고 많은 양일 때 효과가 오히려 억제될 수도 있습니다. 호르몬의 경우 양은 절대 독이 되지 않습니다. 양이 많다고 반드시 효과가 악화되는 것이 아닙니다. 내분비학에서 양과 효과는 비례하지 않기 때문입니다. 구체적인 예를 들어 볼까요? 유방암에 걸린 여자가 있다고 칩시다. 환자에게 타목시펜을 처방합니다. 복용 초기에는 환자에게 매우 불편한 효과가 나타납니다. 처음에는 약이 암 진행을 자극하기 때문입니다. 그러다가 일정 양에 도달하면 암 세포의 증식을 차단합니다. 전립선암 환자에게 처방하는 루프론도 마찬가지입니다. 두 약물 모두 양과 효과가 정비례하지 않는다는 것을 보여 줍니다. 그래프에서 직선을 그리는 것이 아니라 종형의 곡선이 그려집니다. 내분비학에서는 이것을 '이상성 효과'라고 합니다. 상승 단계가 있고 하강 단계가 있기 때문이죠."

"규제 기관에서도 이런 특성을 모르고 있나요?"

"농담이 아니라, 규제 기관의 전문가들이 의대에 다시 입학해서 내분비학 개론 수업을 들어야 한다고 생각합니다. 그리고 1000명 이상의 전문가들이 가입한 미국내분비학회가 최근 발표한 합의문을 읽어 보십시오. 호르몬 작용을 하는 수백 개의 화학물질 규제 방식을 처음부터 끝까지 재검토해야 한다며 대책을 세워 줄 것을 정부에 공식적으로 요구하고 있지요. 이 합의문을 작성한 사람들은 길거리에 피켓을 들고 나와 시위를 하는 극렬분자가 아닙니다. 그들은 모두 내분비학 전문가입니다. 규제 기관이 내분비학을 받아들이지 않는 한 소비자와 대중은 보호받지 못하리라고 주장하는 것입니다. 규제 시스템이 효율적이지 않을 테니까요."

나는 2009년 6월에 내분비학회가 발표한 글(안나 소토도 저자 중 한 명이었다.)을 읽어 보았다.[40] 50쪽에 이르는 이 글은 경종을 크게 울리고 있다.

"내분비계 교란물질이 남성과 여성의 생식기뿐만 아니라 유방암, 전립선암, 신경내분비계, 갑상선, 비만, 심장 혈관 관련 내분비계에 영향을 미친다는 증거가 있다. 동물 모델, 인간의 임상 관찰, 전염병학 연구를 종합해서 얻은 결과를 보면 내분비계 교란물질을 심각한 공공 보건 문제로 전제할 수 있다."

"내분비계 교란물질이 농약, 플라스틱, 플라스틱 가공제, 연료, 그 밖에 환경에 존재하고 일상적으로 널리 사용되는 수많은 화학물질에 들어 있다."는 사실을 상기시킨 내분비학자들은 "아무리 적은 양에 노출되어도 내분비계와 생식기에 이상을 가져올 수 있다."고 강조했다. "특히 발달 과정의 중요한 단계에 노출이 일어나면 문제는 더욱 심각해진다. 많은 양보다 적은 양이 더 강력한 효과를 낼 수 있다는 사실이 충격적이기는 하지만 사실은 사실이다. 또 내분비계 교란물질의 작용은 양과 효과의 상관관계를 나타내는 기존의 곡선을 따르는 것이 아니라 종형 곡선을 그린다."

결론에서 그들은 "과학 정책 결정자들이 내분비계 교란물질에 대한 인식을 높이고 예방 원칙을 확산시키며 공공 정책에 변화를 가져와야 한다."고 지적했다.

"비스페놀A의 일일섭취허용량 결정에 근거가 된 연구는 엉망이다"

"유럽 식품안전청과 미국 식품의약국이 어떤 연구를 근거로 비스페놀A의 일일섭취허용량을 50μg/kg으로 정했는지 아십니까?" 나는 프레더릭 폼 살에게 물었다. 질문을 하면서도 그것이 이 (비참한) 사건의 가장 경악스러운 점이라는 걸 그때는 몰랐다.

"규제 기관들이 근거로 삼은 연구가 있는데, 저는 그것이 엉망이었다고 말하고 싶습니다. 그런 연구는 과학사의 쓰레기통으로 직행해야 합니다." 프레더릭 폼 살은 인터뷰 초반의 기분 좋았던 목소리와는 완전히 달라진 심각한 말투로 대답했다. "이 연구는 로셸 틸이 플라스틱제조협회와 비스페놀A의 주요 제조업체인 다우케미컬, 바이엘, 아리스테크케미컬, GE플라스틱스에서 연구비를 받아 진행되었습니다. 연구 결과는 2002년에 발표되었는데, 제목에도 나와 있듯이 스프레그 다우리 종을 사용했습니다. 말하자면 전혀 쓸모없는 연구였죠. 하지만 유럽 식품안전청과 미국 식품의약국은 수백 건의 연구 중 이 연구를 근거로 삼아 일일섭취허용량을 정했습니다."

유럽 식품안전청이 2006년에 발표한 의견서[41] 32쪽을 보면, 생식 독성에 관한 무독성량을 결정하는 데 기준이 된 연구는 로셸 틸이 스프레그 다우리 종 "3세대에 걸쳐 수행한 광범위한 연구"[42]라고 되어 있다. "제가 2005년에 스프레그 다우리 종이 에스트로겐성 물질에 반응하지 않는다는 것을 발견했을 때 로셀 틸의 연구팀은 서둘러서 두 번째 연구를 진행했습니다. 그때는 CD1 생쥐를 사용했지요. 제가 사용하는 생쥐와 같은 종이었지만 여기에도 큰 문제가 있었습니다."라고 프레더릭 폼 살은 설명해 주었다. 실제로 유럽 식품안전청은 2006년 의견서에서 "미량의 비스페놀A가 민감성을 가진 설치류에 미치는 효과에 관한 논란"을 언급했다. 그리고 "최근 우수실험실운영기준에 따라 생쥐 2세대를 대상으로 수행한 생식 독성학 연구는 미량으로 인한 효과는 없는 것으로 확인되었다."[43]고 주장했다. 분명하게 명시된 것은 아니지만 2002년 '엉망인 연구'를 검토해서 정한 일일섭취허용량 50㎍은 그대로 유지되었다는 것을 알 수 있다.

"두 번째 연구의 문제는 무엇입니까?"

"여러 가지 문제가 있습니다. 사태는 무척 심각합니다. 비스페놀A의 일일섭취허용량에 관한 것이니까요. 그래서 저를 포함한 미국의 과학자 30명이 2009년에 《환경보건전망》[44]에 긴 기고문을 실었습니다. 이 연구가 얼마나 결함이 많은지 고발하기 위해서였죠. 두 번째 연구도 첫 번째 연구와 함께 쓰레기통에 버려야 합니다. 그런데 유럽 식품안전청과 미국 식품의약국은 그 연구를 우수실험실운영기준의 모범으로 간주하고 있습니다."

이어지는 충격적인 이야기를 이해하려면 로셀 틸 연구팀이 280마리의 수컷 생쥐와 280마리의 암컷 생쥐를 사용했다는 것을 알아야 한다. 생쥐는 대조군(노출시키지 않은 집단), 포지티브 대조군(에스트라디올에 노출시킨 집단. 에스트라디올을 사용한 이유는 이 호르몬이 일으키는 효과가 모두 알려져 있기 때문이다.), 실험군(여섯 개의 서로 다른 양의 비스페놀A에 노출시킨 집단)으로 나뉘었다. 새끼를 배었을 때 노출된 암컷과 암컷이 낳은 생쥐들이 관심 대상이었다. 미량의 비스페놀A가 다음 세대의 생식기에 미치는 효과를 측정하는 것이 연구의 주된 목적이기 때문이다. "우리가 처음으로 지적한 것은 포지티브 대조군의 생쥐가 에스트라디올에 전혀 반응하지 않는다는 점이었습니다." 프레더릭 폼 살은 내게 설명했다. "처음 효과를 보인 양은 저희 연구소를 비롯한 많은 연구소에서 관찰한 양보다 5만 배나 높은 양이었습니다. 로셀 틸의 장비가 에스트로겐에 오염되었다는 뜻이었습니다. 어쩌면 2001년 8월에 연구소에 화재가 발생했던 것이 원인일 수도 있습니다. 화재 당시 폴리카보네이트로 만든 스무 개의 생쥐 우리가 타면서 비스페놀A가 방출되었으니까요. 이 가설은 최근 독일에서 열린 한 심포지엄에서 제기되기도 했습니다. 로셀 틸과 미국 식품의약국 대표도 참석한 자리였죠. 당시 이 연구의 문제점들이 상당 부분 도마 위에 올랐습니다.[45] 놀라운 것은 유럽 식품안전청과 미국 식품의약국은 포지티브 대조군의 비정상적인 면을 보지 못했다는 것입니다. 그것만으로도 연구의 전체 결과가 갖는 유효성을 무효화할 수 있는데 말이지요. 에스트로겐에 오염되면 미량의 비스페놀A가 나타내는 효과는 측정이 불가능합니다. 두 번째 문제는 대조군 수컷의 전립선 무게가 비정상이었다는 것입니다. 유사 연구에서 사용된 수컷의 전립선 무게보다 75%나 더 나갔습니다."

로셀 틸은 논문의 〈표3〉에서 3개월 반 된 대조군 생쥐의 전립선 평균 무게가 70mg 이상이었다고 기록했다. 그런데 프레더릭 폼 살을 포함한 30명의 과학자들은 "대조군의 전립선 평균 무게가 다른 연구소에서 보고한 무게와 큰 차이를 보인다."고 지적했다. "일반적으로 생후 2~3개월 된 CD1 생쥐의 전립선 무게는 40mg이다. 여러 연구가 출생 이전에 미량의 비스페놀A나 에스트로겐에 노출되면 전립선의 무게가 증가한다고 보고했다. (……) 그러나 실험실에서 비스페놀A에 노출된 동물의 비대해진 전립선도

틸 연구팀의 대조군 생쥐의 전립선보다 가벼웠다."[46] "비정상적인 전립선 무게는 두 가지로 설명됩니다."라고 프레더릭 폼 살은 내게 설명했다. "해부가 제대로 진행되지 못했거나 생쥐의 전립선이 감염된 것입니다. 로셸 틸이 비대해진 전립선 크기를 설명한다며 내놓은 여러 가지 해명은 그 연구가 일말의 가치도 없음을 확인시켜 주었을 뿐입니다."

사실 로셸 틸이 실수를 한 것은 이번이 처음이 아니었다. 2008년 9월 16일에 미국 식품의약국이 개최한 청문회에서 그녀는 첫 번째 해명을 내놓았다. 프레더릭 폼 살이 비대해진 전립선에 대해 공개적으로 질문했을 때였다. 그녀는 "생쥐가 생후 3개월이 아니라 6개월이었습니다."라고 대답했다. "그래서 전립선이 더 컸던 것입니다." 프레더릭 폼 살은 눈 하나 깜짝 하지 않고 연구 논문을 내밀었다. "두 번이나 인쇄 오류"[47]가 있다니 놀랍다고 말했다. 2009년 4월 독일에서 열린 비스페놀A에 관한 심포지엄에서 다시 '망할' 전립선 문제가 거론되자 로셸 틸은 또 다른 해명을 내놓았다. "생쥐가 생후 5개월이었습니다." 그 자리에 있던 쉰여덟 명의 과학자들은 어떻게 그런 연구가 규제 기관의 기준이 될 수 있었는지 공개적으로 의문을 제기했다.[48]

유럽 식품안전청이 비스페놀A를 옹호하는 빈약한 논리

이런 일이 어떻게 가능할까? 2010년 1월 19일, 이탈리아 볼로냐에서 파르마로 가는 고속도로에서 내 머릿속에는 이 질문이 맴돌았다. 그날 나는 유럽 식품안전청 대표 네 명과 약속이 있었다. 그중에는 식품접촉물질평가 부서장 알렉상드르 파이겐바움도 포함되어 있었다. 그를 만나기 전에 나는 유럽 식품안전청이 2006년 11월에 비스페놀A에 관해 발표한 소견서를 꼼꼼히 읽어 보았다. "미량 노출 시 효과를 보고한 연구의 결과는 국제적으로 인정받은 지침을 따르는 (……) 프로토콜을 사용하고 우수실험실운영기준을 준수해서 수행한 연구 결과와 차이가 난다. 그 연구들 중 (……) 미량(0.003mg/kg)의 비스페놀A가 설치류에 효과를 나타낼 수 있다고 증명한 것은 하나도 없었다."[49]

아! 또다시 등장한 '우수실험실운영기준'! 정말 끈질기다. 나는 1970년대 말에 기업을 위해 연구를 수행했던 대형 민간 연구소의 방임적이고 사기에 가까운 행태가 폭로된 직후 경제협력개발기구뿐만 아니라 미국 식품의약국과 환경보호국에서도 이 기준을 권장하고 있다고 이미 앞에서 말한 바 있다(12장 참조). GD 설의 아스파르탐 연구가 대표적인 예이다(15장 및 16장 참조). 프레더릭 폼 살과 스물아홉 명의 과학자가 앞에서 말한 글(「공공 보건 기관은 어떻게 데이터 선택 시 우수실험실운영기준을 벗어날 수 있는가?」)에서 "방임적인 태도가 가능했던 이유는 기업이 제공하는 데이터가 공적 자금의 재정 지원을 받고 저명한 저널에 발표되는 대학의 연구 데이터와는 달리 엄격한 복수의 과학적 검증을 받지 않기 때문이다. 그러한 안전장치가 없기 때문에 사기가 가능한 것이다."[50]

구체적으로 살펴보면, 우수실험실운영기준은 과학자가 규제와 상업적 목적으로 연구를 수행할 때 연구의 모든 과정과 데이터를 양심적으로 보고해서 필요한 검토를 용이하게 하는 로드맵이다. 그러나 결국 매우 관료적이라 할 수 있는 등록 작업과 자료 보관 작업은 "연구 결과의 유효성을 보장하는 것이 아니다." 또 "연구 프로토콜의 품질, 기술자의 노하우, 실험의 엄밀성에 대해서도 아무런 정보도 주지 않고, 최신 기법이 사용되었는지 아니면 완전히 구식 기법이 사용되었는지도 가르쳐 주지 않는다."⁵¹⁾ "저희 연구소에서는 우수실험실운영기준을 따르지 않습니다. 정기적인 실사 비용도 만만치 않고요." 안나 소토가 설명했다. "문제는 민간 연구소의 사기를 막기 위해 마련한 시스템이 지금은 대학 연구소의 목을 조르고 있다는 것입니다. 대학 연구소는 연구비를 마련하기 위해 이미 매우 까다로운 조건을 따르고 있는데 말입니다. 제가 비스페놀A에 관해 수행한 '모든' 연구와 과학 저널에 발표한 '모든' 연구가 유럽 식품안전청에서 '모두' 거부당한 이유가 바로 그것입니다."

"안나 소토의 연구를 거부한 이유는 무엇입니까?"

나는 알렉상드르 파이겐바움과 인터뷰를 시작하며 물었다. 그와의 인터뷰는 유럽 식품안전청의 다른 세 명과 마찬가지로 우리 팀과 내 뒤에 앉아 있던 식품안전청 팀이 촬영했다.

"연구 품질 기준에 부합하지 않았기 때문입니다. 저희가 볼 수 있었던 것은 개별적인 효과일 뿐입니다. 시험관이나 일부 동물에게서 나타난 효과가 인간의 건강에 유의미하다고 어떻게 확신할 수 있습니까? 저희 입장에서는 유효성이 입증되고 과학계에서 받아들인 연구만 취할 수밖에 없습니다. 안나 소토의 연구는 그렇지 않다는 걸 잘 알고 계시겠죠."

"그렇다면 프레더릭 폼 살의 연구는 어떻습니까?"

방금 들은 엄청난 말의 충격을 애써 무시하며 나는 다시 물었다.

"그가 과학계에서 자신의 연구를 인정받기 위해 노력한 지 15년이 되었습니다. 그러나 그 노력이 성공하지는 못했죠. 미국 식품의약국, 뉴질랜드, 일본, 독일의 연방위해평가원(BRF), 영국 식품안전청(FSA) 등 국가기관과 국제기관에서 저희의 리스크 평가 방식과 저희가 정한 일일섭취허용량에 동의했습니다."

"유럽 식품안전청이 일일섭취허용량보다 훨씬 적은 양의 비스페놀A가 유발하는 효과를 증명한 100여 건의 대학 연구를 고려하지 않는 것은 어떻게 설명하시겠습니까?" 나는 점점 더 의기소침해져 물었다.

"그 연구 대부분에서 효과가 나타났다는 것은 확실합니다. 그러나 그 효과가 인간의 건강에 어떤 의미를 가지는지는 알 수 없습니다." 알렉상드르 파이젠바움은 알 수 없는 독백을 오래 지껄였는데, 그 내용을 여기에 소개해서 독자와 그 괴로움을 나누고 싶지는 않다. 그는 결국 이렇게 결론을 내렸다. "소비자의 안전에 관한 의견을 낼 책임이 있는 규제 기관이 어떻게 유효성이 입증되지도 않은 연구를 근거로 삼을 수 있겠습니까?"

"유럽 식품안전청이 비스페놀A의 일일섭취허용량을 정하기 위해 사용한 연구가 두 건 있습니다. 로셸 틸이 수행한 연구였죠. 로셸 틸이 생쥐의 전립선이 비정상적으로 큰 이유를 설명하는 과정에서 생쥐 나이를 세 번이나 다르게 말한 것에 대해 어떻게 생각하십니까?"

"네? 다시 한 번 말씀해 주시겠습니까?"

"로셸 틸이 기업 쪽에서 돈을 받아 두 건의 연구를 진행했고, 유럽 식품안전청에서 그 연구를 기준으로 비스페놀A의 일일섭취허용량을 정했습니다. 그런데 두 번째 연구에서 대조군 생쥐의 전립선 크기가 나이에 비해 비정상적으로 컸습니다. 로셸 틸이 발표한 논문에 생후 3개월이라고 기록되어 있었지요. 그런데 이를 해명하기 위해 생쥐 나이를 두 번이나 바꿨습니다. 이것은 우수실험실운영기준에 부합하는 것인가요?"

"질문이, 생쥐가 생후 3개월이 아니라 6개월이라는 사실이 연구의 유효성을 문제 삼을 만한 요소라는 것인가요?"

"맞습니다."

"카메라 좀 꺼 주십시오. 제 동료들과 논의를 해 봐야겠습니다."

알렉상드르 파이겐바움은 결국 "그 질문에는 답할 수 없습니다."라고 대답했다. 그는 대신 화제를 바꾸었다. "오시기 전에 저도 좀 찾아봤습니다. 비스페놀A에 관해 발표된 연구가 2009년에만 1000건이 넘더군요. 그중 일부는 당신이 말씀하신 방향으로 가고 있고, 나머지는 유럽 식품안전청의 방향으로 가고 있습니다. 미량 노출 효과를 찬성하는 과학자들을 만나면 그들에게 설득될 수 있다는 말이지요."

"방금 '미량 노출 효과 찬성자'라는 표현을 쓰셨는데요. 미량 노출 효과가 이데올로기와 관련이 있고 과학적인 근거는 없는 것이라 생각하십니까?"

"그렇게 생각하는 부류가 있습니다. 하지만 그들이 과학계의 다수를 차지하는 것은 아니라고 장담합니다. 확인되지 않은 가설과 데이터를 바탕으로 국민 건강에 중요한 영향을 미칠 의견을 만들어 낼 수 있다고 생각하십니까? 그것은 불가능합니다."

"이 데이터를 무시하는 것은 과학자의 자세가 아니다"

"프랑스 식품위생안전청이나 유럽 식품안전청, 미국 식품의약국이 일일섭취허용량 50㎍/kg에 연연하는 이유가 뭡니까? 비스페놀A에 관한 연구 수백 건이 그보다 적은 양에서도 효과가 나타난다는 걸 증명했는데요." 내 질문에 미국 국립환경보건원의 린다 번바움 원장이 웃었다. 우리는 2009년 10월 26일, 노스캘리포니아 주 리서치 트라이앵글 파크에 성조기가 휘날리고 있는 그녀의 사무실에서 만났다. 버락 오바마 대통령이 10개월 전 그녀를 임명했을 때 미국에서 공공 보건과 환경이 (다시) 국가의 진정한 관심사가 되길 바라던 사람들은 일제히 환영했다.

"이유가 뭐냐고요?" 말을 고르는 게 분명했던 그녀는 내 질문을 반복해서 말했다. "그 기관들이 새로운 데이터를 검토하지 않았기 때문이죠. 그것은 문제입니다. 새로운 과학에 적응하는 데 아주 느린 규제 기관들이 있습니다. 그러나 지난 몇 년간 비스페놀A가 매우 낮은 노출 수준에서도 발달 중인 생명체에 효과를 낸다는 것을 보여 주는 데이터가 엄청나게 많이 발표되었습니다. 이 새로운 데이터를 무시하는 것은 과학자의 자세가 아니라고 생각합니다."

나는 린다 번바움의 솔직한 태도에 놀라 입이 벌어졌다. 미국 최대의 국립 연구 기관의 수장이 규제 기관에 대해 그런 독설을 퍼부을 것이라고는 상상하지 못했기 때문이다. 직업 윤리에 관해 엄격하고 타협을 모르는 과학자라는 명성은 익히 알고 있었지만 말이다. 저명한 독성학자 — 국립환경보건원 원장에 임명될 당시 국제독성학연맹(IUTOX) 회장이었다. — 인 린다 번바움은 16년 동안 미국 환경보호국에서 실험독성학 부서장으로 일했다. 그녀는 2007년에 서른일곱 명의 과학자와 함께 비스페놀A에 관한 합의를 선언했다. 미국 국립환경보건원도 이를 지지했다. 이 선언문은 2006년 11월 28일에서 30일까지 사흘 동안 채플 힐(노스캐롤라이나 주)에서 가진 회의의 결과물이다. 참가자들은 다섯 패널로 나뉘어 700건의 논문을 평가하고 다음과 같은 결론을 내렸다. "태아일 때와 성체가 되었을 때 미량의 비스페놀A에 노출된 실험동물에게서 관찰된 유해 효과의 정도를 보면 유사한 효과가 인간에게 영향을 미칠 수 있다는 점에서 우려스럽다. 최근 인간

질병의 경향을 보면 미량의 비스페놀A에 노출된 실험동물에게서 관찰된 유해 효과와 비슷하다는 것을 알 수 있다. 유방암과 전립선암 증가, 남자 아기의 비뇨생식기 기형, 성인 남성의 정자의 질 저하, 여자아이의 조숙증, 제2형 당뇨병, 비만, 집중력 부족이나 과잉 행동 같은 신경 행동 장애 등이 그 예이다."[52]

린다 번바움은 1년 뒤에 미국 독성물질관리프로그램이 발간한 엄청난 분량의 보고서 — 2008년 4월에 예비 보고서가, 2008년 9월에 최종 보고서가 발표되었다. — 작성에도 참여했다. 독성물질관리프로그램은 전문가 패널에게 비스페놀A의 독성을 평가해 달라고 주문한 터였다. 전문가 패널은 "생물감시(19장 참조) 연구들은 인간이 비스페놀A에 광범위하게 노출되었다는 것을 보여 주었다."고 지적했다. 또 "일일섭취량이 가장 많은 인구는 신생아와 어린이"라는 점도 강조했다. 결론에서는 "태아, 신생아, 어린이가 일상적 수준으로 노출되었을 때 신경계와 행동에 미칠 효과와 (……) 전립선, 유선, 여성의 사춘기 연령에 미칠 효과에 대한 <u>어느 정도의 우려</u>"[53](밑줄-원 저자)를 신중하게 표명했다.

어투는 물론 매우 신중했지만 캐나다 정부는 진심을 꿰뚫어 보았다. 예비 보고서가 발표되자마자 비스페놀A가 들어 있는 젖병 판매를 즉각 중단시켰기 때문이다.(캐나다의 비스페놀A 일일섭취허용량은 50μg/kg이 아니라 25μg/kg이다.) 같은 시기에 캐나다 보건부도 비스페놀A에 관한 예비 보고서를 발표함으로써 환경 전체가 오염되었다는 사실을 확인하여 쐐기를 박았다. "비스페놀A는 침전물이나 지하수층처럼 직접 투하되지 않은 곳에도 존재한다. 이 말은 비스페놀A가 최초 투하 지점에서 다른 곳으로 옮겨 갈 수 있을 정도로 환경에 충분히 오래 머문다는 것을 의미한다. (……) 비스페놀A는 수

중 생물에게 매우 위험한 독성물질이다. 개체의 정상적인 발달뿐만 아니라 후손에게도 영향을 미칠 수 있다. 지렁이의 생식에 유해한 영향을 미친다는 사실은 이미 증명되었다. 식물 생장과 포유류 및 조류의 발달에도 영향을 미칠 수 있다. (……) 이에 비스페놀A를 캐나다 국민의 생명과 건강에 위험이 되거나 될 수 있는 소지가 있는 물질로 간주하자는 제안이 있다."[54]

비스페놀A로 만든 플라스틱 젖병 판매를 실질적으로 금지시킨 캐나다 보건 당국의 선구적인 결정은 2008년 여름에 발표된 두 건의 연구로 더 큰 뒷받침을 받았다. 캐나다 보건부의 쉬량 차오 박사의 연구는 통조림에 든 액체 이유식과 70도로 가열한 젖병의 내용물이 비스페놀A에 오염된 것을 보여 준다.[55] 젖병의 경우 분유로 이동한 양은 228~521μg/L였다. 프랑스환경보건네트워크는 인터넷 사이트에 간단한 계산을 올려놓았다.

"몸무게가 9kg 나가는 한 살배기 아기에게 분유 0.5L를 준다고 하면 일일 최대 섭취량은 260μg/L이다. 이를 몸무게로 나누면 '260/9=일일 28.9μg/kg'이 나온다."

젖병만으로 섭취한 양은 유럽의 일일섭취허용량 50μg/kg보다 낮지만 안나 소토와 카를로스 소넨샤인의 연구에서 규명한 리스크를 일으키는 양보다 훨씬 높다. 그들은 자궁에서 250ng에 노출되어도 생쥐의 유선에 변화가 일어난 것을 관찰했다. 규제기관에서 이 연구를 기준으로 삼았다면 일일섭취허용량은 2.5ng 이하, 즉 0.0025μg/kg이 되었을 것이다. 이것은 현행 일일섭취허용량보다 2만 배나 낮은 수치이다.

린다 번바움은 차분한 목소리로 말했다. "계산은 전부 집어치우고 현실적으로 생각합시다. 저는 비스페놀A가 특히 태아 발달의 민감한 시기에 유해 효과를 일으킬 수 있음을 보여 주는 증거는 충분하다고 생각합니다. 제가 만약 아기에게 젖병을 물려야 하는 젊은 엄마라면 젖병에 비스페놀A가 들어 있기를 바라지 않을 겁니다."

비스페놀A가 들어간 플라스틱 젖병: 규제 기관의 기만적 논리

"예방 원칙은 신뢰할 만한 연구가 부재할 때에만 적용됩니다. 이번 경우에는 신뢰할 수 있는 연구가 있습니다. 이 연구들은 비스페놀A 젖병이 무해하다고 결론짓고 있습니다. (……) 주요 보건 기관들도 모두 그 결과를 인정하고 있습니다."

2009년 3월 31일 프랑스 의회. 당시 보건부 장관이었던 로즐린 바슐로는 센 생 드니의 중도파 의원 장 크리스토프 라가르드의 질의에 답했다. 프랑스 정부도 캐나다처럼 적어도 비스페놀A 젖병에 대해 예방 원칙을 적용해야 하지 않을까? 로즐린 바슐로는 "예방 원칙은 이성의 원칙이지 감정의 원칙이 되어서는 안 된다."고 강력하게 주장했다. "캐나다 당국은 여론의 압박에 못 이겨 금지 조치를 취했습니다. 그러나 이 결정은 과학적 연구에 근거한 것이 아닙니다." 공교롭게도 이 말은 장관의 이미지에 영원한 오점으로 남게 된다. 그녀는 몇 달 뒤 신종 인플루엔자A(H1N1) 백신 스캔들에 휘말리게 된다.[*]

장관 편을 들자면, 그녀가 비스페놀A 문제를 담당했던 프랑스와 유럽 '전문가들'에게 제대로 된 조언을 듣지 못했다고 말할 수 있다. 캐나다에서 판

---

[*] 2010년 5월 17일에 프랑스 의회는 비스페놀A가 들어 있는 폴리카보네이트 재질의 젖병 판매를 금지하는 법안을 채택했다.

매 금지 결정을 내리자 유럽연합은 식품안전청에 비스페놀A 젖병에 관한 새로운 소견을 내줄 것을 요구했다. 비스페놀A가 분해되면* 임산부, 태아, 그리고 신생아, 즉 미국과 캐나다 보고서에서 가장 취약하다고 했던 인구 집단이 유해 효과에서 보호받을 수 있는지 확인하는 것이 가장 중요한 문제였다. 이때 많은 과학자를 아연실색하게 만든 일이 발생했다. 2008년 7월 유럽 식품안전청의 'CEF 패널'이 "태아의 비스페놀A 노출은 무시할 수 있는 수준이다."[56]라는 결론을 내린 것이다. 나는 이 문제에 관해 린다 번바움, 프레더릭 폼 살, 그리고 독성학자이자 환경보건네트워크 대변인인 앙드레 시코렐라에게 의견을 물었다.

설치류와 원숭이를 대상으로 수행한 수많은 연구 결과뿐만 아니라 채플힐의 선언, 그리고 독성물질관리프로그램의 논문과도 상치되는 이 이상한 결론을 해명하기 위해 유럽 전문가들은 비스페놀A와 파라세타몰 비교를 근거로 들었다. 두 물질이 비슷한 구조를 가지고 있으므로 태아와 신생아의 몸에서 일어나는 해독 작용이 유사할 것이라는 이유였다. 북미에서 발간된 보고서나 국제 논문 그 어디에서도 이런 황당한 논리를 찾을 수 없었지만 프랑스식품위생안전청은 유럽 식품안전청의 논리를 무조건 받아들였다. 프랑스식품위생안전청은 2008년 10월에 「전자레인지로 가열될 수 있는 폴리카보네이트 소재 젖병에 들어 있는 비스페놀A에 관한 의견」에서 '사용시 특별한 주의 사항'[57]을 둘 이유가 없다는 결론을 내렸다.

"임신한 여성의 오염으로 태아가 노출된 경우는 무시할 만한 수준입니다." 프랑스식품위생안전청의 영양보건리스크평가 책임자인 마리 파브로는

---

* 비스페놀A는 인체에 흡수되면 BPA-글루크로나이드와 BPA-설페이트라는 대사 산물로 분해된다.

2009년 6월 5일 프랑스 의회에서 열린 심포지엄에서 이렇게 밝혔다. 이 심포지엄은 환경보건네트워크와 제라르 바(의회 보건환경그룹 위원장)가 주최했다. "연구는 물론 비스페놀A를 가지고 직접 할 수는 없었습니다. 그 대신 구조가 비슷하고 무엇보다 독성이 제거되는 신진대사가 동일한 파라세타몰에 관한 연구를 근거로 삼았습니다."

패러다임 변화의 필요성

"그야말로 해괴망측한 논리입니다." 2010년 2월 11일 파리 자택에서 만난 앙드레 시코렐라가 말했다. "그런 궤변을 늘어놓은 보고서를 제출하는 인턴이 있다면 아마 엉덩이를 걷어차 줄 겁니다. 학교에서 가르치는 것과도 정반대이고, 독성학의 기본과도 상치되는 주장이기 때문이죠. 비스페놀A와 파라세타몰의 구조는 아예 다릅니다. 물론 수산기(OH)기로 구성된 페놀핵이 벤젠핵과 붙어 있다는 공통점이 있기는 하지만 그것이 다입니다. 그런 논리라면 벤젠핵을 가진 모든 물질을 발암물질로 보게 될 겁니다. 그건 말도 안 되는 소리고, 아마 화학 기업들도 들고 일어날 걸요."

"6월 5일 심포지엄에서 여러 번 흥분하셨던 게 기억납니다."

"네, 여러 가지 논리들이 결론 없이 계속 반복되기만 해서 더 이상 들어 줄 수 없었습니다. 플라스틱 산업 대표든 규제 기관 대표든 다 마찬가지였습니다."

플라스틱스유럽의 서유럽 지부장 미셸 루브리는 그날 회의에서 "우리 기업가들에게 필요한 것이 무엇인지 보여 드릴 테니 저와 함께 잠깐 세계 여행을 떠나 보실까요? 저희에게 필요한 것은 시장에 다양한 상품을 내놓을 수 있도록 허락해 줄 보건 당국의 의견입니다."라고 들뜬 표정으로 말했다. 플라스틱스유럽의 인터넷 사이트에 따르면 그는 '유럽 플라스틱 제조업체의 대변인'이나 마찬가지인 인물이다.[58] "미국, 캐나다, 유럽, 일본의 보건 당국은 식품에 적용되는 비스페놀A의 현행 노출 기준이 어린이와 유아를 포함한 국민 건강에 아무런 위험도 끼치지 않는다는 사실에 합의했습니다." 라고 미셸 루브리는 말했다.

"모든 기관들이 석면에는 문제가 없다고 입을 모아 말했던 게 그리 오래된 일이 아닙니다." 앙드레 시코렐라가 반박했다. "당시에 사람들은 '희생자가 어디 있느냐?'고 물었죠. 그러나 현재 (연간) 사망자가 3000명에 이르고, 앞으로 20년 동안 수만 명이 목숨을 잃을 것입니다. 따라서 제대로 된 질문은 확신을 가질 수 있을 때까지 40년, 50년, 60년까지 기다릴 것인가 하는 것입니다. 아니면 생쥐, 쥐, 원숭이 — 원숭이 관련 데이터는 매우 신빙성이 있습니다. — 등 여러 동물을 실험해 본 결과가 수렴되었으니 예방 원칙을 적용해야 할까요?"

그러자 프랑스식품위생안전청의 파스칼 브리앙 청장이 나섰다.

"문제는 감정에 치우치면 시민을 올바로 보호할 수 없다는 것입니다."

"어떻게 이것을 '감정' 문제로 볼 수 있습니까?" 앙드레 시코렐라의 목소리는 격앙되었다. "과학적 데이터를 두고 어떻게 감정을 말할 수 있습니까?"

"그날 심포지엄에서 파스칼 브리앙 청장은 식품위생안전청의 전문가 위원회가 '독립적이고 객관적인 과학적 평가'를 했다고 말했습니다. 어떻게 생각하십니까?"

나는 앙드레 시코렐라에게 물었다.

"식품위생안전청의 방식은 정말 비과학적입니다. 그렇지 않다면 제대로 된 연구가 500건이 넘는데 그걸 놔두고 의심의 여지가 많은 연구 두 건을 근거로 비스페놀A의 기준을 정했다는 걸 어떻게 설명할 수 있겠습니까? 비스페놀A와 같은 논란의 여지가 많은 물질에 대해 전문가들의 의견이 하나같이 똑같다는 걸 어떻게 설명할 수 있겠습니까?* 여기에는 근본적인 문제가 있습니다. 바로 전문가의 윤리 문제입니다. 국민 건강을 보호하기 위해 만들어져야 할 전문가 시스템이 어떻게 그렇게까지 왜곡될 수 있었을까요? 프랑스 식품위생안전청이나 유럽 식품안전청의 전문가들이 밝힌 '이익 상충 신고'를 읽어 보셨나요?"

나는 '이익 상충 신고'를 읽어 보았다. 프랑스 식품위생안전청의 2008년 10월 소견을 작성한 전문가 중에는 장 프랑수아 레니에가 있다. 그는 폴리카보네이트 소재 시트를 생산하는 아르케마에서 일했다. 프레데릭 오메와 필리프 사야르는 농산물보존기술센터(CTCPA)와 계약을 맺었던 전문가들이다. 유럽 식품안전청의 2006년과 2008년 의견을 작성했던 패널 중에도 국제생명과학연구소(12장 참조)와 관련된 전문가가 적어도 네 명이 있다. 볼프강 디캔트라는 전문가는 RCC나 하니웰 등 수많은 화학 기업과 관련 있는 인물이다.

마지막으로 나는 물었다.

"비스페놀A가 중요한 이유는 무엇입니까?"

"비스페놀A가 상징적인 물질이 된 것은 화학물질 평가의 패러다임이 바

---

* 유럽 식품안전청은 비스페놀A의 신경학적 효과에 관해 2010년 9월에 발표한 의견에서 처음으로 "과학자 한 명이 소수 의견을 표명했다."고 밝혔다. "유럽 식품안전청은 과학자들이 만장일치 의견과는 다른 뜻을 밝힐 수 있다는 점을 중요하게 생각한다. 그 다른 뜻을 소수 의견이라 정의했다."는 것을 밝히는 것이 좋겠다고 판단한 것이다. 그러나 전문가들은 "유럽 식품안전청이 정한 기존의 비스페놀A 일일섭취허용량 0.05μg/kg을 재검토할 만한 새로운 증거를 찾아내지 못했다고 결론" 내렸다.

꿰어야 하는 필요성을 대변하고 있기 때문입니다. 현재의 규제는 1970년대에 만들어진 개념에 근거를 두고 있습니다. 내분비계 교란물질에는 절대 적용될 수 없는 개념들이지요. 소프트웨어를 바꾸거나 해석의 틀을 바꿔야 합니다. '양이 곧 독이다'라는 원칙을 배우고 자란 독성학자 세대가 있습니다. 그런데 지금은 기간—그것이 단 24시간일 때도 있습니다.—이 곧 독이 되는 물질이 많다는 걸 알게 되었습니다. 예를 들어 태아의 고환은 임신 43일째에 형성됩니다. 그날 임산부는 고환에 영향을 미칠 수 있는 물질에 노출되지 않도록 해야 합니다. 현재 시스템은 부조리를 안고 있습니다. 우리가 수백 가지 화학물질에 동시다발적으로 노출된다는 사실을 전혀 고려하지 않기 때문입니다. 실질적으로는 화학 폭탄이라고 해도 좋을 수많은 화학물질의 혼합물에 노출되는데도 평가는 화학물질 하나하나에 대해 개별적으로 이뤄지고 있습니다."

칵테일 효과

**"시작된 반응은 되돌릴 수 없으니
신중함이야말로 가장 큰 용기이자 반드시 져야 할 책임이다."**

—한스 요나스

그는 원색의 셔츠를 입고 여러 갈래로 땋은 머리를 하나로 묶은 모습으로 뉴올리언스 심포지엄에 나타났다.

"저는 오늘 내분비계 교란물질이 실생활에 미치는 영향과 아트라진, 그리고 개구리에 대해 말씀 드리고자 합니다."

그 특유의 유머 감각에 청중은 웃음을 지었다. 50대의 건장한 사내인 타이론 헤이스는 버클리 대학(캘리포니아 주)의 저명한 생물학자이자 화학, 농식품, 농약 분야에서 스위스 최대 그룹인 신젠타가 가장 껄끄러워하는 인물이다.* 연간 매출액이 110억 달러(2009년 기준)에 달하고 90개국에 진출해

---

* 신젠타는 2000년에 아스트라제네카와 노바티스가 합병하여 탄생했다. 참고로 노바티스는 1996년 산도스 애그로와 시바게이지의 합병으로 만들어진 기업이다(16장 참조).

있는 신젠타는 꿀벌의 높은 사망률의 원인 중 하나인 살충제 크루저를 생산한다(6장 참조).* 게다가 내가 태어날 무렵 우리 부모님의 농장에 사용되기 시작한 제초제 아트라진도 생산한다(1장 참조).

아트라진, '강력한 화학 거세제'

타이론 헤이스는 뉴올리언스 심포지엄에서 그가 가장 최근에 발표한 연구 하나를 언급했다. 아트라진이 일상적인 환경에서 노출될 수 있는 양과 비슷한 수준으로 노출시킨 인간 세포에서 유방암과 전립선암의 특징적인 발암 메커니즘을 유발한다는 것이었다.[1] "기쁜 소식 모두 들으셨죠?" 그는 즐거운 목소리로 말했다. "미국 환경보호국이 아트라진 문제를 재검토한다고 합니다. 5년 전에 유럽이 그랬듯이 미국에서도 아트라진이 금지되기를 기원합시다."

유럽연합은 2004년에 아트라진을 금지했으나,[2] 이에 반해 미국에서는 여전히 대량으로 사용되고 있다. 해마다 약 4만 t이 옥수수, 수수, 사탕수수, 밀 재배지에 살포되고 있다.[3] 1958년에 시장에 출시되었을 때 '잡초 잡는 DDT'[4]로 칭송받던 아트라진은 오늘날 미국 지표수와 지하수를 오염시키는 대표적인 물질로 손꼽힌다. 이는 판매 금지가 되었음에도 불구하고 프랑스를 선두로 유럽 대부분 국가에서도 겪고 있는 문제이다.[5]

뉴올리언스 심포지엄이 열리기 2주일 전, 버락 오바마 대통령이 2009년

---

* 2011년 2월 프랑스 참사원은 크루저 판매 승인을 취소했다. 유럽지침 91/214에 의거하여 장기간 노출 시 무해성을 입증할 데이터 제공을 요청했다.

1월에 임명한 환경보호국 신임 국장 리사 잭슨은 "아트라진과 암 및 미숙아 등 다른 건강 문제와의 상관관계를 재평가하겠다."[6]고 선언했다. 미국 국립환경보건원의 린다 번바움 국장(18장 참조)은 "이것은 매우 중대한 변화이다. 아트라진이 인간 건강에 위험하다는 증거는 점점 더 많아지고 있다. 이는 가장 널리 사용되고 있는 제초제인 아트라진에 대한 인식이 변하고 있다는 강력한 신호이다."라고 평했다.

미국에서 아트라진이 금지되도록 그 누구보다 열심히 싸운 이가 바로 타이론 헤이스이다. 2009년 12월 12일, 버클리 대학 내 그의 연구소에서 그를 만났다. 그는 "이 싸움은 개인적인 결정이 아닙니다. 여러 가지 일들이 벌어지면서 어쩔 수 없이 시작된 것입니다."라고 말했다. 그는 1998년에 노바티스에서 연락을 받았다. 그에게 "아트라진이 내분비계 교란물질인지 확인해 달라며" "두둑한 봉투와 함께" 계약을 제안해 온 것이다. 테오 콜본이 『도둑맞은 미래』에서 말한 그대로였다(16장 참조). 노바티스에게 사태는 심각했다. 7년 전 미국 지질조사연구소(US Geological Survey)*에서 발표한 한 보고서가 "미주리 주, 미시시피 주, 오하이오 주의 하천과 지류의 측정지점 27%에서 아트라진 농도가 잔여물 허용 기준을 초과했다."[7]고 폭로했기 때문이다. 1980년대에 생쥐[8]와 쥐[9]를 대상으로 수행한 연구 두 건은 아트라진 노출이 유방암, 자궁암, 림프종, 백혈병을 유발한다는 것을 보여 주었다. 그 결과가 충분히 설득력 있다고 판단한 국제암연구소는 1991년에 아

---

* 1879년에 설립된 미국 지질조사연구소는 생태계 및 환경 변화(하천의 상태, 지진, 허리케인 등)를 감시하는 공공 기관이다. 일리노이 주에서는 2004년 15곳의 물 공급업체가 신젠타를 상대로 집단소송을 걸었다. 아트라진에 크게 오염된 수자원 문제를 해결할 비용으로 3억 5000만 달러를 요구했다. 2010년 중서부 6개 주 17곳의 물 공급업체도 집단소송을 진행 중이다.(Rex DALTON, "E-mails spark ethics row. Spat over health effects of atrazine escalates", *Nature*, vol.446, n°918, 18 août 2010)

트라진을 '인간에게 암을 유발할 수 있는 물질'(2B그룹)로 분류했다.[10] 결과적으로 미국 환경보호국은 안전음용수법에 근거하여 아트라진의 기준을 3μg/L 또는 3ppb로 강화했다. 1994년에는 설치류의 아트라진 노출과 유방암 발병의 상관관계를 증명하는 연구 세 건이 발표되었다.[11] 『도둑맞은 미래』가 출간되고 1년이 지난 뒤인 1997년, 켄터키 주의 여러 농촌 카운티에서 수행한 전염병학 연구는 아트라진에 노출이 가장 많이 되었던(물의 오염 정도와 옥수수 밭과 자택의 거리와의 상관관계) 여성에게서 유방암 발병률이 매우 높았다는 결론을 내렸다.[12]

노바티스(미래의 신젠타)에게는 대대적인 전술을 펼칠 시기가 찾아온 것이다. 첫 번째 전술은 매우 탁월했다. 그 때문에 1999년에 국제암연구소가 아트라진을 2B그룹에서 3그룹(분류 불가능 물질)으로 내려보냈기 때문이다. 제10장에 이미 소개한 바와 같이 국제암연구소의 '전문가들'은 결정을 해명한답시고 말도 안 되는 궤변을 늘어놓았다. "아트라진이 쥐에게 유방암을 유발하는 메커니즘은 인간에게 확대 적용되지 않는다."[13]

두 번째 전술의 핵심은 타이론 헤이스였다. 뛰어난 생물학자(버클리 대학에서 최연소 교수로 임용되었다.)인 그는 딸 이름까지 아프리카 개구리의 일종인 카시나라고 지을 정도로 양서류에 빠져 있었다. "개구리는 내 인생입니다." 그는 개구리가 담긴 수천 개의 병이 쌓여 있는 연구실에서 내게 말했다. "저는 사우스캐롤라이나의 시골에서 자랐습니다. 알에서 올챙이가 되고 다시 개구리로 변하는 변태 능력에 늘 감탄했죠."

"내분비계 교란물질의 효과를 연구하는 데 개구리가 흥미로운 모델이 되는 이유는 무엇입니까?"

"개구리는 완벽한 모델입니다. 우선 변태에 필요한 유전자를 활성화시키는 호르몬 활동에 매우 민감하기 때문입니다. 그리고 테스토스테론, 에스트로겐, 갑상선호르몬 등 인간과 똑같은 호르몬을 가지고 있기 때문이지요."

"연구는 어떻게 진행하셨습니까?"

"모든 과정은 노바티스와 신젠타가 엄격하게 감시했습니다. 처음에는 아프리카발톱개구리를 수조에 길렀습니다. 그리고 수조에 서로 다른 양의 아트라진을 넣었죠. 밭 근처에서 노출될 수 있는 양에서 미국 기준(3ppb)보다 서른 배 낮은 수준까지였습니다. 인간이 마시는 수돗물로 노출될 수 있는 정도였습니다. 쉽게 말하면 수저에 소금 한 알 정도의 양입니다. 그러고 나서 관찰해 보니 아트라진으로 인해 후두가 좁아졌습니다. 수컷의 성대가 있는 부분이죠. 그런데 암컷을 유혹하려면 수컷이 울어야 하니, 결국 수컷은 성적으로 장애를 입은 겁니다. 다 자란 수컷의 테스토스테론 수치도 매우 낮았습니다. 자웅동체인 개구리도 나왔습니다. 난소와 고환을 둘 다 가지고 있었던 것이죠. 다른 수컷과 교미를 하거나 암컷처럼 행동하는 동성애 수컷도 생겼습니다. 고환에 정자 대신 알이 들어 있는 경우도 봤습니다. 결국 아트라진은 1ppb, 심지어 0.1ppb에서도 생물학적으로 작용하는 매우 강력한 거세 물질이었습니다."

"야생 개구리에서도 동일한 문제가 발견되었나요?"

"야생 개구리를 살펴보는 것이 저희 연구의 두 번째 단계였습니다. 저희는 냉동 트럭을 타고 유타 주와 아이오와 주로 가서 밭, 골프장, 하천 주변에서 어린 표범개구리 800마리를 잡아 왔습니다. 해부를 해 보니 실험실에서 관찰한 결과와 똑같은 기능 이상을 발견했습니다. 아주 충격적이었죠. 그때 저는 북아메리카와 유럽에서 개구리의 수가 감소하는 원인이 생식기에 영향을 미치는 농약 때문이라는 것을 깨달았습니다."

"이 현상을 어떻게 설명하시겠습니까?"

"아트라진은 '방향화효소'를 자극합니다. 그렇게 되면 남성호르몬인 테스토스테론이 여성호르몬인 에스트로겐으로 바뀝니다. 방향화효소로 만들어진 에스트로겐은 고환 속에 난소나 난자 같은 여성 생식기를 만들어냅니다. 방향화효소의 수치는 유방암이나 전립선암과도 관련이 있습니다. 루이지애나 주에 있는 신젠타의 아트라진 제조 공장에서 수행한 전염병학 연구에서도 남성 노동자에게서 전립선암 발병률이 유난히 높다는 결론을 얻었습니다. 이 연구는 2002년에 발표되었죠."[14]

"신젠타는 어떤 반응을 보였나요?"

"휴!" 타이론 헤이스는 한숨을 쉬었다. "당시에는 제가 참 순진했습니다. 신젠타가 처음에는 같은 실험을 반복해 달라고 요청했습니다. 제가 똑같은 결과를 얻는지 확인하려는 것이었습니다. 그러면서 200만 달러를 지급했습니다. 처음에는 알았다고 했지요. 그러다가 그것이 그들의 전술임을 깨달았습니다. 시간을 벌고 연구를 발표하지 못하게 하려는 것이었죠. 결국 계약을 해지하고 2002년에 연구를 발표했습니다.[15]* 그러자 전쟁이 시작되었습니다. 솔직히 그렇게 무자비한 전쟁이 되리라고는 상상도 못했죠. 신젠타는 버클리 대학 학장에게 편지를 보내는가 하면 저의 신뢰도를 떨어뜨리기 위해 언론에 소문을 퍼뜨렸습니다.[16] 또 자사 인터넷 사이트를 스티븐 밀로이의 정크사이언스 사이트에 링크했습니다. 그래서 제 이름도 쓰레기 과학자 목록(8장 참조)에 올라갔죠. 지금은 웃고 맙니다. 그 목록에 올라갔다는 것 자체가 제가 일을 제대로 했다는 영광의 증거라는 걸 알기 때문입니다. 신

---

* 같은 해인 2002년에 타이론 헤이스는 훌륭한 강의를 한 교원에게 주는 상인 '버클리 우수 교원' 상을 받았다.

젠타는 과학자들에게 돈을 주고 새로운 연구를 하라고 지시했습니다. 물론 그들은 제 연구 결과와 같은 결론을 낼 수 없었죠. 그들의 목적은 합리적 의심을 만들어 내는 것이었습니다. 적어도 미국에서는 그 작전이 성공했습니다. 환경보호국이 2007년에 아트라진 승인을 갱신했으니까요."

2007년 10월, 미국 환경보호국은 보고서를 발표하고 "아트라진은 양서류의 생식샘 발달을 저해하지 않는다. 추가 연구는 필요하지 않다."[17]고 결론지었다. 구경 끝났으니 다 돌아가라는 식이었다. 진실을 왜곡하는 기계는 이번에도 멋지게 작동했다. 타이론 헤이스는 자신에게 가장 힘들었던 시기인 2004년 《생명과학》에 논문을 발표했다. 그는 이 글에서 연구 결과 조작, 펀딩 효과, 비방 전술, 관련 당국의 방조, 언론의 기만 등 내가 이 책에서 말하고 있는 멈출 수 없는 톱니바퀴를 폭로했다.[18]

농약을 섞으면 효과는 증폭된다

"기업들은 내 연구의 신뢰도를 떨어뜨리기 위해 많은 노력을 기울였다. 하지만 우리는 아트라진과 다른 농약이 환경과 국민 건강에 미치는 영향을 계속 연구했다."고 타이론 헤이스는 그의 인터넷 사이트에 썼다. 그는 인터넷 사이트 주소를 역설적으로 아트라진러버닷컴(Atrazinelovers.com)으로 지었다. 거기엔 이렇게 써 있었다. "기업이라는 거인 앞에서 일어나 맞서 싸우겠다는 나의 결심은 영웅적인 것이 아니다. 나는 '보상을 바라거든 나서지 마라. 처벌이 두려워도 나서지 마라. 해야 한다고 생각하는 것이 옳다고 믿으면 그때 나서라.'는 부모님의 가르침을 따르는 것일 뿐이다."

"신젠타와의 분쟁은 제 경력에 있어서 큰 전환기였습니다." 타이론 헤이스가 내게 말했다. "당시에 농약이 섞였을 때의 효과라는, 거의 미개척 분야를 전문적으로 연구하고 있었으니까요. 제가 중서부 밭에서 잡아 온 표범개구리는 아트라진에만 노출된 것이 아니라 여러 물질에 동시에 노출되었습니다. 그런데 일반적으로 비교적 높은 농도(ppm 단위)의 농약이 일으키는 독성학적 효과에만 관심을 기울입니다. 일상적인 환경, 특히 수돗물이나 과일, 채소에 존재하는 미량의 농약이나 미량의 농약이 혼합되어 있는 것은 관심을 끌지 못했지요."

화학물질 규제 시스템의 특징이기도 한 이 놀라운 '망각'을 2006년 미국 지하수와 지표수 오염을 가감 없이 기술했던 미국 지질조사연구소의 보고서도 강조하고 있다. "하천에 여러 종류의 살충제가 함께 녹아 있다는 것은 수자원, 침전물, 어류에 가해지는 살충제의 전체 독성이 개별 살충제의 독성보다 높다는 것을 의미한다."고 보고서의 주요 저자인 로버트 길리엄은 지적했다. "우리의 결과는 혼합물에 관한 연구가 절대적인 우선 과제임을 말해 준다."[19]

타이론 헤이스는 다시 냉동 트럭을 끌고 네브래스카 주의 도로를 누볐다. 그리고 산업식 옥수수 밭에 흐르는 '화학 수프' 수천 리터를 채수했다. 버클리 대학으로 돌아온 그는 반복적으로 검출되는 아홉 가지 물질을 규명했다. 아트라진과 알라클로르(폴 프랑수아가 중독되었던 라소. 1장 참조) 등 제초제 4종, 살충제 3종, 진균제 2종이었다.[20] 내가 그를 만났을 때 그는 또 다른 혼합물을 연구하고 있었다. 라운드업과 클로르피리포스를 포함한 살충제 5종이 포함된 것이었다. 그는 매번 두 가지 방식으로 연구를 진행했다. 밭에서 가져온 '화학 수프'를 넣은 수조에서 개구리를 키운다. 효과를 비교하기 위해 실험실에서 재구성한 혼합물에도 개구리를 키운다. 두 경우 모두 결과는 매우 우려스러웠다.

"여러 가지 화학물질을 섞으면 개별적인 물질을 다루었을 때에는 보지 못했던 효과가 관찰됩니다. 우선 흉선의 기능 이상으로 개구리의 면역 체계가 약해집니다. 예를 들어 대조군보다 뇌막염에 더 잘 걸리고 질병으로 죽을 확률도 높아집니다. 면역 기능 약화가 개체 수 감소의 원인 중 하나일 수 있습니다. 아트라진을 가지고 실험했을 때 나왔던 결과와 비슷하게 생식 기능이 교란되는 현상도 나타났습니다. 그 밖에도 변태가 진행되는 기간과 올챙이 크기에도 영향을 줍니다. 그런데 우리가 사용한 양은 잔여물 허용량보다 100배나 낮은 수준이었습니다."

"그렇다면 인간에게는 어떤 결론을 내릴 수 있을까요?"

"아무것도 알 수 없습니다. 하지만 놀라운 것은 농약 평가 시스템이 여러 물질이 상호작용하거나 더해지고, 더 나아가 새로운 물질을 만들어 낼 수도 있다는 사실을 전혀 고려하지 않았다는 것입니다. 약사들은 수백 년 전에도 같이 복용하면 절대 안 되는 약이 있고, 잘못해서 약을 같이 먹게 되면 심각한 부작용이 생긴다는 걸 알고 있었으니 더 경악할 노릇이지요. 미국 식품의약국도 신약을 승인할 때 복용 방법과 주의 사항을 표기하도록 항상 요구하지 않습니까? 물론 농약에 같은 방법을 적용하기는 힘들겠지요. 환경보호국이 농부에게 'A라는 농약을 사용할 수 있다. 다만 옆에 있는 밭에서 B나 C라는 농약을 사용하면 안 된다.'고 설명한다고 상상해 보십시오. 이건 불가능하지요. 그리고 그것이 불가능하다면 그 농약들은 밭에 뿌리면 안 됩니다. 선진국 시민의 '체내 화학물질 축적량'을 알게 된다면 최악의 사태도 생각할 수 있습니다."

체내 화학물질 축적량: 화학 수프에 모두 오염되다

체내 화학물질 축적량. 이 표현을 알게 된 순간을 나는 정확히 기억하고 있다. 충격에 그대로 얼어붙었기 때문이다. 때는 2009년 10월. 뉴올리언스에서 팜비치로 가는 비행기 안에서 나는 그 전날 구입한 니나 베이커의 『우리 가족 독소주의보(*The Body Toxic*)』를 읽고 있었다. 니나 베이커는 체내 화학물질 축적량이 2000년대 초에 미국질병통제국에서 만들어 낸 개념이라고 설명했다. 당시 질병통제국은 세계에서 최초로 '생물감시' 프로그램을 진행하고 있었다. 이 프로그램의 목적이 바로 미국인의 '체내 화학물질 축적량'을 측정하는 것이었다. 최첨단 실험실을 갖춘 질병통제국은 2400명의 지원자에게 소변과 혈액을 체취해서 27종의 화학물질 잔여물을 측정했다. 지원자는 미국인을 골고루 대표(연령, 성별, 인종, 거주지, 직업)할 수 있는 사람들로 선정했다.

첫 번째 보고서는 2001년 3월에 발표되었다. 2003년에 발표된 두 번째 보고서에서 다룬 화학물질의 수는 116종이었다. 2005년에는 세 번째 보고서(148종)가, 2009년에는 네 번째 보고서(212종)가 발표되었다. 팜비치에서 호텔 방에 도착하자마자 나는 질병통제국 인터넷 사이트에 올라와 있는 네 번째 보고서를 읽기 시작했다.[21] 그리고 212종의 화학물질 모두가 2400명 중 거의 대부분의 사람(소변이나 혈액)에게서 검출되었음을 알게 되었다. 비스페놀A가 월등히 1위를 차지했고, 난연제인 폴리브롬화디페닐에테르(PBDE), 들러붙음 방지 프라이팬 코팅제로 쓰이는 퍼플루오로옥탄산(PFOA), 알라클로르(라소), 아트라진, 클로르피리포스 등 많은 농약(및 부산물)이 그 뒤를 이었다. 또 '더티 더즌'에 속하며 금지되었지만 여전히 사라지지 않고 있는 유기염소계 살충제(DDT와 부산물인 DDE)도 검출되었다.

타이론 헤이스의 표현을 빌리자면 진정한 '화학 수프'는 리처드 잭슨 박사의 끈질긴 노력 덕분에 밝혀졌다. 그는 1994년에서 2003년까지 질병통제국 산하 국립환경보건센터 소장을 역임했다. 그는 생물감시 프로그램을 발족시키고 첫 번째 보고서를 발표했다. "저는 많은 압력을 받았습니다. 하지만 버텼지요."라고 그는 니나 베이커에게 말했다. "대중과 과학계가 이 데이터를 알아야 한다고 생각했습니다. 의사가 환자에 대한 결정을 내릴 때 실험 결과를 사용하는 것과 같은 이치에서요. 화학 기업들이 비난했던 것은 보고서가 사람들을 공포에 떨게 하리라는 것이었습니다. 저는 그렇게 생각하지 않습니다. 제대로 된 정보는 사람을 두려움에 떨게 하지 않습니다. 정보가 없거나 나쁜 정보일 때 사람들은 공포에 떠는 것입니다."[20] 리처드 잭슨은 보기 드문 용기를 보여 주었다. 그가 상관들을 비롯해서 얼마나 많은 압력을 받았을지 쉽사리 짐작되기 때문이다. 미국은 정기적으로(2년에 한 번) 전국 생물 감시 프로그램을 실시하는 유일한 나라이다.*

유럽에는 그런 프로그램이 없다. 프랑스의 사정은 더 열악하다. 해결책을 찾으려 하지 않고 무기력을 정당화하는 관할 당국의 눈 가리고 아웅 식의 정책이 사라질 줄 모르기 때문이다. 노력하는 곳은 비정부기구뿐이다. 세계 자연보호기금(WWF)은 2004년 4월에 '디톡스(Detox)'라는 광범위한 조사를 벌이고 결과를 발표했다. 먼저 유럽연합 의원 39명, 보건부 장관 및 환경부 장관 14명, 각 회원국에서 한 가족 3세대의 혈액을 채취했다. 그 결과는 미국 질병통제국이 관찰한 결과와 유사했다. 유럽의회 의원들의 혈액에서

---

* 아널드 슈왈제네거 캘리포니아 주지사는 2006년에 임산부를 대상으로 한 생물 감시 프로그램 실시를 위한 법령에 서명했다.

76종의 독성 화학물질(유기염소계 살충제, PCB, 브롬화 난연제, 프탈레이트, PFOA 같은 과불화합물에 속하는 101종의 물질 중)이 검출되었다. 의원들은 평균 41종의 독성 물질을 몸속에 지니고 다녔다. 모두 잔류성 유기오염물질(자연에서 분해되지 않는다.)과 생물 축적 물질(몸속에 쌓이는 물질)이었다. 1등은 역설적이게도 유럽 녹색당 의원인 마리 안 이슬레르 베갱이 차지했다. 그녀의 몸에서는 가장 많은 51종의 물질이 검출되었고 특히 PCB 수치가 높았다.[23] 그녀는 그녀의 '체내 화학물질 축적량'을 알고 충격을 받았다며 "기준 데이터를 만드는 이런 연구를 NGO에서 하다니 믿을 수가 없군요."라고 말했다. "이런 조사는 관할 당국, 특히 유럽위원회가 실시해야지요."[24]

장관들의 혈액에서는 총 55종의 물질이 검출되었다. 1인당 평균 37종이었다.(그중 한 명은 43종까지 나왔다.) 유럽의 가족들(3세대)에게서도 유사한 결과가 나왔다. 프랑스 브르타뉴 지방에 사는 메르메 씨 가족의 경우 107종의 화학물질 중 할머니 릴리안 코루즈의 혈액에서는 34종이, 아내 로랑스 메르메에게서는 26종이, 아들 가브리엘 메르메에게서는 31종이 검출되었다.

1년 뒤인 2005년 9월에 세계자연보호기금과 그린피스는 새로운 보고서를 발표했다. 이번에는 47명의 임산부 혹은 모유를 먹이는 산모의 혈액과 22명의 신생아의 탯줄을 검사했다.[25] 안타깝게도 결과는 예상대로였다. 프탈레이트, 비스페놀A, 브롬화 난연제(가구, 양탄자, 전기 설비), PCB, 유기염소계 농약(DDT, 린덴), 합성 사향(실내 방향제, 세제, 화장품), 과불화탄소, 트라이콜산(일부 치약) 잔여물이 대부분의 혈액에서 검출되었다.* "검출된 화학물

---

* 2010년 워싱턴의 환경실무그룹도 미시건 주, 플로리다 주, 매사추세츠 주, 캘리포니아 주, 위스콘신 주 출신의 소수 인종 신생아 10명의 탯줄을 검사하고 그 결과를 발표했다. 검출된 화학물질은 232종이나 되었다.(ENVIRONMENTAL WORKING GROUP, "Pollution in people. Cord blood contaminants in minority newborns", 2010)

질 농도가 어느 정도 태아의 성장과 발육에 유해할 수 있는가?"라고 보고서 저자들은 질문을 던졌다.

"확실히 알 수 없다. (……) 확실히 알려면 연구를 더 해야 할 것이다. 그러나 발육 중인 태아가 지속적으로 미량의 잔류성 유기오염물질, 생물 축적 물질, 생리 활성물질의 혼합물에 노출되면 심각한 불안을 불러일으킬 수 있다는 결론을 내릴 수 있다. 태아가 자궁에서 노출되지 않도록 가능한 모든 조치를 취해야 할 것이다. 이는 임신한 여성의 노출을 막아야만 가능하다. 우리가 일상적으로 사용하는 제품과 우리가 살고 있는 환경에서 특별히 위험한 물질을 제거해야 한다."

탯줄 속 농약 칵테일

이 권고 사항은 농약에 우선적으로 해당된다. 농약 잔여물은 신생아의 태변에서도 발견되는 지경이다. 이는 2001년 콜롬비아 대학 연구팀이 뉴욕에서 수행한 연구에서 밝혀졌다. 연구팀은 태변에서 클로르피리포스, 다이아지논(두 살충제 모두 신경계에 피해를 입히는 것으로 알려져 있다.), 파라티온을 동시에 발견했다.[26] 2년 뒤에 같은 팀이 뉴욕의 빈민가 세 곳에 거주하는 신생아 230명의 탯줄 혈장과 산모의 혈액을 분석했다. 연구자들은 농약 22종을 발견했다. 그중 8종은 유기인계로, 클로르피리포스, 다이아지논, 벤디오카브, 프로폭서, 디클로란, 폴펫, 캡타폴, 캡탄이 검출된 샘플이 43~83%에 이른다. 연구팀은 산모와 신생아의 혈장에 들어 있는 농약 잔여물(및 그 부산물) 사이에 밀접한 상관관계가 있다는 사실을 관찰하고 "임신 기간 동안 농약이 발육 중인 태아에게 전달된다."[27]고 결론 내렸다.

임신 여성의 몸속에 농약이 침투한 현상이 일반화되었으며 이러한 현상은 도시뿐만 아니라 농촌 지역에서도 일어나고 있었다. 브르타뉴 지방에서 2000년대에 실시한 연구(일명 '펠라지' 코호트)는 임신 여성 546명의 소변에서 총 52종의 화학물질을 발견했고, 그중 12종은 트리아진 계열(아트라진), 32종은 유기인계(클로르피리포스, 클로르피리포스-메틸), 6종은 아마이드계, 2종은 카바메이트계에 속했다. "검출되는 잔류농약은 일반적으로 종류가 많다."고 2009년 보고서 저자들은 강조했다. "그리고 개별적으로든 복합적으로든 태아와 태아 발육에 미치는 영향은 아직 불확실하다. 펠라지 코호트에서 추후에 평가될 예정이다."[28]

임신한 여성과 아기의 '체내 화학물질 축적량'이 특히 우려스럽지만 어린이도 걱정스럽기는 마찬가지다. 어린이는 농약 침투율이 성인에 비해 상대적으로 매우 높기 때문이다. 그런 사실을 보여 주는 연구가 많이 있다.(여기에서 다 언급하기는 불가능하다.) 그중 미네소타 주에서 이루어진 연구가 있는데, 도시가 발달한 집약 농업 지역이 대상이었다. 2001년 발표된 연구 결과를 보면, 농촌과 도시의 어린이 아흔 명에게서 채취한 소변 샘플의 93%에서 아트라진, 말라티온, 카바릴, 클로르피리포스 혼합 잔여물이 검출되었다.[29] 악명 높은 클로르피리포스(13장 참조)는 생물감시 연구에서 매번 단골손님처럼 등장했다. 질병통제국의 두 번째 보고서에 따르면 클로르피리포스는 특히 어린이에게서 수치가 허용 기준을 매번 초과하는 농약 중 하나였다. 농약행동네트워크는 이 보고서 결과를 평가하는 자료에서 "우리 몸속에 클로르피리포스가 들어 있는 원인 제공자는 최초로 이 농약을 개발하고 판매한 다우케미컬일 것이다. (……) 다우케미컬은 국민 건강에 유의미한 효과를 나타낸다는 견고한 증거가 있음에도 불구하고 클로르피리포스를 지금도 계속 생산하고 있고 미국뿐만 아니라 해외 시장에서도 홍보하고 있다."[30]고 강조했다. 그리고 음식으로 우리 몸을 오염시키고 특히 우리 아이들의 건강을 위험에 처하게 한 "화학 기업에게 책임을 묻자."고 촉구했다.

프랑스의 미래세대(MRDGF의 전신. 1장 참조)가 2010년 12월에 발표한 연구 결과를 보면 잠재적 책임자는 한둘이 아니다.[31] 연구는 10대 아이의 일상적인 식사 내용을 분석하는 것이었다. 하루 식사는 공식 기관의 권고 사항―과일 5종, 신선한 채소, 유제품 3종, 물 1.5L―을 따르는 세 끼와 간식(사탕 포함)으로 구성되었다. 《르몽드》 인터넷판에서 지적했듯이 "결과는 참담했다." "128종의 잔여물과 81종의 화학물질이 검출되었다. 그중 42종은 암을 일으킬 가능성이 있거나 큰 물질이고, 5종은 확실한 발암물질이었다. 37종은 내분비계 교란물질로 분류될 수 있다. (……) 아침 식사로 먹은 버터와 우유를 넣은 차에만 암을 일으킬 가능성이 있는 잔여물 10종과 확실한 발암물질로 규명된 잔여물 3종, 호르몬을 교란시킬 수 있는 잔여물 20종이 들어 있었다. 햄버거 스테이크, 통조림 참치, 바게트, 껌에도 농약과 기타 화학물질이 잔뜩 들어 있었다. 수돗물을 분석해 보니 질산염과 클로로포름이 검출되었다. 오염물질이 가장 '풍부하게' 들어 있는 음식은 저녁에 먹은 연어 스테이크였다. 34종의 화학 잔여물이 검출되었다."[32]

미래세대의 설립자인 프랑수아 베예레트는 "오염물질 칵테일을 섭취해서 유발될 수 있는 시너지 효과가 고려되지 않고 있으며 소비자가 감수할 최종 리스크가 매우 저평가되었을 가능성이 크다. 현재 음식으로 섭취하는 화학물질 칵테일의 영향에 대해서는 거의 아무것도 모르는 실정이다."[33]라고 설명했다.

새로운 혼합식 0+0+0=60

"우리의 연구나 규제 시스템이 지극히 순진했다고 생각합니다. 화학물질 하나에만 초점을 맞췄으니까요. 우리 중 그 누구도 단 한 가지 화학물질에만 노출되는 사람은 없습니다." 미국 국립환경보건원에서 만난 린다 번바움은 말했다. "그러는 바람에 유발될 수 있는 효과를 전혀 보지 못했다고 생각합니다. 천연 호르몬과 합성 호르몬의 경우는 더 그렇습니다. 이제 우리가 맞이한 과제는 혼합된 화학물질이 일으킬 수 있는 효과를 이해하고 평가하는 것입니다. 우리는 그 혼합물 안에서 살아가고 있으니까요. 하지만 그걸 연구할 수 있는 연구소가 아주 적어 안타깝습니다."

어쩐 일인지 화학 혼합물 독성학 분야에서 가장 권위 있는 실험실은 유럽에 있었다. 덴마크에 있는 실험실은 울라 하스가 맡고 있다. 그녀는 코펜하겐 교외 쇠보르에 있는 덴마크 식품수의학연구소에서 일하는 독성학자이다. 2010년 1월의 어느 눈 내리는 날 그녀를 만났다. 인터뷰를 시작하기에 앞서 그녀는 내게 '동물원'을 보여 주겠다고 말했다. 병원처럼 하얀 방 안에는 실험에 사용하는 위스타 쥐를 넣어 둔 우리가 설치되어 있었다. 유럽연합의 지원과 런던 대학 독성학센터의 협력으로 그녀는 자궁에서 화학 혼합 물질에 노출된 수컷 쥐에 대한 항안드로겐 효과를 테스트하는 일련의 실험을 수행했다. 첫 번째 실험에서는 진균제인 빈클로졸린 및 프로시미돈(13장 참조)과 전립선암 치료제인 플루타미드 혼합물을 사용했다.[34]

"항안드로겐제는 무엇입니까?"

"테스토스테론 같은 남성호르몬인 안드로겐의 작용을 방해하는 화학물질입니다. 남성호르몬은 성 분화에 매우 중요한 역할을 합니다. 인간의 경우 성 분화는 임신 7주차에 이루어집니다. 남성호르몬이 있어야 여성적인 기본 생식기가 남성 생식기로 발달할 수 있습니다. 항안드로겐제는 그 과정을 방해할 수 있고, 그렇게 되면 남자 아기가 남성으로서 제대로 발육할 수 없습니다."

"연구는 어떤 방식으로 진행하셨습니까?"

"먼저 각 물질이 나타내는 효과를 따로 관찰했습니다. 아무런 효과도 내지 않는 매우 낮은 수준의 독성량을 찾아내기 위해서였습니다. 저희 연구의 목표는 화학 혼합물의 잠재적 효과를 측정하는 것이었습니다. 따라서 개별적으로는 효과를 나타내지 않는 물질들이 혼합되었을 때 효과를 나타내는지 알아보는 것이 특히 중요했습니다. 그리고 그것이 바로 저희가 얻어 낸 결과였습니다. 항문과 생식기 사이의 거리를 회음부라고 부릅니다. 수컷의 회음부는 암컷보다 두 배 정도 깁니다. 태아의 발달 과정에서 안드로겐이 하는 역할이 바로 그런 것이지요. 수컷의 회음부가 짧다면 그것으로 심각한 남성 생식기 기형인 요도밑열림증을 의심할 수 있습니다. 화학물질을 따로 테스트했을 때에는 아무런 효과도 나타나지 않았고 기형도 생기지 않았습니다. 그런데 수컷 태아를 세 종의 화학물질 칵테일에 노출시켰더니 60%가 요도밑열림증과 그 밖에 심각한 생식기 기형을 보였습니다. 특히 일부 수컷에게서는 고환이 있는데도 질이 형성되었습니다. 두 개의 성이 공존하는 자웅동체였지요."

올라 하스가 마지막으로 한 말이 아직도 잊히지 않는다. "화학 혼합물을 연구할 때에는 새로운 수학식을 배워야 합니다. 우리가 얻은 결과는 0+0+0=기형 60%였으니까요."

"어떻게 그런 일이 가능할까요?"

"여기서 나타난 현상은 두 가지입니다. 먼저 각 효과가 더해진다는 것이고 그다음에는 시너지 효과를 일으켜 효과가 증폭된다는 것입니다."

"무서운 얘기인데요. 특히 모든 유럽인에게 체내 화학물질 축적량이라는 게 있지 않습니까? 쥐에게서 관찰한 것이 우리 몸속에서도 일어날 수 있을까요?"

"사실 우리가 그 부분을 모른다는 것이 큰 문제입니다." 울라 하스는 타이론 헤이스와 똑같은 말을 하며 한숨을 내쉬었다. "이런 사항이 왜 진작 고려되지 않았는지 이해하기 정말 어렵습니다. 약국에 가서 약을 사면 다른 약과 함께 복용할 때 주의하라는 사용 방법을 볼 수 있습니다. 여러 가지 효과가 결합될 수 있기 때문입니다. 화학물질이 같은 현상을 일으킨다는 것은 놀랄 일이 아니지요."

"독성학자들이 생각하는 방식을 완전히 바꾸어야 한다고 생각하십니까?"

"화학 혼합물질, 특히 내분비계 교란물질의 독성을 평가하려면 우리가 배웠던 모델은 잊어버려야 하는 것이 분명합니다. 우리는 양이 적으면 효과도 적고, 양이 많으면 효과도 크다고 배웠습니다. 양과 효과의 상관관계가 직선을 그리는 것이었죠. 그것은 매우 간단하고 마음도 놓이는 모델입니다. 하지만 그 모델이 적용되지 않는 물질이 많습니다. 이제는 새로운 도구를 개발해야 합니다. 저희 실험실과 협력하고 있는 런던의 안드레아스 코텐캄프 박사의 실험실도 그런 도구를 개발했지요. 우리가 테스트한 물질 3종의 화학적 특성을 컴퓨터에 입력한 다음에 소프트웨어를 이용하면 각 물질의 효과가 더해졌을 때와 시너지 효과를 낼 때를 예측할 수 있습니다. 앞으로 매우 전망 있는 분야지요."

폭증하는 유방암, 합성 호르몬 칵테일이 원인이다

내가 안드레아스 코텐캄프를 만나기 위해 영국으로 떠난 것은 당연한 일이었다. 그는 런던 대학 독성학센터 소장을 역임하고 있다. 2009년에 그가 울라 하스를 비롯한 동료들과 함께 발표한 연구는 다음과 같은 결론을 내렸다. "여러 효과가 결합될 가능성을 무시한 평가는 여러 화학물질에 대한 노출로 인한 리스크를 심하게 저평가할 수 있다."[35]

울리히 벡도 『위험사회』에서 비슷한 말을 했다. 표현만 훨씬 더 과격했을 뿐이다. 화학의 세계로 떠났던 여행을 마칠 즈음에는 내 생각도 울리히 벡과 별반 다르지 않았다.

"잔류 독성 물질들이 함께 일으키는 작용이 어떤 반응을 일으킬지 모르는 상황에서 하나의 특정 오염물질이 어느 수준의 농도부터 유해한가를 아는 것이 무슨 소용인가? (……) 인간이 위험한 상황에 처했다면 그것은 개별적인 독성 물질 때문이 아니라 전체적인 상황 때문이다. 전체적인 위협에 대해 묻고 있는데 개별적인 독성 물질의 허용량을 가지고 그 질문에 답하는 것은 파렴치한 집단행동이다. 그 행동의 끔찍한 결과는 더 이상 감춰지지 않는다. 진보에 대한 맹목적인 믿음이 있었던 시기에는 그런 실수가 용납된다. 그러나 '허용량'의 과학적 '합리성' 뒤에 숨어서 수많은 이의 제기와 질병 발병률 및 사망률에 대한 통계에도 불구하고 같은 실수를 지금까지 반복하는 것은 단순히 신뢰를 잃을 위기에 처하는 것이 아니라 재판을 받아야 할 자세이다."[36]

내 '울적함'이 가신 2010년 1월 11일, 나는 안드레아스 코텐캄프를 만났다. 독일 출신의 과학자인 그는 2008년 4월 2일 유럽의회에서 유방암에 관한 보고서를 발표하기도 했다.[37] 현재 선진국 여성 8명 중 1명이 유방암 환자일 정도로 유방암 발병률은 끊임없이 증가하고 있고 34~54세 여성의 사망 원인 1위가 유방암이다. 안드레아스 코텐캄프는 화학물질 오염이 그 주된 원인이라고 지적했다.*

"선진국에서 유방암 발병이 폭발적으로 증가하는 현상은 매우 충격적입니다." 그는 내게 말했다. "그것은 여러 원인이 합쳐졌기 때문인데요. 모두 여성의 몸속에서 에스트로겐이 하는 역할과 관련이 있습니다. 우선 아이를 더 늦게 낳으면서 모유 수유를 하지 않는 여성이 증가했습니다. 또 비중은 적지만 피임약 사용도 원인에 속합니다. 폐경기 여성의 호르몬 치료는 확실한 원인이고요. 영국만 해도 호르몬 대체 요법 때문에 유방암이 1만 건이나 추가 발생했습니다. 유전적 요인도 있지만 그것을 과대평가해서는 안 됩니다. 유방암 20건 중 1건 정도만 유전이 원인이니까요. 이 모든 것이 결국 환경이 주된 원인이라고 말해 주고 있습니다. 여성호르몬을 모방할 수 있는 미량의 화학물질들이 유발하는 효과가 서로 합쳐진 탓입니다."

"어떤 물질을 원인으로 지목하십니까?"

나는 가까운 친구 여럿을 포함해서 유방암으로 목숨을 잃은 많은 여성들을 생각하며 질문을 던졌다.

"안타깝게도 열거하자면 끝이 없습니다. 보존제 같은 식품 첨가제, 자외선 차단제, 화장품(샴푸, 향수, 데오드란트)에 사용되는 파라벤과 프탈레이트, 세제나 페인트, 플라스틱에 사용되는 알킬페놀, 식품사슬을 오염시키는 PCB를 들 수 있겠죠. 그 밖에도 환경에 축적된 DDT, 진균제, 제초제, 살충

---

* 북아메리카, 유럽, 오스트레일리아의 유방암 발병률은 인구 10만 명당 75~92명이다. 반면 아시아와 아프리카는 20명 미만이다.

제 등 수많은 농약도 있습니다. 농약은 모두 에스트로겐의 성질을 가지고 있고 음식에 잔류농약으로 남아 있습니다.[38] 한마디로 말하면, 여성의 몸은 호르몬 칵테일에 24시간 노출되어 있습니다. 에스파냐에서 수행된 연구에서도 밝혔듯이 그 호르몬들은 함께 작용할 수 있습니다.[39] 게다가 호르몬 칵테일은 태아 발달 시기나 사춘기에 특히 유해합니다. 자궁에서 DES에 노출된 여아들의 비극(17장 참조)이 그것을 알려 주었지요. 히로시마 원자폭탄 희생자들의 경우도 암에 걸린 여성은 대부분 당시 10대였습니다."

"지금은 어떤 연구를 하고 계십니까?"

"여러 가지 합성 호르몬의 시너지 효과를 테스트하고 있습니다. 에스트로겐이나 항안드로겐의 성질을 가진 호르몬들을 동물이 아닌 세포를 가지고 실험하고 있지요. 울라 하스도 그렇게 하고 있습니다. 우리가 얻은 결과는 그녀가 쥐를 가지고 한 실험 결과와 일치합니다. 환경호르몬인 제노에스트로겐은 특히 천연 에스트로겐과 섞이면 상호작용해서 효과가 증폭됩니다. 체내 화학물질 축적량에 대해 관심이 많습니다만, 여성의 전체 호르몬 축적량을 측정해 보는 것도 흥미로울 것입니다. 유방암에 걸릴 확률을 가르쳐주는 좋은 지표가 될 테니까요."

"규제 기관이 화학물질 평가 시스템을 재검토해야 할까요?"

"물론이죠. 칵테일 효과를 고려할 수 있도록 패러다임을 바꿔야 합니다. 지금은 칵테일 효과를 완전히 무시하고 있지요. 화학물질별로 평가를 하는 것은 의미가 없습니다. 유럽의 관할 당국들은 문제를 인식하기 시작했다고 생각합니다. 2004년에 유럽연합 독성, 생태독성 및 환경과학위원회(CSTEE)는 환경호르몬과 같은 동일한 작용 방식을 가진 화학물질의 칵테일 효과를 고려하도록 분명히 권고했습니다.[40] 2009년 12월에도 유럽연합의 스물아홉 개국 환경부 장관이 공동 선언문을 발표하고 내분비계 교란물질을 비롯한 화학물질의 칵테일 효과가 평가 시스템에 고려되기를 요구했습니다. 그것은 엄청난 작업을 요구하는 일입니다. 현재 유럽 시장에 출시된 화학제품이 3만~5만 개입니다. 그중 테스트를 거친 제품은 1%에 불과합니다. 그중 내분비계 교란물질이 500개라면 가능한 조합은 수백만 개가 된다는 소리니까요."

"불가능한 일이라는 말씀이군요."

"현실적으로 접근해야 할 것이라고 봅니다. 민물고기는 칵테일 효과의 좋은 지표가 됩니다. 민물고기에 가장 큰 피해를 입히는 물질이 무엇인지 찾아내야 합니다. 어쩌면 스무 개의 물질이 피해의 90%를 일으키는 주범일지도 모릅니다. 그렇다면 올바른 방향으로 나아가고 있는 유럽연합의 신화학물질관리규정에 따라 그 물질을 시장에서 퇴출시키면 됩니다.* 그러나 기업의 저항이 거셀 것이므로 강력한 정치적 의지가 필요합니다."

"칵테일 효과는 발암물질에도 존재할까요?"

"그렇다고 볼 수 있습니다. 일본에서 진행된 연구들을 보면 그렇습니다. 이 연구들은 개별적으로는 발암 효과를 보이지 않던 농약을 혼합했더니 발암 효과가 증폭되었다고 밝히고 있지요."

"내분비계 교란물질과 그 밖의 화학물질에 관련해서는 '양이 곧 독이다'라는 파라셀수스의 원칙을 쓰레기통에 버려야겠군요."

"그 원칙이 어디에나 남용된 것이 아쉽습니다. 아무도 그 말이 정말 무슨 의미인지 모르고 있습니다. 물론 어떤 물질의 독성과 양에는 기본적으

* 2007년 6월 1일 발효된 유럽연합의 신화학물질관리규정은 영어 약자로 REACH로 불린다.

로 상관관계가 존재합니다. 그러나 그것이 문제가 되는 것은 아닙니다. 평가 시스템의 허점은 무독성량이라는 것입니다. 유해 효과가 관찰되지 않는 양을 가리키지요. 그런데 무독성량에는 통계학자들이 '안개'라고 부르는 회색 지대가 존재한다는 것을 알아야 합니다. 무독성량에서 ±25%까지는 정확히 어떤 효과가 나타나는지 알 수가 없습니다. 이 근본적인 문제를 해결할 수 있는 실험 연구는 한 번도 이루어진 적이 없습니다. 물론 '안개'의 크기를 줄이기 위해 더 많은 동물에게 테스트해 볼 수도 있습니다. 그러나 안개를 말끔히 걷어 낼 수는 없을 것입니다. 불확실성 계수나 안전성 계수를 적용해서 문제를 해결했다는 것이 규제 기관의 공식적인 설명입니다만, 그것도 완전히 자의적인 해결책입니다. 우리가 아무것도 알 수 없다는 것이 역시 원인이지요. 화학 혼합물의 독성에 관해서는 더욱 들어맞는 이야기입니다. 개별적으로는 무해한 미량의 화학물질이 함께 일으키는 효과는 확실하게 예측할 수 없습니다. 안전성 계수를 매우 높게 적용한다면 또 모르지만, 그렇게 되면 사용을 크게 제한하게 될 것입니다."

"현행 시스템은 어린이의 건강을 위험하게 만든다고 생각하십니까?"

"태아와 어린이가 특히 내분비계 교란물질을 비롯해서 화학물질 칵테일에 특히 민감하다는 것은 분명한 사실입니다. 어린이의 질병 변화를 살펴봐도 그렇다는 것을 알 수 있습니다."

소리 없는 전염병의 첫 번째 희생자는 어린이다

아이들의 운명을 언급하지 않고 이 책을 마칠 수는 없다. 어린이는 환경

오염의 가장 큰 피해자이다. 하버드 대학 환경보건학 교수인 필리프 그랑장과 뉴욕 마운트사이나이 의대의 필립 랜드리건은 이를 "소리 없는 전염병"[41]이라고 말했다. 이 말은 어린이가 걸리는 수많은 신경장애 — 자폐증, 집중력 장애, 과잉 행동 장애, 지체 장애 — 를 가리킨 것이지만 이른바 '선진국'이라는 나라에서 태어난 수만 명의 어린이가 어머니의 배 속을 포함해서 환경에 가득 찬 화학 독극물에 노출되어 걸린 다른 질병에도 적용될 수 있는 표현이다.

'한계 비율의 마법사들'이 고집스럽게 무시하고 있는 것이 하나 있다. 독성학의 성경과 달리 '어린이는 작은 어른이 아니다.'라는 사실이다. 이는 유럽의회의 요청으로 수행한 연구에서도 지적한 점이다.[42] 실제로 해마다 대기 오염, 물 오염, 납 중독으로 어린이와 10대 청소년이 치러야 할 대가는 해마다 증가하고 있다. 유럽에서만 이런 문제로 목숨을 잃는 어린이와 10대 청소년이 10만 명에 이른다.(20대 미만 사망 원인의 34%)[43] "임산부와 태아의 취약성"을 언급한 유럽의회는 "농약의 부정적인 효과에 대한 취약성을 증가시키는 신생아와 어린이의 생리학적 및 행동 특성"을 강조했다.[44] 취약성은 "신생아와 어린이의 몸이 아직 발육 중이고, 발육을 관장하는 데 사용되는 화학 신호 체계가 화학 독성 물질에 노출되면 교란될 수 있다는 사실"[45]에 기인한다.

게다가 "아기의 혈관뇌장벽은 생후 6개월까지 완전하게 발달하지 않는다. 아기의 미성숙한 뇌는 따라서 어린이나 어른의 뇌보다 더 취약하다.[46] 해독 경로가 제대로 발달하지 못한 어린이의 몸은 신진대사 능력이 떨어져서 오염물질을 제대로 제거하지 못한다.[47] 또 어린이는 어른에 비해 몸무게 1kg당 먹고 마시는 양이 많아서 (……) 농약이 몸에 미치는 효과가 더 크다."[48] 그뿐만 아니라 "어린이는 손을 자주 입에 가져가고, 몸집이 작고, 땅과 가까이에서 놀고, 많은 시간을 외부에서 보낸다. 과일과 채소를 많이 먹어서 잔류농약에 대한 노출도 많다. 이유식 가공 과정도 잔류농약의 농도를 증가시킨다. 신생아는 모유를 통해 잔류농약을 섭취할 수 있다."[49] 유럽의회는 다음과 같은 결론을 내렸다. "아기와 어린이의 취약성이 크고, 그로 인해 건강에 미치는 효과가 만성적이며 장애를 일으키기도 하지만 현재 사용되고 있는 대다수의 농약이 태아에게 미치는 독성 효과에 대한 데이터는 없는 실정이다."

이 연구에서 기술된 모든 특징은 미국 환경보호국 인터넷 사이트에도 올라와 있다. 환경보호국은 1996년에 농약의 일일섭취허용량을 계산하기 위해 사용되었던 안전성 계수 100(12장 참조)에 다시 10을 첨가해야 했다. 이 조치는 미국 연방의회가 어린이 보호를 강화하기 위해 진균제, 살충제, 쥐약에 관한 연방법을 개정하기로 결정한 뒤에 이루어졌다. 환경보호국은 어린이 환경 보건을 담당할 특별 부서를 설치했고, 인터넷 사이트(음식과 농약 코너)에 "왜 어린이가 특히 농약에 민감한지" 분명히 설명하고 있다. 또 화학물질에 노출되면 어떤 질병에 걸릴 수 있는지도 명시했다. 그중 가장 심각한 것은 물론 암이다. "암은 사고사 다음으로 1~14세 어린이 사망 원인 2위를 차지한다." 환경보호국은 "백혈병은 15세 미만 어린이에게서 가장 흔한 암이며, 소아암의 30%를 차지하여 뇌종양 다음으로 가장 많이 발병한다."고 밝혔다.

소아 백혈병은 임신 여성에게 농약, 특히 살충제의 효능을 더 잘 홍보했더라면 발병률을 크게 줄일 수 있는 질병이므로 더욱 억울한 비극이다. 프랑스 국립보건의학연구소의 환경암전염병학 부서를 맡고 있는 자클린 클라벨은 "최근 10여 건의 연구에서 임신 기간 동안 실내 살충제 사용이 태어날 아기의 백혈병 또는 비호지킨림프종 발병률을 적어도 두 배 증가시킨다는 것이 밝혀졌습니다."[50]라고 내게 설명했다. 자클린 클라벨도 그중 한 연구를 맡아서 했다.[51] 오타와 대학의 연구팀은 2009년에 1950~2009년에 발표된 전염병학 연구 서른한 건에 대한 메타분석을 진행했다. 모두 소아 백혈병과 부모의 농약 노출의 상관관계를 조사한 연구였다. 결과는 명백했다. 어머니가 살충제(실내 혹은 농약)에 노출되었을 때 아이가 백혈병에 걸릴 확률은 2.7배 증가하고, 어머니가 직업상의 이유로 제초제에 노출되었을 때에는 3.7배 증가한다.[52]

농약으로 기형이 된 아이들

촬영을 하는 동안 감정적으로 특히 힘든 순간들이 있었다. 그 기억이 계속 나를 사로잡았다. 시간이 지나도 잊히지 않았기 때문이다. 2006년 12월 베트남 호찌민 시에 있는 뜨유 병원을 방문했던 기억도 그렇다. 응우옌 티 응옥 프엉 박사는 몬산토와 다우케미컬이 생산한 에이전트 오렌지로 인해 기형아가 된 태아를 담은 수십 개의 병을 보관하고 있었다.[53]

노스다코타 주의 파고에 머물렀던 기억도 잊지 못할 것이다. 코엔 형제가 만든 영화 중 가장 음산했던 작품 제목이기도 했던 파고에 나는 2009년 만성절 전날 도착했다. 날은 얼음장같이 추웠고 밀, 옥수수, 순무, 감자, 콩(유전자 조작)의 집약 농업이 다시 시작되기 전 몇 개월 동안 가까이 있는 레드 리버 밸리는 눈을 맞이할 준비가 되어 있었다. 다코타 주와 미네소타 주

548

사이에 있는 이 지역에서는 농약을 주로 비행기로 살포한다. 농장마다 밭의 평균 크기가 수백 헥타르에 달하기 때문이다.

나는 미네아폴리스 대학(미네소타 주)의 빈센트 개리 교수와 만나기로 했다. 그는 윙스프레드 회의(16장 참조)에 참석했고 농약과 태아 기형의 상관관계에 관하여 세 건의 연구를 진행했다.[54] 그 결과 레드 리버 밸리의 농가와 주변 지역 주민에게서 심장혈관계, 호흡계, 비뇨생식계(요도밑열림증, 잠복고환증), 근골격계(사지 기형, 손가락 수)의 기형이 매우 크게 증가한 것으로 나타났다. 노스다코타 주나 미네소타 주의 도시 지역 주민과 비교하면 기형이 나타날 확률이 두 배에서 네 배 높았다. 빈센트 개리는 농부의 가족들을 연구하면서 여성이 봄에 임신을 했을 때 태아 기형과 유산이 더 빈번하다는 것을 알아냈다. 그때가 바로 농약이 살포되는 시기였다.(특히 몬산토의 라운드업을 뿌렸다. 빈센트 개리는 라운드업이 내분비계 교란물질이라는 것을 증명했다.) 그는 농약 사용자의 자녀들 중에 남자아이 수가 더 적다는 사실도 관찰했다. 나와 그는 40대의 농부 데이비드를 찾아갔다. 그의 부모는 1996년 연구에 참여한 적이 있었다. 빈센트 개리는 데이비드 가족의 파일을 보관하고 있었다. 데이비드의 남동생은 심각한 태아 기형에 정신 지체를 보였다고 기록되어 있었다. 빈센트 개리가 연구 결과를 알려 주었을 때 데이비드 가족이 모여 앉은 식탁에 감돌던 슬픔과 당혹감이 뒤섞인 침묵을 나는 절대 잊지 못할 것이다.

열흘 뒤, 나는 칠레로 향했다(3장 참조). 급성중독의 피해자가 된 계절노동자들을 만나고 난 뒤에 나는 랑카과 지역 종합병원의 산부인과 의사인 빅토리아 멜라와 만날 약속을 했다. 칠레 중부에 있는 랑카과는 1980년대 초부터 수출용 작물을 집약적으로 재배하고 있었다. 농약을 대량으로 사용한 것은 물론이다. 빅토리아 멜라는 1980년대에 그녀가 근무하는 병원에서 태어난 아이들에게서 태아 기형이 엄청나게 증가한 것을 관찰했다. 그녀는 1990년에 신생아 1만 명을 대상으로 한 보고서를 작성했다. 아이들은 주로 임신 기간에 농약에 노출된 계절노동자의 자녀였다. 빅토리아 멜라는 보고서에 뇌수종, 선천성 심장병, 하지 기형, 상지 기형, 비뇨계 기형, 신경관 기형, 구순구개열, 척추갈림증, 태아 사망 등 수많은 이상을 기술했다.[55] 그녀는 매일 진료실에서 벌어지는 광경에 충격을 받고 피해 아이들을 촬영하기로 결심했다. 증거 자료로 관할 당국에 보고하기 위해서였다. 화학물질을 가지고 저지른 인간의 광기가 기형아로 만든 아이들의 참담한 모습을 나는 잊지 못할 것이다.

패러다임의 변화

"인류가 살아남으려면 새로운 사고방식이 필요하다."

알베르트 아인슈타인의 말은 50년도 더 된 말이지만 여전히 우리에게 경종을 울린다. 모든 상황을 살펴보면 우리는 기로에 놓여 있음이 자명하다. 앙드레 시코렐라가 말했듯이 "공공 보건 관리의 패러다임을 바꾸는 일"이 시급하다.

"지구적 차원의 환경 위기가 도래했습니다. 그것은 인류의 미래에 가장 중요한 생물다양성, 에너지, 기후, 보건의 위기입니다. 보건 위기는 그중에서 네 번째로 중요한 위기입니다. 이를 해결하려면 19세기에 수질 개선, 위생, 교육을 통해 전염병을 퇴치했듯이 진정한 공공 보건의 개혁이 이루어져야 합니다. 새로운 개혁은 인간이 환경에서 화학물질에 노출되는 모든 상황을 고려한 '노출학'을 바탕으로 해야 합니다. 더 이상 망설일 시간이 없습니다. 모든 신호가 위험 수준으로 떨어졌으니까요."

2011년 열흘 간격을 두고 《르몽드》에 게재된 기사 두 편은 그 '신호' 중 두 가지에 대한 관심을 끌고 있다. 1월 27일자 기사는 미국 역사상 최초로 "미국인의 평균 기대 수명이 짧아졌다."[1]고 밝혔다. 두 번째 기사는 "전 세계 비만 인구가 30년 만에 두 배 증가했다."[2]는 내용이었다. 그러나 《르몽드》는 화학오염물질의 역할에 대해서는 단 한 차례도 언급하지 않았다. 앞서 살펴보았지만 비만이라는 만성 질병의 (주된?) 원인에는 환경적 요인도 포함된다. "패러다임을 바꾸려면" 정보를 제공하는 일을 게을리 해서는 안 된다. 아는 것이 힘이기 때문이다.

항암 식품

과학자들의 세계에는 서로 보완적인 관계인데도 함께 협력하지 않는 두 부류의 연구자들이 있다. 첫 번째 부류는 만성 질병의 환경적 요인을 집중적으로 연구한다. 즉 이 책의 핵심인 화학 오염의 효과를 다루는 것이다. 두 번째 부류는 '생활 방식'에만 관심을 기울인다. 주로 지방과 당이 과도하게 많고 식물성 성분은 부족한 인스턴트식품(밀가루 등)의 폐해를 연구한다. 길고 긴 취재를 마친 나는 이 두 가지 관점이 동전의 양면이라는 것을 깨달았다. '녹색 혁명'의 또 다른 이름이 우리 식탁을 대혼란에 빠트린 '농식품 혁명'이기 때문이다.

농학자인 피에르 베일이 『빈곤한 만찬』에서 지적했듯이, "인간의 유전자는 '늙을 만큼 늙어서' 이제는 세대가 바뀔 때마다 변하지 않는다. 유전자의 자연적인 변이 주기는 수십만 년이다."[3] 다비드 세르방 슈레베르도 그의 훌륭한 책 『항암』에서 젖소가 '오메가3(쓰리)' 지방산이 풍부한 풀이나 아마 대신 옥수수와 콩을 먹게 되면서 인간의 몸에 어떤 결과를 초래했는지 설명했다. "'오메가6(식스)'는 지방의 축적, 세포의 경직, 응고, 외부 공격에 대한 염증 반응을 증가시킨다. 따라서 태어날 때부터 지방세포 형성을 자극한다. 오메가3는 신경계 형성에 관여하고, 세포를 더 부드럽게 만들며, 염증 반응을 진정시킨다. 지방세포 형성도 제한한다. 인체의 생리학적 균형은 오메가3와 오메가6의 균형에 크게 좌우된다. 그런데 지난 50년간 우리의 섭식에서 가장 크게 달라진 것이 바로 그 균형이다."[4] 오메가3와 오메가6의 비율은 1:1에서 1:25, 심지어 1:40까지 달라졌다. 그것이 보통 일이 아니라는 것을 종양학자들은 잘 알고 있다. 염증은 암이 발병할 수 있는 터전이기 때문이다.

종양의 출발점에는 외부 요인에 의해 공격당한 세포가 있기 마련이다. 외부 요인은 바이러스가 될 수도 있고 방사능이나 화학물질이 될 수도 있다. 건강한 사람이라면 NK세포 — 영어로 'Natural Killer'의 약자이다. — 가 상한 세포를 감지하고 세포가 '자살'하도록 만든다. 이 현상을 '세포자살'이라고 부른다. 그런데 만성적인 감염과 지속적인 화학물질의 공격으로 면역계가 약화되면 세포자살이 이루어지지 않고 잘못된 세포가 증식하기 시작한다. 그것이 종양의 시작이다. 종양이 증식하려면 혈관이 필요한데, 그 현상을 '혈관신생'이라고 부른다. 혈관신생은 장기적으로 전이를 만든다. 암세포가 몸을 장악하는 것이다.

"암은 잡초 같은 것입니다." 리샤르 벨리보 교수는 내게 그렇게 설명했다.

"처음 자리를 잡으려면 씨앗이 필요합니다. 씨앗은 성장을 촉진할 수 있는 양분이 있어야 자랄 수 있지요. 수소화된 기름 또는 트랜스 지방을 사용하는 가공 식품을 먹으면 오메가6를 많이 섭취하게 되므로 신진대사나 생리학적으로 염증에 취약한 몸으로 바뀝니다. 그러면 씨앗의 성장도 촉진됩니다. 반대로 채소를 많이 먹으면 잡초가 자라는 걸 막을 수 있습니다." 퀘벡 대학에서 암 예방과 치료법을 가르치고 있는 리샤르 벨리보 교수는 서른 명의 연구진과 함께 과일과 채소가 가진 항암 능력을 연구하고 있다. 그는 지금까지 국제 의학저널에 230편 이상의 논문을 발표했다.

"지난 20년간 이루어진 연구 결과를 보면, 약리학적으로 화학치료제와 동일한 효과를 내는 성분을 가진 식물이 있습니다. 바로 피토케미컬이라는 화합물 때문입니다."[5] 2009년 12월 7일 몬트리올 연구실에서 만났을 때 그는 이렇게 설명했다. "그 성분 중 일부는 세포독성을 가지고 있습니다. 그래서 암세포를 죽이는 것이지요. 또 암세포의 자살을 부추기는 성분과 암세포가 자라는 데 필요한 염증을 막아 주는 성분도 있습니다. 종양은 초기에 느린 속도로 자리를 잡으려고 합니다. 그때 피토케미컬을 섭취하면 암세포에 적대적인 환경을 조성해서 초기 암세포의 클론 선택을 막을 수 있습니다. 이 암세포들이 20년, 30년, 혹은 40년 뒤에 암으로 자라는 것이죠. 결국 음식으로 암을 예방할 수 있다는 말이 됩니다. 이러한 일련의 항암물질은 십자화과(배추과) 식물에 들어 있습니다. 양배추, 꽃양배추, 방울다다기 양배추, 그리고 가장 탁월한 브로콜리가 그 예입니다.[6] 브로콜리의 글루코시놀레이트는 세포자살을 촉진합니다.[7] 부추속 식물도 좋습니다. 마늘, 양파, 리크, 샬롯 등에 들어 있는 황 성분은 탁월한 항암 효과를 가지고 있습니다. 특히 전립선암에 좋지요.[8] 빌베리, 블랙베리, 블랙커런트, 딸기, 그리고 특히 라즈베리 등 붉은 과일에도 혈관신생을 막는 엘라그산이 들어 있습니다.[9] 녹차에 들어 있는 폴리페놀과 카테킨 성분은 혈관신생이 시작되는 것을 막아 줍니다. 제가 직접 암세포에 실험을 해 보았는데요. 백혈병, 유방암, 전립선암, 신장암, 피부암, 구순암의 암세포 성장 속도를 완화하는 효과가 나타났습니다.[10] 다크 초콜릿,[11] 감귤류, 적포도주에 들어 있는 레스베라트롤[12]도 효과가 있습니다."

"그런데 이런 정보는 왜 잘 알려지지 않았을까요?"

"제 연구 결과로는 돈을 벌 수 없으니까요. 연구비를 얻기 위해 저는 항상 뛰어다녀야 합니다. 강황의 주성분인 커큐민을 예로 들어 볼까요? 커큐민이 암 생성과 증식의 모든 단계에 작용할 수 있는 강한 항염증제라는 사실을 증명한 연구는 참 많습니다. 하지만 아주 오래전부터 인도 요리에 사용된 재료인 강황에 특허를 낼 수는 없습니다."

만성질환으로 위협받는 강황의 나라 인도

2009년 성탄절이 얼마 남지 않았을 무렵, 나는 강황의 나라 인도에서 며칠 머물렀다. 약간 자극적인 맛을 내는 강황은 카레의 노란색을 내는 향신료이다. 이미 3000년 전부터 인도의 전승 의학 아유르베다는 강황이 약으로서 효험이 있다고 전하고 있다. 나는 오리사 주(인도 남동부)의 주도인 부바네스와르에서 개최된 제3회 중개 암 심포지엄에 참석했다. 심포지엄을 조직한 사람 중 한 명은 세계적 명성을 누리는 MD앤더슨 암센터에서 사이토카인 연구소 소장을 맡고 있는 바라트 아가르왈이었다. 나는 그 전주에 그를 텍사스 주 휴스턴에서 만났다. 그는 나에게 커큐민에 관한 놀라운 연구 결과를 보여 주었다. 커큐민은 췌장암 치료제인 젬시타빈의 세포자살 효과를 증폭시킬 수 있다고 한다. 그는 생쥐에게 췌장암을 유발한 다음에 커큐민이 종양에 양분을 공급하는 혈관을 서서히 마르게 해서 결국 종양을 완전히 사라지게 만드는 모습을 찍은 사진도 보여 주었다.[15] "커큐민에는 염증 생성 과정에 핵심적인 역할을 하는 NF카파B 전사인자의 단백질 발현을 막는 능력이 있습니다. 그래서 세포자살, 혈관신생, 전이에 모두 관여할 수 있는 것입니다. MD앤더슨 암센터의 존 멘델존 원장과 저는 현재 암 환자를 대상으로 임상 실험을 진행 중인데요. 전망이 아주 밝습니다."

부바스네와르 심포지엄에서 과학자들은 커큐민, NF카파B 전사인자, 암의 염증 메커니즘뿐만 아니라 뉴델리 암연구소의 아빈드 차투르베디 소장이 강조했듯이 사라져가고 있는 '인도의 장점'에 대해서도 언급했다. 그는 파워포인트로 정리한 국제암연구소의 통계를 보여 주었다(10장 참조). 2001년까지만 해도 인도의 스무 개 주요 암 발병률은 미국보다 3배에서 30배까지 낮았다. 유방암과 전립선암의 경우 특히 차이가 두드러졌다. "안타깝게도 상황은 변하고 있습니다." 아빈드 차투르베디 소장이 말했다. "인도 북부에 있는 펀자브 주는 녹색 혁명의 요람이었습니다. 그곳에서 밀을 집약적으로 재배하기 위해 농약을 대량으로 사용했지요. 그랬더니 몇몇 암이 크게 증가했습니다. 대도시에서도 같은 일이 일어나고 있습니다. 생활 방식과 식습관이 바뀌면서 유방암과 전립선암이 크게 증가했지요."

"다른 나라가 저지른 실수에서 배우지 못한다면 우리도 매우 큰 대가를 치를 것입니다." 심포지엄이 끝나고 진행된 인터뷰에서 그는 다시 강조했다. "해결책은 간단합니다. 화학오염물질과 가공식품을 근절하고 운동을 많이 하는 건강한 생활 방식을 유지해야 합니다. 붉은 고기를 먹지 않거나 가급적 줄여야 하고, 술과 담배도 끊어야 합니다. 유기농 식품을 먹는 것은 당연한 일이고요."[14]

유기농을 먹어라

"화학오염물질을 피하려면 어떻게 해야 하나요?"

「몬산토」 상영에 이어진 토론에서 내가 수차례 받은 질문이다. 그리고 이 책과 다큐멘터리가 나온 다음에도 사람들은 여전히 내게 똑같은 질문을 던질 것이다. 그때마다 나는 똑같은 대답을 한다.

"가능한 한 유기농을 드세요."

유기농 식단의 비용에 대한 논의는 여기에서 하지 않겠다. 이 책이 그 문제를 논하는 책이 아니기 때문이다.(그 문제에 대해서는 곧 새로운 취재를 시작할 예정이다.) 다만 유기농 식품이 (미량의) 농약의 위험에서 아이들을 효과적으로 보호한다는 것을 보여 주는 최근 연구 결과를 소개하고자 한다.

첫 번째 연구는 2003년에 발표된 것으로, 워싱턴과 시애틀 대학 연구자들이 수행했다. 그들은 유기농 음식만 먹은 2~5세 아이 18명과 일반 슈퍼에서 장을 보는 가정의 같은 연령대 아이 21명의 소변을 분석했다. 연구자들은 유기인계 농약 5종(과 대사물)의 흔적을 조사했고, 첫 번째 그룹보다 두 번째 그룹에서 잔류농약이 평균 6배 높다는 사실을 발견했다. 그들은 "유기농 식품 소비는 부모가 비교적 쉽게 자녀의 농약 노출을 줄이는 방법이다."[15]라는 결론을 내렸다.

그로부터 3년 뒤에 발표된 또 다른 연구는 화학농업으로 재배한 음식을 먹은 아이들이 식단을 바꾸면 소변에서 잔류농약이 매우 빨리 사라진다는 것을 보여 주었다. 이 연구는 첫 번째 연구를 진행한 팀이 미국 질병통제국과 함께 수행했다. 초등학교 학생 23명에게 닷새 동안 유기농 식단을 제공했더니, 말라티온이나 클로르피리포스 등 유기인계 잔류농약 수치가 떨어졌고, 열흘 뒤에는 거의 검출되지 않을 정도로 낮아졌다. 연구자들은 "어린이가 유기인계 농약에 노출되는 주요 경로가 음식임을 보여 주었다."[16]고 말했다. 이 결과는 2년 뒤에 진행된 새로운 연구로 확인되었다. 사계절에 걸쳐 3~11세 아동 13명에게 식단을 여러 번 바꾸어 주었더니 소변에 검출된 농약은 계절과 상관없이 유기농으로 바꿀 때마다 열흘 이내에 사라졌다.[17]

농약 금지가 많은 돈을 절약할 수 있다

"현재 시스템은 질병을 양산할 수밖에 없다. 정치, 경제, 규제, 이데올로기의 규범이 인간의 건강이나 환경보다 이윤을 중시하기 때문이다."라고 2005년 브라운 대학(로드아일랜드 주) 산업환경보건의학 교수 데이비드 에질만과 수재너 랜킨 봄은 말했다. "기업은 기업 활동의 사회적, 환경적 비용을 상당히 무시하고 있다. 그 비용을 외부로 떠넘기거나 정부나 노동자가 부담하게 한다." 그들은 '시스템'의 엄청난 모순을 강조하기도 했다. "기업이 사회에 미치는 영향을 다른 사람에게 떠넘길수록 기업의 이윤은 증대된다."[18]

프랑스 국립의료보험관리공단(CNAM)의 연례 보고서(인터넷 사이트에서 볼 수 있다)를 살펴보기만 해도 세계보건기구의 말대로 "비전염성 질환이 개인,

사회, 보건 체계에 지우는 부담이 감당할 수 없는 수준"[19]임을 알 수 있다. 프랑스의 의료보험 일반 체제 가입자 중 '장기 질병' 환자로 등록된 사람은 1994년 370만 명(임금근로자의 11.9%)에서 2009년 12월 31일 860만 명(프랑스 국민 7명 중 1명꼴)으로 증가했다.* 15년 만에 환자 수가 두 배로 뛰긴 했지만 상황이 급속도로 나빠진 것은 2004년 이후이다. 2006~2007년 증가율이 +4.2%였고, 의료보험 지출(총 420억 유로)에서 장기 질병이 차지하는 비율은 60%나 되었다. 2006년 4월 5일자 《월간정보》에서 국립의료보험관리공단도 인정했듯이, 1994~2004년 "장기 질병으로 보험 혜택을 받은 환자의 수가 크게 증가했다(1994년 이후 +73.5%, 같은 기간 인구 증가분을 감안했을 때 +53.3%)."

장기 질병 환자가 폭증한 것은 대부분 환경적 요인 때문이며, 프랑스 정부가 늘 걱정하는 '사회보장 재정 적자 문제'를 새롭게 조명한다. 앙드레 시코렐라가 지적했듯이 "간단한 3수법(The Rule of Three)을 적용해 보자. 2004년의 장기 질병 환자 비율이 1994년 수준과 같았다면 장기 질병 환자의 기대 수명이 늘어났다고 해도(따라서 전체 치료비가 증가했다고 해도) 의료보험 지출은 크게 줄어들었을 것이고, 최근 적자를 상쇄하고도 남았을 것이다."[20] 앙드레 시코렐라는 "질병이 발생하지 않음으로써 얻는 경제적 이익은 고려되지 않는다."[21]고 지적했다. 예외가 한 번 있었다. 2001년에 캐나다 온타리오의 한 연구팀이 미국과 캐나다의 환경 문제와 관련이 있다고 의심되는 네 가지 질병의 비용을 계산했다. 대상은 당뇨병, 파킨슨병, 신경 발달 장애와 갑상선기능저하증, 지적 발달 장애였다. 그랬더니 이 질병이 발생하지 않을

---

* '장기 질환'은 치료비가 매우 비싼 만성질환을 가리킨다. 치료비는 프랑스 국립의료보험관리공단에서 환자 부담액 공제로 100% 부담한다.

때 병인에서 환경 요인이 차지하는 비중에 따라 연간 570~3970억 달러를 절감할 수 있다는 결과가 나왔다.[22]

2008년 유럽의회가 발표한 중요한 보고서도 상당히 극단적인 결론에서 같은 관점을 내보이고 있다. "농약 사용 제한이 가져올 보건상의 잠재적 이익은 농약 노출이 건강에 미치는 영향에 관한 비용이 적어지면서 증가할 것이다. 이 비용은 환자의 치료비, 개인의 삶의 질 저하와 관련된 비용, 농약 노출로 인한 사망 비용 또는 농약에 대한 급성 및 만성중독으로 인한 생산성 상실 비용을 포함한다."[23] 두툼한 분량의 이 보고서는 "발암성, 변이원성, 생식 독성을 갖는 것으로 분류된 카테고리1(CMR1) 또는 2(CMR2) 물질과 내분비계 교란물질은 (……) 승인되어서는 안 된다."고 주장한다. 저자들은 CMR 농약과 내분비계 교란물질을 전면 금지시키는 것이 막대한 재정적 이익을 가져다주리라고 주장하는 일련의 연구를 인용하고 있다.

그중 1992년에 수행된 연구는 미국에서 연간 농약 노출에 지출되는 보건 비용이 7억 8700만 달러에 이른다고 조심스럽게 추산했다.[24] 15년 뒤에 유럽에서 이루어진 비슷한 연구─암 환자 사망 비용만 다루었다.─는 가장 위험한 농약만 금지해도 연간 260억 유로를 절감할 수 있다고 주장했다.[25] 유럽위원회는 2003년에 신화학물질관리규정(농약은 포함되지 않는다)을 적용해서 화학물질 사용을 줄였을 때 30년 동안 500억 유로를 절감할 수 있으며, 이중 99%가 암으로 인한 사망자 수가 줄어들기 때문이라고 밝혔다.[26]

어떤 각도에서 바라보든지 간에─자폐증 폭증으로 인한 보건 비용만 추산한 연구도 여럿 있다.[27]─유럽위원회의 보고서가 언급한 모든 연구는 기업이 선전하는 것과는 달리 예방 원칙을 적용한다고 해서 경제적 재앙이 닥치는 것은 아니며, 오히려 많은 돈을 '절약'할 수 있다는 것을 확인해 주었다. 그러나 보스턴에서 만났던 리처드 클랩이 말했던 것처럼, "예방 원칙의 논리는 제약 산업의 사적 이익과 대립하는 것이다. 제약 산업에게 암은 '황금 알을 낳는 거위'나 마찬가지다." 그는 "우리에게 만성질환 치료제를 파는 사람들이 우리를 오염시킨 사람들이고, 그들은 앞으로도 우리를 계속 오염시킬 것이다. 그들은 모든 전장에서 승리를 거두고 있다."고 덧붙였다.

예방 원칙 혹은 리스크 평가 과정의 민주화

"환경을 보호하려면 각국이 능력껏 예방 원칙을 널리 적용해야 할 것이다. 돌이킬 수 없는 심각한 피해가 일어날 위험이 있을 때 완벽한 과학적 확신이 없다는 것을 핑계 삼아 감당할 수 있는 비용으로 환경 악화를 예방할 수 있는데도 효과적인 조치를 뒤로 미뤄서는 안 된다."

1992년 6월 리우데자네이루에서 열린 국제연합 환경개발회의가 최초로 '예방 원칙'에 대한 정의를 내렸다. 6년 뒤, 유럽위원회도 예방 원칙에 대한 정의를 내렸고, 이를 유럽 국가 대부분이 수용했다. "예방 원칙은 <u>과학적으로 불확실한</u> 상황에 발휘되는 <u>리스크 관리</u>의 한 접근 방법이다. 그것은 과학 연구의 결과가 나올 때까지 <u>기다리지 않고 잠재적으로 심각한 리스크</u>가 있을 때 <u>행동에 나설 것을 요구한다</u>."[28](밑줄-인용자)

예방 원칙을 둘러싼 논쟁의 쟁점을 이해하려면 불확실성 관리와 규명된 리스크 관리의 차이점을 알아야 한다. 미셸 칼롱, 피에르 라스쿰, 야닉 바르트는 『불확실한 세상에서 행동하기(*Agir dans un monde incertain*)』[29]에서 석면 스캔들이 그 차이점을 여실히 보여 준다고 말했다. 석면의 위험성은 (적어도) 1930년대 초에 알려졌다. "폐 질환의 위험성은 1975년에 충분히 밝혀져서 실질적인 예방 조치가 취해졌으며, 그중 가장 극단적인 조치로 석면 사용이 금지되었다." 여러 선진국이 그러한 선택을 했고, 프랑스는 1997년이 되어서야 석면을 금지시켰다. "1975년 이전에 그런 조치를 취했다면, 아직 정확히 파악되지는 않았지만 존재를 확인한 위험에 대한 예방 조치가 되었을 것이다."[30] 그런 의미에서 "예방은 심각한 피해를 초래할 수 있는 불확실한 상황에 대한 지각이 선행된다." 또 "분산되어 있고 균일하지 않은 정보를 엮어서 수렴성 있는 단서를 구성"해야 할 필요성을 내포하고 있다. "견고한 증거를 찾으라는 것이 아니라 이론과 경험적 관찰, 객관적 데이터와 주관적 데이터를 조합하여 가설을 조금씩 만들어 가는 것이 목적이다."[31]

그런데 화학 리스크 평가를 구상하는 새로운 방식은 과학과 정치뿐만 아니라 과학과 사회가 맺는 관계를 처음부터 다시 살펴볼 것을 요구한다. 미셸 칼롱이 말하는 "상자 속의 과학"[32]이 강요하는 진실은 끝났다. 상자 속의 과학이란 "생산성을 증대시키기 위해 세상과 담을 쌓고" 시민이 감수하는 리스크에 대해 혼자서만 의견을 말할 자격이 있다고 생각하는 실험실에 갇힌 과학이다. 예방 원칙을 합리적으로 적용하기 위해서는 비전문가나 현장 사람들이 하는 것과 같은 '현장 연구'와 협력해야 한다. 그들은 환경이나 보건 리스크가 있다고 생각하는 상황에서 구체적인 경험을 쌓고 전문성을 쌓은 사람들이다. 따라서 규제 기관의 밀폐 행정, 기막힌 '영업 비밀'로 공개되지 않는 데이터, '과학계의 소수파'나 '경고를 보내는 과학자'의 소중한 연구를 부정하는 일 따위는 이제 막을 내려야 한다. 예방은 권위가 아닌 대화에 바탕을 둔 '민주주의의 민주화'에 기반을 두어야 한다. "리스크의 '수용 가능성'이 미리 정해 놓은 목적이 아니라 사회적 절차가 되어야 한다."[33]

1994년 미국 식품의약국의 독성학자 재클린 베렛이 말했듯이 "규제 기관이 화학물질에 권리를 빌려 주는 일을 멈춰야 한다. 화학물질에는 아무런 권리가 없다. 그 권리의 주인은 인간이다."[34]

주석

머리말 _ 아는 것이 힘이다

1) Marie-Monique ROBIN, *Le Monde selon Monsanto. De la dioxine aux OGM, une multinationale qui vous veut du bien*, La Découverte/Arte Éditions, Paris, 2008(『몬산토: 죽음을 생산하는 기업』, 이레, 2009).

2) Marie-Monique ROBIN, *Les Pirates du vivant et Blé: chronique d'une mort annoncée?*, Arte, 15 novembre 2005.

3) Marie-Monique ROBIN, *Argentine: le soja de la faim*, Arte, 18 octobre 2005. 아르테 베르트(Alerte verte) DVD 컬렉션에서 구입 가능하다".

1부 _ 농약은 독이다

1장 _ 뤼펙 성명서와 폴 프랑수아의 투쟁

1) Joël ROBIN, *Au nom de la terre. La foi d'un paysan*, Presses de la Renaissance, Paris, 2001.

2) Marie-Monique ROBIN, *Le Suicide des paysans*, TF1, 1995(앙제 스쿠프 국제 저널리즘 페스티벌 시사 다큐멘터리상 수상).

3) Marie-Monique ROBIN, *Le Monde selon Monsanto. De la dioxine aux OGM, une multinationale qui vous veut du bien*, op. cit.

4) *François VEILLERETTE, Pesticides, le piège se referme*, Terre vivante, Mens, 2007; Fabrice NICOLINO et François VEILLERETTE, *Pesticides, révélations sur un scandale français*, Fayard, Paris, 2007도 참조.

5) 〈www.victimes-pesticides.org〉. "Un nouveau réseau pour défendre les victimes des pesticides", *Le Monde.fr*, 18 juin 2009도 참조.

6) "Malade des pesticides, je brise la loi du silence", *Ouest France*, 27 mars 2009.

7) "Alachlor", *WHO/FAO Data Sheets on Pesticides*, n°86, 〈www.inchem.org〉, juillet 1996.

8) "Maïs: le désherbage en prélevée est recommandé", *Le Syndicat agricole*, 〈www.syndicatagricole.com〉19 avril 2007.

9) "Un agriculteur contre le géant de l'agrochimie", 〈www.viva.presse.fr〉, 2 avril 2009.

10) Jean-François BARRÉ, "Paul, agriculteur, 'gazé' au désherbant!", *La Charente libre*, 17 juillet 2008.

11) 〈www.medichem2004.org/schedule.pdf〉. 현재 이 페이지는 삭제되었다.

2장 _ 농업에 재활용된 화학무기

1) Geneviève BARBIER et Armand FARRACHI, *La Société cancérigène. Lutte-t-on vraiment contre le cancer?*, "Points" Seuil, Paris, 2007, p.51.

2) Ibid., p.58.

3) PESTICIDE ACTION NETWORK UK, *Pesticides on a Plate. A Consumer Guide to Pesticide Issues in the Food Chain*, Londres, 2007.

4) "Safe use of pesticides", Public Service Announcement, 1964(2011년 아르테에서 방영된 다큐멘터리 「우리의 일용할 양식, 독」 참조).

5) "Pesticides et santédes agriculteurs", 〈http://references-sante-securite.msa.fr〉, 26 avril 2010.

6) Julie MARC, *Effets toxiques d'herbicides à base de glyphosate sur la régulation du cycle cellulaire et le développement précoce en utilisant l'embryon d'oursin*, Université de biologie de Rennes, 10 septembre 2004.

7) Marie-Monique ROBIN, *Les Pirates du vivant*, op. cit. 참조.

8) Arthur HURST, "Gas poisoning", in *Medical Diseases of the War*, Edward Arnold, London, 1918, pp.308-316(Paul BLANC, *How Everyday Products Make People Sick. Toxins at Home and in the Workplace*, University of California Press, Berkeley/Los Angeles, 2007, p.116에 인용).

9) Hanspeter WITSCHI, "The story of the man who gave us Haber's law", *Inhalation Toxicology*, vol.9, n°3, 1997, pp.201-209.

10) Ibid, p.203.

11) David GAYLOR, "The use of Haber's law in standard setting and risk assessment", *Toxicology*, vol.149, n°1, 14 aôut 2000, pp.17-19.

12) OMS/UNEP(United Nations Environment Programme), *Sound Management of Pesticides and Diagnosis and Treatment of Pesticides Poisoning. A Resource Tool*, 2006, p.58.

13) Karl WINNACKER et Ernst WEINGAERTNER, *Chemische Technologie-Organische Technologie II*, Carl Hanser Verlag, Munich, 1954, pp.1005-1006.

14) 프랑스 농무부 인터넷 사이트(e-phy.agriculture.gouv.fr)에 게재된 '금지된 식물 약제' 목록 에서 치클론B에 관한 항목 참조.

15) Ibid.

16) Hanspeter WITSCHI, "The story of the man who gave us Haber's law", loc. cit., pp.201-209.

17) Rachel CARSON, *Silent Spring*, First Mariner Books Edition, New York, 2002, p.7 et 18(인용한 부분은 이 판에서 발췌 번역한 것이다).

18) Marie-Monique ROBIN, *Le Monde selon Monsanto*, op. cit., p.19-40에 있는 'PCB, 화이 트칼라 범죄' 참조.

19) William BUCKINGHAM JR, *Operation Ranch Hand. The Air Force and Herbicides in Southeast Asia, 1961-1971*, Office of Air Force History, Washington, 1982, p.iii.

20) Georganne CHAPIN et Robert WASSERSTROM, "Agricultural production and malaria resurgence in Central America and India", *Nature*, n°293, 17 septembre 1981, pp.181-185.

21) INTERNATIONAL PROGRAMME ON CHEMICAL SAFETY, "DDT and its derivatives", World Health Organization, 〈www.inchem.org〉, Genève, 1979.

22) Rachel CARSON, *Silent Spring*, op. cit., p.21.

23) James TROYER, "In the begining: the multiple discovery of the first hormone herbicides", *Weed Science*, n°49, 2001, pp.290-297.

24) Marie-Monique ROBIN, *Le Monde selon Monsanto*, op. cit., pp.41-81(2장 다이옥신의 탄 생과 3장 다이옥신 사고의 은폐) 참조.

25) Jean-Claude POMONTI, "Viêt-nam, les oubliés de la dioxine", *Le Monde*, 26 avril 2005.

26) Jane Mager STELLMAN, "The extent and patterns of usage of Agent Orange and other herbicides in Vietnam", *Nature*, 17 avril 2003에 가장 신뢰도가 높은 추정치가 게재되었다.

27) Paul BLANC, *How Everyday Products Make People Sick*, op. cit.

28) Ibid., p.233.

29) Rachel CARSON, *Silent Spring*, op. cit., p.155.

3장 _ 죽음의 영약

1) Rachel CARSON, *Le Printemps silencieux*, Plon, Paris, 1963. 로제 앵의 주요 저서로는 『자연 파괴와 자연 보호(*Destruction et Protection de la nature*)』(Armand Colin, Paris, 1952)가 있다.

2) Rachel CARSON, *Silent Spring*, op. cit., p.16.

3) Ibid., p.xi. Linda LEAR et Rachel CARSON, *The Life of the Author of 《Silent Spring》*, Henry Holt and Company, New York, 1997도 참조.

4) Rachel CARSON, *Silent Spring*, op. cit., p.162.

5) Ibid., p.163.

6) Ibid., p.172.

7) Ibid., p.127.

8) Ibid., p.6.

9) Ibid., p.8.

10) Ibid., p.48.

11) Ibid., p.74.

12) Ibid., p.103.

13) Ibid., p.123.

14) Ibid., p.107.

15) Ibid., p.108.

16) Ibid., p.123. Gérald LEBLANC, "Are environmental sentinels signaling?", *Environmental Health Perspectives*, vol.103, n° 10, octobre 1995, pp.888-890 참조.

17) 희귀한 자료인 이 인터뷰와 레이첼 카슨의 인터뷰를 BBC의 인터넷 사이트에서 확인하기 바란다. 〈Clip Bin: Rachel Carson〉, 〈www.bbcmotiongallery.com〉.

18) Dorothy MCLAUGHIN, "Silent Spring revisited", 〈www.pbs.org〉가 인용.

19) THE MONSANTO CORPORATION, *The Desolate Year*, New York, 1963.

20) *Time Magazine*, 28 septembre 1962, pp.45-46.

21) "The Time 100: Rachel Carson", *Time Magazine*, 29 mars 1999.

22) Linda LEAR et Rachel CARSON, *The Life of the Author of 《Silent Spring》*, op. cit., pp.429-430에서 인용.

23) PRESIDENTIAL SCIENCE ADVISORY COMMITTEE, "Use of pesticides", 15 mai 1963.

24) David GREENBERG, "Pesticides: White House advisory body issues report

recommending steps to reduce hazard to public", *Science*, 24 mai 1963, pp.878-879.

25) EPA, "DDT ban takes effect", 〈www.epa.gov〉, 31 décembre 1972.

26) Rachel CARSON, *Silent Spring*, op. cit., p.99.

27) "Indien: die chemische Apokalypse", *Der Spiegel*, n°50, 10 décembre 1984.

28) Ibid.

29) Marie-Monique ROBIN, *Les Pirates du vivant*, op. cit. 10년 이상 끈 법적 분쟁 끝에 결국 유럽특허청(EPO)이 특허를 취소했다.

30) WHO, "Public health impact of pesticides used in agriculture", Genève, 1990.

31) Marie-Monique ROBIN, *Le Monde selon Monsanto*, op. cit., p.308 참조(이 부분에서 나는 농약을 마시고 자살한 인도의 한 농부의 장례식을 다루었다. 이 농부는 감당할 수 없는 부채와 유전자 조작 면화 수확이 실패로 돌아가면서 스스로 목숨을 끊었다.) Ashish GOEL et Praveen AGGARWAL, "Pesticides poisoning", *National Medical Journal of India*, vol.20, n°4, 2002, pp.182-191도 참조.

32) Jerry JEYARATNAM et alii, "Survey of pesticide poisoning in Sri Lanka", *Bulletin of the World Health Organization*, n°60, 1982, pp.615-619. 이 꼭지에 인용된 모든 연구는 상기 세계보건기구의 보고서 참고 자료에 포함되어 있다.

33) Ania WASILEWSKI, "Pesticide poisoning in Asia", *IDRC Report*, janvier 1987. 그 밖에 Jerry JEYARATNAM et alii, "Survey of acute pesticide poisoning among agricultural workers in four Asian countries", *Bulletin of the World Health Organization*, n°65, 1987, pp.521-527; Robert LEVINE, "Assessment of mortality and morbidity due to unintentional pesticide poisonings", unpublished WHO document, WHO/VBC/86 929; Mohamed Larbi BOUGUERRA, *Les Poisons du tiers monde*, La Découverte, Paris, 1985 도 참조.

34) Edward BAKER et alii, "Epidemic malathion poisoning in Pakistan malaria workers", *The Lancet*, n°1, 1978, pp.31-34.

35) OMS/UNEP, *Sound Management of Pesticides and Diagnosis and Treatment of Pesticides Poisoning*, op. cit.

36) PESTICIDE ACTION NETWORK EUROPE et MDRGF, "Message dans une bouteille." Étude sur la présence de résidus de pesticides dans le vin, 〈www.mdrgf.org〉, 26 mai 2008.

37) AFSSET, "L'Afsset recommande de renforcer l'évaluation des combinaisons de

protection des travailleurs contre les produits chimiques liquides", 〈www.afsset.fr〉, 15 janvier 2010.

38) 2010년 2월 9일 페제나에서 진행된 장 뤽 뒤퓌페 박사와의 인터뷰 중에서.

4장 _ 농약 때문에 아픈 사람들

1) "Le métier d'Odalis: relier les fournisseurs aux distributeurs et agriculteurs", 〈www. terrena.fr〉.

2) "Maladie professionnelle liée aux fongicides: première victoire", 〈Nouvelobs.com〉, 26 mai 2005; Santéet Travail, n°30, janvier 2000, p.52도 참조.

3) Brigitte BÈGUE, "Les pesticides sur la sellette", Viva, 14 août 2003.

4) 2010년 2월 9일 페즈나에서 진행된 장 뤽 뒤퓌페와의 인터뷰 중에서.

5) Rachel CARSON, Silent Spring, op. cit., p.188.

6) Michel GÉRIN, Pierre GOSSELIN, Sylvaine CORDIER, Claude VIAU, Philippe QUÉNEL et Éric DEWAILLY, Environnement et santé publique. Fondements et pratiques, Edisem, Montréal, 2003.

7) Ibid., p.74.

8) Fabrice NICOLINO et François VEILLERETTE, Pesticides, révélations sur un scandale français, op. cit., p.289.

9) INRS, Tableaux des maladies professionnelles. Guide d'accès et commentaires, 〈http:// inrsmp.konosphere.com〉, pp.216-218.

10) Alice HAMILTON, "Lead poisoning in Illinois", in AMERICAN ASSOCIATION FOR LABOR LEGISLATION, First National Conference on Industrial Diseases, Chicago, 10 juin 1910.

11) INRS, Tableaux des maladies professionnelles. Guide d'accès et commentaires, op. cit., p.299.

12) "A new domestic poison", The Lancet, vol.1, n°105, 1862.

13) "Chronic exposure to benzene", Journal of Industrial Hygiene and Toxicology, octobre 1939, pp.321-377.

14) Estelle SAGET, "Le cancer des pesticides", L'Express, 5 janvier 2007; Estelle SAGET, "Ces agriculteurs malades des pesticides", L'Express, 25 octobre 2004도 참조.

15) 이 서신은 내가 열람할 수 있었던 도미니크 마르샬 소송 서류에 포함되어 있다.

16) David MICHAELS, *Doubt is their Product. How Industry's Assault on Science threatens your Health*, Oxford University Press, New York, 2008, p.64.

17) Geneviève BARBIER et Armand FARRACHI, *La Société cancérigène*, op. cit., p.164.

18) Devra DAVIS, *The Secret History of the War on Cancer*, Basic Books, New York, 2007, p.xii.

19) Michel GÉRIN et alii, *Environnement et santé publique*, op. cit., p.90.

20) Geneviève BARBIER et Armand FARRACHI, *La Société cancérigène*, op. cit., pp.163-164.

5장 _ 농약과 암

1) Michael ALAVANJA et alii, "Health effects of chronic pesticide exposure: cancer and neurotoxicity", *Annual Review of Public Health*, vol.25, 2004, pp.155-197.

2) David MICHAELS, *Doubt is their Product*, op. cit., p.61.

3) Michael ALAVANJA et alii, "Health effects of chronic pesticide exposure: cancer and neurotoxicity", loc. cit., pp.155-197.

4) Margaret SANBORN, Donald COLE, Kathleen KERR, Cathy VAKIL, Luz Helena SANIN et Kate BASSIL, *Systematic Review of Pesticides Human Health Effects, The Ontario College of Family Physicians*, Toronto, 2004.

5) Lennart HARDELL et Mikael ERIKSSON, "A case-control study of non-Hodgkin lymphoma and exposure to pesticides", *Cancer*, vol.85, 15 mars 1999, pp.1353-1360.

6) Hoar ZAHM et alii, "A case-control study of non-Hodgkin's lymphoma and the herbicide 2,4-dichlorophenoxyacetic acid (2,4-D) in eastern Nebraska", *Epidemiology*, vol.1, n°6, septembre 1990, pp.349-356. 이 연구에서는 환자 201명과 건강한 사람 725명이 비교대조되었다.

7) Eva HANSEN et alii, "A cohort study on cancer incidence among Danish gardeners", *American Journal of Industrial Medicine*, 1992, vol.21, n°5, pp.651-660.

8) Julie AGOPIAN et alii, "Agricultural pesticide exposure and the molecular connection to lymphomagenesis", *Journal of Experimental Medicine*, vol.206, n°7, 6 juillet 2009, pp.1473-1483.

9) Aaron BLAIR et alii, "Clues to cancer etiology from studies of farmers", *Scandinavian Journal of Work and Environmental Health*, vol.18, 1992, pp.209-215; Aaron BLAIR et Hoar ZAHM, "Agricultural exposures and cancer", *Environmental Health Perspectives*, vol.103, supplément 8, novembre 1995, pp.205-208; Aaron BLAIR et Laura FREEMAN, "Epidemiologic studies in agricultural populations: observations and future directions", *Journal of Aeromedicine*, vol.14, n°2, 2009, pp.125-131.

10) John ACQUAVELLA et alii, "Cancer among farmers: a meta-analysis", *Annals of Epidemiology*, vol.8, n°1, janvier 1998, pp.64-74. 논문의 서론에서 아쿠아벨라는 그의 메타분석이 에런 블레어의 메타분석에 대응하기 위한 것이라고 명백히 밝히고 있다.

11) Samuel MILHAM, "Letter", *Annual of Epidemiology*, vol.9, 1999, p.71. 새무얼 밀햄은 "Leukemia and multiple myeloma in farmers", *American Journal of Epidemiology*, n°94, 1971, pp.307-310의 저자이다.

12) Linda BROWN, Aaron BLAIR et alii, "Pesticide exposures and agricultural risk factors for leukemia among men in Iowa and Minnesota", *Cancer Research*, vol.50, 1990, pp.6585-6591.

13) Michael ALAVANJA et alii, "Health effects of chronic pesticide exposure: cancer and neurotoxicity", loc. cit.; Sadik KHUDER, "Metaanalyses of multiple myeloma and farming", *American Journal of Industrial Medicine*, vol.32, novembre 1997, pp.510-516.

14) Isabelle BALDI et Pierre LEBAILLY, "Cancers et pesticides", *La Revue du praticien*, vol.57, supplément, 15 juin 2007.

15) Dorothée PROVOST et alii, "Brain tumours and exposure to pesticides: a case-control study in South-Western France", *Occupational and Environmental Medicine*, vol.64, n°8, 2007, pp.509-514.

16) Jean-François VIEL et alii, "Brain cancer mortality among French farmers: the vineyard pesticide hypothesis", *Archives of Environmental Health*, vol.53, 1998, pp.65-70; Jean-François VIEL, *Étude des associations géographiques entre mortalité par cancers en milieu agricole et exposition aux pesticides*, thèse de doctorat, Faculté de médecine Paris-Sud, 1992.

17) André FOUGEROUX, "Les produits phytosanitaires. Évaluation des surfaces et des tonnages par type de traitement en 1988", *La Défense des végétaux*, vol.259, 1989,

pp.3-8. 앙드레 푸즈루는 농약과 유전자 조작 종자를 판매하는 스위스 다국적기업 신젠타에서 생물다양성 책임자로 일하고 있다.

18) Petter KRISTENSEN et alii, "Cancer in offspring of parents engaged in agricultural activities in Norway: incidence and risk factors in the farm environment", *International Journal of Cancer*, vol.65, 1996, pp.39-50.

19) Michael ALAVANJA, Aaron BLAIR et alii, "Use of agricultural pesticides and prostate cancer risk in the Agricultural Health Study cohort", *American Journal of Epidemiology*, vol.157, n°9, 2003, pp.800-814.

20) AGRICULTURAL HEALTH STUDY, ⟨http://aghealth.nci.nih.gov⟩.

21) Michael ALAVANJA, Aaron BLAIR et alii, "Cancer incidence in the Agricultural Health Study", *Scandinavian Journal of Work and Environmental Health*, vol.31, supplément 1, 2005, pp.39-45.

22) Geneviève VAN MAELE-FABRY et Jean-Louis WILLEMS, "Prostate cancer among pesticide applicators: a meta-analysis", *International Archives of Occupational and Environmental Health*, vol.77, n°8, 2004, pp.559-570. 스물두 개 연구에서 얻은 오즈비는 0.63~2.77이다.

23) Isabelle BALDI et Pierre LEBAILLY, "Cancers et pesticides", loc. cit.

6장 _ 농약과 퇴행성 신경 질환

1) Fabrice NICOLINO et François VEILLERETTE, *Pesticides, révélations sur un scandale français*, op. cit., p.56.

2) "Le Gaucho retenu tueur officiel des abeilles. 450 000 ruches ont disparu depuis 1996", *Libération*, 9 octobre 2000.

3) 카트린 제슬랭 라네엘의 경력에 관한 더 자세한 정보는 Fabrice NICOLINO et François VEILLERETTE, *Pesticides, révélations sur un scandale français*, op. cit., p.60 참조.

4) Michael ALAVANJA et alii, "Health effects of chronic pesticide exposure: cancer and neurotoxicity", loc. cit., pp.155-197.

5) Freya KAMEL, Caroline TANNER, Michael ALAVANJA, Aaron BLAIR et alii, "Pesticide exposure and self-reported Parkinson's disease in the Agricultural Health Study", *American Journal of Epidemiology*, 2006, vol.165, n°4, pp.364-374.

6) Paul BLANC, *How Everyday Products Make People Sick*, op. cit., p.243에서 인용.

7) Ibid.

8) Louis CASAMAJOR et alii, "An unusual form of mineral poisoning affecting the nervous system: manganese", *Journal of the American Medical Association*, vol.60, 1913, pp.646-640(Paul BLANC, ibid., p.250에서 인용).

9) Hugo MELLA, "The experimental production of basal ganglion symptomatology in macacus rhesus", *Archives of Neurology and Psychiatry*, vol.11, 1924, pp.405-417(Paul BLANC, ibid., p.251에서 인용).

10) Henrique B. FERRAZ et alii, "Chronic exposure to the fungicide maneb may produce symptoms and signs of CSN manganese intoxication", *Neurology*, vol.38, 1988, pp.550-553.

11) Giuseppe MECO et alii, "Parkinsonism after chronic exposure to the fungicide maneb (manganese-ethylene-bis-dithiocarbamate)", *Scandinavian Journal of Work Environment and Health*, vol.20, 1994, pp.301-305.

12) William LANGSTON, "The aetiology of Parkinson's disease with emphasis on the MPTP story", *Neurology*, vol.47, 1996, pp.153-160.

13) OMS/UNEP, *Sound Management of Pesticides and Diagnosis and Treatment of Pesticides Poisoning*, op. cit., p.92.

14) Isabelle BALDI et alii, "Neuropsychologic effects of long-term exposure to pesticides: results from the French Phytoner study", *Environmental Health Perspective*, août 2001, vol.109, n°8, pp.839-844.

15) Isabelle BALDI, Pierre LEBAILLY et alii, "Neurodegenerative diseases and exposure to pesticides in the elderly", *American Journal of Epidemiology*, vol.1, n°5, mars 2003, pp.409-414.

16) Caroline TANNER et alii, "Occupation and risk of parkinsonism. A multicenter case-control study", *Archives of Neurology*, vol.66, n°9, 2009, pp.1106-1113. 500명의 환자와 500명의 대조군을 비교했다.

17) Alexis ELBAZ et alii, "CYP2D6 polymorphism, pesticide exposure and Parkinson's disease", *Annals of Neurology*, vol.55, mars 2004, pp.430-434. 에피도르 상은《르 코티디앵 뒤 메드생》이 의학과 생태학 연구 발전을 위해 제정한 상이다.

18) Martine PEREZ, "Parkinson: le rôle des pesticides reconnu", *Le Figaro*, 27 septembre

574

2006.

19) Alexis ELBAZ et alii, "Professional exposure to pesticides and Parkinson's disease", *Annals of Neurology*, vol.66, octobre 2009, pp.494-504.

20) Sadie COSTELLO et alii, "Parkinson's disease and residential exposure to maneb and paraquat from agricultural applications in the Central Valley of California", *American Journal of Epidemiology*, vol.169, n°8, 15 avril 2009, pp.919-926.

21) David PIMENTEL, "Amounts of pesticides reaching target pests: environmental impacts and ethics", *Journal of Agricultural and Environmental Ethics*, vol.8, 1995, pp.17-29.

22) Hayo VAN DER WERF, "Évaluer l'impact des pesticides sur l'environnement", *Le Courrier de l'environnement*, n°31, août 1997("Assessing the impact of pesticides on the environment", *Agriculture, Ecosystems and Environment*, n°60, 1996, pp.81-96의 프랑스 어 번역본).

23) Ibid. Dwight GLOTFELTY et alii, "Volatilization of surfaceapplied pesticides from fallow soil", *Journal of Agriculture and Food Chemistry*, vol.32, 1984, pp.638-643; Dennis GREGOR et William GUMMER, "Evidence of atmospheric transport and deposition of organochlorine pesticides and polychlorinated biphenyls in Canadian Arctic snow", *Environmental Science and Technology*, vol.23, 1989, pp.561-565도 참조.

24) David PIMENTEL, "Amounts of pesticides reaching target pests: environmental impacts and ethics", loc. cit.

25) Beate RITZ, "Pesticide exposure raises risk of Parkinson's disease", ⟨www.niehs.nih.gov⟩.

26) Robert REPETTO et Sanjay S. BALIGA, *Pesticides and the Immune System. The Public Health Risks*, World Resources Institute, Washington, 1996.

27) 2009년 6월 11일 로버트 레페토와의 전화 인터뷰.

28) Robert REPETTO et Sanjay S. BALIGA, *Pesticides and the Immune System. The Public Health Risks*, op. cit., pp.22-35.

29) Michel FOURNIER et alii, "Limited immunotoxic potential of technical formulation of the herbicide atrazine (AAtrex) in mice", *Toxicology Letters*, vol.60, 1992, pp.263-274.

30) J. VOS et alii, "Methods for testing immune effects of toxic chemicals: evaluation of the immunotoxicity of various pesticides in the rat", in Junshi MIYAMOTO(dir.), *Pesticide Chemistry, Human Welfare and the Environment. Proceedings of the 5th International*

Congress of Pesticide Chemistry, Pergamon Press, Oxford, 1983.

31) A. WALSH et William E. RIBELIN, "The pathology of pesticide poisoning", in William E. RIBELIN et George MIGAKI(dir.), *The Pathology of Fishes*, The University of Wisconsin Press, Madison, 1975, pp.515-557.

32) Sylvain DE GUISE et alii, "Possible mechanisms of action of environmental contaminants on St. Lawrence Beluga whales(Delphinapterus leucas)", *Environmental Health Perspectives*, vol.103, supplément 4, mai 1995, pp.73-77.

33) Marlise SIMONS, "Dead Mediterranean dolphins give nations pause", *The New York Times*, 2 février 1992.

34) Alex AGUILAR, "The striped dolphin epizootic in the Mediterranean Sea", *Ambio*, vol.22, décembre 1993, pp.524-528.

35) Rik DE SWART, "Impaired immunity in harbour seals(Phoca vitulina) exposed to bioaccumulated environmental contaminants: review of a long-term feeding study", *Environmental Health Perspectives*, vol.104, n°4, août 1996, pp.823-828.

36) Arthur HOLLEB et alii, "Principles of tumour immunology", *The America Cancer Society Textbook of Clinical Oncology*, Atlanta, 1991, pp.71-79.

37) Kenneth ABRAMS et alii, "Pesticide-related dermatoses in agricultural workers", *Occupational Medicine. State of the Art Reviews*, vol.6, n°3, juillet-septembre 1991, pp.463-492.

38) OMS/UNEP, *Sound Management of Pesticides and Diagnosis and Treatment of Pesticides Poisoning*, op. cit., p.94.

39) John ACQUAVELLA et alii, "A critique of the World Resources Institute's report "Pesticides and the immune system: the public health risks"", *Environmental Health Perspectives*, vol.106, février 1998, pp.51-54.

2부 _ 의구심을 생산하는 공장

7장 _ 진보의 어두운 이면

1) 2009년 10월 16일 진행된 피터 인판테와의 인터뷰 중에서. 피터 인판테의 연구 중 특히 Peter INFANTE et Gwen K. POHL, "Living in a chemical world: actions and reactions to

industrial carcinogens", *Teratogenesis, Carcinogenesis and Mutagenesis*, vol.8, n°4, 1988, pp.225-249 참조. 이 논문에서 피터 인판테는 "화학물질을 합성할 수 있게 된 것은 사회에 기술적 혜택을 주었지만 화학물질 노출로 인한 발암 위험 또한 증가시켰다."고 지적했다.

2) Geneviève BARBIER et Armand FARRACHI, *La Société cancérigène*, op. cit.

3) Ibid., p.16.

4) Jean GUILAINE(dir.), *La Préhistoire française. Civilisations néolithiques et protohistoriques, tome 2*, Éditions du CNRS, Paris, 1976.

5) John NEWBY et Vyvyan HOWARD, "Environmental influences in cancer aetiology", *Journal of Nutritional & Environmental Medicine*, 2006, pp.1-59.

6) Ibid., p.9.

7) Vilhjalmur STEFANSSON, *Cancer: Disease of Civilization? An Anthropological and Historical Study*, Hill and Wang, New York, 1960; Zac GOLDSMITH, "Cancer: a disease of industrialization", *The Ecologist*, n°28, mars-avril 1998, pp.93-99도 참조.

8) John Lyman BULKLEY, "Cancer among primitive tribes", *Cancer*, vol.4, 1927, pp.289-295(Vilhjalmur STEFANSSON, ibid.에서 인용).

9) Zac GOLDSMITH, "Cancer: a disease of industrialization", loc. cit., p.95.

10) Weston A. PRICE, "Report of an interview with Dr Joseph Herman Romig: nutrition and physical degeneration", 1939(Vilhjalmur STEFANSSON, ibid.에서 인용).

11) Alexander BERGLAS, "Cancer: nature, cause and cure", Institut Pasteur, Paris, 1957 (Vilhjalmur STEFANSSON, ibid.에서 인용).

12) Frederick HOFFMAN, "Cancer and civilization, speech to Belgian National Cancer Congress at Brussels", 1923 (Vilhjalmur STEFANSSON, ibid.에서 인용).

13) Albert SCHWEITZER, *À l'orée de la forêt vierge*, La Concorde, 1923(Geneviève BARBIER et Armand FARRACHI, *La Société cancérigène*, op. cit., p.18에서 인용).

14) R. DE BOVIS, "L'augmentation de la fréquence des cancers. Sa prédominance dans les villes et sa prédilection pour le sexe féminin sont-elles réelles ou apparentes?" *La Semaine médicale*, septembre 1902(Geneviève BARBIER et Armand FARRACHI, ibid., p.19 에서 인용).

15) Giuseppe TALLARICO, *La Vie des aliments*, Denoël, Paris, 1947, p.249.

16) Pierre DARMON, "Le mythe de la civilisation cancérogène (1890-1970)", *Communications*, n°57, 1993, p.73.

17) Ibid., p.71.

18) Roger WILLIAMS, "The continued increase of cancer with remarks as to its causations", *British Medical Journal*, 1896, p.244(cité par Pierre DARMON, ibid., p.71).

19) Pierre DARMON, ibid.

20) Ibid., p.73.

21) Bernardino RAMAZZINI, *Des maladies du travail*, AleXitère, Valergues, 1990.

22) Paul BLANC, *How Everyday Products Make People Sick*, op. cit., p.31.

23) Karl MARX, *Le Capital. Livre premier*, Éditions sociales, Paris, 1976, pp.263-264.

24) Kerrie SCHOFFER et John O'SULLIVAN, "Charles Dickens : the man, medicine and movement disorders", *Journal of Clinical Neuroscience*, vol. 13, n°9, 2006, p.898-901.

25) Alex WILDE, "Charles Dickens could spot the shakes", *ABC Science on line*, 19 octobre 2006.

26) Percivall POTT, *The Chirurgical Works of Percivall Pott*, Hawes Clark and Collins, Londres, 1775, vol.5, pp.50-54(Paul BLANC, *How Everyday Products Make People Sick*, op. cit., p.228에서 인용).

27) Henry BUTLIN, "On cancer of the scrotum in chimney-sweeps and others: three lectures delivered at the Royal College of Surgeons of England", *British Medical Association*, 1892(Paul BLANC, ibid., p.228에서 인용).

28) Hugh CAMPBELL ROSS et John Westray CROPPER, "The problem of the gasworks pitch industry and cancer", *The John Howard Mc Fadden Researches*, John Murray, Londres, 1912.

29) Paul BLANC, *How Everyday Products Make People Sick*, op. cit., p.229.

30) Ibid., p.132.

31) Auguste DELPECH, "Accidents que développe chez les ouvriers en caoutchouc l'inhalation du sulfure de carbone en vapeur", *L'Union médicale*, vol.10, n°60, 31 mai 1856(Paul BLANC, ibid., p.142에서 인용).

32) Auguste DELPECH, "Accidents produits par l'inhalation du sulfure de carbone en vapeur: expériences sur les animaux", *Gazette hebdomadaire de médecine et de chirurgie*, 30 mai 1856, pp.384-385(Paul BLANC, ibid.에서 인용).

33) Auguste DELPECH, "Industrie du caoutchouc soufflé: recherches sur l'intoxication spéciale que détermine le sulfure de carbone", *Annales d'hygiène publique et de*

médecine légale, vol.19, 1863, pp.65-183(Paul BLANC, ibid., p.143에서 인용).

34) "Unhealthy trades", *London Times*, 26 septembre 1863.

35) Jean-Martin CHARCOT, "Leçon de mardi àLa Salpêtrière: Policlinique 1888-1889, notes de cours de MM. Blin, Charcot, Henri Colin", *Le Progrès médical*, 1889, pp.43-53(Paul BLANC, *How Everyday Products Make People Sick*, op. cit., p.143에서 인용).

36) Thomas OLIVER, "Indiarubber: dangers incidental to the use of bisulphide of carbon and naphtha", in *Dangerous Trades*, Éditions Thomas Oliver, Londres, 1902, pp.470-474(Paul BLANC, ibid., p.151에서 인용).

37) Paul BLANC, *How Everyday Products Make People Sick*, op. cit., p.168.

38) Isaac BERENBLUM, "Cancer research in historical perspective: an autobiographical essay", *Cancer Research*, janvier 1977, pp.1-7.

39) Devra DAVIS, *The Secret History of the War on Cancer*, op. cit., p.18.

40) "International Cancer Congress", *Nature*, vol.137, 14 mars 1936, p.426.

41) Devra DAVIS, *The Secret History of the War on Cancer*, op. cit., pp.19-21.

42) William CRAMER, "The importance of statistical investigations in the campaign against cancer", *Report of the Second International Congress of Scientific and Social Campaign against Cancer*, Bruxelles, 1936(Devra DAVIS, ibid., p.21에서 인용).

43) Devra DAVIS, *The Secret History of the War on Cancer*, op. cit., p.23.

44) BUREAU INTERNATIONAL DU TRAVAIL, "Cancer of the bladder among workers in aniline factories", *Studies and Reports*, Series F, n°1, Genève, 1921.

45) David MICHAELS, "When science isn't enough: Wilhelm Hueper, Robert A. M. Case and the limits of scientific evidence in preventing occupational bladder cancer", *International Journal of Occupational and Environmental Health*, vol.1, 1995, pp.278-288.

46) Edgar E. EVANS, "Causative agents and protective measures in the anilin tumor of the bladder", *Journal of Urology*, vol.38, 1936, pp.212-215.

47) Wilhelm HUEPER, *Autobiographie non publiée*, National Library of Medicine, Washington(David MICHAELS, *Doubt is their Product*, op. cit., p.21에서 인용).

48) Wilhelm HUEPER et alii, "Experimental production of bladder tumours in dogs by administration of beta-naphtylamine", *The Journal of Industrial Hygiene and Toxicology*, vol.20, 1938, pp.46-84.

49) Wilhelm HUEPER, *Autobiographie non publiée*, op. cit.(David MICHAELS, "When science isn't enough", loc. cit., p.283에서 인용).

50) DavidMICHAELS, *Doubt is their Product*, op. cit., p.24.

51) Ibid., pp.19-20. 이 편지는 데이비드 마이클스의 홈페이지에서 확인할 수 있다. 〈www. defendingscience.org/upload/Evans_1947.pdf〉.

52) Elizabeth WARD et alii, "Excess number of bladder cancers in workers exposed to orthotoluidine and aniline", *The Journal of the National Cancer Institute*, vol.3, 1991, pp.501-506.

53) David MICHAELS, "When science isn't enough", loc. cit., p.286.

8장 _ 산업의 독재

1) Devra DAVIS, *The Secret History of the War on Cancer*, op. cit., p.78.

2) Gerald MARKOWITZ et David ROSNER, *Deceit and Denial. The Deadly Politics of Industrial Pollution*, University of California Press, Berkeley/Los Angeles, 2002, p.15.

3) Ibid., p.137.

4) William KOVARIK, "Ethyl-leaded gasoline, how a classic occupational disease became an international public health disaster", *International Journal of Occupational and Environmental Health*, octobre-décembre 2005, pp.384-439.

5) Gerald MARKOWITZ et David ROSNER, *Deceit and Denial*, op. cit. Le chapitre 2 est consacréàla "House of butterflies", pp.12-25.

6) Gerald MARKOWITZ et David ROSNER, "A gift of God? The public health controversy over leaded gasoline in the 1920s", *American Journal of Public Health*, vol.75, 1985, pp.344-351.

7) William KOVARIK, "Ethyl-leaded gasoline, how a classic occupational disease became an international public health disaster", loc.cit., p.384.

8) "Bar ethyl gasoline as 5th victim dies", *New York Times*, 31 octobre 1924.

9) "Chicago issues ban on leaded gasoline", *New York Times*, 8 septembre 1984.

10) "Bar ethyl gasoline as 5th victim dies", loc. cit.

11) "Use of ethylated gasoline barred pending inquiry", *The World*, 31 octobre 1924.

12) "No reason for abandonment", *New York Times*, 28 novembre 1924.

13) *Kehoe Papers*, Universitéde Cincinnati(Devra DAVIS, *The Secret History of the War on Cancer*, op. cit., p.81에서 인용).

14) Devra DAVIS, ibid., p.81.

15) Ibid., p.94.

16) RenéALLENDY, *Paracelse. Le médecin maudit*, Dervy-Livres, Paris, 1987.

17) PARACELSUS, "Liber paragraphorum", *Sämtliche Werke*, Éditions K. Sudhoff, tome 4, pp.1-4.

18) Andrée MATHIEU, "Le 500e anniversaire de Paracelse", *L'Agora*, vol.1, n°4, décembre 1993-janvier 1994.

19) Michel GÉRIN et alii, *Environnement et santé publique*, op. cit., p.120. 미트리다테스 6세—그는 결국 용병에게 죽임을 당한다.—가 먹었다는 탕약에서 실제로는 독 성분이 모두 날아갔던 것이 아닌가 하는 가설도 있다.

20) William KOVARIK, "Ethyl-leaded gasoline, how a classic occupational disease became an international public health disaster", loc. cit., p.391.

21) 1966년 6월 8일 진행된 로버트 케호의 증언, *Hearings before a Subcommittee on Air and Water Pollution of the Committee on Public Works*, GPO, 1966, p.222(William KOVARIK, ibid.에서 인용).

22) Gerald MARKOWITZ et David ROSNER, *Deceit and Denial*, op. cit., p.110.

23) William KOVARIK, "Ethyl-leaded gasoline, how a classic occupational disease became an international public health disaster", loc. cit., p.391.

24) Wilhelm HUEPER, *Autobiographie non publiée*, op. cit., pp.222-223(Devra DAVIS, *The Secret History of the War on Cancer*, op. cit., p.98에서 인용).

25) 책은 이미 출간되었다. Devra DAVIS, *Disconnect. The Truth about Cell Phone Radiation, what the Industry Has Done to Hide it, and How to Protect Your Family*, Dutton Adult, New York, 2010.

26) 이 성장담은 그녀의 첫 책에 고스란히 담겨 있다. *When Smoke Ran Like Water. Tales of Environmental Deception and the Battle against Pollution*, Basic Books, New York, 2002.

27) 2009년 10월 15일 피츠버그에서 진행된 데브라 데이비스와의 인터뷰 중에서.

28) 특히 Gérard DUBOIS, *Le Rideau de fumée. Les méthodes secrètes de l'industrie du tabac*, Seuil, Paris, 2003 참조.

29) John HILL, *Cautions against the Immoderate Use of Snuff*, 1761, Londres, pp.27-38.

30) Étienne Frédéric BOUISSON, *Tribut à la chirurgie*, Baillière, Paris, 1858-1861, vol.1, pp.259-303.

31) Angel Honorio ROFFO, "Der Tabak als Krebserzeugendes Agens", *Deutsche Medizinische Wochenschrift*, vol.63, 1937, pp.1267-1271.

32) Franz Hermann MÜLLER, "Tabakmissbrauch und Lungencarcinom", *Zeitschrift für Krebsforschung*, vol.49, 1939, pp.57-85. 뮐러가 말하는 '담배를 아주 많이 피는 사람'이란 하루에 '담배 10~15개비, 잎담배 35~50그램을 매일' 피는 사람이다.

33) Robert N. PROCTOR, *The Nazi War on Cancer*, Princeton University Press, Princeton, 2000; voir aussi Robert N. PROCTOR, "The Nazi war on tobacco: ideology, evidence and possible cancer consequences", *Bulletin of the History of Medicine*, vol.71, n°3, 1997, pp.435-488.

34) Eberhard SCHAIRER et Erich SCHÖNIGER, "Lungenkrebs und Tabakverbrauch", *Zeitschrift für Krebsforschung*, vol.54, 1943, pp.261-269. 이 연구의 결과는 1955년에 더 현대화된 통계 도구를 사용하여 재평가되었다. 그리고 그러한 결과가 우연히 나올 가능성은 1000만 분의 1로 나타났다.(George DAVEY et alii, "Smoking and death", *British Medical Journal*, vol.310, 1995, p.396).

35) 리처드 돌이 1997년에 로버트 프록터에게 직접 들려준 이야기다. Robert N. PROCTOR, *The Nazi War on Cancer*, op. cit., p.46.

36) Richard DOLL et Bradford HILL, "Smoking and carcinoma of the lung", *British Medical Journal*, vol.2, 30 septembre 1950, pp.739-748.

37) Devra DAVIS, *The Secret History of the War on Cancer*, op. cit., p.146.

38) Cuyler HAMMOND et Daniel HORN, "The relationship between human smoking habits and death rates: a follow-up study of 187,766 men", *Journal of the American Medical Association*, 7 août 1954, pp.1316-1328. Les autres études sont: Ernest WYNDER et Evarts GRAHAM, "Tobacco smoking as a possible etiologic factor in bronchiogenic carcinoma", *Journal of the American Medical Association*, vol.143, 1950, pp.329-336; Robert SCHREK et alii, "Tobacco smoking as an etiologic factor in disease. I. Cancer", *Cancer Research*, vol.10, 1950, pp.49-58; Levin MORTON et alii, "Cancer and tobacco smoking: a preliminary report", *Journal of the American Medical Association*, vol.143, 1950, pp.336-338; Ernest WYNDER et alii, "Experimental production of

carcinoma with cigarette tar", *Cancer Research*, vol.13, 1953, pp.855-864.

39) *Times Magazine*, 1937, n°12.

40) *US News and World Report*, 2 juillet 1954.

41) BROWN & WILLIAMSON TOBACCO CORP., "Smoking and health proposal", Brown & Williamson document n°68056, 1969, pp.1778-1786, ⟨http://legacy.library.ucsf. edu/tid/nvs40f00⟩.

42) Robert N. PROCTOR, "Tobacco and health. Expert witness report filed on behalf of plaintiffs in The United States of America, plaintiff, v. Philip Morris, Inc., et al., defendants", Civil Action n°99-CV-02496 (GK) (Federal case), *The Journal of Philosophy, Science & Law*, vol.4, mars 2004.

43) "Project Truth: the smoking/health controversy: a view from the other side(prepared for the Courier-Journal and Louisville Times)", 8 février 1971(document de Brown & Williamson Tobacco Corp., cité par David MICHAELS, *Doubt is their Product*, op. cit., p.3).

44) *Le Nouvel Observateur*, 24 février 1975(Gérard DUBOIS, *Le Rideau de fumée*, op. cit., p.290 에서 인용).

45) Nadia COLLOT, *Tabac: la conspiration*, 2006 참조.

46) Evarts GRAHAM, "Remarks on the aetiology of bronchogenic carcinoma", *The Lancet*, vol.263, n°6826, 26 juin 1954, pp.1305-1308.

47) Christie TODD WHITMAN, "Effective policy making: the role of good science. Remarks at the National Academy of Science's symposium on nutrient over-enrichment of coastal waters", 13 octobre 2000(David MICHAELS, *Doubt is their Product*, op. cit., p.6에서 인용).

48) Cité par Elisa ONG et Stanton GLANTZ, "Constructing "sound science" and "good epidemiology": tobacco, lawyers and public relations firms", *American Journal of Public Health*, vol.91, n°11, novembre 2001, pp.1749-1757. 이 꼭지에서 인용하는 모든 자료는 필립 모리스 사가 법원 판결 이후 공개한 사이트에서 볼 수 있다. ⟨www.pmdocs. com/Disclaimer.aspx⟩.

49) Elisa ONG et Stanton GLANTZ, "Constructing "sound science" and "good epidemiology"", loc. cit.

50) André CICOLELLA et Dorothée BENOÎT BROWAEYS, *Alertes santé. Experts et citoyens face aux intérêts privés*, Fayard, Paris, 2005, p.301.

51) Ibid., p.299.

52) David MICHAELS, *Doubt is their Product*, op. cit., p.9.

9장 _ 과학의 용병

1) 2009년 10월 16일 워싱턴에서 진행된 피터 인판테와의 인터뷰 중에서.

2) Marie-Monique ROBIN, *Le Monde selon Monsanto*, op. cit., p.61.

3) David MICHAELS, *Doubt is their Product*, op. cit., p.60.

4) Ibid., p.66.

5) Ibid., pp.69-70.

6) 2009년 10월 15일 피츠버그에서 진행된 데브라 데이비스의 인터뷰 중에서.

7) William RUCKELSHAUS, "Risk in a free society", *Environmental Law Reporter*, vol.14, 1984, p.10190(David MICHAELS, ibid., p.69에서 인용).

8) "Chronic exposure to benzene", *Journal of Industrial Hygiene and Toxicology*, octobre 1939, pp.321-377.

9) Paul BLANC, *How Everyday Products Make People Sick*, op. cit., p.62.

10) Ibid., p.67.

11) AMERICAN PETROLEUM INSTITUTE, "API Toxicological review: benzene", New York, 1948(David MICHAELS, *Doubt is their Product*, op. cit., p.70에서 인용). 데이비드 마이클스의 홈페이지 〈www.defendingscience.org〉에서 이 글을 읽어 보기를 권한다.

12) Peter INFANTE, "The past suppression of industry knowledge of the toxicity of benzene to humans and potential bias in future benzene research", *The International Journal of Occupational and Environmental Health*, vol.12, 2006; pp.268-272.

13) Dante PICCIANO, "Cytogenic study of workers exposed to benzene", *Environmental Research*, vol.19, 1979, pp.33-38.

14) Peter INFANTE, Robert RINSKY et alii, "Leukemia in benzene workers", *The Lancet*, vol.2, 1977, pp.76-78.

15) "Industrial Union Department v. American Petroleum Institute", 2 juillet 1980, 44 US 607(〈www.publichealthlaw.net〉에서 확인할 수 있음).

16) Devra DAVIS, *The Secret History of the War on Cancer*, op. cit., p.385

17) Robert RINSKY et alii, "Benzene and leukemia: an epidemiologic risk assessment",

New England Journal of Medicine, vol.316, n°17, 1987, pp.1044-1050. 피터 인판테 교수팀은 노출 수준을 다음의 네 가지로 분류했다(근로 1일 기준). 1ppm 미만, 1~5ppm, 5~10ppm, 10ppm 이상. 1ppm 미만일 때보다 10ppm 이상일 때 백혈병 발병 위험은 육십 배 증가한다.

18) OSHA, "Occupational exposure to benzene: final rule", *Federal Register*, vol.52, 1987, pp.34460-34578.

19) Peter INFANTE, "Benzene: epidemiologic observations of leukemia by cell type and adverse health effects associated with lowlevel exposure", *Environmental Health Perspectives*, vol.52, octobre 1983, pp.75-82.

20) David MICHAELS, *Doubt is their Product*, op. cit., p.47.

21) EXPONENT, Rapport annuel 2003, Form 10K SEC filing, 26 juin 2005.

22) Susanna RANKIN BOHME, John ZORABEDIAN et David EGILMAN, "Maximizing profit and endangering health: corporate strategies to avoid litigation and regulation", *International Journal of Occupational and Environmental Health*, vol.11, 2005, pp.338-348.

23) Ibid.

24) Gerald MARKOWITZ et David ROSNER, *Deceit and Denial*, op. cit. Le chapitre 6 est intitulé "Evidence of illegal conspiracy by industry", pp.168-194.

25) Ibid.

26) Jian Dong ZHANG et alii, "Chromium pollution of soil and water in Jinzhou", *Chinese Journal of Preventive Medecine*, vol.2, n°5, 1987, pp.262-264.

27) Jian Dong ZHANG et alii, "Cancer mortality in a Chinese population exposed to hexavalent chromium", *The Journal of Occupational and Environmental Medicine*, vol.39, n°4, 1997, pp.315-319.

28) "Study tied pollutant to cancer; then consultants got hold of it", *Wall Street Journal*, 23 décembre 2005.

29) Paul BRANDT-RAUF, "Editorial retraction", *The Journal of Occupational and Environmental Medicine*, vol.48, n°7, 2006, p.749.

30) Richard HAYES, Yin SONG-NIAN et alii, "Benzene and the dose-related incidence of hematologic neoplasm in China", *Journal of the National Cancer Institute*, vol.89, n°14, 1997, pp.1065-1071.

31) Pamela WILLIAMS et Dennis PAUSTENBACH, "Reconstruction of benzene exposure for the Pliofilm cohort(1936-1976) using Monte Carlo techniques", *Journal of Toxicology and Environmental Health*, vol.66, n°8, 2003, pp.677-781.

32) David MICHAELS, *Doubt is their Product*, op. cit., p.46.

33) Susanna RANKIN BOHME, John ZORABEDIAN et David EGILMAN, "Maximizing profit and endangering health", loc. cit.

34) Gerald MARKOWITZ et David ROSNER, *Deceit and Denial*, op. cit.

35) Qinq LAN, Luoping ZHANG et alii, "Hematotoxicity in workers exposed to low levels of benzene", *Science*, vol.306, 3 décembre 2004, pp.1774-1776.

36) BENZENE HEALTH RESEARCH CONSORTIUM, "The Shanghai Health Study (Power-Point presentation)", 1er février 2003(Lorraine TWERDOK et Patrick BEATTY, "Proposed studies on the risk of benzene-induced diseases in China: costs and funding"에서 인용. 데이비드 마이클스의 인터넷 사이트 〈www.defendingscience.org〉에서 볼 수 있다).

37) Craig PARKER, "Memorandum to manager of toxicology and product safety(Marathon Oil). Subject: International leveraged research proposal", 2000(데이비드 마이클스의 인터넷 사이트 〈www.defendingscience.org〉에서 볼 수 있다).

38) Susanna RANKIN BOHME, John ZORABEDIAN et David EGILMAN, "Maximizing profit and endangering health", loc. cit.

39) Arnold RELMAN, "Dealing with conflicts of interest", *New England Journal of Medicine*, vol.310, 1984, pp.1182-1183.

40) INTERNATIONAL COMMITTEE OF MEDICAL JOURNAL EDITORS, "Uniform requirements for manuscripts submitted to biomedical journals. Ethical considerations in the conduct and reporting of research: conflicts of interest", 2001(Frank DAVIDOFF et alii, "Sponsorship, authorship and accountability", *The Lancet*, vol.358, 15 septembre 2001, pp.854-856 참조).

41) Merrill GOOZNER, "Unrevealed: non-disclosure of conflicts of interest in four leading medical and scientific journals", *Integrity in Science. Project of the Center of Science in the Public Interest*, 12 juillet 2004.

42) Ibid.

43) Catherine DEANGELIS et alii, "Reporting financial conflicts of interest and relationships between investigators and research sponsors", *Journal of the American Medical*

Association, vol.286, 2001, pp.89-91.

44) Catherine DEANGELIS et alii, "Reporting financial conflicts of interest and relationships between investigators and research sponsors", *Journal of the American Medical Association*, vol.286, 2001, pp.89-91.

45) Phil FONTANAROSA, Annette FLANAGIN et Catherine DEANGELIS, "Reporting conflicts of interest, financial aspects of research and role of sponsors in funded studies", *Journal of the American Medical Association*, vol.294, n°1, 2005, pp.110-111.

46) Catherine DEANGELIS, "The influence of money on medical science", loc. cit.

47) David MICHAELS, "Science and government: disclosure in regulatory science", *Science*, vol.302, n°5653, 19 décembre 2003, p.2073.

48) Justin BEKELMAN, Yan LI et Cary GROSS, "Scope and impact of financial conflicts of interest in biomedical research. A systematic review", *Journal of the American Medical Association*, vol.289, 2003, pp.454-465.

49) Astrid JAMES, "The Lancet's policy on conflicts of interest", *The Lancet*, vol.363, 2004, pp.2-3.

50) Wendy WAGNER et Thomas MCGARITY, "Regulatory reinforcement of journal conflict of interest disclosures: how could disclosure of interests work better in medicine, epidemiology and public health?", *Journal of Epidemiology and Community Health*, vol.6, 2009, pp.606-607.

51) David MICHAELS, "Science and government: disclosure in regulatory science", loc. cit.

52) Marie-Monique ROBIN, *Le Monde selon Monsanto*, op. cit., pp.341-344.

53) David MICHAELS, *Doubt is their Product*, op. cit., pp.256-257.

10장 _ 기관의 거짓말

1) PRESIDENT'S CANCER PANEL, *Reducing Environmental Cancer Risk. What We Can Do Now. 2008-2009 Annual Report*, U.S. Department of Health and Human Services, National Institutes of Health, National Cancer Institute, avril 2010.

2) *Les Causes du cancer en France*, rapport publiépar l'Académie nationale de médecine, l'Académie nationale des sciences/Institut de France, le Centre international de recherche sur le cancer (OMS-Lyon), la Fédération nationale des centres de lutte contre

le cancer, avec le concours de l'Institut national du cancer et de l'Institut national de veille sanitaire, 2007. 프랑스어 요약본은 총 48쪽이며 영어본은 275쪽이다. 내가 인용문을 발췌한 보고서는 프랑스어 요약본이다.

3) Ibid., p.4.

4) Ibid., p.6.

5) UIPP 사이트에서 '농약 정보'를 클릭하고 '건강과 농약', '약품과 암' 참조.

6) *Les Causes du cancer en France*, op. cit., p.42.

7) 2009년 10월 29일 보스턴 대학에서 리처드 클랩과 나눈 인터뷰 중에서.

8) AndréCICOLELLA et Dorothée BENOÎT BROWAEYS, *Alertes santé*, op. cit., p.155.

9) ACADÉMIE DES SCIENCES/COMITÉDES APPLICATIONS DE L'ACADÉMIE DES SCIENCES, *La Dioxine et ses analogues. Rapport commun n°4*, Institut de France, septembre 1994.

10) 2009년 6월 2일 파리에서 진행된 앙드레 피코와의 인터뷰 중에서.

11) 환경부 장관이 도지사들에게 발송한 「다이옥신과 푸란에 관한 1997년 5월 30일 회람」.

12) CENTRE INTERNATIONAL DE RECHERCHE CONTRE LE CANCER, *Monographie sur l'évaluation de l'effet cancérigène chez l'homme: PCDD et PCDF*, vol.69, juillet 1997.

13) Roger LENGLET, *L'Affaire de l'amiante, La Découverte*, Paris, 1996 참조.

14) Frédéric DENHEZ, *Les Pollutions invisibles. Quelles sont les vraies catastrophes écologiques*, Delachaux et Niestlé, Paris, 2006, p.220.

15) Gérard DÉRIOT et Jean-Pierre GODEFROY, *Le Drame de l'amiante en France: comprendre, mieux réparer, en tirer des leçons pour l'avenir*, Rapport d'information n°37, Sénat, Paris, 26 octobre 2005.

16) Étienne FOURNIER, "Amiante et protection de la population exposée àl'inhalation de fibres d'amiante dans les bâtiments publics et privés", *Bulletin de l'Académie nationale de médecine*, vol.180, n°4-16, 30 avril 1996.

17) INSERM, *Effets sur la santé des principaux types d'exposition à l'amiante*, La Documentation française, Paris, janvier 1997.

18) Joseph LADOU, "The asbestos cancer epidemic", *Environmental Health Perspective*, vol.112, n°3, mars 2004, pp.285-290. 20세기에 사용된 석면은 3억 t에 달하는 것으로 추산된다.

19) *Les Causes du cancer en France*, op. cit., p.24.

20) 2010년 2월 10일 리옹에서 진행된 빈센트 코글리아노와의 인터뷰 중에서.

21) Ibid. 이 글을 쓰고 있는 2010년 12월 현재, 빈센트 코글리아노는 원래 일하던 미국 환경보호국으로 다시 돌아갔다는 소식을 들었다.

22) Paolo BOFETTA, Maurice TUBIANA, Peter BOYLE et alii, "The causes of cancer in France", *Annals of Oncology*, vol.20, n°3, mars 2009, pp.550-555.

23) 2010년 2월 10일 리옹에서 진행된 크리스토퍼 와일드와의 인터뷰 중에서.

24) *Les Causes du cancer en France*, op. cit., p.47.

25) "Time to strengthen public confidence at IARC", *The Lancet*, vol.371, n°9623, 3 mai 2008, p.1478.

26) "Transparency at IARC", *The Lancet*, vol.361, n°9353, 18 janvier 2003, p.189.

27) Lorenzo TOMATIS, "The IARC monographs program: changing attitudes towards public health", *The International Journal of Occupational and Environmental Health*, vol.8, n°2, avril-juin 2002, p.144-152. Lorenzo Tomatis est décédéen 2007.

28) "Letter to Dr Gro Harlem Brundtland, Director General WHO", 25 février 2002, publiée dans *The International Journal of Occupational and Environmental Health*, vol.8, n°3, juillet-septembre 2002, pp.271-273.

29) James HUFF et alii, "Multiple-site carcinogenicity of benzene in Fischer 344 rats and B6C3F1 mice", *Environmental Health Perspectives*, 1989, vol.82, pp.125-163; James HUFF, "National Toxicology Program. NTP toxicology and carcinogenesis studies of benzene(CAS n°71-43-2) in F344/N rats and B6C3F1 mice(gavage studies)", National Toxicology Program, *Technical Report Series*, vol.289, 1986, pp.1-277.

30) 2009년 10월 27일 리서치 트라이앵글 파크에서 진행된 제임스 허프와의 인터뷰 중에서.

31) Dan FERBER, "NIEHS toxicologist receives a "gag order"", *Science*, vol.297, 9 août 2002, p.215.

32) Ibid.

33) Ibid.

34) 2009년 10월 27일 리서치 트라이앵글 파크에서 진행된 제임스 허프와의 인터뷰 중에서.

35) James HUFF, "IARC monographs, industry influence, and upgrading, downgrading, and under-grading chemicals. A personal point of view", *The International Journal of Occupational and Environmental Health*, vol.8, n°3, juillet-septembre 2002, pp.249-270.

36) 2010년 2월 10일 리옹에서 진행된 빈센트 코글리아노와의 인터뷰 중에서.

37) AndréCICOLELLA et Dorothée BENOÎT BROWAEYS, *Alertes santé*, op. cit., p.203.

38) James HUFF, "IARC and the DEHP quagmire", *The International Journal of Occupational and Environmental Health*, vol.9, n°4, octobre-décembre 2003, pp.402-404(NATIONAL TOXICOLOGY PROGRAM, "Carcinogenesis bioassay of di(2-ethylhexyl) phthalate(CAS n°117-81-7) in F344 rats and B6C3F1 mice(feed studies)", NTP TR 217, Research Triangle Park, 1982); William KLUWE, James HUFF et alii, "The carcinogenicity of dietary di-2-ethylhexyl phthalate(DEHP) in Fischer 344 rats and B6C3F1 mice", *Journal of Toxicology and Environmental Health*, vol.10, 1983, pp.797-815.

39) Raymond DAVID et alii, "Chronic toxicity of di(2-ethylhexyl) phthalate in rats", *Toxicological Sciences*, vol.55, 2000, pp.433-443.

40) Ronald MELNICK, "Suppression of crucial information in the IARC evaluation of DEHP", *International Journal of Occupational and Environmental Health*, vol.9, octobredécembre 2003, pp.84-85.

41) Ronald MELNICK, James HUFF, Charlotte BRODY et Joseph DIGANGI, "The IARC evaluation of DEHP excludes key papers demonstrating carcinogenic effects", *The International Journal of Occupational and Environmental Health*, vol.9, octobredécembre 2003, pp.400-401에서 인용.

42) 2009년 10월 15일 피츠버그에서 진행된 데브라 데이비스와의 인터뷰 중에서.

43) 2009년 10월 16일 피터 인판테와의 인터뷰 중에서.

44) David MICHAELS, *Doubt is their Product*, op. cit., pp.60-61.

45) 2010년 2월 10일 리옹에서 진행된 빈센트 코글리아노와의 인터뷰 중에서. 더 자세한 내용은 Ronald MELNICK, Kristina THAYER et John BUCHER, "Conflicting views on chemical carcinogenesis arising from the design and evaluation of rodent carcinogenicity studies", *Environmental Health Perspectives*, vol.116, n°1, janvier 2008, pp.130-135 참조.

11장 _ 전염병이 된 만성질환

1) Devra DAVIS, *The Secret History of the War on Cancer*, op. cit., p.262.

2) Ibid., p.146.

3) Ibid., p.255.

4) Richard DOLL et Richard PETO, "The causes of cancer: quantitative estimates of avoidable risks of cancer in the United States today", *The Journal of the National Cancer Institute*, vol.66, n°6, juin 1981, pp.1191-1308.

5) Geneviève BARBIER et Armand FARRACHI, *La Société cancérigène*, op. cit., p.49.

6) Lucien ABENHAIM, *Rapport de la Commission d'orientation sur le cancer*, La Documentation française, Paris, 2003.

7) *Les Causes du cancer en France*, op. cit., p.7.

8) RoryO'NEILL, Simon PICKVANCE et Andrew WATTERSON, "Burying the evidence: how Great Britain is prolonging the occupational cancer epidemic", *The International Journal of Occupational and Environmental Health*, vol.13, 2007, pp.432-440.

9) AndréCICOLELLA, *Le Défi des épidémies modernes. Comment sauver la Sécu en changeant le système de santé*, La Découverte, Paris, 2007, p.48.

10) Eva STELIAROVA-FOUCHER et alii, "Geographical patterns and time trends of cancer incidence and survival among children and adolescents in Europe since the 1970s(The ACCIS project): an epidemiological study", *The Lancet*, vol.364, n°9451, 11 décembre 2004, pp.2097-2105.

11) 인터뷰는 2010년 1월 13일 촬영되었다. 영어로 진행된 인터뷰 내용은 글자 그대로 옮겼다.

12) 2009년 10월 15일 피츠버그에서 진행된 데브라 데이비스와의 인터뷰 중에서.

13) Devra DAVIS et Joel SCHWARTZ, "Trends in cancer mortality: US white males and females, 1968-1983", *The Lancet*, vol.331, n°8586, 1988, pp.633-636.

14) Devra DAVIS et David HOEL, "Trends in cancer in industrial countries", *Annals of the New York Academy of Sciences*, vol.609, 1990.

15) Devra DAVIS, *The Secret History of the War on Cancer*, op. cit., p.257.

16) Devra DAVIS, Abraham LILIENFELD et Allen GITTELSOHN, "Increasing trends in some cancers in older Americans: fact or artifact?", *Toxicology and Industrial Health*, vol.2, n°1, 1986, pp.127-144.

17) PRESIDENT'S CANCER PANEL, *Reducing Environmental Cancer Risk*, op. cit., p.4.

18) Philippe IRIGARAY, John NEWBY, Richard CLAPP, Lennart HARDELL, Vyvyan HOWARD, Luc MONTAGNIER, Samuel EPSTEIN, Dominique BELPOMME, "Lifestyle-

related factors and environmental agents causing cancer: an overview", *Biomedicine & Pharmacotherapy*, vol.61, 2007, pp.640-658.

19) Johannes BOTHA et alii, "Breast cancer incidence and mortality trends in 16 European countries", *European Journal of Cancer*, vol.39, 2003, pp.1718-1729 참조.

20) Dominique BELPOMME, Philippe IRIGARAY, Annie SASCO, John NEWBY, Vyvyan HOWARD, Richard CLAPP, Lennart HARDELL, "The growing incidence of cancer: role of lifestyle and screening detection (review)", *The International Journal of Oncology*, vol.30, n°5, mai 2007, pp.1037-1049.

21) John NEWBY et alii, "The cancer incidence temporality index: an index to show temporal changes in the age of onset of overall and specific cancer(England and Wales, 1971-1999)", *Biomedicine & Pharmacotherapy*, vol.61, 2007, pp.623-630.

22) AndréCICOLELLA, *Le Défi des épidémies modernes*, op. cit., pp.21-22. 위암에 걸릴 확률은 여성이 5배, 남성이 2.5배 줄어들었다. 이는 냉장고 사용으로 위암을 일으키는 염장 식품과 훈제 식품 소비가 줄어들었기 때문이다.

23) Dominique BELPOMME et alii, "The growing incidence of cancer: role of lifestyle and screening detection(review)", loc. cit.

24) Catherine HILL et Agnès LAPLANCHE, "Tabagisme et mortalité: aspects épidémiologiques", *Bulletin épidémiologique hebdomadaire*, n°22-23, 27 mai 2003.

25) Geneviève BARBIER et Armand FARRACHI, *La Société cancérigène*, op. cit., p.38.

26) Lucien ABENHAIM, *Rapport de la Commission d'orientation sur le cancer*, op. cit.

27) Geneviève BARBIER et Armand FARRACHI, *La Société cancérigène*, op. cit., p.35.

28) Geoffrey TWEEDALE, "Hero or Villain? Sir Richard Doll and occupational cancer", *The International Journal of Occupational and Environmental Health*, vol.13, 2007, pp.233-235.

29) Lennart HARDELL et Anita SANDSTROM, "Case-control study: soft tissue sarcomas and exposure to phenoxyacetic acids or chlorophenols", *The British Journal of Cancer*, vol.39, 1979, pp.711-717; Mikael ERIKSSON, Lennart HARDELL et alii, "Soft tissue sarcoma and exposure to chemical substances: a case referent study", *British Journal of Industrial Medicine*, vol.38, 1981, pp.27-33; Lennart HARDELL, Mikael ERIKSSON et alii, "Malignant lymphoma and exposure to chemicals, especially organic solvents, chlorophenols and phenoxy acids", *British Journal of Cancer*, vol.43, 1981, pp.169-

176; Lennart HARDELL et Mikael ERIKSON, "The association between soft-tissue sarcomas and exposure to phenoxyacetic acids: a new case referent study", *Cancer*, vol.62, 1988, pp.652-656.

30) *Royal Commission on the Use and Effects of Chemical Agents on Australian Personnel in Viêt-nam, Final Report*, vol.1-9, Australian Government Publishing Service, Canberra,1985.

31) "Agent Orange: the new controversy. Brian Martin looks at the Royal Commission that acquitted Agent Orange", *Australian Society*, vol.5, n°11, novembre 1986, pp.25-26.

32) MONSANTO AUSTRALIA LTD, "Axelson and Hardell. The odd men out. Submission to the Royal Commission on the use and effects on chemical agents on Australian personnel in Vietnam", 1985.

33) Lennart HARDELL, Mikael ERIKSSON et Olav AXELSON, "On the misinterpretation of epidemiological evidence, relating to dioxin-containing phenoxyacetic acids, chlorophenols and cancer effects", *New Solutions,* printemps 1994에서 인용.

34) Chris BECKETT, "Illustrations from the Wellcome Library. An epidemiologist at work: the personal papers of Sir Richard Doll", *Medical History*, vol.46, 2002, pp.403-421.

35) Marie-Monique ROBIN, *Le Monde selon Monsanto*, op. cit., p.72.

36) Sarah BOSELEY, "Renowned cancer scientist was paid by chemical firm for 20 years", *The Guardian*, 8 décembre 2006.

37) Cristina ODONE, "Richard Doll was a hero, not a villain", *The Observer*, 10 décembre 2006.

38) Geoffrey TWEEDALE, "Hero or Villain?", loc. cit.

39) Richard PETO, *The Times*, 9 décembre 2006.

40) Richard STOTT, "Cloud over Sir Richard", *The Sunday Mirror*, 10 décembre 2006.

41) Julian PETO et Richard DOLL, "Passive smoking", *British Journal of Cancer*, vol.54, 1986, pp.381-383. 줄리언 페토는 리처드 페토의 형제이다.

42) Elizabeth FONTHAM, Michael J. THUN et alii, on behalf of ACS Cancer and the Environment Subcommittee, "American Cancer Society perspectives on environmental factors and cancer", *Cancer Journal for Clinicians*, vol.59, 2009, pp.343-351.

43) 2009년 10월 25일 애틀랜타에서 진행된 마이클 툰과의 인터뷰 중에서.

44) Gerald MARKOWITZ et David ROSNER, *Deceit and Denial*, op. cit., p.168.

45) Marie-Monique ROBIN, *Le Monde selon Monsanto*, op. cit., p.19에서 인용.

46) Henry Smyth àT.W. Nale, 24 novembre 1959(Gerald MARKOWITZ et David ROSNER, ibid., p.172에서 재인용-).

47) Gerald MARKOWITZ et David ROSNER, ibid., p.173에서 재인용.

48) Lettre de Robert Kehoe àR. Emmet Kelly, 2 février 1965, archives de la Manufacturing Chemists'Association(ibid., p.174에서 재인용-).

49) Lettre de R. Emmet Kelly àA.G. Erdman, Pringfield, "PVC Exposure", 7 janvier 1966, archives de la MCA(ibid., p.174에서 재인용-).

50) Lettre de Rex Wilson au docteur J. Newman, "Confidential", 6 janvier 1966, archives de la MCA(ibid., p.174에서 재인용-).

51) Rex WILSON, John CREECH et alii, "Occupational acroosteolysis: report of 31 cases", *Journal of the American Medical Association*, vol.201, 1967, pp.577-581.

52) Lettre de Verald Rowe, Biochemical Research Laboratory, àWilliam McCormick, Director, Department of Industrial Hygiene and Toxicology, the B.F. Goodrich Company, 12 mai 1959. 이 자료는 〈www.pbs.org/tradesecrets/docs〉에서 볼 수 있다.

53) Pierluigi VIOLA, "Cancerogenic effect of vinyl chloride", article présentéau Xe Congrès international sur le cancer, 22-29 mai 1970, Houston; Pierluigi VIOLA et alii, "Oncogenic response of rats, skin, lungs and bones to vinyl chloride", *Cancer Research*, vol.31, mai 1971, pp.516-522.

54) Memorandum de L.B. Crider àWilliam McCormick, Goodrich, "Some new information on the relative toxicity of vinyl chloride monomer", 24 mars 1969, archives de la MCA(citépar Gerald MARKOWITZ et David ROSNER, *Deceit and Denial*, op. cit., p.184). 말토니의 연구는 1975년에 연구를 발주했던 기업들이 금지령을 내렸었지만 공개되었다. Cesare MALTONI et alii, "Carcinogenicity bioassays of vinyl chloride: current results", *Annals of New York Academy of Sciences*, vol.246, 1975, pp.195-218.

55) Mémorandum de AC Siegel (Tenneco Chemicals, Inc.) àGI Rozland (Tenneco Chemicals, Inc), "Subject: vinyl chloride technical task group meeting", 16 novembre 1972(데이비드 마이클스의 인터넷 사이트 〈www.defendingscience.org〉에서 볼 수 있다).

56) 회의를 주재한 사람은 다우케미컬의 테오도어 토켈슨이었다. 참석한 기업은 유니언 카바이드, 유니로열, 에틸, 굿리치, 쉘, 엑손, 테네코 케미컬, 다이아몬드 스카이록, 알라이드, 파이어스톤 플라스틱, 콘티넨털오일, 에어 프로덕트&케미컬이다.

57) Lettre de DM Elliott (General Manager, Production, Solvents and Monomers Group, Imperial Chemical Industries Limited, Mond Division) àGE Best (Manufacturing Chemists' Association), 30 octobre 1972; "Meeting minutes: Manufacturing Chemists Association, vinyl chloride research coodinators", 30 janvier 1973(데이비드 마이클스의 인터넷 사이트 〈www.defendingscience.org〉에서 볼 수 있다).

58) "Meeting minutes: Manufacturing Chemists'Association, vinyl chloride research coordinators", 21 mai 1973, archives de la MCA(데이비드 마이클스의 인터넷 사이트 〈www.defendingscience.org〉에서 볼 수 있다).

59) H. L. KUSNETZ(Manager of Industrial Hygiene, Head Office, Shell Oil Co.), "Notes on the meeting of the VC committee", 17 juillet 1973, archives de la MCA(ibid.).

60) R. N. Wheeler(Union Carbide), "Memorandum to Carvajal JL, Dernehl CU, Hanks GJ, Lane KS, Steele AB, Zutty NL. Subject: vinyl chloride research: MCA report to NIOSH", 19 juillet 1973, archives de la MCA(ibid.).

61) John CREECH et alii, "Angiosarcoma of the liver among polyvinyl chloride workers", *Morbidity and Mortality Weekly Report*, vol.23, n°6, 1974, pp.49-50.

62) OSHA, "Press release. News: OSHA investigating Goodrich cancer fatalities", 24 janvier 1974(데이비드 마이클스의 인터넷 사이트 〈www.defendingscience.org〉에서 볼 수 있다).

63) *Markus, Key. Deposition in the United States District Court for the Western District of New York, in the matter of Holly M. Smith v. the Dow Chemical Company; PPG Industries, Inc., and Shell Oil Company v. the Goodyear Tire and Rubber Company.* CA no. 94-CV-0393, 19 septembre 1995(ibid.).

64) David MICHAELS, *Doubt is their Product*, op. cit., p.36.

65) 힐앤놀튼 프랑스 지사의 인터넷 사이트 〈www.hillandknowlton.fr〉에서 매우 많은 정보를 얻을 수 있다.

66) HILL AND KNOWLTON, "Recommendations for public affairs program for SPI's vinyl chloride committee. Phase 1: preparation for OSHA hearings", juin 1974(데이비드 마이클스의 인터넷 사이트 〈www.defendingscience.org〉에서 볼 수 있다).

67) Paul H. WEAVER, "On the horns of vinyl chloride dilemma", *Fortune*, n°150, octobre 1974.

68) "PVC rolls out of jeopardy, into jubilation", *Chemical Week*, 5 septembre 1977.

69) Chlorure de polyvinyle(PVC) [9002-86-2] (vol.19, suppl. 7, 1987).

70) Richard DOLL, "Effects of exposure to vinyl chloride: an assessment of the evidence", *Scandinavian Journal of Work and Environment Health*, vol.14, 1988, pp.61-78. 피터 인판테도 1981년 염화비닐에 관한 메타분석을 수행했고, 리처드 돌과 정반대되는 결론에 이르렀다. Peter INFANTE, "Observations of the site-specific carcinogenicity of vinyl chloride to humans", *Environmental Health Perspectives*, vol.41, octobre 1981, pp.89-94.

71) Jennifer Beth SASS, Barry CASTLEMAN, David WALLINGA, "Vinyl chloride: a case study of data suppression and misrepresentation", *Environmental Health Perspectives*, vol.113, n°7, juillet 2005, pp.809-812.

72) Richard DOLL, "Deposition of William Richard Shaboe Doll, Ross v. Conoco, Inc.", Case n ° 90-4837, LA 14th Judicial District Court, Londres, 27 janvier 2000.

73) Dominique BELPOMME, *Ces maladies créées par l'homme. Comment la dégradation de l'environnement met en péril notre santé*, Albin Michel, Paris, 2004.

74) Geneviève BARBIER et Armand FARRACHI, *La Société cancérigène*, op. cit., p.114.

75) Jacques FERLAY, Philippe AUTIER, Mathieu BONIOL et alii, "Estimates of the cancer incidence and mortality in Europe in 2006", *Annals of Oncology*, vol.3, mars 2007, pp.581-592.

76) Eva STELIAROVA-FOUCHER et alii, "Geographical patterns and time trends of cancer incidence and survival among children and adolescents in Europe since the 1970s (The ACCIS project): an epidemiological study", *The Lancet*, vol.364, n°9451, 11 décembre 2004, pp.2097-2105.

77) BUREAU RÉGIONAL DE L'OMS POUR L'EUROPE, "Des maladies chroniques qu'il est généralement possible de prévenir causent 86 % des décès en Europe", Communiquéde presse EURO/05/06, Copenhague, 11 septembre 2006.

78) AFSSET/INSERM, *Cancers et Environnement. Expertise collective*, octobre 2008.

79) Suketami TOMINAGA, "Cancer incidence in Japanese in Japan, Hawaii, and Western United States", *National Cancer Institute Monograph*, vol.69, décembre 1985, p.83-92; Gertraud MASKARINEC, "The effect of migration on cancer incidence among Japanese in Hawaii", *Ethnicity & Disease*, vol.14, n°3, 2004, pp.431-439 참조.

80) AndréCICOLELLA et Dorothée BENOÎT BROWAEYS, *Alertes santé*, op. cit., p.25.

81) Ibid., p.23.

82) Paul LICHTENSTEIN et alii, "Environmental and heritable factors in the causation of cancer analyses of cohorts of twins from Sweden, Denmark and Finland", *New English Journal of Medicine*, vol.343, n°2, 13 juillet 2000, pp.78-85.

83) "Action against cancer", European Parliament resolution on the Commission communication on action against cancer: European Partnership, 6 mai 2010.

3부 _ 기업을 섬기는 규제

12장 _ 독극물 '일일섭취허용량'과 과학 사기

1) 2010년 1월 12일 브라이튼에서 진행된 에릭 밀스톤과의 인터뷰 중에서.

2) 2010년 1월 19일 파르마에서 진행된 에르망 퐁티에와의 인터뷰 중에서.

3) Bruno LATOUR, *La Science en action. Introduction à la sociologie des sciences*, La Découverte, Paris, 1989. 다음에 나오는 인용은 모두 59쪽, 64쪽, 107쪽에서 발췌했다.

4) Léopold MOLLE, "Éloge du professeur RenéTruhaut", *Revue d'histoire de la pharmacie*, vol.72, n°262, 1984, p.340-348.

5) Jean LALLIER, *Le Pain et le Vin de l'an 2000*, documentaire diffusésur l'ORTF le 17 décembre 1964. 다큐멘터리 「우리의 일용할 양식, 독」에 삽입되어 있다.

6) RenéTRUHAUT, "Le concept de la dose journalière acceptable", *Microbiologie et Hygiène alimentaire*, vol.3, n°6, février 1991, p.13-20.

7) RenéTRUHAUT, "25 years of JECFA achievements", Rapport présentéàla 25e session du JECFA, 23 mars-1er avril 1981, OMS Genève(archives de l'Organisation mondiale de la santé).

8) RenéTRUHAUT, "Le concept de la dose journalière acceptable", loc. cit.

9) Ibid.

10) 1974년 6월 3일 프랑스 국영라디오텔레비전(ORTF) 뉴스에서 방영된 인터뷰.

11) RenéTRUHAUT, "Le concept de la dose journalière acceptable", loc. cit.

12) Ibid.

13) RenéTRUHAUT, "25 years of JECFA achievements", loc. cit

14) Ibid.

15) RenéTRUHAUT, "Le concept de la dose journalière acceptable", loc. cit.

16) Ibid.

17) "The ADI concept. A tool for insuring food safety", ILSI Workshop, Limelette, Belgique, 18-19 octobre 1990.

18) 〈www.ilsi.org/Europe〉.

19) "WHO shuts Life Sciences Industry Group out of setting health standards", *Environmental News Service*, 2 février 2006.

20) WHO/FAO, "Carbohydrates in human nutrition", *FAO Food and Nutrition Paper*, n°66, 1998, Rome.

21) TOBACCO FREE INITIATIVE, "The tobacco industry and scientific groups. ILSI: a case study", 〈www.who.int〉, février 2001.

22) Derek YACH et Stella BIALOUS, "Junking science to promote tobacco", *American Journal of Public Health*, vol.91, 2001, pp.1745-1748.

23) "WHO shuts Life Sciences Industry Group out of setting health standards", loc. cit.

24) ENVIRONMENTALWORKING GROUP, "EPA fines Teflon maker DuPont for chemical coverup", 〈www.ewg.org〉, Washington, 14 décembre 2006. Voir aussi: Amy CORTESE, "DuPont, now in the frying pan", *The New York Times*, 8 août 2004.

25) Michael JACOBSON, "Lifting the veil of secrecy from industry funding of nonprofit health organizations", *International Journal of Occupational and Environmental Health*, vol.11, 2005, pp.349-355.

26) Diane BENFORD, "The acceptable daily intake, a tool for ensuring food safety", *ILSI Europe Concise Monographs Series*, International Life Sciences Institute, 2000.

27) Ibid.

28) RenéTRUHAUT, "Principles of toxicological evaluation of food additives", Joint FAO/WHO Expert Committee on Food Additives, OMS, Genève, 4 juillet 1973.

29) 2010년 1월 11일 런던에서 진행된 다이앤 벤포드와의 인터뷰 중에서.

30) HOUSE OF REPRESENTATIVES, *Problems Plague the EPA Pesticide Registration Activities*, U.S. Congress, House Report 98-1147, 1984.

31) OFFICE OF PESTICIDES AND TOXIC SUBSTANCES, *Summary of the IBT Review Program*, EPA, Washington, juillet 1983.

32) "Data validation. Memo from K. Locke, Toxicology Branch, to R. Taylor, Registration Branch", EPA, Washington, 9 août 1978.

33) COMMUNICATIONS AND PUBLIC AFFAIRS, "Note to correspondents", EPA, Washington, 1er mars 1991.

34) *The New York Times*, 2 mars 1991.

35) Diane BENFORD, "The acceptable daily intake, a tool for ensuring food safety", loc. cit.

36) RenéTRUHAUT, "Principles of toxicological evaluation of food additives", loc. cit.

37) 2009년 10월 17일 워싱턴에서 진행된 네드 그로스와의 인터뷰 중에서.

38) RenéTRUHAUT, "Principles of toxicological evaluation of food additives", loc. cit.

39) Diane BENFORD, "The acceptable daily intake, a tool for ensuring food safety", loc. cit.

40) 2010년 1월 12일 브라이튼에서 진행한 에릭 밀스톤과의 인터뷰 중에서.

41) 2009년 10월 17일 워싱턴에서 진행한 제임스 터너와의 인터뷰 중에서.

42) 2009년 9월 21일 제네바에서 진행된 안젤라 트리처와의 인터뷰 중에서.

43) 2010년 1월 19일 파르마에서 진행된 에르망 퐁티에와의 인터뷰 중에서.

44) Rachel CARSON, Silent Spring, op. cit., p.242.

45) Ulrich BECK, *La Société du risque, Flammarion*, Paris, 2008, p. 35.

46) Ibid., p.89.

47) Ibid., p.74.

48) Ibid., p.36.

49) Diane BENFORD, "The acceptable daily intake, a tool for ensuring food safety", loc. cit.

50) RenéTRUHAUT, "Principles of toxicological evaluation of food additives", loc. cit.

51) Directive 91/414/CEE du Conseil, du 15 juillet 1991, concernant la mise sur le marchédes produits phytopharmaceutiques, *Journal officiel*, n°L 230, 19 août 1991, pp.0001-0032.

52) Éliane PATRIARCA, "Le texte des rapporteurs UMP est révélateur du rétropédalage de la droite sur les objectifs du Grenelle", *Libération*, 4 mai 2010.

53) Claude GATIGNOL et Jean-Claude ÉTIENNE, *Pesticides et Santé*, Office parlementaire des choix scientifiques et technologiques, Paris, 27 avril 2010.

54) Federal Insecticide, Fungicide, and Rodenticide Act(FIFRA), 3 (b) (5).

55) Michel GÉRIN et alii, *Environnement et santé publique*, op. cit., p.371.

13장 _ 해결되지 않는 골칫거리, '잔류농약 최대허용량'

1) HEALTH & CONSUMER PROTECTION DIRECTORATEGENERAL, *Review Report for the Active Substance Chorpyrifos-Methyl*, European Commission, SANCO/3061/99, 3 juin 2005. 자료 분량이 66쪽이나 된다.

2) 2009년 9월 22일 제네바에서 진행된 베르나데트 오센도르프와의 인터뷰 중에서.

3) 2009년 10월 27일 리서치 트라이앵글 파크에서 진행된 제임스 허프와의 인터뷰 중에서.

4) Ulrich BECK, *La Société du risque*, op. cit, p.107.

5) Ibid., p.116, 117, 125 et 126.

6) Ibid., p.118 et 124.

7) HEALTH & CONSUMER PROTECTION DIRECTORATEGENERAL, "Review report for the active substance chlorpyrifos-methyl", *European Commission*, 3 juin 2005.

8) R. TEASDALE, "Residues of chlorpyrifosmethyl in tomatoes at harvest and processed fractions (canned tomatoes, juice and puree) following multiple applications of RELDAN 22 (EF-1066), Italy 1999", R99-106/GHE-P-8661, 2000, Dow GLP(unpublished).

9) A. DORAN et A. B CLEMENTS, "Residues of chlorpyrifos-methyl in wine grapes at harvest following two applications of EF-1066(RELDAN 22) or GF-71, Southern Europe 2000", (N137) 19952/GHE-P-9441, 2002, Dow GLP(unpublished).

10) 2009년 9월 21일 제네바에서 진행된 안젤로 모레토와의 인터뷰 중에서.

11) 2010년 1월 12일 브라이튼에서 진행된 에릭 밀스톤과의 인터뷰 중에서.

12) JOINT FAO/WHO MEETING ON PESTICIDE RESIDUES 2009, "List of substances scheduled for evaluation and request for data. Meeting Geneva, 16-25 September 2009", octobre 2008.

13) Thomas ZELTNER et alii, "Tobacco companies strategies to undermine tobacco control activities at the World Health Organization", *Report of the Committee of Experts on Tobacco Industry Documents*, OMS, juillet 2000. Voir aussi: Sheldon KRIMSKY, "The funding effect in science and its implications for the judiciary", *Journal of Law and Policy*, 16 décembre 2005 참조.

14) 2009년 9월 21일 제네바에서 진행된 안젤리카 트리처와의 인터뷰 중에서.

15) 이 부분의 모든 인용은 내가 보관해 둔 이메일에서 발췌한 것이다.

16) 2010년 2월 11일 진행된 장 샤를 보케와의 전화 인터뷰 중에서.

17) 2010년 2월 24일 수 브리치가 보낸 이메일. '서면 답변'의 작성자 이름은 밝히지 않았다.

18) 더 자세한 내용은 Deborah COHEN et Philip CARTER, "WHO and the pandemic flu "conspiracies"", *British Medical Journal*, 3 juin 2010 참조.

19) 2009년 10월 17일 워싱턴에서 진행된 네드 그로스와의 인터뷰 중에서.

20) Erik MILLSTONE, Eric BRUNNER et Ian WHITE, "Plagiarism or protecting public health?", *Nature*, vol.371, 20 octobre 1994, pp.647-648.

21) Erik MILLSTONE, "Science in trade disputes related to potential risks: comparative case studies", European Commission, Joint Research Centre Institute for Prospective Technological Studies, Eur21301/EN, août 2004; Erik MILLSTONE et alii, "Riskassessment policies: differences across jurisdictions", European Commission, Joint Research Centre Institute for Prospective Technological Studies, janvier 2008.

22) FAO/WHO, "Principles and methods for the risk assessment of chemicals in food", *Environmental Health Criteria*, n°240, 2009.

23) RenéTRUHAUT, "Principles of toxicological evaluation of food additives", Joint FAO/ WHO Expert Committee on Food Additives, OMS, Genève, 4 juillet 1973.

24) "Reasoned opinion of EFSA prepared by the Pesticides Unit (PRAPeR) on MRLs of concern for the active substance procymidone (revised risk assessment)", *EFSA Scientific Report*, n°227, 21 janvier 2009, pp.1-26.

25) 2009년 9월 21일 제네바에서 진행된 안젤로 모레토와의 인터뷰 중에서.

26) Ulrich BECK, *La Société du risque*, op. cit., p.126.

27) 2010년 1월 19일 파르마에서 진행된 에르망 프롱티에와의 인터뷰 중에서.

28) EUROBAROMETER, "Risk issues. Executive summary on food safety", février 2006.

29) Official Journal of the European Communities,n°L 225/263, 21 août 2001.

30) 2009년 10월 5일 함부르크에서 진행된 만프레드 크라우터와의 인터뷰 중에서.

31) Lars NEUMEISTER, "Die unsicheren Pestizidhöchstmengen in der EU. Überprüfung der harmonisierten EU-Höchstmengen hinsichtlich ihres potenziellen akuten und chronischen Gesundheitsrisikos", Greenpeace et GLOBAL 2000, Les Amis de la Terre/ Autriche, mars 2008.

32) 2010년 1월 19일 파르마에서 진행된 에르망 퐁티에와의 인터뷰 중에서.

33) "2007 annual report on pesticide residues", *EFSA Scientific Report*(2009), n°305, 10 juin 2009.

34) 2009년 10월 6일 슈투트가르트에서 진행된 에버하르트 슐레와의 인터뷰 중에서.

35) 2010년 1월 19일 파르마에서 진행된 에르망 프롱티에와의 인터뷰 중에서.

14장 _ 아스파르탐 규제를 쥐락펴락하는 기업

1) Edgar MONSANTO QUEENY, *The Spirit of Enterprise*, Charles Scribner's Sons, New York, 1943.

2) D. R. LUCAS et J. P. NEWHOUSE, "The toxic effect of sodium L-glutamate on the inner layers of the retina", *AMA Archivs of Ophtalmology*, vol.58, n°2, août 1957, pp.193-201.

3) Dale PURVES, George J. AUGUSTINE, David FITZPATRICK, William C. HALL, Anthony-Samuel LAMANTIA, James O. MCNAMARA, Leonard E. WHITE, Neurosciences, De Boeck, Bruxelles, 2005, p.145.

4) JohnOLNEY, "Brain lesions, obesity, and other disturbances in mice treated with monosodium glutamate", *Science*, vol.164, n°880, mai 1969, pp.719-721; John OLNEY et alii, "Glutamate-induced brain damage in infant primates", *Journal of Neuropathology and Experimental Neurology*, vol.31, n°3, juillet 1972, pp.464-488; John OLNEY, "Excitotoxins in foods", *Neurotoxicology*, vol.15, n°3, 1994, pp.535-544.

5) 2009년 10월 20일 뉴올리언스에서 진행된 존 올니와의 인터뷰 중에서.

6) "Directive 89/107/CEE du Conseil du 21 décembre 1988 relative au rapprochement des législations des États membres concernant les additifs pouvant être employés dans les denrées destinées àl'alimentation humaine", *Journal officiel*, n°L 040, 11 février 1989, pp.0027-0033.

7) "Directive 95/2/CE du Parlement européen et du Conseil concernant les additifs alimentaires autres que les colorants et les édulcorants", 20 février 1995, *Journal officiel de l'Union européenne*, n°L 61, 18 mars 1995.

8) BBC, "The early show, artificial sweeteners, new sugar substitute", 28 septembre 1982.

9) Pat THOMAS, "Bestselling sweetener", *The Ecologist*, septembre 2005, pp.35-51.

10) John HENKEL, "Sugar substitutes: Americans opt for sweetness and lite", *FDA Consumer Magazine*, novembre-décembre 1999.

11) 베티 마티니가 만든 단체 '미션 포시블'의 인터넷 사이트 〈www.dorway.com〉 참조.

12) Ulrich BECK, *La Société du risque*, op. cit., p.99.

13) Robert RANNEY et alii, "Comparative metabolism of aspartame in experimental

animals and humans", *Journal of Toxicology and Environmental Health*, vol.2, 1976, pp.441-451.

14) Herbert HELLING, ""Food and drug sweetener strategy. Memorandum confidential-Trade Secret Information" to Dr. Buzard, Dr. Onien, Dr. Jenkins, Dr. Moe, Mr. O' Bleness", 28 décembre 1970.

15) John OLNEY, "Brain damage in infant mice following oral intake of glutamate, aspartate or cysteine", *Nature*, vol.227, n°5258, 8 août 1970, pp.609-611; Bruce SCHAINKER et John OLNEY, "Glutamate-type hypothalamic-pituatary syndrome in mice treated with aspartate or cysteate in infancy", *Journal of Neural Transmission*, vol.35, 1974, pp.207-215; John OLNEY et alii, "Brain damage in mice from voluntary ingestion of glutamate and aspartate", *Neurobehavioral Toxicology and Teratology*, vol.2, 1980, pp.125-129.

16) James TURNER et Ralph NADER, *The Chemical Feast. The Ralph Nader Study Group Report on Food Protection and the Food and Drug Administration*, Penguin, Londres, 1970. 랄프 네이더는 소비자의 권익을 위해 일하는 변호사로 유명하다. 미국 대통령 선거에 네 번 출마했으며 그중 두 번은 녹색당 후보였다.

17) 2009년 10월 17일 워싱턴에서 진행된 제임스 터너와의 인터뷰 중에서.

18) Lettres d'Adrian Gross au sénateur Howard M. Metzenbaum, 30 octobre et 3 novembre 1987(〈www.dorway.com〉에서 볼 수 있다).

19) COMMITTEE ON LABOR AND PUBLIC HEALTH, "Record of hearings of April 8-9 and July 10, 1976, held by Sen. Edward Kennedy, Chairman, Subcommittee on Administrative Practice and Procedure, Committee on the Judiciary, and Chairman, Subcommittee on Health", pp.3-4.

20) FDA, "Bressler Report", 1er août 1977.

21) 2009년 10월 20일 뉴올리언스에서 진행된 존 올니와의 인터뷰 중에서.

22) Andy PASZTOR et Joe DAVIDSON, "Two ex-US prosecutors roles in case against Searle are questioned in probe", *The Wall Street Journal*, 7 février 1986.

23) John OLNEY, "Aspartame board of inquiry. Prepared statement", University School of Medicine St Louis, Missouri, 30 septembre 1980.

24) Ibid.

25) DEPARTMENT OF HEALTH AND HUMAN SERVICES, "Aspartame: decision of the

Public Board of Inquiry", *Food and Drug Administration*, docket n°75F-0355, 30 septembre 1980.

26) "Medical professor at Pennsylvania State is nominated to head Food and Drug Agency", *The New York Times*, 3 avril 1981.

27) Florence GRAVES, "How safe if your diet soft drink?", *Common Cause Magazine*, juillet-août 1984.

28) "Food additives permitted for direct addition to food for human consumption: Aspartame", *Federal Register*, 8 juillet 1983, docket n°82F-0305.

29) Lettre d'Adrian Gross au sénateur Howard M. Metzenbaum, 3 novembre 1987.

30) ORGANISATION MONDIALE DE LA SANTÉ, "Évaluation de certains additifs alimentaires (colorants, épaississants et autres substances). 19e rapport du comitémixte FAO/OMS d'experts des additifs alimentaires", *Série de rapports techniques*, n°576, 1975.

31) ORGANISATION MONDIALE DE LA SANTÉ, "20e rapport du comitémixte FAO/OMS d'experts des additifs alimentaires", *Série de rapports techniques*, n°599, 1976.

32) ORGANISATION MONDIALE DE LA SANTÉ, "21e rapport du comitémixte FAO/OMS d'experts des additifs alimentaires", *Série de rapports techniques*, n°617, 1977.

33) ORGANISATION MONDIALE DE LA SANTÉ, "24e rapport du comitémixte FAO/OMS d'experts des additifs alimentaires", *Série de rapports techniques*, n°653, 1980.

34) Iroyuki ISHII et alii, "Toxicity of aspartame and its diketopiperazine for Wistar rats by dietary administration for 104 weeks", *Toxicology*, vol.21, n°2, 1981, pp.91-94.

35) ORGANISATION MONDIALE DE LA SANTÉ, "25e rapport du comitémixte FAO/OMS d'experts des additifs alimentaires", *Série de rapports techniques*, n°669, 1981.

36) 2010년 1월 19일 파르마에서 진행된 위그 케닉스발트와의 인터뷰 중에서.

15장 _ 아스파르탐의 위험과 공권력의 침묵

1) CONGRESSIONAL RECORD, "Proceedings and debates of the 99th Congress, first session", vol.131, Washington, 7 mai 1985.

2) *Hearing before the Committee on Labor and Human Resources United States Senate One Hundredth Congress. Examining the Health and Safety Concerns of NutraSweet*(Aspartame),

3 novembre 1987.

3) 아스파르탐과 관련된 회전문 인사에 대해 더 알아보려면 Gregory GORDON, "NutraSweet: questions swirl", *United Press International Investigative Report*, 12 octobre 1987 참조.

4) "FDA handling of research on NutraSweet is defended", *The New York Times*, 18 juillet 1987.

5) Richard WURTMAN et Timothy MAHER, "Possible neurologic effects of aspartame, a widely used food additive", *Environmental Health Perspectives*, vol.75, novembre 1987, pp.53-57; Richard WURTMAN, "Neurological changes following high dose aspartame with dietary carbohydrates", *New England Journal of Medicine*, vol.309, n°7, 1983, pp.429-430.

6) RichardWURTMAN, "Aspartame: possible effects on seizures susceptibility", *The Lancet*, vol.2, n°8463, 1985, p.1060.

7) 이 편지는 Gregory GORDON, "NutraSweet: questions swirl", loc. cit.에 나와 있다.

8) Ibid.

9) Jacqueline VERRETT et Jean CARPER, *Eating May be Hazardous to your Health*, Simon and Schuster, New York, 1994, pp.19-21.

10) Ibid., p.42 et 48.

11) 2009년 10월 19일 워싱턴에서 진행된 데이비드 햄튼과의 인터뷰 중에서.

12) Hyman J. ROBERTS, *Aspartame*(NutraSweet), *Is it Safe?*, The Charles Press, Philadelphie, 1990, p.4.

13) Hyman J. ROBERTS, "Reactions attributed to aspartame-containing products: 551 cases", *Journal of Applied Nutrition*, vol.40, n°2, 1988, pp.85-94.

14) Hyman J. ROBERTS, *Aspartame Disease. An Ignored Epidemic*, Sunshine Sentinel Press, West Palm Beach, 2001.

15) 1987년 12월 8일 하워드 메첸바움에게 보낸 존 올니의 편지 중에서.

16) Richard WURTMAN, *Dietary Phenylalanine and Brain Function*, Birkhauser, Boston, 1988.

17) Ralph WALTON, Robert HUDAK et Ruth GREENWAITE, "Adverse reactions to aspartame: double-blind challenge in patients from vulnerable population", *Biological Psychiatry*, vol.34, n°1, juillet 1993, pp.13-17.

18) 2009년 10월 30일 뉴욕에서 진행된 랄프 월턴과의 인터뷰 중에서.

19) John OLNEY et alii, "Increasing brain tumor rates: is there a link to aspartame?", *Journal of Neuropathology and Experimental Neurology*, vol.55, n°11, 1996, p.1115-1123.

20) DavidMICHAELS, *Doubt is their Product*, op. cit., p.143.

21) Paula ROCHON et alii, "A study of manufacturer- supported trials of nonsteroidal antiinflammatory drugs in the treatment of arthritis", *Archives of Internal Medicine*, vol.154, n°2, 1994, pp.157-163. Sheldon KRIMSKY, "The funding effect in science and its implications for the judiciary", *Journal of Law Policy*, vol.13, n°1, 2005, pp.46-68도 참조.

22) Henry Thomas STELFOX et alii, "Conflict of interest in the debate over calcium-channel antagonists", *New England Journal of Medicine*, vol.338, n°2, 1998, pp.101-106.

23) Justin BEKELMAN et alii, "Scope and impact of financial conflicts of interest in biomedical research", *Journal of the American Medical Association*, vol.289, 2003, pp.454-465; Valerio GENNARO, Lorenzo TOMATIS, "Business bias: how epidemiologic studies may underestimate or fail to detect increased risks of cancer and other diseases", *International Journal of Occupational and Environmental Health*, vol.11, 2005, pp.356-359.

24) Bruno LATOUR, *La Science en action*, op. cit., p.98.

25) Harriett BUTCHKO et Frank KOTSONIS, "Acceptable daily intake vs actual intake: the aspartame example", *Journal of the American College of Nutrition*, vol.10, n°3, 1991, pp.258-266.

26) Lewis STEGINK et Jack FILER, "Repeated ingestion of aspartame-sweetened beverage: effect on plasma amino acid concentrations in normal adults", *Metabolism*, vol.37, n°3, mars 1988, pp.246-251.

27) Richard SMITH, "Peer review: reform or revolution?", *British Medical Journal*, vol.315, n°7111, 1997, pp.759-760. Richard SMITH, "Medical journals are an extension of the marketing arm of pharmaceutical companies", *PLoS Medicine*, vol.2, n°5, 2005, p.138도 참조.

28) 2009년 10월 27일 리서치 트라이앵글 파크에서 진행된 제임스 허프와의 인터뷰 중에서.

29) Greg GORDON, "FDA resisted proposals to test aspartame for years", *Star Tribune*, 22

novembre 1996에서 인용.

30) NATIONAL TOXICOLOGY PROGRAM, Toxicology Studies of Aspartame(CAS No. 22839-47-0) in Genetically Modified(FVB Tg.AC Hemizygous) and B6.129-Cdkn2atm1Rdp(N2) deficient Mice and Carcinogenicity Studies of Aspartame in Genetically Modified [B6.129-Trp53tm1Brd (N5) Haploinsufficient] Mice(Feed Studies), octobre 2005.

31) Cesare MALTONI, "The Collegium Ramazzini and the primacy of scientific truth", *European Journal of Oncology*, vol.5, suppl. 2, 2000, pp.151-152.

32) Morando SOFFRITTI, Cesare MALTONI et alii, "Mega-experiments to identify and assess diffuse carcinogenic risks", *Annals of the New York Academy of Sciences*, vol.895, décembre 1999, pp.34-55.

33) Morando SOFFRITTI, Cesare MALTONI et alii, "History and major projects, life-span carcinogenicity bioassay design, chemicals studied, and results", *Annals of the New York Academy of Sciences*, vol.982, 2002, p.26-45; Cesare MALTONI et Morando SOFFRITTI, "The scientific and methodological bases of experimental studies for detecting and quantifying carcinogenic risks", *Annals of the New York Academy of Sciences*, vol.895, 1999, pp.10-26 참조.

34) Morando SOFFRITTI et alii, "First experimental demonstration of the multipotential carcinogenic effects of aspartame administered in the feed to Sprague-Dawley rats", *Environmental Health Perspectives*, vol.114, n°3, mars 2006, pp.379-385; Fiorella BELPOGGI, Morando SOFFRITTI et alii, "Results of long-term carcinogenicity bioassay on Sprague-Dawley rats exposed to Aspartame administered in feed", *Annals New York Academy of Sciences*, vol.1076, 2006, pp.559-577.

35) CENTER FOR FOOD SAFETY AND APPLIED NUTRITION, "FDA Statement on European Aspartame Study", 20 avril 2007.

36) "Opinion of the scientific panel on food additives, flavourings, processing aids and materials in contact with food(AFC) related to a new long-term carcinogenicity study on aspartame", EFSA-Q-2005-122, 3 mai 2006.

37) Morando SOFFRITTI et alii, "Life-Span exposure to low doses of aspartame beginning during prenatal life increases cancer effects in rats", *Environmental Health Perspectives*, vol.115, 2007, pp.1293-1297.

38) "Mise àjour de l''avis formuléàla demande de la Commission européenne sur la seconde étude de carcinogénicitéde l''ERF menée sur l''aspartame, tenant compte de données de l''étude soumises par la Fondation Ramazzini en février 2009", EFSA-Q-2009-00474, 19 mars 2009.

39) "Brèves et dépêches technologies et sécurité", 23 avril 2009. 이 글을 쓰는 동안 라마치니 연구소가 새끼를 밴 암컷 쥐로 수행한 새로운 연구 결과를 발표했다는 소식을 들었다. 아스파르탐이 수컷 새끼에게서 간암과 폐암을 유발했다는 내용이다(Morando SOFFRITTI et alii, "Aspartame administered in feed, beginning prenatally through life-span, induces cancers of the liver and lung in male Swiss mice", *American Journal of Industrial Medicine*, vol.53, n°12, décembre 2010, pp.1197-1206).

40) William REYMOND, "Coca-Cola serait-il bon pour la santé?", *Bakchich*, 19-20 avril 2008 참조.

41) "Les boissons light? C''est le sucré······ sans sucres", *La Dépêche*, 29 septembre 2009: "Souvent accusé, le faux sucre est blanchi", 〈Libération.fr〉, 14 septembre 2009.

42) 2010년 1월 19일 파르카에서 진행된 카트린 제슬랭 라네엘과의 인터뷰 중에서.

4부 _ 내분비계 교란물질 스캔들

16장 _ 위험에 처한 수컷, 인류는 위험에 빠졌나?

1) 2009년 10월 28일 보스턴 터프츠 대학에서 진행된 안나 소토와 카를로스 소넨샤인과의 인터뷰 중에서.

2) AnaSOTO, Carlos SONNENSCHEIN et alii, "P-Nonyl-phenol: an estrogenic xenobiotic released from ""modified"" polystyrene", *Environmental Health Perspectives*, vol.92, mai 1991, pp.167-173.

3) 2009년 10월 28일 보스턴 터프츠 대학에서 진행된 안나 소토와 카를로스 소넨샤인과의 인터뷰 중에서.

4) Rachel CARSON, *Silent Spring*, op. cit., p.207.

5) "Rachel Carson talks about effects of pesticides on children and future generations", *BBC Motion Gallery*, 1er janvier 1963.

6) Theo COLBORN, Dianne DUMANOSKI et John PETERSON MYERS, *Our Stolen Future*.

Are we Threatening our Fertility, Intelligence and Survival? A Scientific Detective Story, Plume, New York, 1996(프랑스어 번역: *L'Homme en voie de disparition?*, Terre vivante, Mens, 1998).

7) Ibid., p.145.

8) Ibid., p.106.

9) Ibid., p.91.

10) Eric DEWAILLY et alii, "High levels of PCBs in breast milk of Inuit women from Arctic Quebec", *Bulletin of Environmental Contamination and Toxicology*, vol.43, n°5, novembre 1989, pp.641-646.

11) Joseph JACOBSON et alii, "Prenatal exposure to an environmental toxin: a test of the multiple effects model", *Developmental Psychology*, vol.20, n°4, juillet 1984, pp.523-532.

12) Joseph JACOBSON et Sandra JACOBSON, "Intellectual impairment in children exposed to polychlorinated biphenyls in utero", *New England Journal of Medicine*, vol.335, 12 septembre 1996, pp.783-789.

13) 2009년 12월 20일 파오니아에서 진행된 테오 콜번과의 인터뷰 중에서.

14) 루이스 길레트가 발표한 수많은 논문 중에 다음을 추천한다. Louis GUILLETTE et alii, "Developmental abnormalities of the gonad and abnormal sex hormone concentrations in juvenile alligators from contaminated and control lakes in Florida", *Environmental Health Perspectives*, vol.102, n°8, août 1994, pp.680-688.

15) AndréCICOLELLA et Dorothée BENOÎT BROWAEYS, *Alertes Santé*, op. cit., p.231.

16) Bernard JÉGOU, Pierre JOUANNET et Alfred SPIRA, *La Fertilité est-elle en danger?*, La Découverte, Paris, 2009, p.54.

17) Ibid., p.147.

18) Theo COLBORN, Dianne DUMANOSKI et John PETERSON MYERS, *Our Stolen Future*, op. cit., p.82.

19) Bernard JÉGOU, Pierre JOUANNET et Alfred SPIRA, *La Fertilité est-elle en danger?*, op. cit., p.60.

20) Elisabeth CARLSEN, Niels SKAKKEBAEK et alii, "Evidence for decreasing quality of semen during past 50 years", *British Medical Journal*, vol.305, n°6854, 12 septembre 1992, pp.609-613.

21) Jacques AUGER, Pierre JOUANNET et alii, "Decline in semen quality among fertile men in Paris during the last 20 years", *New England Journal of Medicine*, vol.332, 1995, pp.281-285.

22) Bernard JÉGOU, Pierre JOUANNET et Alfred SPIRA, *La Fertilitéest-elle en danger?*, op. cit., p.61.

23) Shanna SWAN, "The question of declining sperm density revisited: an analysis of 101 studies published 1934-1996", *Environmental Health Perspectives*, vol.108, n°10, octobre 2000, pp.961-966.

24) Bernard JÉGOU, Pierre JOUANNET et Alfred SPIRA, *La Fertilité est-elle en danger?*, op. cit., pp.71-74.

25) Richard SHARPE et Niels SKAKKEBAEK, "Are oestrogens involved in falling sperm counts and disorders of the male reproductive tract?", *The Lancet*, vol.29, n°341, 29 mai 1993, pp.1392-1395.

26) Niels SKAKKEBAEK et alii, "Testicular dysgenesis syndrome: an increasingly common developmental disorder with environmental aspects", *Human Reproduction*, vol.16, n°5, mai 2001, pp.972-978.

27) Katharina MAIN, Niels SKAKKEBAEK et alii, "Human breast milk contamination with phthalates and alterations of endogenous reproductive hormones in infants three months of age", *Environmental Health Perspectives*, vol.114, n°2, février 2006, pp.270-276. De nombreuses études ont montréce lien, comme: Shanna SWAN et alii, "Decrease in anogenital distance among male infants with prenatal phthalate exposure", *Environmental Health Perspectives*, vol.113, n°8, août 2005, pp.1056-1061.

28) "Alerte aux poêles àfrire", ⟨Libération.fr⟩, 30 septembre 2009. Dupont de Nemours, détenteur de la marque Téflon depuis 1954, a annoncéqu'il cesserait d'utiliser le PFOA d'ici······2015.

29) Ulla NORDSTRÖM, Niels SKAKKEBAEK et alii, "Do perfluoroalkyl compounds impair human semen quality?", *Environmental Health Perspectives*, vol.117, n°6, juin 2009, pp.923-927.

30) 초안을 작성한 사람은 데이브 피셔(바이엘), 리처드 발콤(아메리칸사이안아미드), C. 홈즈(바스프), T. 홀(산도스), K. 라이너트와 V. 크라머(롬앤하스), 엘런 미하이크(론 풀랑), R. 매칼리스터와 J. 매카시(미국 농작물보호협회)이다.

17장 _ 디에틸스틸베스트롤 혹은 완벽한 모델

1) NIEHS News, "Women''s health research at NIEHS", *Environmental Health Perspectives*, vol.101, n°2, juin 1993.

2) Edward Charles DODDS et alii, "OEstrogenic activity of certain synthetic compounds", *Nature*, vol.141, février 1938, pp.247-248.

3) Howard BURLINGTON et Verlus Frank LINDERMAN, "Effect of DDT on testes and secondary sex characters of white leghorn cockerels", *Proceedings of the Society for Experimental Biology and Medicine*, vol.74, n°1, mai 1950, pp.48-51.

4) 1947년 미국 및 영국 정보위원회에 제출한 보고서에서 케호가 직접 밝힌 것이다(Devra DAVIS, *The Secret History of the War on Cancer*, op. cit., p.91에서 인용).

5) Ibid., p.90.

6) Alan PARKES, Edward Charles DODDS et R. L. NOBLE, "Interruption of early pregnancy by means of orally active oestrogens", *British Medical Journal*, vol.2, n°4053, 10 septembre 1938, pp.557-559.

7) Sidney John FOLLEY et alii, "Induction of abortion in the cow by injection with stilboestrol dipoporniate", *The Lancet*, vol.2, 1939.

8) Antoine LACASSAGNE, "Apparition d'adénocarcinomes mammaires chez des souris mâles traitées par une substance oestrogène synthétique", *Comptes rendus des séances de la Société de biologie*, vol.129, 1938, pp.641-643.

9) R. GREENE et alii, "Experimental intersexuality. The paradoxical effects of estrogens on the sexual development of the female rat", *The Anatomical Record*, vol.74, n°4, août 1939, pp.429-438.

10) "Estrogen therapy. A warning", *Journal of the American Medical Association*, vol.113, n°26, 23 décembre 1939, pp.2323-2324.

11) Jacqueline VERRETT, *Eating May be Hazardous to your Health*, op. cit., p.167에서 인용. DES의 사용이 닭에게 금지된 것은 1959년, 가축에게 금지된 것은 1980년이다.

12) Olive SMITH et George SMITH, "Diethylstilbestrol in the prevention and treatment of complications of pregnancy", *American Journal of Obstetrics and Gynecology*, vol.56, n°5, 1948, pp.821-834; Olive SMITH et George SMITH, "The influence of diethylstilbestrol on the progress and outcome of pregnancy as based on a comparison of treated with untreated primigravidas", *American Journal of Obstetrics and*

Gynecology, vol.58, n°5, 1949, pp.994-1009.

13) Susan E. BELL, *DES Daughters. Embodied Knowledge and the Transformation of Women"s Health Politics*, Temple University Press, Philadelphie, 2009, p.16.

14) James FERGUSON, "Effect of stilbestrol on pregnancy compared to the effect of a placebo", *American Journal of Obstetrics and Gynecology*, vol.65, n°3, mars 1953, pp.592-601.

15) William DIECKMANN et alii, "Does the administration of diethylstilbestrol during pregnancy have therapeutic value?" *American Journal of Obstetrics and Gynecology*, vol.66, n°5, novembre 1953, pp.1062-1081.

16) Yvonne BRACKBILL et alii, "Dangers of diethylstilbestrol: review of a 1953 paper", *The Lancet*, vol.2, 1978, n°8088, p.520.

17) Pat CODY, *DES Voices, from Anger to Action*, DES Action, Colombus, 2008, p.13.

18) William GARDNER, "Experimental induction of uterine cervical and vaginal cancer in mice", *Cancer Research*, vol.19, n°2, février 1959, pp.170-176.

19) Alfred BONGIOVANNI et alii, "Masculinization of the female infant associated with estrogenic therapy alone during gestation: four cases", *Journal of Clinical Endocrinology and Metabolism*, vol.19, août 1959, p.1004.

20) Norman M. KAPLAN, "Male pseudohermaphroditism: report of a case, with observations on pathogenesis", *New England Journal of Medicine*, 1959, vol.261, p.641.

21) Theo COLBORN, Dianne DUMANOSKI et John PETERSON MYERS, *Our Stolen Future*, op. cit., p.49.

22) Ibid., p.50.

23) Ibid.

24) "The full story of the drug Thalidomide", *Life Magazine*, 10 août 1962.

25) "Rachel Carson talks about effects of pesticides on children and future generations", *BBC Motion Gallery*, 1er janvier 1963.

26) Theo COLBORN, Dianne DUMANOSKI et John PETERSON MYERS, *Our Stolen Future*, op. cit., p.50.

27) Arthur HERBST, Howard ULFELDER et David POSKANZER, "Adenocarcinoma of the vagina. Association of maternal stilbestrol therapy with tumor appearance in young women", *The New England Journal of Medicine*, vol.284, n°15, 22 avril 1971, pp.878-

881.

28) Jacqueline VERRETT, *Eating May be Hazardous to your Health*, op. cit., p.163.

29) Theo COLBORN, Dianne DUMANOSKI et John PETERSON MYERS, *Our Stolen Future*, op. cit., p.53.

30) Susan E. BELL, *DES Daughters*, op. cit., p.1.

31) Pat CODY, *DES Voices. From Anger to Action*, op. cit., p.4.

32) Ibid., p.43.

33) Ibid., p.93.

34) Ibid., p.85.

35) Ibid., p.90.

36) Ibid., p.97.

37) Ibid., p.96.

38) Susan BELL, *DES Daughters*, op. cit., p.23.

39) Ibid., p.27.

40) Sheldon KRIMSKY, *Hormonal Chaos. The Scientific and Social Origins of the Environmental Hypothesis*, Johns Hopkins University Press, Baltimore, 2002, p.2.

41) Ibid., p.11.

42) Susan BELL, *DES Daughters*, op. cit., p.27.

43) DES에 관한 존 맥라클란의 연구를 다 열거하기는 어렵다. 여기에서는 두 개만 소개한다. Retha NEWBOLD et John MCLACHLAN, "Vaginal adenosis and adenocarcinoma in mice exposed prenatally or neonatally to diethylstilbestrol", *Cancer Research*, vol.42, n°5, mai 1982, pp.2003-2011; John MCLACHLAN et Retha NEWBOLD, "Reproductive tract lesions in male mice exposed prenatally to diethylstilbestrol", *Science*, vol.190, n°4218, 5 décembre 1975, pp.991-992.

44) 2009년 10월 22일 뉴올리언스에서 진행한 존 맥라클란과의 인터뷰 중에서.

45) Retha NEWBOLD et John MCLACHLAN, "Vaginal adenosis and adenocarcinoma in mice exposed prenatally or neonatally to diethylstilbestrol", loc. cit.

46) Retha NEWBOLD, "Cellular and molecular effects of developmental exposure to diethylstilbestrol: implications for other environmental estrogens", *Environmental Health Perspectives*, vol.103, octobre 1995, pp.83-87

47) Retha NEWBOLD et alii, "Increased tumors but uncompromised fertility in the female

descendants of mice exposed developmentally to diethylstilbestrol", *Carcinogenesis*, vol.19, n°9, septembre 1998, pp.655-663.

48) Retha NEWBOLD et alii, "Proliferative lesions and reproductive tract tumors in male descendants of mice exposed developmentally to diethylstilbestrol", *Carcinogenesis*, vol.21, n°7, 2000, pp.1355-1363.

49) Retha NEWBOLD et alii, "Adverse effects of the model environmental estrogen diethylstilbestrol are transmitted to subsequent generations", *Endocrinology*, vol.147, Sup. 6, juin 2006, pp.11-17; Retha NEWBOLD, "Lessons learned from perinatal exposure to diethylstilbestrol", *Toxicology and Applied Pharmacology*, vol.199, n°2, 1er septembre 2004, pp.142-150.

50) 그중 네덜란드 암연구소가 수행한 연구가 있다. Helen KLIP et alii, "Hypospadias in sons of women exposed to diethylstilbestrol in utero: a cohort study", *The Lancet*, vol.359, n°9312, 30 mars 2002, pp.1101-1107.

51) Felix GRÜN et Bruce BLUMBERG, "Environmental obesogens: organotins and endocrine disruption via nuclear receptor signaling", *Endocrinology*, vol.47, n°6, 2006, pp.50-55.

52) Retha NEWBOLD et alii, "Effects of endocrine disruptors on obesity", *International Journal of Andrology*, vol.31, n°2, avril 2008, pp.201-208; Retha NEWBOLD et alii, "Developmental exposure to endocrine disruptors and the obesity epidemic", *Reproductive Toxicology*, vol.23, n°3, avril-mai 2007, pp.290-296.

18장 _ 비스페놀A 사건 혹은 판도라의 상자

1) 〈www.bisphenol-a.org〉.

2) Aruna KRISHNAN, David FELDMAN et alii, "Bisphenol-A: an estrogenic substance is released from polycarbonate flasks during autoclaving", *Endocrinology*, vol.132, n°6, juin 1993, pp.2279-2286.

3) Theo COLBORN, Dianne DUMANOSKI et John PETERSON MYERS, *Our Stolen Future*, op. cit., p.130에서 인용.

4) Liza GROSS, "The toxic origins of disease", *PLoS Biology*, vol.5, n°7, 26 juin 2007, p.193. Le syndrome de Down est aussi appelé"trisomie 21."

5) Patricia HUNT et alii, "Bisphenol A exposure causes meiotic aneuploidy in the female mouse", *Current Biology*, vol.13, n°7, avril 2003, pp.546-553; Martha SUSIARJO, Patricia HUNT et alii, "Bisphenol A exposure in utero disrupts early oogenesis in the mouse", *PLoS Genetics*, vol.3, n°1, 12 janvier 2007, p.5.

6) Nena BAKER, *The Body Toxic*, North Point Press, New York, 2008, p.151.

7) Elizabeth GROSSMAN, "Two words: bad plastic", ⟨Salon.com⟩, 2 août 2007.

8) Caroline MARKEY, Enrique LUQUE, Monica MUNOZ DE TORO, Carlos SONNENSCHEIN et Ana SOTO, "In utero exposure to bisphenol A alters the development and tissue organization of the mouse mammary gland", *Biology of Reproduction*, vol.65, n°4, 1er octobre 2001, pp.1215-1223.

9) Theo COLBORN, Dianne DUMANOSKI et John PETERSON MYERS, *Our Stolen Future*, op. cit., p.30.

10) Ibid., p.31.

11) Frederick VOM SAAL et Franklin BRONSON, "Sexual characteristics of adult female mice are correlated with their blood testosterone levels during prenatal development", *Science*, vol.208, n°4444, 9 mai 1980, pp.597-599(cité in *Our Stolen Future*, ibid., p.34).

12) Frederick VOM SAAL et alii, "The intra-uterine position (IUP) phenomenon", in Ernst KNOBIL et Jimmy NEILL(dir.), *Encyclopedia of Reproduction*, Academic Press, New York, vol.2, 1999, pp.893-900; "Science watch: prenatal womb position and supermasculinity", *The New York Times*, 31 mars 1992.

13) Theo COLBORN, Dianne DUMANOSKI et John PETERSON MYERS, *Our Stolen Future*, op. cit., p.35.

14) Ibid., p.38.

15) Ibid., p.39.

16) Ibid., p.42.

17) Bernard JÉGOU, Pierre JOUANNET et Alfred SPIRA, *La Fertilité est-elle en danger?*, op. cit., pp.10-12.

18) CENTER FOR DISEASE CONTROL AND PREVENTION, *Fourth National Report on Human Exposure to Environmental Chemicals*, ⟨www.cdc.gov⟩, Atlanta, 2009. 미국인 수천 명의 체내 화학물질 축적량을 다룬 이 보고서는 19장에서 다시 다룰 것이다.

19) Antonia CALAFAT, "Exposure of the U.S. population to bisphenol A and

4-tertiaryoctylphenol: 2003-2004", *Environmental Health Perspectives*, vol.116, 2008, pp.39-44.

20) Antonia CALAFAT et alii, "Exposure to bisphenol A and other phenols in neonatal intensive care unit premature infants", *Environmental Health Perspectives*, vol.117, n°4, avril 2009, pp.639-644.

21) 2009년 10월 22일 뉴올리언스에서 진행한 프레더릭 폼 살과의 인터뷰 중에서.

22) Frederick VOM SAAL et alii, "Prostate enlargement in mice due to foetal exposure to low doses of estradiol or diethylstilbestrol and opposite effects at low doses", *Proceedings of the National Academy of Sciences of the USA*, vol.94, n°5, mars 1997, pp.2056-2061

23) Susan NAGEL, Frederick VOM SAAL et alii, "Relative binding affinity-serum modified access (RBA-SMA) assay predicts the relative in vivo bioactivity of the xenoestrogens bisphenol A and octylphenol", *Environmental Health Perspectives*, vol.105, n°1, janvier 1997, pp.70-76.

24) Liza GROSS, "The toxic origins of disease", *PLoS Biology*, vol.5, n°7, 2007, p.193.

25) Frederick VOM SAAL et alii, "A physiologically based approach to the study of bisphenol A and other estrogenic chemicals on the size of reproductive organs, daily sperm production, and behavior", *Toxicoly and Industrial Health*, vol.14, n°1-2, janvier-avril 1998, pp.239-260.

26) Liza GROSS, "The toxic origins of disease", loc. cit.

27) Ibid.

28) Ibid.

29) Channda GUPTA, "Reproductive malformation of the male offspring following maternal exposure to estrogenic chemicals", *Proceedings of the Society for Experimental Biology and Medicine*, vol.224, 1999, pp.61-68. 동일한 저널은 사설을 통해서 프레더릭 폼 살과 찬다 굽타의 연구가 같은 결론에 이르렀다고 밝혔다.: Daniel SHEEHAN, "Activity of environmentally relevant low doses of endocrine disruptors and the bisphenol A controversy: initial results confirmed", *Proceedings of the Society for Experimental Biology and Medicine*, vol.224, n°2, 2000, pp.57-60.

30) Liza GROSS, "The toxic origins of disease", loc. cit.

31) Barbara ELSWICK, Frederick MILLER et Frank WELSCH, "Comments to the editor

concerning the paper entitled "Reproductive malformation of the male offspring following maternal exposure to estrogenic chemicals" by C. Gupta", *Proceedings of the Society for Experimental Biology and Medicine*, vol.226, 2001, pp.74-75.

32) Channda GUPTA, "Response to the letter by B. Elswick et alii from the Chemical Industry Institute of Toxicology", *Proceedings of the Society for Experimental Biology and Medicine*, vol.226, 2001, pp.76-77.

33) Derek YACH et Stella AGUINAGA BIALOUS, "Tobacco, lawyers and public health, junking science to promote tobacco", *American Journal of Public Health*, vol.91, n°11, novembre 2001, vol.91, pp.1745-1748 참조.

34) Citépar Cindy SKRZYCKI, "Nominee's business ties criticized", *The Washington Post*, 15 mai 2001.

35) "George M. Gray", ⟨www.sourcewatch.org⟩.

36) Lorenz RHOMBERG, "Needless fear drives proposed plastics ban", *San Francisco Chronicle*, 17 janvier 2006.

37) George GRAY et alii, "Weight of the evidence evaluation of low-dose reproductive and developmental effects of bisphenol A", *Human and Ecological Risk Assessment*, vol.10, octobre 2004, pp.875-921.

38) Frederick VOM SAAL et Claude HUGHES, "An extensive new literature concerning lowdose effects of bisphenol A shows the need for a new risk assessment", *Environmental Health Perspectives*, vol.113, août 2005, pp.926-933.

39) John PETERSON MYERS et Frederick VOM SAAL, "Should public health standards for endocrine-disrupting compounds be based upon 16th century dogma or modern endocrinology?" *San Francisco Medicine*, vol.81, n°1, 2008, pp.30-31 참조.

40) Evanthia DIAMANTI-KANDARAKIS et alii, "Endocrine-disrupting chemicals: an Endocrine Society scientific statement", *Endocrine Reviews*, vol.30, n°4, juin 2009, pp.293-342.

41) "Opinion of the scientific panel on food additives, flavourings, processing aids and materials in contact with food on a request from the Commission related to 2,2-bis(4-hydroxyphenyl) propane(bisphenol A)", Question n°EFSA-Q-2005-100, 29 novembre 2006.

42) Rochelle TYL et alii, "Three-generation reproductive toxicity study of dietary bisphenol

A in CD Sprague-Dawley rats", *Toxicological Sciences*, vol.68, 2002, pp.121-146.

43) 유럽 식품안전청이 평가를 할 당시에는 예비 보고서밖에 가지고 있지 않았다. 로셸 틸의 최종 보고서(Draft final report)는 2008년에야 발표되었다. Rochelle TYL et alii, "Two-generation reproductive toxicity evaluation of bisphenol A in CD-1(Swiss mice)", *Toxicological Sciences*, vol.104, n°2, 2008, pp.362-384.

44) John PETERSON MYERS et alii, "Why public health agencies cannot depend on good laboratory practices as a criterion for selecting data: the case of bisphenol A", *Environmental Health Perspectives*, vol.117, n°3, mars 2009, pp.309-315. Parmi les auteurs, figurent Ana Soto, Carlos Sonnenschein, Louis Guillette, Theo Colborn et John McLachlan.

45) Meg MISSINGER et Susanne RUST, "Consortium rejects FDA claim of BPA's safety. Scientists say 2 studies used by U.S. agency overlooked dangers", *Journal Sentinel*, 11 avril 2009.

46) John PETERSON MYERS et alii, "Why public health agencies cannot depend on good laboratory practices……", loc. cit.

47) 이 이야기는 청문회에 참석했던 『도둑맞은 미래』의 공동 저자 존 피터슨 마이어스가 전했다(John PETERSON MYERS, "The missed electric moment", *Environmental Health News*, 18 septembre 2008).

48) Meg MISSINGER et Susanne RUST, "Consortium rejects FDA claim of BPA's safety……", loc. cit.

49) "Opinion of the scientific panel on food additives, flavourings, processing aids and materials in contact with food on a request from the Commission related to 2,2-bis(4-hydroxyphenyl) propane(bisphenol A)", loc. cit.

50) John PETERSON MYERS et alii, "Why public health agencies cannot depend on good laboratory practices……", loc. cit.

51) Ibid.

52) Frederick VOM SAAL et alii, "Chapel Hill bisphenol A expert panel consensus statement: integration of mechanisms, effects in animals and potential to impact human health at current levels of exposure", *Reproductive Toxicology*, vol.24, 2007, pp.131-138. 공동 저자 중에는 특히 안나 소토, 카를로스 소넨샤인, 리타 뉴볼드, 존 피터슨 마이어스, 루이스 길레트, 존 맥라클란이 있다.

53) NATIONAL TOXICOLOGY PROGRAM, "NTPCERHR monograph on the potential human reproductive and developmental effects of bisphenol A", septembre 2008.

54) SANTÉCANADA, "Draft screening assessment for phenol, 4,4'-(1-methylethylidene) bis-(80-05-7)", avril 2008.

55) Xu-Liang CAO, "Levels of bisphenol A in canned liquid infant formula products in Canada and dietary intake estimates", *Journal of Agricultural and Food Chemistry*, vol.56, n°17, 2008, pp.7919-7924; Xu- Liang CAO et Jeannette CORRIVEAU, "Migration of bisphenol A from polycarbonate baby and water bottles into water under severe conditions", *Journal of Agricultural and Food Chemistry*, vol.56, n°15, 2008, pp.6378-6381. 세 번째 연구도 탄산음료 캔에서 동일한 침투 현상이 일어났음을 보여 주었다.: Xu-Liang CAO et alii, "Levels of bisphenol A in canned soft drink products in Canadian markets", *Journal of Agricultural and Food Chemistry*, vol.57, n°4, 2009, pp.1307-1311.

56) "Toxicokinetics of bisphenol A. Scientific opinion of the Panel on food additives, flavourings, processing aids and materials in contact with food (AFC)", Question n°EFSAQ-2008-382, 9 juillet 2008.

57) AFSSA, "Avis de l'Agence française de sécuritésanitaire des aliments relatif au bisphénol A dans les biberons en polycarbonate susceptibles d'être chauffés au four àmicro-ondes. Saisine n°2008-SA-0141", 24 octobre 2008.

58) 〈www.plasticseurope.org〉.

19장 _ 칵테일 효과

1) Wu Qiang FAN, Tyrone HAYES et alii, "Atrazine-induced aromatase expression is SF-1 dependent: implications for endocrine disruption in wildlife and reproductive cancers in humans", *Environmental Health Perspectives*, vol.115, mai 2007, pp.720-727.

2) 2004년 2월 12일 결정 2004/141/CE.

3) "Pesticide atrazine can turn male frogs into females", *Science Daily*, 1er mars 2010.

4) Nena BAKER, *The Body Toxic. How the Hazardous Chemistry of Everyday Things Threatens our Health and Well-being*, North Point Press, New York, 2008, p.67.

5) WWF, Gestion des eaux en France et politique agricole: un long scandale d'État, 15 juin 2010. 프랑스에서 아트라진(과 질산염)에 가장 많이 오염된 지역은 외르 에 루아르와 센 에

마른 지방이다.

6) "Regulators plan to study risks of atrazine", *New York Times*, 7 octobre 2009.

7) Nena BAKER, *The Body Toxic*, op. cit., p.67.

8) A.DONNA et alii, "Carcinogenicity testing of atrazine: preliminary report on a 13-month study on male Swiss albino mice treated by intraperitoneal administration", *Giornale italiano di medicina del lavoro*, vol.8, n°3-4, mai-juillet 1986, pp.119-121; A. DONNA et alii, "Preliminary experimental contribution to the study of possible carcinogenic activity of two herbicides containing atrazine-simazine and trifuralin as active principles", *Pathologica*, vol.73, n°1027, septembreoctobre 1981, pp.707-721.

9) A.PINTER et alii, "Long-term carcinogenicity bioassay of the herbicide atrazine in F344 rats", *Neoplasma*, vol.37, n°5, 1990, pp.533-544.

10) "Occupational exposures in insecticide application and some pesticides", *IARC Monographs on the Evaluation of Carcinogenic Risks to Humans*, vol.53, WHO/IARC, 1991.

11) Lawrence WETZEL, "Chronic effects of atrazine on estrus and mammary tumor formation in female Sprague-Dawley and Fischer 344 rats", *Journal of Toxicology and Environmental Health*, vol.43, n°2, 1994, pp.169-182; James STEVENS, "Hypothesis for mammary tumorigenesis in Sprague-Dawley rats exposed to certain triazine herbicides", *Journal of Toxicology and Environmental Health*, vol.43, n°2, 1994, pp.139-153;J. Charles ELDRIDGE, "Factors affecting mammary tumor incidence in chlorotriazinetreated female rats: hormonal properties, dosage, and animal strain", *Environmental Health Perspectives*, vol.102, suppl. 1, décembre 1994, pp.29-36.

12) M. KETTLES et alii, "Triazine exposure and breast cancer incidence: an ecologic study of Kentucky counties", *Environmental Health Perspectives*, vol.105, n°11, 1997, pp.1222-1227.

13) "Some chemicals that cause tumours of the kidney or urinary bladder in rodents and some other substances", *IARC Monographs on the Evaluation of Carcinogenic Risks to Humans*, vol.73, WHO/IARC, 1999. 2010년 2월 국제암연구소의 논문 프로그램을 지휘했던 빈센트 코글리아노를 만났을 때 그는 아트라진이 우선 재평가 대상 목록에 올랐다고 알려 주었다.

14) Paul MACLENNAN, "Cancer incidence among triazine herbicide manufacturing

workers", *Journal of Occupational and Environmental Medicine*, vol.44, n°11, novembre 2002, pp.1048-1058. 2년 뒤 익스포넌트(9장 참조)의 과학자들이 같은 저널에 공장 내 아트라진 노출과 전립선암 발병 간에는 아무런 상관관계가 없다는 연구를 발표했다(Patrick HESSEL et alii, "A nested case-control study of prostate cancer and atrazine exposure", *Journal of Occupational and Environmental Medicine*, vol.46, n°4, 2004, pp.379-385).

15) Tyrone HAYES et alii, "Hermaphroditic, demasculinized frogs after exposure to the herbicide atrazine at low ecologically relevant doses", *Proceedings of the National Academy of Sciences USA*, vol.99, 2002, pp.5476-5480; Tyrone HAYES et alii, "Feminization of male frogs in the wild", *Nature*, vol.419, 2002, pp.895-896; Tyrone HAYES et alii, "Atrazine-induced hermaphroditism at 0.1 ppb in American leopard frogs (Rana pipiens): laboratory and field evidence", *Environmental Health Perspectives*, vol.111, 2002, pp.568-575.

16) William BRAND, "Research on the effects of a weedkiller on frogs pits hip Berkeley professor against agribusiness conglomerate", *The Oakland Tribune*, 21 juillet 2002.

17) EPA, "Potential for atrazine to affect amphibian gonadal development", octobre 2007(Docket ID: EPA-HQ-OPP-2007-0498).

18) Tyrone HAYES, "There is no denying this: defusing the confusion about atrazine", *BioScience*, vol.5, n°12, 2004, pp.1138-1149.

19) Robert GILLIOM et alii, "The quality of our Nation's waters. Pesticides in the Nation's streams and ground water, 1992-2001", US Geological Survey, mars 2006.

20) Tyrone HAYES, "Pesticide mixtures, endocrine disruption and amphibian declines: are we underestimating the impact ?" *Environmental Health Perspectives*, vol.114, n°1, avril 2006, pp.40-50. 이 연구에서 타이론 헤이스는 1980년 이후 개구리 종의 32%가 멸종했으며 43%가 멸종 위기에 놓여 있다고 밝혔다.

21) DEPARTMENT OF HEALTH AND HUMAN SERVICES, *Fourth National Report on Human Exposure to Environmental Chemicals*, Center for Disease Control and Prevention, Atlanta, 2009.

22) Nena BAKER, *The Body Toxic*, op. cit., p.25에서 인용.

23) "La chimie ronge le sang des députés européens", *Libération*, 22 avril 2004.

24) "Une cobaye verte et inquiète", *Libération*, 22 avril 2004.

25) WWF/GREENPEACE, "A present for life, hazardous chemicals in umbilical cord blood", septembre 2005.

26) Robin WHYATT et Dana BARR, "Measurement of organophosphate metabolites in postpartum meconium as a potential biomarker of prenatal exposure: a validation study", *Environmental Health Perspectives*, vol.109, n°4, 2001, pp.417-420.

27) Robin WHYATT et alii, "Contemporary-use pesticides in personal air samples during pregnancy and blood samples at delivery among urban minority mothers and newborns", *Environmental Health Perspectives*, vol.111, 2003, pp.749-756. 농약이 신경 인지 기능 발달에 미치는 영향을 측정하기 위해 신생아들은 모두 유아기 내내 추적 검사를 받았다.

28) Cécile CHEVRIER et alii, "Biomarqueurs urinaires d''exposition aux pesticides des femmes enceintes de la cohorte Pélagie réalisée en Bretagne, France (2002-2006)", *Bulletin épidémiologique hebdomadaire*, Hors série, 16 juin 2009, pp.23-28.

29) John ADGATE et alii, "Measurement of children''s exposure to pesticides: analysis of urinary metabolite levels in a probability-based sample", *Environmental Health Perspectives*, vol.109, 2001, pp.583-590. 아이오와 주에서도 비슷한 결과가 나왔다.: Brian CURWIN, Michael ALAVANJA et alii, "Urinary pesticide concentrations among children, mothers and fathers living in farm and non-farm households in Iowa", *Annals of Occupational Hygiene*, vol.51, n°1, 2007, pp.53-65.

30) PESTICIDE ACTION NETWORK NORTH AMERICA, "Chemical trespass: pesticides in our bodies and corporate accountability", mai 2004.

31) "Enquête sur les substances chimiques présentes dans notre alimentation", Générations futures avec Health & Environmental Alliance, le Réseau environnement santéet WWF France, 2010.

32) "Une association alerte sur les substances chimiques contenues dans les repas des enfants", ⟨LeMonde.fr⟩, 1er décembre 2010.

33) "Des résidus chimiques dans l''assiette des enfants", *Le Monde*, 1er décembre 2010.

34) Ulla HASS et alii, "Combined exposure to anti-androgens exacerbates disruption of sexual differentiation in the rat", *Environmental Health Perspectives*, vol.115, Suppl. 1, décembre 2007, pp.122-128; Stine Broeng METZDORFF, Ulla HASS et alii, "Dysgenesis and histological changes of genitals and perturbations of gene expression in male rats

after in utero exposure to antiandrogen mixtures", *Toxicological Science*, vol.98, n°1, juillet 2007, pp.87-98.

35) Sofie CHRISTIANSEN, Ulla HASS et alii, "Synergistic disruption of external male sex organ development by a mixture of four antiandrogens", *Environmental Health Perspectives*, vol.117, n°12, décembre 2009, pp.1839-1846.

36) Ulrich BECK, *La Société du risque*, op. cit., pp.121-123.

37) Andreas KORTENKAMP, "Breast cancer and exposure to hormonally active chemicals: an appraisal of the scientific evidence", *Health & Environment Alliance*, ⟨www. envhealth.org⟩, avril 2008.

38) Warren PORTER, James JAEGER et Ian CARLSON, "Endocrine, immune and behavioral effects of aldicarb(carbamate), atrazine(triazine) and nitrate(fertilizer) mixtures at groundwater concentrations", *Toxicology and Industrial Health*, vol.15, n°1-2, 1999, pp.133-150 참조.

39) Jesus IBARLUZEA et alii, "Breast cancer risk and the combined effect of environmental oestrogens", *Cancer Causes and Control*, vol.15, 2004, pp.591-600.

40) Andreas KORTENKAMP et alii, "Low-level exposure to multiple chemicals: reason for human health concerns?" *Environmental Health Perspectives*, vol.115, Suppl. 1, décembre 2007, pp.106-114.

41) Philippe GRANDJEAN et Philip LANDRIGAN, "Developmental neurotoxicity of industrial chemicals. A silent pandemic", *The Lancet*, 8 novembre 2006; Philip LANDRIGAN, "What causes autism? Exploring the environmental contribution", *Current Opinion in Pediatrics*, vol.22, n°2, avril 2010, pp.219-225; Philip LANDRIGAN et alii, "Environmental origins of neurodegenerative disease in later life", *Environmental Health Perspectives*, vol.113, n°9, septembre 2005, pp.1230-1233.

42) Mark BLAINEY et alii, "The benefits of strict cut-off criteria on human health in relation to the proposal for a regulation concerning plant protection products", Comitéde l''environnement, de la santépublique et de la sécuritéalimentaire du Parlement européen, octobre 2008, IP/A/ENVI/ST/2008-18.

43) Francesca VALENT et alii, "Burden of disease attributable to selected environmental factors and injury among children and adolescents in Europe", *The Lancet*, vol.363, 2004, pp.2032-2039.

44) Vincent GARRY, "Pesticides and children", *Toxicology and Applied Pharmacology*, vol.198, 2004, pp.152-163.

45) Deborah RICE et Stan BARONE, "Critical periods of vulnerability for the developing nervous system: evidence from humans and animal models", *Environmental Health Perspectives*, vol.108, Suppl. 3, 2000, pp.511-533.

46) Patricia M. RODIER, "Developing brain as a target of toxicity", *Environmental Health Perspectives*, vol.103, Suppl. 6, septembre 1995, pp.73-76.

47) Gary GINSBERG, Dale HATTIS et Babasaheb SONAWANE, "Incorporating pharmacokinetic difference between children and adults in assessing children's risk to environmental toxicants", *Toxicology and Applied Pharmacology*, vol.198, 2004, pp.164-183.

48) Cynthia F. BEARER, "How are children different from adults?" *Environmental Health Perspectives*, vol.103, Suppl. 6, 1995, pp.7-12.

49) M. LACKMANN, K. H. SCHALLER, J. ANGEREL, "Organochlorine compounds in breastfed vs bottle-fed infants: preliminary results at six weeks of age", *Science of the Total Environment*, vol.329, 2004, pp.289-293; G. SOLOMON et P. WEISS, "Chemical contaminants in breast milk: time trends and regional variability", *Environmental Health Perspectives*, vol.110, n°6, 2002, pp.339-347.

50) 2010년 1월 6일 프랑스 빌쥐프에서 진행된 자클린 클라벨과의 인터뷰 중에서.

51) Jérémie RUDANT et alii, "Household exposure to pesticides and risk of childhood hematopoietic malignancies: the ESCALE study(SFCE)", *Environmental Health Perspectives*, vol.115, n°12, décembre 2007, pp.1787-1793.

52) Donald WIGLE et alii, "A systematic review and meta-analysis of childhood leukemia and parental occupational pesticide exposure", *Environmental Health Perspectives*, vol.117, n°5, mai 2009, pp.1505-1513. L'une des études de référence est celle de Claire INFANTE-RIVARD et alii, "Risk of chilhood leukemia associated with exposure to pesticides and with gene polymorphisms", *Epidemiology*, vol.10, septembre 1999, pp.481-487.

53) Marie-Monique ROBIN, *Le Monde selonMonsanto*, op. cit., pp.75-79.

54) Vincent GARRY et alii, "Pesticide appliers, biocides, and birth defects in rural Minnesota", *Environmental Health Perspectives*, vol.104, n°4, 1996, pp.394-399; Vincent

624

GARRY et alii, "Birth defects, season of conception, and sex of children born to pesticide applicators living in the Red River valley of Minnesota, USA", *Environmental Health Perspectives*, vol.110, sup. 3, 2002, pp.441-449; Vincent GARRY et alii, "Male reproductive hormones and thyroid function in pesticide applicators in the Red River Valley of Minnesota", *Journal of Toxicology and Environmental Health*, vol.66, 2003, pp.965-986.

55) 임신 여성의 농약 노출과 태아 기형의 상관관계를 밝힌 연구는 많다. AnaMaria GARCIA et alii, "Parental agricultural work and selected congenitalmalformations", *American Journal of Epidemiology*, vol.149, 1999, pp.64-74; Petter KRISTENSEN et alii, "Birth defects among offspring of Norwegian farmers 1967-1991", *Epidemiology*, vol.8, 1997, pp.537-554.

맺음말 _ 패러다임의 변화

1) Stéphane FOUCART, "Pourquoi on vit moins vieux aux États-Unis", *Le Monde*, 27 janvier 2011.

2) Catherine VINCENT, "Une personne sur dix est obèse dans le monde", *Le Monde*, 7 février 2011.

3) Pierre WEILL, *Tous gros demain ?*, Plon, Paris, 2007, p.21.

4) David SERVAN-SCHREIBER, *Anticancer. Prévenir et lutter grâce à nos défenses naturelles*, Robert Laffont, Paris, 2007, p.114.

5) Richard BÉLIVEAU et Denis GINGRAS, *Les Aliments contre le cancer*, Solar, Paris, 2005 참조.

6) Jed FAHEY, "Broccoli sprouts: an exceptionally rich source of inducers of enzymes that protect against chemical carcinogens", *Proceedings of the National Academy of Sciences USA*, vol.94, n°19, septembre 1997, pp.10367-10372.

7) Denis GINGRAS et Richard BÉLIVEAU, "Induction of medulloblastoma cell apoptosis by sulforaphane, a dietary anticarcinogen from Brassica vegetables", *Cancer Letters*, vol.203, n°1, janvier 2004, pp.35-43.

8) Michel DEMEULE et Richard BÉLIVEAU, "Diallyl disulfide, a chemopreventive agent in garlic, induces multidrug resistance-associated protein 2 expression", *Biochemical and*

Biophysical Research Communications, vol.324, n°2, novembre 2004, pp.937-945.

9) Lyne LABRECQUE et Richard BÉLIVEAU, "Combined inhibition of PDGF and VEGF receptors by ellagic acid, a dietary-derived phenolic compound", *Carcinogenesis*, vol.26, n°4, avril 2004.

10) Borhane ANNABI et Richard BÉLIVEAU et alii, "Radiation induced-tubulogenesis in endothelial cells is antagonized by the antiangiogenic properties of green tea polyphenol (-) epigallocatechin-3-gallate", *Cancer Biology & Therapy*, vol.6, novembre-décembre 2003, pp.642-649; Anthony PILORGET et Richard BÉLIVEAU, "Medulloblastoma cell invasion is inhibited by green tea epigallocatechin-3-gallate", *Journal of Cellular Biochemistry*, vol.90, n°4, novembre 2003, pp.745-755.

11) John WEISBURGER, "Chemopreventive effects of cocoa polyphenols on chronic diseases", *Experimental Biology and Medicine*, vol.226, n°10, novembre 2001, pp.891-897.

12) Meishiang JANG et alii, "Cancer chemopreventive activity of resveratrol, a natural product derived from grapes", *Nature*, vol.25, n°2, 1999, pp.65-77.

13) Bharat AGGARWAL et alii, "Anticancer potential of curcumin: preclinical and clinical studies", *Anticancer Research*, vol.23, 2003, pp.363-398; Bharat AGGARWA, "Prostate cancer and curcumin add spice to your life", *Cancer Biology & Therapy*, vol.7, n°9, septembre 2008, pp.1436-1440; S. AGGARWAL, Bharat AGGARWAL et alii, "Curcumin(diferuloylmethane) downregulates expression of cell proliferation and antiapoptotic and metastatic gene products through suppression of IkappaBalpha kinase and Akt activation", *Molecular Pharmacology*, vol.69, 2006, pp.195-206; Ajaikumar KUNNUMAKKARA, Preetha ANAND, Bharat AGGARWAL, "Curcumin inhibits proliferation, invasion, angiogenesis andmetastasis of different cancers through interaction with multiple cell signaling proteins", *Cancer Letters*, vol.269, n°2, octobre 2008, pp.199-225.

14) 2009년 12월 21일 부바스네와르에서 진행된 아빈드 차투르베디와의 인터뷰 중에서.

15) Cynthia CURL et alii, "Organophosphorus pesticide exposure of urban and suburban preschool children with organic and conventional diets", *Environmental Health Perspectives*, vol.111, 2003, pp.377-382.

16) Chensheng LU et alii, "Organic diets significantly lower children's dietary exposure to

organophosphorus pesticides", *Environmental Health Perspectives*, vol.114, n°2, 2006, pp.260-263.

17) Chensheng LU et alii, "Dietary intake and its contribution to longitudinal organophosphorus pesticide exposure in urban/suburban children", *Environmental Health Perspectives*, vol.116, n°4, avril 2008, pp.537-542.

18) David EGILMAN et Susanna RANKINBOHME, "Over a barrel: corporate corruption of science and its effects on workers and the environment", *International Journal of Occupational and Environmental Health*, vol.11, 2005, pp.331-337.

19) AndréCICOLELLA, *Le Défi des épidémies modernes*, op. cit., p.5에서 인용.

20) Ibid., p.17.

21) Ibid., p.29.

22) Tom MUIR et Marc ZEGARAC, "Societal costs of exposure to toxic substances: economic and health costs of four case studies that are candidates for environmental causation", *Environmental Health Perspectives*, vol.109, suppl. 6, décembre 2001, pp.885-903.

23) Mark BLAINEY, CatherineGANZLEBEN, Gretta GOLDENMAN, Iona PRATT, "The benefits of strict cut-off criteria on human health in relation to the proposal for a regulation concerning plant protection products", 2008, IP/A/ENVI/ST/2008-18.

24) David PIMENTEL et alii, "Environmental and economic costs of pesticide use", *Bioscience*, vol.42, n°10, 1992, pp.750-760.

25) Jacques FERLAY et alii, "Estimates of the cancer incidence and mortality in Europe in 2006", *Annals of Oncology*, vol.18, n°3, 2007, pp.581-592.

26) COMMISSION EUROPÉENNE, *Commission Staff Working Paper*, 2003.

27) Michael GANZ, "The lifetime distribution of the incremental societal costs of autism", *Archives of Pediatrics and Adolescent Medicine*, vol.161, n°4, avril 2007, pp.343-349; Krister JÄRBRINK, "The economic consequences of autistic spectrum disorder among children in a Swedish municipality", *Autism*, vol.11, n°5, septembre 2007, pp.453-463.

28) Commission européenne DG XXIV(consommation, santé), décembre 1998.

29) Michel CALLON, *Pierre LASCOUMES et Yannick BARTHES, Agir dans un monde incertain. Essai sur la démocratie technique*, Seuil, Paris, 2001.

30) Ibid., p.270.

31) Ibid., p.289.

32) 다음에 이어지는 인용의 출처는 Michel CALLON, "La science confinée", in Michel CALLON, Pierre LASCOUMES et Yannick BARTHES, *Agir dans un monde incertain*, op. cit이다.

33) Michel GÉRIN et alii, *Environnement et santé publique*, op. cit., p.79.

34) Jacqueline VERRETT, *Eating May be Hazardous to your Health*, op. cit.

찾아보기

옮긴이 | 권지현

한국외국어대학교 통역번역대학원 한불과를 나온 뒤 파리통역번역대학원(ESIT) 번역부 특별 과정을 졸업했다. 동 대학원 박사 과정을 마쳤으며, 현재 이화여자대학교 통역번역대학원 겸임교수로 재직 중이다. 옮긴 책으로는 『장벽』, 『르몽드 세계사』, 『2033 미래 세계사』, 『세계는 누가 지배할 것인가』, 『서구의 종말, 세상의 탄생』, 『검열에 관한 검은 책』 등이 있다.

죽음의 식탁

1판 1쇄 펴냄 2014년 4월 30일
1판 2쇄 펴냄 2020년 6월 10일

지은이 | 마리 모니크 로뱅
옮긴이 | 권지현
발행인 | 박근섭
책임편집 | 강성봉
펴낸곳 | 판미동

출판등록 | 2009. 10. 8 (제2009-000273호)
주소 | 06027 서울 강남구 도산대로 1길 62 강남출판문화센터 5층
전화 | 영업부 515-2000 편집부 3446-8774 팩시밀리 515-2007
홈페이지 | panmidong.minumsa.com

도서 파본 등의 이유로 반송이 필요할 경우에는 구매처에서 교환하시고
출판사 교환이 필요할 경우에는 아래 주소로 반송 사유를 적어 도서와 함께 보내주세요.
06027 서울 강남구 도산대로 1길 62 강남출판문화센터 6층 민음인 마케팅부

판미동은 민음사 출판 그룹의 브랜드입니다.